China

— UMA NOVA HISTÓRIA —

JOHN KING FAIRBANK
MERLE GOLDMAN

China

— UMA NOVA HISTÓRIA —

Tradução de Marisa Motta

3ª edição

L&PM EDITORES

Título original: *China: A New History (Enlarged Edition)*

1ª edição: primavera de 2006
3ª edição: verão de 2008

Tradução: Marisa Motta
Capa: Marco Cena
Revisão: Bianca Pasqualini e Jó Saldanha
Editoração e índice geral: Cristiano Guterres

CIP-BRASIL. CATALOGAÇÃO-NA-FONTE
SINDICATO NACIONAL DOS EDITORES DE LIVROS, RJ

F151c Fairbank, John King, 1907-1991
China : uma nova história / John King Fairbank & Merle Goldman; tradução de Marisa Motta. – 3 ed. – Porto Alegre, RS : L&PM, 2008
520 p. : il. , 23 cm

Tradução de: *China: A New History (Enl. ed.)*

Apêndice

Inclui bibliografia

ISBN 978-85-254-1568-4

1. China - História. I. Goldman, Merle 1931-. II. Título.

CDD 951
CDU 94(510)

Rua Comendador Coruja 314, loja 9 – Floresta – 90.220-180
Porto Alegre – RS – Brasil / Fone: 51.3225.5777 – Fax: 51.3221-5380

Pedidos & Depto. Comercial: vendas@lpm.com.br
Fale conosco: info@lpm.com.br
www.lpm.com.br

Impresso no Brasil
Verão de 2008

Para Wilma, Laura e Holly Fairbank

Sumário

Mapas

Tabelas

Nota sobre romanização e citações

Visto que o sistema *pinyin* de romanização adotado há alguns anos na China parece encerrar em si mesmo o futuro, ele foi utilizado neste livro para a transcrição dos nomes e termos chineses. A forma de romanização mais antiga que seria mais familiar ao leitor (por exemplo, Chiang Kaishek em vez de Jiang Jieshi, ou Cantão em vez de Guangzhou) é indicada entre parênteses na primeira vez em que o nome aparece.

As citações indicam o autor e a publicação, exceto nas referências ao *The Cambridge History of China,* identificado por *CHOC* e com o número do volume.

As ilustrações encontram-se após as páginas 112, 192 e 304.

Prefácio à edição ampliada

John King Fairbank dedicou sua vida à produção acadêmica e ao ensino sobre a China, um país cuja história e sociedade o absorveram ao longo de sua vida adulta. Este livro é uma conclusão digna de sua carreira.

Fairbank, que era chamado carinhosamente de JKF por seus colegas e alunos, iniciou a carreira como especialista em história inglesa. Mas foi atraído para o estudo da China, em virtude da publicação dos arquivos diplomáticos do país em 1932, quando lá realizava pesquisas para redigir sua dissertação. Essa dissertação converteu-se em uma monografia pioneira intitulada *Trade and Diplomacy on the China Coast*, que discorria acerca da dinastia Qing e da interação da China com o Ocidente. Em 1936, Fairbank passou a integrar o Departamento de História da Universidade de Harvard, em cujo currículo introduziu a História da China. Suas palestras, proferidas com sagacidade, verve e humor, apresentavam a história em forma de narrativa. Nas cinco décadas subseqüentes ele lecionou em Harvard e trabalhou para o governo norte-americano em Washington D.C. e na China durante a Segunda Guerra Mundial. Além disso, foi autor, co-autor e editor de diversos livros, publicou centenas de artigos, resenhas, comentários e participou de inúmeros congressos. Fairbank era o decano dos estudos sobre a China moderna, não apenas nos Estados Unidos, mas também em grande parte do mundo – um professor, mentor, administrador, educador público e historiador.

Encontrei JKF pela primeira vez em 1953, quando ingressei no programa de mestrado do East Asian Regional Studies de Harvard. Depois, ele foi o orientador na minha tese de doutorado e convidou-me a ser um pesquisador associado do East Asian Research Center de Harvard (denominado mais tarde Fairbank Center for East Asian Research), onde ainda permaneço. Ele era um mentor instigante e exigente. Assim como fizera com os outros futuros especialistas em História da China que treinara, Fairbank guiou-me, lisonjeou-me e incentivou-me durante todo o processo de conclusão do meu doutorado e, mais tarde, por ocasião da publicação do meu primeiro livro. Mesmo após eu ter começado a lecionar na Universidade de Boston e ter meus próprios alunos, ele continuou sendo uma presença constante e influente. Algumas vezes me telefonava às sete da manhã, em geral nos fins de semana, para dizer como gostara de algo que eu escrevera e sugerir como poderia ficar "ainda melhor".

Quando Fairbank concluiu este livro, o período de reforma pós-Mao estendia-se por pouco mais de uma década e não podia ainda ser analisado em uma perspectiva histórica. Minha contribuição no Capítulo 21 e no Epílogo aborda o período de reforma com mais detalhes, propiciando uma visão mais ampla do que a apresentada na primeira edição. Meus pontos de vista também divergiam um pouco dos de Fairbank. Entre outras das notáveis qualidades de JKF estava sua disposição em aceitar opiniões divergentes das suas e de encorajar alunos interessados em temas e abordagens diferentes.

Fairbank enfatizava os fatores demográficos e institucionais e destacava a singularidade da China, ao passo que eu tendo a interessar-me mais acerca da história intelectual e política e a observar mais a superposição entre as perspectivas confucianas e ocidentais. Enquanto ele considerava a era pós-Mao como uma continuação da história recente da China, retrógrada e repressiva, eu a vejo mais aberta à mudança. Sua visão mais sombria derivava em parte do fato de ter concluído este livro após a violenta repressão militar na praça Tiananmen em 4 de junho de 1989. Em seu prefácio, ele assinala que, embora sob muitos aspectos a civilização chinesa antes do século XIX fosse muito mais adiantada que a do Ocidente, na era moderna a China ficou bastante aquém. Mesmo sua revolução, sublinhou, foi a mais longa, difícil e sangrenta da história moderna. Muitas vezes, ele se desesperançou em relação à capacidade da China de alcançar o mundo desenvolvido.

A questão permanece ainda sem resposta. Fairbank freqüentemente mencionava o grave problema enfrentado pela China de ter de alimentar, abrigar e prover um meio de vida para a maior população do mundo, e que continua a crescer. Mas como meu epílogo destaca, apesar das inúmeras dificuldades, a China pós-Mao está encontrando uma forma de lidar com seus problemas e adquiriu o potencial para reviver sua grandeza do passado. O fato de a China conseguir ou não ser uma grande potência terá um enorme impacto no resto do mundo nos próximos anos.

Merle Goldman
Dezembro de 1997

Prefácio à edição original

Desde a década de 1970, como parte do processo de modernização da fase atual da grande revolução chinesa, a China vem despontando como um país mais diversificado e dinâmico. "Uma China, uma cultura" pode ser ainda o *slogan* patriótico de 1,25 bilhão de pessoas na China, ecoando o antigo e persistente ideal de unidade política da elite governamental confucionista. Mas a experiência de invasões, rebeliões, guerra civil e reformas a partir da década de 1930 fragmentou a antiga aceitação de uma autocracia central e a obediência local. A educação e a modernização econômica das grandes massas de chineses estão criando novas oportunidades, novas carreiras e estilos de vida. Novas idéias e instituições políticas não podem ficar defasadas.

Ao lado dessa transformação da vida na China houve um dinâmico crescimento no mundo inteiro de estudos sobre o país. Nos últimos vinte anos, uma quantidade significativa de boas monografias imprimiu um novo enfoque acerca da história da China e de suas instituições. Essa perspectiva recente tornou obsoleta a antiga abordagem sinóloga da China como uma única entidade habitada pelos "chineses". Arqueólogos escavando sítios históricos, historiadores pesquisando em novos e importantes arquivos e cientistas sociais fazendo pesquisas de campo começaram a romper a unidade monolítica chinesa.

China: uma nova história examinou detidamente esses trabalhos contemporâneos. Entretanto, a perpétua oscilação entre novas evidências e interpretações propicie a qualquer história recente um delineamento impreciso, limitado por muitas questões não-resolvidas. O caminho para uma interpretação histórica acurada é descobrir os temas ainda em discussão, identificar os grandes assuntos atuais, em vez de tentar resolvê-los todos em um só momento. Nossas bibliotecas estão repletas de manifestações de escritores que pensam conhecer tudo sobre a China, sem perceberem o quanto ainda há para ser descoberto. A ampliação do nosso conhecimento expandiu a esfera de nossa ignorância.

Este livro está esquematizado da seguinte forma: após observações sobre o cenário da China, abordaremos o mais novo capítulo na história, o período pré-histórico chinês. Desde 1920, a arqueologia transpôs a antiga crosta do mito e da lenda da China, confirmando muitos deles. As escavações científicas encontraram o homem de Beijing, delinearam o crescimento do período neolítico e exumaram as capitais da Idade do Bronze das lendárias dinastias Shang e Xia. Começaremos com uma descrição precisa da extraordinária continuidade de uma civilização bastante autocentrada.

Em seguida, relataremos o crescimento da autocracia imperial e da elite e o Estado e a sociedade que elas governaram. Novos estudos sobre períodos mais longos – Han, Tang, Song e Qing – permitem apreciar a sofisticação das realizações chinesas. Nunca tão poucos governaram por um tempo tão extenso tantas pessoas. Contudo, o sucesso da autocracia e do elitismo gerou um conflito. A mistura imperial – o ritual de liderança do governante, a doutrinação da elite nos princípios morais, os mecanismos burocráticos e sagazes de controle de pessoas e as violentas punições mantidas sob uma camada de reserva – criou uma civilização auto-suficiente e autoperpetuante. Porém, não constituiu um Estado-Nação com um governo motivado a seguir o caminho da modernização.

A história da China, ao ser analisada durante os últimos dois mil anos, contém um grande paradoxo que atualmente perturba os patriotas chineses. Em comparação com a Europa, a China dos séculos XI e XII era muito progressista, bem avançada em diversos aspectos da civilização, ao passo que, nos séculos XIX e XX, ficou para trás. Quando Francis Bacon observou, por volta de 1620, que o mundo fora construído pela imprensa, pela pólvora e pelo ímã, não se referiu ao fato de que todos os três surgiram primeiro na China. Hoje, no entanto, é um consenso que a China em 1200 d.C. era, em seu conjunto, mais adiantada que a Europa. Então, por que e como a China se atrasou? Sendo um dos grandes povos do mundo, por que os chineses se atrasaram no processo de modernização? Se as condições e amenidades da vida na China e na Europa equiparavam-se, em geral, até o século XVIII, por que a China falhou de modo tão espetacular em acompanhar a industrialização européia? Para uma questão tão ampla, não existe uma só resposta. Na segunda parte do livro abordaremos essa questão intrigante sob diversos ângulos.

Na terceira parte, descreveremos a ascensão ao poder do Partido Comunista liderado por Mao Zedong e, na quarta parte, analisaremos os estranhos acontecimentos desenrolados a partir de 1949. Visto que o pensamento dos chineses modernizou-se na década de 1890, é evidente que nenhum modelo estrangeiro se adapta à situação da China, que muitos modelos podem ser adotados mas nenhum será adequado e que o povo chinês – sempre criativo – terá de encontrar a salvação à sua maneira. Com um passado singular, eles terão um futuro único.

Essa conclusão, desconcertante para muitos, coincide agora com a percepção do mundo de que a espécie *Homo sapiens sapiens* (como foi designada) está ameaçada. O século XX já presenciou mais sofrimento e mortes e agressões ao meio ambiente do que em todos os outros séculos precedentes. Talvez os chineses tenham se reunido por fim ao grande mundo externo exatamente no momento de participar de seu colapso. Alguns observadores, menos pessimistas, acreditam que só a capacidade de sobrevivência demonstrada pelos chineses durante três milênios poderá nos salvar.

Ao observar a longa história da China sob um novo aspecto, suas reformas multifacetadas, rebeliões e revoluções e o registro de seus sucessos admiráveis e grandes fracassos no século moderno, conseguiremos encontrar as tendências de longo prazo e as condições contemporâneas que moldarão o futuro da China e que nos afetarão.

JKF

12 de setembro de 1991

Introdução: Abordagens para compreender a história da China

A diversidade das perspectivas históricas

O fato de a história chinesa ser mais conhecida na China, da mesma forma que a história do Ocidente é mais conhecida na América e na Europa, gera pontos de vista discordantes entre a China e o resto do mundo. Por exemplo, os chineses sabem que os líderes tribais manchus batizaram seu novo país de Qing ("Puro") em 1636, justamente o ano que os norte-americanos (pelo menos aqueles residentes na região de Boston) lembram como o da fundação de Harvard, a primeira universidade do Novo Mundo. Após cerca de dois milhões de manchus dominarem mais de 120 milhões de chineses, a dinastia Qing governou o povo chinês por 267 anos, período durante o qual houve um aumento populacional de cerca de quatrocentos milhões de pessoas. Na metade da década de 1770, o império dos Qing, com sede em Beijing, consumou a conquista da Mongólia, da Ásia Central e do Tibete, enquanto alguns milhões de rebeldes nas treze colônias americanas declararam sua independência do Império Britânico.

Agora que os Estados Unidos são a nação líder do mundo, sucedendo a França do século XVIII e a Grã-Bretanha do século XIX, a perspectiva histórica faz-se ainda mais importante. A economia de mercado dos Estados Unidos enfrenta na China o último regime ditatorial comunista, embora por trás do comunismo chinês haja uma tradição de autocracia bem-sucedida que é a mais longa do mundo. Atualmente, a China está almejando a modernização econômica, sem dispor da democracia política representativa que os americanos consideram sua dádiva especial para a salvação do mundo. Os cidadãos norte-americanos que repudiam o regime ditatorial chinês deveriam refletir sobre suas próprias dificuldades no exercício da liberdade e do poder, que provocam o questionamento da adequação do modelo americano no que diz respeito à modernização da China. Há pouco, por exemplo, os Estados Unidos enfrentaram um problema de liderança nacional. Um dos seus presidentes foi assassinado por razões obscuras sobre as quais preferimos não nos perguntar. Outro presidente, acusado de deturpar a verdade, renunciou para evitar um *impeachment*. Um presidente mais recente, um ex-ator de Hollywood, viveu uma vida de fantasia, mentindo para si mesmo e para o público a fim de nos proporcionar uma sensação de bem-estar, enquanto criava uma classe baixa sob um verniz democrático e terminava a Guerra Fria com a União Soviética. Nesse ínterim, na longínqua China, o presidente Mao Zedong matava milhões e milhões de chineses em nome de uma luta de classes em prol da revolução. Em 1989, seu sucessor estava de tal forma arraigado à tradição autocrática da China que, ao ser confrontado com protestos de pessoas desarmadas que reivindicavam a democracia, cometeu o erro de ordenar o envio de tanques para massacrar centenas delas em pleno horário nobre de televisão.

Hoje, os anciãos de Beijing não querem que a China seja invadida pela cultura popular globalizada. A academia americana recebe quarenta mil estudantes brilhantes da China e os quer livres para pensar sobre os problemas modernos. Nos Estados Unidos, esses problemas incluem as drogas, as indústrias de armamentos e o uso de armas nas ruas. Os chineses, por sua vez, têm de reduzir sua taxa de natalidade para evitar uma superpopulação de mais de um bilhão de pessoas. O infanticídio feminino é um caminho, o controle de natalidade e o aborto são outras medidas, ao passo que os americanos desejam salvar cada feto considerando-o como um ser humano sagrado, sem se importar com a problemática da mãe ou o futuro da criança.

Em meio a todas essas ironias profundas e pungentes, uma questão sem resposta obceca hoje os patriotas chineses. O império da dinastia Han foi contemporâneo e maior que o Império Romano. A China, inquestionavelmente, foi outrora a maior civilização do mundo, não apenas em comparação a Roma, mas superior à Europa medieval. Albert Feuerwerker, especialista em história econômica e avesso a exageros, destaca que de 1000 a 1500 d.C. "não havia comparação em termos de produtividade agrícola, habilidade industrial, complexidade comercial, riqueza urbana ou padrão de vida (para não mencionar a sofisticação burocrática e as conquistas culturais) que igualasse a Europa ao império chinês" (*in* Ropp, 1990). Então, por que a China se atrasou, mais tarde, em relação a outros países? Como pôde ser tratada de modo tão ignominioso pelos imperialistas ocidentais e japoneses no final do século XIX?

A resposta se encontra em parte na China e em parte no Ocidente. Desde a época da Revolução Industrial, que começou na Inglaterra por volta de 1750, a ciência e a tecnologia vêm transformando radicalmente o mundo moderno. Desde 1978, a "modernização" tem sido o objetivo primordial da China. O drama de um grande povo retornando ao cenário moderno é, nesse caso, particularmente tocante devido à residual convicção do povo chinês quanto à sua superioridade inata. O século XX constatou a beleza e o refinamento dos bronzes da dinastia Shang, das pinturas da época dos Song e de outros aspectos do patrimônio cultural chinês. E desde 1950, Joseph Needham e seus colaboradores têm descrito nos mais de catorze volumes da *Science and Civilization in China* a impressionante enumeração das descobertas e invenções chinesas, que vão muito além dos conhecidos papel, imprensa, pólvora e compasso. Nathan Sivin assinala que as ciências pré-modernas chinesa e européia assemelham-se mais entre si, apesar da superficialidade, do que com a ciência moderna. Embora a Europa tenha herdado modos de pensar que a tornaram mais preparada para exercer o pensamento científico no momento oportuno, não houve, na China ou na Europa, um vínculo estreito entre ciência e tecnologia, entre o acadêmico teórico e o artesão. A combinação dinâmica de ciência e tecnologia é uma criação moderna.

Sivin destaca também que a eficiência extraordinária do ábaco chinês como calculadora era limitada a cerca de doze dígitos em uma escala linear e, dessa forma, era inútil para a álgebra avançada. Ele ressalta que a relativa falta de inovações matemáticas dos chineses entre meados dos anos 1300 a 1600 pode ter sido causada pelo uso do ábaco. Aqui temos um exemplo de como a precocidade da China em termos inventivos poderia, mais tarde, ser responsável por seu atraso. Na verdade, a superioridade alcançada pela China na era Song seria responsável, em 1800, pelo seu retrocesso, como se todas as grandes conquistas trouxessem em seu cerne as sementes de seu enrijecimento.

A precocidade da China, como é reconhecida atualmente, não se limitava às artes e à tecnologia. Observa-se na China pré-moderna o surgimento de um Estado autocrático com instituições de administração burocrática, manutenção de arquivos, seleção de funcionários por mérito com base em exames e o controle central da economia, da sociedade, da literatura e do pensamento. A autocracia chinesa foi um prenúncio da ascensão do Estado absolutista moderno na Europa do século XVII. Nosso repertório de conceitos de ciências sociais derivado da experiência pluralística do Ocidente parece ainda inadequado para englobar as realizações obtidas nos primórdios da China.

A fim de compreender os fatores humanos e sociais que provocaram o atraso da China em relação ao Ocidente nos tempos modernos, é preciso examinar minuciosamente sua pré-história. A economia da rizicultura, o sistema familiar, os invasores da Ásia Interior, o pensamento clássico e muitos outros aspectos de sua tão avançada civilização devem ser analisados para que possamos descobrir de que forma contribuíram para essa defasagem. Identificaremos, portanto, alguns dos principais temas para a compreensão da China.

Geografia: o contraste entre o Norte e o Sul

O primeiro contato com a diversidade existente na China dá-se por meio de sua configuração visual. Para o viajante que a sobrevoa, passando através de extensos blocos de nuvens cinzentas, da névoa e do sol da China continental, duas imagens típicas permanecem na memória, uma, do Norte da China e a outra, do Sul (ver Mapa 1). Na planície seca do Norte da China até o Sul de Beijing – onde a civilização chinesa floresceu – pode-se avistar durante o verão uma extensa área de campos verdes, com aglomerados dispersos de um verde mais forte, das árvores que circundam as aldeias. A vista é bastante parecida com a do Meio-Oeste dos Estados Unidos de algumas décadas atrás, onde as casas de fazenda e as árvores que as cercavam se encontravam dispersas em intervalos de cerca de um quilômetro. Mas ao passo que havia apenas uma fazenda nos locais de cultivo de milho nos Estados Unidos, na planície do Norte da China existia um vilarejo inteiro. Enquanto uma única família de camponeses norte-americana vivia com seus celeiros e alpendres nas terras do Iowa ou de Illinois a uma distância de um quilômetro de seu vizinho mais próximo, na China uma comunidade de muitas centenas de pessoas vivia em sua aldeia cercada de árvores, a uma distância de um quilômetro das próximas aldeias. O povo americano, apesar de sua experiência agrícola, não tem qualquer apreço pela densidade populacional que condiciona, de modo sutil, toda a forma de agir e pensar do camponês chinês.

No Sul da China, a imagem típica difere muito da configuração geográfica dos Estados Unidos. Lá, durante quase todo o ano os campos de arroz permanecem alagados, e o observador que sobrevoa a região pode ver uma superfície de água. O terreno verde é montanhoso, e as plantações de arroz sobem as colinas até quase o topo e descem do outro lado até bem perto do sopé, os terraços sucedem-se infinitamente, cada barreira ajustando-se ao contorno da terra como demarcações de um mapa geográfico. Os terraços arredondados de arroz, ao serem sobrevoados, indicam a inclinação dos vales onde os terraços estão construídos – estreitas faixas côncavas de arroz tocam o cume das colinas, os terraços mais baixos são mais largos e longos e espalham-se em muitas direções quando descem até o vale. Caminhos de pedras são construídos em grande parte das barreiras, constituindo desenhos elaborados. Quando há sol, é possível ver sua luz brilhante refletida na água dos campos de arroz. O sol parece reluzir nos campos como se viesse de baixo, e, então, toda a rede ornamental formada por barreiras, trilhas e colinas dá a impressão de mover-se rapidamente como uma enorme tela rolante, uma passamanaria de fios pretos movendo-se em meio ao brilho prateado da água.

Ninguém pode sobrevoar as colinas verdes escarpadas do Sul do país sem refletir acerca do local onde mais de um bilhão de pessoas vivem e comem – a vastidão das montanhas e dos vales parece ser predominantemente incultivável e pouco povoada. A imagem de uma grande paisagem vazia reflete a estatística que estima que seis sétimos da população ocupam um terço da terra cultivável (ver Mapa 2). A parte povoada da China quase atinge a metade da área habitada dos Estados Unidos, embora o número de habitantes seja cinco vezes maior. Cerca de duas mil pessoas amontoam-se em cada metro quadrado da terra cultivável nos vales e nas planícies alagadas. Os Estados Unidos têm cerca de 912.000 km^2 de terras cultivadas e poderiam aumentar bastante essa área; a China talvez conte com 720.000 km^2 de terras cultivadas (menos de meio acre de terra de produção de alimentos por pessoa), e a perspectiva de aumentar em uma fração ínfima essa área é pequena, mesmo utilizando-a de forma intensiva. Em suma, a China tem de alimentar aproximadamente 23% da população mundial com cerca de 7% da área cultivável do mundo.

A área seca de plantio de cereais e trigo do Norte da China e as áreas úmidas das plantações de arroz ao sul são divididas por uma linha no meio do rio Amarelo (Huang) e do rio Yangzi no 33º paralelo (ver Mapa 3). A chuva, o solo, a temperatura e a forma como é explorada pelo homem geram contrastes gritantes entre essas duas regiões econômicas.

O padrão de chuvas da China se dá de acordo com o terreno. A massa de terra asiática muda de temperatura com mais rapidez do que a do oceano Pacífico ocidental e de suas correntes, e o ar frio e seco que recai sobre o continente no inverno tende a seguir para o sudeste em direção ao oceano, com um índice de precipitação mínimo. Em contrapartida, a monção úmida no verão sopra do mar Meridional para o interior em direção ao norte devido ao aumento do volume de ar quente sobre a Terra, e a precipitação ocorre sobretudo durante o verão. O vento sul do verão atravessa primeiro as montanhas da China, que são submetidas a chuvas fortes e estáveis. No Norte da China, em razão de estar mais distante do mar Meridional, em geral chove menos, e o índice de precipitação tem variado nesses últimos dez anos em até 30%. O índice pluviométrico médio anual na planície do Norte da China é de cerca de 55 a 69 cm, o mesmo da região de solo seco nos Estados Unidos que sofre grande erosão, o que dificulta o cultivo na área. Essa grande variação na ocorrência de chuva a cada ano é uma ameaça constante para problemas de seca e fome.

Os invernos continentais rigorosos no Norte da China, semelhantes aos do Meio-Oeste norte-americano, limitam o período de crescimento das plantações para cerca de seis meses. Na parte mais ao sul da China, as colheitas são realizadas o ano inteiro e o arroz é colhido duas e até mesmo três vezes ao ano. Isso explica por que a maioria dos chineses vive na região Sul do país, mais fecunda e voltada para o cultivo de arroz. A rizicultura, com seus insumos de água e mão-de-obra, produzia até há pouco tempo mais da metade da quantidade de alimentos em comparação àquela produzida pela cultura de cereais.

Tanto no Sul quanto no Norte os recursos naturais são suplementados pelo esforço humano incessante, e a indústria de excremento humano é um dos exemplos mais marcantes. Sem jogar os detritos humanos de volta ao solo ou sem o uso de fertilizantes químicos equivalentes, nenhuma região da China poderia ter colheitas suficientes para manter sua população atual. Cada centro urbano cuida de suas hortas dessa forma, e as cidades chinesas são rodeadas por um cinturão de arbustos verdes que se dissipam na periferia.

Os primeiros viajantes compararam a China à Europa pela sua diversidade de línguas e pelo tamanho de suas diferentes províncias (ver Mapa 4). Por exemplo, cada uma das três regiões ao longo do curso do rio Yangzi – a província de Sichuan a oeste, as províncias gêmeas de Hubei ao norte e Hunan ao sul, e o delta do baixo Yangzi – é comparável à Alemanha em extensão, e todas elas são maiores em termos populacionais. Províncias importantes da China têm dialetos, gastronomia e tradições socioculturais tão distintos que podem propiciar conversas intermináveis à mesa de jantar. Entretanto, uma província é essencialmente uma subdivisão política. Uma nova abordagem analítica divide a China em regiões de acordo com a geografia econômica.

No último quarto do século, o trabalho de G. William Skinner sobre *marketing* e urbanização o levou a dividir a China em macrorregiões, cada uma localizada ao redor de uma bacia de drenagem pluvial (ver Mapa 5). Cada região tem uma área central populosa e produtiva localizada ao longo de canais e uma área na periferia menos habitada e menos produtiva situada em um terreno árido e montanhoso. Obviamente, a área central é mais importante, enquanto a área periférica se ajusta ao seu papel marginal e de subordinação. Por exemplo, o desmatamento, o cultivo e a

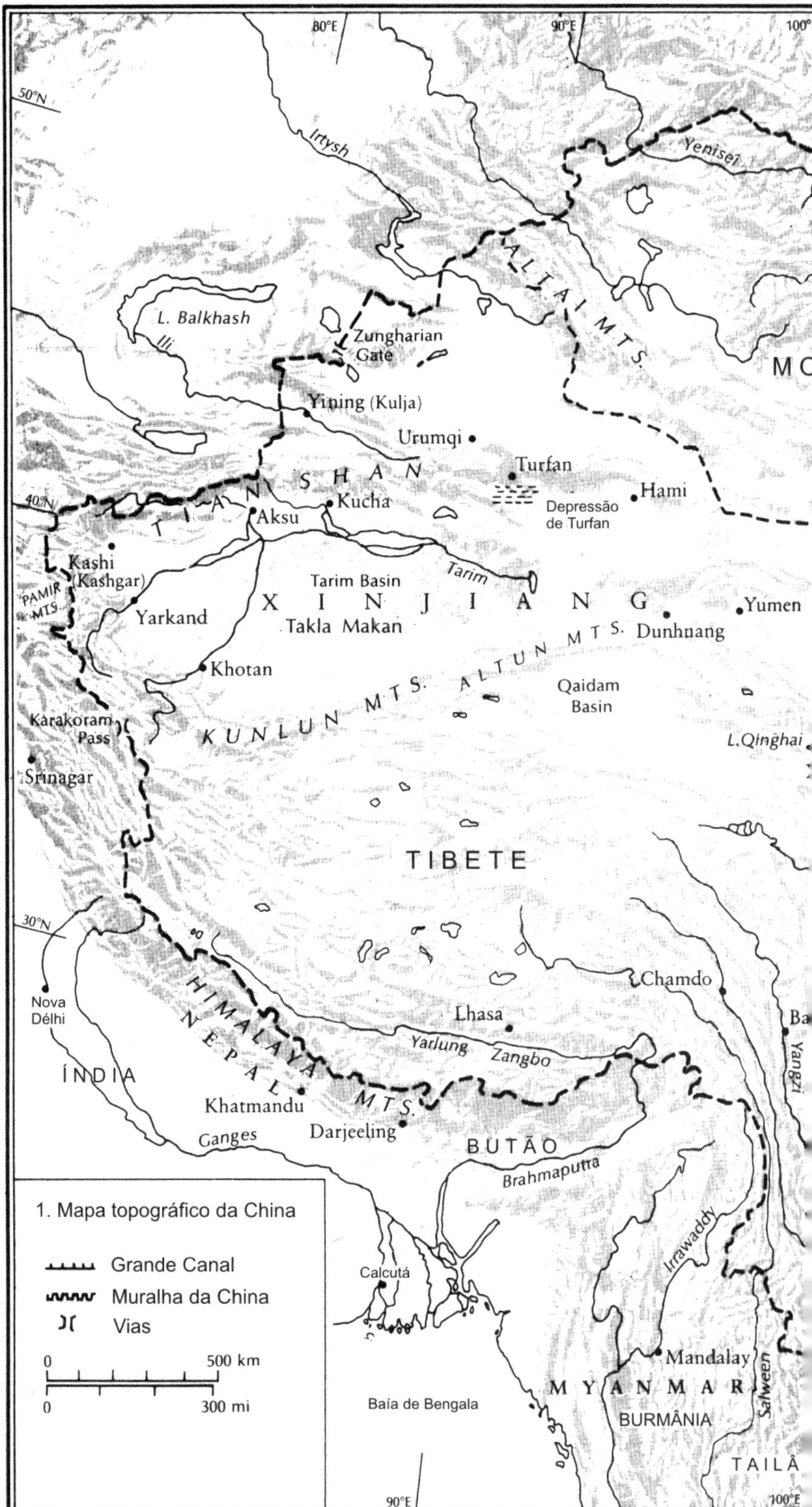

1. Mapa topográfico da China

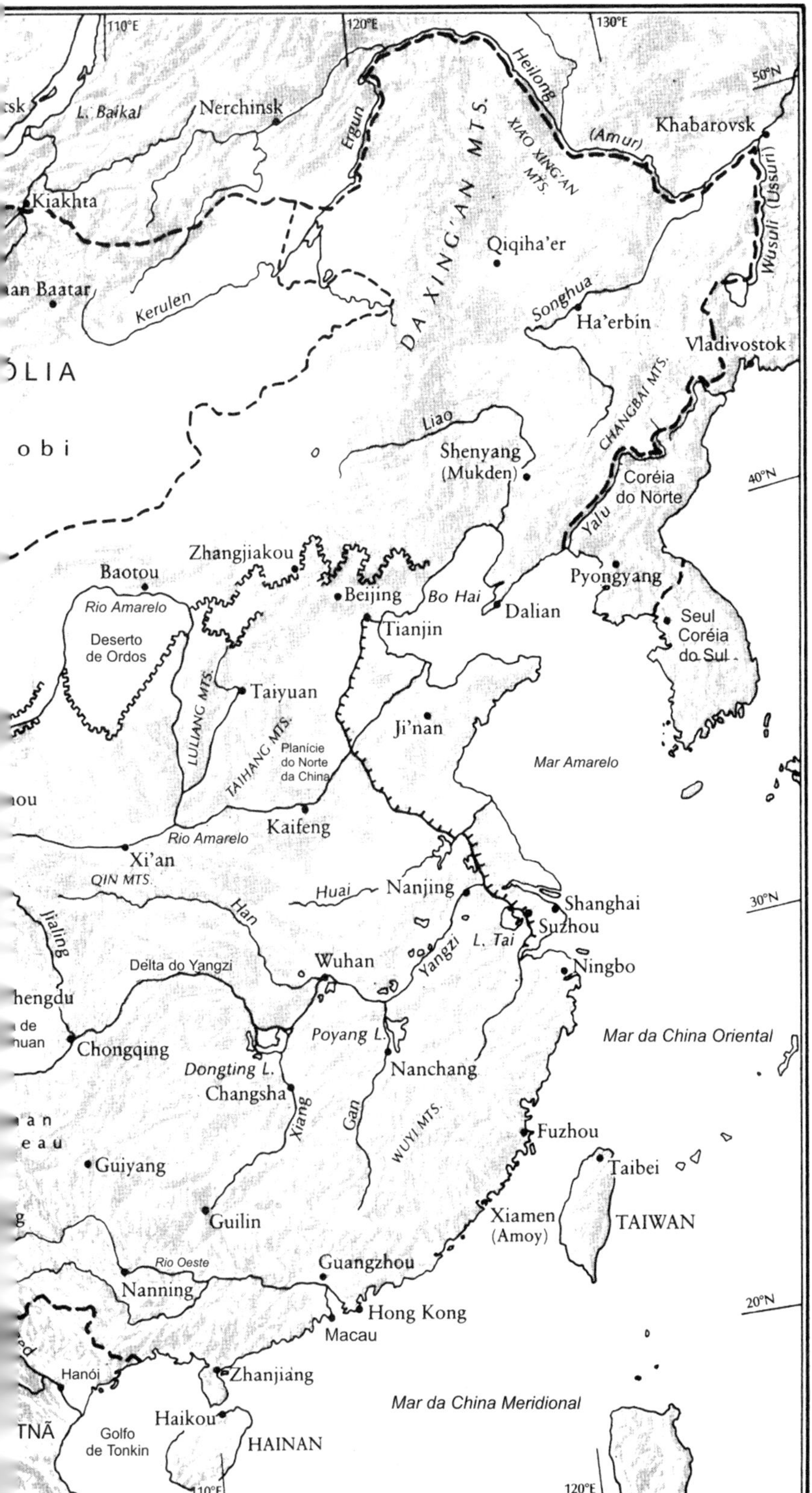
110°E
120°E
130°E
50°N
40°N
30°N
20°N
L. Baikal
Nerchinsk
Kiakhta
Kerulen
Ergun
Heilong
(Amur)
Khabarovsk
Wusuli (Ussuri)
DA XING'AN MTS.
XIAO XING'AN MTS.
Qiqiha'er
Songhua
Ha'erbin
Vladivostok
CHANGBAI MTS.
Liao
Shenyang
(Mukden)
Coréia
do Norte
Yalu
Zhangjiakou
Baotou
Beijing
Bo Hai
Dalian
Pyongyang
Seul
Coréia
do Sul
Rio Amarelo
Deserto
de Ordos
Tianjin
LULIANG MTS.
Taiyuan
TAIHANG MTS.
Planície
do Norte
da China
Ji'nan
Mar Amarelo
Kaifeng
Rio Amarelo
Xi'an
QIN MTS.
Huai
Nanjing
Shanghai
Suzhou
L. Tai
Han
Jialing
Delta do Yangzi
Wuhan
Yangzi
Ningbo
Mar da China Oriental
Chongqing
Poyang L.
Dongting L.
Nanchang
Changsha
Xiang
Gan
WUYI MTS.
Fuzhou
Taibei
Guiyang
Guilin
Xiamen
(Amoy)
TAIWAN
Rio Oeste
Guangzhou
Nanning
Hong Kong
Macau
Hanói
Zhanjiang
Mar da China Meridional
Haikou
HAINAN
Golfo
de Tonkin
110°E
120°E

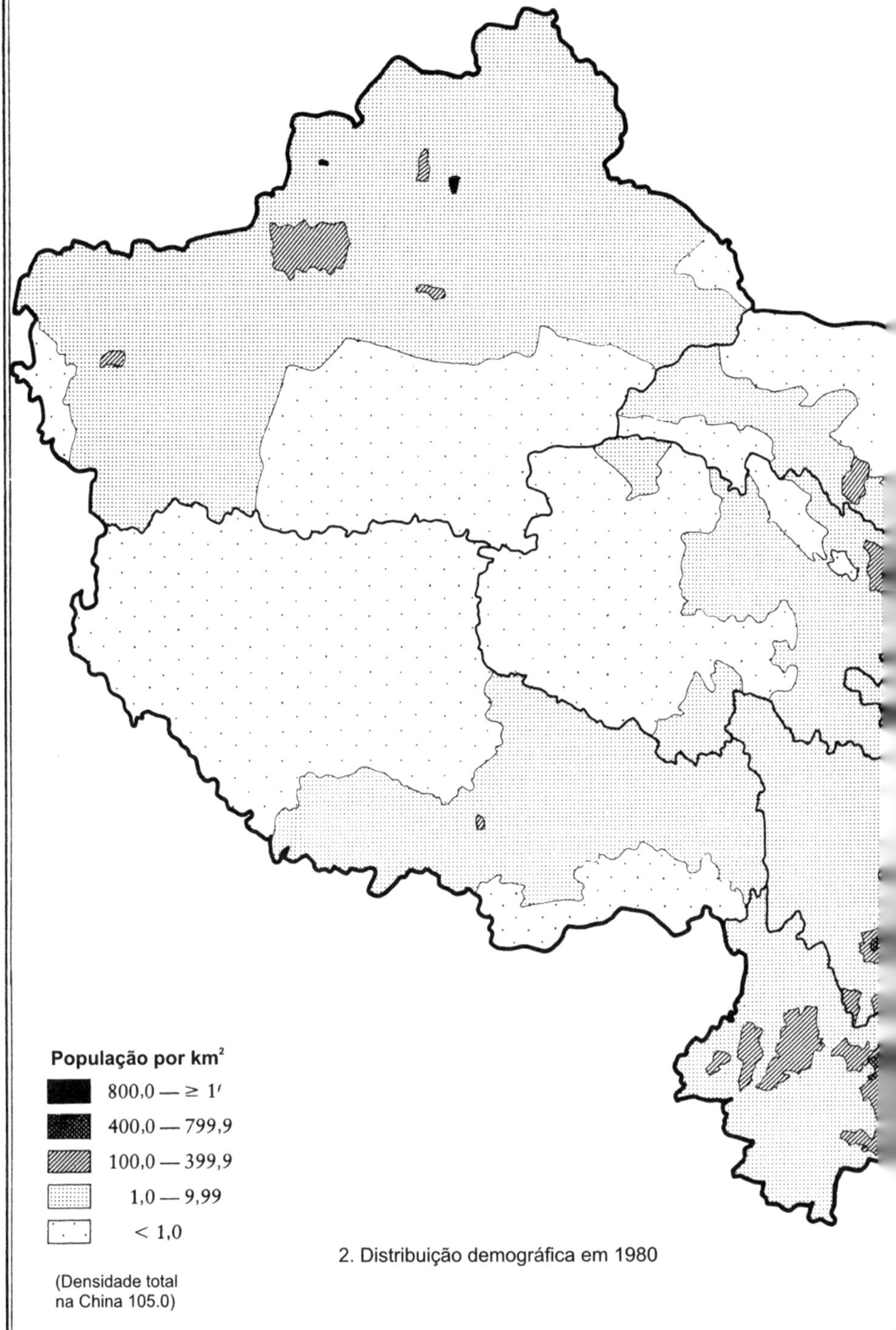

2. Distribuição demográfica em 1980

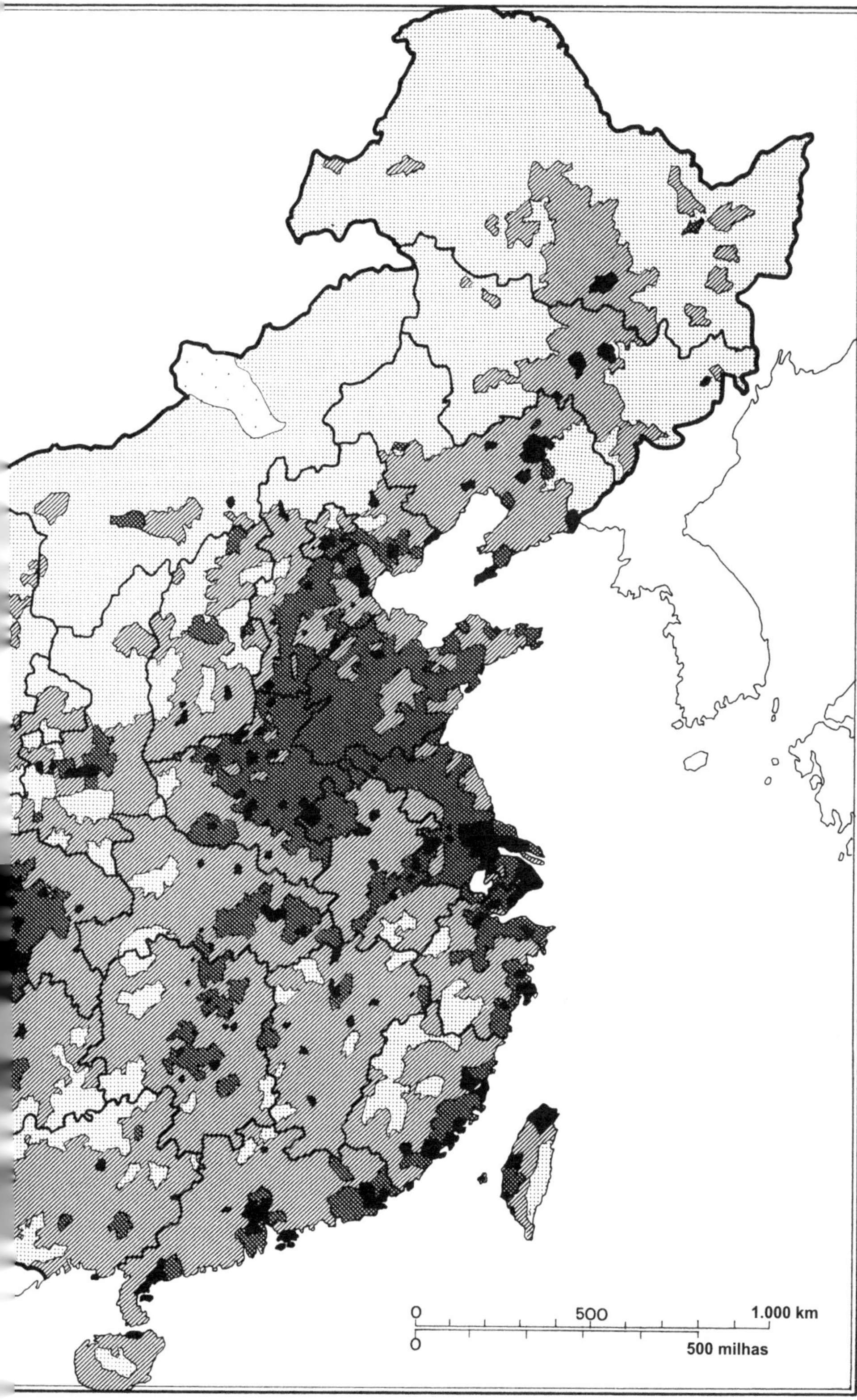
0
500
1.000 km
0
500 milhas

3. Características geográficas

erosão do solo em uma área periférica tenderão a produzir água para a área central, aumentando ainda mais a diferença entre elas em relação à fertilidade do solo.

Os limites precisos e as inter-relações dessas macrorregiões analiticamente criadas serão refinados e aperfeiçoados. Elas são úteis para os historiadores por refletirem a realidade econômica de forma mais precisa do que as províncias políticas. Na verdade, as fronteiras das províncias foram estabelecidas não para fortalecer os fatores econômicos, mas para contê-los. Assim, o fecundo delta do Yangzi é dividido entre as províncias de Zhejiang, Jiangsu e Anhui de tal forma que o poder econômico proeminente da região não esteja subordinado a uma única província governamental, que poderia vir a controlar o Estado.

As macrorregiões centralizam-se em canais que podem ser utilizados como transporte comercial. Na era moderna, grandes cidades – Guangzhou, Shanghai, Wuhan e até mesmo Tianjin – desenvolveram-se com a união do comércio marítimo ao comércio interno feito por meio de canais. Contudo, o comércio externo da China, até há pouco tempo, raramente supria as grandes expectativas dos comerciantes estrangeiros. Com uma superfície que se estende do extremo norte ao sul, compreendendo desde a latitude do Canadá até a de Cuba, a China permanece um subcontinente em grande parte auto-suficiente. Esquecemos com facilidade que Shanghai, na foz do rio Yangzi, encontra-se na latitude temperada de Nova Orleans e de Suez, enquanto Guangzhou, no rio Oeste, situa-se nos trópicos, na latitude de Havana e Calcutá.

Apesar da imensidão e da diversidade do cenário chinês, esse subcontinente permaneceu como uma só unidade política – ao contrário da Europa – justamente devido a um estilo de vida e um sistema de governo muito mais enraizado do que os nossos e que remontam de forma ininterrupta ao passado.

O ser humano na natureza

Todos os elementos da civilização – sejam pessoas ou traços culturais – reunidos na China tornaram-se partes integrantes do estilo de vida chinês; estilo nutrido, condicionado e limitado pela escassa oferta de terra fértil e pela sua utilização. Para citar apenas um exemplo, desde a época neolítica (doze mil anos atrás) até os dias de hoje, os habitantes do Norte da China vêm construindo casas em poços ou cavernas, usando para isso a terra fina e amarela trazida pelo vento e que cobre cerca de 1.600 km² no Nordeste da China, alcançando uma profundidade de cinqüenta metros ou mais (ver Mapa 3). A terra dispõe de uma propriedade de fissura vertical ideal para essa finalidade. Centenas de milhares de pessoas ainda vivem em cavernas escavadas nas encostas das ribanceiras formadas por esse tipo de solo; as casas são frescas no verão, quentes no inverno e são perigosas apenas em caso de terremoto.

Os chineses desmataram suas florestas, assim como outros povos primitivos e recentes pioneiros norte-americanos fizeram. A erosão causada ao longo dos séculos modificou o perfil do país e ainda hoje permanece um grande problema. O depósito de terra trazido pela água do rio Amarelo fez surgir uma grande planície alagada

4. Províncias

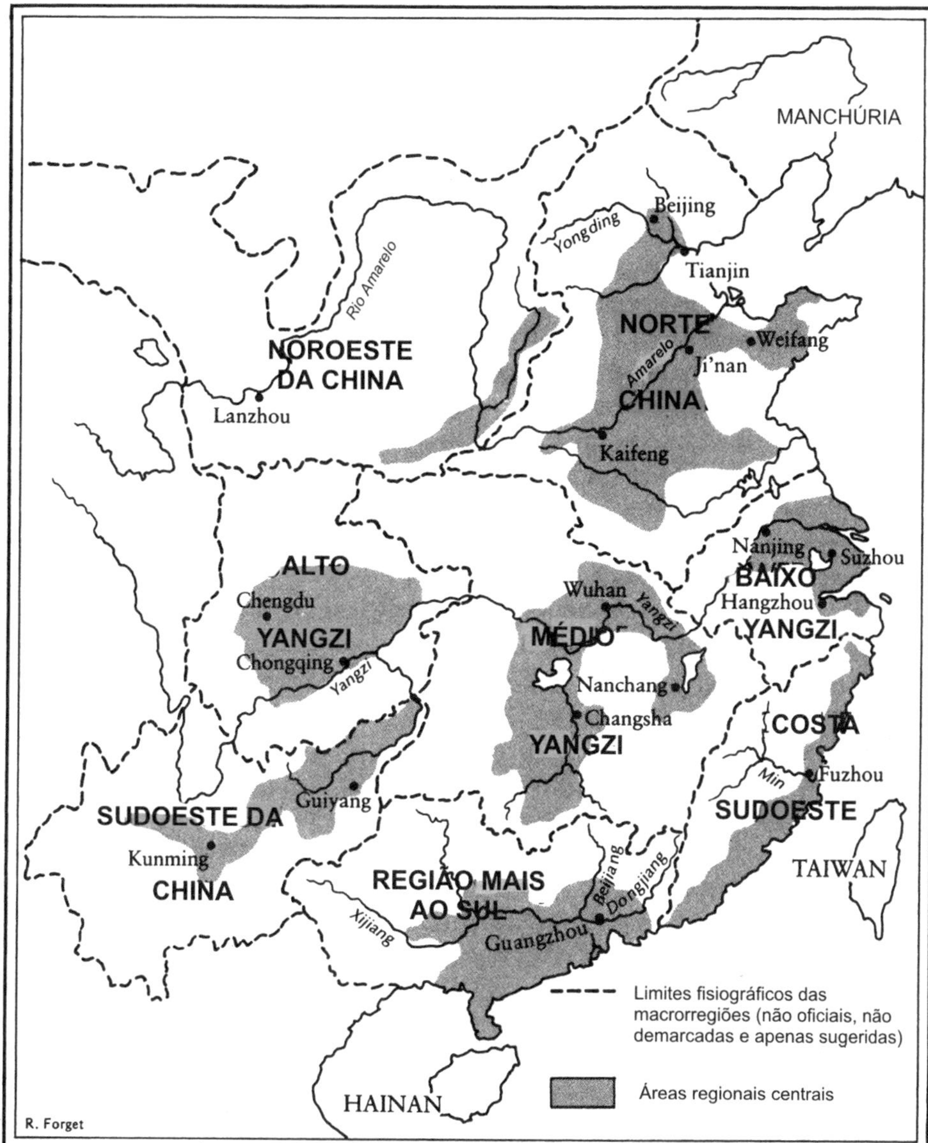

5. Macrorregiões

entre a província de Shanxi e o mar, e o processo continua. Nada pode demonstrar de forma mais evidente a impotência do homem diante da natureza do que assistir a enchente do rio Amarelo – águas escuras e revoltas fluindo majestosamente pelos grandes diques de terra, sete metros acima do nível do mar, pela planície superpopulosa situada a 320 km da costa. Essa enorme corrente amarela vem depositando sedimento e tornando o leito do rio mais alto que os campos ao seu redor, e, em algum momento, por negligência humana ou ato de Deus, os diques não mais conterão a água e a planície será inundada.

O desmatamento, a erosão e as inundações são questões constantes que se impõem ao esforço humano que visa conter a água. O plantio de árvores e a drenagem dos tributários ao longo do rio Amarelo são iniciativas recentes da República Popular da China. Em períodos anteriores, os governantes chineses deparavam-se, a cada época de inundação, com as águas invadindo vigorosamente a planície do Norte da China. Nos tempos pré-históricos a inundação da planície era menos problemática do que a recuperação do estado anterior da área, úmida e pantanosa; as técnicas de contenção de água foram desenvolvidas tanto para a drenagem como também para a prevenção de enchentes e irrigação. Nesse sentido, foi preciso muito trabalho ao longo de várias gerações para chegar às condições atuais, contando com uma terra protegida por diques, entrecortada por canais e estradas, irrigada por rios e poços, dividida por trilhas e ocasionalmente com bosques remanescentes.

Essa terra que a China moderna herdou é utilizada em quase sua totalidade na produção de alimentos para o consumo humano. A China (diversamente da Ásia Interior; ver a seguir) não tem condições de se dedicar à criação de gado para consumo humano. Da terra que pode ser utilizada, nove décimos se destinam ao plantio e só cerca de 2% aos pastos para os animais. Nos Estados Unidos, apenas quatro décimos da terra utilizável são destinados ao plantio e quase metade dela é usada como pasto.

As implicações sociais da agricultura intensiva podem ser observadas, de forma mais clara, na rizicultura, que é a espinha dorsal da cultura chinesa em toda a área do vale Yangzi e do Sul do país. O arroz costuma ser semeado em canteiros no primeiro mês, enquanto outros grãos são cultivados e colhidos nos campos secos. Os campos são então irrigados, fertilizados e arados (aqui o búfalo pode suplementar o trabalho do homem) na preparação para o transplante das mudas de arroz. Esse transplante é feito ainda em grande parte de forma braçal, com filas de lavradores curvados caminhando passo a passo para trás com os pés mergulhados até o tornozelo na lama dos terraços. Isso ocorre nos arrozais de todo o subcontinente – sem dúvida, o maior esforço muscular do mundo. Quando a plantação está livre de pragas e com o grão em plena maturação, o terreno é drenado e a colheita é efetuada também de forma braçal. Com um suprimento ilimitado de água e de mão-de-obra, não há qualquer possibilidade de colheita maior do que essa por área plantada. Nessas condições, a terra é economicamente mais valiosa do que o trabalho, ou melhor, há mais abundância de força humana do que de terra adequada. Na ausência de terra e de capital para a utilização de métodos de produção agrícola em larga escala, os camponeses direcionam-se para o cultivo intensivo – rentável e conduzido de forma artesanal – em vez da agricultura extensiva mecanizada.

A utilização massiva da força de trabalho e de fertilizantes em pequenas áreas teve repercussões sociais ao criar uma interdependência viciosa entre densidade populacional e uso intensivo do solo. Uma alta densidade demográfica fornece tanto o incentivo para a cultura intensiva da terra quanto os meios para adotá-la. Tão logo foi implantado, esse tipo de economia alcançou seu momento de inércia – e perpetuou-se. O trabalho braçal pesado realizado por muitos lavradores tornou-se o padrão, e o trabalho criativo para poupar esforço converteu-se em uma exceção. Os primeiros modernizadores da China, em seu esforço para incorporar a maquinaria, chocavam-se constantemente contra os interesses da mão-de-obra braçal chinesa, visto que, a curto prazo, a maquinaria parecia estar competindo com mãos e dorsos humanos. Assim, as ferrovias eram criticadas por gerarem a perda do emprego dos carreteiros e carregadores e não havia qualquer incentivo para invenções que propiciassem a redução do esforço físico.

Esse equilíbrio desfavorável entre população e terra teve também outras implicações. A pressão sofrida por uma população crescente levou muitos camponeses, no final do período imperial, a trocar a produção de grãos para a produção de colheitas mais comerciais (como o algodão ao longo do delta do Yangzi). Isso oferecia maior retorno por área de terra, mas não em termos de trabalho individual diário. Tratava-se de uma estratégia de sobrevivência – denominada "involução" por Philip Huang (1990, 1991) – com a possibilidade de uma comercialização substancial sem, contudo, propiciar o desenvolvimento capitalista moderno nem libertar os camponeses chineses de uma vida de subsistência.

A ecologia dos chineses – sua adaptação ao ambiente físico – influenciou sua cultura de várias maneiras. A vida nas grandes planícies alagadas ao longo do rio sempre foi dura. "O céu nutre e destrói" é um adágio popular antigo. Nas faixas extensas da planície, os pacienciosos camponeses ficavam à mercê das condições climáticas, dependendo da dádiva divina do sol e da chuva. Eles eram forçados a aceitar as calamidades naturais, que surgiam na forma de secas, inundações, pestes e fome. Isso significou um contraste gritante em relação aos europeus, que viviam em uma terra de topografia bem variada. Os povos do Ocidente, tanto do Mediterrâneo quanto do continente europeu, não se encontravam nunca muito longe de uma fonte hídrica e podiam quase sempre suplementar a agricultura com a caça ou a pesca, contanto que tivessem iniciativa. Desde tempos remotos, o comércio marítimo desempenhou papel integrante nas economias ocidentais. A exploração e os inventos na área de comércio tornaram-se parte do esforço ocidental para se sobrepor à natureza.

Essa diferença entre o Ocidente e o Oriente na relação do povo com a natureza representa um dos contrastes mais explícitos entre as duas civilizações. O homem sempre ocupou a posição central no palco ocidental. A natureza restante serviu ora como pano de fundo ora como adversária. Assim, a religião ocidental é antropomórfica, e a pintura primitiva ocidental, antropocêntrica. Para se ter uma idéia do quanto isso representa, basta comparar o cristianismo com o budismo, de caráter um tanto impessoal, ou comparar a paisagem Song, com suas pequenas figuras humanas diminuídas em meio à magnitude de rios e penhascos, aos primitivos italianos, nos quais a natureza é apenas um detalhe.

Conviver tão de perto com membros da família e vizinhos fez com que os chineses se acostumassem a uma vida coletiva, o grupo normalmente prevalecendo sobre o indivíduo. Quanto a isso, a experiência dos chineses até há pouco quase não difere da de outros povos agrícolas que se estabeleceram há muito em suas terras. O individualista moderno é uma exceção, seja ele um navegante, um pioneiro ou aquele que se aventura em um centro urbano. Um espaço só para si mesmo, mais fácil de encontrar no Novo Mundo do que no Oriente populoso, simbolizava um padrão de vida melhor. Assim, uma generalização comumente feita sobre a China diz respeito à absorção do indivíduo não apenas pela natureza, mas também pela coletividade.

Hoje, o equilíbrio entre a sociedade chinesa como um todo e o lindo ambiente natural que a cerca está sendo destruído pela modernização. Produtos químicos e dejetos industriais poluem a água, enquanto a utilização de carvão betuminoso como fonte de energia polui o ar. O aumento predominante da população jovem com uma expectativa de vida crescente não poderá ser contido antes de várias décadas. Nesse ínterim, o desmatamento e a erosão, bem como a construção de novas estradas, habitações e instalações, estão destruindo a terra fértil. O maior e mais populoso país do mundo está se dirigindo para um pesadelo ecológico que só poderá ser contornado com um grande esforço coletivo.

O vilarejo: família e linhagem

A fim de entender a China nos dias atuais, faz-se necessária uma abordagem antropológica que analise o ambiente familiar e urbano no qual a China moderna começa a emergir. Até os dias de hoje, o povo chinês é composto em sua maioria por camponeses que cuidam da terra; a maior parte deles vive em vilarejos, em casas erguidas com tijolos artesanais, bambu, vime ou por vezes pedra. O piso é de terra ou pedra, e as janelas costumam ser de papel, e não de vidro. Com freqüência, metade de sua renda é gasta com alimentação. Os chineses ainda carecem do luxo do espaço físico. As casas dispõem em geral de quartos com quatro divisões, cada uma delas para três pessoas. Algumas vezes, os membros da família de ambos os sexos e de duas a três gerações dividem a mesma cama de alvenaria, que, no Norte da China, pode ser aquecida pelo encanamento do fogão próximo a ela. Comem pouca carne. A força física prevalece sobre a máquina em quase todas as tarefas.

Para os americanos e europeus acostumados a um alto padrão de vida, a característica mais intrigante dos camponeses chineses é sua capacidade de manter uma vida altamente civilizada em condições tão pobres. A resposta para isso se encontra nas instituições sociais chinesas, que têm conduzido os indivíduos de cada família pelas diversas fases e vicissitudes da vida humana de acordo com padrões de comportamento profundamente enraizados. Essas instituições e normas comportamentais estão entre os mais antigos e duradouros fenômenos sociais do mundo. A China preserva o sistema familiar como uma fortaleza, sistema que lhe fornece força e inércia.

Até bem pouco tempo, a família chinesa era um microcosmo, como um Estado em miniatura. A família, não o indivíduo, representava a unidade social e o elemento responsável pela vida política e pela sua localidade. A devoção e a obediência dos filhos, incutidas no seio familiar, propiciaram a formação da lealdade para com o governante e a obediência para com a autoridade constituída no Estado.

A função da família de criar seus filhos para se tornarem leais servidores pode ser compreendida pelo padrão de autoridade dentro do tradicional grupo familiar. O pai era um autocrata supremo, tendo o controle sobre a utilização de todo o patrimônio familiar e toda renda, bem como a decisão sobre os casamentos arranjados de seus filhos. A mistura de amor, medo e admiração das crianças pelos seu pais era reforçada pelo respeito aos mais velhos. A perda do vigor físico de um idoso era mais do que contrabalançada com sua sabedoria. Contanto que permanecesse em perfeitas condições mentais, o patriarca tinha o aval para exercer o domínio da vida familiar. De acordo com a lei, ele podia vender seus filhos como escravos ou até mesmo executá-los por conduta imprópria. Mas os pais chineses eram por costume e por natureza extremamente amáveis em relação às crianças e se submetiam a um código de responsabilidade recíproca em relação a elas pelo fato de estas serem membros integrantes da família. Contudo, a legislação e o costume forneciam pouca fiscalização para a tirania paterna caso algum pai decidisse exercê-la.

A dominação do mais idoso sobre o mais jovem na cultura familiar antiga acompanhava a dominação do homem sobre a mulher. Até hoje, bebês meninas são mais propensas a sofrer infanticídio do que meninos. O casamento de uma menina era arranjado e jamais era uma união por amor. A trêmula noiva deixava sua família para trás e tornava-se de imediato uma nora sob o controle da mãe do marido. Ela poderia se deparar com esposas secundárias ou concubinas em sua casa, sobretudo se não desse à luz um herdeiro menino. Ela podia ser repudiada pelo marido por inúmeros motivos. Se ele morresse, ela dificilmente poderia se casar outra vez. Tudo isso refletia o fato de a mulher não ter independência econômica. Seu trabalho era absorvido por tarefas domésticas, o que não lhe garantia renda alguma. As mulheres do campo eram quase totalmente analfabetas. Tinham pouco ou nenhum direito sobre a propriedade.

A condição inferior da mulher era uma mera manifestação da natureza hierárquica de todo o código social da China e de sua cosmologia. A China pré-moderna concebia o mundo como o produto resultante de dois elementos complementares que interagiam, *yin* e *yang*. *Yin* era o atributo de todos os elementos femininos: obscuro, fraco e passivo. *Yang* era o atributo masculino: brilhante, forte e ativo. Embora o masculino e o feminino fossem necessários e complementares, um era por natureza passivo em relação ao outro. Com base nesses fundamentos ideológicos, uma sucessão interminável de moralistas chineses homens construiu um padrão comportamental de obediência e passividade para a mulher. Esses padrões faziam com que as meninas se subordinassem aos meninos desde a infância e mantinham a esposa sujeita ao marido, e a mãe, ao seu filho adulto. As mulheres com personalidades mais fortes, que nunca faltaram na China, costumavam controlar suas famílias indiretamente, e não pelo exercício direto de poder.

O *status* dentro da família era codificado por meio dos famosos "três laços" enfatizados pelos filósofos confucionistas; o laço da lealdade por parte de quem estava subordinado ao governante (ministro ou príncipe), o da obediência filial em relação aos pais e o da castidade por parte só das esposas. Para um ocidental igualitário, o que mais surpreende nessa doutrina é o fato de dois dos três tipos de relacionamentos pertencerem à família, e todos entre superior e subordinado. A relação entre mãe e filho, que no Ocidente admite a dominação materna, não era enfatizada pela teoria, embora fosse importante.

Quando um pai se deparava com o início da individualidade e independência de seu filho, ele poderia temer que a tolerância pessoal egoísta pudesse causar algum distúrbio no seio familiar. Fortes laços de intimidade entre mãe e filho ou filho e esposa ameaçavam as diretrizes verticais de lealdade e respeito que mantinham a família sob a autoridade do marido. No resumo de Jonathan Ocko (*in* Kwang-Ching Liu, 1990), as esposas eram "elementos desestabilizadores inevitáveis", assegurando a descendência, porém ameaçando o laço de obediência entre pais e filhos.

Além do laço comum de lealdade à família, a China pré-moderna estava unida pela experiência comum de uma elite local educada no mais alto padrão, que tinha como compromisso desde a infância estudar e seguir os textos e ensinamentos clássicos. O cuidado materno e a disciplina paterna uniam-se para concentrar o esforço escolar dos jovens no autocontrole e na supressão do sexo e de impulsos frívolos. Como ressalta Jon Saari (1990) em seu estudo sobre a infância da elite no final do século XIX, o treinamento dos jovens baseava-se acima de tudo na obediência. Tão logo um menino entrasse na adolescência, o afeto recebido pelos pais era substituído por um treinamento intensivo direcionado à formação de seu caráter.

O sistema da tradicional família chinesa era muito bem-sucedido quanto ao preparar seus filhos para aceitar padrões de *status* similares em outras instituições, incluindo a hierarquia oficial do governo. O sociólogo alemão Max Weber definiu a China como um "estado familístico". Uma vantagem do sistema de *status* é a consciência que o homem possui referente à posição que ocupa na família ou na sociedade. Ele tem a certeza de que, se cumprir sua parte, como lhe foi estabelecida, contará com uma atitude recíproca por parte das outras pessoas.

Dentro da família no sentido mais amplo, cada criança via-se envolvida desde o nascimento em um sistema altamente ordenado de relações de parentesco. Essas relações incluíam os irmãos e as irmãs mais velhos, as esposas dos irmãos mais velhos por parte de mãe, tias, tios, primos e avós, além de uma lista interminável – e de difícil compreensão para um ocidental – de outros tipos de parentesco que se incorporavam à família por intermédio do casamento. Esses relacionamentos não eram apenas mais bem definidos e diferenciados do que os do Ocidente, mas também demandavam uma série de direitos e deveres de acordo com o seu *status*. Os membros da família deveriam ser chamados pelo termo que indicasse de modo correto o nível de parentesco por quem estava lhe dirigindo a palavra.

No Sul da China, o antropólogo pioneiro Maurice Freedman (1971) descobriu que as linhagens familiares eram as principais instituições sociais – cada qual uma comunidade de famílias que reivindicava a descendência de um ancestral fundador, mantendo propriedades ancestrais e unindo-se em rituais periódicos em túmulos e mausoléus. Contando com o apoio de genealogias, os membros de uma linhagem podiam compartilhar interesses comuns tanto econômicos quanto políticos dentro da sociedade local. No Norte da China, entretanto, os antropólogos descobriram linhagens organizadas de forma distinta. A organização de parentesco chinês varia de região para região. As práticas familiares no que tange ao patrimônio, dotes de casamento, enterro ou cremação e afins também têm uma história complexa, cujo mapeamento está apenas começando.

O sistema de parentesco chinês tanto no Norte quanto no Sul é patrilinear, com o comando familiar passando na linhagem masculina do pai para o filho mais velho. Assim, os homens perpetuam a família, enquanto as mulheres se casam e passam a pertencer a outras famílias, em nenhum dos casos seguindo o padrão de vida dos ocidentais. Até recentemente, um menino e uma menina chinesa não escolhiam seus cônjuges e nem mesmo hoje em dia costumam estabelecer após o casamento uma família independente. Ao contrário, em geral passam a pertencer à família paterna do marido e assumem a responsabilidade de mantê-la, subordinando a vida matrimonial à vida familiar. Para muitos ocidentais, essa estrutura familiar pareceria insuportável.

O comando familiar é transmitido totalmente do pai para o filho mais velho, porém não o patrimônio. Nos primórdios de sua história, os chineses abandonaram o direito do primogênito à herança, por meio do qual o filho mais velho herdava todo o patrimônio do pai enquanto os filhos mais novos tinham de buscar outras fontes de renda. A dimensão dessa mudança institucional pode ser observada ao se comparar a China a países como a Inglaterra ou o Japão, onde os filhos mais novos que não compartilhavam o patrimônio do pai forneciam funcionários para o governo, para os negócios e para impérios além-mar, e onde uma nobreza local podia florescer para desafiar o poder central. Na China, a divisão igualitária da terra entre os filhos permitia ao filho mais velho manter apenas algumas prerrogativas cerimoniais, de forma a indicar sua posição, e algumas vezes uma parcela extra do patrimônio. O loteamento conseqüente da terra tendeu a enfraquecer sua manutenção contínua pela família, a fortalecer o poder dos funcionários do governo e a manter famílias camponesas à beira da subsistência. A principal tarefa de um casal era ter um filho homem para manter a linhagem familiar, pois o nascimento de mais filhos levaria ao empobrecimento da família.

Contradizendo o mito generalizado, uma família com muitos filhos não era uma norma entre os camponeses chineses. A carência de terra, como também a doença e a fome, limitava o número de pessoas que sobreviviam em cada unidade familiar. A grande família agregada, formada pelos filhos homens casados, cada qual com muitos rebentos e todos dentro de uma mesma unidade, com freqüência considerada típica na China, parece ter sido uma exceção ideal, um luxo das famílias mais prósperas. A média de uma família camponesa limitava-se a quatro, cinco ou seis pessoas no total. A divisão da terra entre os filhos homens constantemente restringia a acumulação de propriedade e poupança, e a família tinha pouca chance de ascender na escala social. Os camponeses ficavam presos à terra, não tanto pela lei ou pelo costume, mas em virtude de serem numerosos.

O vilarejo agrícola, até hoje o berço da sociedade chinesa, é formado ainda por unidades familiares que se perpetuam de geração em geração. Cada família representa uma unidade socioeconômica. Seus membros provêm o seu sustento por meio do trabalho no campo e adquirem seu *status* social pela família à qual pertencem. O ciclo de vida do indivíduo está ainda intrinsecamente interligado ao ciclo da agricultura intensiva ao qual aquela terra é submetida. A vida e a morte dos habitantes desses vilarejos seguem um ritmo que interpenetra no crescimento e na colheita dos produtos.

Contudo, a vida do camponês chinês, em geral, não se restringe a um vilarejo único, e sim a um grupo de vilarejos que forma um centro comercial. Com uma visão aérea pode-se observar esse padrão – a estrutura celular de comunidades comerciais, cada uma partindo de um centro comercial que vai formando anéis de vilarejos satélites ao redor do centro. O interior da China antes da revolução parecia uma colméia constituída por essas áreas, que eram relativamente auto-suficientes. Tomando por base o centro de comércio, trilhas (ou por vezes canais) irradiavam-se para um primeiro anel de cerca de seis vilarejos, continuando até um segundo anel de, digamos, doze vilarejos. Cada um desses dezoito ou mais vilarejos contava com cerca de 75 famílias, e cada família tinha uma média de cinco pessoas – os pais, às vezes dois filhos, o avô ou avó. Nenhum vilarejo ficava a uma distância maior do que cerca de quatro quilômetros do centro comercial, possibilitando que o trajeto de ida e volta fosse feito em apenas um dia em transporte de vara, carroça ou jumento (ou uma balsa pelo canal). Juntos, os agricultores e os lojistas do centro comercial, os artesãos, os proprietários de terra, os monges dos templos e outros formavam uma comunidade de aproximadamente 1,5 mil famílias ou 7,5 mil pessoas. O centro comercial funcionava periodicamente – a cada primeiro, quarto e sétimo dia de um ciclo de dez dias. Dessa forma, os mercadores itinerantes podiam visitá-lo com regularidade, quando visitavam o mercado central e as aldeias comerciais vizinhas, a oito quilômetros de distância, que funcionavam em ciclos semelhantes – a cada segundo, quinto e oitavo dia ou a cada terceiro, sexto e nono dia. Com essa periodicidade, uma pessoa de cada família podia ir ao centro comercial a cada terceiro dia do ciclo, talvez para vender algum item local ou comprar algum produto de fora, mas também para encontrar amigos em uma casa de chá, em um templo ou ao longo do caminho. Em um período de dez anos, um agricultor teria ido ao centro comercial um total de mil vezes.

Assim, embora os vilarejos não fossem auto-suficientes, o grande centro comercial representava tanto uma unidade econômica quanto um universo social. Com freqüência, os casamentos eram arranjados por intermédio dos casamenteiros no centro comercial. Lá eram celebrados os festivais, sediados os encontros de sociedades secretas e lá a comunidade de camponeses tinha contato com os representantes da classe dominante – coletores de impostos e de aluguéis. Porém, pesquisas recentes alteraram esse estereótipo. Prasenjit Duara (1988) salientou o fato de os habitantes dos vilarejos participarem de redes diversas – de relações de parentesco, sociedades secretas, cultos religiosos, grupos de milícia ou do sistema de segurança de responsabilidade mútua – que não eram formadas necessariamente como uma extensão da rede comercial.

A Ásia Interior e a China: a estepe e a semeadura

Os contrastes entre o Norte e o Sul da China são superficiais em comparação com os contrastes entre o nomadismo pastoral dos planaltos da Ásia Interior e os vilarejos chineses, que têm por base a agricultura intensiva. A Ásia Interior demarca as regiões originariamente não-chinesas em um arco amplo que se estende da Manchúria até a Mongólia e do Turquestão ao Tibete. Em diversos períodos de poder e conquista, o império chinês englobou a Ásia Interior, mais tarde incorporada pela República Popular da China. O povo que habita essa região, como os mongóis, tibetanos e manchus, figuram entre as 55 minorias étnicas que formam a RPC.*

O contraste entre a Ásia Interior e a China é gritante em quase todos os aspectos. Na estepe, a população é esparsa; atualmente há apenas poucos milhões de mongóis e um número um pouco maior de tibetanos nas regiões áridas dos planaltos, uma área quase igual à superfície ocupada por mais de um bilhão de chineses, cujos ancestrais remontam à dinastia Han (ver Tabela 1). A esparsa população da Ásia Interior por si só já torna a vida dos nômades que habitam as estepes bem diferente da vida dos chineses.

O "nomadismo" não significa vagar sem rumo pelas campinas, mas sim uma migração sazonal para as colinas no inverno e para as terras baixas no verão, de acordo com o clima e a chuva, à procura de pasto. Esses nômades, dependentes de seus cavalos e de seus rebanhos, podem ter-se originado de sociedades seminômades ao redor da estepe, que, no início, dedicavam-se à cultura agrícola aliada à caça e à guerra. Ambas adquiriram conhecimento metalúrgico em bronze e depois em ferro.

Assim como a agricultura intensiva moldou a vida dos chineses, a economia baseada na criação de carneiro e cavalo da Ásia Interior condicionou a vida dos nômades. A tecnologia sofisticada da cultura de arroz nas plantações do Sul da China teve sua contrapartida no cuidado com o rebanho de carneiros, cabras, camelos, cavalos e gado, já que cada tipo de animal deveria adaptar-se, de modo apropriado, às características da superfície do solo, do tipo de terreno e do clima da estepe.

---

* Os primeiros exploradores ocidentais citavam os desertos e as montanhas a oeste da China e ao norte da Índia como sendo parte da "Ásia Central". Assim, a Ásia Interior – a área interna em relação à China – inclui a Ásia Central.

Tabela 1. Principais períodos na China Imperial

Zhou Oriental	771-256 a.C.
Reinos Combatentes	403-221 a.C.
Qin	221-206 a.C.
Início do Han	206 a.C.-8 d.C.
Final do Han	25-220
Período da desunião do Norte e do Sul	220-589
Wei do Norte	386-535
Sui	589-618
Tang	618-907
Song do Norte com império Liao (Qidan) na fronteira norte	960-1125
Song do Sul com império Jin (Ruzhen) no Norte da China	1127-1279
Yuan (mongóis)	1279-1368
Ming	1368-1644
Qing (manchus)	1644-1912

Com os seus rebanhos, o nômade assegurava seu alimento, a lã de carneiro para sua vestimenta, o couro para montar seu abrigo e o combustível na forma de estrume. Como o cultivo do solo não era confiável, ele dependia da criação de seus animais e de seus cavalos, que lhe garantiam a mobilidade para fugir da aridez da estepe. Necessitava, portanto, buscar recursos e estar pronto para novas aventuras. O hábito não o fixava à terra, embora dependesse de um mínimo de comércio com regiões povoadas. Costumava ser mais livre do que o agricultor chinês e, ao mesmo tempo, mais pobre do que o latifundiário, já que não lhe era possível acumular bens imóveis de geração em geração. Como caçador e cavaleiro experiente, o nômade era também um guerreiro em potencial.

A sucessão na liderança tribal tinha de ser estabelecida não pela hereditariedade, como nas dinastias, mas de maneira mais flexível – a eleição de um herdeiro que demonstrasse habilidade proeminente de levar adiante sua liderança. Esse homem poderia vir, patrilinearmente, dos filhos do chefe ou, lateralmente, dos filhos dos irmãos do chefe. Esse sistema ambíguo justificava as escolhas dos líderes tribais. Eles aceitariam um líder capaz, e portanto um chefe carismático como Chinggis (Gêngis) Khan no século XIII poderia organizar com facilidade uma confederação tribal de grande poderio militar assegurada pelo poder de fogo dos arqueiros montados. Até há pouco tempo, os povos nômades e seminômades do Norte e Oeste da China participavam da vida política e militar chinesa.

Podemos encontrar aqui a fonte da "culturalização" da China, ou seja, a devoção do povo chinês pelo seu estilo de vida, um sentimento tão forte quanto o nacionalismo político de épocas recentes na Europa. Enquanto o nacionalismo europeu surgiu por meio do contato e do exemplo de outros estados-nação, a culturalização chinesa originou-se da diferença de cultura entre a China e os bárbaros da Ásia Interior. Como os invasores guerreiros da Ásia Interior tornaram-se melhores, os chineses encontraram refúgio em suas instituições sociais e em sentimentos de superioridade em relação à própria cultura e à própria estética – atributos que não poderiam ser levados pelos forasteiros.

Cabe assinalar, portanto, que a história da China engloba tanto o povo chinês quanto os não-chineses da Ásia Interior que penetraram repetidas vezes no Estado chinês e na sua sociedade, tornando-se parte integrante da vida chinesa. Em suma, é preciso ampliar nossa visão: os povos da Ásia Interior desempenharam um papel crucial na história do povo chinês. Até hoje o Estado chinês vem concedendo às "regiões autônomas" de nacionalidades minoritárias mais área do que a destinada à maioria Han.

PRIMEIRA PARTE

Ascensão e declínio da autocracia imperial

Já que os historiadores, assim como os jornalistas, costumam generalizar sobre situações complexas, eles facilmente recorrem a figuras de governantes que desempenhem o papel de atores principais nos registros. Nomes abreviados ajudam – TR, FDR, IKE, JFK, até mesmo Bush, entre os presidentes americanos. Essa preeminência pode ser institucionalizada, caso, por exemplo, de todos os comunicados de uma embaixada, que devem ser divulgados em nome do embaixador. Quão mais proeminente, então, era o imperador da China, cujo título de reinado individual datava todos os registros – como se nosso calendário não marcasse 1991 e 1992, mas Bush 3 e Bush 4? Será preciso dizer que um imperador era um autocrata? O que mais poderia ter sido?

Autocracia, no entanto, é uma questão de grau e assume várias formas. Pode ser definida, no máximo, como a capacidade de um governante de impor sua vontade sobre o Estado e a sociedade, o que beira o despotismo ou a tirania. No mínimo, a autocracia está acima da lei; constitui-se em lei, fazendo leis específicas, mas não se submetendo a elas.

Em termos operacionais, no entanto, um autocrata como o imperador da China tinha de lidar com regras processuais, assim como com preceitos morais, além dos próprios interesses e reputação pessoal. Precisava da cooperação de seus funcionários e de informação e aconselhamento qualificados. Por exemplo, as regras processuais poderiam exigir que ele só agisse quando um assunto lhe fosse formalmente apresentado, ou apenas depois que outros tivessem preparado as opções dentre as quais deveria decidir. Contava com um excedente de pessoal que dormia em turnos. A liberdade individual, para esse tipo de autocrata, era praticamente inexistente, sobretudo numa era que exaltava os ritos e as cerimônias imperiais. Ele era sobrecarregado com muitas obrigações e manipulado pelo sistema – por sua corte, durante o dia, e por seu harém, à noite. Que vida atribulada!

Os aspectos da autocracia chinesa a serem descritos nos próximos capítulos, contudo, não serão os da árdua lida palaciana, mas alguns outros traços que parecem ter-se destacado no caso chinês. Em primeiro lugar, nota-se a completa *infiltração* da autoridade imperial. O imperador chinês parece ter tido a palavra final em todos os aspectos da vida. Em segundo, vemos a *politização* de todos esses aspectos, da vestimenta aos modos, dos livros às pinturas. Todo e qualquer ato poderia ter um significado político. Em terceiro, há a cuidadosa recusa do imperador de permitir o surgimento de qualquer autoridade rival, qualquer renda isenta de impostos que pudesse desafiar o *monopólio de poder* imperial. Em resumo, a instituição imperial chinesa era, por vezes, capaz de exercer uma liderança firme, e esse fato parece ter contribuído para as primeiras conquistas da China. Não podemos dizer que tudo foi obra do imperador – longe disso! –, mas podemos ver o vigor da instituição imperial como um indicador superficial do grau de coesão social e da unidade da China. Mas à medida que o tempo passava, por quanto tempo essa qualidade de forte liderança poderia resistir ao crescimento de uma sociedade politizada?

1

Origens: as descobertas da arqueologia

A China paleolítica

Uma das primeiras formas do imperialismo cultural do Ocidente em relação à China foi a crença de alguns eruditos e arqueólogos de que a civilização chinesa não tinha pré-história própria, de que ela teria surgido subitamente a partir da difusão de traços culturais da Ásia Ocidental – por exemplo, o trigo, a cerâmica, a escrita ou as carroças puxadas a cavalo –, como uma "civilização por osmose", proveniente pouco a pouco da Ásia Central a partir do Ocidente. Esses pressupostos, frutos da ignorância, há muito foram desbancados. A ênfase inicial na difusão de traços culturais deu lugar à percepção de que provavelmente houve contatos substanciais entre os homens primitivos ao longo das eras.

Um dos mais recentes progressos na China é o estudo da pré-história, por meio de escavações. Parte da modernização da China hoje reside no avanço contínuo da arqueologia, desde a década de 1920. Esforços de modernização realizados pelo governo nacionalista e também pelo comunista, como a mais recente fase da moderna revolução chinesa, foram igualados por descobertas científicas da pré-história chinesa. A história continua a se desenrolar, e sua importância está na continuidade cultural que ela revela. Traços distintivos da vida chinesa atual, como o governo autocrático, descendem diretamente dos tempos pré-históricos.

A China tem duas cadeias de montanhas no sentido norte-sul: uma ao longo da costa, indo de forma descontínua do Nordeste (antiga Manchúria), através da província de Shandong, e da costa Sudeste a Hong Kong e à ilha Hainan. A outra fica no interior, no lado leste do planalto da Ásia Central, indo da província de Shanxi para o sul, através de Sichuan, ao planalto do Sudeste da China. Mais a leste, em direção ao norte espraia-se a planície do Norte da China. Entre as montanhas de rochas calcáreas da planície, 27 milhas a sudoeste de Beijing, próximo à cidade hoje chamada Zhoukoudian, existem algumas cavernas. Uma delas, particularmente grande, era em sua origem do tamanho de um campo de futebol (152,4 por 45,72 metros, com cerca de 36,75 metros do chão ao teto). A partir de 400.000 A.P. (antes do presente) essa caverna, dotada de uma pequena entrada na parte nordeste, foi continuamente habitada por povos primitivos durante cerca de duzentos mil anos, até que seu interior ficasse cheio de camadas de detritos.

Que descoberta para os arqueólogos! Em 1921, um único dente proveniente do sítio arqueológico foi identificado como pertencente a uma espécie humana primitiva. O primeiro crânio foi achado em 1929. Cuidadosas escavações de 1921 a 1937 e desde 1959 exumaram em torno de cem mil utensílios de pedra, mais de cem dentes, quatorze crânios e muitos outros ossos, representando mais do que quarenta indivíduos do *Homo erectus*, a mesma espécie de humanos primitivos encontrada em Java (1891), na Europa, no Oriente Médio e na África.

Eram de pequena estatura. O Homem de Beijing tinha cerca de 1,52 m de altura, enquanto a Mulher de Beijing media cerca de 1,43 m. Possuíam ossatura do crânio muito espessa e queixos retraídos, mas sua capacidade craniana, de 850 a 1300 cm^3, pode ser comparada à do Homem de Java – 775 a 900 cm^3 – e à de 1350 cm^3 do primitivo *Homo sapiens*. Eram caçadores-pescadores-coletores e usavam fogo para iluminar a caverna e cozinhar alimentos, 70% dos quais consistiam de carne de veado, embora também tivessem sido achados ossos de leopardo, urso, tigre-dentes-de-sabre, hiena, elefante, rinoceronte, camelo, búfalo aquático, javali, porco-do-mato e cavalo. Não havia covas ou esqueletos completos na caverna, mas alguns crânios estavam esmagados, o que sugere que o Homem de Beijing foi, durante um curto período, um canibal que saboreava cérebros. Em suma, diz K. C. Chang (1985), os fósseis do Homem de Beijing foram "o grande achado paleontológico".

Outras descobertas se seguiram. Após 1949, a ampliação da construção de estradas, de ferrovias, represas e fundações desenterraram centenas de novos sítios arqueológicos. Outro crânio de *Homo erectus* foi descoberto em 1964, na província de Shaanxi, embora parecesse mais primitivo do que o Homem de Beijing. Utensílios de pedra lascada e fósseis humanos de um período compreendido entre 400.000 e 200.000 anos A.P. (durante o Paleolítico Inferior ou Anterior; ver Tabela 2) em uma dúzia de sítios ou mais mostram que o *Homo erectus* tinha se dispersado bastante pela China, sobretudo nas províncias da cadeia de montanhas situada a oeste. Um crânio foi encontrado em 1980-81 na província de Anhui, e parte de um esqueleto em 1984, em Liaoning. Outras descobertas continuam a ser feitas.

Tabela 2. A China pré-histórica

1.000.000-200.000 A.P.	Paleolítico Inferior (Anterior)
400.000-200.000 A.P.	*Homo erectus* (Homem de Beijing)
200.000-50.000 A.P.	Paleolítico Médio
	Homo sapiens Anterior
50.000-12.000 A.P.	Paleolítico Superior (Posterior)
	Homo sapiens sapiens
12.000-2.000 a.C.	Neolítico
8.000-5.000 a.C.	Início da agricultura
5.000-3.000 a.C.	Cerâmica Pintada de Yangshao

3.000-2.200 a.C.	Cerâmica Negra de Longshan
2.200-500 a.C.	Idade do Bronze
2.200-1750 a.C.	Xia
1750-1040 a.C.	Shang
1.100-256 a.C.	Zhou
600-500 a.C.	Início da Idade do Ferro

Todas as datas são aproximadas, exceto a de 256 a.C.
A.P. = antes do presente.

Em vários sítios escavados na década de 1970 foram achados restos do primitivo *Homo sapiens*, datando de algo entre 200.000 e 50.000 anos A.P. (o Paleolítico Médio). Por volta de 50.000 e 12.000 anos A.P. (o Paleolítico Superior ou Posterior), o *Homo sapiens sapiens* (o último modelo) estava amplamente disseminado por cerca de meia dúzia ou mais culturas locais da China. Ficavam, de um modo geral, nos pontos em que as montanhas desciam para as planícies e a caça podia ser combinada com a pescaria e a coleta. A julgar pelas ferramentas de pedra deixadas para trás, essas regiões culturais tinham traços comuns, mas também características locais distintas, mesmo nessa época primitiva. Os sítios incluem o vale central do rio Amarelo, a região de Ordos, o planalto de loess da província de Shaanxi e o lado ocidental da planície do Norte da China; por exemplo, a Caverna Superior de Zhoukoudian, nesse período mais recente, parece ter servido como cemitério. Sete crânios foram achados lá, todos quebrados. Arqueólogos como K. C. Chang concluíram que esse homem da Antiga Idade da Pedra, na China, não era um simples cortador de pedras; as idéias básicas de parentesco, autoridade, religião e arte que ainda hoje existem na China já estavam se desenvolvendo nessas culturas primitivas.

A China neolítica

A Idade Neolítica, que começou na China há cerca de doze mil anos, foi marcada pela expansão de comunidades agrícolas assentadas. Naquele tempo, os rios Amarelo e Yangzi ainda não tinham depositado todo o solo de aluvião que hoje constitui as planícies entre as cadeias de montanhas do oeste e do leste. A atual planície do Norte da China, entre Shanxi* e Shandong, costumava ser ocupada por lagos e pântanos – Shandong sendo quase uma ilha ao largo da costa. As atuais províncias de Hebei e Hunan ainda eram charcos pouco habitáveis. Enquanto isso, a seção central chinesa do Yangzi era um enorme lago. As atuais províncias de Hubei e Hunan ainda não eram cultiváveis, nem mesmo para o arroz. As montanhas

* São comuns os nomes de províncias com *shan* – montanhas, *xi* – oeste, *dong* – leste, *he* – rio, *bei* – norte, *nan* – sul e *hu* – lago. Shanxi é "oeste das montanhas". Hunan é "sul do lago".

eram cobertas de florestas e cheias de animais. A domesticação de animais como o cachorro e o porco era um problema menor, comparado à domesticação das colheitas. As resistentes plantas perenes que as comunidades de caçadores-pescadores-coletores talvez tivessem gradualmente começado a usar como alimento tiveram de ser substituídas por semeaduras anuais que pudessem ser plantadas e colhidas regularmente – ou seja, cultivadas. Nessa época, o clima ameno e úmido da China Paleolítica ainda não tinha mudado para o clima mais árido e frio dos dias atuais. A agricultura neolítica pôde começar mais facilmente em áreas marginais em que as florestas das montanhas deram lugar a pastos cultiváveis, onde plantas e animais em abundância podiam sustentar a vida humana com ou sem agricultura próspera.

Descobertas realizadas em milhares de sítios neolíticos mostram um começo de agricultura assentada abaixo da margem sul do rio Amarelo, numa fronteira entre montanhas cobertas de florestas e planícies pantanosas. Por exemplo, os aldeões de Banpo (agora na cidade de Xi'an), por volta de 4.000 a.C. viviam de sorgo, um tipo de milho, suplementado pela caça e pela pesca. Usavam o cânhamo como tecido. As habitações eram agrupadas em conjuntos que sugerem unidades de parentesco. Pontas de flecha indicam caça com arcos. Os aldeões criavam porcos e cachorros como principais animais domesticados e estocavam seus grãos em jarros de cerâmica decorados com desenhos de peixes, animais e plantas, além de símbolos que eram, evidentemente, marcadores de clãs ou linhagens. Mas essa cultura de "cerâmica pintada" (chamada Yangshao) do Norte da China era análoga às culturas contemporâneas encontradas em sítios da costa sudeste e Taiwan e também no vale do Yangzi, mais baixo, onde já existia a cultura de arroz.

Revestindo a cerâmica pintada foi encontrada uma cerâmica negra (chamada Longshan), bem fina e lustrosa, mais amplamente difundida ao longo do Norte da China, do vale do Yangzi e mesmo da costa Sudeste, indicando uma grande expansão da cultura neolítica com muitas subculturas regionais. Portanto, a China Neolítica parece ter se desenvolvido em vários centros, a partir de origens paleolíticas.

Outro feito da China Neolítica foi a produção de seda. Os minuciosos procedimentos da sericicultura foram praticados na economia agrícola chinesa ao longo da história. Como criar os bichos-da-seda com grandes quantidades de folhas de amoreira, como ajudá-los a atravessar os períodos de tranqüila incubação e então como girar os casulos e, por fim, como desembaraçar os casulos para produzir o fio de seda crua são partes de um ofício meticuloso. Os bichos comem cerca de cinqüenta quilos de folhas de amoreira para produzir em torno de sete quilos de casulos, dos quais sai cerca de meio quilo de seda crua. Essa indústria caseira começou no Norte da China nos tempos neolíticos e permaneceu um monopólio chinês até que, no século VI d.C., os bichos-da-seda foram contrabandeados para o Ocidente.

Escavação de Shang e Xia

Em torno de 1920, dentre as lendárias Três Dinastias da antiga China – Xia, Shang e Zhou (Chou) –, apenas Zhou era conhecida diretamente, a partir de seus próprios registros escritos. Os trinta reis e as sete capitais sucessivas da dinastia Shang foram listados em crônicas compiladas durante o período Zhou ou pouco depois. Muitos séculos mais tarde, antiquários da era Song ficaram interessados nos vasos ritualísticos de bronze herdados dos Shang, alguns deles com inscrições.

Porém, só em 1899 os estudiosos perceberam que os farmacêuticos chineses usavam "ossos de dragão" inscritos com caracteres arcaicos. Por volta de 1920, compradores particulares tinham rastreado esses "ossos oraculares" até um sítio próximo a Anyang, ao norte do rio Amarelo, na província de Henan. Em 1928, arqueólogos da Academia Sínica do Governo Nacional iniciaram escavações da última capital da dinastia Shang em Anyang – escavações que prosseguiram até o ataque do Japão à China, em 1937. Após 1950, uma das primeiras capitais Shang foi descoberta perto da atual Zhengzhou.

Nessas cidades que foram capitais da dinastia Shang, havia palácios reais e residências da classe dominante construídas com colunas e traves sobre plataformas de terra batida, no estilo arquitetônico básico que hoje admiramos na Cidade Proibida, em Beijing. Em Anyang foram encontradas as fundações de terra batida, duras como cimento, de 53 edifícios, com muitas bases feitas de pilares de pedra. Cômodos em poços subterrâneos serviam como depósitos ou alojamentos. Os aristocratas dispunham dos serviços de artesãos especializados em metalurgia do bronze, cerâmica e muitas outras artes altamente desenvolvidas. Os bronzes de Shang, jamais igualados em sua arte, ainda constituem uma das maiores realizações artísticas da humanidade. O rei de Shang contratava adivinhos que manejavam o sistema de escrita e verificavam os auspícios por meio da aplicação de um ponto quente que criasse rachaduras nas omoplatas do animal, interpretando-as como avisos dos ancestrais e inscrevendo os resultados nos ossos. Isso produziu os famosos "ossos oraculares" que levaram às escavações de Anyang. Cerca de cem mil desses ossos foram coletados. Perguntas e respostas inscritas nos ossos revelam que a aristocracia Shang desfrutava de uma vida refinada, lutando em carroças puxadas a cavalo, caçando por esporte, realizando ritos e cerimônias, enquanto era servida por escribas e artesãos e mantida pela agricultura dos camponeses dos vilarejos adjacentes, que moravam em poços subterrâneos. A sociedade Shang já era altamente estratificada.

No clima mais quente e úmido da época, o búfalo era o principal animal doméstico, e enormes rebanhos de gado devem ter sido mantidos para suprir os ossos para os adivinhos e as centenas de animais usados em sacrifícios ritualísticos. A reverência aos ancestrais era expressa pelos governantes sob a forma de uma observância religiosa inteiramente ritualizada. As câmaras de túmulos reais nas profundezas da terra eram abastecidas com objetos preciosos e com muitos sacrifícios de animais e humanos. K. C. Chang conclui que esses sepultamentos indicam com nitidez uma sociedade estratificada, na qual membros de uma classe inferior eram às vezes as vítimas de sacrifícios ritualísticos. As escavações de Anyang parecem ter revelado apenas o núcleo de uma área muito maior da capital. Outros sítios Shang também foram descobertos no Norte da China e em Sichuan.

O poder do rei Shang também foi atestado pelo uso de vastos contingentes de mão-de-obra humana destinados às obras públicas. A capital de Shang, em

Zhengshou, tinha uma parede grosseiramente retangular de cerca de seis quilômetros e meio e oito metros de altura, feita de terra batida. Socando finas camadas de terra dentro de uma fôrma móvel de madeira, obtinham um produto duro como cimento. Essa técnica de construção, descoberta inicialmente em sítios de Longshan, foi usada ao longo de toda a história da China. Três mil anos mais tarde, os muros das capitais da dinastia Ming (1368-1644 a.C.) em Nanjing e Beijing também foram construídos com terra batida. Tinham cerca de doze metros de altura e, respectivamente, 37 e 34 quilômetros de circunferência; eram maiores e revestidos de tijolos, mas também construídos por um grande contingente de trabalhadores. Em outras partes do mundo antigo, a força de trabalho das massas foi usada para construir muitas maravilhas, como as pirâmides do Egito, mas na China esse costume persiste ainda hoje.

Em 1959, escavações em Erlitou (na cidade de Yanshi, não longe de Luoyang e bem ao sul do rio Amarelo) revelaram outro sítio com amplos palácios que parece ter sido a capital da dinastia Xia. A cultura Erlitou disseminou-se pela região noroeste de Henan e do sul de Shanxi. Foi uma sucessora direta da cultura de Cerâmica Negra de Longshan e precedeu a Shang primitiva, com datação obtida por carbono de cerca de 2100 a 1800 a.C. Com essa identificação, ainda que precária, Xia e Shang, componentes das lendárias Três Dinastias, assumiram forma tangível. O que têm elas a nos dizer sobre as origens da China?

Primeiramente, parece ter havido uma transição bem suave das inúmeras aldeias neolíticas da cultura Longshan para as cidades capitais das Três Dinastias da Idade do Bronze, todas elas podendo ser vistas como fases sucessivas de um único desenvolvimento cultural. Observando-se as ferramentas e as armas, os potes e vasos de bronze, a domesticação de colheitas e animais, a disposição arquitetônica dos assentamentos e túmulos e as evidentes práticas de religião e governo, podemos perceber um alto grau de homogeneidade e continuidade culturais. Uma dinastia sucedeu à outra por meio de guerras, mas não há indícios de intrusão violenta por parte de uma cultura exterior. Além disso, Xia, Shang e Zhou estabeleceram seus centros em três diferentes áreas e parecem ter coexistido (ver Mapa 6). A "sucessão" Shang e Zhou consistiu em se tornar o centro dominante do antigo Norte da China.

Em segundo lugar, essas antigas capitais testemunham o poder de uma monarquia baseada na agricultura sedentária e fechada, e não no comércio móvel, por via aquática, com outras áreas. Certamente, conchas de cauri achadas em Anyang devem ter vindo da costa; e os asiáticos do Leste Neolítico eram navegadores, quando a ocasião se apresentava. Sabemos disso pelo fato de que um sítio neolítico ao norte de Taiwan, datado de 4000-2500 a.C. (e um neolítico posterior ao sul de Taiwan, de 2500-400 a.C.) foram descobertos em uma ilha que hoje fica a cerca de 160 quilômetros da costa da província de Fujian. Como não havia um istmo que a ligasse ao continente, e como o mar, embora mais raso, não variasse o suficiente em profundidade para tornar a travessia mais fácil do que seria hoje, somos forçados a concluir que os povos neolíticos que viviam na região costeira desenvolveram uma tecnologia náutica paralela à competência neolítica para a agricultura. Então, por que um comércio marítimo forte não se desenvolveu na China, comparável ao do Oriente

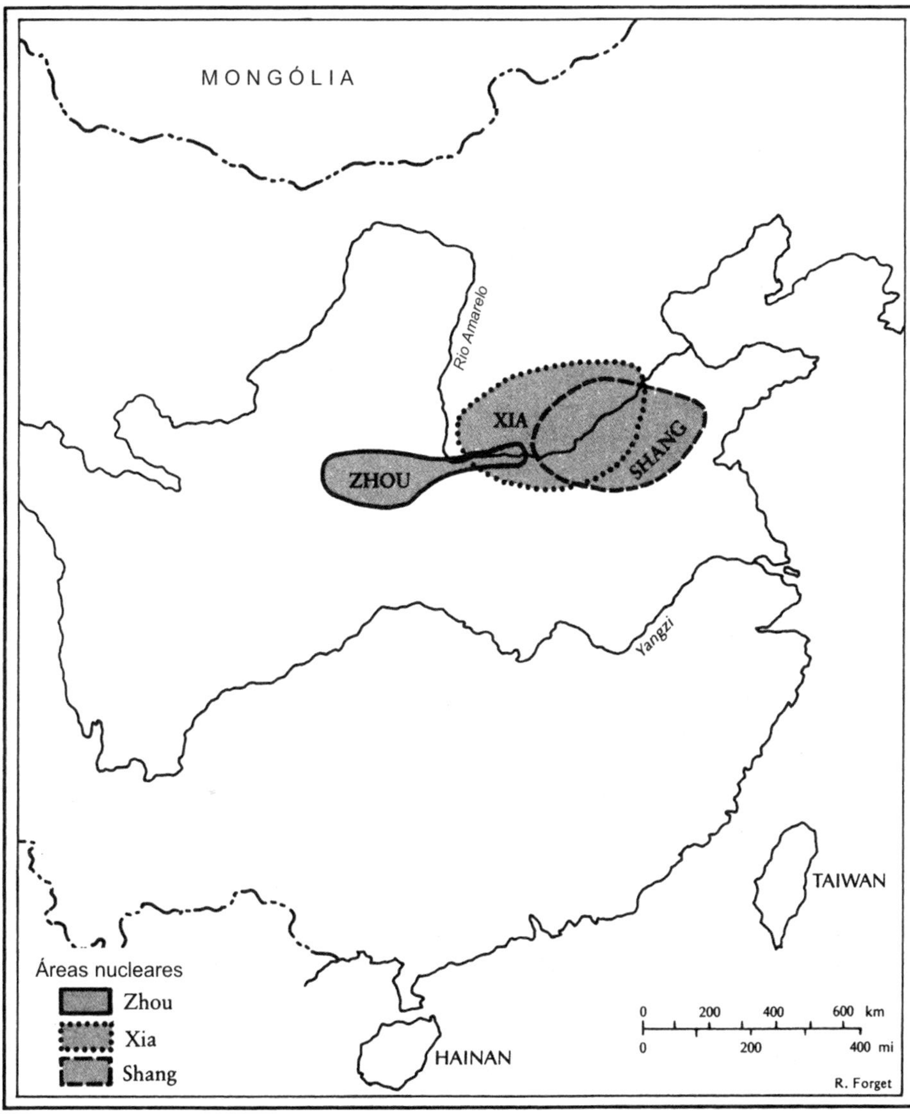

6. As Três Dinastias: Xia, Shang e Zhou

Médio e ao do Mediterrâneo? A diferença está em um acidente geográfico: poucas comunidades primitivas do Leste Asiático podiam ser alcançadas a partir da China pelo comércio de cabotagem ou por comércio marítimo. O uso de navios como meio de transporte se desenvolveu no Yangzi, entre Shandong e a Manchúria do Sul, e ao longo da costa, mas nenhum comércio marítimo de vulto poderia se desenvolver sem acesso a países estrangeiros.

A ascensão da autoridade central

Os depósitos de cerâmicas do tipo Yangshao e depois do tipo Longshan, em meia dúzia de áreas ou mais na planície do Norte da China e ao longo do rio Amarelo e do baixo Yangzi mostram a diferenciação das culturas locais. À medida que crescia o contato entre essas aldeias agrícolas neolíticas, redes de parentesco e relações aliadas criavam uma oportunidade para um governo mais abrangente, a partir de uma capital central. A julgar pelo que ocorreu depois, parece que cada uma das linhagens familiares, derivadas de grandes clãs tribais, estabeleceu sua cidade murada em separado. Os ossos oraculares de Shang nomeiam cerca de mil cidades no total. Uma linhagem chefiada por um patriarca estabeleceria relações, por meio do casamento, com outras linhagens de outras cidades muradas. Ramos de linhagens também poderiam ser estabelecidos pela migração para novas cidades, o que acarretaria relações hierárquicas complexas.

Por volta do final do terceiro milênio a.C., a confecção do bronze a partir do cobre e dos depósitos de estanho largamente explorados no Norte da China coincidiu com a ascensão, durante as dinastias de Xia e Shang, do primeiro governo central exercido em uma ampla área. É provável que a metalurgia do bronze fosse naturalmente o passo seguinte de uma tecnologia que desenvolvera técnicas para modelar e queimar a cerâmica de Yangshao e Longshan e então produzir pequenos objetos de cobre, como facas. Fossem as técnicas da metalurgia do bronze nativas ou importadas (ou ambas), o fato significativo da produção de bronze era que apenas uma autoridade forte poderia garantir a extração de minério. A julgar pelos exemplos do século XIX, a mineração pré-moderna exigia trabalhadores, apoiados nas mãos e joelhos, para puxar o pesado carrinho de minério ao longo dos túneis estreitos e sem ventilação – trabalho apropriado para escravos ou prisioneiros. Quanto à fundição do bronze, por meio do processo de moldagem da peça, centenas de artesãos habilitados seriam necessários para o preparo e manipulação do metal derretido. Portanto, a produção de vasos de bronze tinha várias implicações: primeiro, que uma autoridade real estava essencialmente preocupada com os rituais enquanto um aspecto de seu poder; e, segundo, que era possível designar força de trabalho para as onerosas tarefas de extração de minério e refino de metais.

Sabemos que, tanto em Xia quanto em Shang, a família reinante recorria a elaborados e dramáticos rituais para confirmar seu poder de governar, especialmente os rituais de xamanismo, mediante os quais um sacerdote (ou xamã), muitas vezes o próprio governante, se comunicaria com os espíritos dos ancestrais para se assegurar de sua ajuda e orientação. Nessa função, o xamã seria ajudado por certos animais tidos como possuidores de uma relação totêmica com os ancestrais. Nos vasos de bronze rituais de Shang, eles eram representados por desenhos de animais, em especial pelas máscaras bilaterais (*taotie*, repetida, bem mais tarde, por exemplo, nos postes totêmicos ameríndios). Por meio da prática do culto religioso aos ancestrais, os governantes locais legitimavam sua autoridade. Alguns deles tornaram-se senhores de grupos e cidades, e houve a rivalidade de grupo com grupo, assim como de uma região com outra, até o surgimento de uma única dinastia governante em uma área definida.

Uma vez iniciado o processo, a expansão da autoridade do Estado englobaria assentamentos ainda no estágio neolítico da cultura da Idade do pré-Bronze. As armas de bronze teriam ajudado, e quanto à guerra, sabemos que a dinastia Shang tardia, pouco depois de 1200 a.C., empregava o carro de combate de dois cavalos que fortalecera os conquistadores da Ásia Ocidental desde 1500 a.C. aproximadamente. Não há dúvida de que essa concepção veio através da Ásia Central. As lanças e flechas dos soldados a pé acompanhavam os carros. Três homens os manejavam – um condutor, no centro, flanqueado por um espadachim (ou alabardeiro), e um arqueiro. Encaixes de bronze deram mobilidade ao carro. Homens de cada ramo de famílias de uma mesma linhagem parecem ter formado uma unidade militar. Milhares de soldados são mencionados como tendo feito milhares de prisioneiros, centenas dos quais podem ter sido sacrificados. O rei clamava que sua primazia se devia ao mérito pessoal, mas não há dúvida de que o poderio militar o ajudou.

Além da guerra, Xia e Shang também expandiram seu domínio por meio da construção de novas cidades. Estas não resultavam de um crescimento desordenado causado pelo comércio ou pela migração de famílias individuais, mas eram planejadas e criadas por governantes locais. Um rei poderia, por exemplo, decretar a construção de uma cidade em uma região em que se pretendesse estabelecer uma atividade agrícola, e parte da população de uma cidade seria selecionada e despachada para cumprir essa tarefa. No *Clássicos da poesia* (*Shijing*), há a descrição da fundação de uma cidade em termos não de todo impróprios para descrever a construção de um celeiro pelos pioneiros americanos:

> ... esquerda e direita
> Ele traçou os limites de grandes lotes e pequenos
> Abriu o solo, contou os acres
> Do oeste para o leste...
> Então convocou seu Mestre-de-Obras
> Então convocou seu Mestre-de-Terras
> E os fez construir casas.
> O fio de prumo bem reto
> As pranchas amarradas para conter a terra;
> Fizeram o Salão dos Ancestrais muito venerável
> O declive na terra foi feito com um som estrondoso

Socaram-na com enfadonhos golpes surdos...
Ergueram o portão externo
O portão externo elevava-se às alturas.
Ergueram o portão interno
O portão interno era muito forte.
Ergueram o grande monte de terra
Onde investidas bélicas poderiam ter início.

Tudo considerado, a guerra e o comércio parecem não ter sido mais importantes como fatores de expansão do que a total superioridade das funções rituais e litúrgicas do rei em sua intercessão com os ancestrais e outras forças da natureza. Talvez, como os primeiros reis carolíngios da França, as extensas viagens reais sugiram, como observa David Keightley, que ele era o chefe de um Estado ainda não inteiramente burocratizado, um Estado que ainda era mais teocrático do que secular em sua atividade institucional.

A dinastia Zhou do Oeste

Com a conquista da dinastia Shang pelos Zhou, o Estado chinês finalmente emerge. Mais uma vez, as novas evidências arqueológicas, como as inscrições em bronze e os recém-escavados ossos oraculares de Zhou, encaixam-se com o registro literário das histórias primitivas e clássicas.

Em suas origens, a pequena tribo dos Zhou interagiu com nômades no norte e com o povo prototibetano Qiang no oeste. Logo aprenderam a tolerar e trabalhar com povos de diferentes culturas. Após finalmente se estabelecerem no vale do rio Wei, os governantes Zhou se tornaram vassalos dos Shang até se fortalecerem o suficiente, em torno de 1040 a.C., para conquistar os Shang por meio da guerra. Cada um dos lados mobilizou de setecentos a oitocentos vilarejos ou pequenos "estados". A vitoriosa dinastia Zhou construiu uma nova capital em Xi'an (Chang'an). Transportaram muitas famílias da elite Shang para administrar o trabalho de construção e empregaram as habilidades dos Shang nos rituais e no governo. Outras famílias Shang foram transportadas para povoar e desbravar o oeste. Cho-yun Hsu e Katheryn Linduff (1988) concluem que a antiga elite Shang e a classe governante dos Zhou misturaram-se.

Após conquistarem a planície leste, o poder dos Zhou se expandiu, com a derrota dos nômades no noroeste e as campanhas ao sul, na direção das áreas dos rios Yangzi e Han, e no sudeste, ao longo do rio Huai. O regime Zhou foi estabelecido pela implementação do que foi chamado de rede feudal, outorgando aos filhos dos governantes Zhou o controle de cerca de cinqüenta ou mais estados vassalos. A cerimônia de investidura Zhou era uma elaborada delegação de autoridade de natureza contratual. Junto com simbólicos presentes ritualísticos, o rei Zhou cedia a um senhor vassalo o povoado de uma certa área. As pessoas assim cedidas, contudo, eram mais importantes do que a terra, e comunidades inteiras compostas de descendentes de uma linhagem podiam ser movidas para outra área e ser sobrepostas à população local para criar um outro estado vassalo.

À medida que os Zhou, desse modo, continuaram, como os Shang, a usar o parentesco como principal elemento de organização política, foi criada uma nova base de legitimidade por meio da adesão à teoria do Mandato Celestial. Ao passo que os governantes Shang veneraram e procuraram a orientação de seus ancestrais, os Zhou reivindicaram que sua permissão para governar vinha de uma deidade mais ampla, impessoal, o Céu (*tian*), cujo mandato (*tianming*) poderia ser conferido a qualquer família moralmente capaz de assumir a responsabilidade. Essa doutrina asseverava que o governante devia prestar contas a uma força moral suprema que guia a comunidade humana. Diferentemente da legitimação dos governantes ocidentais por meio da doutrina do direito divino dos reis, que residia apenas no berço, a teoria chinesa do Mandato Celestial estabelecia critérios morais para a manutenção do poder.

A expansão do poder central dos Zhou envolveu um certo grau de aculturação dos que a eles se submeteram, sobretudo na propagação do sistema de escrita chinês, nos rituais e na administração a que tal sistema servia. A cultura dominante era a da Planície Central (*zhongyuan*), a principal região de predominância Shang-Zhou. Nas áreas periféricas havia muitos não-chineses cuja diferença cultural era marcada pelo fato de seus nomes não serem chineses, mas serem registrados na transliteração. Incluíam tanto os seminômades do norte, nordeste e noroeste como as tribos da China do Sul. Gradualmente, o casamento entre povos diferentes, a aculturação e o começo de um governo burocrático criaram os estados que sucederam o domínio Shang-Zhou. Esses estados herdaram várias misturas culturais e emergiram como entidades políticas distintas durante o período dos Reinos Combatentes, iniciado por volta de 400 a.C.

Implicações do novo registro arqueológico

A homogeneidade cultural da antiga China, tal como revelada pelos registros arqueológicos, contrasta notavelmente com a multiplicidade e a diversidade de povos, estados e culturas do antigo Oriente Médio. Começando em torno de 3000 a.C., egípcios, sumerianos, semitas, acadianos, amoritas (governados por Hamurabi da Babilônia), assírios, fenícios, hititas, persas e outros mais se acotovelavam num fluxo confuso de guerra e política do Oriente Médio. O registro é de um pluralismo exacerbado. A irrigação auxiliou a agricultura em diversos centros – o Nilo, o Tigre-Eufrates e os vales hindus. O comércio floresceu paralelamente à navegação. As línguas, os sistemas de escrita e as religiões proliferaram. O contraste com a antiga China não poderia ter sido maior.

Além disso, a tecnologia do Oriente Médio antecede a chinesa em diversos aspectos. A cerâmica pintada, o emprego do bronze e o carro puxado a cavalo aparecem antes no Oriente Médio do que na China, assim como o subseqüente emprego do ferro, e essa prioridade sugere que esses elementos culturais foram transmitidos à China. No entanto, as exatas conexões entre a China e o Oriente Médio ainda são obscuras e sujeitas a discussão. Sabemos que algumas coisas não foram transmitidas do Oriente Médio. Por exemplo, apesar dos precedentes no Egito, na Mesopotâmia e na Índia, o rio Amarelo, de início, não se prestava às redes de irrigação da planície do Norte da China. Os chineses de Xia e Shang não usavam ferramentas de metal para a agricultura nem animais de carga e arados. O carro puxado a cavalo funcionou na Era Shang tardia tanto como um veículo aristocrático quanto como a principal máquina de guerra, mas seu emprego no período Shang ainda não se fez acompanhar de evidências de uma invasão bárbara de carros puxados a cavalo vinda do noroeste e das estepes, como até recentemente afirmaram os historiadores ocidentais, a partir do exemplo de remotas invasões de carros a cavalo no Oriente Médio.

A obscuridade também turva as influências que chegavam à China vindas do Sul. Por exemplo, a metalurgia do bronze parece ter começado na Tailândia antes de 3000 a.C. Sua relação com o bronze na China é incerta. No geral, as evidências encontradas no Oriente Médio de uma comunicação primitiva e extensa entre culturas pré-históricas separadas tornaram sua "difusão" ou ausência dela uma questão ultrapassada. Cada cultura importante foi uma realização local, mas as culturas dificilmente eram isoladas. Podemos concluir que influências substanciais da Ásia Ocidental chegaram à China como que "por osmose", certamente, mas nunca em proporções tão cataclísmicas que estraçalhassem a homogeneidade cultural chinesa.

Essa conclusão vai de encontro à primeira sugestão dos arqueólogos pioneiros, sobretudo ocidentais, de que a antiga China recebera um impulso absolutamente essencial em direção à civilização pelo contato com o Oriente Médio, filtrado pela Ásia Central. As novas evidências também combatem a concepção mais recente de que a civilização chinesa cresceu a partir de uma só área nuclear no Norte da China e de que o desenvolvimento Xia-Shang foi único – "o berço do Oriente", no dizer de P. T. Ho. Com certeza, a combinação das crônicas da época dos Zhou sobre Xia, Shang e Zhou com as escavações posteriores a 1929 atribui às Três Dinastias o papel central na história chinesa antiga, porém a escavação na Ásia Oriental, como um todo, embora apenas no começo, já revelou culturas de cerâmica separadas, apesar de relacionadas, ao sul do Yangzi, na costa sudeste da China e no Norte do Vietnã.

Uma fonte do poderio Xia-Shang era a ordem social imposta pelo parentesco e a classificação das linhagens por meio da segmentação hierárquica, isto é, ramos de linhagens permanecendo subordinados às linhagens parentais. Cada indivíduo tinha um *status* em seu grupo familiar, e as linhagens tinham relações de hierarquia entre si, em todos os níveis, até os detentores do poder dinástico. A posição superior do governante residia também em sua autoridade final, tanto na religião xamânica de culto aos ancestrais que usavam vasos ritualísticos de bronze quanto na guerra, que empregava carros e armas de bronze. Os sepultamentos reais envolviam sacrifícios humanos em uma sociedade já altamente estratificada.

Por outro lado, na ausência de uma navegação significativa, o comércio e a inovação tecnológica parecem ter sido secundários no crescimento da autoridade política central. Essa descoberta dos arqueólogos não é de fácil apreensão para os historiadores ocidentais, de tão enraizados que estão na história do Ocidente, sobretudo do Mediterrâneo, os indícios de que as primeiras cidades surgiram em rotas comerciais e de que impérios cresceram por seu predomínio no comércio, principalmente do mar. A falta de comércio marítimo por parte da antiga China tornou os mercadores menos importantes e ideologicamente desvalorizados, o que facilitou, para os governantes Qin e Han, ao assumirem o poder, a garantia do controle sobre os mercadores que apareceram em suas sociedades.

Finalmente, a primazia do governante residia no monopólio de liderança não apenas nos assuntos de ritual e guerra, mas também na escrita dos ossos oraculares e no ensinamento histórico que esta registrava. O sistema de escrita Shan já evidenciava uma sintaxe de sujeito-verbo-objeto e métodos de formação de caracteres por simples pictografia descritiva e abstrata e de fonopictografia que permaneceriam elementos fundamentais no chinês daí em diante. Os caracteres chineses começaram como figuras ou símbolos. O antigo caractere 木 significava uma árvore; duas árvores, 林 , significavam uma floresta, e três, 森 , uma vegetação densa. Os símbolos 一 二 三 são certamente mais fáceis do que "um, dois, três". O □ indica um fechamento ou "cercar", enquanto um □ menor é o sinal para boca e, por extensão, significa um buraco, uma passagem, um porto e assemelhados.

Em seu crescimento inicial, a língua escrita chinesa não poderia se expandir em uma base puramente pictográfica (como a união de duas árvores para fazer uma floresta). Um aspecto fonético precisava ser incorporado. Como resultado, a maioria dos caracteres chineses são combinações de outros caracteres simples. Uma parte da combinação geralmente indica o sentido da raiz, enquanto as outras partes indicam alguma coisa sobre o som.

Por exemplo, tomemos o caractere para leste, 東 que no dialeto de Beijing tem o som de "dong" (pronuncia-se "dong", como em Mao Zedong). Já que um caractere chinês é lido em voz alta como uma única sílaba, e visto que o chinês falado também dispõe de poucos sons (existem apenas cerca de quatrocentas sílabas diferentes em toda a língua), ele foi infestado de homófonos, palavras que soam como outras palavras, como "cessão" e "sessão" ou "conserto" e "concerto" em português.* Acontece que a palavra falada para "congelar" tinha o som "dong", assim como a palavra falada para "viga de telhado". Quando os chineses foram escrever o caractere para congelar, pegaram o caractere para leste e acrescentaram, ao lado dele, o símbolo para gelo, 冫 , criando o caractere 凍("dong", congelar). Para escrever a palavra com o som de "dong" significando viga de telhado, escreveram o caractere leste, acrescentando, diante dele, o símbolo para madeira 木, criando 棟("dong", uma viga de telhado).

Estes são exemplos simples. Na verdade, qualquer parte da língua chinesa é, em si mesma, simples. O que a torna difícil é a quantidade de elementos a serem decorados, os tantos significados e alusões. Quando lexicógrafos mais contemporâneos quiseram colocar centenas de caracteres chineses em um dicionário, por exemplo, o melhor que puderam fazer, na ausência de um alfabeto, foi elaborar uma lista

* Em inglês, os exemplos foram *soul* e *sole* ou *all* e *awl*. (N.T.)

de 214 classificadores ou "radicais", um dos quais estaria seguramente presente em cada caractere do idioma. Esses 214 classificadores, para efeitos de dicionário, correspondem às 26 letras de nosso alfabeto,* mas são mais ambíguos e menos eficientes. A escrita Shang já vinha usando "radicais" como "madeira", "boca", "coração", "mão", para indicar categorias de significado. Desde o começo, o poder de governo do sistema chinês de escrita esteve à disposição do dirigente. A escrita parece ter surgido mais em função da organização das linhagens e do governo do que em função do comércio.

Quando agrupamos os xamãs-sacerdotes, os guerreiros, os escribas, os chefes das linhagens e os superintendentes numa categoria superior à dos artesãos, podemos ver os rudimentos da elite dirigente que se desenvolveu. A emergente arte de governar recorreu ao ritual e à arte, à guerra e às relações familiares, tudo isso tendo contribuído para o conceito de cultura. O próximo passo foi a afirmação da superioridade da cultura central sobre a dos povos periféricos, mediante a designação de "bárbaros" (no sentido cultural grego de βαφβαφοι), conferida a quem ainda não tivesse reconhecido a supremacia do governo central. A esses povos, segundo os clássicos e os livros de história, foram dados nomes genéricos: *Yi*, para os bárbaros do leste; *Man*, para os do sul; *Rong*, para os do oeste; e *Di*, para os do norte. (Quando os ocidentais chegaram por mar, eles foram oficialmente chamados de *Yi* até o final do século XIX.) O costume de distinguir com exatidão o "interior" (*nei*) do "exterior" (*wai*) prosseguiu com a denominação dada à China de "País Central" (*zhongguo*), iniciada com o governo da "Planície Central" (*zhongyuan*) no Norte da China. Essa nomenclatura é tão vigorosa nos clássicos redigidos durante a dinastia Zhou que, de um modo geral, historiadores tanto do Oriente quanto do Ocidente descreveram a antiga China das Três Dinastias como uma "ilha cultural" cercada por um oceano de "bárbaros" a quem faltavam as qualidades civilizadas da cultura chinesa.

Os novos registros arqueológicos sugerem que os fatos não eram assim tão simples. A dinastia Zhou do Oeste, tendo se misturado com povos de fala não-chinesa nas periferias norte e oeste da China, era adepta da tolerância das diferenças culturais enquanto firmava a superioridade da cultura do Planalto Central. Em vez de uma conquista militar cabal, o processo era, com freqüência, de uma contínua assimilação baseada na eficácia do estilo de vida e governo chineses. A unidade política era definida mais cultural do que territorialmente.

Quando lemos que os "bárbaros" sempre estiveram presentes nas margens da longa história chinesa, podemos perceber que eles eram uma categoria básica do sistema político desde os primórdios. Não devemos negligenciar a antiga suposição chinesa de uma simbiose entre cultura (*wenhua*) e poder temporal. A subserviência ao estado dinástico exigia a aceitação dos rituais e da cosmologia que lhe conferiam um Mandato Celestial para governar a humanidade. Quem se recusasse a aceitar essa cultura politizada ficava fora do Zhongguo. No entanto, para quem tivesse o

* No caso, do alfabeto inglês, pois o português não tem o K, o W e o Y. (N.T.)

chinês como idioma, a aceitação já estava parcialmente assegurada pelos próprios termos entranhados nos clássicos e na própria língua falada. Um estilo de vida identificável e similar espalhou-se por toda a China Neolítica posterior. A tarefa de construção de um Estado durante as Três Dinastias da Idade do Bronze consistia em obter maior submissão à dinastia dirigente e central ou a aceitação dela. Esta funcionava como o alicerce da estrutura social, o alto clero do culto ancestral, o árbitro das punições e o líder em obras públicas, guerra e literatura. Entre essas funções onipotentes, K. C. Chang destaca o "acesso exclusivo do governante ao céu e aos espíritos celestiais". O resultado disso foi que o governante construiu uma unidade de cultura como base para a unidade política num único estado universal. É claro que não só a China idealizava essa espécie de unidade, buscada por muitos dos antigos impérios. Contudo, o isolamento geográfico da China tornou este um ideal mais factível, e, à medida que o tempo passava, ele foi sendo adotado com mais facilidade pelo Estado e pela sociedade.

Por mais exageradas que sejam essas considerações, elas representam um grande fato que emerge da arqueologia chinesa – que no começo da era da história escrita, o povo chinês já tinha atingido um grau de homogeneidade cultural e continuidade dificilmente igualado em qualquer outro lugar do mundo. Tinham iniciado a criação de uma sociedade dominada pelo poder estatal. A ele, todas as outras atividades – agrárias, tecnológicas, comerciais, militares, literárias, religiosas, artísticas – dariam suas contribuições como partes subordinadas do todo. Entretanto, seria um erro para nós, hoje em dia, tão acostumados com o sentimento moderno de nacionalismo, imaginar a antiga China como um Estado-Nação embrionário. Faríamos melhor em aplicar a idéia de aculturação e observar a antiga China como uma civilização completa, comparada à cristandade Ocidental, dentro da qual Estados-Nações como a França e a Inglaterra tornaram-se subunidades políticas que compartilhavam a cultura européia que lhes era comum. Mais uma vez, porque estamos tão conscientes do poder absoluto dos estados totalitários do século XX, deveríamos evitar o julgamento anacrônico e precipitado de que as prerrogativas dos reis Shang e Zhou levavam inevitavelmente a uma espécie de totalitarismo. Seria melhor concordarmos com Etienne Balazs (1964), que o chamou de governo por "oficialismo". Como resumido por Stuart Schram (1987), "O Estado, desde o começo, foi o poder central da sociedade chinesa, e o comportamento exemplar, os ritos, a moralidade e a doutrinação sempre foram considerados, na China, como meios de governo". Basta acrescentar que, além dessas funções litúrgicas, o governante monopolizava o uso da violência militar.

2

A primeira unificação: o confucionismo imperial

A utilidade das dinastias

Até este século, eram as dinastias as fornecedoras da maioria dos príncipes da humanidade. O parentesco formava uma rede de apoio ao detentor do poder (ou a um rival) e estipulava um princípio pelo qual dirimir (ou contestar) a explosiva questão da sucessão no poder. Mesmo assim, entre as dinastias européias, como os reis Capeto da França (987-1328), os reis Normando e Plantageneta da Inglaterra (1066-1485), os Habsburgo (1723-1919) ou os Romanov (1613-1917), nenhuma reinou em um Estado tão amplo como a China nem monopolizou tanto o poder central. Enquanto instituições de governo, as grandes dinastias chinesas são um caso único. Nem o Japão, nem a Índia e nem a Pérsia produziram regimes comparáveis em alcance e poder. O clã Liu da dinastia Han Anterior forneceu treze imperadores e, na dinastia Han Posterior, catorze imperadores; o clã Li da dinastia Tang, 23 imperadores; o clã Zhu da dinastia Ming, dezessete imperadores; e a linhagem Aisin Gioro dos Manchus, nove imperadores (ver Tabela 1).

Em comparação, as dinastias européias eram potentados provincianos sob o ecumenismo da cristandade, dominando reinos regionais. Como mostra Jacques Gernet, por volta do final do século XVII, o reino da França – o primeiro Estado moderno – mal acabava de ser constituído, enquanto a China já era, há muito, um "grande império centralizado e governado por um sistema administrativo uniforme". Além disso, os imperadores foram instituições muito diferentes no Ocidente e no Oriente. A Europa moderna, por exemplo, teve, em dado momento, imperadores da França, da Rússia, da Áustria-Hungria, da Alemanha e o do Império Britânico, assim como o papa em Roma, todos fazendo história *ao mesmo tempo*. A China, em teoria – e de fato na maior parte do tempo – só tinha um imperador sobre a terra, como o único Sol no céu.

Assim, a primeira condição para compreendermos a China é procurar evitar a imposição de uma escala de julgamento européia. Por exemplo, a música, as belas-artes, a tecnologia, a filosofia e a religião da Europa poderiam ser total ou parcialmente provenientes do estrangeiro. Nenhum rei europeu governava reinos auto-suficientes nem tinha a última palavra sobre direito e justiça, moral, religião, arte, exército e obras públicas como era prerrogativa dos Filhos do Céu chineses.

Decompor a história chinesa em dinastias faz mais sentido do que a periodização ocidental por séculos. Afinal, as dinastias chinesas eram empreendimentos políticos como as administrações presidenciais norte-americanas, cheias de empenho humano, idealismo e traições – bem mais concretas e inteligíveis do que os séculos europeus, dos quais poucos se encaixam bem aos movimentos e tendências sob eles agrupados. A seqüência de dinastias devia-se à inveterada impulsividade chinesa que, durante intervalos dinásticos, levava à reunificação política. A unificação era um ideal muito forte, já que prometia estabilidade, paz e prosperidade. No entanto, a unificação parecia por demais dependente dos ritmos históricos. Os altos e baixos dos regimes, como os das pessoas e famílias, requeriam atenção ininterrupta.

Os estudiosos impressionam-se com os paralelos entre a China antiga e o mundo greco-romano: uma idade de filósofos e estados guerreiros, uma era de unificação e império e uma era de desintegração e colapso do poder central. Assim, Confúcio e seus discípulos eram mais ou menos contemporâneos de Platão e Aristóteles; Alexandre, o Grande, precedeu o primeiro imperador dos Qin (221 a.C.) por apenas um século; e os sistemas imperiais de Roma e dos Han floresceram concomitantemente. Do mesmo modo, os bárbaros da fronteira norte foram se tornando mais perigosos à medida que esses impérios decaíam, e a desintegração político-econômica dentro do "Estado Universal", nas palavras de Toynbee, foi marcada pela difusão de religiões estrangeiras, para as quais as pessoas se voltaram em busca de consolo. A entrada dos nômades do norte na China e a difusão do budismo no período entre os século III e VII d.C. foram contemporâneas às incursões dos góticos e vândalos e à difusão cristã no Ocidente, o triunfo, segundo Gibbon, da "barbárie e da religião".

Dentro da história chinesa, o paralelo mais interessante entre seqüências de fases pode ser encontrado nos Han (206 a.C.-220 d.C.) e nos Tang (618-907). Antes de cada uma dessas eras imperiais, os tempos eram de efervescência intelectual, marcados, respectivamente, pelos filósofos do Império Zhou tardio e pelo florescimento do daoísmo e do budismo antes dos Tang. Cada fase de esplendor imperial era inaugurada por uma poderosa dinastia efêmera que unificava o Estado, como os Qin (221-206 a.C.) e os Sui (589-618 d.C.). Tanto os Han como os Tang, assim que se consolidaram como novas unidades, expandiram o poder político da China pelas regiões adjacentes, especialmente a Ásia Central, obtiveram o crescimento, de modo correspondente, do contato com o estrangeiro.

Há uma certa recorrência de dados nos fenômenos que costumam ser registrados nas histórias de dinastias, já que em cada um dos casos os historiadores registravam a vida de uma família dominante que subiu ao poder, atingiu seu apogeu e saiu de cena. Próximo ao fim de cada regime, por exemplo, os registros de catástrofes naturais, terremotos, inundações, cometas, eclipses e outros presságios celestes começavam a se multiplicar, prova de que a conduta indevida do rei estava lhe custando o Mandato Celestial.

De fato, a auto-sugestão, no plano da moral pública e da psicologia social, teve seu papel no ciclo dinástico. Uma dinastia dependia tanto do seu prestígio moral que, em certas ocasiões, o enfraquecimento de sua "honradez" poderia ocasionar um processo em que a ideologia se virava contra o regime e acelerava a sua queda. Se os literatos que ditavam a opinião da classe dominante já estivessem convencidos de que a dinastia tinha perdido seu direito moral ao trono, pouco havia a fazer. Isso é um fator de peso na política chinesa contemporânea.

A decadência das dinastias sempre andou de mãos dadas com a crescente ineficiência da casa governante. A família no poder acumulava, geração após geração, um grande fardo de peso morto a ela ligado pelo sistema familiar. Isso era mais flagrante no peculato e na dissolução dos parentes maternos do imperador, que entrincheiravam-se na morada imperial.

Uma interpretação econômica tem sido empregada de forma ainda mais ampla para explicar o ciclo dinástico. Essa abordagem concentra-se em especial no imposto territorial. No início de cada dinastia, a terra e a população costumavam ser estimadas e registradas numa espécie de esboço de censo. Os novos cadastros fiscais eram utilizados como base para cobrança de impostos. Com o passar do tempo, criava-se uma disputa entre os interesses do governo imperial e os das grandes famílias sob o seu poder. Pouco a pouco, as classes dominantes conseguiam expandir seus domínios latifundiários e excluí-los da aplicação de impostos pela destruição de cadastros fiscais, conivência de funcionários ou falsificações. Assim, as grandes linhagens podiam abrigar sob a sua proteção pequenos fazendeiros, que pagavam menos à casa grande do que pagariam ao Estado. Isso criava um círculo vicioso em que encargos maiores eram cobrados da já taxada terra dos camponeses, no momento em que as demandas monetárias do governo provavelmente estavam crescendo. Dessa forma, uma proporção cada vez menor de terras estava sujeita a pagar um valor cada vez maior de imposto. Isso acabava provocando revoltas camponesas.

Em alguns casos, o colapso final de uma dinastia vinha com a rebelião dos camponeses sob uma fervorosa liderança religiosa. Como nenhuma dinastia tolerava a oposição organizada, seus oponentes recorriam a cultos ou sociedades secretas.

Príncipes e filósofos

A instituição imperial que dominou a sociedade chinesa adquiriu sofisticação e durabilidade com a longa experiência. Em 771 a.C. a casa Zhou mudou sua capital do vale Wei, próximo a Xi'an, para o leste, em Luoyang, inaugurando assim a dinastia Zhou do Leste. O poder dos Zhou já estava sendo minado aos poucos pelo crescimento de diversos estados familiares aristocráticos fora do seu controle central. No chamado Período Primavera e Outono (722-481 a.C.) existiam cerca de 170 desses estados, cada um centralizado em sua capital murada. Esses estados formavam alianças e ligas e travavam um acirrado conflito diplomático-militar, um absorvendo o outro. Na era dos Reinos Combatentes (403-221 a.C.), somente sete grandes estados permaneciam no páreo, a maior parte na populosa planície do Norte da China (ver Mapa 7).

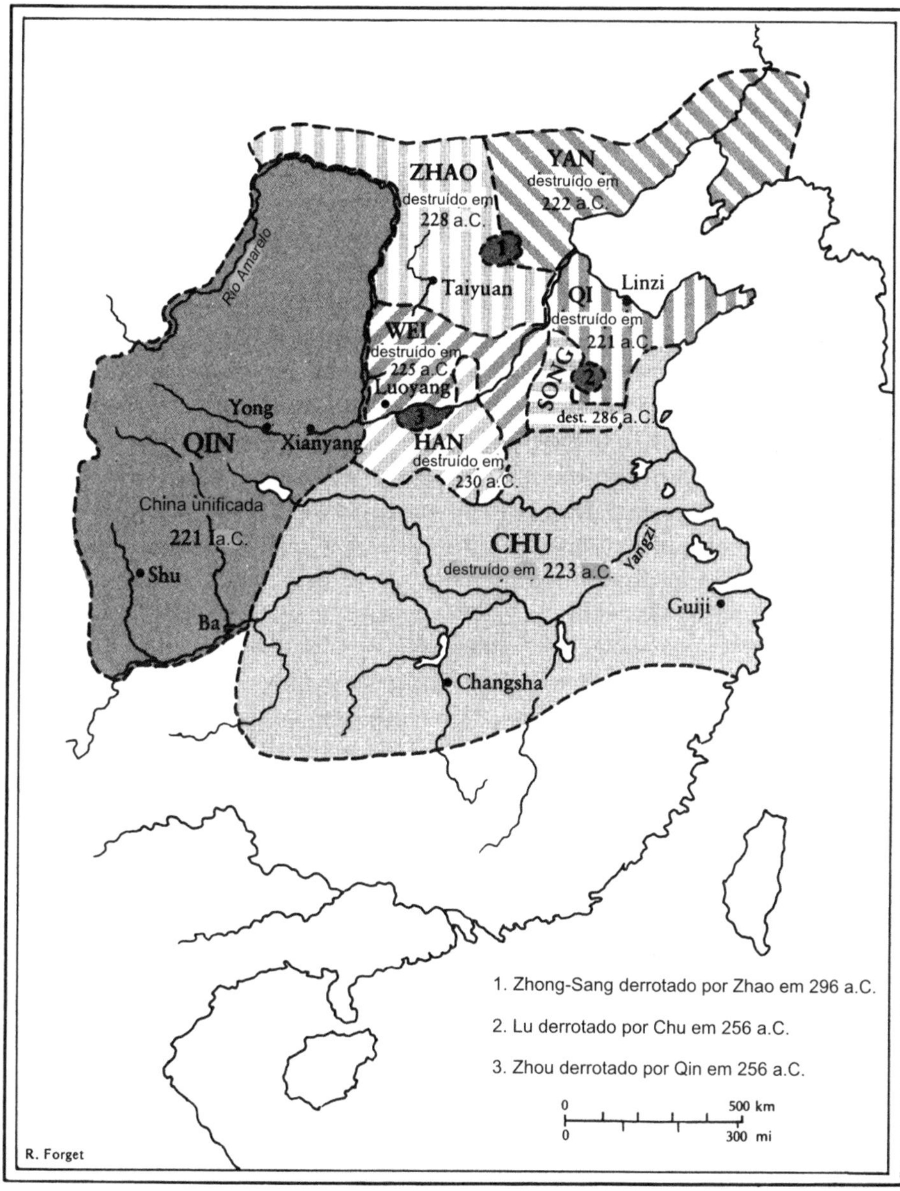

7. Os Qin e outros Reinos Combatentes

Já eram visíveis dois componentes característicos do governo imperial chinês – reis militares e professores eruditos. Ambos estavam ligados à realização de rituais e cerimônias para conservar a sociedade humana em plena harmonia com a ordem cósmica da qual fazia parte. Nossa compreensão do papel do rei aprofundou-se há pouco tempo com o estudo de Mark Edward Lewis (1990) sobre a violência sancionada como chave para a compreensão do poder estatal e da ordem social da antiga China. Ele crê que a autoridade do rei de cada Estado baseava-se em "violência ritual direcionada na forma de sacrifícios, guerras e caça". Visto que a caça como violência contra os animais era treino para guerras entre homens, as duas mais importantes cerimônias estatais eram, afinal de contas, sacrifícios e guerras. Ambas envolviam assassinatos rituais, e era isso que definia a extensão do poder político. No período Zhou, como no Xang, a veneração dos ancestrais por meio de sacrifícios, tanto de animais como de humanos, empregava as maiores realizações artísticas – os vasos rituais de bronze – e conservava a legitimidade do rei pelas suas atividades litúrgicas. A caça fornecia animais de sacrifício; a guerra, prisioneiros políticos. A guerra era uma cerimônia religiosa em si, cheia de rituais de adivinhação, rezas e juramentos antes do combate, terminando com a apresentação de relatórios formais, da pilhagem e dos prisioneiros no altar dos ancestrais. A participação nas cerimônias aos ancestrais e outras divindades por meio da caça, da guerra e dos sacrifícios determinava o lugar de uma pessoa na classe dominante, que possuía ancestrais comuns. Seu sinal de legitimidade era o privilégio de comer carne.

Além dessa base litúrgico-militar para o poder estatal e a ordem social, os Reinos Combatentes também forjaram, paradoxalmente, uma época de filósofos que buscavam bases teóricas para essas mesmas coisas. Durante esse período de rixas e guerras, havia uma ânsia geral por ordem e paz. Muitos idealizavam uma idade dourada anterior em que, dizia a lenda, toda a China vivera em paz sob um único rei. A violência inspirou os filósofos do Zhou tardio, que atuavam como o que conhecemos hoje por consultores, aconselhando os reis sobre como voltar à idade de ouro.

Confúcio (551-479 a.C.) e seu principal discípulo, Mêncio (372-289 a.C.), eram membros de um volumoso grupo de pensadores seminais dessa era. Entre as chamadas "cem escolas" (significando uma grande quantidade), havia meia dúzia de escolas de pensamento importantes cujos escritos subsistiram. Eram contemporâneos dos grandes professores da Índia (Buda, próximo a 500 a.C.) e da Grécia (Platão, 429-347 a.C., Aristóteles, 384-321 a.C., entre outros) no que alguns chamam de "idade axial", quando formas básicas do pensamento foram estabelecidas nessas primeiras civilizações. Os filósofos de diversas escolas de pensamento na China não apaziguaram a desordem, e o confucionismo só se tornaria uma filosofia importante depois, sob os Han. Ainda assim, o contexto de violência sancionada dos Reinos Combatentes, com seus assassinatos e cerimônias, ajudam-nos a compreender como surgiu o ensino confuciano e por que ele foi adotado.

O código confuciano

O fundamento lógico para organizar a sociedade começou com a ordem cósmica e sua hierarquia de relações entre superiores e inferiores. Os pais eram superiores aos filhos, os homens, às mulheres, os reis, aos súditos. Portanto, cada pessoa tinha um papel a cumprir, "um conjunto de expectativas sociais convencionalmente fixo, o qual o comportamento individual deveria imitar", segundo Thomas Metzger (*in* Cohen e Goldman, 1990). Essas expectativas determinadas pela autoridade guiavam a conduta do indivíduo pelas linhas do comportamento cerimonial apropriado. Disse Confúcio (bem sucintamente), *"jun jun chen chen fu fu zi zi"*, o que, em contexto, significava "Deixe o governante governar como deve e o ministro ministrar como deve. Deixe o pai agir como um pai e o filho agir como um filho". Se todos cumprissem seu papel, a ordem social se conservaria. Sendo conhecida pelos outros por sua conduta observável, a elite dependia da opinião e do julgamento moral da coletividade à sua volta. Ser malquisto pelo grupo significava uma enorme perda de honra e de auto-estima, para a qual uma das soluções era o suicídio.

Um importante princípio confuciano é o de que o homem pode se aperfeiçoar. Na era dos Reinos Combatentes, os pensadores chineses das grandes escolas tinham-se virado contra o princípio da legitimidade hereditária, invocado pelos governantes de muitos estados familiares, e reforçavam a igualdade natural do homem no nascimento. A alegação de Mêncio de que os homens são bons por natureza e possuem um senso moral inato obteve a aprovação geral. O homem pode ser levado ao bom caminho por meio da educação, sobretudo pelo seu próprio esforço de autocultivação, mas também pela imitação de modelos. O indivíduo, dentro do seu esforço pessoal de ser correto, pode ser influenciado pelo exemplo de sábios e homens superiores que conseguiram impor a conduta correta a tudo o mais. Essa velha ênfase chinesa na educabilidade moral do homem persistiu até o presente e ainda influencia o governo a oferecer educação moral.

O código confuciano também enfatizava a idéia de "comportamento adequado ao *status*" (*li*). O cavalheiro confuciano ("o homem superior", "o nobre") guiava-se pelo *li*, cujos preceitos estavam escritos nos antigos registros considerados clássicos. Embora esse código originalmente não se aplicasse às pessoas comuns, cuja conduta devia ser ajustada com recompensas e castigos (ênfase da escola legalista) em vez de com princípios morais, entre a elite era absolutamente essencial para o governo. Essa era a razão da ênfase de Confúcio quanto à conduta correta por parte do governante – uma ênfase muito diferente de qualquer realidade ocidental. O ponto mais importante dessa teoria de governo pelo bom exemplo era a idéia da virtude ligada à conduta correta. Comportar-se conforme as regras de sobriedade ou *li*, por si só, já concedia *status* moral ou prestígio. Esse prestígio moral, por sua vez, tornava a pessoa influente. "O povo é como a grama, o governante, como o vento"; a grama inclinava-se na direção que o vento soprasse. A conduta apropriada fazia com que o governante tivesse poder. Disse Confúcio: "Quando a conduta de um príncipe é correta, seu governo é eficiente sem precisar de decretos. Se sua conduta é incorreta, ele pode baixar decretos, mas eles não serão seguidos".

Como código de conduta, o confucionismo procurou transformar cada indivíduo em um ser moral, pronto para agir com base em ideais, a defender a virtude contra o erro humano, até mesmo de maus governantes. Existiram muitos sábios confucianistas de grande envergadura moral, inimigos incondicionais da tirania. Porém, seu zelo pelas reformas – a dinâmica do seu credo – era voltado para reafirmar e conservar a forma de governo tradicional, e não para mudar suas premissas fundamentais.

Os observadores ocidentais, ao lerem apenas os textos clássicos confucianos, ficaram imediatamente impressionados pela sua praticidade agnóstica. Como filosofia de vida, em geral associamos ao confucionismo as virtudes silenciosas de paciência, pacifismo e honra; a regra de ouro; a reverência aos ancestrais, aos idosos e às pessoas cultas; e, sobretudo, um humanismo brando – considerar o homem, e não Deus, como centro do universo.

Nem tudo isso precisa ser contradito. Porém, se analisarmos essa visão confuciana no seu contexto sociopolítico, veremos que a preferência pela velhice à juventude, pelo passado ao presente, pela autoridade estabelecida à inovação criou, de fato, uma das grandes respostas históricas ao problema da estabilidade social. Foi o sistema conservador que mais sucesso alcançou.

O daoísmo

Já se disse com propriedade que o mestre chinês era um confucianista no trabalho e um daoísta fora do trabalho. O daoísmo, que florescia entre pessoas comuns, era a escola mais oposta ao receituário elitista do confucionismo. *Dao* significa "a via", "o caminho". Expressava a visão cosmológica naturalista do homem comum e a crença nos espíritos invisíveis da natureza, muito do que era partilhado pela elite culta. O daoísmo era um enorme reservatório de sabedoria popular. Também funcionava como fuga do confucionismo, aproveitando-se de cada revolta dos mestres contra o ritualismo exacerbado dos clássicos. Era um refúgio do mundo dos negócios.

Tradicionalmente, o daoísmo deriva-se de Laozi (literalmente, "O Velho Mestre"), que era apontado pelos seus seguidores como um contemporâneo mais velho de Confúcio. A escola de pensamento sob suas ordens tornou-se depósito de uma miríade de crenças e práticas que o confucionismo tinha recusado, incluindo o animismo popular primitivo, a alquimia, a magia antiga, a busca pelo elixir da imortalidade e pelas Ilhas dos Abençoados, a medicina primitiva chinesa e o misticismo em geral, tanto nativo como importado da Índia.

Os escritores filosóficos daoístas que seguiram o brilhante exemplo literário de Zhuangzi (369-286 a.C.?) geralmente levantavam suas dúvidas a partir do que hoje poderíamos chamar de um ponto de vista relativista. Foi Zhuangzi quem deleitou sucessivas gerações ao escrever que tinha sonhado ser uma borboleta a voejar ao sol e, ao acordar, não tinha mais certeza se era Zhuangzi que tinha sonhado que era borboleta ou se, na verdade, era uma borboleta sonhando que era o filósofo Zhuangzi. Aplicando a idéia de unidade dos opostos, os primeiros daoístas diziam que as idéias morais eram reflexo da depravação humana, que a idéia de piedade filial nascia da realidade da impiedade, que as normas confucianas quanto ao que é ou não adequado eram, na realidade, reflexos da desordem moral no mundo. Seguindo essa linha de pensamento, o daoísta característico refugiava-se numa filosofia passiva expressada pelo termo *wuwei*, que significa "ação pela inação" ou "qualidade do que não se esforça". Isso tomou a forma de *laissez-faire*, de seguir a própria natureza íntima, irracional, e aceitar sem resistência a experiência da vida. Essa era basicamente a filosofia dos que condenavam a intrusão e o moralismo do governo e procuravam resignar-se às vicissitudes da vida, já que elas não podiam ser evitadas.

Unificação pelos Qin

À medida que as rivalidades entre-Estados foram se intensificando, começaram a surgir os ingredientes de uma nova ordem que levaria à unificação dos Reinos Combatentes. Entre esses ingredientes estava o uso de exércitos de infantaria no terreno montanhoso das fronteiras norte e sul, áreas de difícil acesso para as carruagens. Outro ingrediente era o uso do ferro nas ferramentas e armas, levando ao aumento da produção agrícola, do comércio e dos exércitos. E, por fim, as tribos não-chinesas da Ásia Central começaram a empregar o cavalo na guerra, obrigando os chineses a fazer o mesmo.

Muito desse crescimento ocorreu nos sete dos mais persistentes Reinos Combatentes – por exemplo, o estado de Qi na fronteira leste da planície do Norte da China na atual província de Shandong (Mapa 7). Hábeis governantes tinham começado a estabelecer uma administração centralizada com impostos uniformes, códigos legislativos, monopólio do sal e um exército central. Os demais estados eram análogos.

Mas o crescimento mais significativo ocorreu no estado de Qin. Embora tivesse uma cultura menos renomada, ele estava estrategicamente bem situado ao oeste, onde os Zhou tinham subido ao poder havia tempo. O rei (*wang*) Qin, que viria a se auto-intitular Primeiro Imperador (*Shi huangdi*), tinha como vantagem as reformas que, durante uma geração inteira, vinham sendo instituídas pelo conselheiro legalista do rei, Shang Yang (lorde Shang, morto em 338 a.C.). A escola legalista, assim chamada por se basear em normas duras e efetivas (*fa*, e não "direito" no sentido moderno), sustentava as recompensas e os castigos como as "duas rédeas" pelas quais se mantinha o povo em ordem. Lorde Shang era um tanto cínico (ou realista?) quanto ao assunto: "Dividir o fardo e ficar de boca fechada é ser bom; ficar distante dos outros e espioná-los é ser patife. Se você glorificar o bom, os erros ficarão ocultos; se você puser o canalha no poder, o crime será castigado". A meta do rei era preservar o poder, não importando se isso beneficiaria o povo. Não se presumia comunhão de interesses entre rei e súditos.

As reformas de lorde Shang tinham fortalecido o poder dos Qin. O problema do rei era o básico: como o centro poderia dominar as linhagens locais. Com esse objetivo, os Qins incrementaram a burocracia. O Estado foi dividido em 31 condados, cada um administrado por um magistrado indicado pelo poder central que enviava relatórios escritos à capital. Depois, foi criada uma série de classificações honorárias com isenções de trabalhos ou impostos e (em alguns níveis) outorga da renda de certas terras e pessoas para criar uma nova elite separada da velha aristocracia e dependente do rei.

Nesse ínterim, o povo tinha permissão para comprar e vender terra, o que estimulava a atividade agrícola, e a legislação penal era promulgada de forma que tanto castigos severos como recompensas fossem conhecidos por todos e fossem igualmente aplicáveis a qualquer pessoa. As doutrinas de governo legalistas concentravam-se nas leis executivas para apoiar a agricultura e fortalecer o Estado em vez da família. Por exemplo, a responsabilidade do grupo foi determinada não só dentro de cada família, mas em unidades de cinco ou dez famílias, de modo que todos os componentes de cada unidade deveriam responder coletivamente pelo erro de qualquer indivíduo. Sob esse sistema, a melhor garantia da pessoa era delatar os malfeitores imediatamente. Os laços e lealdades intragrupais eram deteriorados em prol da obediência ao Estado.

O controle estatal do povo fortaleceu o poderio militar dos Qin. O Estado elogiava seus administradores e fazendeiros (que eram soldados em potencial) e depreciava comerciantes e artesãos. A posição de defesa dos Qin contra outros estados ao oeste, na área das atuais províncias de Shanxi e Shaanxi e também em Sichuan, sua primeira conquista, foi fortalecida economicamente pela construção de canais e de redes de irrigação. Na guerra, os carros a cavalo da Antigüidade já tinham sido suplantados pela cavalaria e infantaria em massa, munidas de armas de bronze ou ferro, em especial a besta.

Quando os exércitos Qin derrotaram os demais estados em 221 a.C., o Primeiro Imperador dividiu seu novo império em 36 capitanias (*jun*), cada uma subdividida em diversos condados (*xian*). (Desde então, *junxian* tem sido o termo usado para governo burocrático centralizado, em oposição a *fengjian,* que significa descentralizado ou "feudal".) Cada capitania era liderada por um governante civil e um comandante militar, com um inspetor imperial para vigiar o governador. Os magistrados do condado eram indicados, pagos e sujeitos à substituição pelo centro. As famílias aristocráticas locais foram removidas em massa para a capital, as milícias não-governamentais foram dissolvidas, e as muralhas de algumas cidades foram destruídas.

A escrita foi padronizada e unificada de duas formas: a chamada escrita de selo pequeno (que possui, na verdade, uma aparência bastante complexa), empregada para inscrições em pedra e gravações formais, e uma escrita mais cursiva e simples, de escritório, utilizada para os afazeres do dia-a-dia. Esta última foi a preponderante na escrita com pincel em cascas de bambu ou tiras de seda e, depois, em papel (que foi elaborado aos poucos durante o primeiro século d.C.). Pesos, medidas e moeda também foram padronizados. Construíram-se estradas imperiais de mais de seis mil quilômetros, tantas quanto no Império Romano. Uma delas era uma "estrada reta" cruzando a árida região de Ordos e chegando à fronteira junto aos nômades da estepe. Cursos d'água e canais foram abertos em direção ao sul para permitir o transporte fluvial por 1.900 quilômetros, do Yangzi ao Guangzhou (Cantão).

Se tudo isso soar exagerado, e soa, nossas dúvidas devem confrontar-se com fatos como os 7.500 soldados de cerâmica em tamanho natural encontrados em 1974 e ainda hoje sendo desenterrados na tumba do Primeiro Imperador próximo a Xi'an. Aqui, novamente, a arqueologia nos revela mais sobre a antiga China do que jamais poderíamos imaginar. Até os anos 1930 os historiadores da arte ainda diziam que a China não tinha escultura até o advento do budismo no século I. Como sabíamos pouco!

Estudos recentes lançam dúvidas sobre a questão de se o Primeiro Imperador, que não gostava de ouvir as queixas dos mestres, teria realmente feito com que 460 deles fossem enterrados vivos. Derk Bodde (*in CHOC I*) sugere que a idéia seja produto de um erro de tradução; os mestres foram simplesmente assassinados. O controle sobre a história exercida pelos Qin por meio da queima de livros, induzido pelos legalistas, ficou longe de ser concluído, embora os arquivos dos estados conquistados tivessem sido destruídos e somente os registros dos Qin tenham sido preservados.

As muralhas foram construídas pelos Qin e outros Reinos Combatentes e, mais tarde, por algumas dinastias, mas a velha lenda sobre os Qin terem construído a Grande Muralha da China já foi desmistificada há muito tempo. O vasto sistema de muralhas que, hoje vemos foi construído principalmente pela dinastia chinesa Ming, no século XVI. Em uma nova interpretação, Arthur Waldron (1990) demonstrou recentemente como a construção da muralha pelos Ming, embora de pouca valia militar para afastar os nômades não-chineses ao norte, resultou da incapacidade dos oficiais em tomar uma decisão melhor, fosse atacar ou negociar. Os governantes anteriores, desde os Qin, tinham lidado com os nômades por intermédio de comércio, diplomacia ou guerra, e não exclusivamente com fortificações.

Sob o domínio dos Qin, as pesadas demandas de homens e tributos impostas pelo Primeiro Imperador a cada ano acabaram por exaurir o povo e os recursos do Estado. Após 37 anos governando o estado Qin, o imperador morreu repentinamente, aos 49 anos, em 210 a.C. Seu império desintegrou-se rapidamente. Além da unificação de todo o mundo conhecido, o Primeiro Imperador buscou sobretudo um elixir de imortalidade para uso pessoal. As cinco jornadas reais até as montanhas sagradas foram parte dessa busca. A ideologia do seu regime era inadequada ao ato de governar. Os sucessores, imperadores das dinastias Han Anterior e Posterior (206 a.C.-220 d.C.) continuaram a expandir os métodos Qin de controle burocrático, porém de forma mais gradual e associada a uma cosmologia moral abrangente centrada no imperador.

Consolidação e expansão sob o poder dos Han

A dinastia Han iniciou sua administração do império chinês em 206 a.C. instaurando catorze capitanias para governar a metade oeste do império, permitindo que dez reinos aristocráticos comandassem a metade mais populosa do leste (ver Mapa 8). Os imperadores da dinastia Han colocaram seus filhos para governar os reinos e paulatinamente reduziram seus territórios e o tamanho de suas cortes. Em 108 a.C. existiam 84 capitanias e dezoito reinos, menores e de mais fácil controle. Enquanto isso, os imperadores Han distribuíam centenas de marquesados, que consistiam em determinados tributos sobre a terra e a população de uma certa área, a parentes e homens de mérito que arrecadariam (esperava-se) os impostos e seriam partidários aristocráticos do trono na região.

A burocracia criada pelos Qin e Han amparava o poder estatal de várias formas. Uma era o correio do governo, que mandava mensagens pelas estradas. Outra era a nomeação de inspetores regionais, que viajavam pelas áreas de sua incumbência e forneciam relatórios anuais sobre a administração local à secretaria imperial na capital de Chang'an. O principal problema era como verificar o ressurgimento de famílias aristocráticas locais com seus próprios recursos de mantimentos e guerreiros.

Na capital, um problema semelhante apareceu para o governante Han: como evitar a dominação da corte pela família da imperatriz. Quando um imperador Han morria, a imperatriz viúva era quem ficava com o poder de nomear o sucessor de seu marido do clã Liu (o clã de imperadores Han). Ela podia indicar um menor do clã Liu como imperador, e um homem-forte regente do seu próprio clã para governar em nome dele. Meia dúzia de famílias de imperatrizes agiram dessa forma. Um imperador, no entanto, poderia ter confiança nos eunucos do palácio, cuja castração os capacitava a vigiar as mulheres escolhidas para o harém do imperador. Ali, tendo vários filhos, o imperador esperava encontrar um que valesse a pena nomear seu sucessor. Os eunucos, completamente dependentes de um jovem imperador como seus servos e companheiros, poderiam ser os seus únicos partidários confiáveis contra a família de uma imperatriz. O palácio era um centro de intrigas.

Fora do palácio, para controlar os residentes da capital da Han Anterior (Chang'an), o imperador dividiu a cidade em 160 distritos, cada um com muralha e portão próprios e supervisionado por um grupo seleto de residentes não muito diferente das atuais associações de bairro. O estado Han também tentou dominar a vida econômica. Todo o comércio urbano era dentro dos mercados do governo, onde os funcionários determinavam os preços das mercadorias e arrecadavam os impostos comerciais que iam direto para o tesouro real. Os donos de lojas registradas nas cidades sofriam discriminação patente: não podiam possuir terras, tornar-se funcionários nem ter um estilo de vida requintado (nada de vestes de seda nem montar a cavalo!). Em contraste, os mercadores sem registro, que geriam estalagens nas estradas postais e comercializavam em outras cidades e países, ficaram ricos. Estabeleceram conexões com funcionários do governo, tornaram-se latifundiários, acumularam bens, especularam e obtiveram grandes lucros com a exportação de ouro e seda pelos oásis da Rota da Seda para a Ásia Ocidental e Roma. Em suma, o mal do comércio tendia a corromper os funcionários. Um departamento do governo encarregado do comér-

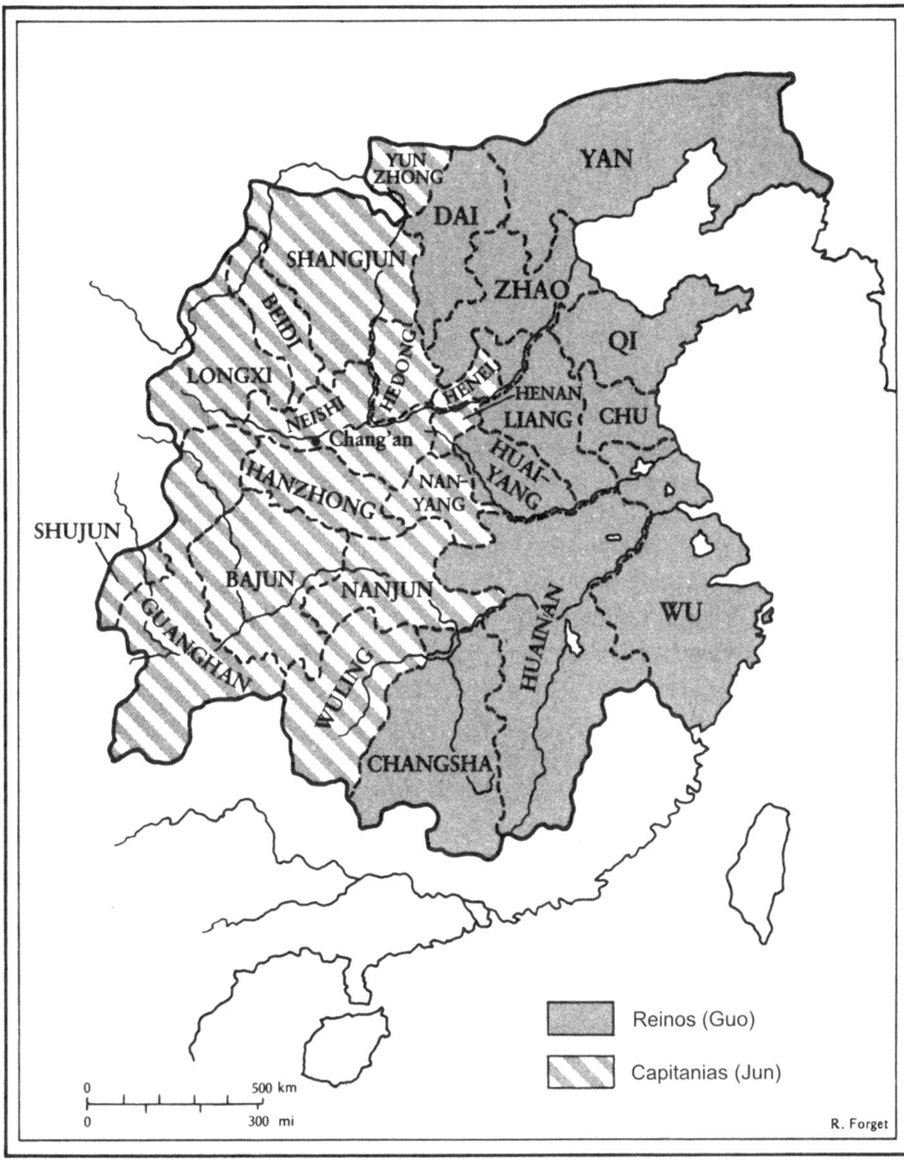

8. Capitanias e reinos do Império Han, 206 a.C.

cio poderia ter algum poder, não fossem os valores confucianos em condenar fortemente a sede pelo lucro. Em deferência à ideologia confuciana, os pronunciamentos oficiais dos próximos dois mil anos depreciariam os comerciantes, enquanto os funcionários a trabalho ganhariam com licença e tributos e dividiriam os tratados privados com eles. A dependência dos comerciantes quanto a autorizações ou cooperações com o governo pouco estimulava o empreendedorismo de risco.

O governo também operava monopólios de mercadorias manufaturadas sempre que possível, a começar pelo sal (necessidade diária em uma dieta de grãos) e ferro (necessário tanto para ferramentas rurais como para armas). Em 117 a.C. o Estado implementou 48 fundições com milhares de trabalhadores. A idéia geral do monopólio de sal era que os fabricantes autorizados vendessem seu produto ao governo ou a comerciantes de sal autorizados, acumulando, assim, os impostos do governo que incidiriam sobre cada etapa de produção, transporte e venda. Após muitos experimentos com cunhagem de moedas de cobre por comerciantes e autoridades regionais, a cunhagem de "dinheiro" – uma moeda de cobre com um buraco quadrado no centro – também se tornou um dos principais monopólios do governo. No século I a.C., para uma população que chegava a sessenta milhões, os Han cunhavam em um ano, em média, 220 mil fieiras de dinheiro (cada uma com mil moedas). Porém, isso não significa que a economia monetária fosse altamente desenvolvida.

Durante os quatro séculos de governo Han, amplas mudanças aconteceram na China – não apenas um aumento demográfico, mas também crescimento das propriedades dos magnatas locais, que obtinham a posse das terras de camponeses empobrecidos quando estes não conseguiam pagar suas dívidas e depois permitiam que desfrutassem da terra como arrendatários. O imposto territorial do governo era leve, de um décimo a um trigésimo da colheita, ao passo que o aluguel pago pelos meeiros a seus senhorios ia de metade a dois terços da colheita. O trabalho do camponês como servo, ou corvéia, devido ao Estado durante um mês por ano era cada vez mais trocado por pagamentos em dinheiro. Os camponeses continuavam a pagar impostos (ou capitação). À medida que o governo Han foi perdendo o vigor, seus dirigentes desistiram de alguns de seus monopólios e controles de mercados, enquanto os proprietários aristocráticos e famílias de comerciantes locais se fortaleciam.

Ao longo desses quatro séculos, uma classe superior estabeleceu-se como grupo social dominante, atada por laços de parentesco à oficialidade, mas com independência local e representada por homens educados como cavalheiros. Seu estilo de vida literário, artístico e suntuoso é evidenciado em três túmulos, datados de 186 a.C. até cerca de 168 a.C., descobertos em Mawangdui, próximo a Changsha, em 1974. O corpo bem-conservado da princesa Dai no interior de um casulo de quatro caixões à prova d'água estava acompanhado por mil objetos, incluindo pinturas, textos escritos em bambu e seda, e sedas multicoloridas que o correspondente romano da princesa dificilmente poderia ter igualado em beleza e arte. Outros artigos chineses de luxo incluíam: artesanato em madeira, cerâmica, bronzes e aço para armas, produzido pela mescla de dois tipos de ferro com teores diferentes de carbono. A metalurgia com ferro pode ter começado mais tarde na China do que no Oriente Médio, mas uma vez introduzida, desenvolveu-se rapidamente.

O crescimento econômico dos Han no Norte da China estimulou o comércio exterior e a expansão militar. Sob o comando do mais enérgico dos governantes Han, o Imperador Marcial (Han Wudi, de 140 a 87 a.C.), os exércitos chineses penetraram no sul da Manchúria, norte da Coréia, sul-sudeste da China e norte do Vietnã. Nessas áreas, poderiam ser estabelecidas capitanias sobre populações camponesas. Somente ao norte e noroeste existia uma fronteira instável.

A política externa dos Han começou com a necessidade de relações estáveis com a distante confederação tribal de Xiongnu – nômades turcos cujos arqueiros a cavalo saqueavam o Norte da China regularmente, levando bens e mantimentos. Nas fases em que a dinastia Han estava fortalecida, ela formou seus próprios pastos para cavalos e arqueiros-cavaleiros, ao mesmo tempo em que incorporava a ajuda de aliados ou mercenários nômades. Um dos artifícios consistia em subornar a Xiongnu do Sul como estado-cliente para ajudar a conter a belicosa Xiongnu do Norte. A alternativa – penosas expedições estepe adentro – era cara e arriscada; em algumas semanas, a falta de mantimentos forçaria a retirada, deixando a horda Xiongnu ainda intacta e à solta. Quando militarmente frágeis, como na maior parte do tempo, os imperadores Han adotavam uma política de "paz e parentesco" (*heqin*) – entretendo o chefe nômade, concedendo-lhe a mão de princesas Han em casamento e dando-lhe presentes suntuosos, especialmente sedas. Os guerreiros nômades aprenderam que, se cumprissem um ritual em Chang'an em que aceitavam a soberania Han, poderiam obter um ótimo lucro e ainda se divertirem. Ying-shih Yü observa que essa política de apaziguamento precedeu os tratados desiguais dos tempos Song e Qing tardio, que atestaram a fragilidade militar chinesa.

Além de lutar ou comprar a paz dos bárbaros, os dirigentes Han também aprenderam a usar a diplomacia para fazer alguns bárbaros lutarem contra os outros. À procura de aliados contra os Xiongnu, os Han enviaram mensageiros pela Rota da Seda até os oásis da Ásia Central no flanco sul dos nômades da estepe. Outros povos tribais como os Quiang (prototibetanos) ameaçavam a rota de comércio para o Ocidente; e, em períodos fortes, como o de Wudi, os Han estabeleceram o Protetorado Geral das Regiões Ocidentais. Em seu ápice, os exércitos chineses cruzaram os Pamirs até o centro da Ásia, onde as forças gregas de Alexandre tinham penetrado há mais de dois séculos.

As técnicas chinesas de adestramento de bárbaros, é preciso admitir, acabaram por não dar certo. Thomas J. Barfield (1989), observando a Ásia Central, relembra-nos como os governantes chineses tinham de pagar os poderosos nômades com presentes, em resposta à apresentação de seu tributo, ou com subsídios diretos ou butim involuntário quando os nômades saqueavam. O fato era que os produtos da China eram essenciais à vida nômade. Quando a China foi unificada, sugere Barfield, as tribos da estepe estavam mais inclinadas a aceitar a soberania dos governantes nômades que tratavam das relações com a China. A força da China os fortaleceu.

O confucionismo imperial

O regime diário de cerimônias e ritos dos imperadores Han exigia a orientação de homens cultos na corte. Han Wudi, em especial, promovia o aprendizado como um dos canais (além da indicação) para recrutamento de funcionários. Ele via a educação como uma forma de fortalecer a nova classe alta contra as famílias aristocráticas mais antigas e aceitava o confucionismo como a ideologia em que os funcionários do governo deveriam ser instruídos. Ao aparelho estatal despótico do legalismo Qin, os Han acrescentaram uma estrutura monumental de idéias, de origem basicamente confuciana, que apresentava uma filosofia estatal abrangente. Chamamos a esse amálgama legalista-confucionista "confucionismo imperial", para distingui-lo tanto do ensinamento original de Confúcio, Mêncio, entre outros, quanto da filosofia secular e pessoal que surgiu na época Song e desde então tem guiado tantas vidas nos países do leste asiático hoje localizados na área da antiga dominação da cultura chinesa – China, Coréia, Vietnã e Japão.

O ponto crucial sobre o amálgama legalista-confucionista era que o legalismo era apreciado pelos governantes e o confucionismo, pelos burocratas. Um governante poderia empregar as induções materiais de recompensa e castigo (que, de tão materiais, podiam ser sentidas) para manter o povo em ordem. Mas seus administradores precisavam de outro tipo de inspiração além de benefícios ou intimidação. Os confucianistas acreditavam que o cumprimento das cerimônias e a conduta exemplar do imperador investiam-no de uma determinada virtude (*de*) – ou, como diz A. C. Graham (1989), potência – que levava os outros a aceitar, apoiar ou até mesmo venerar seu governo. Caso o exercício da moral e civilidade culta (*wen*) perdesse a eficácia, o governante sempre podia recorrer ao castigo e até mesmo à força militar (*wu*). O uso da violência pelo governante continuava prerrogativa sua tanto sobre o povo como sobre os funcionários. Mas ele não podia governar somente pela força e, assim, precisava da ajuda dos confucianistas, mostrando sua constante preocupação moral com a conduta benevolente e adequada. Sob orientação confuciana, o imperador realizava todos os dias rituais e cerimônias que eram sua função especial como Filho do Céu. (As fotos posadas e as entrevistas coletivas da Casa Branca nos dias de hoje pareceriam a ele extremamente naturais.)

As limitações do *status* dos confucianistas estiveram claras desde o início. Confúcio tinha o objetivo de treinar uma elite que formaria homens superiores, capazes de assegurar o respeito do povo e de orientar a conduta do soberano. Confúcio não procurava tornar-se um dirigente nem educar as massas diretamente. Suas prioridades eram, em primeiro lugar, o ritual adequado, em segundo, a humanidade, e o aprendizado apenas em terceiro. Com seu exemplo, mostrava o caminho para seus iguais, que mais tarde seriam os funcionários-eruditos da era imperial. A estrutura social chinesa, em resumo, já estava assentada, e o trabalho do filósofo em sua forma chinesa de profecia era não o de incitar as massas, mas o de orientar os governantes. Conforme salientado por W. T. de Bary (1991), os confucianistas não tentaram estabelecer "qualquer base de poder para eles mesmos... encaravam o Estado e quem quer que o controlasse na corte imperial como mestres individuais... essa fraqueza institucional, condição de alta dependência e insegurança extrema... marcou os confucianistas como *ju* [*ru*] ('frouxos') na política da China imperial". Eles tiveram de encontrar patronos que pudessem protegê-los. Não era fácil ter uma voz independente, separada da organização imperial.

Os Han retinham o Mandato Celestial por meio de um culto imperial de obrigações rituais, começando pelos ancestrais da família Liu, mas especialmente devotado ao Céu. A cosmologia resultante enfeixava todo o fenômeno da experiência humana e armava o cenário para que o confucionismo, pouco a pouco, acabasse obtendo um papel político central como ensinamento oficial.

A cosmologia primitiva da China (sua teoria do Universo como um todo ordenado) exibe divergências marcantes em relação ao pensamento ocidental. Por exemplo, os chineses primitivos não tinham nem mito de criação nem criador-legislador fora deste mundo, nenhuma causa primordial, nem mesmo um Big Bang. Como assinala Joseph Needham, eles presumiam "uma filosofia orgânica, uma harmonia de vontades ordenada sem um ordenador". Essa visão contrasta com a tendência inveterada em todo o resto do mundo de presumir a existência de uma divindade sobrenatural. Os ocidentais, ao olharem para a China, impuseram continuamente seus próprios preconceitos ao contexto chinês, sobretudo porque os chineses, embora costumassem considerar o Céu como o poder cósmico supremo, viam-no como de natureza imanente, e não transcendente. Sem nos aventurarmos mais neste terreno complexo, observaremos apenas que o pensamento Han registrado em escritos clássicos se apoiava no conceito da humanidade como parte da natureza e no relacionamento especial entre o governante e seus ancestrais, conceitos já importantes no pensamento Shang, mais de um milênio antes.

Cosmologia de correlação

Os chineses da dinastia Han viam correspondências ou influências mútuas entre o Céu, a Terra e o Homem – isto é, entre o fenômeno celeste, o mundo natural na Terra e a sociedade humana –, das quais derivavam suas noções de lugar apropriado no Universo. Esta "cosmologia de correlação", ou o que John B. Henderson (1984) chama de "correspondências entre o homem microcósmico e a natureza macrocósmica", pode ser vista, por exemplo, em uma obra Han datada de cerca de 139 a.C., o *Huainanzi*. Essa obra explicava que "a forma arredondada da cabeça parece o Céu, e a forma retangular do pé parece a Terra. O Céu tem quatro estações, cinco fases, nove seções e 366 dias. O homem, da mesma forma, possui quatro membros, cinco vísceras, nove orifícios e 366 juntas. O céu tem vento e chuva, frio e calor. O Homem, da mesma forma, tem o tirar e o dar, a alegria e a ira... Assim, os olhos e os ouvidos são o Sol e a Lua; e o sangue e o sopro vital são o vento e a chuva".

Quando alguém começa a encontrar correspondências próximas – numerológicas, anatômicas, psicológicas e morais – entre o *Homo sapiens* e o resto da natureza, isso se torna um jogo que muitos filósofos podem manipular. Até hoje os chineses têm o costume de atribuir números a eventos importantes, como o Movimento de Quatro de Maio de 1919 (em chinês, 5-4). Esse forte hábito de pensar em termos de números encontrou sua mais ampla expressão na doutrina das cinco fases. As numerologias que usavam três, quatro, nove e outros números foram todas superadas pelas cinco fases ou processos. Também conhecidos como os cinco elementos, eram a água, o fogo, a madeira, o metal e a terra. Quando começaram com essa abordagem, os cosmólogos Han observaram os cinco planetas (todos os que eram visíveis à época), as cinco estações, as cinco direções, as cinco cores, os cinco tons musicais, os cinco imperadores sábios, as cinco vísceras, os cinco orifícios, os cinco animais, os cinco grãos, as cinco montanhas, os cinco castigos e assim por diante. Esse sistema de adotar o número cinco podia ser usado para explicar a mudança, já que cada fase é seguida por uma etapa sucessória – a madeira produzindo o fogo, o fogo produzindo a terra, a terra produzindo o metal, o metal produzindo a água e a água produzindo a madeira. Uma alternativa eram as fases colocadas em seqüências diferentes, tais como a madeira conquistada pelo metal, o metal reduzido pelo fogo, o fogo apagado pela água, a água bloqueada pela terra e a terra manipulada pela madeira.

A aplicação dessa estrutura de correspondências não era automática, mas discutível, e fornecia largo material para discussões filosóficas. Havia um problema considerável, por exemplo, em tentar misturar cinco fases com as quatro estações e outros "quatros", como as quatro divisões da bússola. Os pensadores correlatos da Europa medieval encararam um problema semelhante quando tiveram de encontrar correspondência, por exemplo, entre as nove musas e as oito esferas celestes. Era como tentar enquadrar o círculo.

Os pensadores chineses foram engenhos ao elaborar o vocabulário para o pensamento por correlação mediante dispositivos como *yin* e *yang* ou as dez hastes celestiais e os doze ramos terrenos (*gan* e *zhi*) que produziam o ciclo sexagenário ou de sessenta unidades para a contagem do tempo. (Cada uma das sessenta unidades podia ser representada por dois caracteres retirados, respectivamente, do conjunto de dez e do conjunto de doze.) Desenvolveu-se um saber considerável sobre os ciclos dos sessenta, mas o dispositivo chinês mais disseminado era o dos 64 hexagramas do *Livro das mutações* ou *I-Ching*. Eram conjuntos de seis linhas paralelas, quebradas ou não. Cada uma das 64 figuras resultantes recebia suas conotações específicas, que poderiam ser utilizadas para ler a sorte.

O pensamento por correlação não era novidade para os antropólogos que estudavam sociedades primitivas. Não era, de forma alguma, exclusivo da China. Ganhou, porém, aceitação incomum na China e dominou o pensamento por um período excepcionalmente longo sem dúvida devido à organização centrípeta do Estado e da sociedade chineses. O imperador estava de tal modo no centro de tudo que as idéias de pensamento por correlação e, em especial, a do fenomenismo de sua íntima interação com a natureza podiam se tornar uma firme doutrina.

Os fenômenos naturais não se tornam menos misteriosos só porque nos acostumamos a eles. Hoje aceitamos o conceito de gravidade, segundo o qual julgamos que todos os corpos influenciam outros à distância. Os primeiros Han postularam a existência de um sopro vital ou éter difuso (*qi*) através do qual os processos humanos e naturais interagiam. A cosmologia por correlação só pode ser apontada como errada porque não era comprovada cientificamente. A idéia de ressonância (*ganying*), como quando um diapasão ou uma corda de alaúde induzia a resposta de outro, também abarcava a virtude de reciprocidade (um ato de bondade deve ser equilibrado por uma resposta). Outra ressonância era quando o bom exemplo estabelecido pela conduta do governante fazia com que o observador repetisse sua atuação.

Esse raciocínio por correspondência nos primórdios da dinastia Han ajudou os observadores chineses a encaminhar-se na direção do pensamento científico, conforme mostrado por Nathan Sivin (1987), particularmente no campo da medicina chinesa. Por exemplo, descobriu-se que determinados pontos no corpo humano controlavam a sensibilidade em outras partes do corpo, embora a anestesia por acupuntura só tenha sido desenvolvida neste século. Os alquimistas, que eram os principais pioneiros da ciência chinesa, fizeram muito uso do pensamento correlativo. Na verdade, sua influência pode ser verificada em quase todos os campos da atividade mental chinesa.

No mundo ocidental, a cosmologia por correlação teve um papel considerável no pensamento helenístico contemporâneo aos Han primitivos. Sua influência sobre os pensadores sincretistas da Renascença seria ainda maior. Ainda assim, a natureza arbitrária de algumas correspondências e a característica de total inclusão de alguns sistemas produziram ceticismo ao longo do tempo. Os principais mestres Song duvidavam da ressonância entre as ocorrências naturais e a conduta imperial. Já que o pensamento por correlação usava tanto a imaginação e a especulação, não poderia representar um dispositivo explanatório compreensivo, sobretudo em relação à astronomia, já que as teorias de correspondência não conseguiam incluir os fenômenos complexos e extremamente variados dos corpos celestes.

Todo esse saber cosmológico poderia ser concentrado em especial na correspondência entre a obediência de rituais pelo governante e o ciclo das estações ou outros fenômenos celestiais. Como descendência das antigas atividades dos xamãs, que fizeram inscrições nos ossos oraculares no período Shang, as instruções para os rituais do imperador tornaram-se muito detalhadas. Em primeiro lugar, mantinham-se cuidadosas anotações dos eventos celestes. As observações chinesas na área da astronomia eram incrivelmente precisas, por exemplo, nas tabelas que mostravam horários e locais de nascimento e ocaso dos principais planetas entre 246 e 177 a.C. A mesma atenção cuidadosa era prestada ao cumprimento de rituais pelo imperador, visto que se enxergavam relações recíprocas entre seu comportamento e os acontecimentos naturais. Aqui, era fundamental o conceito de ressonância já apresentado. Essa idéia de influência mútua era particularmente aplicável ao relacionamento entre o governante e os céus. Já que a humanidade tinha seu papel no processo cósmico, a falha humana poderia desordená-lo. Um equívoco por parte do governante poderia produzir catástrofes naturais; assim como meteoros, eclipses, terremotos e inundações poderiam ser considerados respostas da natureza ao desempenho do governante.

Havia aqui, basicamente, uma ferramenta da qual o conselheiro confucianista podia se servir para influenciar o comportamento do imperador. Por meio da cosmologia por correlação, os sinais proféticos poderiam ser interpretados a favor do governante, como fora feito pelos xamãs mágicos de Anyang. Como se considerava que os clássicos prestavam esclarecimento sobre a arte de governar e ocultavam significados que somente mestres eruditos poderiam desvendar, os mestres da corte como Dong Zhongshu (cerca de 175-105 a.C.) encontraram uma ótima oportunidade de tornarem-se peritos em determinar como o governante ajustava-se ao cosmo e, por sua vez, como era afetado por ele. Benjamin Schwartz (1985) observa que o "confucionismo cosmológico" de Dong "confirma o *status* cósmico do governante universal", mas acrescenta que "no caso de Han Wu-ti [Wudi], Tung [Dong] também parece tê-lo empregado como arma de inibição e constrangimento". Em outras palavras, conforme observado por Derk Bodde (1991), os sinais podiam às vezes ser divulgados sem ter ocorrido, falsificados com objetivos políticos.

Os confucionistas sobrepujaram as outras escolas filosóficas dos Reinos Combatentes porque alegavam ser, e eram, conselheiros indispensáveis ao imperador. Isso significava, em um contexto histórico amplo, nas palavras de Arthur F. Wright, que "a elite erudita... fez uma aliança com a monarquia. O monarca fornecia os símbolos e a força do poder: trono, polícia, exército, os órgãos do controle social. Os literatos contribuíam com o conhecimento dos precedentes e da arte de governar que legitimava o poder e possibilitava o funcionamento do Estado. Tanto o monarca como os literatos estavam comprometidos com uma sociedade de duas classes baseada na agricultura".

Os imperadores Han enfatizavam a veneração do Céu como seu principal rito e mantinham centenas de santuários dedicados a imperadores mortos, mas os funcionários superiores da corte acabaram se guiando pelos precedentes estabelecidos pelos governantes mais antigos, conforme registrados nos clássicos. O confucionismo dos Han ganhou importância quando a academia imperial foi fundada, em 124 a.C. Existiam especialistas nos cinco clássicos: o *I-Ching* ou *Livro das mutações* (para adivinhação), o *Shujing* ou *Livro dos documentos* (ou *História*), o *Shijing* ou *Livro das canções* (*Odes*, antigos poemas folclóricos), o *Chunqiu* ou *Anais da primavera e do outono* (crônicas da terra natal de Confúcio, Lu, em Shandong, com comentários), e o *Liji* ou *Registro de cerimônias e conduta apropriada*. Os imperadores Han, que já tinham pedido que lhes fossem recomendados homens de talento para exame e nomeação, acrescentaram nessa época o treinamento clássico aos critérios de seleção oficial, além de provas escritas sobre os clássicos de Confúcio. Até a metade do século II d.C., havia registro de que trinta mil alunos tinham passado pela academia, possivelmente listados como mestres, e não todos de uma só vez.

O código confuciano de conduta também veio de exemplos dos clássicos tal como explicados pelos mestres. Embora esse código pessoal só fosse se desenvolver mais no neoconfucionismo Song, alguns temas básicos surgiram entre filósofos pré-Han de várias escolas. O principal era a ênfase na hierarquia, tão evidente nos tempos pré-históricos, que presumia que a ordem só podia ser alcançada quando o povo estivesse organizado em escalas de inferioridade e superioridade. Esse princípio hierárquico, por sua vez, foi a base para a maior ênfase dada aos deveres do que aos direitos, que presumia, evidentemente, que se todos cumprissem o seu dever, todos receberiam o merecido. Dessa forma, o filho obediente ao pai desfrutaria da aprovação deste. Se todos os deveres fossem cumpridos, a sociedade ficaria em ordem, em benefício de todos.

O dever mais importante era a lealdade. Em sua forma de devoção filial, assegurava o controle dos pais sobre a família. No Estado, a lealdade garantia o apoio dos funcionários ao imperador e sua dinastia. Essa idéia estava tão arraigada no pensamento oficial que, nas épocas de derrocada de dinastias, os servos da antiga dinastia podiam preferir a morte a servir à nova.

A força dessa lealdade explica uma curiosa anomalia recorrente nos anais imperiais. Só um fato sem explicação aparece constantemente nas biografias de funcionários confucianistas eminentes: alguns são decapitados. O fato de os funcionários das últimas dinastias receberem surras em público pode ser atribuído a uma infeliz incidência de um maior despotismo. Mas decapitação? Com certeza, é um acontecimento importante não só para a vítima, mas também como símbolo dos valores estatais. Como pode o imperador decapitar seus ministros com um mínimo de procedimento judicial, como um direito imperial exercido desde tempos imemoriais?

O ritual acabaria por se tornar menos sangrento: bastante recentemente, em 1858 o imperador enviou uma corda de arco de seda ao nobre que negociara os primeiros tratados com a Grã-Bretanha, a França e os Estados Unidos, porque ele tinha perdido a honradez perante os estrangeiros. O nobre tinha autorização para suicidar-se com a ajuda dos servos.

Este com certeza é um aspecto legalista do confucionismo imperial. Benjamin Schwartz (1985) nos recorda que, em textos legalistas, o governante é "admoestado a usar de toda a severidade da lei para com os filhos e irmãos ingratos, a fim de que as sanções penais sejam implantadas no coração da estrutura familiar, cujos laços de moralidade familiar deveriam reinar sobre tudo... A virtude dos governantes manifestava-se tanto em suas punições justas quanto no poder de sua influência moral".

Aqui, vários pressupostos parecem estar implícitos. O primeiro é o do papel do imperador como fonte de atos espontâneos, irracionais ou imprevisíveis, em oposição às ações (ou inação) previsíveis e rotineiras dos burocratas. Os funcionários buscavam a ordem. O imperador podia abalá-los com a desordem. Em segundo lugar, acreditava-se que o imperador possuía um poder arbitrário e irrestrito de vida e morte. A vítima não tinha direitos, em parte porque a teoria política chinesa não tinha uma doutrina de direitos. Terceiro e mais impactante, havia a aceitação quase universal da decisão do imperador em executar um funcionário. Não existia tribunal de apelação. Os outros podiam estar indignados, porém nenhum recurso lhes restava senão o protesto em suas várias formas ou o motim. Essa situação era, sem dúvida, herdada da violência ritualmente sancionada que Mark Lewis documentou referente à era dos Reinos Combatentes, quando a matança de feras na caça e de homens na guerra era a especialidade profissional do governante, mesmo depois de o sacrifício humano ter sido abandonado.

Isso nos leva a pensar que os estudiosos ocidentais e chineses modernos podem ter subestimado o papel transcendental do imperador no sistema de crenças chinês. Realmente, o Filho do Céu era o equivalente ao que chamaríamos de um deus sobre a terra, aquele que, em linguajar ocidental, definiríamos como a encarnação de deus. Os templos imperiais eram lugares de veneração ao imperador. Talvez só possamos compreender a capacidade do imperador de assassinar seus funcionários concebendo seu papel como divindade central do Estado e da sociedade chineses. O confucionista não tinha medo da retribuição após a morte porque vivia num ambiente cotidiano em que o poder imperial poderia tanto recompensá-lo quanto fulminá-lo. Enquanto o asiático ocidental ou europeu, absorto em sua fé em uma vida após a morte, temia o inferno, o confucionista, preocupado com o aqui e o agora, vivia com medo da ira imperial. Deus estava em seu trono dentro do palácio. O aspirante a funcionário não dava um passo sem isso em mente. Se um funcionário era decapitado, isso devia ser aceito como o que hoje nossos agentes de seguro chamam de um "ato de Deus".

Essa linha de pensamento suscita uma importante questão, a da relação entre *wen* e *wu*. *Wen* significa basicamente a palavra escrita e, por extensão, sua influência sobre o pensamento, a moralidade, a persuasão e a cultura. Vamos chamá-la de "a ordem civil". *Wu* tem conotação de uso de violência e, assim, representa a ordem militar em geral. A classe de mestres confucianistas empenhava-se ao extremo na exaltação do *wen* e na depreciação do *wu*. Mesmo assim, pode-se imaginar se o *wu* (incluindo a fundação de dinastias, o extermínio dos rebeldes e malfeitores e a punição dos funcionários) não deveria ser considerado o elemento mais forte e o *wen*, o mais fraco da combinação *wen-wu*. Por exemplo, seria a virtude da lealdade (um aspecto do *wen*) tão poderosa quanto a prática da intimidação (um aspecto do *wu*)? Na maior parte das vezes parecia que, quando queria controlar uma situação, a principal tática do imperador era a intimidação. Tomemos como exemplo o caso do maior historiador da China, Sima Qian. Segundo Edwin Reischauer (Reischauer e Fairbank, 1960), ele tinha "herdado um posto de astrólogo da corte e tinha acesso ao acervo da biblioteca imperial... ele alegava estar meramente concluindo o trabalho histórico começado por seu pai, Sima Tan, mas isso pode ter sido em parte uma desculpa para o que era, na realidade, uma tarefa extremamente pretensiosa – a continuação e ampliação daquela que era considerada a maior realização de Confúcio, ou seja, a organização do registro do passado de forma apropriada. Sima Qian era obviamente um homem de grande ousadia, bem como dono de uma capacidade de aprendizado prodigiosa. Em 99 a.C. ele interviu em defesa de um proeminente general chinês que tinha sido obrigado a render-se aos Xiongnu, e Wu Di retribuiu sua audácia fazendo com que o castrassem".

Como castigo, a perda de testículos só não era pior que ser decapitado, já que significava o corte da prole masculina que, na religião secular da elite chinesa, conduziria os rituais familiares de veneração de ancestrais que confortariam seus espíritos. No período de 99 a.C. até sua morte, em cerca de 85 a.C., Sima Qian estava presumivelmente concluindo seu enorme trabalho de organização da história chinesa. Será que devemos acreditar que sua castração não o intimidou?

Quanto a se essa intimidação teve alguma influência sobre os *Registros do historiador* (*Shiji*), podemos apenas conjecturar. Os anais básicos de Sima Qian do reino de Wu Di param logo depois do primeiro parágrafo. Sima não pesquisou as origens da legitimidade imperial – que sancionava a capacidade do imperador de executar ou castrar os seus súditos. Talvez aí esteja algo que mereça uma nova análise crítica.

Conforme destacado por Thomas Metzger (1973), o imperador naturalmente "jogava com toda a esfera de sanções disponíveis – coercivas, remunerativas e normativas" –, combinando-as para adequar-se às circunstâncias. "Seu uso de violência terrorista costumava ser acompanhado por irrupções de indignação moral que pretendiam obter a justificação normativa junto ao pensamento da elite."

O poder do imperador sobre a vida dos mestres e funcionários corria lado a lado com seu poder sobre seus livros e educação – o sistema de aprendizado e sua transmissão. Quase toda dinastia promoveu o recolhimento de livros; a preocupação do primeiro imperador Qin em destruir livros e mestres foi apenas mais veemente que a de outros governantes. R. Kent Guy (1987) concluiu que se "as artes de reinar e escrever desenvolveram-se juntas na China antiga, então um senso de unidade básica entre os dois atos pode muito bem ter sublinhado as visões legalistas e confucianas da escolaridade e do governo".

Pode-se chegar a uma conclusão semelhante quanto à educação. Talvez seja uma tradução excessiva chamar a academia imperial ou *Taixue* (inaugurada em 124 a.C. e continuada na Song do Sul) "Universidade Nacional", ou chamar o *Guozijian* (de Song a Qing) de "Diretório da Educação". Centradas nos clássicos, essas instituições também poderiam ser muito bem chamadas de centros de doutrinação. O fato é que o poder imperial, os livros e os mestres eram todos vistos como aspectos de governo integralmente relacionados.

3

A reunificação na era budista

Desunião

À medida que a unidade da China sob os Han se desintegrava, a fé budista, que tinha sido importada da Índia na metade do século I d.C., foi ganhando adeptos, enquanto o confucionismo estatal entrava em declínio. O barbarismo e a religião seguiram-se ao colapso do Império Han, como aconteceu ao Império Romano. Mas os resultados na China foram diferentes dos da Europa.

O mecanismo básico do declínio da dinastia Han foi o de sempre: o surgimento de poderes locais ou regionais que eclipsaram os da dinastia central. A fraqueza do centro adveio de diversas causas: a sucessão de imperadores Han incompetentes, sua dominação pela família da imperatriz, a usurpação de poder por eunucos e muitas outras rivalidades entre facções na corte. O favoritismo e a corrupção resultaram na nomeação de pessoal inadequado, exploração desenfreada do povo, desconsideração dos interesses das famílias de comerciantes e magnatas e um enfraquecimento da capacidade militar da dinastia. Essas fraquezas internas interagiram com o crescimento do poder local e regional nas mãos das famílias aristocráticas donas de latifúndios e cidades muradas, bem como das indústrias dentro delas. O desastre definitivo foi em 220, com uma revolta de famílias aristocráticas ex-nômades do Norte da China e seus servos, que tinham se estabelecido dentro da Muralha, mas mantido suas habilidades e propensões bélicas.

À época dessa rebelião, estavam em marcha dois processos que acarretariam mais de três séculos de desunião entre o Norte e o Sul da China – primeiro, a incursão recorrente de povos nômades ao norte da China e, segundo (em parte como conseqüência disso), a migração dos chineses da dinastia Han para as áreas mais amenas e férteis do vale Yangzi, mais para o sul. Isso foi a base para um duplo desenvolvimento de pequenas dinastias regionais ao norte e ao sul. Após a era conhecida como a dos Três Reinos, de 220 a 265 d.C., e uma reunificação temporária do país entre 280 e 304, seguiu-se, nos séculos de 317 a 589, uma sucessão conhecida como as Seis Dinastias no Sul da China ao longo e abaixo do Yangzi e, no Norte da China, basicamente uma arena de disputa entre todos os Dezesseis Reinos.

Os principais invasores ao norte já não eram os Xiongnu turcos, cuja confederação se tinha rompido, mas um povo nômade protomongol conhecido como os

Xianbei, que organizara estados em Gansu, ao oeste, e em Hebei e Shandong ao leste. Em vez de barbarizarem a cultura chinesa local, esses invasores menos civilizados logo se entrosaram com as características das famílias aristocráticas chinesas, casaram-se com gente do povo Han da região e constituíram cortes ao estilo chinês. Os mais proeminentes eram os turcos de Toba, que constituíram sua dinastia ao norte do Wei do Norte (386-535), primeiro em Datong, no norte de Shanxi, e depois (quando já tinham conquistado e reunificado o Norte da China) em sua segunda capital, Luoyang, logo ao sul do rio Amarelo, que fora a capital dos Han posteriores. Outras das grandes conquistas dos Wei do Norte era sua devoção ao budismo e os grandes entalhes em pedra que fizeram próximo às suas duas capitais.

O budismo espalhou-se rapidamente não só no Norte como também entre as Seis Dinastias do Sul. Na época áurea do budismo na China, do século V ao IX, o confucionismo foi eclipsado, e os ensinamentos budistas, assim como a arte budista, tiveram um efeito profundo na cultura chinesa, tanto ao norte como ao sul.

Os ensinamentos budistas

Buda, que viveu provavelmente durante o século VI a.C. no Nepal, começou a vida como um aristocrata. Após renunciar ao seu palácio, harém e luxo, ele atingiu, por meio da meditação, uma iluminação na qual descobriu o grande princípio da roda da lei ou da roda do Buda. Isso pode ser definido como uma teoria da "origem dependente" da vida: que tudo está condicionado por outro fator em uma seqüência fechada, de tal forma que a infelicidade da vida depende de certas condições e que, pela eliminação dessas condições, é possível eliminar a infelicidade em si. Então o desejo – que, em última análise, leva à infelicidade – origina-se da dependência das sensações, que, por sua vez, origina-se da dependência do contato e dos seis sentidos, e assim por diante. O objetivo budista, portanto, era cortar a corrente de condições que atava a pessoa a essa seqüência de paixões, desejos e apegos. Dessa premissa de que a infelicidade é condicionada e que as condições podem ser destruídas, os primeiros budistas fizeram derivar muitas teorias.

Uma idéia central de grande interesse nos dias de hoje é a dos darmas. É, na verdade, uma teoria de elementos ou átomos de acordo com a qual uma entidade não existe em si, mas é formada por todas as suas partes. Os velhos monges budistas acreditavam que o homem é um mero composto dessas diversas partes ou darmas; ele não tem personalidade, alma ou ego. Existem vários tipos de darmas. Alguns estão ligados à forma e à essência, outros, à sensação, e outros, à atividade mental. Vistos em conjunto, constituem uma bela explicação da experiência e formam uma base para a negação da existência do ego. Isso era exatamente o que os budistas procuravam, como uma forma de escapar da infelicidade da vida. Já que todos os elementos da experiência podiam ser analisados como dissociados, desconectados e atomizados, tanto no espaço como no tempo, sustentava-se que a devida percepção dessa verdade poderia levar à eliminação da ilusão do ego e a uma libertação da roda da lei. Esse tipo de fuga ou iluminação, como se preferir, tem sido perseguido por místicos do mundo inteiro e era buscado avidamente na China medieval.

O budismo, em seus primórdios, era institucionalizado em uma ordem monástica que pode ser comparada e contrastada com o monasticismo cristão de um momento posterior. Foram esses primeiros monges que finalmente registraram por escrito os sutras (sermões e ensinamentos tradicionais de Buda).

No momento de sua expansão do Norte da Índia em direção ao Extremo Oriente, a escola budista do Mahayana (o "grande veículo") introduzira grandes mudanças nas antigas doutrinas, tornando-as mais atraentes para a população em geral. Um desses desdobramentos era a idéia de salvação, que se tornou possível pela intercessão dos *bodhisattvas* (ou "iluminados"), que tinham obtido a iluminação do Buda mas continuaram sua existência neste mundo para salvar outros. A mais famosa dentre essas divindades era a deusa chinesa da misericórdia ou Guanyin, uma abstração do princípio da compaixão. Outra era o Buda da Luz Infinita, Amitabha (em chinês, Emituofo ou O-mi-to-fo). A salvação de outras pessoas por meio dos esforços desses iluminados era possível devido à teoria de que o mérito era transferível. Junto a essa noção corria o conceito de caridade, que complementava a fé budista original e fez dela na China e no Japão uma força social mais efetiva.

A escola Mahayana também desenvolveu uma doutrina positiva do nirvana, o estado que era objeto do empenho budista, mas que o próprio Buda considerava tão indescritível que nada comentara sobre ele.

Os ensinamentos budistas foram estipulados pelo grande cânone budista ou tripitaka. A tradução dos sutras desse cânone tornou-se o principal trabalho dos primeiros monges budistas da China. Eles e seus seguidores enfrentaram enormes problemas lingüísticos e intelectuais – como fazer a tradução do sânscrito, que era polissilábico, cheio de inflexões e alfabético como o inglês e como as demais línguas indo-européias, para a escrita monossilábica, sem inflexões e ideográfica da China; e como transmitir com aquele meio lacônico e concreto as abstrações tão imaginativas e metafísicas do misticismo indiano.

Na tentativa de transferir ou "traduzir" suas idéias novas e estranhas em termos significativos para o público chinês, os primeiros missionários budistas depararam-se com o problema que desafiou todos os propagadores posteriores de novas idéias na China: como selecionar determinados termos chineses, caracteres escritos carregados de sentidos preestabelecidos, e investi-los de novos sentidos sem deixar que, com isso, as idéias estrangeiras fossem minimamente alteradas, na verdade achinesadas. Por exemplo, o caractere chinês *dao* ("o caminho"), já bastante utilizado no daoísmo e no confucionismo, podia ser empregado tanto para o darma indiano como para a ioga ou para a idéia de iluminação, enquanto *wuwei*, a "inação" do daoísmo, era empregado para nirvana. O resultado era no mínimo ambíguo, senão uma certa diluição da idéia original.

Idéias abstratas do estrangeiro, quando expressas em caracteres chineses, dificilmente conseguiam escapar de algum grau de achinesamento. Além disso, havia resistência a valores exóticos e indutores de corrupção social. Como observa Arthur

Wright (1959), "A posição relativamente alta que o budismo dava a mulheres e mães foi modificada nessas primeiras traduções. Por exemplo, 'Marido sustenta a esposa' virou 'O marido controla sua esposa', e 'A esposa conforta o marido' ficou 'A esposa reverencia seu marido'".

Os invasores não-chineses do Norte da China, do século IV em diante, aceitaram o budismo em parte porque, como eles, também ele era um elemento externo da velha ordem que estavam dominando. Os sacerdotes budistas podiam ser aliados na promoção da docilidade entre as massas. Para a alta sociedade chinesa que fugira para o Sul, o budismo também oferecia explicação e consolo intelectualmente sofisticados e esteticamente satisfatórios para o colapso de sua velha sociedade. Tanto os imperadores como o povo buscavam a salvação religiosa em uma época de colapso social. Grandes obras de artes, estátuas e templos esculpidos em rocha são provenientes desse período. Comparações e contrastes frutíferos podem ser estabelecidos entre as funções do clero e do monasticismo, entre o crescimento das seitas e o relacionamento igreja-Estado, durante essa era da fé budista na China e sua contrapartida cristã mais recente na Europa medieval. Os monastérios budistas, por exemplo, serviam de hospedarias para viajantes, locais de refúgio e fontes de caridade. Além disso, tornaram-se grandes latifundiários e assumiram cargos semi-oficiais na administração.

O período inicial de empréstimo e domesticação foi seguido por outro de aceitação e crescimento independente. O budismo nativo chinês foi influenciado pelo daoísmo e influenciou-o, por sua vez, em um grau até hoje controverso. Novas seitas surgiram na China, atendendo às necessidades chinesas. A mais conhecida hoje, por sua influência na arte oriental, era a escola que buscava a iluminação por meio de práticas de meditação (chamada em chinês de Chan, ou, na pronúncia japonesa, Zen). Talvez o que foi dito seja suficiente para indicar a interação tão complexa entre elementos como o budismo indiano, os invasores bárbaros, o daoísmo nativo e o crescimento, o florescimento e a decadência do budismo chinês.

A reunificação Sui-Tang

Durante o período de desunião, a falta de ortodoxia central permitiu que as Seis Dinastias do Sul, a maior parte com capital em Nanjing, e os Dezesseis Reinos do Norte se diferenciassem e inovassem. O budismo e o daoísmo inspiravam artistas, filósofos e escritores. Muitas das histórias dinásticas referem-se às efêmeras pequenas dinastias dessa era.

Os três séculos das dinastias Sui-Tang (589-907) finalmente restabeleceram o ideal chinês de unidade desenvolvido sob os Han. O Norte da China fora devastado pelas invasões nômades, enquanto o Sul do país ao longo do Yangzi tinha prosperado de forma relativamente pacífica. Os sessenta milhões de pessoas estimados sob a dinastia Han no ano 2 d.C. (principalmente no Norte da China; ver Mapa 10) tinham sido reduzidos em número, mas a migração de famílias Han para o Sul começara a mudar o centro de gravidade da China (ver Mapas 11 e 12). Na época moderna, o

Sul da China abrigaria dois terços da população chinesa. Porém, do século VI ao X a grande massa popular da China ainda habitava a planície do Norte, facilmente unificada, onde foi constatada uma grande quantidade de prefeituras, cada uma com cem mil moradias (digamos, quinhentas mil pessoas). Conforme assinalado por Mark Elvin (Blunden e Elvin, 1983), ao Império Romano "faltou uma região dominante e consolidada que se comparasse". A centralidade do Norte da China e a enorme população eram um fator de união. Quem quer que a controlasse poderia facilmente subjugar as demais áreas, incluindo o Sul da China.

Os fundadores das dinastias Sui e Tang tinham se casado com famílias de tribos nômades achinesadas. Agora eram as famílias aristocráticas do Noroeste da China, localizando-se especialmente na atual província de Shanxi e na região da antiga capital que ia do vale Wei, passando pelo lado sul do rio Amarelo, até a planície do Norte da China. Assim como sob os Zhou e os Qin, essa área ao noroeste obtinha sua força militar dos povos nômades. Dos pastores das pradarias, os chineses compraram cavalos para batalhas de cavalaria, calças para montar com as pernas separadas, selas e, depois, estribos, além de arreios e, por fim, a coleira, que seria copiada no Ocidente. As relações desses clãs com a Ásia Central no comércio e na diplomacia eram próximas e influentes muito antes da reunificação Sui-Tang dentro da China.

O fundador dos Sui pertencia a uma família Yang parcialmente nômade com residência a meio caminho entre as duas antigas capitais dos Zhou e dos Han, Chang'an e Luoyang. O fundador da dinastia Tang era, da mesma forma, um descendente de uma família Li de origens militares turcas e *status* aristocrático. Esses aristocratas militares tinham se casado tanto com chineses como com familiares um do outro, formando um grande grupo homogêneo de líderes à altura das empreitadas dispendiosas de conquista e administração. Os reis nômades do Norte da China adotaram de forma tão zelosa maneiras chinesas, incluindo idioma, vestimentas e métodos de governo, que seus estados híbridos pareciam ser, nos registros históricos, propriamente chineses.

O último dos Dezesseis Reinos já havia unificado o Norte da China quando o fundador dos Sui tomou o poder em 581. Ele elaborou rapidamente um novo código judicial com quinhentos artigos, impôs a ordem no governo local e deu continuidade a diversas instituições iniciadas por reinos anteriores. Entre estas estava o sistema de "campo igualitário" que deveria, a cada ano, reservar vários acres de terra cultivável a cada homem adulto. Ele também continuou com o sistema de responsabilidade coletiva por grupos de residências, as milícias com administração territorial e as colônias agrícolas militares na fronteira. A burocracia unificada resultou no recebimento de impostos; silos de ajuste de preço compravam grãos nos tempos de fartura e os vendiam barato em tempos de carestia. Nesse ínterim, os monastérios budistas tornavam-se grandes latifundiários de influência crescente. A devotada patronagem do imperador criou (nas palavras de Arthur Wright) um "budismo imperial".

A conquista do Sul pelos Sui ao longo do Yangzi não foi muito destrutiva, e o segundo imperador, Sui Yangdi, conseguiu mobilizar os recursos do império para grandes projetos. Um foi a ampliação do Grande Canal desde o norte de Hangzhou, passando pelo Yangzi até Yangzhou, e então até o noroeste na região de Luoyang (ver Mapa 16). Em 609, ele foi estendido em direção ao nordeste, para a região de Tianjin e Beijing. Utilizando os riachos e lagos locais, o transporte de balsa podia levar mantimentos e mercadorias do baixo Yangzi até o Norte da China para fortalecer a fronteira norte, além de alimentar a área da capital. Foram construídos grandes silos (cada um podia armazenar 33 milhões de alqueires).

Essa desordenada explosão de energia sob um imperador com visões de grandeza já inspirou comparações entre os reinos de vida efêmera de Sui Yangdi e Qin Shihuang, dois que se excederam. A tentativa de conquista da Coréia por Yangdi esgotou seus recursos, e essa derrota contribuiu para disseminar a rebelião e ocasionar sua perda do mandato.

Os fundadores da dinastia Tang foram mais prudentes. Herdaram as conquistas dos Sui, incluindo a enorme capital de oito por nove quilômetros, Chang'an, e a capital secundária, Luoyang. Enquanto os departamentos administrativos da dinastia Han tinham coordenado os assuntos palacianos e dinástico-familiares lado a lado com os assuntos de interesse geral da nação, os Sui e os Tang estabeleceram seis ministérios – administração pessoal, fazenda, ritos, exército, justiça e obras públicas – que formariam as principais divisões do governo chinês até 1900. Outros órgãos incluíam a censura, que analisava e apresentava relatórios sobre a conduta oficial e até mesmo a imperial, e uma versão primitiva do sistema de exames oficiais.

No governo do segundo imperador, os exércitos Tang espalharam-se pelo exterior em todas as direções, derrotando os coreanos, expandindo-se ao sul pelo norte do Vietnã e, principalmente, forçando seu domínio na Ásia Central até que houvesse prefeituras chinesas funcionando a oeste dos Pamirs (ver Mapa 9). Essa expansão dos Tang pelas cidades comerciais dos oásis da Rota da Seda abriu caminho para um maior contato com a Ásia Ocidental. A capital dos Tang em Chang'an tornou-se uma grande metrópole internacional, um marco do mundo eurasiano. Entre 600 e 900, nenhuma capital ocidental ganhava dela em tamanho e esplendor.

A destreza militar dos Tang equiparava-se às conquistas nas belas-artes e na literatura. A poesia Tang tornou-se modelo para períodos posteriores. O vigor criativo dos Tang permitiu-lhes ser uma sociedade mais aberta, aceitando estrangeiros do Japão, Coréia e Vietnã em sua vida urbana, bem como da Pérsia e da Ásia Ocidental. O budismo tinha acrescentado uma outra dimensão à herança Tang dos Han. Os estados mais recentes que emergiam na Ásia Oriental baseavam suas instituições nos Tang.

O budismo e o Estado

A comparação entre o papel do budismo na China e o do cristianismo na Europa mostra uma diferença marcante no plano político. Após a ressuscitação do poder central pelos Tang, o confucionismo foi se revigorando, sob a influência budista, para fortalecer o governo. A burocracia imperial acabaria por administrar a igreja budista com rédeas curtas.

A adaptação do budismo à maneira de ser dos chineses fica evidente, por exemplo, na educação. Como mostra Eric Zürcher (1959), o Caminho Budista era semelhante ao confucionismo no reforço da importância do comportamento moral. O aprendiz budista tinha de aprender inúmeras regras de conduta e lutar constantemente contra o pecado, o desejo e o apego. Tinha de observar as cinco regras: abster-se de matar, de roubar, de fazer sexo ilícito, de mentir e de usar tóxicos. O *sangha* – ou comunidade de monges e freiras, noviços e fiéis – tinha de cumprir um grande número de votos. Além disso, havia a realização de boas obras e caridade (uma ramificação que vem da tradição confuciana dos "contratos comunitários", *xiangyue*, com Song e depois deles, conforme veremos).

Durante a época budista na China, de cerca de 500 a 850, o budismo não reduziu o poder do Estado como única fonte de ordem política e social. A alta cultura ainda era dominada pela elite secular dos literatos. Isso significa que a comunidade de crentes budistas era mantida rigidamente dentro de certos limites. Só depois do século VI os *sangha* tornaram-se o que Zürcher chamou de uma "elite secundária". Os monges eram recrutados em famílias de alto *status* oficial. Curioso, já que os membros do *sangha* como corporação tinham rompido seus laços com a sociedade externa. Com relação ao governo, clamavam por autonomia, livre de controle e impostos governamentais, e até incluíam as mulheres. Mais cedo ou mais tarde essa autonomia tornaria o budismo uma ameaça ao Estado.

Sob os Tang, a tendência era burocratizar o budismo com controle administrativo, concessão de títulos, venda de certificados de ordenação, compilação de um cânone budista e um sistema de exames clericais para selecionar talentos. Os monges tinham de passar por um árduo programa de treinamento e estudo antes da ordenação. Os exames clericais para os budistas, bem como os aplicados ao clássico mestre confucianista, eram realizados pelo Ministério dos Ritos. A educação nos monastérios budistas incluía o estudo dos clássicos confucianos. De fato, os monastérios budistas que preparavam os monges para o sistema confuciano de exames pareciam predecessores das academias do período Song. Assim, o budismo, até o rompimento de 845, era circunscrito de forma consistente em seus esforços educacionais pela dominação mais antiga do ensino confucianista. No entanto, o budismo teria influência indireta, mais tarde, no amálgama conhecido como neoconfucionismo.

O budismo tinha prejudicado tão pouco a tradição política que o governo Tang teve relativamente poucos problemas em coibir o poder econômico dos monastérios. As várias perseguições a budistas, sobretudo no século IX, foram, em parte, uma luta para evitar o domínio de terras pela igreja e facilitar a aplicação de impostos sobre essas terras. Mas não houve luta entre igreja e Estado na China medieval comparável à que aconteceu no Ocidente. A igreja – fosse budista ou daoísta – era praticamente incapaz de ser independente do Estado. Seus sacerdócios e templos eram muito descentralizados, dependentes da modesta contribuição local, mas sem

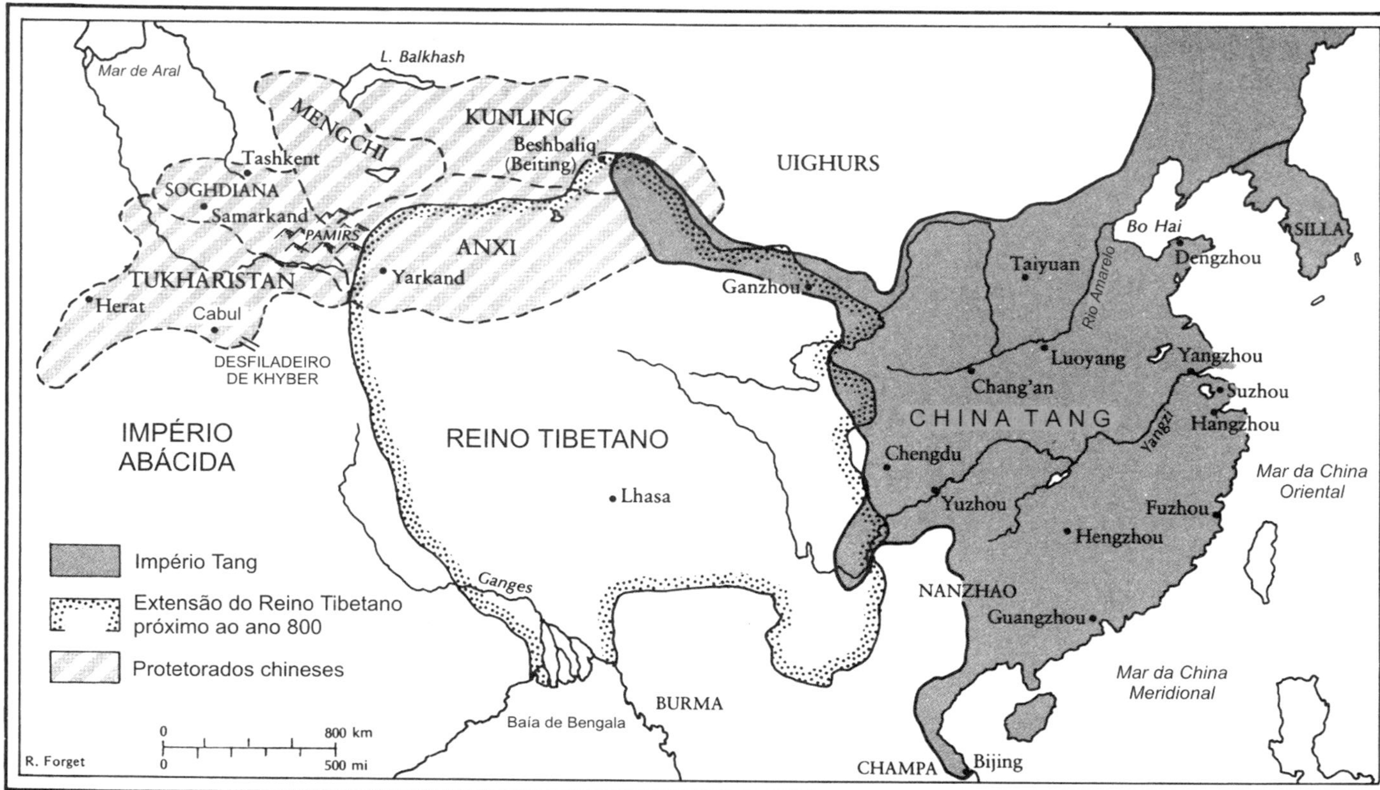

9. O Império Tang no auge de sua expansão (século XVIII)

congregações organizadas de fiéis nem administrações nacionais, além de serem passivos acerca de questões políticas.

Imitando o exemplo budista, a religião daoísta, diferente dos filósofos ou alquimistas, atingiu as massas com um panteão imponente e várias seitas, mas não conseguiu criar uma organização global. Os monastérios e templos daoístas continuavam sendo unidades isoladas atendendo às crenças populares. Pela sua própria natureza, o daoísmo não poderia se tornar uma força organizada com poder sobre a política chinesa: expressava uma alternativa ao confucionismo no domínio da crença pessoal, porém deixava o domínio da ação aos confucianistas.

Por outro lado, os daoístas contribuíram para a tecnologia chinesa por meio das práticas alquímicas há muito exercidas, tanto na busca pela imortalidade quanto pela bonança mais imediata da fabricação do ouro. Em suas experiências fisiológicas e químicas, descobriram elixires e pesquisaram ervas, organizando a grande farmacopéia chinesa da qual o mundo até hoje tem usufruído. Os alquimistas fizeram contribuições à tecnologia da porcelana, tintas, ligas metálicas e até a outras invenções chinesas como a bússola e a pólvora. Várias de suas conquistas, conforme observa Joseph Needham, eram "protociência, e não pseudociência".

O declínio da dinastia Tang

O terceiro imperador Tang era, infelizmente, um fraco, embora a imperatriz Wu tenha compensado esse fato controlando o poder autocrático por meio século (de cerca de 654 a 705), primeiro por intermédio dele, depois por meio de seus jovens sucessores e finalmente, durante algum tempo, como imperatriz de uma dinastia recém-declarada. Única governante mulher que a China já teve, a imperatriz Wu era uma política impecavelmente talentosa e hábil, mas seus métodos assassinos e ilícitos de conservação do poder arruinaram sua reputação junto aos burocratas do sexo masculino. Também incentivou o excesso de pessoal no funcionalismo e diversas modalidades de corrupção. Em 657, o governo Tang usava apenas 13,5 mil oficiais para controlar uma população estimada em cinqüenta milhões. Obtendo uma milícia local (*fubing*) de fazendas auto-suficientes e exigindo que elas cumprissem trabalhos em cada localidade, o governo cortou seus gastos. A administração ainda queria ver os fazendeiros independentes e donos legítimos de suas terras, e portanto, sob o sistema de campo igualitário (*juntian*), redistribuía periodicamente a terra segundo os registros populacionais. Mas ao passo que o segundo imperador governou por um método prático e ativo, trabalhando com seus conselheiros todos os dias, as manipulações da imperatriz Wu fizeram do poder imperial algo mais remoto, conspiratório e despótico. Ela rompeu o poder dos clãs aristocráticos do Noroeste e deu à planície do Norte da China maiores oportunidades de representação no governo. Os aprovados no exame tornaram-se uma pequena elite na oficialidade. O legado da imperatriz ainda está em debate.

Sob o governo do imperador Xuanzong (que reinou de 713 a 755), os Tang atingiram o auge de sua prosperidade e esplendor, mas as falhas se acumulavam. Primeiro havia a exagerada expansão militar, terrivelmente custosa. As forças da dinastia Tang estavam em guerra nas fronteiras do Sudoeste da China e também se estenderam excessivamente ao oeste dos Pamirs. Lá foram derrotadas por exércitos árabes em 751, próximo a Samarkand. Nesse ínterim, a milícia *fubing* fora gradualmente transformada em uma força de guerra profissional organizada em nove divisões, em especial nas fronteiras sob o comando de um general com plenos poderes para rechaçar ataques. Alguns generais poderosos envolveram-se com a política da corte. À medida que a Corte Externa subordinada aos Seis Ministérios foi-se tornando mais ritualizada e sobrecarregada, os altos funcionários que a chefiavam como chanceleres – na verdade, delegados do imperador, governando em seu nome – foram se envolvendo cada vez mais em partidarismos mesquinhos, enquanto o imperador usava eunucos para sustentar seu controle da Corte Interna. Então, em sua velhice, Xuanzong apaixonou-se por uma bela concubina, Yang Guifei, e deixou o poder central decompor-se. Ela adotou como filho o seu general preferido, An Lushan, que se rebelou e tomou as capitais em 755. De 755 a 763, uma rebelião altamente destrutiva assolou o país. Quando o imperador abandonou sua capital e suas tropas exigiram a execução de Yang, a história de amor imperial chegou a um trágico (e eternamente recontado) fim. O reino Tang foi restaurado nominalmente após oito anos, mas durante o próximo século e meio o poder dos Tang não voltou a renascer de fato.

A derrota da rebelião de An Lushan resultou no estabelecimento de comandos militares regionais que depois se tornaram a base para um novo estrato regional da administração. Enquanto o controle sobre as regiões externas se evaporava, o regime Tang dentro da China teve de ceder poder aos militares. Não era mais capaz de governar a partir do centro com leis e instituições uniformes. A elite burocrática não conseguia sustentar procedimentos para toda a nação. Venceram o localismo e o particularismo, e a unidade nominal do Estado chinês tornou-se uma fachada sem substância.

Mudança social: a transição Tang-Song

Dos vários movimentos de mudança durante o final da dinastia Tang, o de maior duração foi o de declínio das famílias aristocráticas que tinham dominado o governo. A dinastia Han Posterior viu uma distinção social bem marcada, embora não oficial, entre as famílias da elite (*shi*) e o povo comum (*shu*), além das pessoas humildes (*jianmin*). Em seu sentido original, o termo *shi* designava "servidores", referindo-se à elite erudita que servia o Estado. Dos Han até o final dos Tang, o *status* "aristocrático" dos grandes clãs coincidiu com a posse de altos cargos no governo pelos membros desses clãs. As famílias da elite eram listadas nos registros sociais oficiais. O casamento entre elas e gente do povo era visto com maus olhos. Durante o período de desunião pós-Han, a elite era fonte de cerca de três quartos dos oficiais do governo. Durante o início da dinastia Tang, a proporção era de mais da metade e, mais tarde, de três quintos. Embora os clãs aristocráticos do Noroeste tivessem uma origem principalmente não-chinesa, eram uma grande fonte de funcionários para o governo central. Como diz David Johnson (1977), "Diferente da Inglaterra ou da França, onde um homem podia chegar a uma posição social de vulto por meio de uma carreira no direito, na medicina, no comércio, na igreja ou no exército, na China só havia uma hierarquia profissional significativa: a do serviço civil".

A ausência de primogenitura na China significava que uma divisão equânime da propriedade entre os homens era a prática mais comum em caso de morte do chefe da família. O código legislativo imperial exigia herança divisível e, assim, impediu o surgimento de uma nobreza latifundiária como ocorreu na Europa. Se um membro da família não se tornasse um funcionário do governo por duas ou três gerações, a família mais cedo ou mais tarde entraria em declínio. Cada geração era potencialmente insegura e tinha de provar seu valor na vida oficial. O *status* familiar era hereditário, mas se uma família que chegasse à elite por ter membros em altos cargos fosse incapaz de produzir outros membros, seu *status* decairia. No entanto, foi criada uma medida protetora em que os Tang mantinham vários grupos de *status* fora da burocracia categorizada a partir dos quais eles poderiam retornar ao serviço oficial.

As nomeações para cargos eram feitas por intermédio de recomendações, primeiro pelo prefeito, de quem se esperava a categorização de todos os membros da elite dentro de sua jurisdição conforme uma escala que acabaria por consistir em nove categorias, cada uma dividida em superior e inferior. As avaliações oficiais de cada candidato em sondagem para a nomeação eram acumuladas em dossiês. Com esse sistema, a elite perpetuava-se. Embora o sistema de exames tenha começado na época Sui-Tang, o processo de seleção de funcionários não prevalecia. O recrutamento era mais um processo social do que legal, já que no campo social os contatos pessoais (*guanxi*) constituíam a matriz pela qual os candidatos a cargos progrediam e o *status* familiar era mantido. Por exemplo, os Wei do Norte criaram sua própria lista de grandes clãs e tornaram-na equivalente à lista chinesa, de forma que famílias de ascendência nômade podiam ingressar na vida chinesa em postos elevados. Foram elaboradas listas oficiais das genealogias dos grandes clãs entre 385 e 713 d.C., obviamente com base nas listas de recomendação enviadas pelos prefeitos. Essas genealogias estabelecidas eram as bases para os casamentos arranjados.

Os fundadores da dinastia Tang sentiram que esse sistema obstruía a mobilidade de talentos e sublevaram-se contra ele. Assim, as novas famílias sino-bárbaras do Noroeste, que estavam tomando o poder nessa época, fizeram com que as grandes famílias chinesas a nordeste da planície do Norte da China sofressem um baque. Os fundadores da dinastia Tang também denunciaram os enormes presentes exigidos pelas famílias antigas quando suas filhas casavam. Em 659, houve um censo da genealogia nacional de duzentos capítulos, contendo 2.287 famílias de 235 clãs. Um dos objetivos da revisão era, evidentemente, conter as famílias do Noroeste.

No século VIII, aparentemente a manutenção de cargos tornara-se o principal critério de *status* familiar, e o *pedigree* dos grandes clãs perdeu importância. Agora tudo dependia da categorização oficial da pessoa listada, e não de suas origens familiares. Legalmente, os funcionários não eram mais considerados uma elite especial. Embora seus filhos recebessem uma categorização menor no código legal Tang, não havia mais um *status* de classe elevada assinalado no código que desse direitos especiais à nomeação para cargos. A instituição imperial tinha prevalecido sobre os interesses sociais dos grandes clãs.

Segundo Denis Twitchett (*in CHOC 3*) sugere, foi assim que os Tang iniciaram a transição do governo de famílias aristocráticas, em que a casa imperial era apenas *primus inter pares*, para o governo da China por uma burocracia treinada selecionada pelo mérito – em parte pelos exames. A decadência das famílias aristocráticas tornou o poder central mais capacitado a dominar as regiões locais. O imperador se tornaria um governante sacrossanto isolado em seu palácio, distante dos companheiros de batalha e dependente dos conselheiros que ascendiam com a nova burocracia.

A perda do domínio do governo pelos clãs aristocráticos no final do período Tang foi acompanhada por outra grande mudança – o governo encerrou seu intenso domínio sobre a vida econômica chinesa. O colapso do sistema de campo igualitário de distribuição de terras rurais e dos mercados oficiais e preços fixos nas cidades mostrou que a economia estava crescendo além do controle estatal. As propriedades começaram a se acumular nas mãos dos magnatas locais. Procurando ancorar o poder estatal, o sistema de impostos foi racionalizado com o estabelecimento de cotas anuais a serem cobradas sobre a terra, e não sobre a pessoa, no verão e no outono. Ficou conhecido, a partir de 780, como o sistema de dois impostos, ou seja, a combinação de impostos territoriais com impostos prediais. As cotas de impostos eram estabelecidas previamente e forneciam alguma segurança ao governo central, embora o novo sistema tenha confirmado a incapacidade de o governo continuar controlando o enriquecimento individual e o livre comércio no país.

Após a rebelião de 755-763, a superintendência de comércio do governo também começou a decair. A política Tang tinha sido de conservar a regulamentação do comércio, para que os mercados oficialmente supervisionados com preços estáveis auxiliassem a produção camponesa e não permitissem a ignóbil propensão humana a perseguir o lucro. A renda tributária do comércio só era considerada importante quando ocorria uma crise fiscal, embora isso sempre acontecesse em épocas de necessidade militar ou decadência dinástica. A rede de comunidades comerciais da China (conforme descrita na Introdução) logo emergiria sob os Song e seria prolífica demais para o Estado controlar.

Finalmente, devido à rebelião de An Lushan, a China havia se militarizado, mesmo que os postos Tang na Ásia Central tenham sido tomados e a maior parte do Noroeste estivesse ocupada por um povo tibetano, os Tangut. Dentro da China, as novas províncias totalizavam, num primeiro momento, trinta unidades, a maioria sob governantes militares cujas guarnições lhes concediam poder sobre o governo local. Em contraste, o governo central quase não tinha exércitos próprios e foi várias vezes ameaçado de ser tomado pelos invasores Tangut. Após 763, o poder do imperador baseava-se precariamente em quatro regiões – a província metropolitana, a zona fronteiriça a noroeste, o baixo Yangzi e a zona ao longo do Grande Canal, que era o cordão umbilical da capital. Várias províncias do Norte da China mantinham-se fora do controle central e, assim, desfalcavam o sistema de impostos de renda de cerca de um quarto da população do império, deixando que as regiões do baixo Yangzi e do vale Huai fossem a principal fonte de renda da dinastia.

Após a rebelião, alguns poucos imperadores Tang conseguiram reorganizar-se e centralizar o poder, mas a época áurea dos Tang já passara. Nessa época, a Corte Interna estava abalada pela confiança do imperador no poder dos eunucos, enquanto a Corte Externa era destruída por um partidarismo extremo.

Em geral, a introdução do serviço civil Tang contribuiu para uma renovação do confucionismo, outro aspecto da transição Tang-Song, sobre a qual a pesquisa mais recente é a de David McMullen (1988). Os Tang promoveram um desenvolvimento contínuo da cultura clássica por meio do sistema escolar, dos exames, do culto a Confúcio e do ritual estatal, bem como pela historiografia e a literatura secular. Esse crescimento da elite erudita durante os Tang preparou o terreno para o florescimento intelectual dos Song do Norte.

Em 845, o imperador Tang decretou uma repressão ampla e sistemática aos monastérios budistas, com seus enormes latifúndios isentos de impostos e resplandecentes templos urbanos abrigando centenas de ocupantes. Duzentos e cinqüenta mil sacerdotes e freiras foram obrigados a retornar à vida laica. Daí em diante, o governo controlou o crescimento budista por meio da emissão de todos os certificados de ordenação para monges. O esplendor dos Tang e o budismo chinês foram decaindo juntos.

As relações de poder no Norte da China nessa época sugerem que o verdadeiro interregno do poder central durou desde a rebelião de 755 até 979. Os governantes militares sobreviventes da dinastia Tang e seus sucessores estabeleceram regimes centralizados, conduzidos pessoalmente, que se tornaram o modelo de governo durante o interregno e no início da dinastia Song do Norte.

Em seu meio século final, os Tang foram uma lição concreta de anarquia. Os funcionários, tanto civis como militares, tornaram-se tão cinicamente corruptos e os camponeses aldeões foram oprimidos de modo tão grosseiro que o abominável virou lugar-comum. A lealdade desapareceu. A bandidagem assumiu o comando. Gangues aglutinaram-se em hordas armadas, saqueando tudo o que viam pela frente, de província em província. Os imperadores, seus eunucos e funcionários perderam o controle e eram execrados. Por seis anos (878-884) o importante bandido Huang Chao liderou sua horda por todos os lugares da China, de Shandong a Fuzhou e Guangzhou, depois em Louyang e Chang'an, que foi destruída. Em 907, o fim oficial da dinastia Tang, os turcos e outros povos não-chineses ocuparam boa parte do Norte da China, e o poderio militar floresceu em outro lugar.

Desses escombros emergiram estados regionais conhecidos no Norte da China como as Cinco Dinastias e, no Centro e no Sul, como os Dez Reinos. O problema do poderio militar generalizado só seria resolvido pela dominação de um exército imperial na nova capital, com a chegada da dinastia Song, em 960.

4

A Idade de Ouro da China: os Song do Norte e do Sul

O desabrochar do crescimento material

Os três séculos em que os Song dominaram a China atestam uma curiosa anomalia. Essa época foi, por um lado, extremamente criativa, e a China avançou então mais do que o resto do mundo em termos de invenções tecnológicas, produção material, filosofia política, governo e cultura de elite. Livros impressos, pinturas, o sistema de exames para o serviço civil são exemplos da preeminência da China. Por outro lado, foi justamente durante esse período da expansão chinesa que invasores tribais, oriundos da Ásia Interior, começaram gradualmente a assumir o controle administrativo e militar do Estado e do povo chinês. Estariam as realizações culturais da China na época dos Song relacionadas à dominação não-chinesa? Essa é uma questão central, embora complexa.

Em 960, o comandante da guarda do palácio da última das Cinco Dinastias do Norte da China foi aclamado por suas tropas como o novo imperador. Assim levado ao poder, Zhao Kuangyin fundou a dinastia Song. Ele e seu sucessor, prudentes e hábeis, aposentaram os generais, substituíram os governadores militares por funcionários civis, concentraram as tropas de elite no exército palaciano, construíram uma burocracia composta de diplomados por meio de exames e centralizaram a receita. O controle dos militares e o estabelecimento de um novo poder civil foi exemplarmente realizado. O século e meio durante o qual os Song do Norte ocuparam o poder (960-1126) foi um dos períodos mais criativos da China, de certo modo semelhante à Renascença, que começaria na Europa dois séculos mais tarde.

A avaliação do lugar estratégico ocupado pelos Song na história da China requer a adoção de diferentes abordagens. A primeira seria sob o plano do crescimento material – demográfico, urbano e referente à produção, à tecnologia e ao comércio interno e externo.

A população da China atingiu cerca de sessenta milhões de habitantes em meados do período Han (por volta de 2 d.C.). Depois de conhecer um provável declínio na era da desunião, ela parece ter chegado de novo entre cinqüenta e sessenta milhões de habitantes no ápice da dinastia Tang, no início dos anos 700. Ela voltou a crescer para cerca de cem milhões no início da dinastia Song, permanecendo estável por volta de 120 milhões até o fim do século XII: podemos dizer que 45 milhões se concentravam ao norte do rio Huai e 75 milhões ao longo do Yangzi e em direção ao sul (ver mapas 10, 11 e 12).

O crescimento da população acarretou um desenvolvimento da vida urbana que na capital se tornou espetacular. Kaifeng, centro político e administrativo dos Song do Norte, mantinha uma grande concentração de funcionários e de pessoal de serviço, tropas e parasitas atraídos pela corte. Essa cidade tinha apenas quatro quintos da superfície da capital Tang, Chang'an, mas era três vezes maior do que a Roma antiga. Em 1021, sua população intramuros era de cerca de quinhentos mil habitantes. Se incluirmos seus nove subúrbios, totalizará cerca de um milhão. Em 1100, os registros totalizaram 1,05 milhão de pessoas e, se adicionarmos o exército, cerca de 1,4 milhão.

Tal concentração urbana só podia ser alimentada na medida em que Kaifeng se encontrava próxima à junção do primeiro Grande Canal com o rio Amarelo, que comandava o transporte fluvial por barcaças desde o celeiro de grãos do baixo Yangzi. O comércio interno e inter-regional chinês era facilitado por transportes baratos através do Grande Canal, do Yangzi, seus afluentes e lagos e de outros rios e sistemas de canais. Essas vias aquáticas estendiam-se por cerca de 48 mil quilômetros, criando a mais populosa área de comércio do mundo (ver Mapa 16). O comércio exterior sempre foi uma derivação desse grande comércio interno da China.

A indústria cresceu em Kaifeng, em primeiro lugar para atender às necessidades do governo. Por exemplo, o Norte da China tinha então extensos depósitos de carvão e de ferro, que podiam ser transportados a baixo custo por via aquática para a capital. A exaustão dos recursos florestais por volta de 1000 d.C. obrigou as fundições de ferro a usarem carvão mineral em vez de carvão vegetal nos altos fornos de coque. Além disso, o ferro fundido assim produzido permitiu que os trabalhadores do ferro da dinastia Song desenvolvessem uma técnica de eliminação do carbono para a produção de aço. Por volta de 1078, o Norte da China estava produzindo anualmente mais de 114 mil toneladas de ferro-gusa (setecentos anos mais tarde, a Inglaterra produziria apenas a metade dessa quantidade).

Essa atividade forneceu cotas de malhas e armas feitas de aço à indústria da guerra. Antes disso, usava-se uma proto-artilharia sob a forma de catapultas para as guerras de sítio, e a pólvora foi originalmente empregada em lanças incendiárias, granadas e bombardas. Se os cercos primitivos conseguiam manter-se, era porque os estoques de suprimentos de uma cidade sitiada lhes permitiam, com freqüência, resistir a seus sitiadores, obrigados a pilhar campos estéreis. As novas armas dos Song podiam agora demolir muralhas e portões, explodir minas de pólvora e provocar incêndios no interior das muralhas.

Infelizmente para a dinastia dos Song do Norte, essa tecnologia de guerra foi rapidamente adotada pelos invasores Ruzhen, que estabeleceram sua dinastia Jin no Norte da China, depois de capturar Kaifeng, em 1126. Uma nova capital Song foi então criada no Sul, em Hangzhou.

Em seu apogeu, no início de 1200, a grande capital dos Song do Sul estendeu-se por mais de 32 quilômetros, ao longo do estuário do rio Quantang. Ela ia desde os

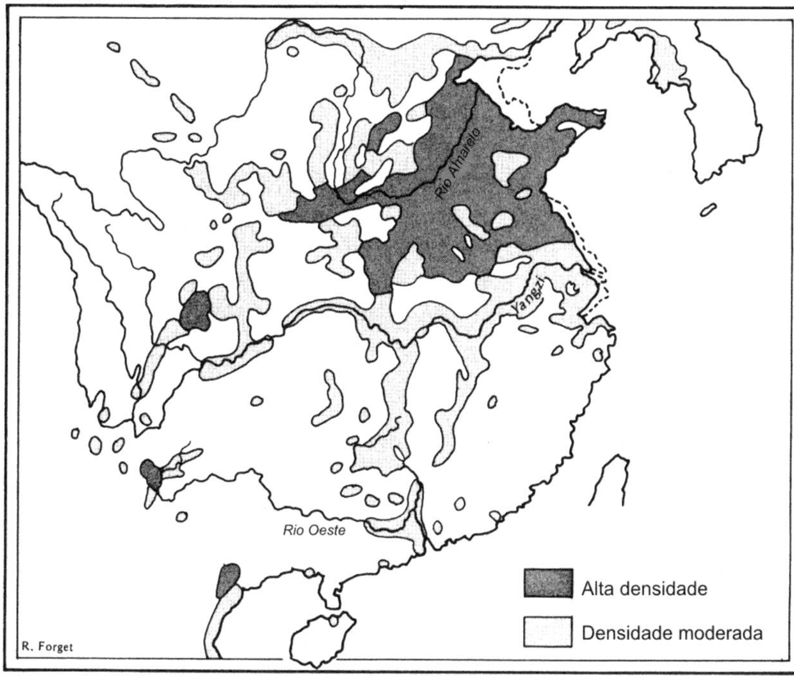

10. Distribuição da população na dinastia Han, 2 d.C.

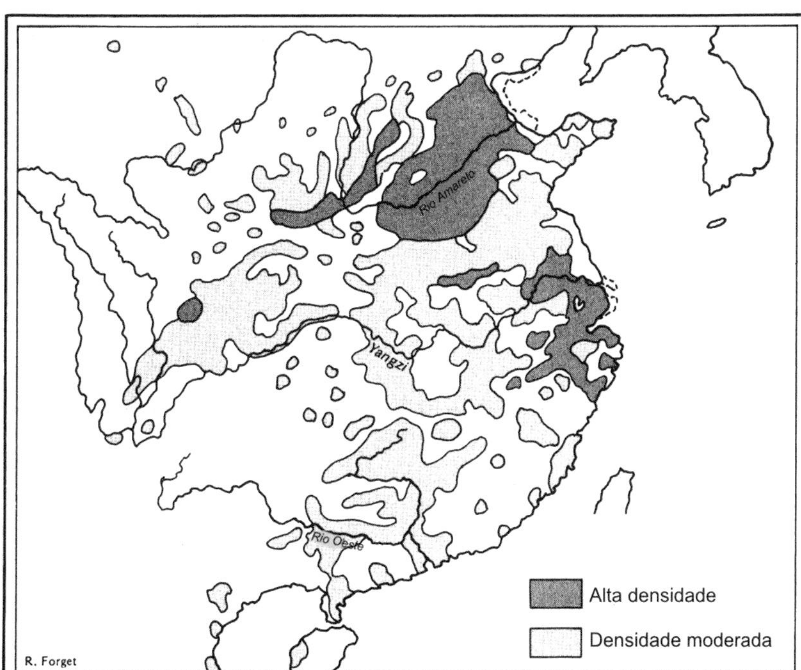

11. Distribuição da população na dinastia Tang, 742 d.C.

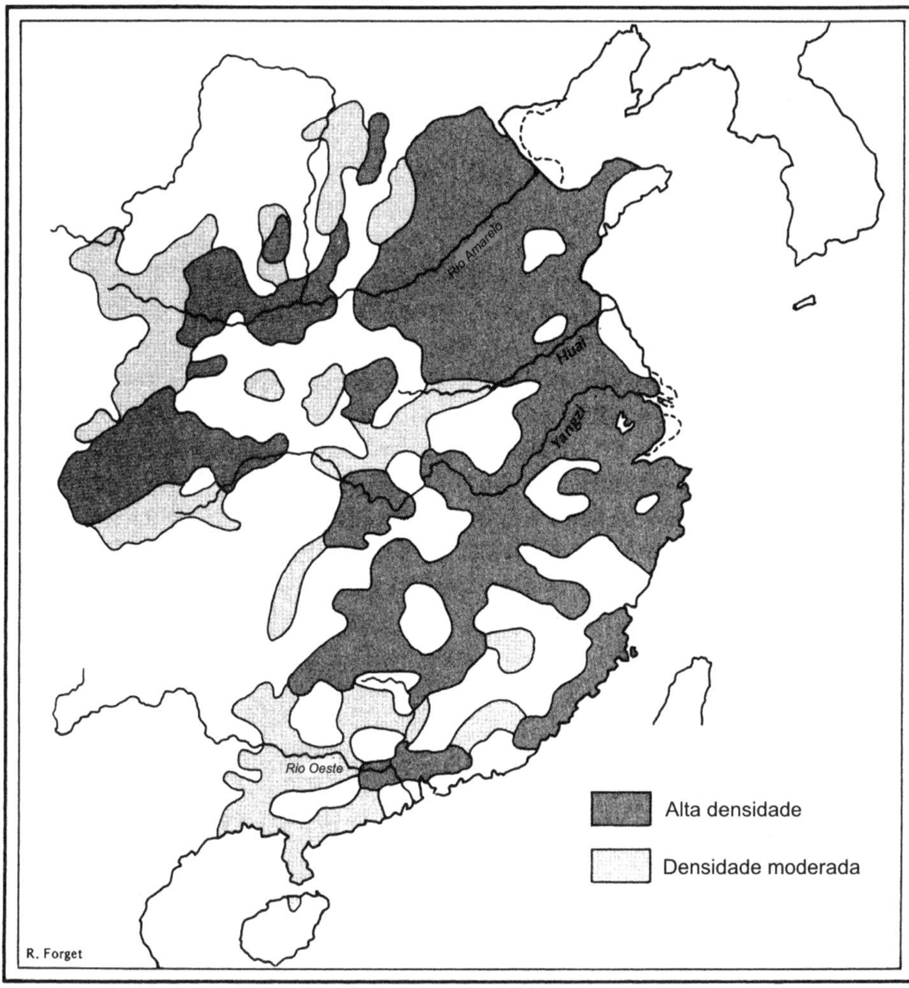

12. Distribuição da população na dinastia Song, por volta de 1100 d.C.

subúrbios do Sul, com mais de quatrocentos mil habitantes, passando pela cidade imperial murada, com meio milhão de habitantes, até os subúrbios do Norte, com cerca de duzentas mil pessoas. Como notou Marco Polo, Hangzhou possuía algumas características similares às de Veneza. Água corrente oriunda do grande lago do oeste fluía pela cidade, por uma vintena ou mais de canais que também serviam para carregar os dejetos em direção ao leste, para as marés do estuário do rio. No interior de suas muralhas, a cidade tinha cerca de dezoito quilômetros quadrados, cortados ao meio pela larga Via Imperial, que corria do sul ao norte. Antes da conquista mongol, em 1279, Hangzhou possuía uma população de mais de um milhão de habitantes (algumas estimativas chegam a dois milhões e meio), o que a tornava a maior cidade do mundo. A Veneza de Marco Polo teria talvez cinqüenta mil habitantes: é fácil entender por que a vida urbana da China o fascinou tanto.

Durante a dinastia Song do Sul, o comércio exterior fornecia a maior parte da receita do governo – única vez em que isto ocorreu antes do século XIX. A demanda de artigos de luxo em Hangzhou, especialmente de especiarias importadas pela Rota das Especiarias – que ia da Índia Ocidental até a China e que se estendia até a Europa – está na base da rápida expansão do comércio exterior na época Song. A demanda era tão elevada que as famosas exportações chinesas de sedas e porcelanas, assim como de moedas de cobre, não eram suficientes para contrabalançá-la. A diáspora islâmica – que chegou até a Espanha e influenciou profundamente a Europa – provocou também, na época dos Song, uma grande expansão do comércio marítimo nos portos chineses de Guangzhou (Cantão), Quanzhou (Zayton), Xiamen (Amoy), Fuzhou e Hangzhou. Embarcações chinesas desciam pela costa da Ásia Oriental até as Índias e, dobrando a Índia, chegavam até mesmo à África Oriental, mas o comércio exterior dos Song do Sul encontrava-se ainda fortemente concentrado nas mãos dos árabes. Os impostos que recaíam sobre eles permitiam que os Song do Sul se apoiassem mais no sal e nas taxas comerciais do que no tradicional esteio da vida imperial, ou seja, os impostos sobre a terra. Um dos efeitos desse aumento do comércio foi ter revivido o uso de papel-moeda, inaugurado pelos Tang, que começou com notas de pagamento do governo para a transferência de fundos, notas promissórias e outros papéis de poder de negociação limitado, chegando até a emissão, pelo governo, de papel-moeda em todo o território nacional. Tal como o carvão, o papel-moeda também fascinou Marco Polo.

A tecnologia náutica chinesa era a melhor do mundo nesse período. Os grandes navios compartimentados da China (com até quatro conveses, quatro ou seis mastros e doze velas), dirigidos por um leme de popa e pelo uso de mapas e da bússola, podiam embarcar até quinhentos homens. Essa tecnologia era bem mais avançada do que a que estava em vigor na Ásia Ocidental e na Europa, onde as galeras mediterrâneas ainda utilizavam força muscular e um ineficiente sistema de propulsão a remo.

Essas facetas são apenas alguns exemplos das realizações dos Song. Qualquer expansionista dotado de uma mente moderna, ao voltar o olhar para todo esse crescimento e criatividade, pode imaginar como a China dos Song, poderia ter dominado o mundo marítimo e alterado o curso da história, invadindo e colonizando a Europa a partir da Ásia. Aparentemente, a única coisa que faltava era motivação e incentivo. É evidente que isso é apenas uma fantasia pouco convencional, mas ela permite que nos perguntemos sobre o que impediu um maior desenvolvimento da "revolução econômica medieval" da China, nas palavras de Mark Elvin (1973). É fácil apontar os invasores bárbaros e culpar a conquista mongol por ter bombardeado o navio do Estado Song em sua rota tão promissora em direção aos tempos modernos. Essa interpretação apresenta a fascinação própria a toda teoria centrada em uma causa única, porém, como veremos a seguir, elas foram muitas.

As seções seguintes mostrarão como o sistema de exames tornou-se uma fonte importante de fornecimento de burocratas para o serviço civil; como a menor possibilidade de obter um cargo no serviço civil encorajou a classe dos eruditos (*shi*) a retornar ao seu envolvimento nos assuntos locais como líderes da aristocracia rural; e como a filosofia neoconfuciana ajudou essa mudança de foco.

A educação e o sistema de exames

O livro impresso foi a chave tecnológica do desenvolvimento da educação sob os Song. Como comenta Tsien Tsuen-hsuin em sua obra magistral sobre o papel e a imprensa, foi o papel o primeiro elemento a explicar o sucesso dos chineses na invenção do livro impresso. Embora seu desenvolvimento date do segundo ou do primeiro século a.C., ele só foi usado na impressão com clichês no final do período Tang. Os Song do Norte foram a primeira sociedade a contar com livros impressos. A Europa estava muito atrás. O papel era mais barato quando feito de fibras vegetais, como na China, do que quando feito de trapos, como na Europa, da mesma forma que a impressão com clichês de madeira era mais simples, mais barata e convinha melhor aos ideogramas chineses do que os tipos móveis. A matéria impressa foi a força vital da expansão da elite Song.

Os livros impressos deram grande impulso à educação, tanto nos monastérios budistas quanto no seio das famílias. Inicialmente, o governo tentou manter controle absoluto da impressão, que era muito difundida . Mas por volta de 1020, ao contrário, ele passou a encorajar a fundação de escolas, por meio de doações de terras, mas também de livros. O objetivo era que cada prefeitura tivesse uma escola do governo. As escolas recrutavam os candidatos, conduziam os rituais confucianos e davam conferências. John W. Chaffee (1985) conta que, por volta de 1100, o sistema escolar do Estado possuía 1,5 milhão de acres de terra e podia manter cerca de duzentos mil estudantes.

O sistema de exames tornou-se uma enorme e intrincada instituição, central para a vida das classes superiores. Durante cerca de mil anos, dos Tang até 1905, ele exerceu papéis variados em relação ao pensamento, à sociedade, à administração e à política.

Os dois primeiros imperadores Song construíram o sistema de exames com o objetivo de recrutar pessoal para sua burocracia. O privilégio *yin*, pelo qual os funcionários superiores podiam indicar seus filhos como candidatos por nomeação ainda vigorava, fazendo com que a classe dos funcionários se autoperpetuasse parcialmente. Mas enquanto as dinastias de meados do período Tang recrutavam 15% de seus funcionários por meio dos exames, os Song passaram a obter cerca de 30% a partir deles. Os examinadores Song tentaram selecionar homens capazes de defender a nova ordem civil, "leais à idéia de um governo civil", diz Peter Bol (1992). Ao tomar precauções contra a cola, os examinadores tinham de usar certos dispositivos, como revistar os candidatos na entrada, numerar as provas em vez de colocar nomes e copiar os trabalhos para evitar que os corretores reconhecessem a caligrafia do redator. Em 989, foram estabelecidas cotas de candidatos a serem aprovados em cada exame, de maneira que certas regiões geográficas onde o nível de conhecimento acadêmico era alto não tivessem vencedores demais no concurso.

Pesquisas pioneiras feitas há algumas décadas concluíram que os exames da dinastia Song ofereciam uma oportunidade de carreira às pessoas talentosas, permitindo que jovens adultos ingressassem no funcionalismo por seus próprios méritos. Mas uma análise recente mais atenta sugere que as grandes famílias continuavam, de toda maneira, a fazer com que seus candidatos entrassem no serviço público em número muito maior, parte em virtude de uma formação doméstica superior, parte pelo jogo de influências, por recomendações e contatos. Chaffee descobriu que, durante os três séculos dos Song, os exames tornaram-se cada vez menos importantes para a obtenção de um cargo e, apesar disso, de modo paradoxal, cada vez mais homens se apresentavam para os exames. Isso reflete o fato de que as famílias de funcionários da classe dominante encontravam cada vez mais maneiras especiais para que seus filhos obtivessem diplomas – por exemplo, por meio do privilégio *yin* de recomendação, ou pela prestação de vários exames especiais ou restritos, fora da competição regular e – coisa ainda mais surpreendente – pelo simples fato de se submeterem sucessivamente aos exames e serem sempre reprovados! (O que lembra as cadernetas concedidas às crianças retardadas, que obtêm pelo menos uma nota "A pelo esforço"). Disso resultava que os detentores de diplomas normais constituíam 57% do serviço civil em 1046; em 1119, eles perfaziam 45%; em 1191, 31%; e 27% em 1213. Essa taxa decrescente de sucesso se mostrava na proporção entre aprovados e reprovados baixada por lei (isto é, por decreto), à medida que o número de candidatos crescia: em 1023, podiam passar cinco em cada dez candidatos; em 1045, dois em cada dez; em 1093, um em cada dez; em 1156, um em cada cem e, em 1275, um em cada duzentos. Quanto mais candidatos entravam em competição, menor o número dos que passavam.

Assim, ter uma educação clássica e submeter-se aos exames tornou-se uma certificação de *status* social, quer o candidato passasse ou não, quer ele obtivesse ou não um cargo de funcionário. Um estudo exemplar dessa comunidade feito por Robert Himes (1986) retraça a maneira pela qual o crescimento da classe de eruditos ultrapassou de longe o aumento de cargos do Estado, impossibilitando a maior parte dos diplomados por meio dos exames de ingressar na elite profissional do funcionalismo civil. Entre os duzentos mil estudantes inscritos, a metade se candidatava a um exame em que tinham de competir por quinhentos diplomas que lhes permitiriam a entrada no serviço civil de cerca de vinte mil funcionários. Assim, a maioria dos estudantes via o caminho para os cargos públicos bloqueado. Em tal situação, o crescimento de comunidades rurais de mercado, com a necessidade de líderes locais, fez com que os eruditos se sentissem de novo atraídos a regressar a suas aldeias natais. Na dinastia Song, o *status* de uma família de elite começou a depender menos de que um membro da família ocupasse um cargo de funcionário e mais da riqueza, do poder e do prestígio familiar no cenário local.

Himes descobriu que as 73 famílias da comunidade de elite que ele estudou mantinham seu *status* de elite, em média, por 140 anos. Ele identificou ainda "densas redes de conexões" – familiares, acadêmicas e pessoais – unindo funcionários e pessoas do povo. Ocupar um cargo no serviço civil tornara-se apenas um fator – sequer um fator indispensável – para estabelecer um *status* de elite. Em outras palavras, a elite tinha se estendido de forma a englobar magnatas locais, chefes de família e servidores públicos informais, assim como ex-funcionários. Todos eles deviam, no entanto, dispor, como pré-requisito, de uma educação clássica, que os qualificava como membro da classe dos *shi* – eruditos ou "cavalheiros". Por intermédio de sua formação confuciana, tais homens desenvolviam um senso da responsabilidade de forma a manter o mundo material e moralmente em ordem. Eles eram guiados pelo credo do neoconfucionismo, uma filosofia de vida que se originou nos debates dos funcionários-eruditos sob os Song do Norte.

A criação do neoconfucionismo

O confucionismo pregava padrões de uma conduta perfeita, desinteressada; e como os apóstatas eram tão comuns na China como em qualquer outro lugar do mundo, os confucionistas conclamavam periodicamente à reforma. Sem dúvida, a maior parte dos fundadores de dinastias chegou ao poder para remediar males. Uma vez que o sistema de exames se difundiu e que os burocratas Song partilhavam uma formação clássica, os reformadores emergiram naturalmente de suas fileiras. Se examinarmos esse aspecto recorrente do confucionismo, podemos notar duas características: em primeiro lugar, os funcionários que pregavam a reforma esperavam que o imperador lhes garantisse o poder de realizá-las. Eles assumiam que a autocracia imperial estava na origem de todo poder político, que eles podiam reforçar ou utilizar, sem pretender ir além dele nem preconizar outras formas de autoridade no Estado e na sociedade. Em segundo lugar, os reformadores potenciais representavam a grande massa do povo como recipientes passivos do despotismo benevolente que eles buscavam orientar. Eles pensavam que os comerciantes eram perniciosamente viciados na ganância e os militares, dados à violência. O papel dos reformadores era mantê-los em seu lugar e garantir uma aplicação correta do poder central unificado, representado pelo imperador. Encarada dessa maneira, a reforma era uma nobre vocação, um meio de preservar a ordem imperial e, assim, beneficiar a massa popular, sem deixar de controlá-la.

Fan Zhong-yan foi um exemplo precoce de reformador confucionista, cuja dedicação era simbolizada por sua máxima: "Antes que o resto do mundo comece a se inquietar, o erudito se inquieta; depois que o resto do mundo se alegra, ele se alegra". Como bem resumiu James T. C. Liu (em Fairbank 1957), quando Fan foi primeiro-ministro dos Song do Norte, ele promoveu reformas na burocracia, contra o favoritismo; nos exames, para tornar os sujeitos mais práticos; na posse da terra, visando dar aos funcionários locais uma chance de apoiar-se na renda, em vez de fazer pressão sobre seus devedores; na defesa, visando reforçar a milícia local, e assim por diante. Seu apelo à criação de um sistema de ensino mais amplo obteve um certo resultado. Fan é também conhecido como o fundador de uma exemplar "propriedade caridosa" da terra, objetivando manter a educação dos membros de sua própria linhagem.

Wang Anshi foi o mais famoso reformador da época Song – e também o mais controvertido. Suas reformas foram encaradas de maneira diversa, mas análises mais recentes o mostram como um homem de mente totalitária, à frente do seu tempo. Adepto dos clássicos, ele encarava os antigos sábios da China, até Confúcio, como modelos de perfeição, cujas intenções, pelo menos, ainda podiam ser seguidas. As Novas Diretrizes Políticas de Wang destinavam-se a estabelecer um "sistema perfeito, autocontido e autoperpetuador", para utilizar as palavras de Peter Bol (1992). Contando com o apoio imperial desde 1068, Wang contornou a burocracia, fazendo com que seus próprios funcionários buscassem as reformas para combater a corrupção e as desigualdades de renda por meio de uma intervenção rigorosa do Estado na economia. Com efeito, ele tentou derrubar o setor privado, como o chamaríamos agora, ao limitar estritamente a posse da terra e a acumulação de riqueza privada e ao organizar o povo em grupos de responsabilidade mútua, com o objetivo de exercer maior controle sobre ele. Não tolerava qualquer oposição, que ele considerava imoral; em um Estado e em uma sociedade devidamente unificados, todos os homens deveriam adotar os mesmos valores, todos deveriam funcionar dentro de seu nível hierárquico e ninguém deveria ter meios independentes para manter outras pessoas, possíveis dissidentes. Os proprietários de terra não seriam autorizados a fazer empréstimos aos seus meeiros; todo mundo deveria depender inteiramente do governo. Enquanto isso, o sistema de responsabilidade mútua criaria laços comunitários e enfraqueceria o poder das famílias.

Como o programa radical de Wang atacava a base da riqueza das famílias locais que, por sua vez, produziam tanto os candidatos aos exames quanto os administradores locais e comerciantes, depois de alguns anos de experiência e confusões as reformas de Wang foram derrubadas. A abordagem alternativa que se tornou popular foi exemplificada por um contemporâneo de Wang, o historiador Sima Guang. Sima pensava que a política imperial não deveria ser orientada pelos perfeitos modelos teóricos da Antigüidade, mas pelo estudo da história. Assim, ele compilou um compêndio bastante célebre chamado *Uma reflexão detalhada para assistência ao governo*, que continha crônicas dos governos das dinastias de 403 a.C. até 959 d.C. Sima tentou escolher eventos que mostrassem como os vários tipos de políticas tinham funcionado. Essa abordagem pragmática impeliu o imperador a estudar seus predecessores e a não arriscar-se, procurando a perfeição. Devia-se certamente corrigir a ordem estabelecida, mas não transformá-la por meio de um projeto. Os proprietários de terras e os meeiros eram o resultado natural da diferença das capacidades humanas. A função-chave do governante era selecionar talentos, que poderiam ser encontrados entre os eruditos formados pelos métodos confucianos.

Essa abordagem conservadora, que visava manter o sistema imperial confuciano em funcionamento por intermédio de tentativas para remediar seus defeitos e evitar seus males, teve um efeito a longo prazo no governo chinês. Wang tinha procurado transformar o Estado em uma ordem sociopolítica integrada, dirigida pela autoridade política. Ele não estabelecia nenhuma distinção entre governo e sociedade, ou entre o que era político e o que era moral. Por outro lado, Sima pensava que o Estado deveria ser governado pelos eruditos como uma elite social à parte, oriunda sobretudo de famílias com uma tradição de funcionalismo público, cujos conhecimentos teriam sido adquiridos com esse objetivo.

O neoconfucionismo, como os jesuítas o chamaram mais tarde, constituiu-se durante a dinastia dos Song do Sul, depois que os Ruzhen depuseram os Song do Norte de maneira humilhante. Os cinco pensadores principais dessa escola escreveram suas obras no início do período Song, mas foram reconhecidos apenas mais tarde, quando suas várias contribuições foram sintetizadas pela impressionante erudição de seu organizador Zhu Xi (1130-1200). Seus ensinamentos não constituíam apenas mais uma versão da cosmologia do Estado, mas forneciam uma ampla visão filosófica do universo e do lugar que o indivíduo aí ocupava. Como outros autores da época Song, ele também depreciou o valor do confucionismo Sui-Tang e tornou a buscar inspiração entre os clássicos confucianos do fim do período Zhou e Han. Entre os antigos clássicos, agora em número de treze, cuja produção era de cerca de 120 volumes maciços, ele selecionou os *Quatro livros* como contendo a essência do confucionismo: *Os analectos* (*Lunyu*), de Confúcio; o livro do principal sucessor de Confúcio, o filósofo Mêncio (por volta de 372-289 a.C.); mais a *Doutrina do meio* (*Zhongyong*) e o *Grande ensinamento* (*Daxue*), ambos fazendo parte de um indiscutível cânone.

A cosmologia de Zhu Xi continha um dualismo, em que os grandes princípios imutáveis da forma (*li*) moldavam as coisas materiais, que, uma vez elaboradas pelo *li*, criavam a realidade existente. Atrás dessa dualidade, no entanto, está o *Dao*, o Caminho, a vasta força energética que penetra o universo e todas as coisas que existem nele. Apenas por meio de uma auto-instrução disciplinada um homem pode chegar a alcançar algum entendimento do Caminho e formar seu caráter, seguindo-o. Os neoconfucianistas da época Song acreditavam que Confúcio e Mêncio tinham traçado o verdadeiro Caminho para o aprimoramento moral do indivíduo e do mundo, mas que ele tinha cessado de ser transmitido desde então. Seu objetivo, mil e quinhentos anos mais tarde, era, portanto, "reapropriar-se do Caminho".

Com efeito, Zhu Xi encontrou uma maneira de incluir dentro do confucionismo um elemento extremamente necessário do transcendentalismo budista. Essa nova filosofia, ao mesmo tempo eminentemente racional e humana, fora promovida por seus membros como um desafio à corte e aos eruditos, no sentido de que fossem menos egoístas e vivessem de acordo com os ideais confucianos. Por meio dos escritos e dos ensinamentos dessa minoria crítica, o neoconfucionismo tornou-se a fé viva da elite chinesa até o século XX, tornando-se um dos sistemas éticos mais vastos e mais influentes do mundo.

Nas décadas mais recentes, depois do colapso da sociedade tradicional, na qual o confucionismo era a principal fé entre a elite, os estudiosos do pensamento chinês tinham de novo se "reapropriado do Caminho" por meio de uma nova apreciação dos ensinamentos de Zhu Xi. Por exemplo, um "*Workshop* sobre o humanismo confucianista" de três dias foi organizado em 1989, na Academia Americana de Artes e Ciências, em Cambridge, Massachussets. Talvez não seja necessário enfatizar que, embora o neoconfucionismo se preocupasse originalmente mais com a elite educada do que com as massas, o humanismo confucianista inclui hoje a idéia moderna de direitos humanos.

Os estudos dos textos neoconfucianos dirigidos por W. T. de Bary e outros ressaltam, em primeiro lugar, a relativa autonomia do erudito, cuja consciência e discernimento devem ser exercitados pelo estudo dos clássicos. A formação pessoal é "feita para si mesmo... para encontrar o Caminho dentro de si mesmo". Estudar em seu próprio benefício, em vez de fazê-lo para os outros (os examinadores), não é uma ação egoísta, mas, ao contrário, contribui para a autoformação. A autodisciplina do erudito que "se domina" por meio de um autocontrole rigoroso é feita, em última instância, para o bem público.

Em segundo lugar, o objetivo primário é o aprendizado racional e moral, considerado muito mais importante do que a arte e a literatura. Ele apóia as Cinco Relações (filho com o pai, e assim por diante), mantendo assim a ordem social, evitando a polarização entre o indivíduo e a sociedade. Em vez de individualismo radical, de Bary (1983) sugere que isso pode ser chamado de "personalismo confuciano", mais plenamente realizado quando se está "em comunhão com os outros".

Para atingir o povo, Zhu Xi usava o vernáculo e também preconizava o uso das reuniões periódicas locais de residentes, conhecidas como o Contrato Comunitário (*xiangyue*). Embora essa instituição tenha se generalizado apenas na dinastia Ming depois de 1368, ela se originou em um modelo estabelecido em 1077 pela família Lü – uma assembléia mensal onde eram servidos alimentos e da qual se mantinha uma ata. Uma ou duas pessoas eram eleitas, e os comportamentos eram submetidos a regulamentos bastante detalhados. Zhu Xi elaborou uma versão corrigida e ainda mais detalhada dos regulamentos da família Lü, que dava ênfase à hierarquia, por exemplo, ao estabelecer cinco faixas etárias, com regras de conduta precisas para os membros das diferentes categorias. O objetivo era claramente o de informar às famílias educadas de elite como elas deveriam se comportar. Zhu achava que a maneira normal de se vestir e os principais rituais seriam os da elite. Se pessoas não pertencentes à elite viessem a estar presentes, eles não precisariam obedecer às regras, como a de sentar por ordem de idade. As correções feitas por Zhu Xi continham igualmente instruções detalhadas sobre a maneira de cumprimentar um camarada-membro do Contrato, quando visitar os outros membros, como convidá-los para banquetes e como estes deveriam ser organizados – que trajes usar, que nomes colocar nos cartões de convite, etc. Que homem de organização!

Durante as discussões ocorridas nesses encontros podia-se elogiar certos atos, corrigir erros, preservar costumes e ritos. Zhu via essa instituição como uma forma de fundir os interesses públicos e privados, como uma forma de mediação entre o Estado e a família. Mais de setecentos anos mais tarde, o método da crítica e autocrítica emergiria outra vez sob a República Popular, com um outro conteúdo – mas ambos eram exercícios de moral aplicada.

Para a elite erudita, Zhu Xi organizava academias. Ele tinha contato com cerca de 24 dessas instituições não-oficiais e mantinha vinte estudantes na sua própria academia. O indivíduo estava no centro deste ensinamento: ele deveria aprender como alcançar sua própria percepção da moralidade e assumir a responsabilidade por sua autoformação moral, em um esforço para se tornar um sábio. Zhu esperava que um governo responsável se apoiasse finalmente sobre uma "autodisciplina universal que começaria com a autocrítica do governante". Ele seria ajudado nessa tarefa por uma série de conferências de eruditos feitas especialmente para ele (como parte do ritual da corte), assim como pelos julgamentos subseqüentes dos historiadores da corte. Ao discutir questões morais, os ministros e o imperador deveriam tratar-se em pé de igualdade.

Zhu Xi foi um grande editor de textos e escritor de comentários, mas sua maior contribuição foi levantar a bandeira da moralidade confuciana e mantê-la firme no alto. Como observa Denis Twitchett (*in CHOC 3*), a era Song assistiu à "mudança gradual da China em direção a uma sociedade ideológica, com um forte sentido da ortodoxia". James T. C. Liu (1988) chamou os neoconfucianistas de "transcendentalistas morais", embora ele tenha acrescentado em tempo que "o neotradicionalismo permeava a cultura de forma tão completa que tinha perdido o poder de transformá-la". O papel histórico de Zhu Xi e do neoconfucionismo está ainda em discussão: sete séculos de produção escrita facilitam o debate. O menosprezo do neoconfucionismo pelo comércio pode ter sido uma das maneiras pelas quais ele contribuiu para retardar o crescimento moderno da China. Eles pensavam que os comerciantes não produziam nada, apenas moviam as coisas de um lado para outro em busca de lucro, um motivo ignóbil.

A maneira de escrever dos eruditos clássicos pode fornecer um indício para a existência de uma controvérsia permanente sobre o sentido dos textos chineses traduzidos. Como Joseph Needham mostrou, eles viam o mundo como um fluxo de fenômenos concretos que mereciam uma observação cuidadosa e uma listagem cronológica, mas eles não utilizavam muito categorias analíticas. A construção de um sistema lógico não era seu forte. "Mesmo no caso de alguns gigantes como Chu Hsi [Zhu Xi]", diz Derk Bodde (1991), "seu sistema devia ser derivado de um imenso estoque de máximas registradas, de comentários dos clássicos, de cartas a amigos e outros documentos esparsos. Não há nenhuma *summa* escrita pelo próprio mestre" (ao contrário de seu contemporâneo europeu, Tomás de Aquino).

Os escritores de chinês clássico eram, por formação, mais compiladores do que compositores. Ao memorizar vastas seqüências dos clássicos e de histórias, eles construíam seus próprios trabalhos por meio de uma duplicação extensiva (tipo copiar-colar) de frases e passagens e outras fontes. Essa forma de citar sem indicar a fonte equivaleria hoje a um plágio, mas os escritores chineses dos primeiros tempos viam-se mais como mantenedores dos registros do que como seus criadores.

Havia vários problemas de tradução, na medida em que faltam à gramática chinesa algumas particularidades, tais como números singulares e plurais; tempos passado, presente ou futuro; inflexões de gênero e caso, indicando relações; assim como maneiras de demonstrar a derivação de algumas palavras a partir de outras (exceto no que se refere aos radicais e às partes fonéticas dos ideogramas). Por outro lado, o leitor pode ser orientado para o sentido pelo ritmo, pela cadência ou pelo balanço de sucessivos grupos de ideogramas, como descobri durante 25 anos de aulas de tradução dos documentos oficiais Qing.

Um outro problema do chinês clássico é que há poucas maneiras de generalizar ou de exprimir abstrações – como, por exemplo, a idéia de ser ou de existência como uma abstração atemporal e não-ativa. O uso de hipóteses teóricas ou das condições contrárias ao fato, assim como do raciocínio lógico indutivo e dedutivo, era bastante reduzido. Tudo isso dificultava enormemente a introdução de idéias estrangeiras novas no sistema de escrita e pode ter, por fim, dificultado o desenvolvimento dos aspectos teóricos da ciência. A mais conhecida dificuldade terminológica nas traduções inglesas refere-se à frase *gewu* (*kewu*). Usada por Zhu Xi e traduzida como "investigação das coisas", pareceu a alguns estudiosos modernos referir-se ao estudo científico da natureza, mas o termo significa, de fato, como Kwang-Ching Liu explica (1990), "a aquisição do conhecimento moral por meio do estudo cuidadoso dos clássicos e do escrutínio dos princípios subjacentes à história e à vida cotidiana".

As fontes de imprecisão que acabamos de notar, além do crescimento constante do repertório conceitual dos filósofos modernos, fazem com que o neoconfucionismo seja ainda um campo fértil para novas percepções e interesses.

A formação da sociedade aristocrata

Como a China cresceu enormemente durante os Song, foi estabelecida uma estrutura social que durou, em suas linhas gerais, até o século XX. As famílias de classe alta dominavam a vida chinesa de tal maneira que os sociólogos chamaram a China de estado aristocrata, e até mesmo as pessoas do povo falavam da "aristocracia erudita" como uma classe. Mas não se deixe levar por uma comparação rápida com a aristocracia rural, o rosbife e as caçadas de raposa da alegre Inglaterra, pois, no caso da China, o termo "aristocracia" é um termo técnico com dois significados principais e uma ambigüidade interna – o que requer um tratamento especial. A caracterização que se segue é, sobretudo, derivada da era Qing (1644-1912), uma das mais estudadas. Houve uma longa e variada evolução das disposições institucionais da sociedade aristocrata da China, cuja imensa diversidade vem sendo mostrada por estudos das elites locais. Mas para apreciar a diversidade, é necessário em primeiro lugar adquirir uma imagem geral, um modelo da China como um todo, como alguns pesquisadores pioneiros tentaram fazer.

Os não-marxistas estão em geral de acordo, em primeiro lugar, que a aristocracia não é meramente uma classe feudal de proprietários de terra, porque a sociedade chinesa não estava organizada em um tipo de sistema que possa ser chamado de feudalismo, exceto talvez antes de 221 a.C. Embora o termo "feudal" ainda possa ser uma fórmula útil, seu valor é reduzido como um termo ocidental aplicado à China. Por exemplo, uma das características essenciais do feudalismo, tal como a palavra foi empregada para a Europa medieval e para o Japão, tem sido a inalienabilidade da terra. O servo medieval era ligado à terra e não podia nem deixá-la nem dispor dela, enquanto os camponeses chineses, de fato e pela lei, eram livres para adquirir terras, se dispunham dos recursos necessários. Na verdade, o movimento de compra e venda de pequenas parcelas de terra não muito caras contribuiu provavelmente ao extremo parcelamento das terras cultiváveis, com suas muitas pequenas faixas de terra. De qualquer forma, o fato de não chamar de "feudal" a condição de vida do camponês chinês não quer dizer que ela fosse menos miserável. Contudo, o sentido que é dado a essa palavra no contexto original das instituições européias e de outros países não é significativo para o contexto geral da China.

À medida que suas instituições se desenvolveram, do período Song até o Qing, a aristocracia chinesa pode ser entendida apenas em um sentido econômico e político dual como sendo simultaneamente ligada à posse da terra e à posse de um diploma. Uma definição mais estreita poderia atribuir um *status* de aristocracia àqueles *indivíduos* detentores de diplomas normalmente obtidos pela aprovação em exames ou, algumas vezes, por meio de recomendações ou aquisição – definição limitada que tem o mérito de ser mais concreta e até mesmo quantificável. Nesse sentido, a aristocracia seria composta de pessoas eruditas possuidoras de um diploma, mencionadas em um registro oficial, cujo *status* não dependia de recursos econômicos, principalmente da propriedade da terra, tão difícil de quantificar a partir dos registros históricos. Além disso, o pouco mais de um milhão de homens que possuíam um diploma de primeiro grau sob os Qing devem ser vistos, como sugere P. T. Ho, como uma "baixa aristocracia", apenas um pouco acima do *status* de homem do povo, enquanto a pequena elite que conseguia, depois de muitos anos de esforço, passar aos exames de três rigorosas semanas de duração na capital provincial e em Beijing formavam uma "alta aristocracia" extremamente influente.

A sociedade aristocrata baseava-se no familismo, que preconizava a dominação masculina no interior das famílias. As mulheres eram criaturas inferiores, relativamente dispensáveis, em geral dadas em casamento a homens de outras famílias. O objetivo da aristocracia era preservar o *status* de elite das famílias pela formação de seus filhos como eruditos e detentores de diplomas. Sob o neoconfucionismo, a formação de um jovem erudito desde a infância apoiava-se em uma disciplina forte, mas talvez carente de afeição. O autocontrole e o duro trabalho mental desinteressado tendiam a excluir a frivolidade, a sexualidade, o desenvolvimento muscular e até mesmo a espontaneidade. Depoimentos de eruditos do fim do período Qing, coletados por Jon Saari, fornecem uma descrição bastante soturna da educação nas famílias aristocratas.

Como indivíduos, os membros da aristocracia serviam como funcionários públicos, exercendo papéis políticos e administrativos. No entanto, eles estavam também envolvidos em relações familiares, nas quais podiam se apoiar para seu sustento material. Esse dualismo político-econômico levou muitos autores a definirem o termo aristocracia de maneira mais ampla, como um grupo de *famílias*, em vez de considerá-la apenas composta de indivíduos detentores de diplomas. Devemos manter ambas as definições em mente.

As famílias aristocratas chegaram a viver basicamente nas cidades muradas, não nas pequenas aldeias. Elas constituíam uma camada de famílias proprietárias de terras situada entre as massas do campesinato ligado à terra, por um lado, e os funcionários e comerciantes, que formavam uma matriz fluida de atividades sobretudo administrativas e comerciais, por outro lado. Elas constituíam a elite local, que exercia certas funções ligadas à população camponesa de nível inferior e certas outras ligadas aos funcionários, em um nível acima. Na comunidade agrícola, a aristocracia incluía os grandes proprietários de terras, cujos complexos domésticos – cercados de altas muralhas, que abarcavam inúmeros pátios cheios de servos e estoques de suprimentos e à prova de bandidos – dominavam as velhas cidades comerciais. Essas eram as "casas grandes", descritas tanto nas novelas chinesas quanto nas novelas ocidentais sobre a China. Como uma classe governante local, a aristocracia administrava o sistema de costumes e direitos consuetudinários com vistas ao uso da terra, que costumavam ser tão diversos e complicados que era preciso uma grande habilidade administrativa para aplicá-los corretamente. Os diferentes tipos de propriedade do subsolo e do solo, as várias relações dos meeiros, empréstimos, hipotecas, pagamentos costumeiros e obrigações dos dois lados formavam um tal complexo dentro da comunidade que muitos camponeses dificilmente podiam dizer se eram pequenos proprietários de terra ou meeiros.

Para os funcionários da antiga China, as famílias aristocratas eram um meio pelo qual se realizavam as coletas de impostos. Por intermédio dessa mesma simbologia, os camponeses os viam como intermediários que podiam aliviar a opressão, ao mesmo tempo em que a exerciam. O funcionário local lidava com as enchentes e a fome, com rebeliões incipientes, com uma pletora de pequenos casos criminais, com projetos de obras públicas, sempre com a ajuda da comunidade aristocrata. Eles serviam de amortecedor entre o povo e a oficialidade.

Se um homem pobre conseguisse passar nos exames, ele poderia tornar-se um membro da aristocracia no sentido estrito recém-mencionado, ainda que não fosse relacionado com uma família proprietária de terras. No entanto, os indivíduos detentores de diplomas eram, na maior parte das vezes, ligados a famílias proprietárias de terras que, por sua vez, tinham membros que possuíam diplomas. De modo geral, as famílias aristocratas eram a reserva informal dos detentores de diplomas e da burocracia. As grandes famílias eram o canteiro onde os detentores de cargos eram cultivados, o porto ao qual os burocratas cansados podiam retornar.

Em cada comunidade, a aristocracia tinha muitas funções importantes de natureza pública (*gong*, como oposto ao oficial *guan* ou ao *si* privado). Para generalizar sobre tais atividades exercidas por milhões de pessoas durante vários séculos, seria prudente construir um *continuum* cujos dois extremos variariam entre realista e idealista. Na visão idealista, que nos chegou por indicadores geográficos e outros escritos, a elite aristocrata era movida por um sentido de compromisso de dever para com os líderes comunitários. Sob essa inspiração, eles levantavam fundos para obras públicas e supervisionavam sua realização – a construção e a manutenção de equipamentos de irrigação e de comunicação, como canais, diques, represas, estradas, pontes, barcas. Eles participavam das assembléias do Contrato Comunitário e apoiavam as instituições e a moral confucianas – fundando e mantendo academias, escolas, santuários e templos locais de Confúcio, publicando livros, especialmente sobre a história local ou indicadores geográficos, fazendo discursos ou exortações morais ao povo. Em tempo de paz, eles definiam a atmosfera da vida pública. Em tempos conturbados, eles organizavam e comandavam as forças de defesa milicianas. No cotidiano, arbitravam de maneira informal as contendas, em vez de adotar os processos contínuos em uso em qualquer cidade americana. A aristocracia também criava obras de caridade para os membros do clã e manipulava fundos fiduciários para ajudar a comunidade. Obviamente, todas essas tarefas não podiam ser realizadas por um único indivíduo. Essa lista é fornecida para dar uma idéia da grande amplitude de oportunidades para a ação da aristocracia.

Uma outra de suas funções era contribuir, a pedido oficial, para ajudar o Estado, sobretudo em tempos de guerra, enchentes ou fome. Essas contribuições eram tão úteis que a maior parte das dinastias obteve receitas vendendo os diplomas mais baixos e, assim, admitindo várias pessoas ao *status* de detentores de diplomas sem que tivessem feito exames. Se for verdade que isso deturpava o sistema, também é verdade que permitia que os homens ricos ascendessem às classes mais altas por um certo preço, partilhando dos privilégios da aristocracia, como o contato com os funcionários e a imunidade ao castigo corporal.

Uma visão realista das funções públicas da aristocracia começa com a evidência, na era Song, de que seus membros podiam supervisionar os mercados locais periódicos e exercer um papel na alocação e na coleta de impostos – em outras palavras, assumir deveres que apenas os funcionários tinham exercido até o início da era Tang. Para Prasenjut Duara (1988) e outros autores, isso foi visto como uma parte da função de "corretagem" exercida pela aristocracia na administração local, que começou com o comércio, mas se estendeu à coleta de impostos sobre a terra, quando se tornou um imposto agrícola (prometendo a remissão de certas cotas da receita enquanto se cobrava coletas acima da cota como honorários pessoais).

No comércio, os agentes por atacado (*yahang*) eram intermediários que prestavam assistência mediante o pagamento de honorários. Por exemplo, um mercador itinerante poderia necessitar auxílio local confiável quando tivesse de lidar com dialetos ou com costumes, moedas, carregadores, albergues, mercados locais e assim por diante. Um agente local desse tipo, provavelmente um homem de recursos, poderia receber autorização do Estado para exercer essa ou aquela função e para cobrar honorários por seus serviços, como estocagem de bens, alojamento e transporte, assim como a manutenção de registros para o Estado. Ele poderia mesmo ser um comerciante com um certo nível de vida. Os ricos comerciantes de sal do Yangzhou e os comerciantes Cohong do comércio exterior de matérias-primas em Guangzhou foram apenas os mais célebres entre os incontáveis agentes na China inteira a receber autorização e atuar para o governo. À medida que a elite aristocrata era "licenciada" mediante os diplomas obtidos com os exames, eles poderiam ser vistos como uma subclasse específica de "agentes", no sentido amplo. Dessa forma, quando os aristocratas, como pessoas privadas, eram utilizados para supervisionar atividades públicas no campo dos impostos e das obras públicas, eles também podiam receber honorários ou comissões como parte de sua renda. Como era de se esperar, sua liderança comunitária não era apenas pura filantropia, mas tinha resultados financeiros. Esse sistema continuou a funcionar conforme a aristocracia imperial tardia, tendo esgotado os recursos da terra dos quais podia gerar renda, tornava-se mais ativa na esfera pública como gerentes aristocratas, representantes das instituições de bem-estar e comerciantes aristocratas.

A liderança local e as funções de gerenciamento exercidas pelas famílias aristocratas explicam por que não havia funcionários nas camadas mais baixas da sociedade chinesa. Posto de outra forma, em termos de origem, a aristocracia tinha emergido para preencher um vácuo entre o primitivo estado burocrático e a sociedade camponesa chinesa que estava saindo de seu controle, sob os Song. Estudos urbanos inspirados em G. W. Skinner (1977) observaram como, nos dois milênios do início da era Han até meados da dinastia Qing, a estrutura administrativa territorial de sucessivas dinastias não conseguiu crescer, enquanto a população chinesa sextuplicava. Os condados ou subprefeituras de nível básico (*xian*) totalizaram, no auge desses regimes, 1.180 sob os Han, 1.255 sob os Sui, 1.235 sob os Tang, 1.230 sob os Song, 1.115 sob os Yuan, 1.385 sob os Ming e 1.360 sob os Qing, ao passo que a população do império pode ter chegado a sessenta milhões de habitantes em 80 d.C., oitenta milhões em 875, 110 milhões em 1190, duzentos milhões em 1585 e 425 milhões em 1850. Assim, um magistrado de condado era responsável por cinqüenta mil pessoas no fim da dinastia Han, mas por trezentos mil no fim da era Qing. Skinner pensa que a administração dos Qing simplesmente não poderia ter funcionado, com cerca de 8.500 condados administrados a partir de Beijing. Em vez de se desenvolver de modo mecânico até esse nível impossível de administrar, o Estado chinês, ao mesmo tempo que crescia, foi consolidando os condados nas áreas populosas enquanto criava novos condados nas periferias, reduzindo suas funções administrativas locais. Por exemplo, depois dos Tang, abandonou-se o sistema de mercados urbanos oficialmente administrados, o governo cessou sua "regulação detalhada de assuntos comerciais" de maneira geral e abriu mão do envolvimento oficial em assuntos locais. Em seu lugar, veio a ascensão da aristocracia e suas funções locais.

Dessa forma, o governo imperial manteve, desde a época dos Song, uma superestrutura aproximadamente do mesmo tamanho nominal. Por exemplo, havia cerca de dezoito mil cargos oficiais listados sob os Tang, vinte mil sob os Song e vinte mil sob os Qing (foram consultadas tabelas de organização da época). O governo não entrava diretamente nas aldeias, na medida em que sua fundação repousava na aristocracia. As várias funções públicas dos detentores locais de diplomas constituíam uma plataforma sob a burocracia imperial, permitindo que os funcionários pudessem mover-se pelo país com notável fluidez e aparente independência de suas raízes locais. Na verdade, a pessoa indicada pelo imperador para qualquer magistratura só podia administrar se contasse com a cooperação da aristocracia da referida área. Considerando tudo isso, em um país com mais de quatrocentos milhões de habitantes, há um século, havia menos de vinte mil funcionários imperiais regulares, mas cerca de 1,25 milhão de eruditos detentores de diplomas.

A contínua superioridade das famílias aristocratas sobre a massa camponesa era assegurada não apenas pela propriedade da terra, mas também pelo fato de que a aristocracia produzia em especial os "cavalheiros eruditos" (*shi*) que mantinham as grandes tradições da caligrafia, da pintura, da literatura, da filosofia e da vida oficial. Se olharmos a sociedade aristocrata da China, comparando-a com a Europa de até tempos bem recentes, não poderemos deixar de nos impressionar. Nas circunstâncias de hoje – que mudaram enormemente – o sistema de crenças do neoconfucionismo ainda pode, em sua forma adaptada, impor respeito e mesmo adesão. Sua mensagem central, relativa à extrema necessidade de autodisciplina a serviço da ordem social, lembra algo bem-vindo para muitos.

A necessidade especial de ordem (e, em conseqüência, de autoridade) que os chineses tinham é explicada por antropólogos sociais como Patrícia Ebrey (1984), cujo estudo do documento oficial dos Song, *Preceitos da vida social,* constitui uma saudável contribuição aos ensinamentos do filósofo. Em duzentos tópicos, o autor dá conselhos sobre como se dar bem com os parentes, como melhorar sua conduta e como administrar uma grande família. Certas realidades são postas em evidência: antes de mais nada, a complexidade extraordinária das relações interpessoais quando existem regras para cada papel determinado pelo *status* de parentesco, de idade, de gênero e de direito. A importância integral dos servos não foi esquecida, assim como a das concubinas, serviçais e outros, no "miniestado" da casa grande. Como se deve castigar um servo (não o faça pessoalmente), como se deve comprar uma escrava, como disciplinar um filho – oferece-se ao leitor um guia prático e sensato, equivalente ao Chesterfield ou ao Ann Landers. "A regra geral com criadas e concubinas é tomar cuidado em relação ao modo que se começam as coisas e precauções referentes a como elas podem terminar."

O mais surpreendente de tudo é o alto grau de controle a que cada indivíduo é sujeito, inclusive o senhor, exercido em grande parte pela opinião ética do grupo. À diferença do ideal do filósofo, que aconselhava uma absoluta adesão aos princípios, aconselha-se que o senhor de uma casa aristocrata pense estrategicamente, leve em consideração todos os aspectos de um problema e esteja sempre pronto a fazer concessões.

1. Qin, século III a.C. Um soldado do famoso exército de terracota enterrado no túmulo do primeiro imperador de Qin, perto de Xi'an, Shaanxi. O exército tinha cerca de 7.500 figuras em cerâmica, de tamanho natural, esculpidas individualmente e alinhadas em posição marcial, mantidas sob a terra para guardar o imperador no além-túmulo. Este soldado mantinha provavelmente em suas mãos um arco ou uma alabarda.

2. Han, cerca de 164 d.C. O Primeiro Imperador de Qin (219 a.C.) tenta recuperar um trípode sagrado de bronze das dinastias precedentes, que reapareceu no fundo do rio e que tem o poder de conferir o Mandato Celestial a um governante. No registro superior, os funcionários do imperador observam. Abaixo, barcos e peixes indicam o rio. Os homens foram dispostos em ambas as margens para puxar a corda atada ao trípode. Mas justo quando ele está chegando à superfície, a corda é seccionada pelas mandíbulas de um dragão. Os três homens da direita caem para trás. Os quatro da esquerda são puxados para baixo pelo pesado trípode, que se afunda de novo no rio, indicando que o fim do império Qin está para chegar em breve.

3. Han, século II d.C. Uma representação em bronze de uma cena Han familiar: um funcionário sentado em um carro de duas rodas, sob uma sombrinha redonda, enquanto seu bravio cavalo morde o freio, entre os varais curvos. Compare esta representação tridimensional com o cavalo e o carro na figura na página oposta.

4. *Acima*: Wei do Norte, por volta de 525 d.C. Este detalhe de uma gravura em pedra celebra Cai Shun, um paradigma de piedade filial. Sob seus cuidados, sua mãe viveu uma longa vida e finalmente morreu, aos noventa anos. Ela estava deitada em seu caixão, antes do enterro, quando um incêndio repentino irrompeu na aldeia. À esquerda, os aldeões trabalham freneticamente para apagar as chamas. Vestido com suas roupas de luto, o filho colocou-se contra o caixão de sua mãe para protegê-lo e pediu ajuda aos céus. O resto da aldeia foi arrasado pelo incêndio, mas a casa de Cai Shun e o caixão de sua mãe foram preservados.

5. *Página oposta*: Liao, 984 d.C. Devido aos seus poderes de aliviar o sofrimento e sua reputação de atender às preces do povo, a popularidade de Guanyin, a deusa budista da compaixão, entre os adoradores chineses, é maior do que a de todos os outros deuses. O pátio interno desse templo, situado a cerca de 96 quilômetros à leste de Beijing, abriga uma colossal estátua de barro de Guanyin, colocada a dezesseis metros de altura. Apesar de sua estrutura inteiramente em madeira, esse templo sobreviveu a tempestades e terremotos durante mais de mil anos. O desenho, em corte transversal, é de Liang Sicheng, famoso historiador da arquitetura.

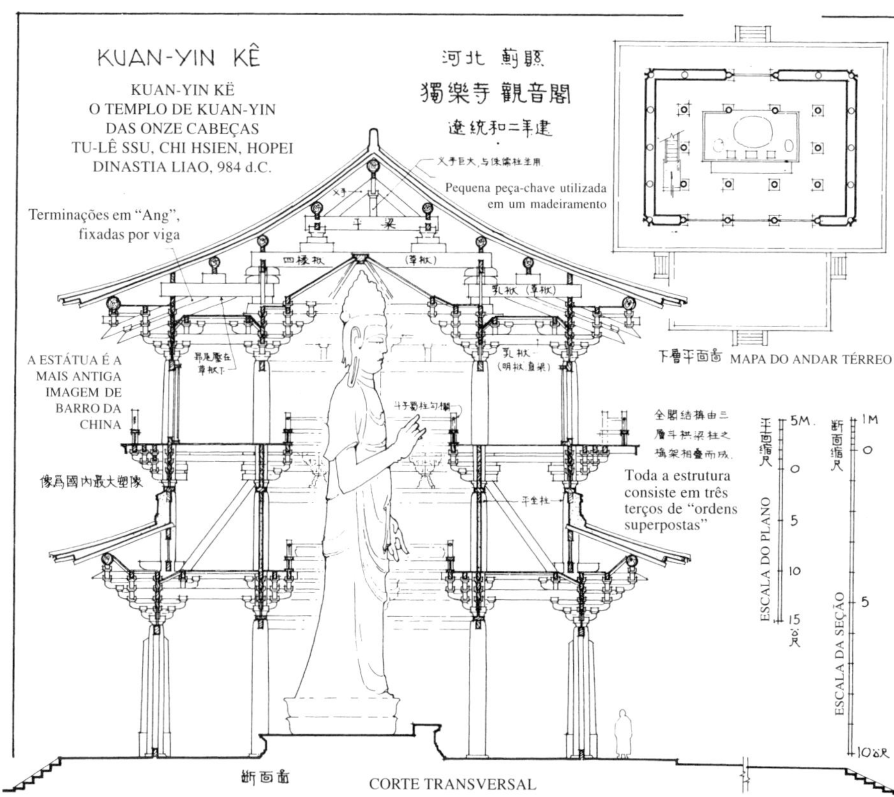

KUAN-YIN KÊ
KUAN-YIN KË
O TEMPLO DE KUAN-YIN
DAS ONZE CABEÇAS
TU-LÊ SSU, CHI HSIEN, HOPEI
DINASTIA LIAO, 984 d.C.
河北 薊縣
獨樂寺 觀音閣
遼統和二年建
Pequena peça-chave utilizada em um madeiramento
Terminações em "Ang", fixadas por viga
A ESTÁTUA É A MAIS ANTIGA IMAGEM DE BARRO DA CHINA
像爲國內最大塑像
下層平面圖 MAPA DO ANDAR TÉRREO
全閣結構由三層斗拱梁柱之構架相疊而成
Toda a estrutura consiste em três terços de "ordens superpostas"
ESCALA DO PLANO
ESCALA DA SEÇÃO
斷面圖
CORTE TRANSVERSAL

6. *Acima*: Song, século XI. Esta pintura intitula-se "Eruditos da dinastia Qi do Norte organizando os textos clássicos", mas vê-se que os quatro eruditos que figuram na imagem estão trabalhando e, ao mesmo tempo, divertindo-se. Embora os dois que estão sentados na extremidade da larga plataforma de madeira empunhem seus pincéis e seus papéis, o par que se situa na dianteira parece estar sorrindo e provocando-se mutuamente, empurrando e puxando, enquanto um menino pequeno, à direita, tira os sapatos. Duas criadas lhes serviram taças e pratos com comida, mas o jocoso par virou um dos pratos. Na margem esquerda da plataforma, há ainda outras diversões – um instrumento musical, o *qin* (cítara) e um vaso contendo equipamento para uma competição de flechas.

7. *Página oposta*: Song, século XI. A pintura de Li Tang sobre um médico ambulante de aldeia que aplica moxa em brasa descreve, de maneira bastante viva, o terror do paciente. Neste detalhe, seu companheiro agarra-lhe os braços para mantê-lo quieto. À direita, o jovem assistente do médico se esconde atrás de sua insígnia e, depois de ter preparado um ungüento calmante, diverte-se com a cena que está assistindo.

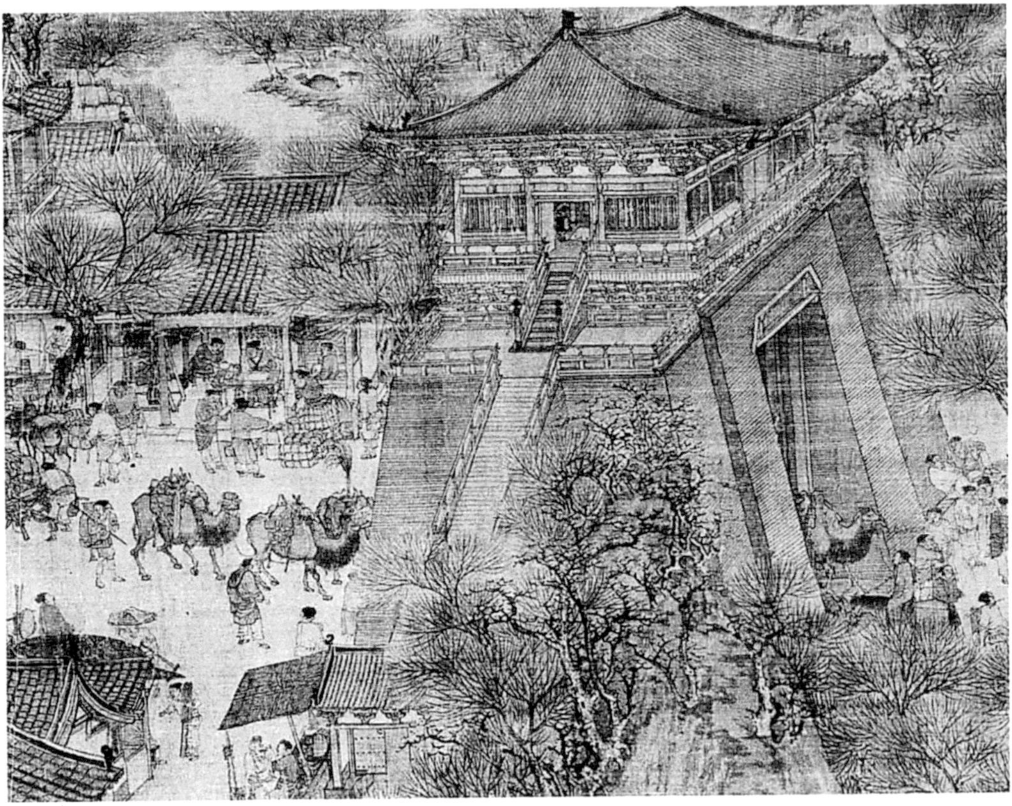

8. Song, século XII. "O Festival Qingming à beira do rio", por Zhang Zeduan, é um famoso rolo de pergaminho, atualmente com cerca de cinco metros de comprimento, mas originalmente mais longo. Ele acompanha os celebrantes das margens do rio Bian até o majestoso Portão de Água de Bianliang (atualmente Kaifeng), capital da dinastia Song do Norte. Este detalhe mostra camelos excessivamente carregados entrando e saindo do portão. As multidões ocupadas que passam tipificam a miríade de detalhes da vida cotidiana na cidade natal de Zhang, que esse artista dotado soube preservar para nós durante oito séculos.

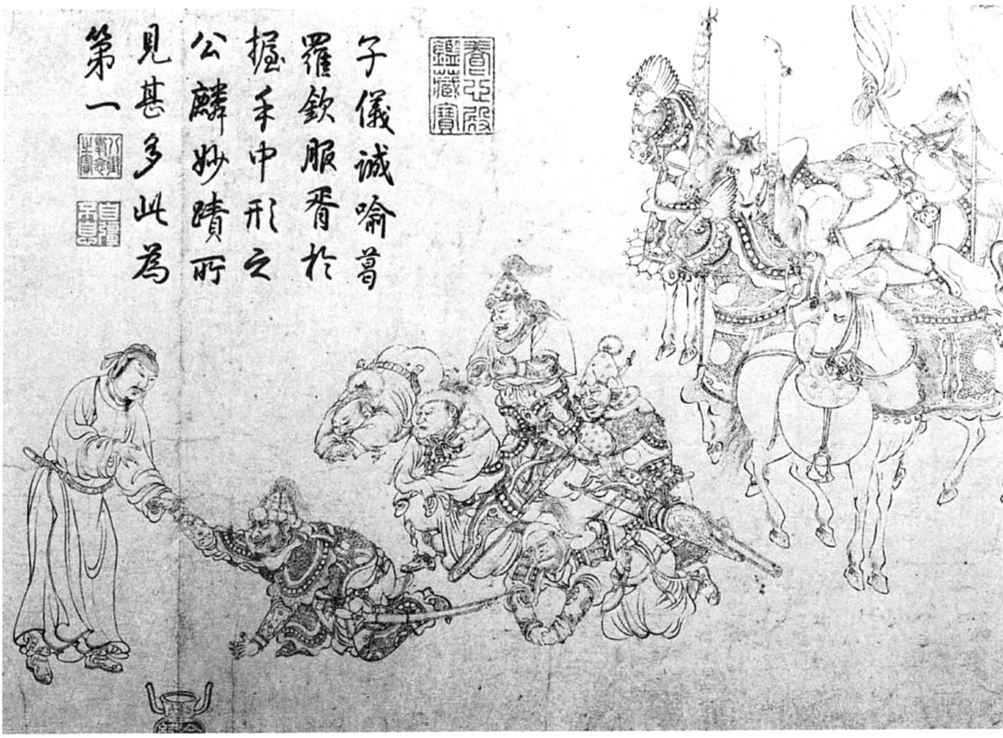

9. Song, século XII. Um general Tang recebe a submissão de nômades da Ásia Interior. Neste detalhe, o general Guo Ziyi (697-781), ao se defrontar com uma invasão mais poderosa de Uighurs – cujos líderes tinham servido sob suas ordens há algum tempo – apresenta-se, desarmado, ao campo deles. Ao reconhecê-lo, eles desmontam e lhe prestam homenagem. Este desenho é atribuído ao famoso artista Li Guanglin.

10. Song, séculos XII-XIII. Nesta página de álbum, que se intitula "Damas palacianas banhando crianças", três damas de palácio estão muito ocupadas. Uma delas limpa o nariz da criança na tina; um pouco atrás, uma outra criança, extremamente alerta, espera sua vez de entrar na tina. À extrema direita, a criança que está sendo vestida se retorce para escapar, enquanto a que se situa à extrema esquerda busca conforto no colo de uma das damas. O hábito de retratar atividades informais, cotidianas, das damas da corte começou na dinastia Tang e foi perpetuada nas academias imperiais de pintura dos Song.

11. Song, 1210. A haste que o vendedor ambulante leva sobre seus ombros está sobrecarregada de brinquedos. Suas mercadorias atraem quatro buliçosas crianças. Entre elas encontra-se uma mãe, cujo bebê, ainda em seus braços, também tenta alcançar um brinquedo. Uma obra-prima de habilidade no desenho de linhas feito com pincel e tinta.

12. *Página anterior*: Ming, século XIV. O fundador da dinastia Ming, Hongwu, cujo reino durou de 1368 a 1398, tinha a reputação de ser feroz e feio. Neste retrato, em que ele é representado com sua coroa imperial e as roupas de seu cargo, ele foi descrito como tendo "olhos de fênix, mandíbulas de dragão e sardas espalhadas por todo o rosto".

13. *Acima*: Ming, século XV. Um detalhe de um rolo de pergaminho representando seis "Tártaros a Cavalo" que conduzem um cavalo sem cavaleiro (não representado aqui) a ser apresentado como tributo ao imperador chinês. A procissão é conduzida por um cavaleiro chinês e, logo atrás dele, um tártaro barbudo corre para acompanhá-lo. Acredita-se que esta pintura foi copiada de um trabalho do século X de Qidan, um tártaro de Liao, que pintava extremamente bem os cavalos e os povos nômades de sua estepe nativa.

14. Ming, século XV. Um detalhe de um rolo de pergaminho representando um incidente histórico muito conhecido no século IV d.C. – que envolveu o meritório ministro Chen Yuanda e seu soberano turco, descrito como "o Átila da história chinesa". Compelido pelos deveres de seu cargo de censor a advertir o brutal soberano devido aos seus planos extravagantes de ampliar o palácio, Chen acorrentou-se a uma árvore, para assegurar-se de que sua reprimenda seria ouvida. Este detalhe mostra Chen agarrando-se à árvore, enquanto os guardas tentam remover suas correntes. Dois funcionários se prostram diante do governante turco (não representado aqui), suplicando que Chen seja poupado. Em uma outra seção, a mulher chinesa do governante explica a seu marido a tradição confuciana, visando desculpar Chen.

15. Ming, 1516. A pintura de dois mendigos cegos é um detalhe de um longo rolo de pergaminho. Zhou Chen, o artista, coloca ao final uma inscrição que descreve como lhe veio a inspiração: "Eu estava recostado sob uma janela e, de repente, vieram à minha mente todas as aparências e as maneiras dos mendigos e de outros personagens que eu via freqüentemente nas ruas e nos mercados. Tendo à mão tinta e pincel, pintei-os de improviso". As críticas sociais, como a que é vista aqui, não eram um tema ortodoxo para os pintores chineses: isso explica porque a pintura de Zhou não traz selos de especialistas ou de colecionadores famosos.

16. Qing, 1696. Esse rolo de parede representa um altivo cavalheiro, Gao Shiqi (1645-1703), parceiro extremamente próximo do imperador Kangxi e importante colecionador de pinturas. Aqui ele é mostrado desfrutando do verão, pescando em sua canoa, enquanto uma criada lhe estende uma bebida.

5

O paradoxo entre a China da dinastia Song e a Ásia Interior

A simbiose de Wen e Wu

Se as criações chinesas em matéria de tecnologia, governo, arte, pensamento, organização social e coisas semelhantes atingiram um alto ponto sob os Song, esse período também assistiu à invasão e à tomada de poder na China pelos povos tribais não-chineses da Ásia Interior. Parece um surpreendente paradoxo que, ao chegar a esse ápice da civilização, a China se deixasse conquistar por estrangeiros. O mistério se aprofunda se notamos que essa conquista não se deu de uma só vez, mas começou, na verdade, em 907, antes que a dinastia Song estivesse instalada, e continuou de maneira intermitente, durante três séculos e meio, até 1279. Um desenvolvimento tão longamente esboçado dificilmente pode ser considerado acidental. Que tendências de longo prazo se escondiam por trás dele?

Um dos elementos de debilidade dos Song foi a construção de uma burocracia sobrecarregada com os custos da defesa. Paul J. Smith (1991) declara mesmo que "na época dos Song do Sul, o Estado tinha se tornado um parasita". Por trás disso, transparecia o desprezo dos confucianistas pelos militares, classificando-os ainda mais abaixo do que os comerciantes. Esse asco era tão profundamente enraizado que os militares eram excluídos da lista-padrão confuciana dos quatro grupos ou classes ocupacionais – eruditos (*shi*), camponeses (*nong*), artesãos (*gong*) e mercadores (*shang*). Derk Bodde (1991) comenta que essa divisão quadripartite da sociedade nunca foi estabelecida por Confúcio ou por Mêncio, mas apareceu provavelmente pela primeira vez entre os escritores legalistas do fim da época Zhou e do início dos Han. Durante 21 séculos, desde essa época, no entanto, as quatro classes adquiriram um *status* padrão no conhecimento acumulado sobre a China.

Na medida em que foi o poder militar que fundou e manteve as dinastias, construiu e defendeu impérios, sempre existiu uma grande instituição militar. É fácil argumentar que os guerreiros – os militares – constituíam também um grupo ou uma classe ocupacional na China. Alguns sugeriram que os *shi* registrados nos ossos oraculares de Shang, nessa época, eram "guerreiros" ou, mais tarde, "servidores". Visivelmente os militares não figuravam como uma quinta classe ocupacional porque os *wenren* confucianos (eruditos) que faziam as listas encaravam os praticantes do *wu* (violência) como seus inimigos mortais, a encarnação do próprio mal da força bruta, cuja eliminação era dever moral dos confucianos, em prol do comportamento civilizado. Fazê-los figurar na lista como um quinto grupo profissional seria desculpá-los, legitimar sua existência, atribuir-lhes estatura moral.

Um confucionista poderia ainda acrescentar que o uso da força militar sempre foi uma das medidas ao alcance da elite governante composta de funcionários-eruditos. Começa-se, nessa classe, por se tornar um erudito, em seguida torna-se um funcionário oficial; um oficial pode comandar tropas. Generais-eruditos com freqüência mantinham um certo poder militar. As tropas eram a princípio recrutadas ou compostas de camponeses conscritos. Um erudito nos diria que a única "classe" militar discreta consistia de bandidos arrependidos, de uma cavalaria mercenária, de sargentos instrutores, arqueiros ou homens semelhantes, um grupo relativamente eclético, com uma posição bastante subalterna dentro do sistema oficial. Embora paralelos aos civis, os exames, hierarquias e postos militares eram claramente menosprezados pelos eruditos. Como praticantes da violência, os soldados faziam parte da corte interna do imperador e estavam além do controle do complexo *wen* da burocracia. Por vezes as tropas eram comandadas por eunucos.

Por que os eruditos chineses compactuaram por mais de dois mil anos com essa recusa confuciana em aceitar a instituição militar como uma classe ocupacional? Em toda a história da China, sempre houve forças militares profissionais. A nossa recusa em encará-las como uma classe militar sugere que os eruditos chineses permaneciam ainda sob o poder do grande mito do Estado confuciano, que deveria ser governado por meio da virtude. Encarado sob um outro ângulo, vêem-se aqui uma das glórias da velha China, um pacifismo racional, e uma de suas fraquezas mais profundas, a incapacidade de evitar conquistas estrangeiras vindas das planícies.

A julgar pelas questões nos exames, diz Peter Bol (1992), os Song do Sul tinham uma profunda consciência desses problemas militares. No entanto, confiavam em forças mercenárias da escória da sociedade, que tinham pouca disciplina e a quem não se podia confiar poderes de tomada de decisão, nem mesmo em nível de comando. O controle civil dos militares fazia parte do controle do Estado da elite governante, mas enfraquecia militarmente o Estado. Os Song mais do que igualavam os Jin (e mais tarde os mongóis) em matéria de tamanho e de recursos militares, mas os funcionários civis Song eram pouco afeitos à violência. Charles Hucker e outros concluíram que a parte chinesa do império formado pela China-Ásia Interior se tornara tão civilizada que lhe faltavam valores marciais e um sentido de identidade étnica (como oposta à cultural) que lhes permitisse fazer frente a invasores que geralmente se comprometiam a governar à maneira chinesa. Com efeito, os confucionistas eram especialmente dotados para a administração, não para deter o poder imperial definitivo. Afinal, tinham sido treinados para ser servidores civis no sentido literal e podiam prever que o recurso à violência só acarretaria mais violência. Mas enfim, uma vez colocados todos esses argumentos, permanece o fato de que os Song do Sul conseguiram manter à distância, durante 45 anos, quase duas gerações, os todo-poderosos mongóis.

O relato cronológico da sucessão dos povos tribais das planícies feito por Thomas J. Barfield fornece uma perspectiva para as relações dos governantes chineses da Ásia Interior. Ele chega à conclusão de que, nas épocas de força, as conexões entre os chineses e o poder tribal impulsionaram a hegemonia destes últimos na Ásia Interior. Assim, os Han, quando fortes, assistiram à dominação contínua da Ásia Interior pelos Xiongnu, e os Tang, pelos turcos Uighur. Uma visão equilibrada de tais relações acaba sendo, no entanto, prejudicada porque todas as provas originam-se no lado chinês.

A falta de contato com a Ásia Interior prejudicou os Song, dificultando que conseguissem cavalos para a guerra. As dinastias Qin-Han e Sui-Tang tinham todas permanecido em contato, por intermédio de mercadores e de emissários, com as configurações de poder da Ásia Interior. Elas gostavam de fazer aliados e de jogar alguns povos contra os outros. A inépcia da diplomacia Song – como, por exemplo, quando eles inicialmente ajudaram os Ruzhen contra os Qidan e foram mais tarde batidos pelos Ruzhen; e em seguida, quando ajudaram os mongóis contra os Ruzhen, sendo conquistados mais tarde pelos mongóis – devia-se provavelmente à sua falta de contato direto com esses povos e à sua participação apenas marginal na vida da Ásia Interior. Na verdade, a China dos Song coexistia com vários estados periféricos – Vietnã, ao sul, Nan Zhao, ao sudoeste, Tibete, o Tangut Ocidental Xia (Xixia), ao noroeste e o Qidan Liao, ao norte – de maneira que a China encontrava-se, de fato, como assinala diplomaticamente Morris Rossabi (1983), "entre iguais". Os protestos dos Ming sobre sua superioridade universal só poderiam ser afirmados depois que o império mongol do século XIII estabeleceu um exemplo.

A partir do período Song em diante, pode-se ver que a sociedade imperial confuciana é governada simultaneamente por um complexo administrativo civil e um complexo de manutenção do poder militar – ambos necessários para governar o Estado. O complexo civil inclui os detentores de diplomas dos exames e os servidores civis (funcionários-eruditos) formados dentro do neoconfucionismo, junto com a elite local ou a classe aristocrata que os produzia. O segundo componente menos estudado, a saber, o complexo militar, consiste no imperador, sua família e a nobreza, as forças de choque e as tropas de guarnição do exército, mais os eunucos do palácio e o aparato de segurança (como nós o chamaríamos atualmente), sobretudo ligados ao imperador.

Pode-se talvez distinguir uma certa divisão de funções entre esses dois complexos. Como foi sugerido, a autocracia imperial era uma contrapartida necessária à administração burocrática. Ela podia ser uma fonte não-rotineira e autônoma de inovação ou de intervenção repentina – o que era naturalmente imprevisível, com freqüência impiedosa e potencialmente desastrosa. Na bem-organizada ordem confuciana, o imperador funcionava como o ápice da estrutura, mas representava ao mesmo tempo, na sua forma mais elevada, o princípio da desordem violenta. Ele era, de uma certa maneira, o grande executor.

Quase desde o começo, o governo da China foi partilhado por essas duas funções. Os guerreiros tribais da Ásia Interior tinham contribuído para a função imperial de manutenção do poder, por meio de um modelo continuado de militarismo nômade pastoral. A outra função era exercida pelos administradores civis chineses confucianos. As dinastias eram militaristas em sua origem, porém, uma vez estabelecidas, suas burocracias eram civis, e a ideologia de cada uma dessas frações atendia às suas necessidades. Os homens de violência que fundaram as dinastias acreditavam no Mandato Celestial, que lhes era confirmado à medida que a resistência cessava. Os administradores-eruditos que compunham suas burocracias olhavam com superioridade os homens de violência, cujo recurso à força (*wu*) mostrava que eles eram indivíduos desprovidos de cultura (*wen*). O mito central do Estado confuciano era que a conduta exemplar e benevolente do governante, por manifestar sua virtude pessoal (*de*), atraía o povo para ele, garantindo-lhe o Mandato – mito que pôde ser mantido enquanto foi possível eliminando os rebeldes, de preferência decapitando-os.

A grande fraqueza desse mito do Estado confuciano era que, se o governante desejava continuar governando, jamais poderia dispensar suas prerrogativas militares de decapitar quem ele assim o desejasse, *pour raison d'État*, para preservar a dinastia. Dessa forma, sob o confucianismo imperial, o governo era conduzido por burocratas que serviam sob as ordens de um autocrata, uns dependendo dos outros. Na prática, obtinha-se com freqüência um equilíbrio entre *wen* e *wu* quando se permitia que administradores territoriais formados no confucianismo comandassem tropas para destruir rebeldes. Muitos eruditos eram especializados em assuntos militares; muitos deles tornaram-se generais eficazes. No entanto, seu poder dependia inteiramente da vontade do imperador.

Ao passo que, sob os Song, os chineses aperfeiçoaram o sistema clássico de exames como um instrumento de formação de burocratas obedientes, os invasores contemporâneos não-chineses da China – os Qidan (dinastia Liao), os Ruzhen (dinastia Jin) e os mongóis (dinastia Yuan) – provaram a utilidade do militarismo como fonte do poder imperial. O antigo adágio que dizia que a China só poderia ser governada à maneira dos civis confucianos é verdadeiro apenas em parte. O confucianismo imperial só poderia continuar funcionando enquanto a dinastia governante mobilizasse violência suficiente para destruir os rebeldes, e esse tipo de poder era a especialidade dos membros das tribos não-chinesas da Ásia Interior. Assim, pode-se distinguir uma especialização histórica de funções entre os administradores chineses e os detentores de poder da Ásia Interior que funcionava de tal maneira que os não-chineses da Ásia Interior participavam cada vez mais do governo imperial e chegaram algumas vezes até a derrubá-lo.

A ascensão do governo não-chinês sobre a China

Voltemos por alguns instantes o olhar para a ascensão desse componente da Ásia Interior na sociedade chinesa. As dinastias Zhou e Qin no Noroeste da China derivaram algo de seu vigor militar de contatos e de casamentos mistos com as tribos do Norte e, por sua vez, da mesma forma, os Sui e os Tang. Isso foi apenas mais um passo para que os invasores tribais do Norte conquistassem diretamente parte da China e a governassem com ajuda chinesa, mas por meio de uma casa dinástica não-chinesa. Esse modelo de governo sino-nômade era visível desde o século IV d.C. no Sul da Manchúria e atingiu seu ápice quando os mongóis e manchus assumiram completo controle, em seguida às suas conquistas.

Ser governado por indivíduos pertencentes a uma outra cultura impôs um sério problema para a teoria política chinesa. Desde os tempos mais remotos, sob os reis de Shang, a cultura (que incluía o sistema de escrita chinesa, o uso de bronzes ritualísticos, a consulta xamanista dos ancestrais e a observação ritual dos poderes da natureza por parte do governante) era uma parte fundamental da sociedade. O primeiro dogma do sino-centrismo era que a superioridade do *Zhongguo*, o País do Centro, em questões de *wen* (cultura e civilização) inevitavelmente dominaria a mera violência militar (*wu*) das tribos da Ásia Interior. Isso seria realizado pelo reconhecimento da superioridade chinesa pelos chefes tribais não-chineses, que se inclinariam diante do imperador. Este tinha recebido o Mandato Celestial para governar a China, e suas magnificência e compaixão benevolentes atrairiam naturalmente os estrangeiros a esse país, onde eles seriam também transformados pela civilização.

Na ausência de contatos com qualquer outro Estado de nível cultural igual, a política exterior dos Han e dos Tang tornou-se, assim, baseada no sistema de tributos, uma relação externa recíproca entre superior e inferior comparável aos Três Laços que mantiveram a ordem na sociedade interna chinesa. Uma vez que a oferta de tributos era normalmente retribuída com dádivas suntuosas por parte do imperador, aceitar a supremacia chinesa valia a pena do ponto de vista material. Além disso, o sistema de tributos logo se tornou a base institucional e de fato deu cobertura ao comércio exterior.

Com a demissão do poder central Tang, os dez ou mais estados da China do século X viram-se organizados em uma sociedade de estados múltiplos, um pouco como a da era dos Reinos Combatentes, antes da época da unificação Qin. Em suas relações mútuas, os governantes voltaram a algumas práticas dessas épocas, como negociar por intermédio de emissários, embora suas relações entre estados múltiplos fossem nesse momento focalizadas na questão de quem ressuscitaria o poder imperial central. Mas os governantes não-chineses da China periférica participavam agora dessa competição. Quando os não-chineses pela primeira vez começaram a governar uma população chinesa no Norte da China, o velho amálgama entre sociedade e cultura se rompeu. A ordem mundial chinesa implantada pelos Han e revivida pelos Tang como um sistema de pensamento e de instituições que manejavam as relações exteriores tinha sido derrubada.

O governo estrangeiro começou com a ascensão dos Qidan (um povo mongol, de quem o Norte da China recebeu o nome medieval europeu de Catai), que mantiveram por mais de dois séculos (916-1125) um império sobre partes do Norte da China, da Manchúria e da Mongólia. Em sua origem, os Qidan tinham sido apenas seminômades, confiando em colheitas agrícolas, especialmente de sorgo, e também na criação de ovelhas, cavalos e porcos. Eles ascenderam ao poder ao percorrerem a fronteira entre a estepe e as regiões agrícolas, onde eles podiam combinar a força militar da cavalaria nômade com o apoio econômico do cultivo camponês. A federação de tribos que fundou o império foi dirigida pelo clã imperial Yelü, que prolongou sua dominação ao adotar as instituições chinesas da monarquia hereditária e várias formas de governo confuciano. Como estudaram K. A. Wittfogel (Wittfogel e Feng, 1949) e outros mais, o império Liao, como ele se autodenominava, era um estado dual: sua seção do Sul englobava dezesseis prefeituras do Norte da China (das cerca de trezentas que havia no império Song; ver Mapa 13), que eram governadas no estilo chinês, por intermédio de instituições da burocracia civil herdadas dos Tang. A parte norte do império Qidan, muito mais vasta, era governada por homens a cavalo como antes. Assim, enquanto os oficiais do imperador Qidan para a parte sul eram recrutados pelo sistema clássico de exame, os arqueiros montados do Norte estavam sendo mobilizados e treinados para servir em sua guarda de elite, a sua *ordo* (palavra da qual deriva o termo "horda"). Finalmente, uma dúzia de *ordos* foi implantada em áreas separadas, totalizando cerca de seiscentos mil cavaleiros, uma força de choque móvel mantida em reserva.

13. Os impérios dos Song do Norte e dos Liao (Qidan), por volta do ano 1000

Esse estado dual apoiava-se sobre uma população de cerca de quatro milhões de pessoas, o que correspondia a aproximadamente 1/15 do tamanho do Império Song no Sul. Mas a cavalaria Liao tinha um tal poder de choque que os Song terminaram por pagar-lhes subsídios anuais para manter a paz em suas fronteiras. Os imperadores Song do Norte, em Kaifeng, compravam os Qidan por meio de tratados concluídos em 1005 e 1042, pelos quais os Song aceitavam um *status* inferior e lhes pagavam um tributo anual. Em 1044, termos similares foram aceitos em um tratado concluído com os governantes Tangut do estado do Xia Ocidental (Xixia), no Noroeste da China. Apesar de toda a sua riqueza e de seus progressos, talvez faltasse ao vasto império Song mais determinação do que meios para conquistar esses bárbaros.

É impressionante, como relata Needham, que a pólvora já tivesse sido criada pelos alquimistas chineses no século IX e que os chineses usassem contra os invasores nômades apenas simples bombas e lanças incendiárias. Esse grande avanço em tecnologia militar tinha, é claro, pouca significação para os homens de Estado Song, classicamente formados. Vê-se por esse exemplo que o confucionismo foi lento em dominar a tecnologia.

Em 1125, o estado Liao foi tomado pelos Tunguzic Ruzhen (Jurchen), tribos do Norte da Manchúria, que adotaram o nome dinástico de Jin ou "dourados". Inicialmente, eles mantiveram o modelo do governo dual. Como os Liao, o império sino-nômade dos Jin podia combinar os cavalos das planícies e os cereais do Norte da China para montar ataques militares, forçando os Song a recuar para o Sul. Desde sua fundação, em 960, a capital dos Song era Kaifeng, no rio Amarelo, na parte superior do Grande Canal, mas, por volta de 1126, os ataques dos Jin os forçaram a abandonar o Norte da China. A resistência dos Song aos ataques dos Ruzhen da dinastia Jin foi prejudicada pela controvérsia referente a lutar ou a acalmar os invasores. O assunto chegou a seu ponto culminante em 1141, quando o conselheiro-chefe e negociador (Qin Gui) planejou o assassinato de um grande guerreiro, o general Yue Fei, daí em diante imortalizado como um modelo para os demais patriotas chineses. Em 1142, os Song do Sul cederam por tratado o Norte da China até o rio Huai e concordaram em ser vassalos dos Jin, pagando-lhes um tributo anual. A planície do Norte da China, combinada com a região do baixo Yangzi, tinha sido o coração da vida chinesa, e agora, pela primeira vez, uma parcela considerável do povo chinês teria de viver sob o domínio de não-chineses (ver Mapa 14).

Uma vez conquistado o Norte da China, os Ruzhen da dinastia Jin (1115-1234) chegaram a totalizar cerca de seis milhões de habitantes, em uma população total do Norte da China de 45 milhões. Os Qidan que restavam da dinastia Liao de 916-1125 podem ter chegado a cerca de quatro milhões desse total, de forma que os Ruzhen deveriam governar cerca de 35 milhões de súditos chineses. Para essa tarefa, eles primeiro confiaram em Qidan achinesados e em Han chineses, que tinham servido os Qidan. Eles também recrutaram funcionários a partir da reserva de secretários do governo chinês. Mas os imperadores Ruzhen chegaram rapidamente à conclusão de que tinham de manter seu poder central em competição com seus próprios líderes tribais Ruzhen, militares aristocratas do Norte que esperavam controlar as terras e os povos que tinham conquistado. Em autodefesa, o imperador Jin construiu uma burocracia imperial inspirada nos modelos confucianos de governo. Pensando que necessitavam recrutar candidatos formados por meio de exames para equipar sua burocracia, no último quarto do século XII, os governantes Jin em Kaifeng criaram escolas de língua Ruzhen, traduziram os clássicos confucianos para o Ruzhen e criaram exames para candidatos Ruzhen. No entanto, o maior fluxo de recrutas veio dos Han chineses: no quarto de século após 1185, os exames chineses ampliados produziram ao menos cinco mil detentores de diplomas metropolitanos (*jinshi*). E como assinala Peter Bol, a expansão da cultura confuciana foi igualmente importante: "Dezenas de milhares adquiriram uma educação por meio dos exames".

Contudo, o termo "achinesamento" não descreve adequadamente o que buscavam os governantes Ruzhen. Em vez de se "tornarem chineses", eles estavam, ao contrário, desenvolvendo seu papel como mantenedores da ordem civil (*wen zhi*, "civilização"). Seu papel tinha um valor supra-étnico, era o meio pelo qual súditos chineses e invasores nômades podiam viver juntos em paz e prosperidade, sob um império universal. Em outras palavras, a "culturalização" chinesa original (o modelo "confuciano" de pensamento e ação) poderia ser promovida por esses governantes não-chineses, que mantinham sua identidade étnica enquanto funcionavam como governantes da China e da Ásia Interior. Os Ruzhen desenvolveram, assim, os fundamentos teóricos de um império multiétnico, que seria elevado ao seu ponto culminante sob seus futuros descendentes, os manchus.

Ao reivindicar a "sucessão legítima" de sua dinastia a seus predecessores (*zhengtong*), os governantes Jin foram favorecidos por terem adotado as instituições centralizadoras tradicionais e por seu desempenho dos rituais imperiais apropriados. Como Hok-lam Chan (1984) delineou, tais rituais começavam com a reverência às forças da natureza e especialmente aos ancestrais, tal como os Shang praticavam; eles mantinham a crença no Mandato Celestial afirmado pelos Zhou, junto com a doutrina do governo benevolente dos reis sábios, como propunha Mêncio, segundo a interpretação da elite erudita confuciana. A cosmologia de correlação do início da dinastia Han, centrada em torno da teoria cíclica das Cinco Fases, foi também mantida. Ao postular a correspondência entre a ordem da natureza e os acontecimentos humanos, essa teoria enfatizou a importância da fase, da cor e de tudo o que devia ser associado a cada dinastia, assim legitimando-as. Han Wudi, por exemplo, escolheu para os Han a fase da Terra, mais a cor amarela, o número 5 e assim por diante. As dinastias posteriores, fossem elas grandes ou pequenas, continuaram a afirmar sua legitimidade por intermédio do ciclo das Cinco Fases – por exemplo, os Tang afirmaram sua afinidade com a Terra, herdada dos Han, enquanto os Song reivindicavam o fogo e a cor vermelha como seus símbolos de legitimidade. Os governantes Jin, por sua vez, reivindicaram o poder da Terra como sucessores dos Song.

Os Ruzhen tinham primeiro transferido sua capital de Ha'erbin para Beijing, em 1153, e, mais tarde, para Kaifeng, capital da Song do Norte, em 1161. Alguns imperadores atingiram novos extremos de brutalidade ao iniciar a prática regular de

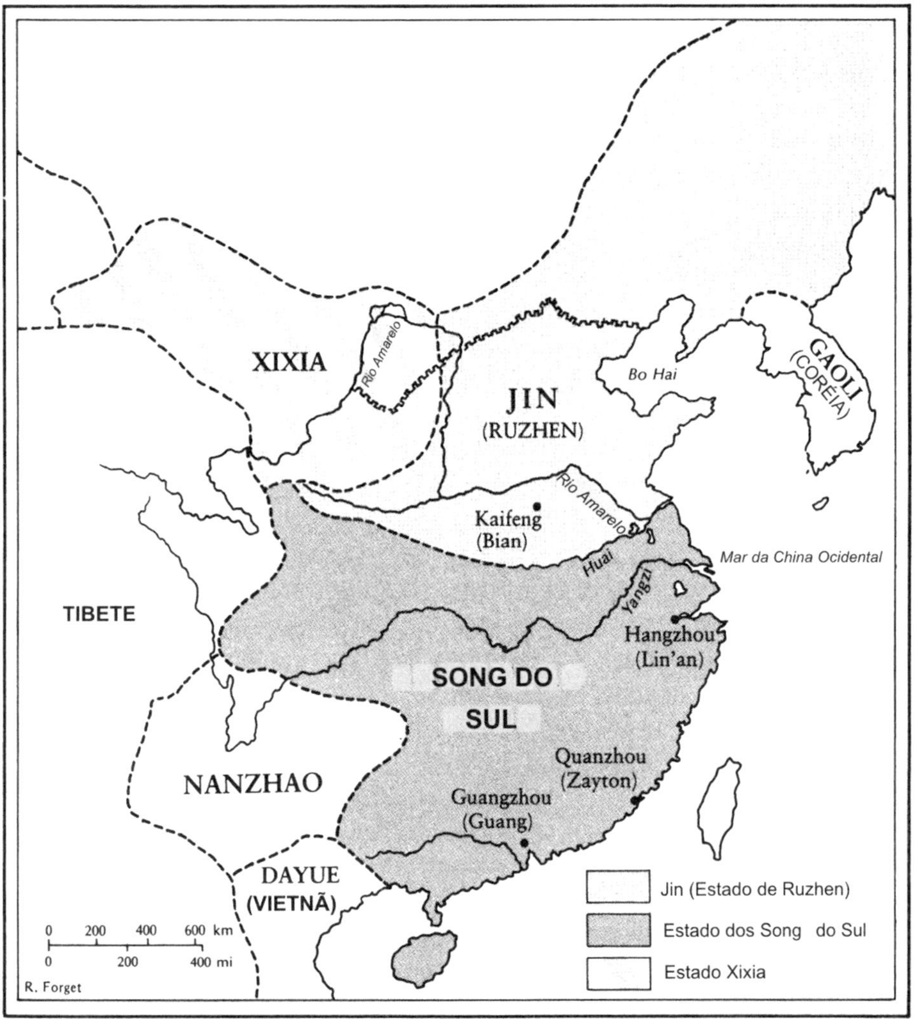

14. Os impérios dos Song do Sul e dos Jin (Ruzhen) em 1142

fustigar os altos funcionários diante da corte, em frente do imperador, coisa extremamente contrária à regra que eximia eruditos e sobretudo funcionários de qualquer punição corporal. Alguns deles executaram centenas de conterrâneos, funcionários e líderes militares ao tentar eliminar qualquer oposição.

Por outro lado, um dos últimos imperadores Jin ficou na história como um modelo de funcionário confuciano. Em sua era, houve um renascimento cultural conduzido pelos súditos chineses confucianos do Estado Jin, moralmente engajados a apoiar a herança cultural da ordem civil. Entre si, os governantes Ruzhen que tinham a cabeça formada à maneira confuciana e seus funcionários eruditos chineses mostraram que uma dinastia não-chinesa poderia, sem dúvida, manter uma tradição cultural "chinesa" (quer dizer, chinesa e da Ásia Interior). De qualquer forma, a legitimidade da dinastia Jin estava formalmente estabelecida quando sua história oficial foi escrita, sob a dinastia mongol Yuan.

O advento do neoconfucionismo na Song do Sul estabeleceu critérios mais amplos para a legitimidade dinástica. Fatores como vitória nas guerras, procedimentos de governo tais como a promoção de um culto imperial dos ancestrais, mais rituais e símbolos, teorias escolásticas, controle pela intimidação e vigilância mútuas, e aprovação popular (ou elitista) figuravam no processo de legitimação na China, assim como ocorreu na Ásia Ocidental e na Europa. Mas graças, sobretudo, à sabedoria confuciana, os critérios chineses eram muito mais unificados e homogêneos. A insistência dos filósofos Song sobre a universalidade de sua cosmologia e de seus valores serviu aos invasores não-chineses, até um certo grau. No terreno da teoria política, a China estava preparada, quando a necessidade se fizesse sentir, para aceitar o governo dos povos tribais da Ásia Interior.

Em última análise, a legitimação do governo não-chinês na China consistiu no fato de que ele não poderia ter sido evitado e tinha, dessa forma, que ser racionalizado. Como dirão mais tarde os observadores coreanos, na China, sob os manchus, os eruditos chineses podiam até mesmo odiar o governo dos Qing, mas nunca deixariam registro disso. Esse ódio interno mesclado à aceitação externa assemelha-se ao que sentem as vítimas do despotismo em todos os tempos. Isso requer uma grande pratica do autocontrole e uma espécie de hipocrisia, uma "aquiescência fingida", em que se aceita exteriormente o que se nega interiormente, a validade da autoridade governante. Para muitas pessoas, esse fato poderia conduzir a uma aparente indiferença para com a política, como se isso não fosse seu problema – exatamente o que os governantes pregavam.

Olhando mais além, podemos postular que as dinastias de conquista – Liao, Jin e Yuan – fizeram uma série conexa de incursões de poder militar da Ásia Interior na China e devem ser vistas como um processo único, ainda que esporádico. A dinastia Liao foi a que durou mais tempo, mas ocupou apenas uma faixa de terra na fronteira do Norte da China. Yuan, que ocupou a China inteira, foi a mais breve delas. Isso coloca a dinastia Jin na posição estratégica de ter aprendido como invasores estrangeiros poderiam governar o coração do país, a planície do Norte da China, cooptando o pessoal chinês herdado dos derrotados Song do Norte. O governo dos Jin na China parece ter sido comparativamente negligenciado, obscurecido pela conquista mongol.

A China sob o Império Mongol

A conquista mongol foi um precursor do imperialismo ocidental na China do século XIX, quando a sociedade chinesa foi, uma vez mais, submetida ao choque cultural de influências estrangeiras discordantes. Em outras palavras, a dinastia Yuan (1279-1368) deve ser examinada como a base de importantes fenômenos que serão vistos sob as dinastias Ming e Qing (1368-1644-1912).

Como primeira etapa, notemos as extraordinárias realizações do povo mongol na criação de seu grande império. A máquina de guerra mongol foi o ponto culminante das proezas militares de arqueiros montados através da Eurásia. Depois que Gêngis Khan uniu suas tribos em 1206 e que suas hordas mongóis irromperam em todas as direções, seus filhos e netos governaram quatro *khanatos*, respectivamente na Pérsia, no Sul da Rússia, na Ásia Central e na China (ver Tabela 3). Como conquistadores, a feroz energia destrutiva dos mongóis lhes trouxe má reputação, especialmente entre os confucianos dotados de um pensamento moral. Por exemplo, sua primeira invasão do império Jin no Norte da China deixou mais de noventa cidades carbonizadas.

Tabela 3. Divisões do Império Mongol sob os sucessores de Gêngis Khan

Grande Khan (Ásia Oriental): Ogodei (terceiro filho de Gêngis), 1229-1241; Mongke (Mangu)*, 1251-1259; Khubilai*, 1260-1294 (governou a China inteira a partir de 1279); os mongóis foram expulsos da China pelos Ming, em1368.

Khanato de Chaghadai (Djaghatai, no Turquestão): Chaghadai (segundo filho de Gêngis), 1227-1242; parte ocidental incorporada a partir de 1370 ao Império de Timor ou Tamerlão, 1336-1405.

Khanato da Pérsia (Il-khans): implantado por Hulegu*; conquista de Bagdá, 1258; dissolvido após 1335.

Khanato de Kipchak (Horda Dourada), no baixo Volga: implantado por Batu*, 1227-1255; dominou a Rússia; foi conquistado por Tamerlão e dissolvido no século XV.

* Netos de Gêngis Khan.

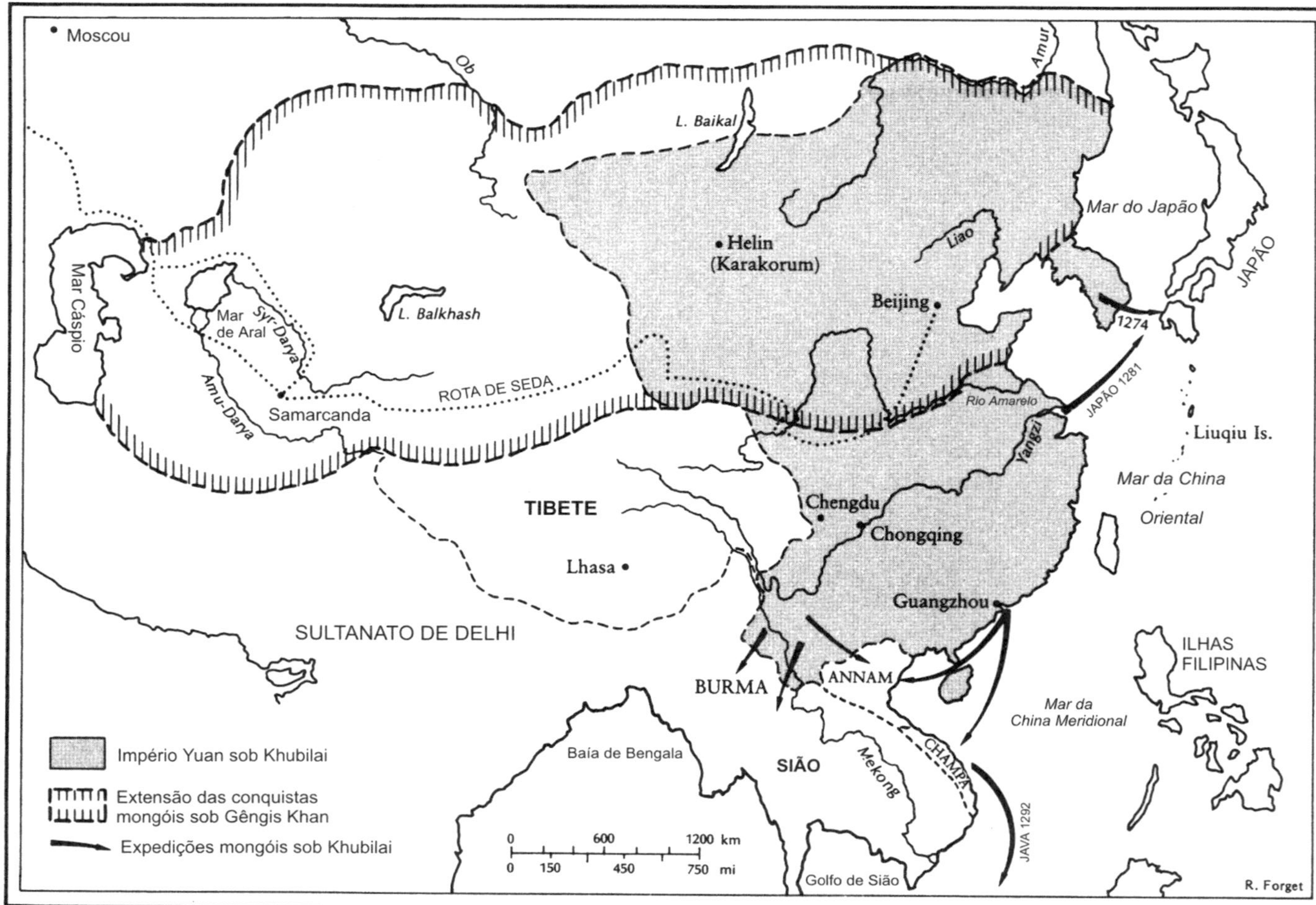

15. Conquistas mongóis e o Império Yuan em 1279

Os mongóis extinguiram os Jin em 1234 e, por fim, conquistaram o Song do Sul apenas 45 anos mais tarde, em 1279. Entre essas duas datas, eles governaram o coração do Norte da China, que já tinha sofrido um século de dominação estrangeira e aprendido que, se o império podia ser conquistado por cavaleiros, estes não podiam, no entanto, governá-lo, da mesma forma pela qual os imperialistas europeus do século XIX aprenderiam que suas baionetas não serviam para se sentar sobre elas.

Finalmente, o neto mais competente de Gêngis, Khubilai Khan, que reinou como chefe do mundo mongol de 1260 a 1294, implantou sua capital em Beijing (ver Mapa 15), tornou-se imperador da China em 1271, nomeou sua dinastia Yuan ("origem") e governou em estilo chinês. No entanto, ele foi perturbado pela política imperial e por seus rivais no poder. Ele teve também de atender sua clientela muçulmana, apresentando-se como um defensor da fé, e ser um governante universal budista para os mongóis adeptos do lamaísmo tibetano. Essa diversidade de crenças reflete o espírito cosmopolita do mundo multiétnico mongol, onde até mesmo o cristianismo nestoriano da Ásia Central tinha seus devotos no seio da família imperial.

Embora seja óbvio que sentimentos antimongóis acicatassem os chineses, tanto na época quanto retrospectivamente, pela humilhação de ter um *status* inferior em seu próprio país, como sugere John Langlois (1981), as condições reais da vida chinesa na era Yuan apresentavam uma imagem eclética que merece uma reavaliação mais detalhada do que a que já foi feita. Em primeiro lugar, do ponto de vista do militarismo, há poucas dúvidas quanto à influência mongol. O ideal clássico chinês era de que cada camponês deveria ser potencialmente um soldado capaz de manter a si mesmo. Sob as dinastias Qin até Tang, o exército dependera de conscritos. As dinastias Qin e Han requisitaram todos os homens fisicamente capazes para servir durante dois anos, como uma obrigação de corvéia. Os Sui e os primeiros Tang empregaram o sistema da milícia *fubing*, pela qual certas famílias, mediante isenção de impostos, forneceriam soldados aptos para o serviço, dando-lhes equipamentos e rações. Os primeiros Tang tinham 633 unidades de milícia, cada uma composta de cerca de mil homens, principalmente localizadas no nordeste e em torno da capital. O *fubing* foi abolido em 749; os Tang, no final de sua era, e os Song recrutaram exércitos mercenários, que não tinham, em geral, boa reputação.

Em contraste, os membros das tribos da Ásia Interior eram cavaleiros potenciais por criação e por hábito e, a partir de suas conquistas, rapidamente se tornaram exércitos profissionais e também hereditários. Fazer-de-cada-camponês-um-soldado tinha sido apenas um ideal, mas fazer-de-cada-caçador-um-soldado tornou-se rapidamente um fato. Cada unidade básica dos Ruzhen, composta de trezentas famílias, mantinha cem soldados. Por volta de 1206, Gêngis Khan tinha sob suas ordens 95 unidades, de mil homens cada, mais suas famílias – que os mantinham – e seus pastos cativos. Como os primeiros habitantes da Ásia Interior a conquistar e governar toda a China, a maior contribuição dos mongóis ao império foi em termos militares. Como diz Ch'u-ch'ing Hsiao (1978), os conquistadores mongóis "tinham o poder como preocupação central. Eles tendiam a pensar em termos militares" e deram à China uma nova organização do exército que "incluía a maioria dos membros da nação conquistadora".

Uma vez conquistada a China, as guarnições mongóis tinham de obter sua subsistência a partir de suas próprias atividades agrícolas e a de seus escravos, nas parcelas despovoadas do Norte da China que lhes foram atribuídas. A capacidade de luta de suas casas militares hereditárias se deteriorou rapidamente. Os oficiais mongóis formavam uma aristocracia assalariada segregada e autoperpetuada – a ala militar superior da burocracia imperial –, mas, de maneira geral, os soldados mongóis ficaram mais pobres na China. Apesar de terem se casado com mulheres chinesas, muitos deles perderam suas terras, chegando mesmo a ter de vender suas famílias, desertar por vezes e se tornar vagabundos. Ser um soldado hereditário em tempo de paz acabou sendo um desastre.

Os historiadores continuam a discutir até que ponto o governo mongol contribuiu para tornar mais despótico o governo confuciano da China. Parece que a resposta a essa questão é afirmativa, mas os mongóis não são os únicos culpados. Talvez o fundador da dinastia Ming pudesse ser mais tarde a testemunha mais positiva desse fato. Os mongóis eram desprezados – os chineses diziam que eles fediam tanto que era possível sentir seu cheiro mesmo contra o vento – e o governo mongol durou menos de um século, sendo mais breve do que o governo Ruzhen no Norte da China. Os mongóis não chegaram a se enraizar, salvo em torno da Grande Muralha. Porém, isso não significa que alguns de seus costumes não tivessem sido imitados.

Ao governar a China, o principal problema dos mongóis foi com relação à cultura. Sendo inteiramente nômades provenientes da Mongólia Exterior, sem muito contato anterior com a China, o discurso, os trajes, os costumes e as origens dos mongóis eram diferentes demais para poder preencher a brecha cultural entre eles e os chineses Song do Sul. Sendo em geral iletrados e comparativamente pouco numerosos, seu governo empregou asiáticos do Oeste (turcos Uighur, árabes e até mesmo alguns europeus como Marco Polo) e pessoal sino-ruzhen, oriundos do império Jin, que eles tinham conquistado. Os habitantes do Sul eram menosprezados pela reputação de lealdade duvidosa, e sua resposta foi a recusa em servir o governo. Yan-shuan Lao (em Langlois, 1981) observou como os sulistas com diplomas mais elevados consentiam em ser professores de academias privadas, mas se recusavam a ensinar nas escolas do governo, o que faria deles funcionários, mesmo que de nível mais baixo.

De maneira geral, a brecha cultural contribuiu para um governo mais leve. As punições da época dos Yuan eram aparentemente menos severas do que as da era Song; havia menos exações irregulares somadas aos impostos. Enquanto Khubilai certamente apoiava tanto o lamaísmo e o daoísmo quanto o confucionismo ortodoxo, ele não envidou nenhuma inquisição literária. Os príncipes mongóis podiam desfrutar de seus *apanágios* e bater-se entre si. Os mongóis podiam colocar guarnições em pontos-chave, porém não eram capazes de administrar o governo, de policiar as comunidades locais, de censurar a literatura e o teatro chineses ou de dar à China uma liderança intelectual e cultural.

Comparando as dinastias Liao, Jin e Yuan, Herbert Franke (em Schram, 1987) sugere que todas as três tinham uma administração bastante flexível, quase como os governos coloniais, por causa da mistura impossível (tipo água e azeite) entre os costumes chineses e tribais. Assim, em seus regimes multiétnicos e multilinguais, cada nacionalidade – Qidan, Ruzhen ou Mongol – usava seu próprio roteiro. Os chineses continuavam a esperar uma sucessão hereditária dentro de uma hierarquia de autoridade, enquanto os invasores determinavam seus sucessores por meio de eleições realizadas em assembléias de chefes, senão democráticas, pelo menos coletivas. Para os chineses, as leis eram uniformes e aplicavam-se a todos, ao passo que os nômades aplicavam a cada pessoa sua lei tribal costumeira. Essa diversidade contribuía para uma menor centralização, não para um despotismo monolítico.

Uma vez que o sistema de exames só foi restaurado em 1315, a falta de administradores era suprida pelo uso intenso de secretários do *yamen**. Muitos chineses ingressaram no governo por essa via, mas a fraqueza dos secretários em matéria de doutrinação confuciana, assim como a falta de vigilância por parte dos mongóis, estimulou uma corrupção generalizada. Para manter seu poder no cenário local, os mongóis utilizavam uma camada extra de funcionários territoriais. Para os lugares mais críticos, a corte enviava mongóis supercompetentes e, por vezes, funcionários chineses com capacidade de atuar tanto em assuntos civis quanto militares, mediadores chamados *darugaci* (*daluhuachi*), nomeados diretamente pelo imperador. Nas últimas décadas do governo Yuan, os governantes mongóis estudavam e utilizavam os costumes confucianos de maneira bastante eficaz, mas seu empenho foi desfeito pela guerra civil entre seus conterrâneos não-achinesados e obstinados.

Uma das características dos mongóis era seu impulso nômade de se manterem sempre em movimento, buscando mais pilhagem e mais escravos. Tendo-se expandido sobre o mundo conhecido e finalmente conquistado a China, eles usaram a esquadra que tinham capturado dos Song, com seus capitães e tripulações experientes, para enviar expedições além-mar. Esquadras Yuan com milhares de navios tentaram conquistar o Japão em 1274 e 1281, invadiram o Vietnã e o Champa (na Indochina do Sul), as ilhas Liu-qiu e, em 1292, Java, sempre sem sucesso. Burma e Sião também foram invadidos. Mas essa tendência à expansão própria dos guerreiros mongóis não fez com que eles se preocupassem em integrar o comércio marítimo da China no precoce sistema marítimo mundial, que começava a tomar forma nas rotas marítimas em torno da Ásia. O governo mongol fez com que a China experimentasse várias décadas de paz doméstica e trouxe-lhe um intenso comércio de caravanas através da Ásia – via por meio da qual inúmeros europeus atingiram a China. Uma teoria plausível é a de que a peste bubônica – que reduziu drasticamente a população chinesa mais ou menos entre 1331 e 1354 – foi também transmitida à Europa pelos canais mongóis, dando origem à Peste Negra entre 1348-1349.

As grandes obras públicas de Khubilai, como o sistema do segundo Grande Canal, contribuíram para um certo grau de prosperidade econômica (ver Mapa 16). O comércio marítimo da Ásia Ocidental e da Índia ainda estava amplamente nas mãos dos árabes porque, como comentamos anteriormente, a diáspora islâmica tinha trazido mercadores muçulmanos à China não somente pela Rota da Seda, mas também

* O escritório ou a residência de um funcionário no Império Chinês. (N.T.)

através da Rota das Especiarias, que trazia essas mercadorias das Índias Orientais para a China, fazendo-as chegar até a Europa pelo Mediterrâneo oriental. Os governantes mongóis regulavam o fluxo de mercadores muçulmanos – ativos tanto no comércio de caravanas na Ásia Central quanto no comércio marítimo – e lhes concediam empréstimos para investir no comércio. Como coletores de impostos, eles também ajudavam os mongóis a coletar o excedente agrário, canalizando uma parte dele para seu comércio. Esse crescimento comercial foi assinalado pela emissão extensiva de papel-moeda, que os financistas muçulmanos na corte administravam.

Apesar de não utilizar os chineses do Sul no governo, o governo Mongol estimulou uma sabedoria chinesa privada ao manter intactas suas comunidades locais. Muitos milhares de senhores chineses eruditos viram-se desempregados do Estado e livres para exercer atividades privadas, para tornarem-se líderes de suas comunidades e preservadores do modelo confuciano. Dessa forma, a era dos Yuan assistiu à expansão do teatro chinês e ao florescimento da pintura. Esses eruditos privados promoveram intensamente a ênfase dada por Zhu Xi à autoformação moral do indivíduo como fundamento da ordem social e do governo eficiente. Enquanto a escola de Zhu Xi pregava o estudo do mundo prático, os seguidores de um outro filósofo neoconfuciano, Lu Xiangshan, preconizavam uma contemplação mais voltada para o interior. Junto com essas tendências mais filosóficas, desenvolveu-se uma escola de ciência política do Estado, uma abordagem pragmática de como governar instituições políticas. Ambas essas escolas de pensamento – a moral e a mais utilitária – insistiam na virtude da lealdade, não tanto para com uma dada dinastia, mas para com o Caminho neoconfuciano. Nessa era dos Yuan, o direito recebeu uma nova atenção, como antídoto aos governos arbitrários.

Interpretando a era dos Song

Nenhum período importante de civilização pode ser caracterizado em termos simples. No entanto, as interpretações acadêmicas de uma grande época freqüentemente têm se tornado parte de seu registro histórico. As mudanças na era dos Song foram tão amplas e tão espetaculares que um historiador japonês (Naitô Konan) viu nelas o berço da China "moderna", quer dizer, da China que perdurou até o fim do período Qing em seu próprio tempo, no início do século XX. Naitô percebeu dois níveis de poder nessa era moderna: o imperador despótico, com seu "séquito e subordinados", e a "sociedade chinesa local, abaixo dos burocratas nomeados pelo governo central". Essa era moderna caracterizou-se pela "importância decrescente que o governo assumiu para a vasta maioria do povo chinês, acompanhada por uma maior importância dada à cultura" (Fogel, 1984). Como parte desse processo, Naitô comentou a passagem que já notamos, do governo de uma oligarquia de clãs aristocratas ao governo de um clã imperial dinástico mais forte, por meio de uma burocracia formada e submetida a exame e de uma elite aristocrata local. Afastado do contato diário informal com seus velhos colegas oligárquicos, o imperador tornou-se mais autocrá-

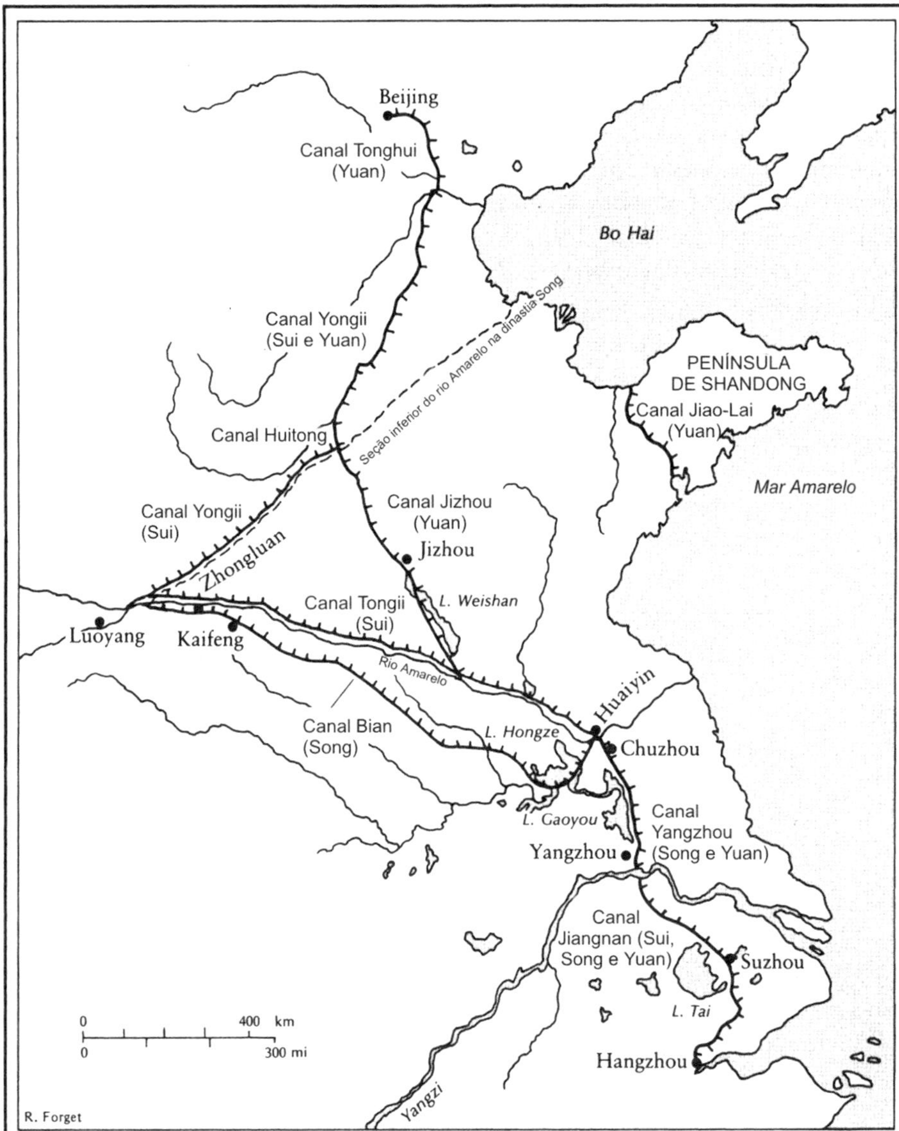

16. O sistema do Grande Canal sob as dinastias Sui, Song e Yuan

tico. "O resultado", como coloca Denis Twitchett (*in CHOC 3*), "foi um abismo crescente tanto entre o imperador e a sociedade, quanto entre o imperador e os funcionários pelos quais ele governava". Ele acrescenta que a tese de Naitô "soube se manter incólume diante do progresso da pesquisa moderna". Entretanto, ela não trata especialmente do enorme drama da expansão dos Song e das conquistas nômades que contribuíram para refreá-la. O espetacular desenvolvimento da China sob as dinastias Song e Yuan e os fatores que o retardaram requerem uma apreciação mais recente.

Creio que se os trabalhos desses estudiosos fossem analisados e ligados entre si pelo mesmo observador, surgiria uma teoria – outros já expressaram a mesma coisa, em termos ligeiramente diferentes. A hipótese poderia ser a seguinte: (1) em seus primórdios, a China criou um estado *politizado* organizado, cujo controle central era exercido tanto por métodos burocráticos de persuasão filosófica quanto pelo uso da violência pelos autocratas imperiais; (2) as proezas militares e as habilidades administrativas dos invasores não-chineses da Ásia Interior fizeram com que eles se tornassem *participantes* integrais da sociedade chinesa; e (3) o resultante poder imperial sino-nômade continuou a manter a primazia do *controle político* central sobre os processos subordinados de crescimento econômico e de diversificação cultural.

Em suma, desde os primórdios, os invasores não-chineses ajudaram a manter o domínio político sobre a vida econômica e cultural herdada da China antiga. As políticas ainda estavam (ou estavam especialmente) no centro do processo. A propensão a manter o controle sobre tudo era reforçada pela ideologia neoconfuciana, que preconizava a lealdade à autoridade dentro de uma ordem social hierárquica e valorizava mais a auto-suficiência agrícola do que o crescimento menos controlável do comércio e o contato com povos estrangeiros. No entanto, simultaneamente à persistência e ao aumento dessa autocracia no governo, vinha a tendência concomitante que mencionamos previamente, de "uma maior importância dada à cultura" para o povo chinês. Em outras palavras, dois níveis são discutidos aqui: o Estado e a sociedade que lhe é subjacente.

Dessa forma, a formação da sociedade aristocrata que delineamos confirma o segundo ponto levantado por Naitô sobre o papel reduzido do governo e o aumento do papel da cultura na sociedade local. Esse crescimento localizado fez, contudo, com que o imperador e a corte, em seu mais alto grau, permanecessem cada vez mais autocráticos.

Começa-se apenas a estudar a influência que o grande fator da conquista estrangeira exerceu sobre a China, durante as dinastias Liao-Jin-Yuan. Seu impacto econômico parece ainda incerto. Ela foi com certeza traumática e foi provavelmente, e acima de tudo, um tremendo desastre psicológico. Seu efeito sobre a China dos Ming logo se tornou bem evidente.

6

O governo sob a dinastia Ming

Os legados do imperador Hongwu

Durante os 276 anos da dinastia Ming, de 1368 até 1644, a população da China duplicou, passando de cerca de oitenta milhões para cerca de 160 milhões. As destrutivas guerras domésticas foram amplamente evitadas, e grandes realizações em matéria de educação e filosofia, literatura e arte refletiram o alto nível cultural da sociedade aristocrata de elite. Contudo, a transição dos Yuan aos Ming não foi muito auspiciosa. O regime Ming precisou ser, em primeiro lugar, militarizado, para expulsar e manter afastados os mongóis e, subseqüentemente, para tentar manter a estabilidade doméstica e evitar a influência externa à China. A ressurgência chinesa, que expulsou os conquistadores mongóis em vez de continuar a obra dos Song, voltou em teoria aos modelos das dinastias Han e Tang sem, no entanto, deixar de manter certos traços dos Yuan.

O caráter da dinastia Ming formou-se a partir da mentalidade de seu fundador, Zhu Yuanzhang, que reinou como o imperador Hongwu ("extenso poder militar"), de 1368 a 1398. Quando criança, ele foi um camponês que passou fome e mendigou, tendo sido educado por monges budistas e se afiliado a uma seita religiosa antimongol. Emergindo como um chefe de guerra rebelde, ele ultrapassou seus competidores em matéria de violência na região do baixo Yangzi, contou com a ajuda de eruditos confucianos para redigir as declarações e cumprir os rituais necessários para reclamar o Mandato, expulsou os príncipes mongóis separatistas em 1368 e construiu uma grande capital em Nanjing (ver Mapa 17).

A personalidade desse novo autocrata – embora exaltada como a de qualquer outro fundador dinástico – parece ter sido, no final das contas, um desastre para a China. Com aparência feia, Hongwu era agressivamente enérgico, tinha violentas crises temperamentais e suspeitava de modo paranóico da existência de conspirações contra ele. Frederick Mote (*in CHOC 7*) observa que muitas das peculiaridades do governo dos Ming eram derivadas "das características pessoais desse homem estranho e poderoso".

O objetivo de Hongwu era manter um controle centralizado sobre o maior e mais diversificado Estado do mundo. Para isso, ele emitiu um fluxo de reprimendas e de regulamentos, destinados a orientar a conduta de seus súditos – códigos legais, mandamentos, instruções ancestrais, uma série de declarações grandiosas, estatutos de aldeias e de governo e regulamentos cerimoniais. Segundo Edward Farmer, esses códigos constituíam o protótipo da ordem social ideal e incluíam sanções para apoiá-la. Cheio de idéias, Hongwu era mais um ideólogo do que um militarista.

No que se refere à prática, baseado em sua experiência, Hongwu entendeu o compromisso que tinha em relação às aldeias camponesas e utilizou o repertório das artes de dirigir um Estado para manter baixos os impostos sobre a terra, combater a erosão com o plantio de árvores, conservar os diques nos rios Amarelo e Yangzi, manter os estoques de cereais contra a fome, apoiar o sistema de ajuda mútua contra o banditismo e encorajar a aristocracia a socorrer os necessitados. Mas essa visão econômica estava limitada à percepção confuciana convencional da agricultura como fonte da riqueza do país, do comércio como atividade ignóbil e parasitária e da frugalidade como primeira virtude imperial. Seu governo tentou promover a auto-suficiência das comunidades, permitiu que o povo funcionasse como sua própria polícia, capacitou o Exército a produzir seus próprios alimentos e compeliu a população local a fornecer a corvéia necessária para conservar as estradas locais e realizar serviços nas residências oficiais. Sua frugalidade estendeu-se ao fato de pagar aos funcionários apenas salários nominais, obrigando-os a manter suas instituições com honorários não-estatutários. Dessa forma, a versão de Hongwu de um sistema sem novos impostos conduziu inevitavelmente à corrupção.

A principal preocupação de Hongwu era, no entanto, militar. Na medida em que a China deveria evitar uma regeneração mongol, ele copiou o sistema militar dos Yuan, estabelecendo guarnições chinesas em pontos estratégicos e criando uma casta militar hereditária que garantiria sua própria sobrevivência por meio da agricultura, mas estaria sempre pronta para a guerra. Ao contrário dos príncipes mongóis que tinham formado uma nobreza dispersa com grandes propriedades, Hongwu transformou seus comandantes em uma nobreza chinesa militar, com hierarquia e emolumentos superiores aos dos mais altos funcionários civis – até que os considerasse suspeitos de traição e os assassinasse.

Forçado a escolher entre *wen* e *wu* – os complexos civil e militar no governo imperial – Hongwu colocou-se ao lado da violência, apesar de todas suas leis e sermões morais. Ao descobrir que seu primeiro-ministro conspirava contra ele, em 1380, ele o mandou decapitar, junto com todos os membros de sua família e parentes afastados, totalizando ao longo dos anos cerca de quarenta mil pessoas (as redes *guanxi* podem ser perigosas!). A decapitação contínua de oficiais e as várias eliminações que ele operou mais tarde devem ter feito, ao total, cerca de cem mil vítimas. A perda resultante em matéria de talento e o ambiente de terror dificilmente permitiriam a prosperidade do governo confuciano. Punições e humilhações por meio de espancamento (flagelação com grandes ou pequenas varas de bambu) diante de toda a corte tornaram-se uma característica habitual do terrorismo Ming. A vítima tinha seus pés e mãos segurados por homens, suas nádegas nuas recebiam bastonadas, enquanto os golpes prescritos eram contados um a um. Nenhum ritual poderia ter sido mais degradante ou perigoso, pois a pele rachava-se rapidamente, sendo difícil

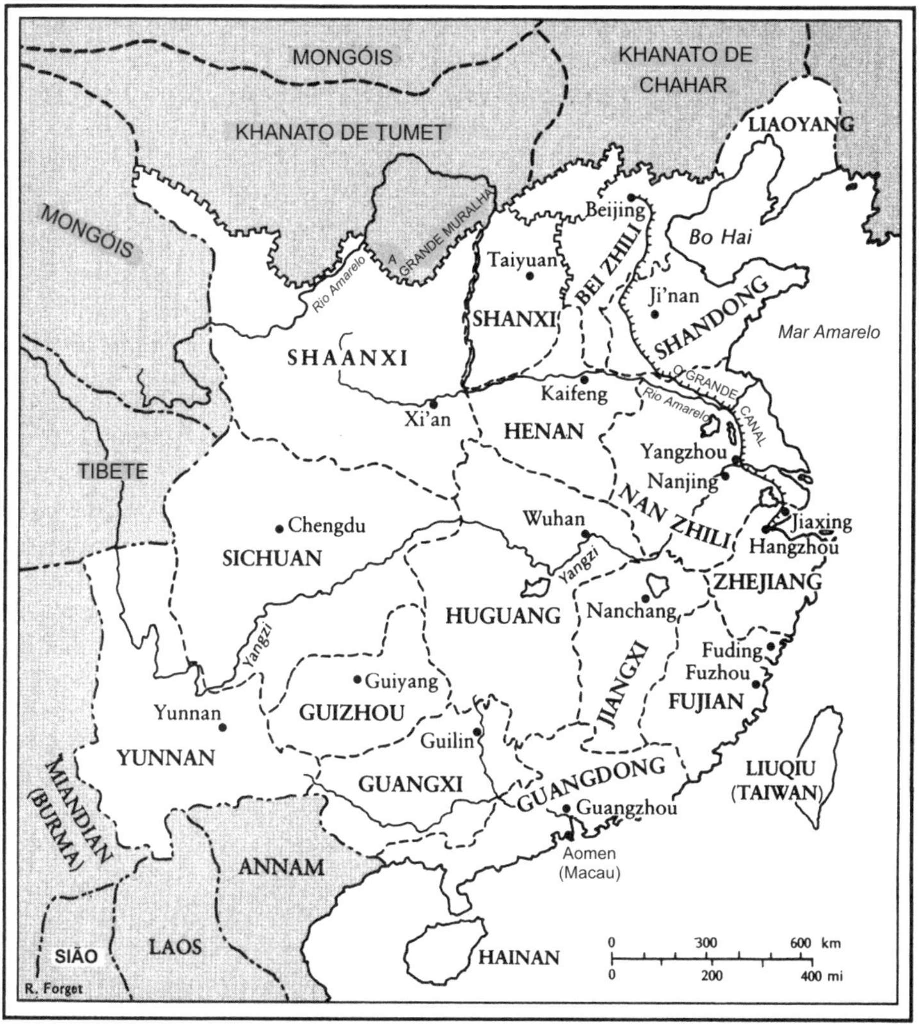

17. O império Ming no auge de sua expansão

evitar a infecção do tecido sanguíneo. Em 1519, 146 homens foram espancados apenas por recomendar que o imperador não permanecesse no Sul, afastado de seus deveres – e onze deles morreram. Em 1524, alguns funcionários opuseram-se a que os pais do imperador recebessem honras imperiais, visto que ele herdara o trono de seu primo: 134 foram espancados, dezesseis morreram. Tem-se a impressão de que o imperador e seus burocratas estavam freqüentemente presos a uma luta institucional que não poderia ser resolvida pela violência.

Os erros de julgamento de Hongwu podem ser, de modo genérico, atribuídos à sua intensa determinação em afirmar e manter seu controle pessoal. Desse modo, sua obsessão em manter o poder central (um imperativo herdado da história) o levou a abolir, em 1380, a secretaria-geral e o cargo de primeiro-ministro, levando-o a ser o único funcionário executivo central (CEO), civil e militar, do reino. Isso lhe conferiu um maior controle, mas igualmente uma carga extraordinária de tarefas. Um dos maiores especialistas da administração Ming, Charles Hucker, observa que, em um período de oito dias, Hongwu recebeu 1.600 despachos (chamados memoriais), nos quais eram levantadas 3.391 questões. No ritmo de duzentos documentos por um dia de dez horas de trabalho, cada documento poderia receber em média três minutos de atenção. Nos regimes anteriores, a administração cotidiana fora gerida por um primeiro-ministro (ou chanceler) e sua equipe. Nos governos Ming e Qing, todo esse peso recaía sobre os imperadores. Na medida em que nem todos eles eram super-homens, o cargo imperial transformava-se em um estorvo, fazendo com que o governo adotasse uma rotina ineficiente.

Ao abolir o cargo de primeiro-ministro e a secretaria-geral, Hongwu decapitou a burocracia civil. Em sua condição de funcionário mais elevado da Corte Exterior (os seis ministros, os censores e outros escritórios localizados na capital), o primeiro-ministro dirigia os níveis hierárquicos de pessoal e o trabalho burocrático. Os imperadores Ming tinham, assim, que governar por intermédio de suas equipes pessoais (a Corte Interior), confiando aos eunucos assuntos administrativos, militares ou outras questões especiais. Houve épocas em que a corte contou com setenta mil eunucos.

Problemas fiscais

As inadequações mais gritantes da herança de Hongwu, do ponto de vista de um historiador de assuntos fiscais como Ray Huang (1974), deram-se na área das finanças. Para começar, não havia uma separação entre a receita do governo e os recursos do imperador. O terceiro imperador Yongle (1402-1424), que usurpou o trono a partir de uma guerra civil, transferiu a capital para Beijing porque era o local onde dispunha de maior influência pessoal, além de ser o ponto estratégico que permitia manter controle sobre os mongóis. Na Cidade Imperial, construída em torno da Cidade Proibida (o complexo palaciano), em Beijing, havia uma área de um pouco mais de sete quilômetros quadrados, onde mais de cinqüenta escritórios de serviços ou lojas de suprimentos empregavam cerca de cem mil artesãos e outros trabalhadores destinados a suprir as necessidades da casa imperial, sem nenhuma distinção entre funções públicas ou privadas. Isso se devia ao fato de que a vida pessoal do imperador e a conduta cerimonial eram uma parte fundamental das atividades do Estado, submetidas, de mais de uma forma, ao escrutínio e aos comentários dos eruditos e moralistas confucianos.

Sob a administração dos eunucos, os gastos palacianos aumentaram sem nenhuma justificativa – da mesma maneira pela qual aumentaram os gastos com as tropas pessoais do imperador. Essas tropas, conhecidas como a Guarda de Uniformes Bordados, atuavam não somente como guarda-costas, mas também como uma polícia especial, que dirigia uma temível prisão para o "tratamento especial" de criminosos políticos. Criada em 1382 com cerca de dezesseis mil homens, a Guarda atingiu, por fim, a cerca de 75 mil homens.

Seja qual for o comportamento de sua corte e de seus herdeiros, Hongwu era adepto da mais estrita frugalidade. Os impostos que ele estabeleceu sobre a terra chegavam a cerca de 10% do produto agrícola, uma taxa de nenhum modo onerosa. Mas por meio dessa aparente política benevolente de impostos, ele condenou o governo a se ver privado de receita – o que o impediu, de um ponto de vista moderno, de desempenhar funções que poderiam ter melhorado a vida econômica do povo. Hongwu esperava que, em vez de serem custeadas pelo governo, as comunidades locais se responsabilizassem por todas as despesas relacionadas ao pagamentos de impostos. Para fins de controle e de impostos, o campesinato fora organizado desde 1381 em grupos registrados de 110 unidades domésticas – um sistema conhecido como *lijia*. Cada ano, dez unidades domésticas, coordenadas por uma unidade principal, assumiam a responsabilidade de superintender o pagamento de impostos e os serviços compulsórios (corvéia) de todo o grupo. Eles também mantinham em dia os Registros Amarelos oficiais de todas as terras e de todas as famílias. Esses deveres eram rotativos a cada ano, durante dez anos, e, em seguida, recomeçava-se o ciclo autoperpetuador.

Esse dispositivo astucioso coexistia com invenções similares, tais como o *baojia*, o sistema desvantajoso de vigilância e de segurança mútuas. Ele era o modelo que deveria mostrar às massas como executar a grande variedade de deveres que os eruditos-administradores tinham imaginado para elas; mas seus detalhamentos deixavam pouco lugar às modificações. Ao ser ajustado às necessidades do campo e das relações pessoais na vida da aldeia, esse sistema dava margem a tantos abusos que rapidamente cedeu lugar a todo tipo de corrupção. Como exemplos dessa síndrome desastrosa, passaremos a examinar o sistema de impostos, a manutenção do Exército e o fornecimento de papel-moeda – que acabaram todos, mais cedo ou mais tarde, por tornarem-se inadequados. Subjacentes a todos esses problemas, a estrutura e as instituições do governo acabaram sendo congeladas no molde rígido decretado pelo fundador de tal maneira que, a longo prazo, a administração Ming foi incapaz de ajustá-las às necessidades cambiantes da China.

Em primeiro lugar, no que se refere aos impostos, para reduzir a carga de transferir a Beijing as rendas produzidas pelas localidades situadas em todo o império, as transferências eram diretamente feitas de uma fonte específica de renda a um gasto autorizado. O resultado era uma complexa rede cruzada automática – ou pelo menos estatutária – de receitas e gastos, enrijecida por precedentes inflexíveis sem que, no entanto, a corrupção pudesse ser controlada, uma vez que não era supervisionada por nenhum funcionário específico. Ray Huang conclui que a principal preocupação do sistema fiscal Ming "foi sempre a estabilidade fiscal". Uma vez que cada funcionário fiscal tinha de obter sua receita de inúmeras fontes diferentes, os funcionários locais não podiam afirmar sua independência nem melhorar a qualidade de sua administração. Não se podia desenvolver nenhuma base financeira que pudesse financiar convenientemente uma rebelião. "As operações fiscais do império eram tão fragmentadas que era impossível apossar-se delas."

Essa fragmentação de receitas e de gastos tornou o governo central impotente. Um vasto conjunto de estafetas, secretários e outros funcionários subalternos do *yamen* estavam sempre ocupados em coletar os diferentes tipos de impostos, nos vários períodos em que eles eram devidos durante o ano. Já que o imposto sobre a terra não era globalmente muito pesado para a economia, seu peso real recaía na ineficiência da coleta e no excesso de funcionários empregados nas agências destinadas a essa função. Em outras palavras, milhões de intermediários viviam do sistema de receitas ao participar desse pesado processo.

Por exemplo, o orçamento não previa um item destinado à manutenção do Grande Canal, que era mantido pela corvéia da região, sem nenhum financiamento do governo central. Por volta de meados do século XV, 11.775 barcaças de cereais, manipuladas por 121.500 oficiais e tropas, deveriam receber pagamento por meio de suas rações militares. Como essas tropas de transporte eram raramente pagas, elas tinham de confiar nos carregamentos privados que suas barcaças de cereais faziam para os comerciantes. Em geral, uma vez que cada item de receita era consignado como um pagamento prévio e que as ordens permanentes de fornecimento conduziam a um desembolso nominal antes que os fundos fossem coletados, não havia nenhuma possibilidade de flexibilidade. Qualquer calamidade, como uma enchente, exigia uma administração de crise que fizesse um levantamento de fundos especiais.

Em segundo lugar, não se pode confiar nos registros Ming que elogiam a auto-suficiência dos militares nas atividades agrícolas para sua manutenção. Ray Huang ressalta que em nenhum lugar o Exército cobria seus custos. Os registros não descrevem fatos, e sim uma situação ideal: os oficiais militares não mantinham registros, e os historiadores Ming desejavam dar uma boa imagem da dinastia. A totalidade do programa agrícola dos militares era um protótipo que fora imaginado sem preparação, pesquisa ou experimentação prévias que pudessem orientá-lo. Nenhuma agência de controle fora criada, e a administração era extremamente frouxa. As unidades familiares postas a serviço dos militares com freqüência não cumpriam sua função, e os soldados não recebiam pagamento regular, apenas recompensas ocasionais e não planejadas. O sistema fazia apenas com que os soldados voltassem ao campesinato. A instituição militar enfraquecia-se porque suas rações eram cortadas, obrigando os soldados a vender ou a hipotecar suas terras. O Exército era pago com regularidade cada dia menor, e as deserções tornavam rarefeitas suas fileiras. As unidades militares reduziram-se a cerca de 10% de seu tamanho, exceto nas regiões fronteiriças, onde o Exército tinha de receber suprimentos. Tendo em vista que persistia a lenda irrealista de um exército auto-suficiente, seus métodos de financiamento não podiam ser abolidos nem reorganizados.

Em terceiro lugar, o sistema monetário era um fracasso, incapaz de acompanhar o crescimento do comércio. No início, o governo confiava no papel-moeda, mas Hongwu não sabia que sua emissão irrestrita podia gerar inflação, o que o fez continuar a emitir papel-moeda como recompensa. Por volta de 1425, as notas guardavam apenas entre 1/40 a 1/70 de seu valor original, fazendo com que, por fim, o papel-moeda caísse em desuso. Nesse ínterim, o governo tinha proibido o uso da prata.

As moedas de cobre chinesas, produzidas por meio de modelagem, não de estampagem, tinham de ser feitas à mão. Os Ming emitiram moedas em quantidade bem menor do que os Song, embora a demanda fosse muito maior. Com freqüência, o governo recusava-se a cunhar novas moedas, de modo que falsificadores privados preencheram esse vácuo. A função de cunhar foi então atribuída às províncias, mas ao começar a usar chumbo na mistura, os produtores reduziram o valor das moedas, das quais continuou a haver uma grande escassez. O fracasso do governo ao realizar a função de cunhar moedas levou a que a maioria das moedas fosse falsificada, tendo seu valor reduzido a seis mil por um tael de prata – quando o peso padrão era de mil por um tael. Em resumo, o governo Ming fracassou de maneira notável em fornecer moedas de cobre para o uso do povo, justo na época em que o crescimento do comércio demandava mais dinheiro.

Durante o século XVI, o crescimento do comércio exterior acarretou uma importação esporádica, mas maciça, de prata, proveniente, sobretudo, do Japão e, por diferentes rotas, também do Novo Mundo. Em conseqüência, a economia chinesa original de mercadorias levou à monetarização. Os pagamentos ao governo que, sob a reforma conhecida como "Açoite Único", deveriam ser feitos em bens e serviços, foram aos poucos combinados com dinheiro ou inteiramente transformados em pagamento monetário. O pagamento dos impostos sob a forma de *lijia* solicitado aos residentes locais foi gradualmente absorvido nos impostos sobre a terra, mesmo quando eram mantidos nas contas. Ao realizar o serviço da *lijia*, em vez de trabalhar nas estradas ou em outras obras públicas, aqueles que tinham meios podiam contratar substitutos. Na verdade, eles se limitavam a realizar o pagamento em dinheiro, sem prestar serviços comunitários.

Infelizmente, o influxo de prata do Japão e do Novo Mundo não deu à China uma moeda de prata. Usavam-se moedas de cobre e lingotes de prata dentro de uma espécie de sistema bimetálico. As transações diárias locais entre as pessoas eram feitas com moedas de cobre, cuja desvalorização o governo não podia evitar. Contudo, não foi possível manter uma moeda de prata de valor fixo, porque os Ming nunca tentaram cunhá-las. O pagamento dos impostos em prata bruta não era fruto de planejamento, mas apenas uma decorrência da necessidade quando as outras moedas falhavam. Com essa circulação incômoda de pepitas de prata, a unidade de

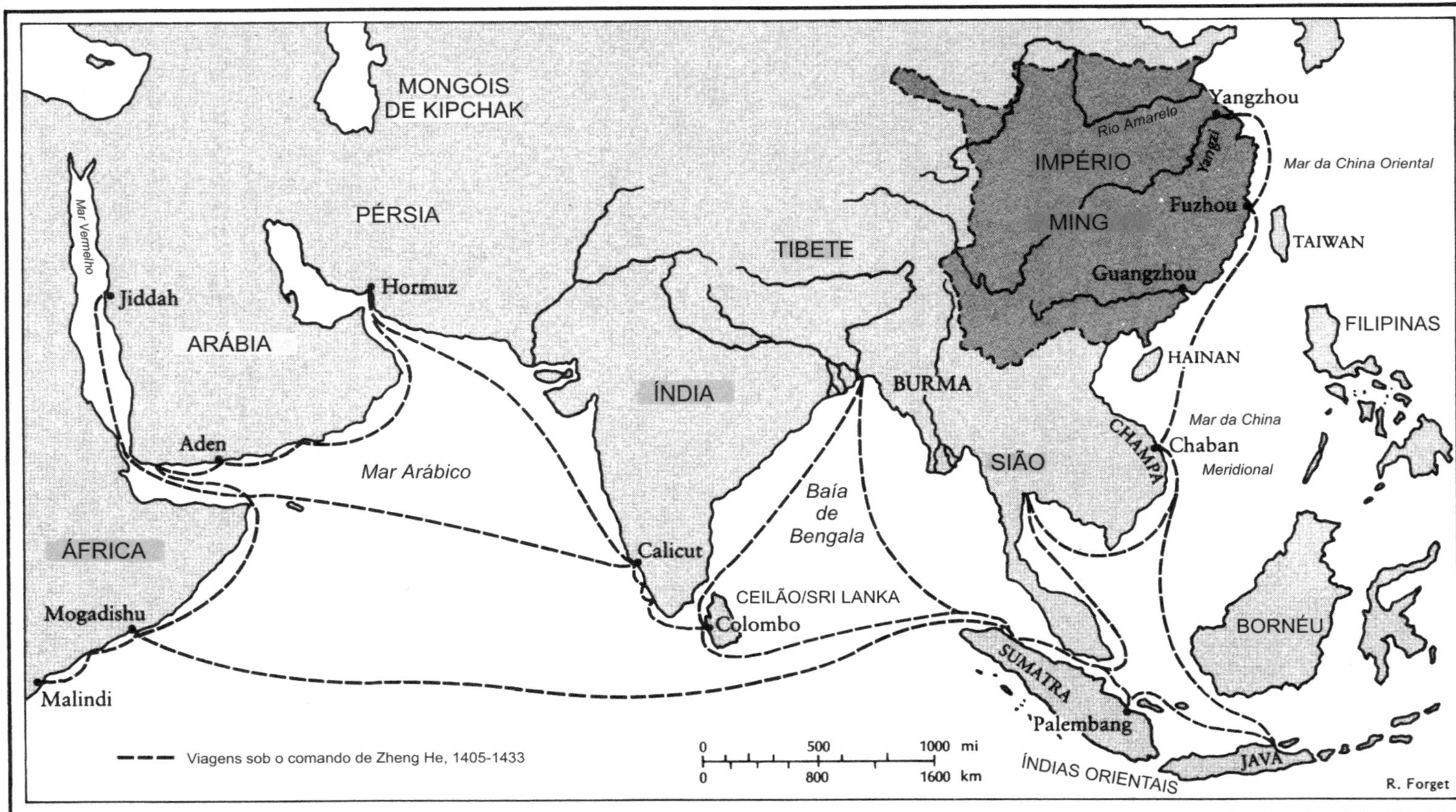

18. As viagens de Zheng He

cálculo (a onça ou o tael) variava segundo o lugar, o tipo de comércio e também as agências do governo. Vinte diferentes unidades de cálculo do tael podiam ser usadas na mesma cidade ao mesmo tempo, requerendo uma "moeda" diferente para cada mercadoria principal, tal como sal, tecidos de algodão ou pagamentos dirigidos a locais diferentes. Cada lingote tinha de ser pesado e avaliado quanto à sua pureza. A multiplicidade resultante de unidades de tael de prata e os dispositivos que permitiam a troca entre eles representavam o poder de quem manipulava o dinheiro, para quem essa complexidade permitia tirar proveito de qualquer investidor que quisesse pôr seu dinheiro em empresas produtivas planejadas.

A instituição fiscal parecia ter-se orientado segundo o forte sentido de frugalidade de seu fundador, por sua convicção de que o lucro conduzia ao mal. Pensava-se que os interesses mercantis estariam inerentemente em conflito com os da sociedade e do Estado e tinham de ser controlados com rigidez. Ao mesmo tempo, o Estado tinha de evitar "enriquecer" porque, segundo essa visão ingênua, qualquer ganho do governo significava uma perda para o povo. Sem conseguir desenvolver seu poder econômico potencial, o governo recorria ao controle político como base governamental. Ele assim negligenciava, de maneira persistente, a construção da força financeira mínima necessária para operar sua máquina fiscal e sequer se ocupava dos necessários investimentos em equipamentos de transporte público. Nessa situação mesquinha, era inevitável que se recorresse à requisição extensiva dos serviços da população em geral.

Acima de tudo, assinala Ray Huang, quando certos setores da China mostravam uma tendência de crescimento por meio da indústria ou do comércio exterior, o governo Ming não via nenhuma razão para ajudá-los; ele se opunha, ao contrário, a esse crescimento desequilibrado que "poderia por sua vez ameaçar a unidade política do império". Era melhor manter todas as províncias no mesmo nível dos setores mais atrasados.

Huang conclui que os Song e os Yuan eram mais sofisticados e melhores administradores que os Ming. "Os T'ang, os Sung e os Yuan jamais impuseram uma estrutura fiscal tão rígida quanto a dos Ming", nem os funcionários do governo hierarquicamente superiores assumiram tão pouca responsabilidade operacional. "O sistema Ming representa uma ruptura significativa na história fiscal chinesa. A partir dessa data, o objetivo principal das finanças governamentais era manter o *status quo* político, cessando, assim, de manifestar qualquer qualidade dinâmica." A espetacular retirada dos Ming do mundo marítimo era coerente com essa afirmação.

A China volta-se para si mesma

Os Song do Sul e os Yuan tinham assistido a um grande avanço em matéria de construção de navios chineses, de tecnologia náutica e de comércio marítimo com o Japão e com a Ásia do Sudeste e do Sul. Por volta de 1400, os países que faziam comércio marítimo com a China dos Ming eram conhecidos há centenas de anos, desde que os navios dos mercadores chineses tinham exportado seda, porcelana e moedas de cobre. Na mesma época em que realizou suas cinco expedições militares para o Norte, contra os mongóis, o imperador Yongle ordenou que o Grande Eunuco Zheng He organizasse expedições navais em direção às rotas de comércio ao Sul da China. Zheng He, de origem muçulmana, chamava-se originalmente Ma e seu pai tinha feito uma peregrinação a Meca. Ele dirigia um dinâmico grupo de eunucos que o imperador costumava designar para tarefas especiais.

As sete viagens de Zheng He, entre 1405 e 1433, foram bastante importantes (ver Mapa 18). Entre 1403 e 1419, os estaleiros perto de Nanjing construíram duas mil embarcações, incluindo quase uma centena de "navios de tesouro" de 112 a 134 metros de comprimento e de 46 a 55 metros de envergadura, cuja capacidade foi estimada por J. V. G. Mills (1970) em cerca de três mil toneladas. Dispondo de quatro até nove mastros de cerca de 27 metros de altura, de uma dúzia de compartimentos à prova d'água e de lemes de popa, eles podiam ter até cinqüenta cabines e embarcar 450 a 500 homens. A esquadra da primeira viagem, em 1405-1407, zarpou com cerca de 317 embarcações, das quais 62 eram "navios de tesouro". (A Armada Espanhola em 1588 possuía, no total, 132 embarcações.) Zheng He foi acompanhado de setenta eunucos, 180 membros de pessoal médico, cinco astrólogos e trezentos oficiais militares, que comandavam uma força de 26.800 homens. Nas três primeiras viagens visitaram a Índia e muitos portos no caminho. A quarta ultrapassou a Índia e foi até Hormuz. As três últimas viagens percorreram portos na costa oriental da África até o sul, em Malindi (perto de Mombasa), onde a porcelana e as moedas de cobre dos Song os tinham precedido. Embarcações destacadas da esquadra fizeram trajetos menores especiais, um deles até Meca. Uma das maiores funções de Zheng He era de transportar emissários que traziam tributos na ida para a China e de volta a seus países de origem. Ele fez algum comércio, mas preocupou-se, sobretudo, em estabelecer extensivas relações diplomáticas com cerca de trinta países. Embora raramente fosse agressivo, ele chegou a travar algumas batalhas.

Três pontos merecem destaque. Primeiro, essas expedições oficiais não eram viagens exploratórias, como as de Vasco da Gama ou de Colombo. Elas seguiam rotas estabelecidas pelo comércio árabe ou chinês nos mares do Leste da África. Em segundo lugar, as expedições chinesas eram diplomáticas, não comerciais e muito menos empresas piratas ou de colonização. Elas trocavam presentes, recrutavam tributários e coletavam informações geográficas e curiosidades científicas, como girafas, que eram tratadas como unicórnios auspiciosos. Em terceiro lugar – e o mais surpreendente –, quando essas viagens cessaram, por volta de 1433, nunca mais se deu continuação a elas. Em vez disso, seus registros foram destruídos pelo vice-presidente do Ministério da Guerra por volta de 1479, e o comércio marítimo chinês foi severamente restringido até 1567. Na grande era marítima que estava despontando no mundo, a China dos Ming estava na dianteira, mas não progrediu. Os europeus levaram ainda quase mais meio século para começar suas viagens. A partir de 1433, os exploradores portugueses da costa ocidental da África levariam ainda 37 anos para descer até a Costa do Ouro e 59 anos até que Colombo partisse com três pequenas embarcações, que totalizavam 450 toneladas.

Edward Dreyer descreve como as grandes viagens chinesas foram eliminadas pelos funcionários-eruditos treinados segundo o modelo confuciano, que se opunham por princípio ao comércio e ao contato com o exterior. Ray Huang enfatiza que a crise fiscal do regime tornou impossível conseguir fundos para empreendimentos tão onerosos. Por exemplo, a intervenção Ming no Vietnã do Norte, em 1407, foi repelida em 1428, com um custo considerável para a corte chinesa, obrigada a reconhecer o Vietnã como um estado tributário independente em 1431. Os funcionários em Beijing tinham também inveja do poder dos eunucos usado pelo imperador Yongle nos canais militares e de segurança para opor-se à crescente ascendência dos graduados por meio do sistema de exames clássicos no governo Ming.

Em meados desse século, Beijing também enfrentou um renascimento do poder e dos ataques de fronteira mongóis. Em 1449, um chefe eunuco induziu o imperador a atacar os mongóis. Em vez disso, ele acabou sendo capturado por eles. Quando os mongóis se aproximaram de Beijing, um novo imperador foi rapidamente instalado no poder. A política dos Ming imobilizou-se sob a ameaça mongol. Arthur Waldron (1990) descreveu a interminável discussão política entre funcionários que, em geral, temiam atacar os mongóis e, contudo, recusavam aceitar que eles comercializassem com a China para reduzir suas investidas. Após 1474, e durante todo o século XVI, a construção de grandes muros de tijolo e pedra com suas muitas centenas de postos de vigilância formaram o que chamamos hoje de Grande Muralha (ver Mapa 17), gesto militar bastante pueril, mas que exprime claramente a mentalidade chinesa de isolamento.

O declínio do poder naval dos Ming, quando os estaleiros viram sua produção restrita a embarcações de pequeno porte, abriu a porta à expansão da pirataria da costa sul da China, ostensivamente pelos japoneses, mas, de fato, pelos próprios chineses. Em vez de contra-atacar, os Ming forçaram uma custosa retirada chinesa do litoral, na idéia vã de deixar os piratas morrerem de fome. Essa postura defensiva incluiu a restrição do comércio exterior, transformando-o inteiramente em comércio tributário. Sarasin Viraphol (1977) descreve como a importação de arroz siamês pelos mercadores sino-siameses tinha de ser feita como se tivesse uma relação com missões tributárias. O sistema de tributos atingiu seu ápice sob os Ming como uma forma de defesa, com uma conotação mais próxima à fraqueza do que ao poder.

Em suma, com essa vitória da anticomercialização e da xenofobia, a China retirou-se do cenário mundial. Os militares enfraqueceram-se e os burocratas passaram a dirigir tudo – exceto quando a organização poderosa dos eunucos encarregada da vigilância e da investigação para o imperador produzia, sob governantes mais fracos, verdadeiras ditaduras de eunucos que aterrorizavam os eruditos. A contradição entre a capacidade superior da China na era dos Ming, no que se refere à expansão marítima e seu estrangulamento pelos eruditos neoconfucianos, indica que o país não acompanhou, quase de modo deliberado, o desenvolvimento tecnológico e econômico.

Essa avaliação depreciativa provém do contexto do final do século XX, quando a tecnologia e o crescimento criaram inúmeras desordens em todos os aspectos da vida, no mundo inteiro, sem vislumbrar os princípios da ordem que poderiam adiar a destruição da civilização humana. Finalmente, o crescimento autocontido da China dos Ming, com a paz e o bem-estar comparativos advindos dele, pode ser admirado pelos historiadores que verão nele uma prova de sucesso, no qual hoje vemos apenas fracasso.

A política das facções

No campo do pensamento dos eruditos, as idéias do homem de Estado e filósofo Wang Yangming (Wang Shouren, 1472-1529) conquistaram muitas adesões e inspiraram muitos eruditos a seguir uma nova orientação do neoconfucionismo. Wang era um erudito-funcionário extremamente competente e um general que eliminou rebeliões durante um certo número de anos; ele também se consagrou a construir a comunidade local por meio da utilização do Contrato Comunitário (*xiangyue*) – uma das abordagens do confucionismo que mais se acercou do ressurgimento. Como filósofo, Wang adotava as idéias de Lu Xiangshan, um dos contemporâneos de Zhu Xi, de que se deveria desenvolver uma abordagem menos centrada na prática e mais próxima da formação moral e da autoformação. Wang ensinava que o mundo dos princípios é uma unidade que se encontra simultaneamente no interior e no exterior do indivíduo. Assim, cada indivíduo deve aprender a ser orientado por um conhecimento intuitivo, oriundo de um pensamento consciencioso e da meditação – o que tem entonações budistas. A célebre insistência de Wang sobre a unidade entre a teoria e a prática solicitava, na verdade, segundo observou Willard J. Peterson (1979), "a unidade do conhecimento moral e da ação social". Os ensinamentos de Wang Yiangming tiveram ampla repercussão tanto no Japão quanto na China.

Depois do colapso dos Ming, os críticos da dinastia Qing depreciariam, mais tarde, a influência de Wang como sendo muito abstrata, passiva e centrada no indivíduo. Isso contribuiu para a visão de que os ensinamentos da época Ming tinham promovido a moralidade estrita para além da tecnologia prática. A formação neoconfuciana clássica tanto na escola de Zhu Xi quanto na escola de Wang Yangming ensinava aos funcionários Ming que a conduta ética é a base de um bom governo, enquanto a tecnologia é um assunto para artesãos e membros de uma classe inferior.

Essa ênfase nos princípios morais forneceu, por sua vez, matéria para ataques facciosos entre grupos rivais de funcionários-eruditos. Essa luta de facções inspirou os discursos morais dos burocratas, que criticaram as atitudes erráticas do imperador ou combateram a sinistra influência dos eunucos. O mais célebre desses casos começou sob o reino do imperador Wanli, que durou 48 anos (1573-1620).

Na primeira década desse reino, o grande secretário sênior (Zang Juzheng) aplicou a austeridade com grande determinação e acumulou fundos no tesouro central. Ele não temia enfrentar problemas ou atacar sinecuras, desde que tivesse a aprovação do imperador. Seu objetivo não era reformar o regime, mas sim torná-lo solvente. No entanto, seus métodos compeliram a fazer economias e desrespeitar convenções. Depois de sua morte, suas maneiras altaneiras foram condenadas.

O imperador Wanli desencantou-se tanto com os ataques moralistas e os contra-ataques dos funcionários que terminou alienando-se de seu papel imperial. Por fim, ele adotou táticas de vingança, bloqueando ou ignorando as atitudes da administração. Durante muitos anos, negou-se a receber seus ministros ou a agir a partir de memoriais. Recusava-se a fazer as nomeações necessárias e, assim, os escalões superiores da administração Ming tornaram-se carentes de pessoal competente. Em resumo, Wanli tentou esquecer tudo o que dizia respeito à sua responsabilidade imperial, porém sem deixar de escamotear para sua bolsa privada tudo o que podia. Considerando que um imperador deve exercer o papel de personagem central do Estado, essa rebelião pessoal contra a burocracia não se referia apenas à sua falência, mas se revestia de um caráter de traição.

O comportamento inadequado de Wanli e a corrupção dos poderosos eunucos ajudaram a inspirar um novo nível de luta entre facções nas províncias do Yangzi inferior, que recolhiam não apenas uma alta proporção dos impostos sobre a terra, mas também produziam uma grande quantidade de funcionários proeminentes. Finalmente, originou-se um movimento de reforma centrado na Academia de Donglin ("floresta oriental"), perto de Wuxi, onde um grupo desses eruditos confucianos em geral movidos por ideais nobres mostrou uma preocupação com a moralidade que emprestou ânimo a seus ataques contra os funcionários, estivessem eles em escalão superior ou inferior. Os problemas práticos do governo não eram o centro de suas preocupações, mas os princípios confucianos eram exaltados como absolutos e seus alvos na administração eram bastante coerentes. Tornou-se difícil julgar que grupo foi mais bem-sucedido nessa discussão porque ela se referia mais a demandas éticas e a uma vituperação pessoal do que a problemas práticos da administração. Na década de 1620, o ditador eunuco que assumiu o poder depois da morte de Wanli aterrorizou violentamente os eruditos de Donglin, mas alguns deles sobreviveram a esses ataques, terminando por obter vitória contra ele. A luta entre facções no final do Estado Ming resultou em conselhos divididos e em uma inação imperial no exato momento em que a dinastia necessitava de uma liderança vigorosa.

No início dos anos 1600, os holandeses e os ingleses da Companhia das Índias Orientais vieram se somar aos portugueses e aos espanhóis que já comercializavam na região, competindo com os mercadores e com os funcionários japoneses e chineses em um comércio internacional extremamente ativo. Dentro da China, a produção em larga escala de cerâmica, seda e artigos de algodão acompanhou a expansão do comércio de sal e cereais e o crescimento das cidades e de uma classe mais abastada de comerciantes envolvidos no comércio inter-regional. O afluxo de prata para o interior da China foi apenas um dos elementos desse crescimento. Alguns historiadores indicam as realizações da dinastia Ming tardia em literatura, arte e vida urbana como precursoras de uma renovação dinâmica na sociedade, na cultura e na economia. Mas o comércio e o contato com o Ocidente ameaçaram a ordem política. Os japoneses, no início da década de 1600, fecharam seu país aos comerciantes e aos missionários ocidentais. Na China, uma nova dinastia suplantou os Ming, mas herdou sua angústia no que se refere ao comércio exterior e ao contato com o Ocidente. A renovação da China ao final da dinastia Ming parece ter sido frustrada.

7

A história bem-sucedida dos Qing

A conquista manchu

A conquista manchu de 1644 demonstrou mais uma vez a fragilidade externa da China, porque a combinação essencial de militarismo e de administração civil, *wu* e *wen*, pode ser mais prontamente unificada fora da Muralha do que dentro dela. A geografia constituiu a chave dessa oportunidade. No século XVI, apenas a região mais ao sul da Manchúria, abaixo de Mukden (o moderno Shenyang), tinha adotado o tipo de agricultura intensiva dos chineses. Os Ming reconheceram a natureza fronteiriça dessa região ao organizá-la em distritos militares, em vez de submetê-la apenas a uma administração civil. Ao fixar unidades militares hereditárias e registradas nos pontos estratégicos, separadas da administração civil da área agrícola, os Ming buscavam ao mesmo tempo manter uma força militar contra as incursões nômades e um controle sobre qualquer tendência separatista de funcionários locais chineses; eles não esqueciam que a Manchúria era refém da sorte e poderia ser separada da China no estreito de Shanhaiguan, onde as escarpas da Grande Muralha mergulham no mar (ver Mapa 19).

Em sua ascensão ao poder, os manchus extraíram uma vantagem máxima de sua posição estratégica fronteiriça, onde podiam aprender a cultura chinesa sem se submeter inteiramente à autoridade chinesa. O fundador do estado, Nurgaci (1559-1626), começou como um chefe menor na fronteira oriental da bacia agrícola do Sul da Manchúria. O povo que liderou era bem heterogêneo, mas descendia, sobretudo, das tribos Ruzhen seminômades que tinham estabelecido a dinastia Jin no Norte da China, no século XII. Como Gêngis Khan entre os mongóis, Nurgaci submeteu as tribos vizinhas ao seu governo pessoal e, no início do século XVII, impôs sua dinastia Jin tardia, cuja capital era Mukden. Seu filho e sucessor, o competente Hong Taiji (nome manchu Abahai), subjugou a Coréia a leste e fez alianças com as tribos mongóis da Mongólia Interior no oeste. Em 1636, atribuiu a seu povo o nome manchu e proclamou a dinastia Qing ("Pura"). Nesse ínterim, tinha-se desenvolvido uma língua manchu escrita, e alguns dos clássicos chineses foram traduzidos para esse idioma.

Por volta de 1644, os manchus fizeram várias incursões no Norte da China, porém não conseguiram derrotar os Ming. O regime Ming na China tinha se enfraquecido progressivamente e a rebelião já era endêmica. Um rebelde chinês, Li Zicheng, fizera investidas no Noroeste da China, avançando até Sichuan e o vale do Yangzi. Ele conseguiu, por fim, garantir o apoio de conselheiros eruditos e começou a criar a estrutura de um governo dinástico. Em 1644, capturou Beijing e teve a sucessão dinástica ao seu alcance, mas mostrou-se incapaz de consolidar institucionalmente a posição que obtivera pela força.

Nessa época, os militares Ming no Norte e Nordeste da China estavam descontentes com as eternas querelas dos eruditos da capital, originários, sobretudo, do baixo Yangzi. Por sua predominância nos exames, as famílias proprietárias de terras dessa região do centro-leste tinham uma forte representação no governo de Beijing, mas eram pouco beligerantes. Os hábeis comandantes Ming conheciam bem o poder de choque dos manchus, contudo, como as forças Ming do Norte da China eram ainda mais numerosas, alguns deles pensaram em utilizar a força dos manchus no interior da Muralha. Assim, o general Ming Wu Sangui e vários de seus colegas acolheram favoravelmente no Norte da China os manchus que tinham combatido, na esperança de que pudessem ajudar a suprimir as rebeliões em Beijing. Mas, uma vez no interior da Muralha, os manchus empenharam-se em conquistar a China.

19. A ascensão dos manchus

Os estudos sobre esse turbulento período feitos por Frederic Wakeman Jr. (1985) e Lynn Struve (1984), entre outros, mostram que as famílias proprietárias de terras do baixo Yangzi e os comandantes do Norte da China tinham preocupações extremamente diversas – e que suas dissensões favoreceram os manchus. Suas vigorosas campanhas destruíram os rebeldes, ao norte, e, em seguida, apropriaram-se do coração do baixo Yangzi. Eles utilizaram os precedentes e os rituais confucianos, mas mostraram também uma propensão para a crueldade imperial. Por exemplo, os focos de resistência dos Ming em Yangzhou, no Grande Canal, foram massacrados em uma orgia que durou dez dias e que serviu de exemplo às áreas adjacentes. Os oficiais e comandantes Ming foram colocados diante da dura escolha entre a deslealdade e a morte. Quando a esposa de um comandante Ming soube, em 1621, que seu marido fora capturado pelos manchus, ela presumiu que ele preferiria morrer a mudar o foco de sua lealdade; em vista disso, organizou o suicídio de 42 "parentes e agregados de sua casa". No entanto, o modo mais prático de pensar de seu marido levou-o a concluir que o Mandato não pertencia mais aos Ming e ele se rendeu para servir os manchus. Em 1677, seu neto, um funcionário de alta patente Qing, recusou-se a se render aos rebeldes contrários aos Qing e foi morto; sua esposa induziu 38 membros de sua casa a suicídios "que se prolongaram noite adentro". Esse espírito de lealdade dos oficiais chineses (e de suas esposas) ajudou os manchus a governar o império. Se alguns oficiais Ming escolheram a morte, outros se tornaram administradores de alta patente para os manchus, ajudando a suavizar a conquista.

Embora os manchus tenham capturado Beijing em 1644, sua conquista da China manteve-se incompleta durante toda uma geração. Três de seus colaboradores chineses, o general Wu Sangui e dois outros, conquistaram vastas satrapias no Sul e Sudoeste da China e se entrincheiraram no poder territorial. Em 1673, esses comandantes – conhecidos como os três vassalos – rebelaram-se e tomaram a maior parte das províncias do Sul. O jovem imperador Kangxi, que acabara de assumir o poder, levou oito anos para restabelecer o controle. Sua base extremamente rica do baixo Yangzi foi-lhe de grande ajuda, assim como o sentimento de lealdade à dinastia Qing. Na verdade, Wu Sangui tinha sido duplamente desleal, aos Ming e aos Qing.

A eficiência do governo sino-bárbaro foi logo provada. A destruição que ocorreu no fim da era Ming deveu-se, em especial, às rebeliões chinesas, sobretudo a que foi conduzida por Zhang Xianzhong, que reduziu de modo significativo a população de Sichuan. Tanto Zhang, como seu oponente Li, no Noroeste, tentaram em vão conquistar a ajuda dos eruditos da corte para a instalação de um regime em estilo dinástico – e ambos fracassaram. O sucesso dos manchus deveu-se essencialmente ao fato de que foram capazes de criar instituições políticas, o que os chineses fracassaram em realizar.

Adaptação institucional

O primeiro problema enfrentado pelos manchus foi o de evoluir para além de um Estado assentado em políticas tribais. Isso foi resolvido por volta de 1601, quando suas terras foram submetidas a uma administração territorial unificada, acompanhada por uma organização militar de todos os guerreiros manchus em oito divisões, cada uma delas sob uma bandeira ou um estandarte diferente. Os guerreiros manchus organizados sob a mesma bandeira recebiam terras localizadas distantes umas das outras, para que as bandeiras não se tornassem unidades territoriais. Os mongóis e os chineses que aderiam aos manchus eram incorporados ao sistema e organizados em unidades sob suas próprias bandeiras. As 24 bandeiras assim organizadas reuniam guerreiros ligados pessoalmente ao imperador. Segundo Pamela Crossley (1990), sua origem advém da instituição turco-mongólica da servidão militar hereditária. Eles não consideravam o imperador como seu pai, à maneira confuciana, mas antes como seu dono, no estilo nômade. Os membros das bandeiras tinham direito ao butim em época de guerra e recebiam estipêndios em arroz e dinheiro em época de paz. Eles apreciavam sua "escravidão" altamente ritualizada como "um emblema de sua importância e uma marca de sua intimidade com a corte" –, o que incitava sua lealdade ao mais alto grau. Como prova, pode-se citar o fato de que a China dos Ming foi conquistada por cerca de 150 mil membros das bandeiras (na ocasião, apenas 169 mil tinham sido listados no papel), que contaram, sem dúvida, com a ajuda de colaboradores chineses.

Embora a organização das bandeiras fosse apregoada como multiétnica, os chineses constituíam três quartos do total de seus membros em 1648, enquanto os mongóis perfaziam apenas 8%, e os manchus, 16%. Por volta de 1723, o componente manchu elevou-se a 23%, mas ficou ainda bem aquém de um terço do total. De qualquer forma, os membros das bandeiras (da mesma forma que os servos chineses) constituíam um grande avanço sobre os eunucos em matéria de servidores confiáveis do imperador e adjuntos da Corte Interior. Eles formavam uma reserva de talentos que podia fornecer indivíduos para as funções burocráticas civis. Embora Nurgaci tivesse nomeado seus filhos como chefes das bandeiras, seu poder foi submetido ao controle central por um conselho de Estado. Assim, as relações pessoais entre o comandante supremo do Estado, os chefes e os membros das tribos que lhe eram leais foram submetidas a um processo de institucionalização.

Finalmente, os primeiros governantes manchus, tal como os imperadores precedentes Jin e Yuan, adotaram a terminologia, as formas e as idéias do confucionismo, utilizando-as, como era seu fim precípuo, para apoio e manutenção da autoridade política. Eles promoveram o estudo dos clássicos e a veneração aos ancestrais, estabeleceram o culto estatal de Confúcio, falaram e escreveram sobre "o caminho do governante" (como os japoneses em Manchukuo, três séculos mais tarde), louvaram as virtudes confucianas e aceitaram a idéia de que o governante governa em virtude de sua retidão moral.

Mais de uma década antes de penetrarem na China, os manchus tinham criado em Mukden uma administração civil em miniatura, uma imitação de Beijing. Lá eles estabeleceram formalmente os Seis Ministérios e outras instituições típicas do governo Ming, equipando-os com uma burocracia na qual manchus, mongóis e chineses estavam representados. Quando invadiram o Norte da China e assumiram o

Mandato Celestial, eles já estavam preparados para solucionar seu problema fundamental, ou seja, como governar à maneira chinesa, sempre mantendo sua identidade manchu.

Várias circunstâncias favoreceram seu intento. À diferença dos mongóis, eles não possuíam no Oeste um vasto império que pudesse desviar sua atenção dos problemas cruciais da China. Originários da fronteira do Sul da Manchúria e não da estepe mongólica, eles não precisaram superar a grande distância cultural entre a estepe e as áreas agrícolas. Em função dos reinos excepcionalmente prolongados e poderosos dos dois primeiros imperadores, que duraram cerca de sessenta anos, três governantes exerceram uma forte liderança executiva durante 133 anos: o imperador Kangxi (que reinou de 1662 a 1722), Yongzheng (1722-1736) e Qianlong (cujo reino durou de 1736 a 1796). Todos foram soberanos trabalhadores e conscienciosos, que recebiam seus ministros todos os dias de madrugada, estudavam assiduamente os clássicos e mantinham uma vigorosa autoridade pessoal.

Os diversos dispositivos usados pelos manchus para preservar a vitalidade e a identidade de suas dinastias constituem um objeto de estudo interessante. Como passavam o verão na Mongólia Interior montando a cavalo, caçando e atirando, os imperadores manchus deram um exemplo muito distante da concepção confuciana de forma física. Eles fecharam as portas de sua pátria à imigração chinesa e mantiveram o Norte da Manchúria como uma reserva de caça, fora da economia agrícola chinesa. Para controlar a imigração chinesa proveniente do sul da Manchúria em direção ao norte, eles reforçaram uma paliçada de salgueiros de várias centenas de quilômetros de comprimento (uma grande vala com salgueiros plantados em toda sua extensão), marcando a fronteira além da qual os chineses não poderiam se expandir (ver Mapa 19). A Manchúria foi organizada sob um governo militar manchu. No sul, ao norte do território chinês, a Manchúria permaneceu uma área deserta e pouco povoada até o fim do século XVIII – constituindo, mais tarde, uma tentadora recompensa para os imperialistas japoneses e russos.

Os manchus também tentaram preservar sua identidade por meio de uma política de pureza racial. Proibiram o casamento entre chineses e manchus e alimentaram as diferenças de costumes entre os dois grupos. Por exemplo, as mulheres manchus não enfaixavam os pés (ver Capítulo 8). Os manchus não deveriam se dedicar ao comércio ou ao trabalho assalariado. A organização de clãs dos manchus seria preservada pelo seu sistema religioso xamanista.

O controle militar da China exercido pelos manchus foi mantido pelas guarnições de bandeiras, localizadas em pontos estratégicos. As únicas tropas chinesas que tinham existência reconhecida eram as forças provinciais usadas, sobretudo, como policiamento nas rotas postais e contra malfeitores, mas que não possuíam nenhum treinamento como forças de choque.

Para preservar uma forte liderança, os primeiros imperadores manchus determinaram que os príncipes imperiais recebessem aposentadoria e riquezas, mas não poderiam tornar-se senhores territoriais. Uma vez destituídos do poder, eles eram mantidos em Beijing. Até 1860, a dinastia evitou ser governada por imperatrizes e eunucos, pois essas situações tinham freqüentemente degenerado em intrigas palacianas durante as dinastias precedentes.

Na administração civil da China, os manchus utilizaram um sistema de nomeações duais, pelas quais tanto os chineses quanto os manchus eram colocados em cargos importantes. Jonathan Spence (1990) mostrou como no início eles confiavam nos aliados chineses do Sul da Manchúria, em geral recrutados como membros chineses das bandeiras ou como servos, que dependiam dos governantes manchus e se mantiveram leais a estes. Por fim, a fórmula adotada visava a que o trabalho fosse executado por chineses competentes, sob o controle de manchus leais. Os manchus eram mais numerosos do que os chineses na capital, mas os funcionários chineses eram predominantes nas províncias. Para recrutar os chineses mais hábeis e competentes, os manchus preservaram o sistema de exames, mantendo seu alto prestígio e eficiência.

Todos os instrumentos próprios às duplas soberanias (administração conjunta de dois ou mais partidos) foram intensamente utilizados, não apenas por meio da manutenção de bandeiras chinesas e mongóis dentro do sistema das bandeiras, mas também pela administração dual, com presidências conjuntas de chineses e manchus nos Seis Ministérios na capital (que os ocidentais chamavam de Conselhos) e nas províncias, com a união de governadores-gerais ou governadores chineses e manchus. Com freqüência, um governador-geral manchu controlava duas províncias, cada uma delas administrada, por sua vez, por um governador chinês. Esses altos funcionários prestavam contas conjuntas diretamente ao imperador, enquanto em cada província a organização central enviava seus relatórios de rotina aos Seis Conselhos da capital. Os censores, em quinze diferentes circuitos, assim como na capital, continuavam a investigar e a fazer relatórios sobre a conduta dos funcionários – embora, às vezes, apresentassem suas reprovações diretamente ao imperador.

Como parte de seu sistema de controle, os governantes manchus tentaram preservar a língua manchu e seguiram os exemplos dos Qidan, Ruzhen e mongóis ao criar uma documentação escrita em manchu que, em geral, não era acessível aos funcionários chineses. O Departamento da Casa Imperial – de grande importância – dispunha de seu próprio erário e era equipado com pessoal oriundo das bandeiras e com servos do imperador. Em sua qualidade de escalão secreto do governo, tendo funções paralelas aos ministérios formais de Beijing, ele dispunha de receitas vultosas provenientes das terras, dos monopólios comerciais (inclusive o da raiz antienvelhecimento do nordeste chamada ginseng), das taxas alfandegárias (englobando o comércio do Guangzhou), da gabela (imposto sobre o sal), das manufaturas têxteis da seda, dos empréstimos, das multas e dos tributos. Tudo isso ajudava a dinastia a tirar proveito do crescimento do comércio e da indústria. Esse governo interno começou como um instrumento para manter controle sobre os eunucos e prevenir sua inveterada corrupção, mas a partir de um certo momento tornou-se igualmente corrupto. Contudo, dessa maneira, os governantes Qing mantinham sob seu controle direto recursos consideráveis, fora do alcance da administração civil.

Inicialmente, os Qing estabeleceram controle sobre a Ásia Interior organizando os mongóis à maneira Ming, em coligações separadas e com pastagens reservadas. Isso imobilizava e dividia os mongóis, impedindo que surgisse um novo Gêngis Khan que os unificasse. Os Qing também apoiaram o lamaísmo amarelo, uma seita do budismo tibetano difundida entre os mongóis, orientando-os em direção a Lhasa. Essas disposições levadas a cabo na Ásia Interior recaíam sob a responsabilidade de um ministério especial, o Ministério das Dependências, Lifan Yuan, enquanto o Conselho dos Ritos continuava a se encarregar das missões tributárias que provinham das regiões contíguas, como a Coréia e o Vietnã, ou ainda dos países estrangeiros por via marítima.

Os manchus nunca tiveram a ambição de fazer uma revolução social. Eles assassinavam quem resistia a eles, mas confirmaram o *status* das famílias aristocratas chinesas que aceitaram as normas dos Qing. Além disso, impuseram aos homens chineses a adoção da tonsura manchu distintiva – o uso da trança com a parte frontal da cabeça raspada. Mas os Qing foram forçados a aceitar certas deficiências herdadas do governo dos Ming: sua debilidade fiscal, devida a uma estrutura de impostos que coletava menos do que 5% do Produto Nacional Bruto, e sua rejeição ao comércio – do qual o uso ineficiente de lingotes de prata pura que circulavam sob uma grande variedade de unidades de cálculo (taéis ou onças) é um bom exemplo. Sendo eles próprios oriundos da Ásia Interior, os manchus também partilhavam o desinteresse dos Ming pelas relações externas e pelo comércio marítimo.

Em seu reino, que durou de 1722 a 1736, o imperador Yongzheng submeteu o sistema administrativo a reformas extremamente úteis, sobretudo em matéria de impostos. Ele descobriu que, em especial nas férteis províncias do baixo Yangzi, aristocratas proprietários de terra entravam em conivência com secretários do *yamen* para reduzir seus impostos e, por intermédio de subterfúgios ardilosos, faziam recair o peso dos impostos – sobretudo sobre os ombros dos camponeses. Madeleine Zelin (1984) descreveu como os auditores de Yongzheng tentaram, sem muito sucesso, coletar os impostos da aristocracia rural. Em uma das reformas, as pequenas sobrecargas acumuladas foram substituídas por uma sobrecarga única de 15 a 20% sobre a taxa básica dos impostos sobre a terra, já bastante baixos. As províncias utilizaram esses procedimentos para pagar salários melhores aos funcionários superiores e "alimentar a honestidade". Mas as redes pessoais de conexão, ou *guanxi*, que impulsionavam a carreira de cada indivíduo, estavam profundamente enraizadas na estrutura do governo para serem eliminadas. Até hoje elas continuam a ser um grave problema.

Em matéria de administração, Yongzheng escapou ao efeito sufocador dos procedimentos burocráticos ao desenvolver um tipo de despacho confidencial (memorial), inaugurado sob Kangxi, que chegava diretamente ao imperador por intermédio de certos funcionários provinciais e retornava a eles com as anotações do imperador em vermelho – um dispositivo de espionagem que lhe permitiu ter informantes dentro da burocracia. Em 1729, ele estabeleceu também uma Secretaria de Finanças Militares secreta composta de oficiais de alta patente, selecionados para tratar de assuntos urgentes. Essa secretaria tornou-se a principal agência da Corte Interior, e os estrangeiros a conheciam como o Grande Conselho.

Em razão de sua informalidade, o Grande Conselho tornou-se um centro de decisão de rara eficácia da Corte Interior. Os conselheiros eram sete, em média, e podiam ser manchus, chineses e ocasionalmente mongóis; eles serviam por tempo indefinido e acumulavam, ao mesmo tempo, seus deveres em altos cargos na Corte Exterior no mais profundo segredo. Seus 32 secretários eram jovens homens talentosos, de futuro garantido.

Além disso, como assinalou Beatrice S. Bartlett (1991), o Grande Conselho montou seus próprios arquivos secretos, que incluíam os memoriais palacianos confidenciais enviados diretamente ao imperador. A maioria da documentação importante era escrita em manchu. Grande parte do trabalho editorial do Conselho se referia a membros das bandeiras (em especial os chineses) devotados ao imperador.

O interlúdio jesuíta

A transição dinástica entre os Ming e os Qing, na primeira metade da década de 1600, coincidiu com a chegada dos europeus, por via marítima, na Ásia Oriental. Os missionários começaram, em seguida, a chegar pelas rotas comerciais. O primeiro contato da China com a Europa foi um interlúdio extremamente frutífero porque os missionários jesuítas eram homens cultos, capazes de lidar com os funcionários-eruditos chineses em termos intelectuais. Por volta de 1601, o jesuíta italiano Matteo Ricci obteve permissão para residir em Beijing, recebendo um estipêndio imperial a título de erudito ocidental. Seus sucessores obtiveram a responsabilidade do escritório de astronomia, que fixava o calendário oficial. O sucesso dos jesuítas no uso da astronomia, da cartografia, dos relógios mecânicos europeus, das técnicas mnemônicas (treinamento da memória) e de outras coisas exóticas para atrair o interesse dos eruditos chineses se fez acompanhar de uma astuta política de "acomodação". Eles aceitaram o confucionismo primitivo como uma ética antiga – atacando apenas o budismo e o neoconfucionismo – e aprovaram que os convertidos ao cristianismo continuassem a prestar reverência aos ancestrais, como um "rito civil" compatível com a fé cristã.

A ordem jesuíta estava sendo atacada na Europa em muitas frentes. Logo, os frades mendicantes das ordens dominicana e franciscana – chegando na China a partir das Filipinas Espanholas para tentar pregar para o povo – começaram a denunciar os jesuítas, cujo público era constituído, sobretudo, pela elite chinesa. Essa contenda foi levada ao papa, que enviou dois emissários para explicar ao imperador Qing a supremacia do papado em assuntos religiosos. No interior do palácio, os jesuítas também se viram envolvidos na política da corte manchu. O resultado foi que, em 1724, o imperador baniu o cristianismo como uma doutrina heterodoxa, autorizando os jesuítas a permanecerem apenas em Beijing.

Essa autodestruição da missão católica na China é uma história bem conhecida, assim como o sucesso original de Matteo Ricci descrito de maneira tão vívida por Jonathan Spence (1984). Além de suas obras cristãs, os jesuítas publicaram em chinês mais de cem tratados de ciência e tecnologia ocidentais, a começar por uma tradução da geometria de Euclides. Uma exploração mais detalhada da possível influência desses escritos na China ainda está por ser feita, mas não há dúvidas quanto à importância da missão cultural dos jesuítas e das trocas de idéias que eles tornaram (ou não) possíveis.

Nesse ínterim, a influência da China sobre o Iluminismo europeu do século XVIII deu-se em particular sobre duas linhas principais: primeiro, no pensamento político entre os filósofos e, em segundo lugar, na moda da *chinoiserie*, nos jardins, pagodes, móveis, cerâmicas e outros objetos. O impacto da China na Europa advindo dos jesuítas ainda constitui um vasto campo de estudos.

A expansão do controle dos Qing na Ásia Interior

A vitalidade da dinastia manchu no século XVIII manifestou-se, sobretudo, por sua expansão em direção à Ásia Interior, mais especificamente à Mongólia, ao Tibete e ao Turquestão chinês. Este último era uma vasta região que incluía as planícies Yili (Ili), ao norte das Montanhas Celestes (Tianshan) e ao sul delas, o deserto árido e os oásis da Kashgaria.

Visto que é preciso controlar as periferias dos impérios para mantê-las, em 1600 os Qing decidiram opor-se à expansão dos mercadores de peles e exploradores russos na Sibéria e no vale de Amur, no Norte da Manchúria. Ao desenvolver o transporte aquático do sul até o norte, os militares Qing ultrapassaram em número e intimidaram os poucos russos existentes no fim de sua rota transiberiana de mercadorias. Esse movimento resultou no importante tratado multilíngüe de Nerchinsky, em 1689, cuja interpretação e esboço foram feitos pelos jesuítas de Beijing. Junto com um outro tratado assinado em 1727, essas negociações estabeleceram uma fronteira sino-russa, deixaram que uma missão eclesiástica russa funcionasse tranqüilamente em Beijing e permitiram o acesso à capital de um tráfico bastante exíguo de caravanas russas.

A oeste da Manchúria, as tribos mongóis eram mantidas sob controle pelos dispositivos administrativos dos Qing e pela seita religiosa do lamaísmo do chapéu amarelo, que prestava obediência ao Dalai Lama, em Lhasa. Isso fazia do Tibete uma das chaves do poder na Mongólia, levando as tropas Qing a permanecerem em Lhasa. Como Kubilai Khan no século XIII, os imperadores manchus utilizavam a religião para fins políticos: o cristianismo russo ortodoxo para os russos, em Beijing; o catolicismo cristão para contato com os europeus na corte; e a seita do lamaísmo amarelo no Tibete e na Mongólia.

Mais para o oeste localizavam-se as montanhas e os desertos do Turquestão chinês. Nessa área, os Qing depararam-se com uma fronteira instável, onde as tribos mongóis do Oeste tornaram-se uma força de expansão aguerrida no século XVI e no início do século XVII, ameaçando a estabilidade do domínio supremo da dinastia Qing na Mongólia. Diante desse perigo, os membros das bandeiras dos Qing conduziram uma série de forças expedicionárias através de rotas familiares a seus predecessores Han e Tang e, nos anos 1750, subjugaram os mongóis do Oeste em Yili.

Agindo como conquistadores típicos, os Qing pensaram que seria fundamental ocupar os oásis adjacentes da Kashgaria, ao sul de Tianshan, onde eles encontraram uma outra comunidade religiosa, ainda mais impressionante que as demais – o Islã. Na Kashgaria, o povo vivia em geral em função do calendário muçulmano, e sua vida religiosa, educativa e cultural obedecia aos preceitos dos líderes dessa fé. Uma vez que a autoridade dos Qing foi estabelecida, em 1750, conseguiu-se impor ordem na população muçulmana por meio da nomeação de chefes locais como governadores (*begs*). Como muçulmanos, os *begs* solucionavam as contendas legais pela lei islâmica. Os governantes Qing, em Beijing, recolhiam impostos, em especial sobre o comércio, e tentavam manter a ordem, mas o confucionismo imperial não conseguiu se acomodar aos aspectos auto-suficientes e muito inclusivos da ordem islâmica e só ocasionalmente agia pela cooptação.

Dessa forma, os Qing expandiram suas fronteiras imperiais bem além do âmbito alcançado pelos Ming. Em resumo, a Ásia Interior estava agora ocupada pelos governantes de Beijing, cujo sucesso se deve, pelo menos em parte, ao fato de que os manchus eram igualmente oriundos da Ásia Interior e tinham uma ideologia flexível. A partir de 1755, a hegemonia Qing sobre a Ásia Interior deu início a uma nova era, no jogo perpétuo entre a China agrícola e as tribos da estepe. Para os nômades, a China era o depósito de cereais, seda e outros produtos que eles cobiçavam. Os chineses e os povos tribais da Ásia Interior formavam uma comunidade geopolítica. Em última análise, a nação chinesa do século XX teria de lidar com sua própria versão de império colonial na Ásia Interior.

A era entre o fim da dinastia Ming e os anos 1800 forneceu extensas provas da criatividade dos manchus, em um contexto no qual os problemas eram muitos. Por exemplo, ao notar como a conquista final dos Qing sobre os mongóis do Oeste, em 1750, consolidou o controle continental dessa dinastia sobre a Mongólia, a Ásia Central e o Tibete, é necessário levar igualmente em conta o contexto ocidental. A luta contemporânea entre os impérios francês e inglês durante a Guerra dos Sete Anos, nos anos 1750, garantiu a posse do Canadá e da Índia à Inglaterra por meio de seu poder e engenho marítimos. Assim, enquanto os Qing dominavam as rotas marginais de caravanas na árida Ásia Central, a Inglaterra começava a conquistar os mares do mundo, dando provas de um nível bastante superior de poder.

A tentativa de integração entre sociedade e cultura

Para manter o poder, seu objetivo principal, os governantes Qing enfrentaram duas tarefas – em primeiro lugar, a preservação da ordem social e política do confucionismo imperial; em segundo, a manutenção do poder como governantes não-chineses. Embora se sobrepusessem, esses objetivos não eram idênticos. Como por fim tornou-se evidente, a autoridade manchu caiu na armadilha da história, ao se opor na China ao sentimento de nacionalismo étnico, que obviamente estava se tornando uma grande motivação entre os Estados do resto do mundo.

No contexto de sua primeira tarefa – a forma confuciana de governo –, o propósito precípuo da dinastia era integrar sua autoridade à cultura chinesa, estabelecendo uma dependência mútua. A política era claramente definida: o poder dinástico estabelecido pelas guerras era sancionado pela indispensabilidade inquestionável de união sob um só governante. Essa unidade era, por sua vez, sancionada pela primordialidade de ordem – que dependia de cerimônias e de um comportamento adequado, sendo as forças repressivas mantidas em reserva.

No mundo midiático atual, onde os cidadãos observam diretamente os acontecimentos, necessitando menos de símbolos – que são, de todo modo, fornecidos em grande quantidade –, não é fácil apreciar a importância dos rituais e do cerimonial nos tempos antigos. Uma das bases do governo da China Imperial era a execução adequada das cerimônias, em todos os níveis da sociedade. O filho prosternava-se diante do pai, da mesma forma que o pai devia prosternar-se diante do imperador e de seus funcionários, pois a essência da ordem civil consistia na diferenciação hierárquica das relações. Esperava-se que o comportamento correto de cada indivíduo manifestasse externamente seus valores interiores. Mas mesmo na ausência de sentimentos internos, a execução do ritual fornecia a cada indivíduo um laço formal comum com os demais – assegurando, assim, uma aparência de harmonia. Como sublinham Naquin e Rawski (1987), "chamava-se *luan* à desordem que poderia emergir dentro do Estado, da comunidade, da casa ou do indivíduo quando não se seguiam as normas éticas e os rituais corretos. O desejo de promover a ordem, evitando assim o *luan*, permeava toda a sociedade chinesa, de alto a baixo".

O imperador era o maior promotor da ordem. Sua posição diante do público era assegurada e reforçada por uma grande variedade de atividades, a começar pela solicitude diária para com sua mãe e a execução das cerimônias que visavam a reverenciar os ancestrais dinásticos. Outra força do governo confuciano era a busca constante da aprovação moral do povo que governava. Isso se fazia por meio do apoio aos livros e à educação dentro dos ensinamentos do neoconfucionismo; da manutenção dos rituais que marcavam as estações do ano e as influências recíprocas entre o homem e a natureza; e da demonstração diária da conduta exemplar do governante que, era de se esperar, lhe daria uma virtude que imporia a obediência. Diversas atividades do governante incluíam aspectos voltados para o bem-estar público, como a construção de diques para controle das enchentes e a manutenção dos silos em nível normal para remediar períodos de fome ou efetuar empréstimos de grãos em épocas de escassez. O governante também estimulava a moralidade ao conceder recompensas às pessoas idosas que se distinguiam por sua virtude, especialmente as viúvas castas.

Ao lado desse amplo apoio à moralidade, tinha-se a ameaça da lei criminal e da punição dos que infringiam a moral – sobretudo quando isso atingia a dinastia. Essa aplicação da lei contra infratores ou contra a simples ameaça de infração incluía a investigação sem acanhamento das pessoas dentro de seus lares e até mesmo de suas vidas pessoais e o uso da tortura judicial para encorajar confissões. O instrumento de tortura usado na corte para obter confissões apertava progressivamente os ossos do tornozelo e da perna, podendo até mesmo esmagar os ossos quando aplicado com habilidade. Quando em dúvida sobre a lei que fora violada, os juízes e magistrados podiam recorrer ao estatuto contra "ter feito o que não deveria ter sido feito", não importa qual fosse o ato.

Acreditava-se que essas recompensas e punições manteriam o povo no caminho correto. O castigo reservado aos criminosos incluía regularmente a punição de seus parentes, porque o antigo dispositivo da responsabilidade grupal significava que sempre havia culpa por associação.

No estado teocrático chinês, no qual o imperador era louvado como Filho do Céu, tomava-se sempre cuidado contra as manifestações de heterodoxia. A camada estratégica da elite era representada pela liderança local, que começava com cerca de um milhão de membros da baixa aristocracia ou com os detentores de diplomas do primeiro grau (*shengyuan* ou *jiansheng*) – que não podiam aspirar a um cargo oficial, mas possuíam um *status* privilegiado e tinham a oportunidade de conquistar diplomas mais elevados. Eram acrescentados a estes uns cinco milhões de homens do povo que tinham recebido uma certa educação clássica. Com sua ajuda, a elite podia garantir o dever confuciano de instruir o povo.

Podemos citar, a título de exemplo, a utilização do *Édito Sagrado* (*shengyu*) do imperador Kangxi promulgado em 1670 – um conjunto de dezesseis máximas visando a orientação da conduta cotidiana. Cada máxima, composta de sete ideogramas, manifestava, nas palavras de Victor Mair (*in* Johnson *et al.*, 1985) "os elementos essenciais da ortodoxia confuciana, aplicáveis ao cidadão médio". A partir de 1670, apareceram comentários, paráfrases, adaptações etc., formando uma literatura considerável. A idéia de explicar os textos clássicos sob uma forma coloquial parece ter começado na dinastia Yuan, embora haja um precedente entre os primeiros Ming, as *Seis Máximas* do imperador Hongwu. O *Édito Sagrado* dos Qing foi usado no Contrato Comunitário ou no sistema de leitura das aldeias promovido originalmente por Zhu Xi, e continuou a combater a heterodoxia e a dar uma conotação religiosa ao apoio à ortodoxia, sob os Ming e os Qing.

Por exemplo, nas regiões mais atrasadas e pobres, entre os povos minoritários, os magistrados usavam versões vernáculas, cujo texto era enunciado como uma encantação. As reuniões costumeiras da comunidade podiam utilizar rituais, incenso, velas, vasos de flores e músicos, além da voz de um cantor acompanhado por tambores e címbalos. Dizia-se ao público quando ele deveria ajoelhar-se, inclinar-se ou prosternar-se. O magistrado podia manter registros das reuniões, informando qual tinha sido sua repercussão sobre os aldeões, como haviam se comportado e se tinha havido resolução amigável de conflitos. No início do século XVIII, envidaram-se esforços no sentido de que as reuniões sobre o *Édito Sagrado* fossem realizadas duas vezes ao mês. O texto utilizado podia ser modificado segundo as expectativas da audiência: podia-se ler a versão vernácula ou embelezá-la com alusões aos clássicos ou com músicas simples de memorizar para os camponeses.

Depois, o imperador Yongzheng editou, em 1724, suas "instruções amplificadas" sobre o *Édito Sagrado*, compostas aproximadamente de dez mil ideogramas, cujo principal objetivo era a clareza do texto. No entanto, como o texto do imperador era dificilmente compreendido pela maior parte do público, os funcionários acabaram desenvolvendo paráfrases vernáculas, que se esperava que o povo lesse em voz alta, ainda que não compreendesse o mandarim. Nessas ocasiões, um orador podia falar em dialeto local. Durante as sessões de leitura, as pessoas idosas, acima de oitenta ou noventa anos, sentavam-se atrás da aristocracia e lhes serviam chá, enquanto o povo "devia ficar de pé e escutar". A preocupação crescente com a heterodoxia é evidente na fraseologia das *Seis máximas* Ming, do *Édito Sagrado* de 1670 e das "instruções amplificadas" sobre o *Édito Sagrado* de 1724. Mair fornece uma lista de dez versões da explicação, que ele vê como exemplos de que "os portadores da cultura superior tentavam conscienciosa e voluntariamente moldar a cultura popular". Mas ainda é cedo para saber os resultados.

Outro campo de manifestação da liderança imperial era a religião popular, em especial o endeusamento de personagens públicos célebres em outros tempos. Guan Yu (162-220) é um exemplo proeminente disso, cuja trajetória começou como guarda-costas do fundador de um dos Três Reinos. Prasenjit Duara (1988) observa que Guan Yu tornou-se uma deidade popular ubíqua, o deus da lealdade, da riqueza, da literatura, protetor dos templos, padroeiro dos atores e das sociedades secretas e ainda deus da guerra. Muitos grupos sociais serviam-se dele como um símbolo mítico. Em 1614, os Ming lhe conferiram *status* imperial, sob o nome de Guandi. Em 1725, "o culto de Guandi foi sistematicamente subordinado ao controle imperial". O mais dotado entre as centenas de templos populares de Guandi existentes em todos os condados foi "selecionado como o templo oficial de Guandi". Por volta de 1853, os Qing elevaram sua adoração nos sacrifícios oficiais ao mesmo nível que a do próprio Confúcio. Imbuído da doutrina confuciana como um mestre dos ensinamentos clássicos, Guandi tornou-se um heróico protetor e benfeitor, um guerreiro acima de tudo leal à autoridade constituída e à ordem estabelecida. Duara conclui que cultos como o de Guandi serviam para integrar as aldeias à sociedade mais ampla, na medida em que as numerosas funções simbólicas desse deus, ao nível imperial e popular, reforçavam-se mutuamente.

De forma similar, James L. Watson (*in* Johnson *et al.*, 1985) descreveu como "a promoção dos cultos aprovados pelo Estado no Sul da China fora tão bem-sucedida que, por volta do período intermediário dos Ch'ing [Qing], os deuses locais tinham sido substituídos por diversas deidades aprovadas". Pode-se citar como exemplo a imperatriz do Céu (Tian Hou), também conhecida sob o nome de Ma Zu, padroeira dos pescadores, marinheiros e comerciantes marítimos. Ela apareceu como uma deidade menor na costa das ilhas Fuji, no século X. Seu culto começou com uma mulher da família Lin que se preocupava com a segurança dos marinheiros e tornou-se conhecida como "tia Lin". Aos poucos se converteu em uma deusa e foi incorporada ao panteão aprovado pelo Estado, por intermédio de procedimentos burocráticos similares ao processo de beatificação dos santos da Igreja católica. O imperador reconheceu formalmente os serviços que essa deusa tinha prestado ao Estado e lhe conferiu títulos honoríficos a partir de 1156. Em 1278, ela foi louvada pelo próprio Khubilai Khan. Por volta de 1409, era a concubina celestial que protegia o povo. Quando os imperadores Qing tentaram controlar a costa sul, eles lhe deram uma importância ainda maior. Por fim, em 1737, o imperador a nomeou "Imperatriz do Céu". Em Taiwan existem muitos templos oficiais e não-oficiais consagrados a essa deusa, que se tornou a padroeira de várias associações de comércio com interesses nas ilhas Fuji, mas também dos piratas que atacavam esses mesmos comerciantes.

Quando as linhagens locais dominantes a adotaram como deusa-padroeira, ela se tornou um símbolo extremamente útil, tanto ao nível oficial quanto ao nível local. As elites locais que adotavam essa deusa mostravam sua cooperação de maneira aprovada pelo Estado: ela converteu-se, assim, no símbolo da integração das principais tendências da cultura chinesa. Seu culto incorporava pessoas das mais variadas origens sociais, que poderiam ter crenças diferentes. No entanto, ao aprovar o que fora aceito pelo povo, o Estado reforçou sua integração à cultura.

Uma outra forma de integração que se assemelha a uma subordinação integral é o que David Johnson (*in* Johnson *et al.*, 1985) chama a "estrutura de dominação" – o fato de que poucos homens do povo podiam ser independentes em suas relações com os proprietários rurais, se eram meeiros, ou com seus empregadores urbanos, se eram aprendizes. Esse sentido da dependência com relação à autoridade superior refletia-se nas atividades culturais do povo. Os registros escritos sobre a cultura popular incluem um amplo espectro, desde almanaques até as escrituras das seitas religiosas. Óperas locais e outras peças de teatro eram organizadas e encenadas nas cidades onde existiam mercados, nas aldeias ou ainda pelas próprias linhagens. Mas essas manifestações de cultura popular não davam espaço à manifestação de vozes discordantes, que eram destruídas sempre que possível.

A integração da sociedade e da cultura sustentava a legitimidade manchu em sua segunda tarefa – a de preservar seu poder como uma dinastia estrangeira. O declínio da assimilação já estava reduzindo as guarnições manchus à penúria. Incapazes de sobreviver a partir de suas terras, muito cavaleiros tinham perdido suas propriedades e seu meio de vida, tendo até se casado com mulheres chinesas. Nesse ínterim, a liderança manchu, ainda no controle do Estado, precisava manter a lealdade da elite aristocrata chinesa. Para absorver a energia dos eruditos chineses – que o sistema de exames produzia em número muito maior do que os cargos disponíveis – os imperadores manchus tornaram-se grandes mecenas da literatura, patrocinando enormes projetos de crítica e compilação de textos. Porém não se tratava de oportunismo astucioso, essa atitude era inerente ao serviço do dever imperial. Certos imperadores das dinastias Han, Sui, Tang, Song e Ming tinham financiado catálogos oficiais de suas bibliotecas imperiais. Em 1409, o terceiro governante Ming patrocinou o *Yongle Dadian*, uma enciclopédia composta de dez mil volumes manuscritos, que encerravam cópias de muitos trabalhos. O imperador Kangxi produziu o famoso *Dicionário de Kangxi* e uma enorme enciclopédia em 5.020 capítulos. R. Kent Guy (1987) assinala que tais projetos mostram a responsabilidade e o controle dos imperadores sobre a totalidade da produção escrita, paralelamente à responsabilidade e ao controle sobre a educação e o pensamento de todos os eruditos.

Durante a década iniciada em 1772, o imperador Qianlong – que patrocinou cerca de sessenta publicações durante o seu reino – continuou o projeto de coletar e reproduzir todos os principais trabalhos chineses dentro das quatro categorias, os clássicos, a história, a filosofia e as *belles lettres*.* O trabalho resultante, intitulado a *Biblioteca Completa dos Quatro Tesouros*, derivou do exame de 10.869 obras, entre as quais foram selecionadas 3.697. Muito longos para serem impressos, foram feitas somente sete cópias manuscritas de cada um desses trabalhos, em 36.500 capítulos (*juan*). Somente o catálogo impresso tinha 4.490 páginas (os juízes do atual Prêmio Pulitzer deveriam inspirar-se nessa coragem, quando se vêem inundados de livros). Esse projeto foi dominado pelos defensores do conhecimento acadêmico Qing fundado na investigação baseada em evidências (*kaozheng*, "retificação mediante investigação").

Guy mostra como os críticos das histórias e dos comentários clássicos rascunhados pelos eruditos não-oficiais do movimento conservador "Aprendizado dos Song", ou do mais arriscado "Aprendizado dos Han", ligado ao movimento *kaozheng*, eram editados pelos burocratas da comissão de compilação, sob o olhar vigilante do autocrata paternalista. Todo esse processo reforçava sua legitimidade, na medida em que mostrava que ele estava cumprindo seu dever. Os imperadores chineses "tinham prerrogativas bastante diferentes sobre a sabedoria e a vida intelectual daquelas a que estamos acostumados no Ocidente". Eles eram "não apenas líderes políticos, eram também sábios e organizadores do cânone clássico". Pode-se acrescentar que essa doutrina tinha perdurado no centro da sociedade chinesa desde a dinastia Shang.

A corte manchu utilizava cada vez mais esse amplo mecanismo de coleta de livros para conduzir uma inquisição literária. Embora Guy acredite que essa não era sua finalidade original, como de início pensaram os estudiosos ocidentais, houve um esforço no sentido de eliminar todas as obras que refletissem uma má imagem dos governantes estrangeiros. Ao buscar os livros raros e os textos completos que seriam selecionados para inclusão na biblioteca principal, os compiladores podiam ao mesmo tempo retraçar todos os trabalhos heterodoxos que deveriam ser censurados ou destruídos. Eles pagavam preços altos pelas obras raras e realizavam até mesmo devassas de porta em porta. As obras proscritas incluíam assuntos militares ou de fronteiras, críticas contra os bárbaros e, sobretudo, qualquer item que louvasse a dinastia chinesa precedente, os Ming. No total, foram censurados cerca de 2.320 trabalhos. Castigos exemplares aumentavam o nível de terror entre os milhares de eruditos e funcionários envolvidos nesse processo. Um certo Wang Xihou imprimiu um dicionário que criticava o *Dicionário Kangxi* e traiçoeiramente incluiu uma lista completa dos nomes sagrados dos imperadores Qing, que eram tabu. Por causa disso, Wang foi executado, 21 membros de sua família tornaram-se escravos e o governador Jiangxi, que tinha apoiado a publicação, foi igualmente executado.

* Letras clássicas. Em francês no original. (N.T.)

Na verdade, o preço do despotismo estrangeiro era a eterna vigilância. Durante o pânico de feitiçaria de 1768, Philip Kuhn (1990) demonstrou como o imperador Qianlong tentou combater a crença popular de que se podia roubar a alma de um indivíduo cortando-lhe uma parte do sexo masculino – forma de feitiçaria que ameaçava o público. Logo, no entanto, o imperador passou a ver nessa prática de cortar o sexo masculino um ataque sedicioso à tonsura Qing, símbolo da sujeição leal ao governo. As solicitações inquietas de provas feitas por Qianlong tiveram como conseqüência a constituição de um extenso registro, obtido nas prolongadas sessões de tortura nos tribunais que arrancavam de monges empobrecidos e de mendigos todas as confissões que os funcionários quisessem. Por fim, um olhar mais atento do Grande Conselho revelou que essas "provas" arrancadas sob tortura tinham sido inteiramente fabricadas.

A sensibilidade imperial ao menor sinal de sedição, mesmo no ápice da magnificência Qing, questiona até que ponto os manchus foram realmente bem-sucedidos tanto em evitar sua própria assimilação quanto em estimular a fidelidade chinesa a eles. Isso suscita uma outra questão, ainda não solucionada: até 1911, não teria sido o esforço para preservar o poder da dinastia que obrigou a China a adotar um conservadorismo irredutível, impedindo-a de progredir?

Pode-se propor a mesma questão com relação à classe de funcionários-eruditos. W. T. de Bary (1991), ao descrever "o problema do confucionismo", nos faz lembrar, de maneira vívida, quão indefesos se sentiam os eruditos confucianos diante do poder do Estado. Eles não possuíam nenhuma base própria de poder, salvo se se mantivessem leais ao governante ou se aderissem a facções formadas por colegas que pensavam da mesma forma. Os críticos do século XVII, depois do desastre Ming, não tinham base teórica para questionar a autocracia imperial e desencavaram idéias *fengjian* ("feudais"): por exemplo, para reforçar o magistrado local contra a corrupção do pessoal subalterno do *yamen* e da aristocracia local, eles abandonaram a regra do impedimento, deixando-o permanecer mais tempo no cargo em sua aldeia natal. Esse dispositivo forneceria ao magistrado maior incentivo e mais oportunidades para melhorar as condições locais. Mas os Qing jamais aceitariam o risco de promover interesses locais. Exceto por alguns questionadores conscienciosos, os eruditos Qing sentiam-se mais seguros ao apoiar a ortodoxia. Qualquer visão crítica podia parecer heterodoxa. Até mesmo os críticos mais incisivos do governo dinástico, como Huang Zongxi no século XVII, pensavam que era necessário ter um único governante exemplar exercendo o poder máximo do Estado. Como os eruditos de 1820 tinham muito pouco contato com livros ou idéias ocidentais, eles permaneciam integrados à instituição neoconfuciana.

Acima de tudo, os detalhes da vida urbana e da cultura erudita mostram que o governo exercia um papel menor em meados da era Qing, conhecida por seu alto nível de civilização. Contudo, em certas regiões do subcontinente chinês, a atividade econômica do Estado era, por vezes, espetacular. Em Jingdezhen, a indústria imperial de porcelanas empregava cerca de cem mil trabalhadores. As chamas dos duzentos a trezentos fornos brilhavam noite adentro. No final da década de 1600, vários milhões de peças de porcelana eram enviadas por ano à Europa. Da mesma forma, a manufatura imperial de seda, em Suzhou, por volta de 1685, tinha oitocentos teares e 2.330 trabalhadores. A comercialização e a privatização dos negócios avançaram a largos passos. As fábricas têxteis do século XVIII, com centenas de teares e de operários, eram conhecidas na China maoísta como "germes do capitalismo" que teriam modernizado a economia chinesa, se não tivessem sido obstruídas pelo imperialismo ocidental. Nesse meio-tempo, a classe dos comerciantes adquiriu uma posição de proeminência. Em Beijing, antes de 1800, 23 associações comerciais nativas prestavam serviços aos comerciantes de outras províncias; em 1875, elas chegaram a ser 387 – e poderíamos continuar a dar outros exemplos impressionantes do desenvolvimento do comércio.

Em sua pesquisa extensiva sobre a China do século XVIII, centrada na percepção das macrorregiões, S. Naquin e E. S. Rawski (1987) sublinharam a boa reputação de que gozava esse país durante o Iluminismo europeu – antes de ser objeto da difamação subseqüente em um contato mais próximo durante o século XIX. Eles assinalam que os observadores europeus dos primeiros tempos sentiam-se, em geral, "fascinados pela sofisticação e pelo esplendor chineses". Os 120 anos que se seguiram à consolidação da autoridade dos Qing, realizada por Kangxi nos anos 1680, foram uma época "dinâmica", na qual o império chinês se expandiu à sua máxima extensão, como parte da retomada de um movimento de crescimento econômico e de mudança social que começou no fim da dinastia Ming. Os sábios europeus do Iluminismo ficaram impressionados com a grandeza da China.

Mas se nos perguntarmos se essa grandeza se limitava à "prosperidade" chinesa do século XVIII, cairíamos na armadilha da generalização holística que o estudo das macrorregiões quer evitar. A vitalidade do novo desenvolvimento em áreas centrais reflete algo sobre as potencialidades do futuro, e não apenas acerca das condições atuais do país como um todo. Sabemos que o Produto Nacional Bruto, na medida em que indica a média entre milionários e pobres, pode mostrar que uma nação é próspera quando, na verdade, muitos de seus cidadãos são miseráveis. É ainda mais difícil generalizar quando se trata de tempos pré-modernos. Naquin e Rawski advertem que "é importante mostrar uma certa impaciência com as generalizações em nível nacional". Na ausência de recenseamentos e de dados quantitativos para o comércio, a pesquisa da história local por meio dos indicadores geográficos e dos registros locais publicados no início da época Qing fornece excelentes oportunidades, embora bastante onerosas.

Dada a histerese das instituições e dos costumes solidamente estabelecidos, pode-se forjar uma hipótese baseada em uma comparação entre a China e a Europa do início dos tempos modernos. Na China, as realizações econômicas e sociais da última época imperial eram mais continuações do que propriamente inovações. Mesmo que pudessem ser comparadas em volume, tipo de atividade e sofisticação, a China do século XVIII encontrava-se no final de um período de alta civilização iniciado há oito séculos, com os Song do Norte; ao passo que a Europa do Iluminismo estava apenas dando os primeiros passos em uma nova fase da história do mundo. Em outras palavras, as inovações na China podiam emergir apenas no contexto de uma matriz herdada da autocracia imperial e da sociedade aristocrata, que permaneceria dominante durante todo o século XIX – do que trataremos na próxima seção.

SEGUNDA PARTE

O declínio da China Imperial 1600-1911

A população da China Imperial, de 1600 a 1911, duplicou ou talvez triplicou, e houve um crescimento correspondente na produção, no comércio e nas instituições que os apoiavam. A desordem da transição, no século XVII, do governo dinástico Ming para o Qing foi seguida pelo período do Alto Qing de cerca de 1680 até o início do século XIX. Apenas depois de 1820 o contato com o Ocidente começou a escapar ao controle. Nessa época, o fim da dinastia Qing já havia começado.

Nessa surpreendente história de crescimento material e decadência política, o Estado autocrático manteve em tese sua reivindicação de dominar todos os aspectos da vida chinesa, mas desempenhou um papel menor no crescimento dinâmico da economia e da sociedade chinesa no final das dinastias Ming e Qing. Nesta segunda parte, nosso principal interesse desvia-se, portanto, da política para a economia, do Estado para a sociedade.

O antigo estereótipo vitoriano de uma China que permaneceu passiva e imutável enquanto o Ocidente progressista explodia mundialmente está há muito ultrapassado. Ao contrário, é preciso destacar que, a partir de 1750, existia uma Ásia constituída por países de grandes proporções – o Japão, com 28 milhões de habitantes, era maior que a França ou a Alemanha, ao passo que a China, com cerca de duzentos milhões, e a Índia, com aproximadamente cem milhões, eram ainda maiores. A Europa era apenas uma península do território eurasiano, povoada entre os mares Mediterrâneo e Báltico. As Américas tinham uns dez milhões de americanos nativos, enquanto o elemento europeu consistia principalmente em assentamentos rio St. Lawrence acima e ao longo das costas do Atlântico e do Golfo, além dos antigos assentamentos ibéricos no México e nas Américas Central e do Sul. Assim, há apenas 250 anos, a distribuição da população mundial era bastante diferente.

Após 1750, a Revolução Industrial trouxe um grande incremento do uso do vapor na fabricação e no transporte. Os sucessores automotivos, eletrônicos e outros recriaram as condições da humanidade no mundo inteiro. Mas ainda não existe um consenso sobre os fatos ocorridos. Até mesmo o marco do início da Revolução Industrial é, ainda hoje, matéria de discussão entre historiadores econômicos. A importância no processo de fatores como crescimento do mercado, o uso do sistema de fábricas, invenções, ciência e tecnologia, educação pública, segurança da propriedade privada, revolução agrícola, comércio exterior, crescimento populacional, suprimento de capital e de crédito, fornecimento e produtividade crescentes no trabalho, taxa de investimento e assim por diante ainda está sendo avaliada. Todos esses fatores estimularam a industrialização na Europa. Talvez a dinâmica real esteja na sua interação como estimulantes recíprocos.

As imagens herdadas do início da China moderna mostram sua deficiência em muitos, se não em grande parte, desses fatores. Não ocorreu industrialização semelhante na China no século XIX; ainda assim, a disparidade do desenvolvimento tecnológico e material que tanto impressionou os vitorianos agora está sendo vista a partir de uma nova perspectiva, que enfatiza a vastidão e a maturidade do comércio interior da China e o poder crescente da sua classe de mercadores no período Ming e no início dos Qing, um poder apenas indiretamente reconhecido nos registros oficiais. Mesmo Adam Smith reconheceria que o mercado interno da China era tão grande quanto o de todos os países da Europa reunidos. O extenso comércio interprovincial indicava que a China já estava altamente comercializada e bastante auto-suficiente. Os têxteis de Lancashire, por exemplo, não penetraram no mercado chinês porque o tecido de algodão "Nankeem" feito à mão era um produto superior e mais barato para os objetivos locais supriu grande parte das necessidades do Norte da China até 1930. Após a difícil luta para "abrir" o mercado chinês, as principais importações da China para consumo em massa eram uma droga, o ópio, e um combustível, o querosene, um produto que não dependia da superioridade industrial ocidental. Ao se desenvolver, a economia moderna da China permaneceu em grande parte nas mãos dos chineses.

As razões pelas quais no final da dinastia Qing o processo de industrialização tenha sido tão incipiente, apesar do imenso crescimento material, não foram apenas econômicas, mas também sociais, políticas e culturais. Isso não é uma questão que possa ser debatida apenas com a aplicação de conceitos econômicos. Assim, nesta parte, antes de nos voltarmos para a invasão do Ocidente após 1820, observaremos dois elementos: em primeiro lugar, a extensão do crescimento interno da China e de determinadas limitações institucionais que restringiram sua capacidade para a industrialização; em segundo lugar, o dinamismo da China além-mar – a China marítima – e o comércio exterior que contribuiu para a entrada da China no mundo externo.

8

O paradoxo do crescimento sem desenvolvimento

O aumento populacional

O aumento da população sempre foi acompanhado (na verdade, facilitado) pelo crescimento do comércio. Ambos interagem. Na experiência do Ocidente, o comércio forneceu as condições que permitiram o início da industrialização, a qual, por sua vez, levou ao avanço na ciência, na tecnologia, na indústria, no transporte e nas comunicações, levando também a mudanças sociais e outras similares que agrupamos sob o amplo termo de desenvolvimento. Na China, tal desenvolvimento não ocorreu à semelhança da escala ocidental. Pesquisadores como Philip Huang (1990) acreditam que, ao analisar a China, devemos renunciar a nossos pressupostos comuns baseados na experiência européia e à reação a ela por parte de economistas teóricos europeus como Adam Smith e Karl Marx. A economia da China possui problemas específicos devido à sua dimensão territorial, o que possibilita o surgimento de condições e tendências muito diversas em diferentes regiões ao mesmo tempo.

Em primeiro lugar, o aumento maciço da população, que na Europa foi de início atribuído à industrialização, ocorreu na mesma época na China, embora a industrialização não tenha sido comparável. A população, estimada em sessenta milhões na metade da dinastia Han, a partir do século II d.C. era quase a mesma na metade da dinastia Tang, indicando mil anos de oscilações apenas com um modesto aumento global. Em seguida, o total estimado cresceu sob os Song para mais de cem milhões, porém foi considerado muito menor sob os mongóis e no início da dinastia Ming. No século XVII, quando os Qing assumiram o poder parece ter havido apenas um lento crescimento total em um período de seiscentos anos.

A dinastia Manchu, em 1651, registrou dez milhões de famílias ou lares, com o cálculo aproximado de seis pessoas em cada um deles. Mas, sabe-se que as estimativas oficiais da população durante os períodos dinásticos foram subestimadas, visto que, parcialmente, o pagamento de impostos incidia sobre uma área administrativa segundo a população total estimada. Isso criou um incentivo para registros menos expressivos tanto por parte do povo quanto pelas autoridades responsáveis pelo pagamento das taxas. Antes de 1980, a China nunca teve um verdadeiro recenseamento, nos moldes modernos, que registrasse dados precisos a partir de determinada data sobre a distribuição por idade e sexo, estado civil, migração e outras minúcias necessárias para a análise científica. Os números da China, ao contrário, são resultado de registros e estimativas com propósitos governamentais, com o intuito de identificar o número de pessoas capazes de cultivar a terra, trabalhar no serviço público, empunhar armas ou pagar impostos. Não se esperava a cooperação popular. Categorias inteiras de pessoas foram omitidas. Não existiam tabelas uniformes, mapas precisos nem recenseadores treinados. As estimativas eram sempre produto de um ritual burocrático. A província de Henan, por exemplo, durante grande parte do século XIX informou um aumento de mil pessoas a cada dois anos!

Pode-se presumir que a população chinesa em 1600 era de cerca de 150 milhões. Talvez a transição Ming-Qing tenha assistido a um declínio. De 1741 até a irrupção da grande Rebelião Taiping em 1851, os números anuais aumentaram de modo constante e grandioso, tendo começado com 143 milhões e terminado em 432 milhões. Baseados nesses dados numéricos, verificamos que a população chinesa dobrou entre 1790 e 1840. Se, com maior precaução, presumimos números inferiores no início do século XVIII e apenas quatrocentos milhões em 1850, ainda nos deparamos com um fato surpreendente: a duplicação da vasta população chinesa no século *anterior* ao contato com o Ocidente. Para explicar esse aumento súbito não podemos apontar fatores existentes na sociedade chinesa, porém devemos encontrar condições ou uma nova combinação de fatores de eficácia recente durante esse período. Entre esses está a quase total paz interna mantida sob o reinado manchu durante o século XVIII. Também houve um aumento do comércio exterior através de Guangzhou e alguma melhoria do transporte interno. O controle de doenças, como o da varíola pela variolização, pode ter sido significativo. Mas o suprimento de alimentos teve importância mais crítica.

Confrontados com a grande diversidade de números não-confiáveis, os economistas compararam os registros de população com os dados agregados para a área de terra cultivada e a produção de grãos nos seis séculos após 1368. Presumindo que a população da China em 1400 era de cerca de oitenta milhões, Dwight Perkins (1969) concluiu que seu crescimento para setecentos milhões ou mais, em 1960, tornou-se possível pelo aumento constante do suprimento de grãos, que cresceu cinco ou seis vezes entre 1400 e 1800 e subiu mais de 50% entre 1800 e 1965. Esse aumento do suprimento de alimentos ocorreu em parte em virtude da ampliação da área cultivada, em especial pela migração e assentamento nas províncias centrais e ocidentais, assim como pela maior produtividade – o sucesso obtido pelos fazendeiros em incrementar a colheita por unidade de terra.

Esse avanço tecnológico adquiriu muitas formas: uma delas foi a introdução contínua, no Sul, de variedades de arroz de amadurecimento mais precoce, o que possibilitou a colheita dupla. Novas culturas de cereais (milho) e de batata-doce, assim como amendoim e tabaco das Américas, foram introduzidas. Os cereais, por exemplo, podem ser cultivados em solo seco e nas terras marginais das colinas do Norte da China, onde são usados na alimentação como combustível e forragem, além de fornecerem cerca de um sétimo da energia alimentar disponível na região. A batata-doce, que cresce em solo arenoso e fornece mais energia alimentar por unidade de terra que outros cereais, tornou-se a comida do homem pobre em grande parte dos arrozais do Sul da China.

Os investimentos de capital também melhoraram a produtividade na agricultura, a começar pela irrigação. De 1400 a 1900, o total de terra irrigada parece ter triplicado. Houve ainda um ganho com instrumentos agrícolas, animais de carga e excrementos humanos, sem mencionar o crescimento populacional, que aumentou mais uma vez tão rápido quanto a área de terra cultivada e elevou a mão-de-obra e excrementos humanos disponíveis por unidade de terra. Desse modo, a população crescente foi alimentada por uma agricultura mais intensiva, maior utilização de trabalho e fertilizantes na terra.

Nessa perspectiva mais ampla, o crescimento populacional da China nos últimos seiscentos anos foi em média de apenas cerca de quatro décimos de 1% ao ano, não indicando um rápido índice global. Mas a duplicação e a reduplicação dos números no século XVII e no início do século XIX foi semelhante à explosão populacional européia contemporânea, ocasionada, em parte, pela disseminação da batata. Recentemente, especulou-se que o crescimento simultâneo no início da era moderna na China, na Rússia e na Europa ocorreu em virtude do aquecimento global do clima no começo da era moderna, que estendeu a estação de cultivo. Talvez essa seja a principal explicação do crescimento da China; no entanto, essa probabilidade ainda aguarda um estudo detalhado.

Declínio da produtividade do trabalho agrícola

Apesar do enorme crescimento da população e do suprimento de alimentos, o fim da China Imperial assistiu ao declínio da produtividade dos trabalhadores na agricultura. Esse declínio atingiu o próprio setor que os funcionários eruditos confucianos consideravam a raiz do Estado e que estavam mais comprometidos com a nutrição. Na verdade, seus estudos e manuais de tecnologia na agricultura eram modelos para sua época. Infelizmente, os autores não eram economistas voltados para o retorno do investimento. Como as famílias nas fazendas trabalhavam arduamente, a maioria dos observadores não percebeu a diminuição do retorno, em especial na cultura do arroz.

A tecnologia da cultura do arroz progrediu de maneira constante com o aumento da produção. Depois da queda dos Song do Norte para a dinastia Jin em 1126, aumentou a emigração do Norte da China em direção ao sul, e houve um crescimento simultâneo da população e da cultura de arroz no vale Yangzi. A terra foi convertida em alagadiços mediante esforços enérgicos. Robert Hartwell (1982) relata, por exemplo, que entre 1170 e 1225 novos diques ou pôlderes "resultaram no cultivo de quase toda a terra arável do lago T'ai até o mar e da foz do Yangtze para as regiões costeiras do Norte de Chekiang". Por toda a costa sudeste de Zhejiang a Guangzhou novas terras foram formadas pelo represamento de campos de terra costeira baixa. Enquanto isso, pela formação de terraços em colinas e montanhas, aumentou a área de cultivo de arroz em acres por todo o Sul da China.

O cultivo manual de arroz requer a delicada sintonia de muitos fatores: a escolha da semente e o padrão da cultura, o arado, a irrigação, a fertilização dos campos, o transplante, a capinação, a colheita, a peneiração e a secagem da colheita, além de sua armazenagem, transporte e venda. Existem muitos pontos delicados a considerar. A maior especialização e o esforço incessante podem com freqüência aumentar a produção de arroz em comparação com colheitas alternativas ou com o artesanato caseiro. No entanto, o crescimento quase indefinido da produção de arroz quando a força de trabalho abundante está disponível não impede a lei da diminuição do retorno.

Hoje, ao olhar para os campos aterrados que moldam a paisagem em tantas partes da China, um observador pode ficar impressionado com a beleza dos contornos de nível impostos pelo homem na natureza e reverenciar o investimento passado de força de trabalho que representam. No contexto econômico, é possível calcular a produtividade por fazendeiro nesse cenário. O arroz foi capaz de suprir mais calorias por unidade de terra que qualquer outra colheita, tornando-se o esteio da vida na China desde os tempos dos Song. Mas, com certeza, era um trabalho que exigia grande esforço.

Consideremos, por exemplo, o trabalho necessário para acrescentar outro terraço no topo de vários existentes e em uso: o esforço físico de subir os terraços para preparar o novo campo, cultivar mudas para transplante, ajustar o fluxo de irrigação, trazer e aplicar fertilizante, monitorar, capinar e, finalmente, colher a safra à mão. Kan Chao (1986) estima que o sistema de trabalho intensivo nas fazendas da China e o investimento de trabalho em uma unidade de terra pode ser dez a vinte vezes maior que o investimento de trabalho normal na agricultura extensiva em qualquer outro lugar. Na verdade, o fazendeiro de arroz é completamente absorvido com seu cultivo. Com o decorrer do tempo, a colheita total de arroz cresceu em paralelo à população. Dwight Perkins assinalou como a área cultivada aumentou com o crescimento populacional, embora os novos incrementos de terra fossem, sem dúvida, menos acessíveis e eficientes. Quando o esforço foi desviado do arroz para outras colheitas, ou da agricultura, digamos, para a produção artesanal, a mesma limitação começaria a atuar mais cedo ou mais tarde. O fazendeiro produziria cada vez menos para cada acréscimo de esforço.

"A pressão populacional", no sentido de um excesso de pessoas tornando a terra mais escassa que o trabalho e por esse motivo gerando uma mão-de-obra mais barata, tem sido uma das maiores generalizações sobre a China. O juízo de "superpopulação" é uma questão técnica para historiadores econômicos. Ainda não existe um consenso do quão grande tem sido na China e em que períodos e lugares. Ainda estão em discussão estatísticas importantes sobre os territórios e a população. Contudo, podem-se apontar diversos fatores que levam à conclusão geral de que a pressão populacional diminuiu o crescimento econômico e industrial da China.

Em primeiro lugar, a ânsia por terras levou os fazendeiros a fazer um uso abusivo dos lagos. Peter Perdue (1987) demonstrou que em volta do grande lago Dongting em Hunan no século atual foram construídos cerca de novecentos diques, estendendo-se por cerca de 6.500 quilômetros. A redução da área do lago diminuiu a área de drenagem de águas de inundação, exacerbando o problema das enchentes.

R. Keith Schippa (1989) mostrou como o lago Xiang, próximo a Hangzou, ao longo de nove séculos foi aterrado e desapareceu.

Por trás dessa ânsia por terras está a deterioração contínua da razão homem/terra. Na época da distribuição igualitária de terras no campo entre 485 e meados do século VIII, a terra cultivada por domicílio foi estimada em oitenta *mou* (um *mou* ou *mu* é cerca de um sexto de acre). No século XII era algo em torno de vinte a trinta *mou*, em 1936 a média para uma fazenda familiar na China estava estimada em 3,6 *mou*. O significado exato dos termos estatísticos, nos volumosos, porém variados, registros chineses, dificultam o trabalho dos pesquisadores, mas não se discute a tendência de queda em longo prazo do índice homem/terra.

Outro dado importante a destacar em relação ao empenho dos camponeses chineses é o fato de que as grandes invenções tecnológicas como a seda, porcelana, comportas de canal, escapo do relógio, cadaste do leme, imprensa, pólvora, aiveca de ferro do arado, além de outras descobertas inventariadas em profusão por Joseph Needham e seus colaboradores, chegaram ao fim, de modo geral, na época Song. Depois disso, a abundância de mão-de-obra tornou menos necessárias as invenções que economizavam trabalho. Kang Chao observa que as 77 invenções para utilização na agricultura (como a roda de alcatruz ou *nora* para irrigação) relacionadas em um manual do ano 1313 não aumentaram de forma perceptível em trabalhos posteriores similares.

As indústrias domésticas das fazendas que fabricavam seda e chá ou mais tarde teceram algodão oferecem outra linha de evidência. Parece estranho que após o estabelecimento das cidades de Kaifeng e Hangzhou no regime Song, nenhuma grande cidade de mais de um milhão de pessoas tenha surgido na China até o século XIX. Em parte, isso se deve ao fato de a indústria, como sugere Chao, ter sido "ruralizada", ou, segundo Philip Huang, "familiarizada". Ou seja, o artesanato feito por mulheres da fazenda produzia bens mais baratos que as fiações de seda ou fábricas da cidade. As fazendeiras podiam gerir suas modestas lojas caseiras, de trabalho quase escravo, para confeccionar suprimentos domésticos e bens comercializáveis por um salário inferior à subsistência. Era menos um sintoma de capitalismo incipiente que ingenuidade dos fazendeiros chineses para suplementar o retorno do investimento em lotes de terra pequenos demais. Os produtos artesanais podiam ser vendidos no mercado local que cresceu durante e depois dos Song para obter com dificuldade um pouco de ganho extra. Eles davam indícios da pobreza abjeta da fazenda familiar, que obrigava a mulher do fazendeiro e as crianças a continuar trabalhando na fiação e tecedura para ganharem apenas uma esmola que iria, apesar disso, aplacar a fome.

Pode-se conjeturar que o crescimento registrado da população chinesa e da produção esteja em conformidade com a evidência de "empobrecimento", a deterioração dos padrões de vida, ao menos em algumas áreas? Os economistas ainda discutem essa anomalia. Alegar "superpopulação" na China, que dobrou seu índice demográfico nas dinastias Ming e Qing e, mais uma vez, depois de 1949, parece uma tentativa de desviar-se das evidências. De qualquer modo, a questão não é se a população podia alimentar a si própria e continuar a aumentar, mas se o padrão global de vida podia ser mantido.

Inúmeros resultados derivaram dessa pressão populacional no fim do século XIX: as máquinas competiram com a força de trabalho barato no transporte e na indústria e, assim, ameaçaram a subsistência popular. A pobreza significava ausência de poder de compra e de mercado para bens manufaturados. A letargia na mecanização e na padronização foi uma desvantagem na capacidade da China para competir, mesmo como fonte de produtos artesanais, como testemunha o crescimento até a dominação pelo Japão da produção de seda e a superação da China pela Índia na produção de chá.

A perda de terras da China na produtividade *per capita* de sua mão-de-obra agrícola foi exacerbada pelo enfraquecimento artificial do poder da mulher, por meio da prática de enfaixe dos pés.

A sujeição das mulheres

A baixa condição feminina na China pré-moderna é citada em todas as considerações sobre o sistema familiar. Mas a simples menção que a mulher casava por obediência familiar, não possuía propriedade e, em geral, era iletrada ainda não dá ao leitor uma idéia exata da questão. Essa carência pode ser suprida ao se enfocar o costume inusitado de enfaixar os pés das mulheres.

Quando minha mulher e eu vivemos em Beijing por quatro anos no início dos anos 1930, três coisas fora do comum nos impressionaram. Primeiro, não éramos chineses, mas, em virtude da invasão estrangeira imperialista precedente, desfrutávamos dos privilégios da elite dominante na China. A polícia não nos incomodava. Em segundo lugar, a força de trabalho era tão abundante e barata que nosso meio de transporte mais fácil era o jinriquixá com um cavalo humano inteligente entre os varais. Ele poderia ir mais rápido se pedíssemos. Se correr e suar no frio o fizesse tossir sangue, ele sempre podia encontrar um substituto. Em terceiro lugar, todas as mulheres de meia-idade ou mais tinham os pés enfaixados, andavam de modo pesado e desajeitado em seus calcanhares como se as partes anteriores dos pés tivessem sido amputadas. Ao viajar pela zona rural de cinco províncias do Norte da China, nunca encontramos uma mulher de um fazendeiro com mais de trinta anos cujo pé não estivesse enfaixado. Todos esses três fenômenos desagradáveis – privilégios estrangeiros especiais, excesso de mão-de-obra e os pés enfaixados das mulheres – foram essenciais para moldar a cultura.

As mulheres na China pré-moderna eram antes de tudo produto e propriedade de suas famílias. Até o século atual, sua sujeição estava demonstrada e reforçada pelo costume de enfaixar os pés. Os chineses são tão evasivos em relação a esse costume que é escassa a publicação moderna na China sobre o assunto. Os ocidentais, ao estudarem a China, absorvem, com naturalidade, as suscetibilidades chinesas e poucos se inclinam a fazer acusações. No entanto, o enfaixe dos pés obscureceu a vida da maioria das mulheres chinesas por muitos séculos, com repercussões psíquicas e sociais que demandam uma avaliação histórica. Mais evidente foi a perda econômica por meio do enfraquecimento da força muscular e da capacidade de trabalho das mulheres de fazendeiros.

A primeira coisa a observar acerca do enfaixe dos pés é que eles não paravam de crescer. Ele apenas fazia com que crescessem com aspecto deformado. Imagine uma menina que – por seis a dez longos anos, começando entre cinco e oito anos até a idade de treze ou quinze anos, os anos de sua infância e crescimento – tem os pés sempre enfaixados por bandagens de pano, dia e noite, para deformá-los em "lírios dourados" de 7,5 cm de comprimento. Para tornar os pés mais finos sob pressão constante, os quatro dedos menores de cada pé eram empurrados para baixo ao redor e sob a planta do pé. Se a mulher tentasse andar de modo normal, estaria colocando seu peso nos ossos dos dedos do pé sob os pés. Contudo, por sorte, não podia fazer isso, pois para diminuir o tamanho dos pés, o tecido que os enfaixa comprime os pés para trás. Sob essa pressão constante, os arcos quebram de forma gradual e dobram-se para cima, de modo que apenas a borda posterior dos calcanhares pode suportar o peso. À medida que o arco se quebra, as partes planas dos calcanhares e as bolas dos pés (ou plantar) movem-se paulatinamente de horizontais para perpendiculares, de frente uma para outra, de modo que um objeto como um dólar de prata possa ser introduzido no pequeno espaço entre elas. O resultado é que jamais será possível correr de novo e apenas com dificuldade poderá andar sobre a base dos calcanhares. Mesmo ficar de pé será desconfortável. Depois que os pés pararem de crescer a dor desaparecerá, porém continuará a usar as fitas de enfaixe, por um lado para dar suporte aos pés, e por outro porque são objetos repugnantes, disformes e feios de olhar. As mulheres não deixam ninguém vê-las descalças.

Essa dor implacável e auto-infligida é, em tese, bem-vinda nos anos de formação como modo de obter um casamento recompensador que possa ajudar a família por um bom preço pela noiva. Os corretores de casamento enfatizam a importância do tamanho do pé. A mãe passou por tudo isso e a ajudará a fazer o mesmo. Ela ensinará a arte de não bloquear a circulação para evitar a gangrena e o pus, a manter as unhas dos dedos dos pés sob ele dobradas aparadas para que não furem a pele, a trocar diariamente o enfaixe para manter a pressão uniforme, a lavar para diminuir o cheiro, a massagear as pernas para diminuir a dor, a usar pequenos lindos sapatos para fazer propaganda de sua conquista e atrair a atenção masculina. Quando se casa na esperança de ter um bebê do sexo masculino, tem a vida bastante limitada nos afazeres domésticos. Se for uma empregada, em pé, de pés enfaixados diante de sua patroa, poderá ser permitido que se recoste na parede para diminuir o desconforto. Em um sentido bem literal não é possível correr. Entre outras coisas, os músculos pouco usados das pernas atrofiam e elas se tornam muito compridas e deselegantes.

Os missionários na década de 1880 estimaram, a partir dos relatos, que cerca de 10% das meninas que tiveram os pés enfaixados não sobreviveram. É claro que a mortalidade infantil teve diversos motivos. Nunca seremos capazes de quantificar uma questão tão imensurável, mas há evidências de que as meninas nos primeiros anos que enfaixavam os pés tinham problemas para dormir, sem mencionar a movimentação. Algumas colocavam os pés à noite embaixo das mães ou os descansavam em estrados, em ambos os casos, para atenuar a dor ao tornar os pés insensíveis pela falta de circulação.

Por trás do enfaixe dos pés está um fetiche sexual masculino que tem sido observado por muitos, mas raras vezes investigado. Aparentemente, o enfaixe dos pés teve início na corte no século XII. Howard Levy (1966) reproduz um poema do começo da dinastia Song do poeta político Su Shi (Dongpo, 1036-1101):

> Ungida com fragrância, ela tem passos de lótus;
> Ainda que sempre triste, caminha com rápida leveza.
> Ela dança como o vento, sem deixar vestígios
> Outra furtiva, mas alegre veste-se ao estilo do palácio,
> Mas sente tal sofrimento ao tentar andar!
> Olha para eles na palma de sua mão, de tão incrível pequeneza que
> Desafiam a descrição.

O aspecto mais cruel do enfaixe dos pés era que as massas camponesas imitavam a elite. O enfaixe dos pés não era praticado entre os mongóis, os manchus e outras minorias. Os imperadores manchus (Qing) protestaram contra isso, assim como os eruditos iconoclastas. Mas entre as camponesas que tinham de levar uma vida de trabalho árduo, o enfaixe dos pés tornou-se popular. Não há estudos sobre quando e como isso aconteceu. Aparentemente, o costume foi mantido só em algumas regiões. Contudo, enfaixar os pés era uma prática disseminada no século XIX, e seus efeitos ainda eram visíveis na década de 1930.

Qual o custo psíquico e social, sem mencionar o econômico, do enfaixe dos pés? As mulheres da cidade aceitavam esse fato como as dores do parto e ridicularizavam qualquer uma com os pés normais. Será que elas acreditavam na teoria masculina de que o enfaixe dos pés produzia músculos que aumentavam o prazer dos homens na copulação? Ao se mutilarem, sofriam qualquer perda de autoconfiança e respeito a si próprias? Será que os verdadeiros confucianos aplicavam às mulheres o dito de que nossos corpos, como nos foram dados por nossos pais, são sagrados e não devem permitir serem mutilados? Discute-se se Zhu Xi, o grande propagador do neoconfucionismo, era contra o enfaixe dos pés. Ele não defendia a liberdade feminina. Enfim, podia uma mulher com os pés enfaixados sentir algo além de inferioridade? Sentir-se uma vítima de um destino impiedoso? Com medo de romper as convenções? O trauma, consciente ou inconsciente, deve ter-se tornado parte da personalidade da mulher chinesa.

Infelizmente, o enfaixe dos pés não é uma prática social que possa ser estudada de modo comparativo. Não se pode compará-lo à moda da cintura fina das mulheres vitorianas constantemente apertada em seus espartilhos, bem como com as mulheres africanas que aos poucos alongavam os pescoços ao adicionar, em torno deles, anéis de metal. É possível que a prática de clitorectomia, em certas regiões da África, realizada por mulheres em mulheres, seja de algum modo comparável; no entanto, como iniqüidade imposta a centenas de milhares de mulheres, o enfaixe dos pés está em uma classe própria, um aspecto único da cultura chinesa. Como conseqüência, não é um tópico descrito em trabalhos gerais de sociologia. É estranho que historiadores sociais da China, homens e mulheres, ainda admitam com dificuldade sua existência. É o aspecto menos estudado da sociedade chinesa. A fascinante complexidade dos preparativos do casamento e a desigualdade geral concedida às mulheres têm sido exploradas de maneira brilhante, porém não o enfaixe dos pés. Evitá-lo talvez represente uma idiossincrasia ocupacional dos sinólogos, um patriotismo secundário ou uma sinofilia que pode levar intelectuais obstinados a não quererem criticar o objeto de suas pesquisas.* Contudo, um mal social que se institucionaliza, embora vergonhoso de lembrar, ainda assim deve ser enfrentado. A escravidão africana nos Estados Unidos tem tido um confronto saudável por parte dos historiadores por meio de diversos ângulos. O enfaixe dos pés na China não deve ser mantido na obscuridade. Foi um fato com causas e repercussões ainda a serem compreendidas.

Comércio interno e organização comercial

A expansão do comércio interno da China, que acompanhou o crescimento populacional, começou com a agricultura. Cultivar produtos agrícolas e produzir artesanato nas fazendas para vendê-los expandiu as artérias do comércio entre as macrorregiões e as regiões. Assim, o algodão em rama do Norte da China pôde ser levado pelo grande canal para os centros de produção têxtil do baixo Yangzi. A região de Shanghai tornou-se por certo tempo a principal exportadora de fio de algodão para Guangdong. Produtos especializados, como a cerâmica dos fornos de Jingdezhen em Jiangxi, seriam com certeza vendidos nas fronteiras regionais e em todas as direções, enquanto o suprimento de tijolo e chá da China central subia o rio Han para ser trocado nos mercados de chá e cavalo na fronteira interna da Ásia.

O estudo magistral de William T. Rowe (1984, 1989) sobre Hankou (1760-1890) oferece um exemplo básico dessa comercialização. Além do transporte fluvial acima e abaixo do Yangzi, Hankou era a encruzilhada do comércio fluvial no rio Han e do noroeste ao sul do rio Xiang através de Hunan até o Guangzhou. Essa rota podia trocar arroz ou especiarias do Sudeste da Ásia. Madeira, arroz e depois ópio desceram o Yangzi provenientes do Schiuan, o sal subiu o rio desde os leitos de sal da costa norte de Shanghai. O melhor chá veio das colinas da província de Fujian. No século XIX havia um comércio inter-regional considerável na China, enquanto a exportação de seda e chá estava sendo enviada para o exterior em maiores quantidades de Guangzhou e depois de Shanghai e Fuzhou.

---

* Para um exemplo notável de sinofilia sentimental ver minha declaração na *Foreign Affairs*, de outubro de 1972, de que em determinado contexto a revolução maoísta foi "a melhor coisa" que aconteceu ao povo chinês em muitos séculos.

Esse incremento do comércio interno foi com certeza acompanhado pelo crescimento dos sistemas de mercado. Os aldeões freqüentavam os mercados-padrão, que, por sua vez, eram tributários dos mercados centrais em uma escala hierárquica. À medida que os mercadores itinerantes se deslocavam na região, os mercados forneciam escoadouro para os produtos do artesanato agrícola como seda crua ou tecido, além de produtos alimentícios.

A ampliação do comércio promoveu o crescimento de cidades-mercado (*zhen*) dedicadas ao comércio e a setores que não foram originalmente criados para serem centros administrativos. Em particular no delta do Yangzi, as lojas de artesanato das novas cidades começaram a contratar trabalho em bases capitalistas. Os mercadores eram a elite da cidade, enquanto uma mão-de-obra móvel e livre começou a aparecer como verdadeiro proletariado, organizado, em geral, em equipes de trabalho gerenciadas por patrões empreiteiros. Mais e mais fazendeiros desviaram o foco da lavoura para o artesanato, ao passo que outros foram para o crescente setor de transportes.

A rede de transporte fluvial extensiva da China já tinha disponibilidade para acomodar a expansão do comércio. Um fator que contribuiu para o crescimento foi o aumento da navegação das muitas variedades de juncos chineses no Yangzi e seus afluentes ao longo da costa. Eles levavam o açúcar do Sudeste da China de portos como Shantou (Swatow) e Xiamen (Amoy) para a Manchúria meridional e retornavam com carga de bolos de soja para usar no Sul como fertilizante.

Outro índice de crescimento foi a proliferação que teve início no fim do século XVIII de associações de comércio, em especial das guildas locais, ou seja, guildas em diversos centros da província para acomodar mercadores e outros que compartilhassem o mesmo lugar de origem. Rowe assinala o aumento das associações que lidavam com o comércio específico de bens como chá ou têxteis e as guildas locais como as dos comerciantes de Ningbo em Hankou. Essas guildas, que serviram os comerciantes à distância no comércio interregional, proporcionaram-lhes não apenas as amenidades de um ponto de encontro em seus salões, mas também forneceram espaço para armazenagem, moradia, um santuário para a divindade padroeira da guilda, um palco de ópera, uma escola para exame de candidatos, e uma ampla associação comercial.

As guildas eram financiadas pela entrada de impostos e poderiam possuir bens imóveis e serem proprietárias locatárias com o recebimento de grandes somas de aluguel. Também podiam levantar fundos pela emissão de debêntures. Elas editavam e executavam regulamentos sobre o comércio; dedicavam-se às suas atividades e poderiam organizar boicotes, assim como mediar disputas. À medida que os comerciantes de algodão estabeleceram-se com sucesso, as associações passaram a ter funções e influência cada vez maiores. Com espírito público, além de preocupação com seus próprios interesses, elas mantiveram torres de observação de incêndio e equipes para combatê-lo em uma cidade perigosamente inflamável. No porto local mantinham barcos salva-vidas. Contribuíam para obras de caridade, sustentavam abrigos para alimentação em tempos de fome e vigias para controlar desordens. Mantinham vias públicas, construíam pontes ou melhoravam o suprimento de água. Exibiam uma "mentalidade pública" confuciana. Em resumo, as associações tornaram-se instituições municipais, capazes de organizar milícias ou boicotes ou mediar disputas no comércio, mas não se submetiam ao controle direto dos magistrados locais.

Sem dúvida, o crescimento do comércio levou ao aprimoramento da tecnologia fiscal. Os banqueiros de Ningbo, que ao fim do século XVIII dominaram o mundo dos bancos em Shanghai, desenvolveram um esquema de transferência de tael de modo a equilibrar suas contas do dia a dia. No século XIX, os bancos de remessa de Shanxi, criados por sociedades familiares nas cidades ao longo do rio Fen, a antiga região central das dinastias Sui e Tang, transfeririam fundos por cartas e ordens de crédito em suas agências em outros locais para evitar a remessa através do país de ligas de prata em comboio sujeita ao ataque de bandidos. Rowe enumera inovações como "letras de câmbio, depósitos bancários, registros de transferências de fundos entre depositantes, crédito com saque a descoberto e... instrumentos de crédito transferíveis e negociáveis".

Infelizmente, o admirável crescimento comercial dos últimos anos da China Imperial ocorreu em um contexto de situações há longo tempo estabelecidas e difíceis de serem mudadas, que prejudicou os fazendeiros e mercadores. A comercialização nesse período não foi seguida pela industrialização no modelo ocidental, embora pesquisadores tenham encontrado muitas evidências sobre o tipo de proto industrialização na China que foi seguida pela industrialização na Europa. Desse modo, o aumento de cidades comerciais, de empreiteiros gerenciando o sistema de produção de bens manufaturados de artesanato doméstico para a venda, e o aparecimento de uma classe de trabalho assalariado urbano ou proletariado ocorreu em determinadas partes da China, como no delta do Yangzi. Ainda assim, esses fenômenos semelhantes aos europeus eram superficiais diante de uma antiga realidade rural: as lavouras domésticas possuíam tão pouca terra que a produção de artesanato e produtos secundários, em especial de seda e algodão, tornaram-se parte integrante de sua subsistência. A lavoura doméstica era comercializada mediante um máximo de investimento de trabalho, muito além do ponto de retorno e com um mínimo de entrada de capital. Tanto a receita proveniente da agricultura quanto do artesanato foram necessárias para a subsistência das famílias. O resultado, como sublinha Philip C. C. Huang (1990), foi que "na agricultura, fazendas com trabalho assalariado não podiam concorrer com o cultivo de famílias camponesas. Na indústria, as oficinas urbanas não podiam competir com o baixo custo de produtores domésticos". A economia rural estava destinada à involução, ou seja, ao crescimento do produto sem nenhum aumento da produtividade por hora de trabalho. Nessa situação complexa, uma economia de mercado no sentido proposto por Adam Smith não podia funcionar. As expectativas de economistas como Smith e Marx, provenientes da experiência européia, não eram adequadas para explicar a complexa realidade chinesa.

Embora a classe dos mercadores crescesse em força e capacidade, permanecia sujeita à ação arbitrária de funcionários que buscavam contribuições para enfrentar crises como enchentes ou defesa civil. Além disso, também procuravam ser recompensados com presentes de detentores de licenças, monopólios e propriedades. Na tentativa de protegerem-se ao se unirem à classe ainda dominante da elite dos detentores de terras, o investimento dos mercadores na indústria continuou a ser secundário em relação ao investimento em terras e bens imóveis. Com o início da urbanização, a subordinação dos mercadores aos funcionários diminuiu, porém continuaram sob sua supervisão ou, até mesmo, dominação.

A simbiose mercador-funcionário

O mercador era mantido sob controle pelo funcionário como um aliado, cujas atividades podiam ser usadas e exploradas no seu interesse pessoal ou do Estado. Como Etienne Balazs apontou, as transações comerciais estavam sempre sujeitas à superintendência e à taxação governamental. Os monopólios do governo de produtos básicos como sal e ferro, anteriormente, ou chá, seda, tabaco, sal e seus correspondentes mais recentes expressavam o domínio e os privilégios econômicos do Estado. Nenhuma classe de mercadores obteve permissão para crescer de modo independente e ultrapassar essas prerrogativas.

Isso era garantido na prática pela falta de deferência do governo aos direitos da propriedade privada. Esse fato significava que a patronagem e o apoio dos funcionários eram necessários para proteger qualquer empreendimento comercial. O resultado era uma estreita comunidade de interesses entre o mercador e o funcionário. Ambos podiam lucrar unindo-se. Mercadores, banqueiros, corretores e comerciantes de todos os tipos eram, portanto, uma classe vinculada e subordinada à burocracia. Como gerentes e manipuladores de bens de capital, eles ajudaram os funcionários a extrair superávits não apenas do comércio, mas também da agricultura.

No fim do período imperial, foi concedido aos mercadores um *status* que refletia a importância da riqueza da economia em crescimento. Eles podiam passar, com alguma facilidade, para a classe da pequena nobreza por meio da compra de terras, exames de graduação ou arranjos matrimoniais. Diversamente da Europa, a China tinha um comércio externo pouco organizado no qual um mercador podia investir. Como já mencionado, durante duzentos anos os Ming haviam banido o comércio privado no exterior. Embora menos lucrativas que o comércio, as terras eram mais seguras e, portanto, permaneceram como uma grande fonte de investimento. A classe dos mercadores produziu proprietários locatários de modo mais rápido do que capitalistas comerciais independentes.

O sistema financeiro pré-moderno da China também inibiu o capitalismo. A poupança que representava o capital acumulado era, em geral, investida no empréstimo de dinheiro em virtude dos altos juros obtidos. As taxas usurpadoras significavam um índice da alta demanda sazonal do fazendeiro por dinheiro, para pagar os impostos e sua subsistência até a próxima colheita. Os juros dos créditos em curto prazo eram mais elevados para os fazendeiros do que os empréstimos concedidos a industriais em longo prazo. Como resultado, havia menos incentivo para investimento da poupança na produção industrial.

Em suma, o capitalismo não pôde prosperar na China em virtude do controle imposto ao mercador pelo locatário da elite rural e de seus representantes na burocracia. Na Europa feudal, a classe dos mercadores desenvolveu-se nas cidades. Como a classe dominante de proprietários rurais possuía suas propriedades, as cidades européias cresceram fora do sistema feudal em vez de se integrarem a ele. Os burgos medievais ganharam sua independência por possuir um *habitat* separado nessas cidades e uma nova autoridade política para protegê-los nas pessoas dos reis de nações Estado. Essas condições não existiam na China. A abolição precoce do feudalismo e a dependência do imperador e de seus funcionários da pequena nobreza local controlaram o poder político, impedindo que o mercador obtivesse uma proteção especial. As cidades, em geral, cresceram primeiro como centros administrativos. O vínculo essencial da elite com o funcionalismo levou-a a se estabelecer em cidades como centros culturais ou em portos protegidos contra bandidos ou camponeses agressivos. A maior segurança da família aristocrata não se apoiava apenas na confiança na posse de suas terras, mas na união com os detentores de prerrogativas oficiais. A propriedade familiar não era segura, mas seus membros que exerciam cargos oficiais podiam protegê-la. Assim, a elite da economia camponesa encontrou sua segurança na terra e no governo, não no comércio e na indústria. Os membros dessa classe dominante e os funcionários controlavam os mercadores que contribuíam para seus cofres em vez de estabelecer uma economia distinta.

A empresa privada poderia desenvolver-se com liberdade na agricultura de pequena escala, na corretagem ou no pequeno comércio sob domínio de impostos do governo, porém isso não significava um capitalismo de empreendimento privado. A partir do cultivo mais contínuo da terra dos camponeses, a burocracia acumulava, por meio de impostos, um superávit maior. Seguindo o mesmo princípio, eles também podiam coletar do mercador ou do produtor industrial qualquer superávit que ele pudesse acumular. Existem muitos registros de mercadores na China antiga, porém raras vezes como classe com poder político. O crescimento do comércio era menos importante para os governantes que a supervisão contínua da economia agrícola. A dinastia Ming e o início dos Qing dependiam de impostos territoriais mais do que de impostos sobre o comércio.

Na China pré-moderna, o mercador tinha uma postura bem diferente da do empresário ocidental glorificado por nossos economistas clássicos, segundo os quais o empresário pode prosperar mais ao produzir bens e garantir seu aumento na produção, sem dar importância ao lucro obtido no mercado. Na China antiga, entretanto, o empreendedor deveria aumentar sua própria participação no que já tivesse sido produzido. O incentivo para um empreendimento inovador, para ganhar mercado para novos produtos, foi menor que o incentivo para o monopólio, para controlar um mercado existente pelo pagamento de licença oficial. A tradição chinesa não estimulou inovações, preferindo manter suas prerrogativas.

O empreendedor com mentalidade moderna nos últimos anos da China Imperial também precisava lidar com a burocracia dos funcionários do governo. Para enfocar a burocracia chinesa em uma perspectiva ocidental, é preciso lembrar primeiro que em 1800 a grande bacia Ohio-Mississippi-Missouri do Meio-Oeste era habitada por alguns poucos milhões de americanos nativos, enquanto o sistema do grande rio Yangzi mantinha o sustento de no mínimo duzentos milhões de pessoas. A China inventou a burocracia dois mil anos antes dos Estados Unidos. A legislação do serviço civil americano começou na década de 1880, após a administração de Grant e apenas cem anos antes de Ronald Reagan. Nosso breve século de experiência mal se iniciou para que possamos nos familiarizar com as armadilhas institucionais chinesas.

Os funcionários imperiais eram responsáveis por todos os eventos públicos em sua jurisdição, mas não controlavam todos os fundos públicos. Os procedimentos orçamentários e contábeis eram rudimentares. A burocracia vivia da corrupção sistematizada e até mesmo da extorsão. Esse processo era fomentado em razão do sistema de relacionamentos pessoais intrincados que os funcionários tinham de manter com seus superiores, colegas e subordinados.

O "arrocho" funcionava mais por meio da cortesia do que por sigilo. Na execução de suas obrigações, funcionários em início de carreira davam "presentes" habituais a seus superiores. Mas, assim como todos os preços na China pré-moderna, o valor deles era conseqüência do relacionamento pessoal. O sistema de arrocho e outras práticas de barganha impregnavam a rotina da vida chinesa. As somas extralegais que circulavam entre os funcionários eram substanciais, porém não diferiam do tipo das pequenas comissões extraídas de qualquer transação monetária por serviçais domésticos mal remunerados.

O nepotismo dava suporte ao sistema de arrocho ou "vazamento" propiciando sanção adicional a arranjos pessoais contrários aos interesses públicos. Mesmo os textos clássicos celebravam os deveres para com a família, em particular a devoção filial, como superiores a qualquer obrigação com o Estado. Assim, o interesse da administração imperial na capital, que precisava do sustento da receita das províncias, estava em conflito constante com os múltiplos interesses privados de todos os funcionários.

O funcionalismo mais graduado era, em geral, composto de homens ricos. O ministro favorito do imperador Qianlong (Heshen), ao ser investigado por corrupção e outros crimes pelo sucessor do imperador em 1799, possuía bens no valor de mais de um bilhão de dólares atuais – sem dúvida um recorde em todos os tempos. Não creio que os ocidentais ficaram aquém dos chineses na arte do suborno. Mas na China a corrupção permaneceu por mais tempo na era moderna como uma instituição burocrática aceitável, sem culpa e audaciosa. Ela não proporcionou um meio útil ao capitalista empreendedor.

Limitações da lei

Paradoxalmente, a China imperial tinha um sistema legal bem-desenvolvido que, no entanto, pouco ajudou na fomentação do capitalismo. Segundo os padrões pré-modernos, os códigos legais chineses eram monumentos no gênero. O grande código Tan do século VIII e os códigos subseqüentes na época dos Song, Yaun, Ming e Qing merecem ser analisados. Observadores europeus julgavam o sistema judicial chinês muito avançado. As leis chinesas pareceram "atrasadas" só depois das reformas nos séculos XVIII e XIX das leis e punições no Ocidente moderno.

Não obstante, o conceito chinês de lei era fundamentalmente diferente dos conceitos legais do Ocidente. Em primeiro lugar, a lei não era considerada como elemento externo e categórico na sociedade; não havia "lei maior" dada à humanidade por meio da revelação divina. Moisés recebeu suas tábuas de ouro no topo da montanha, porém Confúcio raciocinava sobre a vida diária sem a ajuda de qualquer divindade. Para suas normas referentes à propriedade, ele não recorria a qualquer sanção metafísica. Afirmava apenas que advinham do caráter moral do próprio universo natural, deste mundo, não de outro mundo além da percepção humana. Sucedia que as normas legais não eram senão uma expressão dessa moralidade – modelos ou exemplos a serem seguidos, regras de trabalho administrativo ou observância ritual. Nesse sentido, a quebra dessas regras era mais uma questão de expediente prático do que de princípios religiosos. As leis estavam subordinadas à moralidade. Sua sanção repousava na razão ou na experiência social que sustenta a moral. Esse sistema evitava o lamentável dualismo que crescia no Ocidente entre a lei e o que ditava a moralidade do senso comum.

O código imperial da China era, em sua essência, penal, a aplicação de um corretivo para os incultos. Tinha também caráter administrativo e prescrevia os detalhes dos ritos. O código era parcialmente um conjunto de decisões administrativas. Referia-se ao direito público, procedimentos, casamentos, heranças e outros assuntos importantes relacionados à administração governamental. A legislação ocupava uma parcela pequena do cenário público. O povo em geral evitava processos na corte do magistrado, na qual pleiteantes e réus podiam ser interrogados com formas prescritas de tortura e deveriam pagar taxas para os funcionários do *yamen**. Os magistrados contratavam especialistas em jurisprudência para aconselhá los pessoalmente; salvo esses conselheiros, não havia uma profissão legal nem advogados privados para representar clientes. A justiça era oficial, enfatizava o lado do Estado e da ordem social. O Estado era preponderante na questão de conflitos entre indivíduos.

Em esfera limitada, o sistema legal do regime Qing estava organizado de forma elaborada e funcionava com boa parcela de precisão. Os cinco castigos (apanhar com vara de bambu leve ou pesada, servidão penal, exílio e morte) eram impostos por uma hierarquia de cortes de magistrados que se dirigiam do condado da autoridade judiciária do *yamen* à prefeitura e à província e, em caso de sentenças de morte, ao imperador na capital. Os casos eram relatados para supervisores e por eles revisados. Era possível apelar. Os magistrados tinham um prazo para prender criminosos e podiam ser punidos com severidade por erro nos julgamentos. O grande código Qing enumerava 436 estatutos principais e cerca de 1.900 suplementares ou

* Residência oficial do governo chinês. (N.T.)

subestatutos, que forneciam castigos especiais para crimes específicos. O problema dos magistrados era encontrar o estatuto mais aplicável a determinado caso. Eles podiam recorrer a um precedente ou uma situação análoga, mas a lei não era feita por casos individuais, embora milhares deles fossem recolhidos e publicados com comentários privados para ajudar as autoridades. A doutrina e os princípios gerais não eram muito elaborados; os estatutos eram por vezes contraditórios, e sua aplicabilidade, incerta. Em geral, a lei não era nem primordial nem difundida no Estado. Apelar para a aplicabilidade da lei era desconsiderar a verdadeira moral ou admitir a fraqueza moral em seu próprio caso.

Um dos principais objetivos desse sistema legal era preservar a hierarquia confuciana dos relacionamentos, ou seja, a ordem social. Assim, os castigos para o mesmo ato variavam de acordo com a condição social ou especial da relação de parentesco dos envolvidos. A desobediência filial era o crime mais hediondo. Um filho que tivesse apenas batido em seus pais podia ser decapitado, enquanto um pai que batesse no filho até a morte caso fosse provocado pela desobediência dele mereceria apenas cem golpes de bambu pesado (em geral, os "cem" limitavam-se a quarenta golpes) e poderia ser inteiramente perdoado. A mulher que batesse no marido mereceria cem golpes, mas o marido que batesse na mulher só era castigado se ela estivesse muito machucada e registrasse queixa. O jovem que tivesse xingado seu tio paterno era punido com maior gravidade do que se houvesse xingado o neto do irmão de seu bisavô. Contribuir para a morte de um progenitor era ofensa capital mesmo se tivesse sido acidental. T. T. Ch'ü (1961) cita um caso ocorrido no período dos Qing: "Teng Feng-ta caiu quando lutava e seu oponente caiu sobre ele. Este último pegou uma pedra, e o filho de Teng, temendo que fosse arremessada em seu pai, agarrou uma faca e partiu para o atacante. O agressor moveu-se e a faca penetrou na barriga do pai de Teng, matando-o. As autoridades consideraram que o filho procurou socorrer o pai. Apresentaram o caso ao imperador e pediram a redução de sua sentença de 'decapitação imediata' para 'desmembramento'. Isso foi concedido". Esses procedimentos denotam a preocupação em manter a ordem ritual como suporte da ordem social. A punição era a retribuição ritual necessária quando a ordem social tivesse sido violada.

Em resumo, a lei não era uma especialidade independente, como a jurisprudência moderna na América, mas um instrumento administrativo generalizado. Na visão ampla da filosofia de Confúcio, na qual a classe dominante era educada, a lei era um meio a ser usado na luta incessante para manter a ordem moral. Muitos funcionários chineses, na visão de Thomas Metzger (1977), "sentiam-se equilibrados entre a harmonia e o caos... confucianos percebiam a sociedade em torno deles como corrupta e em tensão com ideais quase além da possibilidade de implementação". Mas isso era um problema moral. Eles não encontraram refúgio na aplicabilidade da lei.

Os ocidentais do século XIX preocupavam-se com a ausência, no sistema judiciário chinês, do devido processo de proteção ao indivíduo. Uma pessoa acusada poderia ser presa de modo arbitrário e ficar detida indefinidamente. Se fosse julgada culpada, podia ser forçada a incriminar a si própria por confissão, não contava com um advogado nem tinha muita chance de defender-se. O indivíduo estava desprotegido contra o Estado.

Como a lei formal servia sobretudo aos interesses do Estado, a lei civil ou privada foi desenvolvida apenas de modo informal. A solução de conflitos entre as pessoas era alcançada por vários canais costumeiros e não-oficiais. Os conflitos surgidos de transações e contratos comerciais podiam ser resolvidos nas associações de mercadores e artesãos. As brigas entre vizinhos podiam ser mediadas por habitantes idosos do povoado, associações de vizinhos ou membros da aristocracia. Em particular, os patriarcas da família no sentido mais amplo (linhagem) ou organizações em clãs, além de manter os rituais religiosos de reverência aos ancestrais, sustentar a escola para os filhos dos membros do clã e arrumar casamentos, fariam qualquer esforço para manter seus membros fora da corte ao garantir o pagamento de impostos e resolver as brigas entre eles. Afinal, o sistema legal fazia parte de um governo superficial, bem acima do nível da vida cotidiana dos povoados. A maioria dos conflitos era, portanto, solucionada de modo extralegal pela mediação e apelo a costumes antigos e opiniões locais.

Esse não-desenvolvimento linear da lei chinesa, familiar ao Ocidente, relacionava-se ao capitalismo incipiente e a uma classe independente de negociantes na China pré-moderna. Não existia o conceito de empresa como entidade legal. As grandes empresas eram negócios familiares. As relações de negócio não eram assuntos impessoais e frios governados por princípios gerais de lei e contrato em um mundo externo. Os negócios eram um segmento de toda a rede de amizade, obrigações de parentesco e relações pessoais que davam suporte à vida na China. Nesse período, o devido processo da lei, sanção de contrato e a empresa privada livre nunca se tornaram a sagrada trindade do Ocidente capitalista.

Este capítulo assinalou que o processo de industrialização na China no século XIX foi lento em virtude de fatores sociais, políticos e econômicos. Ou seja, o Estado e a sociedade habituaram-se a atitudes contraproducentes, objetivos e práticas que impediram a modernização. A desaprovação confuciana do lucro, a preocupação dos governantes em manter sempre o controle, o desinteresse da lei na proteção de investimentos privados, o hábito dos funcionários de manipular os mercadores, a diminuição da produtividade e o costume do enfaixe dos pés na zona rural, combinados ao orgulho exagerado da elite letrada e à xenofobia do povo, criaram a inércia. Nos últimos anos da China Imperial os chineses não tiveram capacidade para responder com facilidade à investida do comércio e da cultura do Ocidente.

A iniciativa capitalista não-oficial e o favorecimento estatal da indústria fracassaram em ocupar o palco central na China no século XIX. Aparentemente, por volta de 1750, as sociedades pré-industriais da China e da Europa tinham muito em comum. Na verdade, elas se assemelhavam mais do que as nações ocidentais que emergiriam transformadas pela Revolução Industrial no século XIX. Ainda assim, constata-se que a semelhança era superficial. Sob a superfície estavam grandes diferenças de estrutura social, de cultura e de idéias, como o século XIX demonstraria.

9

Rebeliões na fronteira e a abertura da China

A fraqueza da liderança do Estado

A questão sobre se a abertura da China ocorreu pela intervenção das canhoneiras britânicas ou por sua própria anuência não é mais um grande tema de debate. O crescimento da população e do comércio exterior impeliu a China a um maior contato com o mundo externo. Essa tendência precipitou rebeliões nas fronteiras internas e externas. Nesse ínterim, o processo de industrialização de países mais atrasados como o Japão ou a Rússia baseou-se na liderança governamental. Infelizmente, na China do século XIX o governo tornou-se mais fraco e menos perceptivo, justo no momento em que sua força e atuação eram necessárias.

Ao fim do século XVIII, a pressão populacional aumentou a vulnerabilidade das massas diante de catástrofes como as secas, enchentes, fome e doenças. Isso, por sua vez, defrontou a máquina precária do governo Qing com problemas que não podia solucionar – controle de enchentes, ajuda aos famintos, aumento de impostos e maior dificuldade em obtê-los. Esse tema foi abordado no estudo de Pierre Etienne Will (1990) sobre o auxílio aos famintos. Na metade da era Qing os funcionários do governo mantiveram com normalidade os estoques dos celeiros, combateram os aumentos de preços, avaliaram as condições da carência alimentar, trouxeram grãos de outras províncias e supervisionaram sua cuidadosa distribuição. Mas na década de 1800, após a duplicação demográfica, o sistema oficial entrou em colapso e a elite aristocrata assumiu cada vez mais a tarefa pública de aplacar a escassez de víveres. Essa debilidade governamental conjuminou-se à desmoralização e à prática egoísta dos funcionários para tornar o governo menos eficaz e enfraquecer seu prestígio. O século XIX assistiu à longa história do declínio da dinastia.

Três temas dominaram a experiência chinesa do século XIX – as rebeliões internas, a invasão estrangeira e os esforços da elite dominante para controlar ambos e preservar sua dominação (ver Tabela 4). Como as tentativas de rebelião, invasão e controle aumentaram no século XX, este capítulo oferece apenas uma amostragem dos desastres e realizações mais recentes.

Tabela 4. Eventos na China, 1796-1901

Rebeliões internas	Invasão estrangeira	Resposta dos funcionários e da elite
Lótus Branco 1796-1804		
	Turquestão 1826-1835	
	Guerra Anglo-Chinesa do Ópio 1839-1842	Militarização crescente sob a elite local
Taiping 1851-1864		As rebeliões foram derrotadas
Nian 1853-1868	Anglo-francesa 1856-1860	
Muçulmano-chinesa SE 1855-1873 NE 1862-1873		Restauração Qing 1861-1876
		Autofortalecimento 1861-1894
	Francesa 1883-1885	
	Sino-japonesa 1894-1895	Movimento da reforma 1895-1898
	Invasão imperialista 1898	
Revolta dos Boxers 1898-1901	Guerra dos Boxers 1900	Reformas Qing 1901-1911

Estudos contemporâneos refizeram a imagem do imperialismo na China. A tese de Hobson Lenin na virada do século ressaltou os efeitos econômicos desfavoráveis da importação de manufaturados estrangeiros, que aniquilou o meio de subsistência do artesanato nativo, assim como o capitalismo financeiro estrangeiro que empobreceu os governos locais. Pesquisas mais recentes levaram a um quadro econômico menos desolador, no qual o comércio exterior, os investimentos e, às vezes, a tecnologia estimularam o crescimento nativo e o progresso tecnológico. Atualmente, os historiadores tendem a enfatizar a desordem social e a desmoralização psicológica causadas pelo imperialismo estrangeiro. Nesse enfoque, a invasão estrangeira da China em longo prazo provou ser um desastre tão completo e destruidor que seria difícil descrevê-lo em sua amplitude. As inovações como as missões cristãs, a educação ocidental e o investimento estrangeiro significavam, com freqüência, avanços em longo prazo, embora quase sempre destruíssem o bem-estar da China contemporânea. Estava em questão todo um modo de vida, uma civilização em maior escala que a economia ou a psicologia do imperialismo.

Nesse contexto, creio que "imperialismo" tornou-se um termo abrangente como "feudalismo", amplo demais para aceitar ou negar formas adjetivas mais úteis, gerais, para caracterizar situações concretas. De qualquer forma, os problemas da China do século XIX começaram com a rebelião interna, e não com a invasão.

A fraqueza crescente do governo Qing revelou-se na sua inabilidade inicial para debelar a rebelião interna no final do reinado de Qianlong. Outros pequenos levantes se seguiram. A habilidade manchu era evidente para acalmar rebeliões em Sichuan e Xianjiang, porém a mesma fórmula ao ser aplicada no controle de rebeldes ocidentais em Guangzhou provou ser desastrosa. Portanto, analisaremos primeiro os problemas das rebeliões internas e depois as forças que geraram o conflito no comércio externo.

A Rebelião do Lótus Branco, 1796-1804

Na zona rural, o poder do homem e o suprimento de alimentos eram os principais suportes da guerra que podiam ser mobilizados para derrubar a dinastia reinante. Como conseqüência, por autodefesa, cultos como a Sociedade do Lótus Branco, uma seita religiosa que data do período mongol, por vezes se mantiveram secretos. Ao mobilizar seus seguidores, a Sociedade do Lótus Branco apelou para as esperanças dos camponeses assolados pela pobreza com suas múltiplas promessas de que o Maitreya Buda desceria ao mundo, que a dinastia Ming seria restaurada e que os desastres, as doenças e o sofrimento pessoal poderiam ser evitados nesta vida e a felicidade seria garantida na próxima. No fim do século XVIII, a seita estava disseminada na região da fronteira das províncias de Hubei, Sichuan, Shaanxi e na região norte do desfiladeiro do Yangzi e das margens do rio Han. Essa região montanhosa, extremamente inóspita para agricultura, fora ocupada há pouco tempo sob os auspícios dos funcionários do governo Qing. A migração de habitantes pobres, embora oficialmente encorajada, não foi acompanhada por um desenvolvimento equivalente da administração imperial. As comunidades viviam na margem da subsistência e tendiam a exercer sua independência. Os líderes do culto do Lótus Branco logo acrescentaram a seu apelo popular uma doutrina racial contra os manchus.

A rebelião começou em 1796 como protesto contra as extorsões de pequenos coletores de impostos. Embora as guarnições imperiais estivessem aptas a controlar os pequenos conflitos, novos levantes continuaram a eclodir, numerosos demais para debelar. A população já organizara um corpo de autodefesa contra os aborígines ao sul e recolhera armas e alimentos. Os grupos rebeldes podiam deslocar-se para redutos montanhosos defensáveis facilmente antes da chegada das forças imperiais. A corrupção sistemática permitida no governo do imperador Qialong, agora senil, enfraqueceu o Exército imperial. Havia falta de suprimentos, de moral, de incentivo, bem como de uma liderança vigorosa.

A Rebelião do Lótus Branco só foi debelada quando o imperador Jiaqing assumiu o poder após a morte do imperador Qialong, em 1799, e deu suporte aos enérgicos comandantes manchus. Por fim, os generais manchus perseguiram obstinadamente os rebeldes e estabeleceram o controle rigoroso sobre a população e o suprimento de alimentos na região. Sob ordens governamentais, os aldeões construíram centenas de recintos murados onde os camponeses locais podiam se concentrar. Essas aldeias muradas foram protegidas dos rebeldes pela milícia local recém-organizada, recrutada com facilidade em virtude da devastação da zona rural que impedia seu sustento e cultivo. Dessa forma, o povo foi submetido ao controle imperial. Enquanto isso, a milícia era treinada para unir-se à campanha de exterminação dos rebeldes. Ao mesmo tempo, buscava-se uma política de conciliação com os homens recrutados pelos conflitantes para garantir sua rendição. Além disso, outras medidas foram tomadas para impedir que os refugiados continuassem a se unir aos rebeldes. Com essa combinação de forças, tolerância e arranjos administrativos, os comandantes imperiais impuseram aos rebeldes, de forma gradual, uma privação total de novos recrutas e de suprimentos de alimentos.

A política de "reforçar os muros e limpar a zona rural" minou as forças da rebelião, que cessou em torno de 1804. Mas as repercussões da revolta foram desastrosas para a dinastia. Ela custou ao regime imperial o equivalente a cinco anos de receita bruta (duzentos milhões de onças de prata) e, ainda mais grave, destruiu a reputação de invencibilidade das forças manchus. Com treinamento apropriado, os rebeldes tornavam-se soldados profissionais, belicosos e perigosos, e era necessário um grande esforço para recuperar suas armas.

Em 1813, a seita das Oito Trigramas, uma ramificação do Lótus Branco, organizou uma insurreição num condado do Norte da China e enviou uma milícia para tentar invadir a Cidade Proibida em Beijing. Ainda que tenha sido logo debelada, Susan Naquin (1976) conclui que setenta mil pessoas morreram no conflito.

Enquanto essas rebeliões camponesas devastavam as primeiras décadas do século XIX, outra situação conflituosa desenvolvia-se nas relações marítimas da China. Mais uma vez os portadores de más notícias eram os chineses que haviam feito excursões marítimas desafiando a proibição dos Ming e do início da dinastia Qing. Em suma, uma pequena parte do povo chinês, que chamamos de China marítima, iria tornar-se uma força importante na história da China.

A China marítima: origens da China além-mar

O contraste entre a China marítima e a China continental era quase tão grande quanto o existente entre a China e o interior da Ásia. Poucos cronistas com educação clássica, concentrados em assuntos do governo imperial, partiram para o mar. Navegantes chineses não escreveram memórias. Como o mar, em contraste com a estepe, não abrigava rivais por poder, pouca importância lhe foi dada na história da

China. Ainda assim, a vida chinesa teve, desde o início, um braço marítimo mais ou menos igual e oposto ao braço no interior da Ásia.

Ao nos aproximarmos do mar pela China, deparamo-nos com um fato geográfico fundamental conhecido como monções, um vento sazonal que sopra do norte na zona equatorial durante o verão e do sul no inverno. A previsibilidade dessas monções era bem mais confiável que a chuva da qual dependia a agricultura do Norte da China. Em conseqüência, a navegação foi desenvolvida na Era Neolítica muito antes da história escrita, um fato que contribui para os sítios do tipo neolítico encontrados em Taiwan. Com as monções, a navegação em direção e a partir da ilha não era difícil, mesmo se pontuada por tufões no verão.

Milhares de anos depois, a confiabilidade do transporte marítimo facilitou a incorporação da região de Guangzhou e do Vietnã do Norte pelas dinastias Qin-Han, como parte do primeiro império unificado da China. O acesso apenas por terra à região, seguindo as rotas das barcaças pelos rios e os caminhos por terra entre duas vias navegáveis que as uniam, até então nunca fora alcançado com poder adequado para controlá-lo. A navegação costeira experiente e maciça era essencial para essa extensão inicial do império da China mais meridional. A evidência conclusiva está no modelo de navio funerário do período Han, escavado em Guangzhou, com um cadaste com leme no centro – uma invenção-chave da tecnologia náutica que apareceu na Europa apenas mil anos depois. Ela indica o alto grau de sofisticação do início da navegação chinesa.

Dada essa precoce especialização chinesa em navegação, parece estranho constatar que os primeiros comerciantes de longas distâncias internacionais em portos do Sudeste da China fossem árabes. Após a descoberta do Islã na Arábia no século VII, navegantes muçulmanos e invasores partiram em todas as direções, como se constatou na Europa medieval.

Os leitores que perderam as dissertações de história mundial sobre o Islã devem ser lembrados que a religião foi fundada pelo profeta Maomé em 622 d.C. em Medina. Chamados muçulmanos, seus seguidores acreditavam em um Deus, Alá, nos ensinamentos do livro de Maomé, o *Alcorão*, na predestinação divina e no Dia da Ressurreição. O esquema rigoroso de cinco preces diárias para atestar a fé, assim como outras obrigações, como a peregrinação à Meca, cidade natal de Maomé, preparava-os para engajarem-se na Guerra Santa contra os infiéis. Combinada à habilidade árabe para o comércio e a navegação, a fé compeliu os árabes a uma diáspora de expansão leste-oeste.

As forças muçulmanas logo conquistaram a Síria, a Pérsia (Irã), o Iraque e o Egito. Apesar das rebeliões e guerras civis, eles tomaram a África do Norte e a Espanha e invadiram o Sul da França até serem derrotados em 732. Nesse ínterim, no Leste, as forças muçulmanas ocuparam o Afeganistão, o baixo vale indiano no Noroeste da Índia e as cidades comerciais da Ásia Central de Bokhara e Samarkand. Mais importante que o fluxo vertiginoso das guerras e governantes, as cidades muçulmanas de Bagdá e Bokhara tornaram-se centros de conquistas nas ciências e nas artes.

No século X, os estados muçulmanos conquistados uniram o comércio marítimo do Mediterrâneo ao do oceano Índico, possibilitando o transporte feito por mar que trazia especiarias como pimenta, noz-moscada e canela das ilhas produtoras nas Índias Orientais ao mercado europeu na Alexandria. O comércio de especiarias que, com certeza, ajudou a motivar a expansão européia para o Extremo Oriente, muito antes, e com mais facilidade, alcançou a China, onde as especiarias eram igualmente apreciadas por preservar alimentos na ausência de refrigeração. O extenso contato dos muçulmanos com a China sob o domínio dos mongóis era feito tanto por terra, através da Ásia Central na rota da seda, quanto por mar nos portos costeiros. A história complica-se porque dentro do mundo muçulmano os árabes se uniam aos persas e turcos e a alguns indianos na configuração mutante dos estados muçulmanos e suas rivalidades. Contra esse passado complexo podemos imaginar uma plenitude de juncos em rotas costeiras bem-estabelecidas proporcionando a matriz para o comércio muçulmano de longa distância em grandes portos de Fujian na China, como o Quanzhou (também conhecido como Zayton, nome de origem árabe).

Enquanto comerciantes árabes vieram primeiro para a China, os juncos de mercadores chineses começaram, ao menos no século X, a comercializar nos portos ao longo das penínsulas do Sudeste da Ásia e das ilhas das Índias Orientais. Tendo começado antes da dinastia Tang, as referências ao comércio chinês com o Sudeste da Ásia nas histórias dinásticas tornaram-se cada vez mais numerosas. Na época das expedições de Zhen He nos anos 1405-1433, o comércio de bens chineses encontrava mercado em todo o Sudeste e no Sul da Ásia e até na costa leste da África (ver Mapa 18). Alguns pequenos estados, registrados em 1539, que enviavam tributos aos Ming consistiam, sobretudo, de portos de escala das duas rotas de comércio que iam respectivamente da costa da Malásia até os estreitos de Málaca e através das Filipinas e da Ilha do Reino de Sulu às Índias Orientais. Os comerciantes chineses estabeleceram seus agentes ou outras conexões nesses portos de comércio, onde começaram a crescer comunidades chinesas de residentes temporários. Em 1818, os portos de escala, na península de Malay, como Ligor, Sungora, Patani, Trengganu, Pahang e Johore, estavam relacionados nos registros do governo chinês de modo mais realista como "países de comércio não-tributado", ou seja, lugares freqüentados por mercadores chineses que não pagavam tributos a Beijing. Essa comunidade de comerciantes chineses bem difundida já estava estabelecida quando portugueses e espanhóis invadiram a Ásia Ocidental no século XVI.

Como assinala Wang Gungwu (1991), as comunidades de curta permanência de chineses no estrangeiro não estavam sob controle oficial chinês. O crescimento dos assentamentos dos chineses além-mar não foi instigado nem sancionado pelo governo imperial chinês. Na China, enquanto a elite da nobreza não deixava crescer nenhuma subcultura de mercadores comparável às do Japão e da Europa no século XVI, os chineses que estavam no Sudeste da Ásia submetiam-se a limitações locais, oficiais e sociais bem diferentes. Quase sempre acumulavam capital e tornavam-se empreendedores de risco com seu estilo de vida. Suas empresas familiares em regiões coloniais da Grã-Bretanha, da Holanda e da França (em Burma, na Malásia, nas Índias Orientais e na Indochina) beneficiaram-se de forma útil do código de leis europeu. Em Bangcok e Manila, eles progrediram por meio de laços de matrimônio com patrícios locais.

A filantropia e o consumo conspícuo eram menos úteis no além mar do que na China, ao passo que o desenvolvimento econômico era mais apreciado pelos governantes locais.

Curiosamente, à semelhança da nobreza local na China, os chineses de além-mar no Sudeste da Ásia encontraram seu nível social e funções pressionados entre os governantes europeus e os aldeões locais. Os chineses tornaram-se corretores que ajudavam na coleta de impostos e na manutenção de serviços locais como travessia em barcas, pontes e bazares. Eles foram, de modo geral, um elemento de estabilização nas comunidades das colônias, muito poucos para exercer poder e estavam interessados em lucrar com os serviços prestados e com o comércio local.

O exemplo do papel dos chineses em Manila é instrutivo. Quando os espanhóis chegaram em grande quantidade nas Filipinas em 1560 e começaram a construir uma colônia com base nos ensinamentos cristãos e no trabalho das fazendas filipinas, viram-se ameaçados pelo colapso da proibição dos Ming quanto ao comércio marítimo e pelo aumento súbito dos aventureiros japoneses ligados a piratas costeiros chineses. A proibição Ming do comércio marítimo chinês, já muito tempo transgredida, foi suspensa em 1567. Na época em que os espanhóis começaram a construir sua capital em Manila, cerca de 150 chineses estavam à disposição. Em 1600, havia 25 mil chineses vivendo em uma parte especial de Manila reservada para eles. (Os chineses convertidos ao cristianismo não foram confinados dessa maneira.) Duas comunidades chinesas começaram a se desenvolver – a de residentes comerciais temporários, que administravam todas as lojas e o artesanato de uma cidade chinesa, e a mista, de mestiços cristãos, que se tornariam líderes filipinos com descendência chinesa.

Em geral, os chineses do além-mar criaram associações fraternais e sociedades secretas para a proteção de seus interesses, assim como a das guildas com seus templos para Guandi e a Imperatriz do Céu pelo bem-estar comercial. O comércio não era dominado por grandes corporações com a capacidade moderna para investir e administrar transações ultramarinas. As duráveis e valiosas embarcações de junco que transportavam o comércio eram privadas e sua carga era, em geral, propriedade de indivíduos ou firmas de famílias de mercadores. Muito chineses aprenderam rapidamente a tecnologia do comércio europeu da época.

Ao longo do tempo, essas comunidades de comerciantes chineses do além-mar tornaram-se uma facção periférica externa ativa da China marítima que se opunha aos comportamentos baseados na terra e centralizados na agricultura dos impérios Ming e Qing. Como uma tradição em menor escala das eras anteriores, a China marítima havia crescido nos portos onde o tráfego dos rios da China continental encontrava os navios de enclaves chineses no exterior. Leonard Blusse (1986) observa que, apesar da proibição de Beijing ao comércio transoceânico, durante os Ming e o começo dos Qing cerca de cem grandes juncos chineses comercializavam anualmente com o Sudeste asiático. Esses comerciantes estavam prontos para expandir o comércio internacional assim que houvesse oportunidade. Seu principal entreposto na costa da China era Xiamen (Amoy), um porto em Fujian que, ao contrário dos vizinhos Quangzhou e Fuzhou, não foi o local de superintendência oficial de mercadores navegantes (*shibosi*).

As companhias de comércio européias e o comércio de Cantão

O comércio marítimo europeu acelerou o índice de crescimento da China marítima. As Companhias das Índias Orientais, fundadas em torno de 1600 por britânicos e holandeses, eram pessoas jurídicas poderosas que acumulavam capital de investidores acionistas, fortalecidos por seus respectivos reis, para monopolizar o comércio e governar os territórios no exterior. Essas poderosas máquinas de expansão comercial criaram as Índias Orientais Britânicas e as Índias Orientais Holandesas. Os britânicos desenvolveram um comércio de produtos básicos com a China na exportação de chá, seda e porcelana e importação de prata e produtos têxteis de lã e, por fim, o ópio da Índia. No início eles seguiam as rotas e usavam os chineses que comercializavam nos juncos. Os chineses e os estrangeiros envolvidos no comércio internacional formaram uma comunidade comercial, que se tornou o primeiro local de encontro sino-ocidental da Idade Moderna.

Embora o Xiamen tenha sido um centro importante do comércio chinês para o Sudeste da Ásia e ao longo da costa da China, depois de 1759 Guangzhou (Cantão) tornou-se o único porto aberto aos europeus. O comércio de Cantão, como era conhecido no Ocidente, estava organizado no modo chinês típico: o governo comissionava um grupo de famílias de mercadores chineses para atuar como corretores na superintendência de comerciantes no exterior. A responsabilidade por cada navio ocidental era de uma firma chinesa que exercia a atividade de mercadora de títulos. Esses mercadores formavam as guildas chamadas Cohong (*hong* significa firma de comércio), que respondiam às ordens do superintendente da alfândega marítima para a região de Guangdong, especialmente nomeado pelo imperador. Esse funcionário era, em geral, um manchu do Departamento da Casa Imperial da Corte Interna em Beijing, conhecido pelos estrangeiros como Hoppo. O Cohong e o Hoppo taxavam as importações estrangeiras e, em particular, as exportações de chás e sedas.

Até 1834, quando a Companhia Britânica das Índias Orientais perdeu a concessão real para monopolizar o comércio britânico de produtos básicos com a China, a Companhia enquadrou-se nesse "sistema cantonês" especial. Seus dirigentes enviados pelo Conselho Diretor da Companhia das Índias Orientais em Londres viviam na Fábrica Britânica (centro de negócios e residência) nas margens do rio fora da grande capital da província de Guangzhou durante a estação do comércio, de outubro a março. Entre abril e setembro, fora da estação, eles desciam o rio para o assentamento português na costa de Macau.

A partir do momento em que Hoppo começou a sobrecarregar os mercadores Hong com somas especiais para atender às necessidades do império, eles quase sempre dispunham de pouco dinheiro para comprar carregamentos de chás e sedas para suprir a Índia Oriental, como contratado com a Companhia. Assim, contraíam dívidas com os britânicos e, quando as extorsões dos funcionários mantinham esses mercadores licenciados endividados ou até na falência, os britânicos reclamavam do monopólio das guildas de mercadores. Essa escassez de fundos de investimento para cargas de chá e seda para a Inglaterra era um problema constante para a Companhia.

Outro fator no comércio exterior chinês era a importação contínua para a China de prata nos séculos XVI e XVII, sobretudo do Japão e das Américas. As estimativas sugerem que até dez milhões em prata entravam por ano no comércio interno da China. Como na Europa, esse influxo promovia o acréscimo de preços, a maior monetarização e o aumento do comércio. Contudo, nas décadas da metade do século XVII, fatos ocorridos no Japão, na Espanha e na China combinaram se para gerar a chamada "crise do século XVII", a fim de reduzir a importação de prata da China. As conseqüências, inclusive uma súbita queda de preços, foram desastrosas. Desse modo, a China foi atraída para o comércio internacional muito antes do fato ser percebido.

O comércio exterior nos últimos anos da China Imperial desempenhou um papel secundário, mas importante, como fonte de prata importada e como mercado para estimular a produção para exportação. Estima-se que até um sétimo do chá comercializado na China foi comprado pela Companhia Britânica das Índias Orientais no período áureo depois de 1759, em especial depois que os contrabandistas de chá europeus para o mercado britânico foram arruinados pelo Ato de Comutação de 1784, que diminuiu os impostos recolhidos na Inglaterra.

Uma profecia sobre o futuro da China foi anunciada em 1793 quando a Companhia Britânica das Índias Orientais, que continuaria a governar a Índia até 1858, enviou uma missão diplomática à China. O chefe, lorde George Macartney, acompanhado de cem pessoas, levou cientistas e artistas em um navio de guerra com 66 canhões, além de dois navios de escolta carregados com exemplos de tecnologia de fabricação britânica que a corte Qing prontamente decretou "tributo da Inglaterra". A Revolução Industrial estava ganhando força, mas permanecia quase desconhecida para o senil imperador Qianlong. As solicitações britânicas de maiores oportunidades de comércio sob uma tarifa pública, assim como o estabelecimento de uma representação diplomática em Beijing, foram um convite à China para unir-se ao mundo moderno em nascimento. Mas o governo de Beijing de modo polido e complacente rejeitou tudo. Em 1816, 33 anos mais tarde, o enviado diplomático, lorde Amherst, foi tratado de forma rude e impelido a se retirar. Nessa época, a Grã-Bretanha e a Índia britânica ainda exerciam um papel na abertura da China para o comércio internacional. Infelizmente, a corte estava pouco interessada pela China marítima e desconhecia o mundo externo com o qual logo teria de lidar. Sua preocupação era preservar a autoridade na China nas fronteiras marítimas e terrestres. No início do século XIX, quando distúrbios estavam sendo fomentados em Guangzhou, explodiu uma rebelião no interior da Ásia pelo controle da fronteira imperial não-chinesa.

A rebelião na fronteira do Turquestão, 1826-1835

Das cidades do oásis na antiga rota da seda no Turquestão (Xinjiang), o comércio atravessou o Pamir, em especial entre Kashgar e o estado de Kokand, a oeste das montanhas. No início do século XIX eclodiu uma crise nessa fronteira. O especialista em Ásia Central Joseph Fletcher (*in CHOC 10*) descreveu como famílias santas, descendentes do profeta e de outros líderes religiosos de épocas seculares, tinham grande influência popular. Uma dessas linhagens governou o Turquestão por algum tempo antes da conquista manchu na década de 1750. No longínquo Kokand, a oeste das montanhas Pamir, eles exerciam seus direitos e, às vezes, lideravam ataques-surpresa de cavalaria nos desfiladeiros em Kashgaria.

Jahangir, um dos descendentes dessa linhagem, começou a causar problemas pouco antes de o imperador Daoguang subir ao trono em 1821. A guerra santa de Jahangir contra a dinastia Qing explodiu em razão de uma conjunção dinâmica de fé e comércio. O comércio em direção ao leste de Kashgar era dominado pelos mercadores de Kokand, cujo governante pagava tributos ao imperador Qing, prática comum para facilitar o caminho do comércio exterior. Kokand tornou-se, portanto, tributária do governo e manteve Jahangir confinado, recebendo grandes presentes anuais dos Qing como recompensa por tão admirável lealdade. Mas, como os mercadores locais tornaram-se mais influentes no mercado principal de Kashgar, Kokand pediu privilégios especiais – redução de impostos no comércio e nomeação de um residente seu para a superintendência do comércio local.

Quando essas demandas foram recusadas em 1817, Kokand soltou o impetuoso Jahangir, que realizou uma invasão devastadora ao território chinês Turquestão em 1826. Uma expedição de ajuda do regime Qing com 22 mil homens atravessou a trilha árida de um oásis para o outro e, assim, reconquistou Kashgar em 1827. Jahangir foi traído e enviado a Beijing, onde Daoguang apresentou-o de forma ritual no templo imperial dos ancestrais antes de ser esquartejado.

Os Qing restabeleceram o governo sobre a região, mas o poder comercial e a capacidade de provocar distúrbios militares de Kokand foram amplamente demonstrados. Nas negociações subseqüentes, os enviados de Beijing fizeram um trabalho gradual no assentamento administrativo que, em torno de 1835, estabelecia que (1) Kokand mantivesse um representante político em Kashgar com agentes comerciais a ele subordinados em cinco outras cidades; (2) esses funcionários teriam poder consular, judicial e policial sobre os estrangeiros na região (a maioria dos quais vinha de Kokand); (3) eles poderiam cobrar impostos aduaneiros sobre os bens desses estrangeiros. Além disso, o governo Qing indenizou comerciantes cujas posses retirou durante a guerra.

Como veremos no restante deste capítulo, isso foi o pano de fundo a partir do qual Daoguang abordaria o problema britânico em desenvolvimento em Guangzhou. Era natural que a política do regime Qing em relação à Grã-Bretanha em 1834-1842 estivesse fundada na experiência do comércio da fronteira da Ásia Central em 1826-1835. O acordo do Turquestão com Kokand em 1835 foi um exercício de administração desumano que obteve uma fronteira estável ao dar concessões comerciais locais e conceder certa remuneração.

O ópio e a luta pela nova ordem em Guangzhou, 1834-1842

Após 1759, o comércio europeu em Guangzhou sob o Cohong e o Hoppo ainda estava sendo conduzido como se fosse um favor concedido aos estados contribuintes. No entanto, as importações de ópio da Índia para a China precipitaram a crise.

O ópio era produzido e vendido em leilões sob os auspícios de funcionários britânicos na Índia e levado para a China por comerciantes privados britânicos e indianos licenciados pela Companhia das Índias Orientais e que (até 1858) ainda governavam a Índia. As vendas de ópio em Guangzhou custeavam o carregamento de chás para Londres de um próspero comércio triangular Índia-China-Grã-Bretanha. O escoamento da prata para pagar as importações cada vez maiores de ópio começava a alarmar os administradores Qing: eles viram a prata tornar-se mais cara em termos de moedas de cobre usadas pelo povo para comprar prata para o pagamento de impostos, ameaçando a receita do governo e a subsistência da população. A pesquisa exaustiva de Man-houng Lin (não-publicada) analisou a reação dos funcionários Qing diante dessa crise monetária. Enquanto indicavam de modo exato a saída de prata para pagar o custo do ópio, eles permaneciam em geral pouco conscientes sobre o envolvimento fiscal da China no comércio mundial. Muitas das variáveis envolvidas – tais como a importação de prata do Japão, a produção de prata na América Latina, a produção monetária de cobre na China, a corrupção, o encobrimento e a depressão mundial – ainda eram invisíveis para eles.

Em 1834, Londres finalizou o monopólio comercial da Companhia das Índias Orientais com a China e um funcionário britânico foi enviado para a superintendência do comércio britânico local. Assim, duas questões urgentes surgiram para China: como acabar com o comércio de ópio e como lidar com o funcionário britânico.

Sob o sistema Guangzhou, os monopolistas da Companhia das Índias Orientais cooperavam com os corretores chamados mercadores Hong, que mantinham o comércio navio a navio e recolhiam o pagamento de impostos para o Hoppo. Mas, após o surgimento do livre comércio em 1834, os negociantes britânicos privados como Jardine, Matheson & Co., que importavam ópio, passaram também a exportar chás e sedas em substituição à Companhia. O funcionário britânico enviado para dirigi-los recusou-se a lidar como um negociante com os mercadores Hong e solicitou um tratamento direto com funcionários Qing com base na igualdade diplomática. Com essa atitude, ele estava insultando o sistema tributário chinês.

O fato de aceitar a igualdade diplomática britânica destruiria a superioridade do imperador diante de todos os outros governantes que o ajudaram a manter sua posição na China. Tolerar por mais tempo o comércio de ópio não apenas descontrolaria a taxa de câmbio prata/cobre, mas também arruinaria seu prestígio moral. Fumar ópio, embora com menos poder de dependência que os derivados modernos, era uma maldição social que destruía indivíduos e suas famílias. A terra era desperdiçada com o crescimento das papoulas, enquanto o alto preço da droga, bem como o contrabando, levava à violência e à corrupção entre contrabandistas e funcionários. A demanda desmoralizante chinesa pela droga cresceu de forma diferente das atuais cidades americanas do interior. Esse tremendo mal social era incitado pela cobiça pelo lucro entre o governo indiano britânico, os estrangeiros que levavam o ópio para a China e os distribuidores chineses corruptos. Infelizmente, hoje, para os americanos, esse modelo soa muito familiar.

Vários anos de conflitos e incertezas ocorreram em virtude das dúvidas dos administradores Qing quanto ao aniquilamento dos contrabandistas chineses ou o embargo do comércio britânico, cujas novas canhoneiras a vapor eram extremamente modernas em poder de fogo móvel. Alguns, em 1836, advogaram a legalização do comércio de ópio, visto que ele não podia ser interrompido. A oposição intransigente ao apaziguamento era conduzida por ambiciosos funcionários chineses que usavam como ponto de encontro um clube de leitura de poesia em Beijing. Em 1839, essa facção oportunista com uma conduta moral direitista, recém-estudada por James Polachek (1992), obteve enorme sucesso quando o imperador Daoguang enviou um comissário imperial incorruptível, Lin Zexu, para compelir comerciantes estrangeiros a pararem o tráfico de ópio para a China. Lin eliminou os fornecedores de ópio chinês em Guangzhou, mas foi obrigado a fazer barricadas contra os estrangeiros em suas fábricas antes que finalmente entregassem seus estoques de ópio. Eles souberam que mais ópio, agora com preços mais elevados, estava a caminho da China e, além disso, que o governo britânico poderia recompensá-los pelas perdas.

A coerção honrada do comissário Lin precipitou a guerra na qual os interesses comerciais britânicos estavam muito envolvidos. O dr. William Jardine foi para Londres e ajudou lorde Palmerston a trabalhar nos objetivos e estratégias da guerra. A empresa de comércio Jardine arrendou barcos para a frota britânica, cedeu pilotos e tradutores, forneceu hospitalidade, serviço secreto e custeou as despesas do oficial da intendência do Exército em Londres. Mas a força expedicionária britânica, conduzida por novos barcos a vapor movidos por roda de leme, foi enviada para Guangzhou e daí para a costa para garantir privilégios gerais de comércio e relações diplomáticas nas bases de igualdade ocidentais, e não, em especial, para ajudar no crescimento do comércio de ópio. Este último, em rápida expansão, era apenas um ponto de atrito no antagonismo geral entre os esquemas chineses e britânicos de relações internacionais.

Em meia dúzia de batalhas ao longo da costa sudeste, as canhoneiras britânicas ganharam a Guerra do Ópio em 1839-1842 e efetuaram um acordo para o Tratado de Nanjing em agosto de 1842.

Joseph Fletcher destacou como os acordos do tratado anglo-chinês em Nanjing e os subseqüentes seguiram o exemplo de 1835 com Kokand. As providências do tratado incluíam (1) extraterritorialidade (jurisdição consular estrangeira sobre estrangeiros nacionais), atualização de uma antiga prática chinesa; (2) indenização; (3) tarifas moderadas e contato estrangeiro direto com os coletores aduaneiros; (4) tratamento às nações mais favorecidas (uma expressão de "benevolência imparcial" da China em relação a todos os estrangeiros); (5) liberdade comercial sem monopólio (há muito o costume adotado em Kashgar). Além disso, locais designados para comércio (agora chamados de portos submetidos a tratados comerciais) eram um antigo costume na fronteira chinesa e relações iguais sem as três reverências e nove prostrações de Kowtow que haviam sido comuns nas fronteiras de Kokand e da Rússia.

A diplomacia manchu era consistente em ambas as fronteiras, mas havia duas grandes diferenças: primeiro, Grã-Bretanha, Estados Unidos e França eram potências marítimas agressivas de um mundo de comércio e guerra conduzido pelo mar, governado por leis e tratados de direito; para eles os primeiros acordos firmados em 1842 1844 significavam apenas o começo da invasão. Segundo, as concessões que o Qing podia usar para estabilizar as relações remotas entre Kokand e Kashgar na Ásia Central poderiam apenas danificar o prestígio da dinastia Qing se utilizadas na própria China. Os manchus, quando tomaram o poder em Beijing, herdaram a tradição da superioridade central da China. Qualquer um que a governasse deveria exigir obediência tributária dos estrangeiros como parte do trabalho de ser Filho do Céu. Assim, os tratados desiguais eram uma derrota que aumentava à medida que o tempo passava.

Para apaziguar a Grã-Bretanha, os Qing cederam em caráter vitalício a ilha de Hong Kong e abriram os cinco primeiros portos de tratado comercial. O negociante manchu mais importante até visitou Hong Kong em uma canhoneira britânica! Ainda assim, os princípios incorporados no Tratado de Nanjing em 1842 foram totalmente aceitos pelo lado chinês e os privilégios do tratado pareciam inadequados do lado britânico. Como conseqüência, o sistema de tratados só foi estabelecido após a segunda guerra dos franceses e britânicos contra os Qing e a assinatura dos tratados em Tianjin, em 1858. Mesmo então, a nova ordem não foi reconhecida pela dinastia até que a expedição anglo-francesa ocupasse Beijing em 1860. A transição de relações de tributo para relações de tratado criou uma geração de desacordos em Guangzhou antes de 1840 e, depois, vinte anos de comércio, negociação e coerção.

Inauguração do século de tratados comerciais após 1842

Os tratados da China com a Grã-Bretanha (1842-1843), com os Estados Unidos e com a França (ambos em 1844) e com esses países e a Rússia em 1858 foram assinados como sendo entre poderes soberanos iguais, mas, na realidade, eram muito desiguais. A China foi posta contra sua vontade em uma posição mais fraca, aberta às invasões do comércio ocidental e, ao mesmo tempo, à sua cultura. Em torno do século XX, depois da elaboração precisa de três gerações de eficientes cônsules ocidentais, a estrutura do tratado era um mecanismo articulado de modo abrangente e preciso. Estava baseada, antes de tudo, nos portos incluídos no tratado, cinco no início e, ao final, mais de oito (ver Mapa 20).

Os principais portos tinham uma impressionante semelhança física e institucional. Cada um deles tinha margens (diques) barulhentos e populosos e armazéns (*godowns*) fervilhando de cules (um termo estrangeiro para trabalhadores chineses), que substituíram as máquinas. Toda essa atividade estava sob a supervisão de intermediários chineses (gerentes contratados no exterior), que administravam os negócios sob a chefia suprema dos *taipans* estrangeiros (gerentes de empresas).

17. Ilustrações de uma edição de 1808 de *Peiwenzhai gengzhitu* mostram as principais etapas do cultivo do arroz. A primeira etapa é a preparação da sementeira. Aqui, no Sul da China, o camponês e seu búfalo estão lavrando a área. Um letrado com túnica longa observa a cena, de um dique próximo, e um menino traz comida e bebida na vara que carrega nos ombros.

18. As mudas de arroz brotaram e agora estão comprimidas na sementeira. Elas precisam estar reunidas em feixes para serem transplantadas nos alagadiços, onde têm espaço para crescer e serão fertilizadas com excremento humano.

19. O transplante manual das mudas de arroz ordenadas em linhas retas nos alagadiços é uma tarefa árdua. Os fazendeiros precisam curvar-se e andar, com dificuldade, para trás na água com os pés molhados até os tornozelos e sob o sol forte. Milhares de fazendeiros na China, no Japão e em outros lugares da Ásia ainda cultivam arroz dessa maneira.

20. É necessária muita água para o crescimento do arroz. Aqui vemos duas invenções para içar a água, de uma lagoa próxima, por cima dos diques e encher os alagadiços. À esquerda, três homens inclinam os braços em um travessão e pressionam com os pés os pedais que acionam, no estrado quadrado, as bombas. Esses estrados enchem-se de água da lagoa transportando-a em uma cadeia contínua de circulação. Em primeiro plano, o trabalhador solitário com seu dispositivo mais simples de transportar água protegeu o dique com uma esteira de bambu. Nas colinas, terraços cercados com barreira capturam a água da chuva.

21. Na época da colheita, os alagadiços devem estar secos. A cadeia de bombas pode ser usada para drenagem. O plantio cuidadoso em linhas retas simplifica a ceifa. O homem usa a foice para cortar os longos talos pesados com arroz. Meninos unem-se à colheita e à amarração que se segue. Do outro lado da lagoa uma mulher e uma criança observam a cena.

22. A propriedade possui uma trilha de terra quase tão dura quanto concreto. Os talos de arroz (ou outros grãos) são espalhados e malhados com manguais, como ilustrado aqui. Esse processo separa os grãos de arroz que, no entanto, retêm suas cascas. No chão, à mão, estão uma forquilha de madeira para recolher a palha, uma pá de madeira para colher o arroz e uma cesta em forma de U. Um menino serve chá. As galinhas que o artista acrescentou no primeiro plano não teriam sido bem-vindas.

23. O procedimento aproxima-se do fim. Aqui a função de joeiramento da cesta em forma de U torna-se clara. Em um dia com brisa, os camponeses enchem os tabuleiros das cestas com grãos de arroz e jogam bem acima da cabeça. As cascas, ou aparas de palha, voam com o vento, enquanto os grãos, por serem mais pesados, caem, embaixo, na esteira de bambu. As mulheres, a meia distância, olham admiradas para uma cesta cheia e terminada. A caixa próxima à cesta é um *dou*, uma unidade de medida seca de cereais.

24. A última etapa do cultivo de arroz é o armazenamento das cestas cheias de arroz peneirado. Os homens estão trazendo as cestas pesadas e esvaziando-as no local de depósito. As paredes laterais podem ser levantadas, se for necessário, pela adição de tábuas. Observem o *dou* sob o telhado. Ao longe, homens bebem chá e conversam. Um búfalo aninha seu bezerro, e uma mulher, logo atrás, acaricia a criança.

25. Uma edição do período tardio Qing do *Qinding tushuo* (1905) representa artesãos no trabalho. Carpinteiros, ferreiros, pedreiros e outros demonstram suas habilidades para supervisores com túnicas longas.

26. O muro de uma cidade. Para ser impenetrável a invasores, ele é construído com duas paredes paralelas de tijolos com terra bem compacta entre elas. Os construtores, neste frágil andaime, levantam muros com mais de doze metros.

27. Construção de um recinto com a colocação de muros. Ao contrário da muralha da cidade, estes são inteiramente construídos de tijolos com um telhado de telhas. Dois homens com espátulas emboçam os tijolos para obter um efeito elegante.

28. Oficina de um arquiteto decorador. No primeiro plano, homens trituram e misturam cores para os habilidosos pintores que decoram o travessão e a pequena viga mais adiante.

29. O pátio de um açougueiro. A garganta do porco, no estrado, está prestes a ser cortada, e o sangue será recolhido na panela. No fogo, à esquerda, a pele é escaldada e os pêlos duros são removidos. Após o abate, uma porção de carne é dada aos pobres.

30. Um mercado na aldeia. Em uma rua tumultuada, peixes, patos, grãos e outros produtos são vendidos. O lojista à direita pesa algo delicado, provavelmente um medicamento. Observe que nenhum dos lojistas é mulher.

31. Uma oficina militar. Os arcos são encordoados, as flechas, testadas, as espadas, afiadas, e as pontas de lança de metal são colocadas nos longos bastões. Ao fundo, chapéus e escudos com plumas dos soldados são concluídos.

32. Uma cena de caça. Os caçadores têm seus cavalos, cachorros e batedores. Um cavalheiro joga sua lança em uma raposa veloz enquanto um veado próximo escapa. Um atirador desajeitado perde um coelho e mata um cachorro. Os pássaros são os alvos das flechas.

Cada porto do tratado estava centrado em uma seção estrangeira recém-construída na margem de uma cidade chinesa em ebulição e dominada pelo alto mastro branco do consulado de Sua Majestade. Suas instituições estrangeiras incluíam o clube, a pista de corrida e a igreja. Era governada por um cônsul britânico e seus colegas de outras nações e protegida por pequenas canhoneiras ancoradas no dique. Em Guangzhou, Xiamen e Fuzhou, a comunidade estrangeira obteve maior proteção por estar estabelecida em uma ilha. Em Ningbo, Shanghai e outros lugares, a área estrangeira estava separada da cidade chinesa por um rio, canal, córrego ou curso d'água navegável.

Esses enclaves costeiros começaram como braços da cultura ocidental – como cidades nas colônias européias, postos avançados do império. Mesmo assim, desde o começo tiveram um componente chinês, pois invasores alienígenas precisavam da ajuda de serviçais e lojistas chineses tanto quanto os chineses da elite. Os portos do tratado logo se tornaram cidades onde o estrangeiro desempenhava um papel cada vez maior na urbanização da China.

A extraterritorialidade, sob a qual os estrangeiros e suas atividades na China continuavam a responder apenas à lei estrangeira e não à lei chinesa, não era uma invenção moderna. De modo bastante semelhante aos turcos em Constantinopla, o governo chinês na era medieval esperava que as comunidades estrangeiras nos portos marítimos tivessem seu próprio governo com seus dirigentes e suas leis. Isso expressava a preferência imperial chinesa por um governo minimalista, de modo que a população policiasse a si mesma. Isso ocorreu no início com comerciantes árabes na China. Os britânicos e americanos em Guangzhou, antes da Guerra do Ópio, exigiram a extraterritorialidade visto que se acostumaram à proteção de suas próprias leis nas relações com os estados muçulmanos da África do Norte e do Império Otomano. Além disso, haviam tido experiências desagradáveis com as tentativas chinesas de aplicar a lei criminal do país aos ocidentais, sem considerar as normas de evidência ou a aversão ocidental à tortura. A maioria dos comerciantes estrangeiros precisava do apoio de suas próprias leis contratuais.

Ainda mais fundamental nesses tratados era a questão tarifária, que, devido aos seus baixos impostos, impediria aos chineses de proteger suas indústrias locais, caso desejassem fazê-lo antes da década 1890. Nos anos 1840, os coletores de impostos alfandegários chineses tinham o hábito de fazer seus próprios acordos com os mercadores e lhes faltava autoridade e meios para coagir os estrangeiros para que a administração da baixa tarifa do tratado não fosse imparcial ou efetiva nas mãos dos chineses. Os inspetores estrangeiros foram nomeados funcionários chineses para administrar a alfândega chinesa em Shanghai, em 1854. O emprego de estrangeiros, por parte dos chineses, seguiu precedentes antigos e foi uma das características mais construtivas do sistema do tratado. Sob (*Sir*) Robert Hart como inspetor geral, os ocidentais que serviram como comissários na Alfândega da China Marítima tornaram-se figuras importantes em cada porto, guardiões da igualdade de competição (pela execução dos regulamentos do comércio exterior) e da modesta receita chinesa de cerca de 5% dele derivada. O crescimento do comércio exterior deu a Beijing

20. Invasões estrangeiras

e às províncias costeiras novas receitas significativas que puderam ser usadas em atividades modernas essenciais.

Pela cláusula da nação mais favorecida (um claro dispositivo diplomático), todos os poderes estrangeiros partilhavam quaisquer privilégios que cada um deles pudesse auferir da China. O sistema de tratado crescia à medida que as fortunas da dinastia Qing se deterioravam. O comércio de ópio que começara como tráfico conjunto sino-estrangeiro foi levado para o interior do país. Após 1880, a produção nativa de ópio na China começou a suplantar o produto indiano, cuja importação terminou em 1917. O comércio do ópio da Índia para a China continuou por mais de cem anos sob os auspícios da Grã-Bretanha.

O "século do tratado" estendeu-se de 1842 a 1943, quando os Estados Unidos e a Grã-Bretanha formalmente renunciaram à extraterritorialidade como o elemento-chave do sistema do tratado desigual. Ao tornar o estrangeiro imune ao controle legal chinês, a extraterritorialidade colocou a classe dominante chinesa em uma situação semelhante à do passado, quando era obrigada a governar a China sob um grau de hegemonia estrangeira. O século do tratado, medido cronologicamente, foi quase tão longo quanto a dinastia Ruzhen Jin (1115-1234) do Norte na China e, muitos anos depois, a dinastia mongol Yuan (1279-1368). Em termos culturais, sua influência seria mais difundida que a dos Ruzhen, dos mongóis ou dos manchus, embora a soberania da China tenha sido apenas afetada, e não suplantada, pelo governo estrangeiro, como aconteceu nos períodos Yuan e Qing. Essa comparação ainda deve ser elaborada pelos historiadores.

Por exemplo, em que amplitude a invasão dos comerciantes ocidentais no século XIX se assemelhava às invasões de tribos asiáticas do interior que comercializavam e lutavam na fronteira da China nos séculos IV e V? Ou, segundo Linda Cooke Johnson, em que medida o Acordo Internacional de Shanghai, em seus estágios iniciais, foi comparável à guilda local com seu chefe (o cônsul) responsável por seus membros e pela promoção do comércio com permissão oficial? A sugestão implícita é que a longa experiência da China no século XIX foi menos descontínua do que imaginamos.

No entanto, os anos de 1842-1943 (ou 1842-1949) podem ser vistos como o único período caracterizado por (1) abertura crescente da China ao contato estrangeiro; (2) invasões militares estrangeiras desde ataques periféricos dos britânicos e franceses a duas invasões japonesas (1894-1895, 1931-1937-1945); (3) comércio ocidental e invasões religiosas iniciando-se em Guangzhou no começo da década de 1830 e crescendo progressivamente ao menos até a década de 1930; e (4) a volta dos chineses, primeiro com os nacionalistas e depois com os comunistas.

Sob a perspectiva estrangeira, o século do tratado pode ser dividido em três fases. A primeira, que durou até a década de 1870, foi dominada pelo "imperialismo do livre comércio" britânico. Após estabelecer o sistema de tratado nas guerras de 1840-1842, 1858 e 1860, a Grã-Bretanha apoiou o fraco regime Qing durante sua restauração nos anos 1860 e seguiu apoiando-o nos anos subseqüentes.

A segunda fase, por volta dos anos 1870 até 1905, assistiu à rivalidade imperialista na China em relação ao poderio industrial durante a qual a Rússia, a França, a Alemanha e o Japão, assim como a Grã-Bretanha, invadiram todos os territórios Qing. A breve co-dominação entre os britânicos e os Qing da costa da China foi suplantada pela aliança anglo-japonesa de 1902. A rivalidade imperialista dos europeus na Ásia e na África resultou do seu esforço em destruir ambos na Primeira Guerra Mundial.

Nesse ínterim, iniciou-se uma terceira fase mais construtiva do século do tratado na China (a ser discutida na Parte Três), que se prolongou dos anos 1900 até as décadas de 1930 e 1940.

A abertura do contato com os estrangeiros do século do tratado contrasta com a postura fechada do sistema tributário Qing antes de 1842. Vista de um ponto externo à China, a terceira fase do século do tratado (ou início do século XX) deveria ser a era preeminente da participação estrangeira na vida do povo chinês, o auge do intercâmbio cultural na história mundial antes da idade eletrônica. A ânsia compreensível dos patriotas chineses era criar e possuir sua própria história, minimizando a participação estrangeira. O fato de que não se possa deixar o Conselho Municipal de Shanghai excluído da história de Shanghai, nem a Jardine, Matheson & Co. da história de Hong Kong sugere que devemos enfocar o século do tratado tanto como era da história internacional quanto da história da China.

10

Rebelião e restauração

A grande rebelião Taiping, 1851-1864

Após 1850, o regime Qing estava praticamente dominado pelas rebeliões. A inabilidade do imperador para vencer os bárbaros britânicos em 1842, embora a Guerra do Ópio tenha ocorrido apenas em meia dúzia de lugares na costa marítima, abalou o prestígio imperial. Em 1846-1848, além disso, enchentes e fome estavam disseminadas na população chinesa em expansão. Não é surpreendente que a grande revolta tenha começado em 1850.

Iniciou-se nas províncias mais ao sul, entre a região de Guangzhou e o interior. Essa região estava interligada há longos anos com o crescente comércio exterior, tendo sido a última a ser conquistada pelo regime Qing. A ocupação militar era relativamente fraca nessa região mais sujeita ao efeito perturbador do comércio exterior. A sociedade local, como analisada por Frederic Wakemasn Jr. (1966), era dominada por grandes clãs proprietários de terra, cujos grupos de milícia com freqüência realizavam contendas armadas entre clãs ou grupos de aldeias. As guerras locais eram alimentadas pela fragmentação étnica em virtude do fato de o Sul da China ter recebido imigrantes do Norte, tais como o povo Hakka, cujos costumes o separou dos primeiros habitantes chineses Han e dos povos tribais das colinas. Por fim, à medida que a população crescia e as condições se deterioravam, o comércio exterior de ópio fornecia uma oportunidade-chave para as sociedades secretas antidinásticas, cujos juramentos de irmandade, em especial nas rotas do comércio, ofereceram ajuda mútua e um subsistema social para os que viviam à margem da sociedade e os aventureiros. No padrão tradicional, os candidatos naturais para liderar a rebelião teriam sido os ramos de descendentes da Sociedade Tríade, que possuía uma rede já bastante disseminada entre os chineses de além-mar e no comércio exterior.

A razão pela qual o movimento Taiping não se uniu aos líderes revoltosos decorre da personalidade de seu fundador, Hong Xiuquan. A fé que Hong pregava era uma versão própria do Antigo Testamento Protestante Cristão, e seu Reino Celeste da Grande Paz (*Taiping Tianguo*) governou Nanjing de 1853 a 1864. Mas, desde o início, muitas coisas o condenaram, a começar por sua teologia. Após fracassar pela quarta vez nos exames de Guangzhou em 1843, ele se revoltou com a dominação manchu da China e passou a ler alguns tratados de missionários cristãos que lhe tinham sido dados. Esses tratados, que permaneceram a principal fonte da doutrina cristã para Hong, foram escritos por um cantonês há muito tempo convertido, Liang Fa, que viu no Antigo Testamento a história de uns poucos eleitos que, com a ajuda de Deus, rebelaram-se contra a opressão. Esses tratados nos quais Liang enfatizava o justo direito de Jeová à ira, mais que a bondade de Jesus, deram a Hong apenas um tênue suporte em teologia cristã. Contudo, os tratados pareciam explicar as visões tidas durante uma doença mental anterior: Deus Pai o havia chamado, de modo evidente, para salvar a humanidade e Jesus era seu Irmão Mais Velho.

Hong tornou-se um evangelista militante pregando uma vida moral para servir o único e verdadeiro Deus. O mês em que conviveu com o missionário batista com o memorável nome de Issachar Jacox Roberts, em 1847, deu-lhe exemplos de como rezar, pregar, cantar hinos, catequizar, confessar os pecados, batizar e também de praticar o protestantismo fundamentalista. Com os dois primeiros convertidos, Hong criou um monoteísmo iconoclasta suficientemente poderoso para construir a teocracia Taiping. No entanto, seu excesso de blasfêmias levou-o a não obter apoio de missionários estrangeiros; sua doutrina fixava-se em excesso no único e verdadeiro Deus afastando a cooperação de sociedades secretas como os Tríades, bem como era muito bizarra e irracional para conquistar a simpatia dos literatos chineses, em geral, essenciais para construir uma nova administração.

A Sociedade dos Adoradores de Deus, como a seita chamou a si própria, iniciou-se na região montanhosa de Guangxi, a oeste de Guangzhou, com uma população variada de aborígines Yao e Zhuang, além de chineses Hakka como a família Hong, ou seja, migrantes do Norte da China muitos séculos antes, que mantiveram o dialeto do Norte e outras características étnicas, como a oposição ao enfaixe dos pés. Como uma minoria no Sul da China, as dispersas comunidades Hakka eram incomumente empreendedoras, firmes e experientes na defesa contra seus vizinhos quase sempre hostis.

Como Hong tornou-se o rei rebelde da metade do território da China é uma história similar à de Napoleão Bonaparte ou Adolf Hitler, cheia de tragédias, mistérios da sorte e fatores pessoais e sociais muito debatidos desde então. Seus convertidos acreditavam que Deus os havia ordenado a destruir o governo manchu e construir uma nova irmandade entre os filhos de Deus. A liderança foi tomada por seis ativistas que se tornaram irmãos em juramento, dentre os quais Hong era apenas o primeiro entre iguais. O principal líder militar era um foguista inculto chamado Yang, que testemunhou o recebimento de visitações de Deus e falou com Sua voz de tal modo que deixou Hong perplexo. Muitos dos outros líderes eram acadêmicos de baixo nível. Nenhum era um simples camponês. Eles retiraram seu sistema político-militar do antigo clássico *Rituais de Zhou*. Seu movimento era altamente motivado, organizado e, no princípio, de puritana austeridade, até mesmo segregando homens e mulheres.

A cristandade Taiping, influenciada e recriada em partes iguais com propósitos chineses, contemplava um repertório completo de rezas, hinos, rituais e pregações de irmandade de toda a humanidade sob a paternidade do único e verdadeiro Deus. Ao contrário da passividade política do daoísmo e de outras mundanidades do budismo, o Antigo Testamento protestante oferecia o apelo de trombetas para um povo militante na marcha contra seus opressores. A corporação original dos verdadeiros fiéis Hakka era a mais brava na batalha e a mais considerada entre a população. Não era de admirar! O ensino de Hong criou uma nova seita chinesa organizada para a guerra. Foram utilizadas técnicas verdadeiras e testadas desenvolvidas durante 1.800 anos de história cristã para inculcar uma fé ardente em cada indivíduo e garantir seu desempenho no serviço. A cristandade Taiping era um amálgama Oriente-Ocidente único de idéias e práticas guiado para a ação militante, cuja semelhança não foi vista de novo até a China achinesar, um século depois, o marxismo-leninismo.

Guangxi, em 1850, estava longe de Beijing, era pouco guarnecida por tropas manchus e muito afetada pelo influxo de contrabandistas de ópio e piratas trazidos para o interior pelo rio Oeste por navios britânicos caçadores de piratas ao longo da costa. A desordem crescente inspirou o treinamento de forças locais de autodefesa, inclusive milícia e bandidos. A pequena congregação de Adoradores de Deus, como outros grupos, armou-se para autodefesa, porém de modo secreto e com um objetivo maior. No fim de 1850, vinte mil verdadeiros fiéis responderam ao chamado de mobilização de Hong e lutaram contra as tropas imperiais enviadas para dispersá-los. Em 11 de janeiro de 1851, no seu 38º aniversário, Hong proclamou-se Rei Celestial da nova dinastia, o Reino Celeste da Grande Paz.

A militante fé Taiping inspirou uma armada de bravos guerreiros que, nos primeiros anos, manteve-se em estrita disciplina moral, amiga das pessoas comuns, e por sua dedicação atraiu recrutas e aterrorizou os oponentes. Eles carregavam uma multidão de bandeiras e faixas, em parte para identificar as unidades. Em vez de barbear a fronte e usar uma trança, exigência da dinastia Qing como prova de lealdade (um símbolo tão tangível!), os taipings deixaram o cabelo crescer livremente e tornaram-se os "rebeldes de cabelos longos", ainda mais chamativos para as autoridades estabelecidas do que os estudantes rebeldes da contracultura ocidental um século ou mais depois.

A Guerra Civil

A violenta guerra que se desenrolou de 1851 a 1864 foi uma terrível destruição para os seres humanos e as propriedades (ver Mapa 21). Cerca de seiscentas cidades muradas mudaram de mãos, quase sempre com massacres. Enquanto a Guerra Civil Americana do início dos anos 1860 foi a primeira grande contenda da era industrial, quando o transporte ferroviário, o navio a vapor e as armas de precisão foram fatores-chave, a guerra imperialista Taiping na China foi a última nos moldes pré-modernos. Os exércitos moviam-se a pé e se nutriam da terra. Nenhum corpo médico os acompanhava. Não havia mapas modernos nem telégrafo. A artilharia era algumas vezes usada em locais sitiados, porém a tática favorita era escavar um túnel sob o muro, colocar pólvora e explodi-lo. Frotas de junco e sampana lutavam no rio Yangzi e nos principais lagos ao sul, porém os barcos a vapor eram raros. Foram utilizados mosquetes, porém grande parte da carnificina realizou-se no combate pessoal com espadas, facas, piques e varas. Isso requeria mais motivação que treinamento técnico.

Um exército invasor podia recuperar suas perdas pelo recrutamento local, alistamento, conversão de prisioneiros, mas um comandante não podia contar sempre com tais tropas para manter a posição, menos ainda para atacar o inimigo. Os generais imperiais trouxeram guerreiros hereditários manchus e mongóis, porém a umidade do Sul do país com freqüência os debilitava e sua cavalaria andava com dificuldade nos campos de arroz. A luta corporal era entre chineses. A partir dos relatórios oficiais de exércitos de vinte e trinta mil homens, algumas vezes duzentos e trezentos mil, pode-se imaginar como se alimentavam e as rotas pelas quais viajavam, em uma região quase sempre sem estradas. O total das tropas era muitas vezes em números redondos e é provável que fosse subestimado.

Em 1851, a horda Taiping rumou em direção ao norte, conquistou as cidades de Wuhan e, no início de 1853, desceu o rio e tomou Nanjing, convertendo-a em sua Capital Celeste. Sua estratégia era a que se espera de homens ambiciosos dominados por um foguista inculto: ignorantes em relação ao mundo externo, eles deixaram Shanghai nas mãos imperiais e fracassaram no desenvolvimento de quaisquer relações externas. Atordoados com o sucesso, enviaram, ao mesmo tempo, forças despreparadas para o norte para conquistar Beijing e para o oeste para recuperar a China Central. Ambas as expedições fracassaram. Os comandantes operaram intuitivamente, sem inteligência confiável, comunicações ou coordenação, apenas lidando com as situações que apareciam. Absorvidos pela religião e pela guerra, os líderes Taiping eram inaptos para o planejamento econômico, político e global.

Na falta de administradores treinados, eles em geral fracassavam em assumir o controle e governar o campo como região básica para o suprimento de homens e alimentos. Ao contrário, faziam campanha de cidade em cidade, vivendo dos procedimentos de pilhagem e confisco, semelhante aos exércitos imperiais. Como aponta Philip Kuhn (*in CHOC 10*), eles permaneciam, na verdade, "sitiados nas cidades", enquanto a elite proprietária local de terras mantinha-se em seu lugar no campo. Essa conduta decorria de sua religiosidade restrita que antagonizava em vez de recrutar a elite letrada chinesa, que poderia ter colaborado no governo.

Nesse ínterim, o enfraquecimento de sua fé e de sua austeridade original repercutiu no movimento. Em Nanjing, os líderes logo possuíam seu próprio exército, palácio, harém e adeptos. Eles passavam grande parte do tempo elaborando sistemas de nobreza, honrarias e cerimônias. Os missionários que visitaram o primeiro-ministro em 1860 o encontravam usando uma coroa de ouro adornada e vestido como seus funcionários, com túnicas de seda vermelha e amarela. O igualitarismo teve continuidade para os soldados rasos.

A liderança original destruiu a si mesma em um banho de sangue em 1856, quando o rei do Leste, Yang, chefe executivo e generalíssimo, planejou usurpar a posição do Rei Celestial. Hong então prendeu o rei do Norte, Wei, para assassinar Yang e seus adeptos, mas logo percebeu que Wei e seus seguidores estavam embriagados pelo poder, e mandou assassiná-lo por seu assistente, Shi, que se sentiu tão ameaçado que fugiu para o oeste com grande parte do exército, deixando Hong para trás ao lado de seus parentes incompetentes.

Os nacionalistas e comunistas de períodos posteriores tentaram salvar do movimento Taiping algum protótipo positivo de nacionalismo em oposição aos manchus e de reforma social. Os taipings eram contra todos os tipos de males comuns – jogo, ópio, fumo, idolatria, adultério, prostituição e enfaixe dos pés; eles concediam um lugar especial à mulher, que mantinha e algumas vezes servia o exército e administrava os palácios no lugar dos eunucos. Mas o calendário taiping e o sistema de exames usando os tratados e escritos de Hong não eram melhores que os antigos; os agrupamentos comuns ideais de 25 famílias com um erário também comum nunca se propagaram no campo; o programa de ocidentalização do último primeiro-ministro, primo de Hong, Hong Ren'gan, que passara alguns anos com missionários, jamais progrediu. Enquanto isso, a ignorância e a exclusividade da liderança Taiping, sua falta de programa econômico e o fracasso em solidificar de modo criativo suas proezas militares levaram à matança e à destituição do povo chinês. A rebelião em massa raras vezes era aprovada na China. Agora também haviam dado uma conotação pejorativa ao cristianismo.

Os missionários protestantes ressentiram a violação de seu consciencioso monopólio da palavra de Deus. Os mais adeptos às escrituras foram insultados pela pretensão de Hong em ser o irmão mais novo de Jesus e pela inserção do sistema familiar chinês no Reino dos Céus cristão na pessoa das esposas de Deus e de Jesus. Atualmente, as adaptações de Hong poderiam parecer a melhor oportunidade que o cristianismo jamais teve de se integrar à antiga cultura chinesa. Que fé estrangeira poderia conquistar a China sem um profeta chinês? Mas os poucos missionários que se aventuraram a ir para Nanjing, apesar de bem recebidos, ficaram com a nítida impressão de que o cristianismo Taiping não esperava deles orientações básicas. Mesmo os chineses taipings viam a si mesmos como superiores e centrais, embora, em geral, fossem polidos com os "irmãos estrangeiros" (*wai xiongdi*). Seu sexto mandamento, "Não matarás ou insultarás os homens", usava o enganoso e tradicional verniz chinês, "Todo mundo é uma família e todos os homens são irmãos". *As três personalidades clássicas* para as crianças memorizarem recontava a ajuda de Deus a Moisés e aos judeus, a vida e a morte de Jesus como Salvador e a adoração a Deus (aqui involuntariamente seguindo a linha dos jesuítas) pelos chineses antigos (Shang e Zhou). Mas os governantes de Qin, Han e Song já haviam desaparecido quando Hong foi recebido no Reino dos Céus em 1837 e encarregado de salvar o mundo (chinês) ao expulsar os demônios manchus. Isso significou a verdadeira miscigenação cultural, mas poucos missionários puderam digeri-la. Nesse ínterim, a França católica opôs-se ao protestantismo Taiping como outro afloramento do mal desencadeado por Martinho Lutero. O Reino dos Céus Taiping tomou o caminho de Cartago – apenas o nome sobreviveu. O registro é tendencioso, pois os imperialistas destruíram grande parte dos escritos Taiping, exceto aqueles preservados sobretudo por estrangeiros (alguns foram achados apenas neste século nas bibliotecas da França e da Grã-Bretanha). Líderes hábeis emergiram nos últimos anos, porém tarde demais. Uma causa pela qual tantos deram suas vidas deveria ter tido muito a oferecer, mas apenas se comparada à infértil ordem antiga sob os manchus.

A restauração Qing nos anos 1860

As mudanças na política e na liderança, conhecidas como a restauração Qing, fizeram com que os chineses tentassem sobreviver tanto a ataques internos quanto externos. Por volta de 1861, o mandato da dinastia manchu parecia ter-se esgotado. A intransigente facção antiocidente encarregada da política Qing foi derrotada pela ocupação anglo-francesa de Beijing em 1860, que garantiu a aceitação final de um sistema de tratados desiguais. Enquanto isso, um novo comandante Taiping destruiu o acampamento chinês ao sitiar Nanjing, invadiu o delta e, no início de 1862, ameaçou Shanghai. A crise levou a um golpe de Estado em Beijing em 1861 que pôs no poder um novo líder manchu sob a imperatriz (Cixi) como regente e governada por dois manchus, o príncipe Gong e o Grande Conselheiro Wenxing. Eles eram dedicados a uma política dual: nas relações exteriores, aceitavam o sistema de tratados para apaziguar as potências estrangeiras; nas relações internas, colocavam mais chineses em posições de verdadeiro poder para derrotar os rebeldes. Essa maior flexibilidade política deu início à restauração do poder Qing. ("Restauração" – *zhongxing* – era um termo tradicional para uma "renovação no meio do curso".)

O novo comandante contra os taipings era um letrado confuciano chinês de Hunan, Zeng Guofan. Enviado para Beijing a fim de organizar a milícia em 1852, Zeng ficou estarrecido com o violento e blasfemo ataque a toda ordem confuciana. Ele estava determinado a derrotá-los com honradez, ao longo do tempo, pela renovação moral. Pôs-se então a organizar um exército para defesa. Recrutou também comandantes com caráter similar, que lhe fossem leais, e estes, por sua vez, selecionaram seus oficiais subordinados responsáveis pelo recrutamento de cada um de seus soldados, criando dessa forma uma rede de líderes e seguidores em dívida pessoal um com o outro e capazes de suporte mútuo e devoção na guerra. Era uma utilização militar de responsabilidades recíprocas de acordo com as condições que floresciam no sistema familiar. O esquema funcionou. Os soldados foram selecionados de modo cuidadoso de famílias qualificadas e eram bem pagos e treinados.

Zeng desenvolveu uma marinha interna no Yangzi, construiu arsenais e gerenciou de forma prudente seus recursos. À medida que os soldados originais Hakka Taiping do Sul da China exauriam-se, o exército de Hunan de Zeng começava a ganhar terreno. Uma vez que os manchus reconheceram que sua maior esperança estava em confiar em chineses leais à antiga ordem, Zeng foi capaz de colocar seus tenentes chefes como governadores das províncias e, desse modo, mobilizar um esforço conjunto de guerra. Ele confinou os taipings na parte de cima do rio, onde a capital Hubei Hunan de Wuchang mudou seis vezes, e abaixo do rio, onde as forças anglo-francesas afinal abandonaram a neutralidade e ajudaram a defender a região Shanghai Ningbo.

Ao aceitar o sistema de tratados ocidental e apoiar os eruditos generais chineses conservadores nas províncias, os novos líderes em Beijing sob a regência da nova imperatriz regente (Cixi) conseguiram eliminar os taipings em 1864 e deram à sua dinastia uma nova oportunidade de sobrevivência. Seu objetivo fundamental era dedicar-se a um esforço conservador genuíno em uma "restauração" semelhante àquelas ocorridas após a fundação do final da dinastia Han ou depois da grande rebelião da metade da dinastia Han. A historiadora Mary Clabaugh Wright (1957), pioneira no estudo sobre o período da restauração, descreveu de forma eloqüente como os componentes do Estado confuciano tradicional estavam estimulados durante os anos 1860: um grupo de funcionários civis com princípios elevados, escolhidos por meio de exames nos clássicos e leais à dinastia reinante, reprimiu severamente a rebelião e tentou cuidar com benevolência da economia agrária e da guerra civil. A ordem foi restabelecida nas províncias centrais, os impostos foram pagos, as terras, reabertas ao cultivo, escolas, fundadas, e homens talentosos foram recrutados para o serviço público, embora, na verdade, o cultivo eficaz do arroz tenha sido uma meta primordial dos altos funcionários. Enquanto reviviam a ordem tradicional dessa maneira, os líderes da restauração também começaram a se ocidentalizar. Eles construíam arsenais para fornecer armas modernas, barcos a vapor, traduziram livros-texto ocidentais sobre tecnologia e lei internacional e criaram um protótipo de um Ministério das Relações Exteriores na forma de um comitê especial (o *Zongli Yamen*) sob um Grande Conselho. Logo suas novas províncias e exércitos regionais com armas modernas impossibilitaram a rebelião camponesa. Nesses esforços receberam ajuda das potências ocidentais pela política de cooperação, cujas rivalidades imperialistas não se intensificaram até os anos 1870.

As estimativas recentes mais abrangentes são menos otimistas. Elas observam que a restauração trouxe para o poder a ignorância e o obscurantismo da imperatriz regente. A ocidentalização foi deixada, em grande parte, para as autoridades provinciais chinesas, nas quais o poder chinês havia se tornado dominante, colocando a corte manchu na defensiva. Além disso, esses esforços provinciais foram descoordenados e não foram apoiados por Beijing. No fim, a renovada vitalidade da administração Qing não pôde superar a inércia da política chinesa tradicional. Podia funcionar apenas em seus próprios termos obsoletos. Os líderes da restauração apegaram-se de modo conservador à superioridade da agricultura como base da receita do Estado e da subsistência popular. Eles não possuíam um conceito de crescimento econômico ou desenvolvimento no sentido moderno e mantinham a postura austera de não-aquisição; continuavam a depreciar o comércio, inclusive o comércio exterior, como não-produtivos. Ao contrário, eles tentavam impor ao campesinato e à burocracia as idéias clássicas de economia e incorruptibilidade, de modo que o produto da terra pudesse ser utilizado de forma mais rápida para manter o povo e o governo. Para ajudar a agricultura, eles esforçaram-se sem muito sucesso (como mostrou Kwang Ching Liu *in CHOC 10*) em reduzir os impostos territoriais nas regiões baixas do Yangzi, porém não diminuíram os aluguéis nem limitaram a locação. Pretendiam reviver os sistemas de trabalho público necessários para o controle de abastecimento de água, mas não foram mais bem-sucedidos que seus antecessores no melhor aproveitamento do rio Amarelo.

A restauração perdeu vitalidade depois de 1870 por muitas razões. Seus líderes reviviam de modo consciente o passado em vez de enfrentar de modo criativo o novo futuro da China. Eles não puderam influenciar de modo adequado os baixos níveis da burocracia nem lidar com os problemas técnicos especializados e as questões intelectuais da descentralização. A própria força de seu conservadorismo e o esforço de restauração inibiu a resposta revolucionária da China ao contato com o Ocidente.

Repressão a outras rebeliões

O sucesso indiscutível da restauração foi a repressão das rebeliões. Durante o controle taiping da região do baixo Yangzi surgiu no Norte entre os rios Huai e Amarelo outro movimento de rebeldes conhecidos como Nian (ver Mapa 21). Baseados em aldeias fortificadas com muros de terra na margem sul da planície do Norte da China, eles organizaram forças de cavalaria com seu sistema de bandeiras para ataques externos repentinos e controlaram sua base territorial ao tomar os corpos da milícia local. Embora sem as pretensões dinásticas dos taipings, o movimento Nian, entre 1853 e 1868, suplantou o governo imperial em uma região considerável e assediou com ataques súbitos as províncias da vizinhança para pilhar suprimentos alimentares.

Os esforços imperiais para retirar os Nian de seus abrigos fortificados fracassaram repetidas vezes. Os muros foram derrubados apenas para serem reerguidos. Os eruditos-generais que derrotaram os taipings tentaram privar os Nian de seu apoio popular nas aldeias ao prometer segurança para o povo, morte aos líderes e perdão aos seguidores. Enquanto isso, outros levantes surgiram em diversas partes do Norte da China. Os Nian e esses levantes foram afinal aniquilados por novas forças provinciais com armas modernas. Eles cortaram os suprimentos de alimentos, de força humana e da cavalaria rebelde e, por fim, com linhas de bloqueio e contra cavalaria, os destruíram na planície.

Entre as conseqüências dessas revoltas que convulsionaram a China Central e do Norte surgiram também levantes sanguinários de muçulmanos chineses no Sudoeste e Noroeste durante os anos 1860 e 1870 – lutas cruéis que apenas agora começam a ser estudadas. Considerando tudo, o movimento para mudar a China moderna começou por seguir os padrões tradicionais de rebeliões com base nos camponeses e uma restauração que os subjugasse. No processo, milhões de infelizes morreram. A guerra por fim enfraqueceu-se. As estimativas modernas revelam que a população da China era de cerca de 410 milhões em 1850 e, após as rebeliões Taiping, Nian, muçulmana e outros conflitos menores, chegou a 350 milhões em 1873.

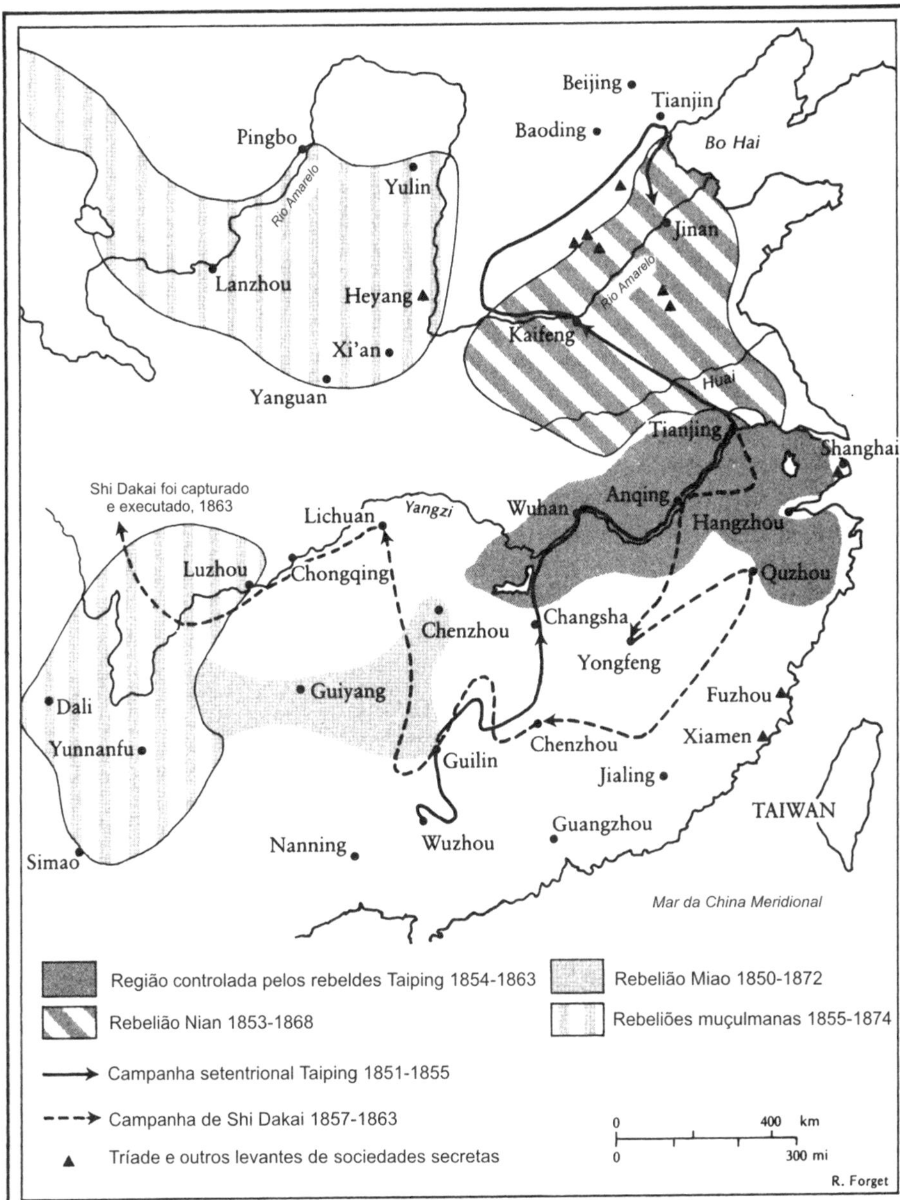

21. Rebeliões do século XIX

Assim, a coerção da China pelas canhoneiras ocidentais e pela ocupação anglo-francesa de Beijing em 1860 foi breve e com pequenos desastres comparados às rebeliões da metade do século que varreram as principais províncias. Os europeus e os americanos que garantiram seus privilégios especiais nos portos do novo tratado da China estavam na periferia desse grande redemoinho social. Para alguns chineses, na ocasião, eles representaram a nova ordem e oportunidade, mas para a maioria pouco significaram.

Apesar disso, um convênio britânico informal com os Qing ganhou forma no início da década de 1860. A Grã-Bretanha queria estabilidade para o comércio e ajudou Beijing a comprar uma frota de canhoneiras a vapor (o armamento mais moderno no momento), embora a questão a quem caberia o comando tenha rompido o acordo. Robert Hart e seu Serviço de Alfândega Marítima trabalhando como funcionários Qing lideraram o estímulo britânico para a administração fiscal moderna e a facilitação do comércio. Ao mesmo tempo, ao ajudar a manter a estabilidade Qing, eles desempenharam um papel na política interna da China que os patriotas atacaram posteriormente.

11

Início da modernização e declínio do poder Qing

O autofortalecimento e seu fracasso

Durante as décadas que seguiram à restauração Qing de 1860, personalidades importantes, manchus e chinesas, tentaram adaptar procedimentos e instituições ocidentais. Esse movimento, estudado por Albert Feuerwerker, Kwang Ching Liu e outros, postulava a doutrina atraente, porém enganosa, de "aprendizado chinês como estrutura fundamental, aprendizado ocidental para uso prático" – como se as armas, navios a vapor, ciência e tecnologia ocidentais pudessem de alguma forma ser utilizados para preservar os valores confucianos. Podemos ver, em retrospectiva, que as canhoneiras e as siderúrgicas trazem com elas sua própria filosofia. Mas a geração de 1860-1900 fixou-se à pedra de toque de que a China poderia saltar a metade do caminho para os tempos modernos, como se pula a metade do caminho ao longo de um rio em uma enchente.

Sob o bordão clássico e, portanto, não-estrangeiro de "autofortalecimento", os líderes chineses começaram a adotar armas e máquinas ocidentais, apenas para se encontrarem sugados pelo processo inexorável em que um empréstimo levava a outro, do maquinário à tecnologia, da ciência a todo conhecimento, da aceitação de novas idéias à mudança de instituições, e, por fim, da reforma constitucional à revolução republicana. A falácia de meia ocidentalização, em instrumentos mas não em valores, era aparente para muitos eruditos conservadores, que, por esse motivo, escolhiam a alternativa de oposição ao Ocidente como um todo.

Os líderes do autofortalecimento esmagaram os taipings. Funcionários-eruditos como Zeng Guofan e seu assistente mais jovem, Li Hongzhang (1823-1901), construíram um arsenal em Shanghai para fabricar armas e canhoneiras. Logo no início de 1864, Li explicou a Beijing que a dominação estrangeira da China baseava-se na superioridade de suas armas, que era inútil tentar expulsar os estrangeiros e que a sociedade chinesa deveria, por isso, enfrentar a maior crise desde sua unificação sob o primeiro imperador em 221 d.C. Li concluiu que, para se fortalecer, a China devia aprender a usar o maquinário ocidental, que implicava também o treinamento de pessoal chinês. Essa linha de raciocínio simples foi imediatamente autoevidente para os combatentes japoneses após a chegada de Perry, em 1853. Mas o movimento para a ocidentalização da China era sempre obstruído pela ignorância e preconceito dos intelectuais confucianos. A ausência de resposta da China, nas décadas em que o Japão estava se modernizando de modo rápido, fornece um dos maiores contrastes da história.

As dificuldades da China foram repetidamente ilustradas. Para disponibilizar o aprendizado sobre o Ocidente, por exemplo, cerca de oitenta missionários jesuítas nos séculos XVII e XVIII fizeram traduções chinesas de cerca de quatrocentos trabalhos ocidentais, mais da metade sobre o cristianismo e um terço sobre ciência. Os missionários protestantes do início do século XIX publicaram em torno de oitocentos itens, mas quase todos eram tratados religiosos ou traduções das escrituras dirigidos, sobretudo, em linguagem simples, para o homem comum, não para os chineses cultos. No arsenal de Shanghai, durante o último terço do século, um inglês talentoso (John Fryer) colaborou com os eruditos chineses para traduzir mais de cem trabalhos em ciência e tecnologia, desenvolvendo a terminologia necessária em chinês à medida que prosseguiam. Mas a distribuição de todos esses trabalhos era limitada, poucos eruditos chineses pareciam tê-los lido, e sua produção dependia da iniciativa de estrangeiros ou de poucos funcionários preocupados com o comércio exterior, que não contavam com a direção do governo.

Na capital, uma universidade de intérpretes e tradutores foi fundada em 1862 como uma instituição governamental para preparar jovens para negociações diplomáticas. Com um missionário americano como chefe e nove professores estrangeiros, além de Robert Hart e do apoio da Alfândega, essa nova universidade logo possuía cem estudantes de língua estrangeira manchus e chineses. Ainda assim, os eruditos antiestrangeiros faziam objeção ao ensino de matérias ocidentais. A desculpa equivocada de que "as ciências ocidentais originaram-se da antiga matemática chinesa... a China inventou um método, os ocidentais o adotaram" foi ressaltada.

O ciúme da elite letrada, cujo destino estava ligado ao aprendizado chinês, foi ilustrado de modo mais enfático pelo caso de um estudante chinês, Yung Wing, levado para os Estados Unidos pelos missionários em 1847 e que se formou em Yale em 1854. Quando voltou para a China, depois de passar oito anos no exterior, ele precisou esperar quase uma década antes de Zeng Guofan utilizá-lo como agente para comprar máquinas e como intérprete e tradutor. O propósito de Yung Wing de enviar estudantes chineses para fora só teve efeito quinze anos após seu retorno. Em 1872, ele liderava uma missão educativa que trouxe cerca de 120 estudantes chineses vestidos com longas túnicas para Hartford, Connecticut. Professores chineses no estilo antigo os acompanharam para preparar os futuros ocidentalizadores da China para os exames nos clássicos, uma preparação ainda essencial para se tornar funcionário. Yung Wing também recebeu como colega um funcionário obscurantista cuja missão era verificar se o contato com o Ocidente não minava a moral dos estudantes confucianos. Em 1881, todo o projeto foi abandonado.

Atitudes semelhantes colocaram em desvantagem o início da industrialização. Os conservadores temiam que as minas, as ferrovias e as linhas telegráficas pudessem perturbar a harmonia entre o homem e a natureza (*fengshui*) e criar todo tipo de problemas – perturbar os ancestrais imperiais, ao reunir multidões de mineiros desobedientes, ao demitir barqueiros e carroceiros, ao absorver receitas do governo, ao criar dependência em máquinas e técnicas estrangeiras. Mesmo quando os modernizadores puderam superar tais medos, ainda enfrentaram grandes dificuldades práticas como a falta de empreendedores habilidosos e de capital. Projetos importantes precisavam ser patrocinados por funcionários bem graduados, em geral, sob a forma de "supervisão de funcionários e operação de mercadores". Isso significava, na prática, que as empresas estavam paralisadas pela burocracia. Os mercadores-administradores permaneciam sob o domínio de funcionários-patrões. Ambos os grupos sugavam o lucro das novas companhias em vez de nelas reinvestirem. Um processo contínuo de auto-sustentação pelo reinvestimento do crescimento industrial nunca foi atingido.

Assim, a industrialização da China no fim do século XIX provou-se, de modo geral, infrutífera apesar da promessa inicial de muitos projetos oficialmente patrocinados. Por exemplo, a Companhia de Navegação de Barcos a Vapor dos Mercadores da China fundada por Li em 1872 era subsidiada para levar o arroz do tributo ao delta do Yangzi para alimentar a capital. Desde 1415, quase todos os anos, grandes flotilhas de juncos com cereais levavam essa carga Grande Canal acima. Agora podiam ir com rapidez pelo mar de Shanghai até Tianjin. Para fornecer carvão para a frota de barcos a vapor foram abertas minas de carvão em Kaiping, ao norte de Tianjin, em 1878. A fim de transportar esse carvão, a primeira ferrovia permanente da China foi inaugurada em 1881. Ainda assim, no final do século, esses empreendimentos de apoio mútuo pouco progrediram. A companhia de mercadores da China, pilhada por seus patrões, administradores e empregados, perdeu terreno para as linhas britânicas de barco a vapor. Em 1900, as minas de Kaiping, com pesadas dívidas a estrangeiros, foram ocupadas por Herbert Hoover e outros. A construção de ferrovias foi negligenciada pela China e promovida pelas potências imperialistas em suas esferas de influência após 1898.

Na última parte dos trinta anos de serviço de Li Hongzhang como governador-geral de Tianjin, seu chefe rival era Zhang Zhidong, que serviu dezoito anos em Wuhan. Ele estabeleceu lá uma fundição de ferro que se tornou uma siderúrgica, assim como academias militares e escolas técnicas para telégrafo, mineração, ferrovias e artes industriais. No entanto, a principal esperança de Zhang era colocar toda essa tecnologia no esquema do confucionismo clássico.

A modernização da China tornou-se, assim, um jogo para poucos funcionários graduados que perceberam suas necessidades e tentaram levantar fundos, encontrar pessoal e instalar projetos em um ambiente de modo geral letárgico, se não hostil. Eram estimulados pela esperança de lucro e poder pessoal, porém a corte da imperatriz regente, diferente do imperador Meiji do Japão, não lhes deu apoio firme ou consistente. Ela, ao contrário, deixou os conservadores paralisarem os inovadores para manter o equilíbrio. Como o Sul da China fervilhava de espíritos inteligentes procurando por novas oportunidades, em especial nas cidades em rápido crescimento do tratado dos portos, o fim do século XIX foi uma época de muito pioneirismo, mas de poucas mudanças básicas. A ocidentalização ficou a cargo de uns poucos altos funcionários provinciais porque isso era conveniente ao equilíbrio do poder central local – a corte poderia evitar o custo e a responsabilidade – e também porque os funcionários dos portos do tratado, em contato com os estrangeiros, eram os únicos que podiam antever as oportunidades e conseguir ajuda externa.

O pagamento pelo autofortalecimento surgiu com a guerra sino-japonesa de 1894-1895. Em virtude de seu tamanho territorial, a aposta vencedora era a China, mas Li Hongzhang pensava de modo diverso e tentou monopolizar a guerra. A China começou a construir navios em 1870. Durante os anos 1880, Li comprou cruzadores de aço e trouxe instrutores e consultores da Grã-Bretanha, mas depois Krupp cobriu o lance de Armstrong e acrescentou dois navios alemães maiores. No fim dos anos 1880, entretanto, os fundos da Marinha chinesa foram desviados de maneira escandalosa por conspiração de um funcionário de alto nível para construir o novo palácio de verão da imperatriz regente. Pelas estimativas de Hart, a Marinha "deveria ter um saldo de 36 milhões de taéis (50 milhões de dólares) e veja! Não tinha um centavo". Em setembro de 1894, ele descobriu que "eles não têm bala de canhão para Krupp e nem pólvora para Armstrong". Na guerra com o Japão, apenas o Exército e a frota do Norte da China de Li Hongzhang estavam envolvidos (não as da China Central e do Sul), e algumas balas de canhão da Marinha foram encontradas cheias de areia em vez de pólvora.

Quando o Japão interveio na Coréia em 1894, ostensivamente, para dominar os rebeldes coreanos, eles dispersaram o Exército do Norte da China em Li e, em uma das primeiras batalhas navais modernas além do rio Yalu, afundaram e destroçaram sua frota. Ela era comandada por um velho general de cavalaria que trouxe os navios em formação lado a lado como um ataque a cavalo, enquanto os japoneses em duas colunas circulavam em torno deles. Hoje, quando os turistas visitam o barco de mármore erguido no lago do palácio de verão fora de Beijing, eles podem imaginar nele uma legenda: "*In memoriam*: aqui jaz o que deve ter sido a última frota Qing".

De nossa perspectiva atual, o surpreendente é que a primeira guerra moderna da China foi deixada sob a responsabilidade de um funcionário da província como se fosse uma simples questão de defender sua parte na fronteira. A dinastia manchu com certeza foi acusada por sua inépcia não-nacionalista, porém o problema era mais profundo do que uma diferença étnica; o erro, é evidente, residia na própria monarquia imperial, na superficialidade de sua administração, sua inabilidade institucional para ser um governo central moderno.

A dinastia Qing sobreviveu a rebeliões do povo chinês, mas suas relações exteriores estavam agora fora de controle. A vitória do Japão sobre a China lançou o Extremo Oriente em uma década de rivalidades imperialistas. Como pagamento de indenização, a China ficou em débito com os detentores de debêntures europeus. Em 1898, a Rússia, a Alemanha, a Grã-Bretanha, o Japão e a França ocuparam ou demandaram todas as esferas de influência na China. Isso consistia quase sempre em um porto importante como uma base naval, uma ferrovia atravessando o interior e minas para desenvolver ao longo dela. Para deter o Japão, a China recebeu a

Rússia na Manchúria – até a guerra russo-japonesa de 1905 deixar a Rússia confinada ao norte e o Japão triunfante na Manchúria do Sul e na Coréia.

Em razão de todos esses fatos, a China parecia prestes a sucumbir. Uma nova geração poderia, com novos ensinamentos, salvá-la? Os novos ensinamentos poderiam inspirar uma regeneração nacional sob o poder de um governo forte?

A guerra cristã-confuciana

Para a maioria dos chineses, os cristãos missionários pareciam ser a arma ideológica para a agressão estrangeira. O conflito começou no século XVII e terminou no século XVIII e passou por muitos níveis: político, intelectual e social.

Na política, o cristianismo era heterodoxo. Primeiro, parecia apenas outra seita do tipo budista, com um sistema de crenças, um salvador, uma culpa moral e uma forma de expiação – elementos que a maioria das religiões tem em comum. Como a maioria das seitas religiosas chinesas estava há muito tempo proscrita, como o Lótus Branco, elas, em geral, precisavam ser organizações secretas. Após o espetacular contato com os jesuítas dos anos 1600 soçobrar na Controvérsia dos Ritos que opôs o papa em Roma e o imperador da China, o cristianismo foi banido em 1724. O banimento não foi suspenso até 1846 por insistência francesa. Enquanto isso, as comunidades católicas romanas sobreviveram, porém os padres estrangeiros precisaram trabalhar na clandestinidade.

Os missionários protestantes, por sua formação, eram reformadores inatos, e seus esforços os puseram em conflito com a instituição confuciana, que acreditava em seu próprio tipo de reforma. Os missionários e a elite da pequena nobreza chinesa eram rivais naturais. Ambos eram privilegiados, imunes à coerção dos magistrados. Ambos eram professores de uma doutrina cósmica. A rivalidade era inevitável. Paul Cohen cita como representante um missionário que viu fora da encenação externa de educação e de refinamento da elite confuciana "nada senão dissimulação, ignorância, grosseria, vulgaridade, presunção arrogante e ódio inveterado a tudo que fosse estrangeiro". Essa visão era recíproca. Para a pequena nobreza letrada, os missionários eram estrangeiros subversivos cuja conduta e ensinamentos imorais eram sustentados por canhoneiras. Os patriotas conservadores odiavam e temiam esses intrusos alienígenas, mas eles se debilitaram com o desdobramento dos tempos modernos, e muito dos registros disponíveis até certo ponto são polêmicos ou vêm em especial de missionários vitoriosos e chineses cristãos. O registro tão sabiamente resumido por Cohen (*in CHOC 10*) mostra poucos chineses convertidos à fé cristã, mas uma influência penetrante da agressividade missionária.

O período de 1860 a 1900 assistiu à propagação gradual de estações missionárias em cada província sob o tratado do direito à extraterritorialidade e também sob o direito à residência no interior mediante um tratado ilegal elaborado por um intérprete francês devoto. Construída sob suas antigas fundações, a instituição católica romana totalizava, em 1894, cerca de 750 missionários europeus, quatrocentos padres nativos e mais de meio milhão de pregadores. As missões protestantes começaram em Guangzhou, onde Robert Morrison estava empregado pela Companhia Britânica das Índias Orientais. Os primeiros americanos chegaram em 1830. Por volta de 1894, o esforço da missão protestante sustentava mais de 1.300 missionários, sobretudo britânicos, americanos e canadenses, e mantinha cerca de quinhentas estações – cada uma com uma igreja, residências, capelas, em geral uma pequena escola e, às vezes, um hospital ou uma farmácia – em aproximadamente 350 cidades e vilarejos diferentes. Ainda assim, eles converteram menos de sessenta mil cristãos entre os chineses. Com certeza, a China não estava destinada a tornar-se uma nação cristã.

Após 1860, o aumento do contato levou a contínuos atritos entre a aristocracia e os missionários. Entre os Hunanese, em particular, que tinham resistido aos "cristãos" Taiping, um movimento militante anticristão organizou defesas ideológicas e instigou ações violentas. Em geral, a pequena nobreza espalhava rumores da imoralidade missionária quando homens e mulheres estavam juntos nos cultos de adoração. Uma literatura pornográfica sórdida, recuperada do século XVII, descrevia as orgias bestiais de padres, freiras e convertidos. Essa elite nobre precisava apenas colocar cartazes dizendo a hora e o lugar para que o povo se reunisse e começasse a agitação. Milhares de incidentes ocorreram e centenas deles foram noticiados aos canais diplomáticos pelos missionários, que pediam reparação e proteção oficial para levar a efeito seu direito, no tratado, à catequese.

A chantagem com canhoneiras obrigou os funcionários Qing a permanecerem do lado dos estrangeiros e a reforçarem os tratados, o que prejudicou o prestígio da dinastia. Os católicos, em particular, apoiaram seus convertidos nas ações judiciais. Com um fraco comércio, os franceses patrocinaram missões católicas, cujos bispos reivindicavam e, às vezes, recebiam um tipo de *status* de funcionário.

Por sua vez, os missionários protestantes, organizados sob uma dúzia de denominações, fizeram um esforço inicial para dominar a língua chinesa e criaram a terminologia de que eles precisavam para passar sua mensagem. A China já tinha um vocabulário completo apropriado para designar Deus, alma, pecado, arrependimento e salvação. Os tradutores missionários enfrentaram o problema: se eles usassem o termo estabelecido, quase sempre proveniente do budismo, não conseguiriam fazer a diferença com o cristianismo. Em contrapartida, se usassem um neologismo, corriam o risco de ser menos compreendidos ainda. Esse problema agravou-se em relação ao ponto central do cristianismo, o termo para Deus. Após muita discussão, os católicos ficaram com Senhor dos Céus, alguns protestantes ficaram com Senhor das Alturas, e outros, com Espírito Divino. Uma tradução da Bíblia para o chinês produziu um impasse entre os missionários, que não conseguiam concordar sobre como chamar a figura básica e principal de sua religião.

Na "ocupação cristã da China", como é indevidamente chamada, os missionários protestantes trouxeram suas pequenas escolas e sua medicina rudimentar para as principais cidades, onde os candidatos a exame podiam receber panfletos. Mas a maioria dos americanos, quase sempre proveniente de fazendas, achava que a vida no campo era mais agradável e que oferecia uma perspectiva melhor de competir com o confucionismo. O crescimento da Igreja cristã protestante foi lento, porém constante. O número de chineses convertidos e de cristãos praticantes em 1900 passava dos cem mil, uma gota no oceano de chineses, mas os missionários protestantes foram grandes edificadores institucionais. Construíram suas casas em estilo estrangeiro, cuidadas por empregados chineses, e logo desenvolveram escolas e dispensários ou clínicas de saúde pública. Os primeiros chineses convertidos foram, amiúde, clientes ou colaboradores, como o cozinheiro ou o distribuidor de panfletos, mas também havia homens talentosos e idealistas que ficaram impressionados pelos modos estrangeiros e desejavam abraçar a religião estrangeira. No final do século XIX, muitos reformadores chineses converteram-se ao cristianismo em parte porque a trindade da indústria, do cristianismo e da democracia parecia ser o segredo do poder ocidental e o melhor meio de salvar a China.

O movimento da reforma

Nos últimos anos da China Imperial, as tendências do saber chinês levaram um longo tempo para acompanhar as inclinações das relações exteriores da China. Durante os anos em que o crescimento comercial da China se expandiu, houve um movimento que Benjamin Elman (1984) chama "da filosofia à filologia". A preocupação dos funcionários eruditos confucianos em fazer julgamentos morais baseados em grandes princípios deu lugar a estudos técnicos mais precisos menos vinculados à cultura e, talvez, a uma preparação melhor para encarar problemas modernos específicos.

O delta do baixo Yangzi, onde muito do novo comércio inter-regional estava concentrado no final do século XVIII, foi no mesmo período o lar de um novo tipo de saber conhecido como "pesquisa baseada em evidência" (*kaozhengxue*). O desalento chinês com o colapso da dinastia Ming no início dos anos 1600 apontou a causa na filosofia neoconfuciana com sua mescla sutil de abstrações budistas e daoístas. Os eruditos estavam "insatisfeitos com as idéias empiricamente não-verificáveis que tinham impregnado" as interpretações Song e Ming do confucionismo. A ênfase nos princípios morais (o neoconfucionismo Song era conhecido como *Lixue*, "a aprendizagem de princípio") contribuíra para as justas denúncias morais entre as facções que haviam enfraquecido as últimas administrações Ming. Sob os manchus, alguns eruditos clássicos, portanto, passaram da filosofia à filologia e também à astronomia matemática, especificamente à análise concreta de textos, sua autenticidade, interpolações e significados exatos. Um dos resultados foi que, a partir de evidências internas, foram descobertas falsificações nos venerados clássicos. Eles deixaram de ser sacrossantos.

Esse novo olhar sobre o saber Qing foi comemorado em 1829 numa coleção de 180 trabalhos de 75 autores dos séculos XVII e XVIII, metade dos quais ocupou o grau máximo de *jinshi*. Ironicamente, essa grande realização erudita ocorreu devido à liderança editorial do eminente bibliófilo Ruan Yuan, que foi também o funcionário mais graduado do imperador encarregado da província de Guangdong e do comércio europeu.

É fato que muitos autores da grande coleção de Ruan Yuan vieram de famílias de mercadores. A famosa riqueza dos mercadores de sal de Yangzhou, por exemplo, possibilitou-lhes financiar academias e patrocinar talentos. Com o apoio de altos funcionários, eruditos foram mobilizados para trabalhar em grandes projetos de compilação como o da *História Ming* e o do dicionário geográfico Qing. Havia mais de 150 projetos imperiais desse tipo. Todo esse trabalho levou ao sentimento de que a pesquisa baseada em evidência constituía realmente uma profissão independente da administração pública.

Proliferaram academias com bibliotecas para fomentar essa pesquisa, em especial nas províncias do baixo Yangzi. Embora no início tivesse se mostrado arredio, o imperador, a partir de 1733, começou a apoiar as academias que preparavam os estudantes para os exames. Depois de 1750, no entanto, surgiram aquelas oficialmente patrocinadas, mas internamente autônomas, com a finalidade de apoiar estudos, discussões e pesquisas isoladas. *Os estudos de Han* – de pesquisa baseada em evidência – fundamentados nos *Novos textos do período Han* mostraram a capacidade e a vitalidade intelectual de uma comunidade constituída de eruditos Qing. Eles se comunicavam, em parte, por cartas escritas para publicação posterior. Os resultados obtidos na avaliação crítica dos textos resgatados conduziram-nos à epigrafia, à fonologia e ao início de uma análise arqueológica de esculturas de bronze e monumentos de pedra.

Em torno de 1840, o súbito triunfo do poder marítimo britânico levou à elaboração conjunta de duas linhas do pensamento reformista chinês: o movimento do Novo Texto, para reavaliar os clássicos, e o movimento da política em favor de um maior envolvimento e de uma maior eficácia da elite de funcionários eruditos na administração. O funcionário Wei Yuan (1794-1857) era líder em ambos os aspectos. Em 1826, ele havia compilado mais de dois mil escritos exemplares na área fiscal e em outros aspectos práticos da administração. Ele propôs levar o estipêndio do arroz de Beijing do baixo Yangzi por via marítima através de Shandong em vez de fazê-lo através da árdua rota do Grande Canal. Ajudou a reformular a gabela do sal, escreveu um relato das dez mais famosas campanhas militares dos Qing e, em Guangzhou, ajudou o ministro Lin, compilando uma importante descrição dos países de além-mar – certamente um novo olhar crítico sobre os problemas da China, já há muito necessário. Wei Yuan trouxe o mundo exterior que a Grã-Bretanha representava para o horizonte dos últimos reformistas Qing.

A continuidade entre as pesquisas baseadas em evidências e o moderno saber chinês destacaria-se em 1890 quando eruditos versados em inscrições em bronze e pedra identificaram o significado dos "ossos do oráculo" deixados pela dinastia Shang. Isso marcou o começo da arqueologia chinesa moderna, já vista no Capítulo I, embora tenha sido de pouca ajuda para os últimos Qing, no momento em que se depararam com a invasão do Ocidente.

Em torno de 1890, o crescimento das cidades, muitas das quais eram portos do tratado, trouxe grandes mudanças materiais e sociais. Nos portos marítimos e fluviais, prédios em estilo ocidental, tipos de rua e serviços urbanos de iluminação a gás e fornecimento de água, além de serviços de transporte e comércio exterior por navios a vapor, estavam conectados (ou eram extensões) do mundo além da China. Nesses portos, a moderna economia chinesa tomou forma como um produto conjunto – chinês e estrangeiro – da empresa chinesa na área do comércio, de bancos e da indústria. Surgiram, ao mesmo tempo, os modernos meios de comunicação de massa – jornalistas, jornais e revistas chineses – e uma nova *intelligentsia* formada por escritores e artistas não orientados para carreiras no funcionalismo. Nas cidades modernas sob administração estrangeira – onde homens de negócio chineses prosperaram como banqueiros e agentes representantes de firmas estrangeiras, assim como de forma independente – a opinião pública chinesa começou a ter expressão.

Ao mesmo tempo em que o movimento de conversão cristã levava à constituição de uma comunidade descentralizada, missionários iniciaram a edição de uma revista chinesa, a *Review of the Times* (*Wanguo gongbao*), com repercussão na cena internacional. Essa revista semanal publicada de 1875 a 1883, e mensal, de 1889 a 1907, trouxe as notícias do mundo para a classe dos eruditos chineses. Por ser escrita de forma tão primorosa em chinês clássico por editores chineses, e por ser a primeira no gênero, a revista propiciou aos missionários uma linha direta com os eruditos e funcionários que se confrontavam com os problemas do mundo exterior. Na década de 1890, os missionários mais hábeis (como o galês Timothy Richard) deram prosseguimento a um programa dirigido à classe dos eruditos influenciando, dessa forma, o movimento reformista.

Do ponto de vista chinês, a vitória do Japão em 1895 não foi somente uma derrota da China diante de um poder civilizado, mas uma verdadeira sujeição aos poderes sombrios representados pelo Ocidente. Era preciso considerar que os ocidentais tinham um comportamento moral de animais – homens e mulheres de mãos dadas e até mesmo beijando-se em público. Por ter inventado máquinas poderosas, esse mundo exterior perturbara a ordem natural existente entre o homem e a natureza que criara a civilização e a vida harmoniosa. O caos estava próximo.

Em 1895, houve uma súbita convergência de diversos fatores. Primeiro, foi a ameaça estrangeira que havia produzido quatro guerras e quatro derrotas para a China pelo poder de fogo naval na costa. Novas armas de guerra, incrivelmente destrutivas, eram agora manejadas por esses forasteiros. A esse fato -- do poder estrangeiro – foi acrescido o segundo fato, inegável, da competência estrangeira, não apenas na arte da guerra, mas em todas as artes práticas e na tecnologia da vida. A máquina a vapor em navios e ferrovias acelerou, como jamais visto, o transporte, e cidades portuárias como Shanghai passaram a se caracterizar por ruas pavimentadas, iluminação a gás, fornecimento de água e policiamento. Em terceiro lugar, para aquelas pessoas que sentiam que a tecnologia e as artes eram uma expressão da moral básica e de qualidades intelectuais, era evidente que a China tradicional estava de alguma forma deficiente no que se refere a essas competências que os forasteiros demonstravam.

A crise e o sentimento de humilhação produzidos por essas considerações levaram à conclusão inevitável de que a China precisava fazer grandes mudanças.

Pelo fato de o chinês comum não participar do governo e de a maioria da elite estar por demais imersa nos modos habituais de exercer a liderança intelectual, somente os eruditos podiam enfrentar esse problema.

A lista de reformas desejáveis vinha crescendo de modo contínuo desde a Guerra do Ópio. Inúmeros secretários e consultores de Li Hongzhang contribuíram para isso; também cooperaram missionários cristãos, rebeldes taipings, diplomatas que foram ao exterior e jornalistas chineses iniciantes, em Hong Kong e Shanghai. Para essas pessoas, os países do Ocidente e agora o Japão ofereciam uma abundância de novos caminhos que poderiam se adaptar às necessidades da China. Em nível mais amplo, os parlamentos poderiam criar laços mais firmes entre os governantes e o povo. Patentes governamentais ou recompensas conseguiriam incentivar invenções, consertos de estradas seriam capazes de ajudar o comércio, a mineralogia faria progredir a mineração, escolas agrícolas aumentariam a produção, traduções ampliariam a educação – a lista era infinita.

Entretanto, antes que o movimento reformista pudesse ganhar um apoio mais amplo, uma sanção filosófica tinha de ser estabelecida para a apropriação externa que a China estava realizando e para a mudança de velhos hábitos. Essa sanção tinha de ser encontrada no confucionismo, já que esta ainda era a fé vital da classe dominante da China, o que exigia habilidade política a serviço do Filho dos Céus. Somente um patrício, um sábio moderno, poderia cumprir a tarefa intelectual de atualizar a tradição confuciana. Essa foi a grande contribuição de Kang Youwei, um precoce letrado de Gangzhou, imaginativo, com sublime autoconfiança, um mestre em achar na tradição clássica da China precedentes que justificariam sua adaptação para o presente.

O ponto de partida de Kang foi o movimento do Novo Texto, no qual eruditos do regime Qing haviam atacado a autenticidade das versões dos clássicos do Antigo Texto nas quais a ortodoxia neoconfuciana baseava-se desde o período Song. O nível de complexidade do estudo era semelhante ao das doutrinas cristãs sobre a Trindade ou a predestinação. O mais hábil compêndio não lhe faria justiça. Mas para nós hoje o importante é que as versões do Novo Texto datam do início do período Han (a.C.), enquanto a versão do Antigo Texto se tornou padrão no final do período Han (d.C.) e continuou assim para os filósofos da dinastia Song que compilaram a síntese que chamamos de neoconfucionismo (em linguagem chinesa: as Lições do Song). Repudiar as versões do Antigo Texto em favor das do Novo Texto (as quais eram bem mais antigas) dava a quem o fizesse uma chance de escapar da força opressora do neoconfucionismo e de reinterpretar a tradição. A escola de pensamento do Novo Texto acreditava na adaptação das instituições ao seu tempo e apoiava, assim, as reformas.

Como demonstrou Benjamin Elman (1990), o movimento reformista do Novo Texto, no final do período Qing, era, na realidade, uma continuação do esforço, no final da era Ming, dos eruditos do baixo Yangzi (da academia Donglin ou "Eastern Forest") de extirpar o despotismo imperial. Em vez do eunuco demoníaco, como na década de 1620, o símbolo da iniqüidade moral da autocracia, na década de 1790, era Heshen, o favorito corrupto do velho imperador Qianlong. Tendo começado na mesma região do baixo Yangzi, como Donglin (prefeitura de Changzhou), durante todo o século XIX, os reformistas do Novo Texto exigiram com freqüência nos seus memoriais de protesto (*qingyi*) uma maior preocupação imperial com as necessidades públicas. Kang Youwei, conscientemente ou não, representou o interesse crescente da pequena nobreza na reforma governamental.

Em 1891, ele publicou o seu *Estudo dos clássicos realizado durante o período Xin – 9-23 d.C.* Afirmou que "os textos clássicos venerados e analisados pelos eruditos Song são, na maioria, forjados e não são os de Confúcio". Essa declaração bombástica foi elaborada com erudição e era muito persuasiva (embora não tenha sido aceita de modo geral na época nem atualmente). Kang citou também as fontes clássicas do Novo Texto para sobre elas basear sua teoria das três eras: (1) da desordem, (2) do advento da paz e pequena tranqüilidade (3) e da paz universal e da grande unidade. O mundo estava entrando agora na segunda era dessa progressão, o que implicava uma doutrina do progresso. Kang Youwei apoiou grande parte de suas idéias em escritores antigos, mas marchava com ritmo próprio. Isso lhe permitiu apropriar as idéias de evolução e progresso para a tradição clássica da China no exato momento em que essas idéias estavam disseminando-se no mundo inteiro.

De fato, Kang Youwei e seu melhor discípulo, o cantonês Liang Qichao, aceitaram imediatamente o darwinismo social da década de 1890. Escreveram livros sobre o triste destino de nações reacionárias como a Turquia e a Índia e as histórias de sucesso da Rússia de Pedro o Grande e do Japão de Meiji na luta entre as nações pela sobrevivência. Em resumo, esses reformistas radicais eram nacionalistas ardentes, mas ainda esperavam que a monarquia Qing pudesse salvar a China. Ao aproveitar o exemplo dos missionários protestantes, começaram a usar os recursos modernos da imprensa e das sociedades de estudo que promoviam a discussão de problemas públicos tanto em textos impressos quanto em reuniões de grupos. Kang passou a defender a transformação do culto a Confúcio em uma religião nacional organizada. Mas sua expectativa principal era tradicional: ganhar a confiança do monarca e reformar toda a China. A oportunidade surgiu em 1898 quando cada potência imperialista reivindicou uma esfera de influência e a China parecia estar prestes a ser retalhada. Desde 1889 o imperador idealista Guangxu havia sido formalmente, mas não de fato, autorizado a reinar, enquanto sua tia, a imperatriz regente, vigiava-o do seu recém-reformado palácio de verão. O imperador, então com 27 anos, lera alguns livros, atividade um tanto arriscada para uma figura decorativa, e o seu velho tutor imperial – que era rival de Li Hongzhang – recomendou-lhe consultar Kang Youwei. Quando a crise se aprofundou, em 1898, Kang já gozava da confiança do imperador.

Entre 11 de junho e 21 de setembro, durante cem dias, Guangxu elaborou cerca de quarenta decretos de reformas com o objetivo de modernizar o Estado chinês e seus sistemas administrativo, educacional, legislativo, econômico, tecnológico, militar e policial. Muitas dessas reformas tinham sido defendidas por escritores durante décadas, mas só então foram promulgadas pelo imperador. Infelizmente, ao contrário dos primeiros cem dias de Franklin D. Roosevelt, que criou o *New Deal* em 1933, as reformas radicais de 1898 permaneceram quase todas no papel, enquanto os funcionários esperavam a reação da imperatriz regente. Ela esperou que quase todos no poder se sentissem ameaçados pelas mudanças que haviam sido propostas e encenou então um golpe militar de Estado. Kang e Liang fugiram para o Japão, mas ela confinou Guangxu na ilha ao sul do lago real e executou os seis radicais que conseguiu capturar.

Com base, sobretudo, nos egocêntricos escritos de Kang e Liang, muitos julgaram o fiasco dos Cem Dias de 1898 de forma radical e consideraram Kang, Liang e o imperador como heróis derrotados por reacionários diabólicos. A abertura dos Arquivos do Museu do Palácio em Taibei e os Arquivos Históricos Número Um em Beijing permitiram, agora, que revisionistas como Luke S. K. Kwong (1984) reinterpretassem os acontecimentos de 1898 e especialistas como Benjamin Elman explicitassem alguns dos seus questionamentos. A política de Beijing de 1898 requer uma avaliação mais completa.

De qualquer modo, os mais reacionários príncipes manchus, cuja educação palaciana os havia tornado ignorantes do mundo e orgulhosos de sê-lo, logo se tornaram patronos de uma sociedade secreta camponesa – os Boxer. A mudança da corte manchu para o apoio ativo a uma seita de fanáticos foi um ato óbvio de decadência intelectual.

A Revolta dos *Boxers*, 1898-1901

Em Shandong, a noroeste da China, na planície aluvial do rio Amarelo, a população bastante densa empobrecera de tal forma que poucas pessoas da pequena nobreza viviam nas aldeias, e o banditismo transformara-se numa ocupação sazonal, que inspirava rixas entre elas. O governo Qing e a elite rural estavam perdendo o controle da situação. Durante a década de 1890, missionários alemães agressivos haviam atraído convertidos ao catolicismo para apoiá-los em ações judiciais contra os não-cristãos. Depois de capturar Shandong como sua esfera de influência, em 1898, a arrogância alemã aumentou o sentimento anticristão que se acumulara desde que as missões cristãs se difundiram no interior, enquanto as nações européias e o Japão humilharam repetidas vezes o governo chinês. As manifestações antimissionárias levaram os estrangeiros a exigir penalidades tão onerosas que os Qing pediram aos magistrados para evitar o antagonismo contra os missionários e seus convertidos. Nesse contexto, os camponeses de Shandong defendiam seus interesses por meio de sociedades secretas. No Sudoeste de Shandong, por exemplo, a Sociedade da Grande Espada tornou-se uma força na supressão de bandidos. Em 1898, uma enchente desastrosa do rio Amarelo, seguida de uma seca prolongada, colocou os aldeões em uma situação terrível. O Norte da China tornou-se um estopim político.

O estudo magistral de Joseph Esherick sobre a origem dos *boxers* aponta para a combinação, no Noroeste de Shandong, de duas tradições dos camponeses – a técnica de artes marciais ou "pugilismo" (mostrada em óperas e contos e, hoje, em filmes de combate de *gongfu,* e a prática da possessão do espírito ou xamanismo). Cabe lembrar que, no Capítulo 2, o rei da dinastia Shang atuara como o principal xamã. Os Pugilistas do Espírito, que mais tarde adotaram o nome de Pugilistas Unidos na Integridade, reuniram esses dois elementos. Após os rituais apropriados, os *boxers* entravam em transe, espumavam pela boca e se levantavam preparados para o combate, pois agora estavam invulneráveis a espadas e balas. Qualquer pessoa poderia ficar possuída e, então, nesse momento se tornaria um líder. Não era necessária qualquer organização hierárquica. O objetivo era o simples *slogan*: "Apoio à dinastia Qing, destruição do estrangeiro". Uma vez deflagrado nas circunstâncias favoráveis, o movimento dos *boxers* espalhou-se no Norte da China como incêndio. Os príncipes manchus e até a imperatriz regente sentiram por algum tempo que ouviam a voz do povo comum, árbitro final da política chinesa. Eles se dispuseram a cooperar com o movimento para livrarem-se do imperialismo estrangeiro.

Na seqüência dos eventos, cada lado provocava o outro. Guardas das delegações, na primavera de 1900, atiraram nos *boxers* para intimidá-los. Nos dias 13 e 14 de junho, os *boxers* invadiram Beijing e Tianjin matando cristãos e saqueando. Em 10 de junho, 2.100 tropas estrangeiras começaram em Tianjin a defender as delegações de Beijing, mas não foram adiante. Em 17 de junho, uma frota estrangeira atacou os fortes costeiros fora de Tianjin. Em 21 de junho, a imperatriz e o grupo dominante na corte declararam, formalmente, guerra a todas essas potências. A imperatriz declarou: "A China é fraca. A única coisa que possuímos é o coração do povo. Se o perdermos, como manteremos nosso país?". ("País" significava a dinastia.)

A Revolta dos Boxers, no longo e quente verão de 1900, foi um dos mais conhecidos eventos do século XIX porque muitos diplomatas, missionários e jornalistas foram sitiados pela luta quase incessante de oito semanas (29 de junho a 14 de agosto) no local da delegação – cerca de 475 civis estrangeiros, 450 tropas de oito nações, cerca de três mil chineses cristãos, além de 150 pôneis de corrida que forneciam carne fresca. Um exército internacional os resgatou, não sem disputa, após rumores de que todos tinham sido mortos. A imperatriz regente e o imperador partiram para Xi'an de carroça. As forças aliadas saquearam totalmente Beijing. O *kaiser* Guilherme II enviou um marechal-de-campo que aterrorizou as cidades vizinhas, onde muitos milhares de chineses cristãos haviam sido assassinados; 250 estrangeiros, sobretudo missionários, foram mortos no Norte da China. Havia vingança no ar.

Mas os governadores-gerais provinciais chineses que lideraram o esforço de autofortalecimento também enfrentaram essa crise. Li Hongzhang em Guangzhou, Zhang Zhidong em Wuhan e os demais tinham decidido, em junho, ignorar a declaração de guerra de Beijing. Eles declararam que o conflito era uma simples "rebelião *boxer*" e garantiram a paz na China Central e do Sul se as forças estrangeiras retirassem suas tropas e canhoneiras. Esse faz-de-conta funcionou. Os poderes imperialistas preferiram manter o sistema do tratado intacto, junto com os pagamentos dos débitos estrangeiros da China. Assim, a guerra de 1900 – a quinta e maior que a dinastia Qing travou com forças estrangeiras no século XIX – confinou-se no Norte da China.

O protocolo *boxer*, assinado em setembro de 1901 pelo príncipe mais graduado manchu e Li Hongzhang com onze forças estrangeiras foi, em especial, punitivo: dez altos funcionários foram executados e outros cem, punidos; os exames foram suspensos em 45 cidades, a região das delegações em Beijing foi ampliada, fortificada e guarnecida, assim como a ferrovia, e uns 25 fortes Qing foram destruídos. A indenização foi de cerca de 333 milhões de dólares, a serem pagos em quarenta anos, com juros que mais que dobravam essa quantia. O único ato semiconstrutivo foi o aumento da tarifa de importação para 5%.

Desmoralização

O sistema de governo baseado em Confúcio enfatizava a conduta impecável dos governantes, funcionários e líderes no âmbito familiar e na sociedade como sanção por sua posição superior e privilégios. O fato de a China ser governada por prestígio era levado a um nível extremo. Os imperadores podiam, de fato, ser desonestos ou loucos, mas a instituição imperial era sacrossanta. Os pronunciamentos oficiais visavam à manutenção e à melhoria da imagem dos detentores do poder. Os perdedores eram estigmatizados como seres sem moral, o que os levava ao fracasso. A manutenção de um nome digno era tão importante quanto a vida humana, idéia que se aplicava ainda mais às mulheres. As pessoas cuja reputação houvesse sido desonrada podiam redimir-se pelo suicídio. A reputação era muito importante tanto na sociedade quanto no governo. Nesse contexto em que a opinião moral sobrepujava considerações legais, a desmoralização podia ser um fato claro e simples de enorme significado. A perda da confiança, o senso de humilhação, a perda da dignidade pessoal ou coletiva, a consciência de falha na conduta – havia inúmeras formas de desmoralização no século XIX.

De modo geral, o último século da dinastia Qing é representado, em retrospecto, como um período unificado, sobrecarregado de descrédito em diversos aspectos. O século começou com a corrupção desregrada de Heshen, o favorito do imperador Qianlong, o que maculou a reputação do imperador. Ao mesmo tempo, o fracasso dos soldados imperiais em sufocar o levante do Lótus Branco foi uma derrota para a dinastia, que teve de recrutar novas tropas no povo chinês.

Se continuarmos a abordar apenas os pontos altos do desastre moral, verificaremos o aumento do comércio de ópio em Guangzhou e sua expansão ao longo da costa sudeste. Há muito denunciado como imoral, o ópio causou uma crise fiscal quando ocasionou a evasão da prata e aumentou a taxa de câmbio prata/cobre em detrimento dos camponeses, que tinham de pagar impostos ao comprar prata com moedas de cobre. A aceitação da China aos termos britânicos em Nanjing, em 1842, podia ser propagada pelos negociadores como um desvio inteligente da ameaça estrangeira, mas o império constatou que o ópio ainda chegava em grandes quantidades, e os problemas de Guangzhou multiplicavam-se por quatro novos portos comerciais. Enquanto essas eram questões periféricas da fronteira, as crises surgiam em Beijing na luta entre o aplacamento na base de dinheiro e a supressão segundo o princípio moral. O comissário Lin não podia ser demitido sem que sua postura moral fosse denunciada. O comércio de ópio, legalizado pelo tratado de 1858, subornava o funcionalismo chinês, e o sistema judiciário tinha de prosseguir com uma enorme perda de dignidade. Logo veio a rebelião Taiping, que, uma vez iniciada, alastrou-se tão rapidamente, a ponto de se poder afirmar que a falta de reputação imperial pavimentava seu caminho do rio Oeste até Nanjing.

A repressão da rebelião só foi concluída após os governantes Qing aceitarem a revisão básica do equilíbrio do poder entre a dinastia manchu, na capital, e os leais funcionários chineses nas províncias. Beijing precisava confiar nos líderes provinciais, como Zeng Guofan e Li Hongzhang e seus exércitos, que eram financiados pelos novos impostos provinciais sobre o comércio. Foi uma mudança fundamental na estrutura do poder da dinastia Qing, evidenciada, por exemplo, no fato de doravante os funcionários chineses passarem a controlar os governadores gerais na província metropolitana em torno de Beijing e na região de arroz do baixo Yangzi, em Nanjing. A dinastia Qing também teve de aceitar a participação de estrangeiros na vida política chinesa.

Afirmar, justificadamente, que a trajetória decadente dos Qing foi detida pela restauração dos anos 1860 é, sem dúvida, uma constatação de que os dias da dinastia estavam contados. A conveniência da restauração evidenciava-se na aceitação pelo regime Qing da aliança informal com britânicos e franceses depois da humilhante invasão de Beijing e do incêndio do Palácio de Verão em 1860. O longo processo de guerra e negociação, durante os anos 1850 e 1860, entre a China e as potências ocidentais fora marcado por uma presteza geral da China para lutar em defesa da lei e uma prontidão manchu geral para pacificar o invasor no interesse de preservar a dinastia. A pacificação obtida pelo príncipe Gong e seus seguidores, inclusive a jovem imperatriz regente, foi uma mudança muito oportuna e propiciou mais uma geração à dinastia. Ainda assim, suas implicações práticas fizeram dos Qing um parceiro menor, de certo modo, na co-dominação britânica da costa da China.

O Serviço Imperial de Alfândega Marítima, com portos do tratado estabelecido por Robert Hart, sob a supervisão do líder manchu no Grande Conselho, Wenxiang, revelou a dupla vertente do imperialismo. Durante a primeira metade, ou mais, de sua construtiva administração, Hart forneceu à dinastia Qing uma repartição moderna de receita, bem como um esquema de administração de estrangeiros belicosos nos portos do tratado. Isso foi, em suma, um grande benefício para o Estado chinês. Mas, depois de 1895, quando os empréstimos tinham de ser feitos para pagar indenizações ao Japão e, após 1901, aos signatários do protocolo *boxer*, a Alfândega transformou-se em óbvio agente do imperialismo em virtude de arrecadar do Estado chinês o reembolso das indenizações.

Por trás desse relativo sucesso da cooperação entre os manchus e os chineses com os detentores de poder do tratado comercial para a manutenção da ordem, houve uma separação entre os interesses da dinastia manchu e os interesses do povo chinês, vistos, de forma gradativa, como duas coisas separadas. Além disso, havia uma interrogação maior quanto à capacidade chinesa de ir ao encontro da incursão estrangeira não somente em assuntos militares e econômicos, mas também no plano intelectual.

O desempenho do Estado chinês não foi apenas inadequado; os princípios básicos da ordem neoconfuciana também foram questionados. Essa foi uma crise maior do que a enfrentada ao final da dinastia Ming ou de qualquer dinastia anterior, exceto talvez a Song. Mas, enquanto a dinastia Song mostrara sua superioridade cultural mesmo quando derrotada, os chineses que tomaram conhecimento dos assuntos ocidentais não se sentiram confiantes de que a superioridade da cultura chinesa ainda perduraria. O crescimento do vício do ópio por toda a sociedade foi uma testemunha persistente da perda de autoconfiança. Jonathan Spence fez uma suposição bem documentada de que, em torno de 1900, havia quarenta milhões de consumidores chineses de ópio, dos quais cerca de quinze milhões eram viciados. Isso significava que, para cada chinês convertido ao cristianismo, havia quinze viciados em ópio.

Por fim, um sentimento de condenação e desastre desmoralizou a elite letrada, a guardiã central da fé neoconfuciana. O próximo capítulo, portanto, concentra-se nas relações da dinastia com a elite da pequena nobreza.

12

A revolução republicana 1901-1916

Um novo equilíbrio doméstico do poder

De 1900, após a derrota por forças expedicionárias de todas as mais importantes potências, a dinastia Qing sobreviveu até 1912, apenas pelo fato de não haver qualquer regime à vista para substituí-la. Além disso, os chineses e os estrangeiros preferiam a ordem ao rompimento. Durante a década de 1901 a 1911, o ritmo de mudança nos portos costeiros e fluviais incluídos no tratado aumentou de modo constante a disparidade entre a China urbana e moderna e as inúmeras aldeias do interior. Essa dilatação começara com o sistema do tratado, que deu aos chineses reformistas a oportunidade de se organizarem e tornarem públicas suas opiniões políticas – algo que o regime Qing não permitia. Ainda assim, o primeiro protagonista da rebelião, Sun Yatsen, em 1905, tornou-se o líder da Liga Revolucionária, em uma reunião de estudantes chineses em Tóquio, somente com a ajuda de japoneses expansionistas. O nacionalismo chinês crescia, mas ainda estava adormecido.

Na construção de forças sociais que emergiriam em 1911, o relacionamento-chave era entre o governo imperial e a elite da pequena nobreza. Na era entre 1850 e 1911, três estágios foram bastante visíveis. O primeiro foi o sucesso da elite aristocrata no apoio à dinastia contra os taipings e outros rebeldes da metade do século. Esse sucesso foi obtido com a criação de departamentos governamentais de milícia por todo o país, selecionando soldados na base da lealdade pessoal e financiando essa operação com contribuições da pequena nobreza e do novo tributo *likin* sobre o comércio.

O segundo estágio ocorreu na era de reconstrução pós-taiping, quando a elite aristocrata tornou-se ativa no renascimento e no crescimento da educação confuciana nas academias e tornou-se administradora da pequena nobreza em grande variedade de bem-estar urbano e outras atividades da comunidade. A classe da pequena nobreza mudou sua composição, à medida que os senhores de terras mudavam-se para as cidades e os mercadores eram recebidos no *status* da elite rural pela compra de títulos e pela adesão a projetos comerciais e industriais patrocinados oficialmente. Grandes famílias tiveram recursos e procedimentos contábeis para aderir ao desenvolvimento econômico. Nesse ínterim, a urbanização permitiu um grande influxo de exemplos, idéias e associações estrangeiras.

No terceiro estágio, iniciado no fim da década de 1890, junto com a ascensão do nacionalismo, surgiu uma elite urbana reformista que aderiu à bandeira do desenvolvimento provincial, do autogoverno local e do constitucionalismo. Eles iniciaram muitas linhas de modernização, mas consideravam os manchus muito lentos, obstrutivos e incapazes de liderar a nação chinesa.

Abordaremos primeiro o papel da pequena nobreza na repressão à rebelião rural.

A militarização como repressão à rebelião

Uma das conseqüências da grande rebelião Taiping após 1850 foi a militarização do interior, para manter a ordem nas populações rurais crescentes e rebeldes, o que incitou um problema institucional – como manter o controle central da dinastia sobre os militares, o elemento *wu* no governo imperial. Desde a dinastia Qing, as demais dinastias tinham evitado grandes recrutamentos de tropas. A dinastia Han e os regimes posteriores usaram prisioneiros, pobres, mercenários ou lutadores profissionais hereditários. Sob a dinastia Qing, guarnições estratégicas de soldados imperiais foram acrescidas da força policial dispersa pela China, mas ambas resultaram inadequadas para pacificar a ascensão do Lótus Branco. Durante o início do século XIX, o aumento das desordens resultou na proliferação de milícias locais.

As milícias locais eram apoiadas por soldados de meio expediente e, segundo Philip Kuhn (1970), "nem verdadeiros militares nem apenas civis de fato", resultando em um amálgama. Caracterizavam-se em especial no final do regime Qing por serem administradas pela pequena nobreza local. Por exemplo, Frederic Wakeman Jr. (1966) descreveu como a elite em Guangzhou organizou os aldeões de modo a se oporem aos britânicos nos anos 1840 e 1850. Os funcionários da dinastia Qing viram-se diante de um dilema: a oposição à popular xenofobia podia fazê-la voltar-se contra a dinastia; continuar com essa posição podia provocar retaliações britânicas. As milícias, como forma de força militar nas mãos do povo ou, ao menos, da pequena nobreza local, eram uma faca de dois gumes. Beijing desistira de organizar milícias (*tuanlian*) sob a liderança e financiamento da pequena nobreza, a não ser que fossem estritamente controladas pelos magistrados locais, em um sistema de "supervisão por parte do funcionalismo e gerenciamento da pequena nobreza" (*guandu shenban*). Com base nisso, centenas de aldeias com milhares de milícias puderam ser organizadas em grandes áreas para responder a ordens oficiais transmitidas por intermédio de associações de pequenos aristocratas.

Essa mobilização foi ajudada por várias redes já implantadas. Uma era o registro *baojia* de todas as famílias com seu potencial humano forte e saudável. Outra era a força das linhagens que unia as pessoas por meio do parentesco, da propriedade comum e da reverência às casas ancestrais. Havia também o mercado da comunidade das aldeias de uma área comercial. Entremeado com todas essas redes – administrativa, social e econômica –, o sistema de milícias tinha força não apenas para controlar áreas rurais, mas para suplantar o controle do governo sobre elas. Por conseguinte, nos anos 1850, Beijing comissionara funcionários de confiança, como Zeng Guofan, para organizar milícias em suas áreas nativas, como último recurso em circunstâncias desesperadoras.

A credibilidade de uma rede de milícias dependia de que todos os seus componentes fossem localmente conectados e identificados. Sociedades secretas, como a Tríade, que operavam entre contrabandistas ao longo de rotas de transporte e refugiados itinerantes, que enchiam as estradas em tempos de fome, inundação, invasão ou outros desastres, eram elementos dissonantes difíceis de controlar. Os mais perigosos eram os rebeldes sectários, como os taipings, animados por um credo específico que os mantinha unidos.

Duas coisas eram, portanto, necessárias para conferir o fanatismo aos rebeldes taipings. Uma era o renascimento da ideologia confuciana da ordem social, expressa em relações pessoais entre comandantes e oficiais e entre oficiais e seus homens. Em resumo, o comando, para ser efetivo, tinha de ser pessoal, baseado na motivação de lealdade interpessoal, respeito pela autoridade e liderança exemplar. Estudos de casos, em especial de Hunan, mostram como comandantes eruditos como Zeng Guofan desenvolveram, por tentativas e erros, as idéias e práticas que finalmente criaram o Exército Hunan e forças regionais similares, que derrotaram a rebelião. De milícias locais, essas tropas atingiram o *status* de guerreiros de tempo integral (*yong,* "corajosos").

O outro requisito para o sucesso foi a arrecadação de impostos para financiar o esforço de guerra. As contribuições seguras de nobres abastados foram o primeiro recurso, uma vez que aderiram conscientemente à luta ideológica. A venda de graus de *status* e até de postos oficias era outro expediente de uma dinastia *in extremis*. Mas o principal recurso depois de 1853 foi o novo imposto sobre o comércio, cobrado sobre bens em trânsito ou em estoque, a uma taxa baixa, por isso chamada *likin (lijin,* "taxa de um milésimo"). Esse novo imposto prosperava com o recente crescimento do comércio interno. (Bens do comércio externo movimentavam-se pelo interior, sujeitos a uma arrecadação comparável à de "bens em trânsito" prescrita por tratado.)

A taxação *likin* começou sob o controle local e provincial, não central. Susan Mann (1987) pesquisou a disseminação da *likin* por todas as províncias, onde redes de delegacias de impostos começaram a funcionar nas estradas e cidades principais, todas na esfera de ação de Beijing. Aos poucos, as autoridades centrais conseguiram uma lista nominal de recebimentos e despesas do *likin*. No final do século a arrecadação do *likin* equivalia às taxas de sal na contabilidade dos impostos do governo. Em suma, as taxas *likin,* como o sistema de milícias (*tuanlian)* e os exércitos regionais que elas apoiavam, foram transformadas em agências do Estado em termos nominais, embora criassem um novo equilíbrio entre os governos central e provincial, com mais peso para estes últimos.

Orientados e pagos desse modo, os exércitos regionais que derrotaram os taipings foram organizados por homens que não apenas compartilhavam um objetivo e uma ideologia gerais, mas também se relacionavam pessoalmente por laços que integravam a classe governante chinesa – parentesco, inclusive casamento, relações professor-aluno, graduação no mesmo ano e relações semelhantes. Segundo Kuhn, "a íntima integração da elite Hunan" devia-se tanto ao "sistema acadêmico Qing como à rede de patrocínio e lealdade que se difundia por meio da burocracia". Sob a ameaça da heterodoxia, bem como de invasões estrangeiras, ela sobreviveu como classe dominante, leal à ordem confuciana. Após a década de 1860, sua unidade de pensamento e ação foi aos poucos dissipada.

Nesse ínterim, os exércitos regionais transformaram-se em forças provinciais regulares, novas academias – naval e militar – começaram a treinar oficiais que tinham um novo prestígio por serem soldados-eruditos. Eles converteram-se em oficiais profissionais em especialidades do militarismo moderno. Os que se graduaram com as melhores notas lideraram a geração de generais de 1916 a 1972, sob a República.

O ativismo da elite na esfera pública

Durante o período de reconstrução pós-rebelião das últimas décadas do regime Qing, os administradores oriundos da pequena nobreza que haviam militarizado o interior tiveram como sucessores uma classe de pequenos nobres urbanos que conduziram atividades valiosas para a comunidade. Muitos desses assuntos estavam associados à elite local desde os Song, mas à época do rápido surgimento de cidades no final do século XIX novas responsabilidades foram assumidas. Elas propiciavam uma saída para a energia de uma elite que não podia ser toda empregada na burocracia. Os exames na dinastia Qing continuaram a produzir muito mais graduados do que o governo podia contratar para os postos do funcionalismo público. A "forma de governo minimalista" Ming-Qing, segundo a denominação de Mary Rankin (1986), continuou a contar com a pequena nobreza para lidar com assuntos públicos que se situavam entre os níveis oficial e privado.

Nessa esfera pública (*gong*), a pequena nobreza precisara, antes de tudo, assumir a administração (com a sanção dos funcionários) da irrigação, inclusive de represas e diques. A antiga argumentação de K. A. Wittfogel (1957) e outros – de que a necessidade do controle central dos recursos hídricos era responsável pelo inevitável crescimento do todo-poderoso Estado chinês – pode agora mudar completamente e ser aplicada ao aumento de poder da pequena nobreza local. Esse recurso comunitário decisivo tinha de ser administrado em cada caso, de acordo com as circunstâncias locais, e não podia ser imposto à distância. Com as responsabilidades administrativas, surgiu um grau de autonomia e poder. Como teorias simplistas são desfeitas em pouco tempo!

A pequena nobreza urbana também fez sentir sua influência no âmbito da educação, por meio do incentivo às academias. Em um plano ideal, uma academia devia abrigar e sustentar umas poucas dúzias de eruditos, em local isolado no campo, onde a vida simples e o pensamento elevado deviam ser desenvolvidos junto à natureza. Na prática, porém, a maioria das academias transformara-se em escolas preparatórias para os exames dos candidatos e situava-se nas cidades. Da era Song em diante, seu número acumulou-se de forma constante até haver muitos milhares no império – por exemplo, 565 academias estabeleceram-se entre 1506 e 1905 na província de Guangdong; quase quinhentas foram construídas entre 960 e 1905 em Jiangxi; e Zhejiang tinha 289 academias durante o século XIX. Embora algumas fossem particulares, grande parte foi fundada sob o patrocínio e a superintendência contínua dos funcionários. Em ambos os casos, a doação de terra, os fundos de crédito, os aluguéis e contribuições ou subsídios originavam-se dos funcionários, da pequena nobreza e de mercadores. Um volume significativo de recursos para as academias se seguiu à derrota dos taipings. Apesar de não serem custeadas pelo governo, eram instituições semi-oficiais.

As atividades de bem-estar, tradicionalmente nas mãos da pequena nobreza, também adquiriram nova urgência. Os cuidados com enfermos, viúvas e crianças desamparadas, a manutenção de templos, pontes e ferrovias, o combate a incêndios e o enterro dos mortos eram serviços feitos com a ajuda de pessoas da aristocracia. Seus membros agora eram coordenados em várias localidades por agências da poderosa previdência social dirigidas por proeminentes figuras locais e muitas vezes apoiadas por guildas locais nativas. Esses líderes da elite local eram obedientes às injunções da moral confuciana e, ao mesmo tempo, tentavam assegurar a estabilidade social e a coesão comunitária. Sua motivação retrocedia ao ideal "feudal" (*fengjian*) dos reformadores de Confúcio, que desejavam que os líderes locais tivessem maior responsabilidade pelo governo da região.

Todo esse ativismo da elite era extraburocrático. Em 1878, uma fome no Norte da China inspirou a mobilização de proeminentes administradores de diferentes níveis urbanos e por todas as fronteiras provinciais. A capacidade administrativa da elite para lidar com problemas sociais ultrapassava a da burocracia Qing. De diversas formas a pequena nobreza expandira suas funções públicas para atender às necessidades da comunidade local, ao passo que a burocracia Qing crescia apenas de modo informal, aumentando o número de conselheiros e representantes. Os administradores da pequena nobreza eram preferíveis aos governantes e funcionários *yamen*, incultos e corruptos. A sanção da burocracia ao ativismo da elite, embora ainda nominalmente exigida, estava tornando-se menos necessária. A esfera pública crescia mais rápido do que o governo.

A pequena nobreza proprietária de terras, que administrou a militarização rural que derrotou os taipings, e os ativistas mercadores da aristocracia urbana que controlaram a educação da elite e o bem-estar social nas últimas décadas tinham características comuns. Ambos permaneceram como classe alta, ansiosos por usar os meios da política para preservar a estabilidade social, de modo algum prontos a liderar rebeliões de camponeses para mudar a estrutura social chinesa de duas classes distintas. Do ponto de vista atual eles eram conservadores. Sua conseqüente alienação do decadente governo manchu se basearia no nacionalismo cultural de patriotas chineses determinados a preservar não somente seu país, mas também a própria liderança e dominação.

A influência japonesa

Tanto as últimas reformas do regime Qing após 1901 como a revolução de 1911 foram fomentadas no Japão. Em 1890, o poeta e diplomata Huang Xunxian publicou seu *Tratado sobre o Japão*, descrevendo a seus compatriotas a modernização de um país considerado pela elite chinesa como um ramo cultural da China, onde, por exemplo, a filosofia de Wang Yangming (Ō Yōmei) tinha grande apelo, em especial entre os samurais. A inesperada e esmagadora derrota da China em 1895 para o Japão levou os chineses a imitarem-no. A preocupação condescendente do Japão com a China, embora arrogante, era expressa na doutrina de que o sucesso da modernização do Japão deu-lhe o dever de ajudar os chineses retardatários. Sociedades secretas expansionistas e militares japoneses transformaram-se em investigadores exaustivos da vida e das condições chinesas, enquanto os eruditos investigavam a cultura comum (*tongwen, döbun*) aos dois países. Depois de 1900, estudantes chineses ocuparam Tóquio, cerca de metade deles enviados por modernizadores provinciais, como Zhang Zhidong.

O programa da reforma Qing de Novas Políticas proposto em 1901 seguia o exemplo japonês em muitos aspectos: por exemplo, no sistema de escola pública, na reforma administrativa do governo central, na promessa (feita somente em 1908) de uma constituição e de um parlamento depois de nove anos e na garantia, dada pelo imperador, ao povo de direitos constitucionais, que ele podia mais tarde revogar à vontade. Tanto o autogoverno para mobilizar o povo quanto os sistemas policiais para controlarem-no eram influenciados pelo exemplo do Japão. As reformas Qing contaram com a ajuda de conselheiros japoneses e de uma geração de chineses treinados no Japão.

A influência do Japão sobre a China foi suplementada depois de 1905 pela herança japonesa dos russos expulsos de seus arrendamentos da península Liaodong, no Sul da Manchúria, junto com a Ferrovia Manchuriana do Sul. Esse alojamento de forças japonesas no que ainda era território Qing ocorreu ao lado do rápido crescimento do "império informal" do Japão na China. Aproveitando-se dos privilégios criados pelos britânicos no sistema dos tratados desiguais, os japoneses penetraram no território e na economia da China muito além do que todos os ocidentais juntos. Por volta de 1914, o Japão estava mais adiantado do que a Grã-Bretanha em comércio direto, firmas comerciais e população residente. Em 1930, o Japão suplantou a Grã-Bretanha como o supremo poder econômico estrangeiro na China.

Infelizmente, essas realizações foram ofuscadas primeiro pela tentativa do Japão de superar os outros países imperialistas em suas 21 Exigências de 1915 e, por fim, pelo confisco da Manchúria em 1931.

O esforço da reforma Qing

No início do século XX, a desordem dos eventos na China e o amplo espectro de grupos de interesse e atores assumem uma complexidade moderna. Esses fatos pressionaram a separação dos principais movimentos e forças em ação. Estamos tratando aqui de uma década de reformas a partir de 1901, que precipitou a revolução de 1911 e foi seguida pela instituição da República Chinesa e pela tentativa de o primeiro presidente, Yuan Shikai, governar como novo imperador (ver Tabela 5). Essa seqüência de três fases – reformas que incitaram acontecimentos, uma rebelião que levou a distúrbios políticos e o esforço de restabelecer o controle central pelo despotismo – assemelha-se a outras grandes revoluções que levaram ao aparecimento de um Cromwell, um Bonaparte ou um Stalin.

Tabela 5. Principais pontos decisivos, 1901-1916

1901	Proposta de *Novas Políticas* por Zhang Zhidong e outros
1904	Decretado novo sistema educacional
1904-5	Derrota da Rússia pelo Japão na Manchúria
1905	Extinção do antigo sistema de exames
1906	Seis Antigos Ministérios suplantados por uma dúzia de modernos departamentos de governo em Beijing
1908	Planejamento de governo constitucional 14 e 15 de outubro: morte do imperador Guangxu e da imperatriz regente Cixi
1909	Encontro de assembléias provinciais
1910	Encontros da Assembléia Nacional
1911	Rebelião de 10 de outubro em cidades de Wuhan
1912	1º de janeiro: Sun Yatsen é designado presidente provisório da República da China em Nanjing Fevereiro: o imperador Qing abdica, Sun renuncia, Yuan Shikai torna-se presidente provisório da República Chinesa em Beijing
1912-13	Conflito entre o parlamento e o presidente Março: sob o governo Yuan, Song Jiaoren, líder parlamentar do novo Partido Nacionalista, é assassinado
1913	Yuan dissolve o parlamento e assume poderes ditatoriais
1916	Morte de Yuan; segue-se ditadura

Em 1901, a corte Qing recebeu a mensagem de que somente poderia modernizar-se pela centralização do poder em Beijing. Mas era tarde demais para fazê-lo. Os principais governadores (inclusive os governadores-gerais) criaram departamentos (*ju*) para administrar as relações exteriores de suas províncias em assuntos como comércio, empréstimos e investimentos, bem como indústrias e ferrovias. Diversos outros novos projetos tornaram obsoleto o antigo sistema imperial, cuja renovação por metamorfose era uma empreitada arriscada. Contudo, o esforço foi feito. A imperatriz regente e seus seguidores conservadores manchus, que haviam rejeitado os extensos projetos dos "Cem dias de reforma" de Guangxu editados em 1898, sentiram-se obrigados, em 1901, a aceitar a reforma como inevitável. Mas seu objetivo de usá-la para fortalecer a posição Qing aviltou a empreitada desde o início. Formalmente, a liderança foi assumida pelo leal e incorruptível Zhang Zhidong e pelo membro remanescente dos chineses vitoriosos sobre os taipings, Liu Kunyi. Quando deram prosseguimento às suas Novas Políticas em 1901, a mais prodigiosa foi a reforma educacional.

Uma hierarquia de escolas modernas deveria ser implementada em municípios, prefeituras e províncias, com um currículo ao estilo japonês com novas e antigas disciplinas. As diversas academias chinesas seriam convertidas ao novo modelo. Os novos formandos cumpririam o sistema clássico de exames, que seria um pouco modernizado para acomodá-los.

Infelizmente, logo se percebeu que os alunos continuariam visando, em particular, aos antigos exames, considerados de maior prestígio e o caminho mais banal para o progresso, deixando de lado o moderno e difícil currículo e o custo mais elevado das escolas modernas. Não havia alternativa senão o total cancelamento dos exames clássicos em 1905. Esse momento decisivo paralisou a produção da elite diplomada, ou seja, a classe da pequena nobreza. A antiga ordem estava perdendo seu embasamento intelectual e, portanto, sua coesão filosófica, enquanto a classe estudantil que a substituía seria golpeada por fragmentos discordantes dos pensamentos chinês e ocidental. A educação começou a ser uma mistura do que sempre fora, conduzindo os estudantes a especialidades tecnológicas que, em si mesmas, não constituíam uma ordem moral. A síntese neoconfuciana já não era mais válida, embora não houvesse ainda nada em vista para substituí-la.

A velocidade da mudança tornava-se agora bastante perturbadora, a começar pelo modo como os acontecimentos se apresentavam: oficiais militares passaram a trajar uniformes de estilo ocidental (e condecorações!); ministros e comerciantes de alto nível começaram a usar ternos; estudantes radicais cortaram suas tranças para desafiar os manchus. Missionários protestantes participaram de cruzadas contra o enfaixe dos pés e o vício do ópio. O treinamento de novos exércitos prosseguia num ritmo acelerado em linhas já estabelecidas, e a nova imprensa e as publicações ofereciam visões mais amplas do mundo e dos acontecimentos na China. A disseminação da alfabetização e da informação favoreceu o surgimento da opinião pública, mais ampla e significativa do que a opinião dos literatos (*qingyi*) do passado. O nacionalismo de massa entre a população urbana surgiu logo no início dos anos 1880 pela guerra não-declarada com a França. Nos portos estrangeirados do tratado, novas profissões começaram a ser adotadas – não apenas as de industrial, professor, jornalista, engenheiro, médico e outros cientistas, mas também as de escritor, artista e até mesmo de agitadores revolucionários, como Sun Yatsen.

Enfrentando esse turbilhão de mudanças, Beijing perseguia políticas sistemáticas inspiradas, em parte, em exemplos estrangeiros. O objetivo era submeter as atividades profissionais da nova elite, como comércio, negócio bancário, lei, educação e agricultura à regulamentação e controle do Estado. Isso deveria ser feito pela criação de associações profissionais (*fatuan*, "corporações estabelecidas por lei") para formar a instituição de uma nova elite com funções quase administrativas. As primeiras foram as câmaras de comércio em 1904, que seriam constituídas, em tese, em quatro quintos por guildas. Em seguida, surgiram associações educacionais (1906), sociedades agrícolas (1907), associações de advogados (1912) e associações de banqueiros (1915). Em todos os casos os *fatuan* deveriam ser subordinados ao governo e ser usados como mecanismos para controlar as elites locais. O mais extenso era o programa de autogoverno local, que abriu escritórios de informação após 1907. Em Beijing, os *slogans* do dia objetivavam a recuperação dos direitos, o constitucionalismo e o autogoverno.

Constitucionalismo e autogoverno

Nesse ínterim, no ambiente dinâmico urbano dos portos do tratado, os reformadores provinciais encontraram muitas oportunidades. A terceira geração da elite do fim da dinastia Qing não se baseava mais no interior. Os tesoureiros dos proprietários de terras recolhiam seus aluguéis profissionalmente, dissolvendo os antigos laços pessoais entre proprietário-patrono e arrendatário. Joseph Esherick (1976) não vê essa geração nem como classe da pequena nobreza nem como burguesia. Ele a chama de "elite urbana reformista". Essa elite reagia ao imperialismo estrangeiro alistando-se no movimento de Recuperação de Direitos para combater o controle estrangeiro das indústrias na China, em particular as minas e as ferrovias. Durante a década de 1901 a 1911, investiu em empreendimentos industriais com a assistência costumeira de ligações com funcionários, direitos monopolistas, empréstimos governamentais e vantagens tributárias, todos reminiscências do capitalismo burocrático do movimento de autofortalecimento. Sempre que a subcapitalização dos projetos e a falta de demanda do mercado precisavam da garantia de empréstimos estrangeiros, o propósito da recuperação dos direitos era frustrado em sua essência. Os administradores dos negócios da pequena nobreza chinesa, ao almejarem metas políticas, atraíam desastres financeiros.

Quando a monarquia constitucional japonesa derrotou a autocracia da Rússia tsarista em 1905, o constitucionalismo parecia ter provado sua eficácia como o fundamento para a unidade entre governadores e governados num esforço nacional. Até mesmo a Rússia movia-se, em 1905, em direção ao governo parlamentarista. O constitucionalismo na China, caso unido à reorganização governamental para fortalecer o poder administrativo central, poderia dar aos interesses provinciais emergentes uma parcela significativa no governo, mantendo-os, portanto, leais. Entre 1906 e 1911, Beijing perseguiu ativamente esse programa dual, juntando a modernização administrativa e o constitucionalismo. Entretanto, essas mudanças precipitaram a luta pelo poder tanto dentro do governo central como entre ele e as províncias.

Na luta pelo poder na capital, os seguidores da imperatriz regente conseguiram manter, ou mesmo ampliar, o controle dos postos-chave. Essa conotação pró-manchu e, portanto, antichinesa na capital prejudicou os esforços de Beijing em criar um relacionamento novo e mais centralizado com as províncias. Isso afetou o sentimento contra os Qing proveniente não apenas dos estudantes revolucionários em Tóquio, mas de um espírito de nacionalismo que nascia na China. Fato que foi manifestado em 1905, no primeiro boicote moderno contra o tratamento discriminatório dos chineses pelos Estados Unidos, em particular a exclusão total de trabalhadores. Nesse boicote, a antiga tradição de suspensão de negócios por guildas mercantis locais disseminou-se pela nação, atingindo a maioria dos portos do tratado, em especial Shanghai e Guangzhou, onde os estudantes juntaram-se aos comerciantes em reuniões de massa e em agitações da imprensa moderna. O comércio americano foi prejudicado durante alguns meses, e Beijing hesitou em reprimir esse movimento popular antiimperialista temendo que se tornasse antidinástico também.

Sob a pressão do sentimento nacionalista crescente, a corte enviou duas missões oficiais no primeiro semestre de 1906 para estudar o constitucionalismo no exterior. Uma delas visitou os Estados Unidos e a Alemanha; a outra, o Japão, a Inglaterra e a França. O príncipe Ito, do Japão, fez uma palestra aos visitantes sobre a necessidade de o imperador reter o poder supremo para evitar que ele caísse nas mãos do povo. Ao retornarem, as missões recomendaram, de acordo com essa visão japonesa, que a constituição e as liberdades civis, inclusive a "discussão pública", garantidas pelo imperador poderiam realmente fortalecer sua posição, pois ele permaneceria acima de todos. Em setembro de 1906, a imperatriz regente prometeu uma "política constitucional" após os devidos preparativos. Outras missões visitaram o Japão e a Alemanha em 1907-1908.

Para construir um governo central moderno, os Seis Conselhos, em novembro de 1906, foram estendidos para onze ministérios (Relações Exteriores, Ordem Civil, Assuntos Internos, Finanças, Rituais, Educação, Guerra, Justiça, Agricultura-Indústria-Comércio, Correios e Comunicações e Segurança). Paralela a esse escalão executivo do governo, houve uma proposta de manter as antigas estruturas militares e censoras e acrescentar uma "assembléia popular" estritamente consultiva para dar voz à opinião pública. Isso estaria muito distante da criação de um ramo legislativo semelhante aos poderes Executivo e Judiciário. A idéia de separação de poderes não criaria raízes na ausência da supremacia da lei.

Em agosto de 1908, a imperatriz promulgou uma série de princípios constitucionais para conduzir um programa preparatório de nove anos para o autogoverno constitucional. Por conseguinte, as assembléias consultivas provinciais deveriam ser convocadas em 1909, e uma assembléia nacional constituinte, em 1910. O eleitorado das assembléias provinciais de 1909 foi limitado de modo cuidadoso àqueles qualificados pela educação (ter ensinado por três anos, graduação no ensino médio ou diplomas de nível médio nos exames) ou pela posse de bens (possuir pelo menos cinco mil dólares chineses). Nessa base, cerca de 1,7 milhão de homens registraram-se para votar, ou seja, 0,4% de uma população de quatrocentos milhões. Cada distrito eleitoral continha um número de deputados provinciais de acordo com o número de votantes registrados. John Fincher (1981) observou que cerca de nove décimos dos eleitos eram detentores de diplomas da elite da pequena nobreza. A partir dos anos 1850, eles fizeram parte da terceira e última geração. Eles não teriam sucessores, considerados como um estrato da sociedade, identificados, não-doutrinados e talvez com opinião semelhante.

Como as assembléias provinciais reuniram-se em 1909, novos padrões de conduta se fizeram necessários. Poucos membros tornaram-se oradores, ao passo que a maioria evitou tal ostentação embaraçosa. O princípio da organização era a lealdade aos líderes de facções ou a determinados círculos pessoais, em vez da anuência a programas e princípios legislativos. A definição clara e o apoio a interesses, que pareceriam egoístas, eram em geral obscurecidos pelos discursos feitos de admiráveis lugares-comuns. Advogados experientes que pudessem elaborar a legislação eram difíceis de serem encontrados.

Junto com o constitucionalismo, o movimento para o autogoverno visava mobilizar o povo sob a liderança da elite local em apoio ao Estado imperial reformista. Havia precedentes para o autogoverno não somente na antiga idéia *fengjian* de administração local pelo povo, mas também nas cidades modernas. Na Shanghai chinesa, fora das áreas de administração estrangeira, um conselho da cidade de Shanghai foi criado em 1905. Em 1907, uma assembléia do município de Tianjin foi estabelecida como modelo pelo funcionário reformista Yuan Shikai. Em 1908, Beijing promulgou regulamentos para estabelecer a coleta de tributos que pudessem financiar o governo do submunicípio – em especial tributos e imposto territorial. As medidas locais de autogoverno no nível do município e abaixo foram adotadas pela elite local, que tentava evitar a taxação onerosa e a administração corrupta porventura praticadas por funcionários daquele nível. A abertura de novas escolas para educar e mobilizar novos cidadãos foi concomitante à inauguração de redes de polícias cujo propósito era o controle governamental. Yuan imprimiu o estilo ao fazer com que os recentes departamentos de polícia compilassem as listas eleitorais das novas assembléias locais. Como ocorria na Assembléia Nacional, essas corporações locais permitiriam à elite aconselhar e até mesmo participar da reforma, definindo serviços públicos como eletricidade e água, que costumavam ser serviços da pequena nobreza no passado. O poder político permaneceria com os funcionários. Portanto, a questão da mobilização *versus* controle foi assim reunida.

A elite reformista queria um financiamento separado e honesto para as reformas. Em 1909-1910 as regulamentações do autogoverno foram publicadas pelas cidades, cidades-mercado, cidades rurais, municípios e prefeituras, e todos eles teriam assembléias. Novas taxas comerciais e territoriais foram coletadas em separado da antiga estrutura burocrática. Com isso, entretanto, o antigo *status* da elite da pequena nobreza diminuiu, perdendo sua posição de liderança no interior, e, por fim, um novo sistema de funcionalismo sobreviria.

Problemas sistêmicos insolúveis

Os últimos reformadores Qing, tardiamente, fizeram um esforço vigoroso para aumentar o poder central da dinastia. Os dois principais objetivos eram construir novas ferrovias e treinar o Novo Exército para aumentar o controle do Estado, enquanto os novos ministérios, após 1906, tentaram lidar com todos os aspectos especializados do governo. Mas esses últimos reformadores oficiais enfrentaram tarefas impossíveis; a primeira delas ao refazer a estrutura do poder do Estado. A autocracia imperial, por não diminuir seus clamores pelo absolutismo, presidiu duas estruturas burocráticas, uma na capital e a outra nas províncias.

Em Beijing, o Tribunal Interior centralizou-se no Grande Conselho. Todos os dias, meia dúzia de ministros liam os memorandos que chegavam e preparavam os decretos imperiais em resposta, o que reforçava a ação dos funcionários sobre a terra. Eles utilizavam o circuito memorando e/ou decreto entre os altos funcionários provinciais e a corte imperial diretamente via correio oficial a cavalo. O Tribunal Exterior de Seis Ministérios tinha responsabilidade censória, e outros órgãos em Beijing administravam assuntos rotineiros em correspondências com seus subordinados nas províncias. No entanto, quando se tratava de assuntos importantes, também faziam o circuito memorando e/ou decreto com o imperador, por meio do uso recente do telégrafo.

Toda a administração era sediada em Beijing. Tanto os relatórios quanto os decretos decisórios transitavam dos funcionários para o imperador, mas em dois níveis: rotineiro e urgente. Para assuntos rotineiros havia um sistema unitário centralizado. Escritórios provinciais de pessoal, finanças e assim por diante reportavam-se a seus ministros superiores em Beijing. Para assuntos urgentes, os governadores das províncias e os ministros na capital eram igualmente subordinados ao imperador. Não havia como centralizar o poder de modo que os governadores das províncias pudessem subordinar-se aos ministros de Beijing.

Era ainda mais impossível coadunar o procedimento de memorando e/ou decreto do executivo e legislador imperial com as tentativas e esforços legislativos de assembléias ainda rotuladas de "consultivas". A natureza "representativa" incipiente das assembléias e sua regra de votação por maioria não inspiravam confiança. Nenhum confuciano jamais acreditou em simplesmente contar cabeças.

A reforma foi também verificada em cada passo pela fraqueza fiscal de Beijing. O pagamento da indenização da Revolta dos Boxers em 1901 minava a receita do governo central, exatamente no momento em que mais se precisava dos fundos não-comprometidos. Agora o imperialismo estrangeiro – as demandas punitivas dos poderes – estava realmente detendo a China. Ao mesmo tempo, a capacidade do governo Qing para atender às demandas de modernização estava limitada pelo sistema de receita herdado dos Ming. A reforma financeira era difícil, não apenas porque ameaçava muitas "tigelas de arroz" (ganhos individuais), mas também porque o sistema fiscal herdado era muito superficial e fraco.

Em primeiro lugar, a coleta real de tributos do império permanecia muito obscura, não-orçada e não-contabilizada. A coleta local de tributos, bem como os regimes provinciais acima deles, precisavam viver do que recolhiam. O que era necessário apresentar a Beijing era fixado por cotas tradicionais. Supõe-se, talvez, que correspondesse a um terço, talvez apenas um quinto, da coleta real.

Em segundo lugar, os tributos oficialmente recebidos, mais ou menos de acordo com a cota, não eram centralizados numa "bolsa comum". Em vez disso, eram registrados como agregação de somatórios fixos devidos de uma multidão de fontes específicas e distribuídos a uma profusão de usos específicos. As quantias registradas em Beijing raras vezes eram recebidas ou gastas lá, pois as receitas de uma província eram alocadas em fragmentos para atender a suas necessidades ou as de outras localidades. Das dezoito províncias, treze seguiam de modo regular a distribuição para propósitos específicos de outras províncias. Esse procedimento *ad hoc* cingia a receita imperial a um número infinito de juros, em particular ao apoio dado a funcionários e soldados.

Além do mais, até mesmo em Beijing não havia autoridade fiscal. A receita bruta imperial registrada por volta de 1905 totalizou cerca de 102 milhões de taéis (setenta milhões de dólares ou 14,5 milhões de libras esterlinas atuais), uma pequena quantia para um país tão grande. Para chegar a esse total, o Comitê da Receita registrou a arrecadação de taxas de terras e tributos ainda da forma tradicional de 33 milhões de taéis, aos quais a taxa de sal acrescentou treze milhões e outras taxas cerca de sete milhões. Após 1869, o Comitê registrou a arrecadação da *likin* provincial na quantia nominal a ela referente (quatorze milhões de taéis em 1905). Enquanto isso, a receita da nova e crescente Alfândega Marítima, 35 milhões de taéis em 1905, foi manipulada separadamente e de qualquer forma destinada ao pagamento de indenizações estrangeiras e de empréstimos. Desse modo, as novas taxas do comércio – alfandegárias e *likin* – quase nunca estavam sob o controle de Beijing, enquanto as cotas tributárias tradicionais da terra permaneciam engessadas. Com a autoridade assim dividida, rendimentos reais desconhecidos e muitos gastos firmados como juros adquiridos, a reforma fiscal apenas ocorreria por meio de uma declaração sem precedentes do poder central, alterando o equilíbrio sobre o qual a dinastia manchu se manteve por tanto tempo.

O desenvolvimento fiscal dos últimos anos da dinastia Qing ocorreu principalmente nas províncias exteriores ou além do sistema estabelecido. Quando Beijing tentou, em 1884, regularizar e garantir as receitas centrais provenientes de várias medidas provinciais para o financiamento militar, as províncias fizeram objeção a tantos detalhes que os esforços foram abandonados. Novas atividades provinciais como arsenais, fábricas, linhas de navios a vapor e bancos eram administradas por funcionários nomeados (*weiyuan*) ou outros autorizados para esse propósito pelos funcionários provinciais. Não sendo sugeridos por Beijing, de modo geral, não se reportavam à capital. O antigo Comitê de Receita, embora tivesse sido reorganizado em 1906 como Ministério das Finanças, não podia centralizar o controle fiscal. Outros ministérios continuavam a receber e a gastar suas receitas, inclusive instituindo seus próprios bancos, como o Banco das Comunicações (1907).

Um novo esforço para a realização de um orçamento nacional com avaliações de receita em âmbito nacional começou em 1908, e a compilação de estimativas orçamentárias, em 1910, nas quais as receitas e as despesas dos governos central e provincial seriam diferenciadas das locais. Foram produzidas estimativas da receita (297 milhões de taéis) e despesa totais (nacional, inclusive provinciais, de 338 milhões de taéis; locais, 37 milhões de taéis) que prognosticaram um déficit considerável (78 milhões de taéis). Infelizmente, planejamento e orçamento, coleta de estatísticas e estabelecimento de taxas de tributação tanto nos ministérios centrais quanto nas províncias eram descoordenados, já que as províncias não estavam subordinadas aos ministérios e esperava-se que suprissem a receita.

Essas inadequações administrativas e financeiras do antigo regime estavam profundamente enraizadas nos costumes chineses, nos valores políticos e na estrutura social. Tornou-se visível que o governo Qing foi superficial, passivo e na verdade parasítico por tempo demais. Não conseguira modernizar-se.

A revolução de 1911 e a ditadura de Yuan Shikai

A questão do poder central manchu no domínio das províncias na nova era do crescimento industrial e do nacionalismo chinês atingiu o ponto culminante em 1911, devido à construção da ferrovia em Sichuan. A elite local, que investira na promoção de ferrovias, estava determinada a não permitir que os funcionários do governo central lucrassem com esse novo empreendimento, financiado por empréstimos estrangeiros. Os esforços militares dos Qing para impedir a construção tiveram o efeito contrário. Em 10 de outubro ("duplo dez") de 1911, uma rebelião em Wuchang (oposta a Hankou) desencadeou a deserção da maioria das províncias, que declararam sua independência do regime Qing. Os agitadores profissionais da Liga Revolucionária, que indicara Sun Yatsen como seu líder em Tóquio em 1905, instituíram a República Chinesa em 1º de janeiro de 1912 em Nanjing, tendo Sun como presidente provisório.

Houve um acordo geral de que a China deveria ter um parlamento que representasse as províncias, de que a união era necessária para evitar intervenções estrangeiras e de que Yuan Shikai, reformista, sucessor de Li Hongzhang e treinador-chefe do Novo Exército da China, era o único homem com capacidade de assumir o governo. Por uma notável série de compromissos, a China evitava a guerra civil prolongada e o levante de camponeses, bem como intervenções estrangeiras. O imperador Qing abdicou, dr. Sun renunciou e, em março de 1912, Yuan tornou-se presidente.

Das forças ativas na revolução de 1911, a mais forte em cada província foi a combinação do governador militar com seu Novo Exército e a elite urbana reformista na nova assembléia provincial. Esses dois elementos lideraram cada província dissidente. De uma forma geral, o governante militar era produto da terceira geração do movimento de militarização que derrotara os taipings, enquanto a assembléia provincial originava-se de gerentes de projetos públicos da pequena nobreza da última geração Qing precedente. O constitucionalismo tornara-se o *slogan* do dia, mas a monarquia constitucional era impossível para os tacanhos e egoístas príncipes manchus postos no poder após a morte da imperatriz regente em novembro de 1908 (um dia após a do imperador reformista Guangxu – que coincidência!). Ela, é evidente, preferiria ser sucedida por um bebê de três anos a sê-lo por um adulto reformista.

A República Chinesa começou sua história com certos atributos do liberalismo – uma imprensa livre; assembléias eleitas representando a elite local em muitos municípios, prefeituras e províncias; e um parlamento nacional organizado, sobretudo, pelo recém-criado Partido Nacionalista (Guomindang). Infelizmente, a autocracia imperial da China não foi extirpada e nada conseguiu substituí-la.

Yuan Shikai, como um fundador de dinastia, era um militar e mais tarde seria chamado de "pai dos líderes militares". Como funcionário experiente da dinastia Qing, Yuan era versado no repertório herdado sobre disposições legais, administrativas, fiscais e militares que poderiam manipular as pessoas de todas as classes, utilizando regulamentos e armas, recompensas e punições, jogando com suas esperanças e medos para garantir sua aquiescência. As propostas discordantes e o partidarismo político dos oitocentos membros do parlamento impressionaram Yuan de forma tão desfavorável como a retórica moralista de seus burocratas impressionara o imperador Wanli da dinastia Ming três séculos antes. A autoridade deve ter uma única fonte, então Yuan concluiu que sua única esperança em governar a China residia no restabelecimento da autocracia. Como primeira providência, ele eliminou o novo líder revolucionário, Song Jiaoren, que havia unido membros da Liga Revolucionária a pequenos grupos para formar o Partido Nacionalista. A eleição foi vencida em 1913 com cerca de quarenta milhões de votantes legítimos, e Song tornou-se, assim, líder do parlamento. Em março de 1913, Yuan mandou assassiná-lo e continuou pressionando para abolir o parlamento.

As novas assembléias provinciais, municipais e das prefeituras ainda ameaçavam criar uma política pluralista semi-representativa independente do controle central. Em 1914, as assembléias municipais compostas por vinte membros oriundos da elite qualificada para votar funcionavam em geral com os magistrados municipais, e ambas coexistiam com as assembléias submunicipais. Yuan aboliu todas essas assembléias em 1914 e depois determinou que os magistrados indicassem um representante para atuar como administrador de autogoverno do município. Em resumo, a elite local perdeu suas assembléias, e os magistrados recuperaram o controle. As assembléias, no entanto, continuaram pleiteando e, na década de 1920, retornariam, mas os magistrados ainda controlavam a política e as finanças, definindo os comitês executivos. Como R. Keith Schoppa (1982) observou ao estudar o desenvolvimento político de Zhejiang nos anos 1920, a elite modernizadora poderia orientar o modo de administração de funções públicas em áreas-chave, mas a burocracia oficial, sintonizada com as antigas oligarquias da elite, continuaria a dominar as áreas periféricas.

Infelizmente, a política centralizadora Qing estava fragmentada. Como demonstrou Ernest Young (1977), os esforços de Yuan para a modernização foram enfraquecidos pela falta de receita por parte do governo central proveniente das províncias. Como resultado, suas reformas (transportadas do último programa Qing) tornaram-se com freqüência planos no papel e não foram levadas a efeito. Extensas negociações sobre a formação de um judiciário independente (que facilitaria a abolição dos direitos estrangeiros à extraterritorialidade) levaram à criação de uma suprema corte ativa em Beijing e cortes nos níveis de província, prefeitura e município. Mas logo as cortes de nível municipal foram abolidas para economizar e devolver a confiança no magistrado. A reforma carcerária também foi contemplada. Na educação, Yuan firmou em quatro anos a escolaridade universal grátis, além de um segundo caminho de escolas preparatórias especiais para uma elite em busca de educação superior. O desenvolvimento econômico também fazia parte do planejamento.

Contudo, todos esses programas de modernização foram prejudicados pela suposição básica de que deveriam ser centralmente decretados e controlados. Os regimes provinciais não podiam ser autorizados a desenvolver novas instituições independentes, a fim de que o governo central não se debilitasse irremediavelmente. A filosofia de Yuan não era "confie no povo" ou mesmo "confie nos homens educados e talentosos", mas "confie apenas no poder central". A democracia, em resumo, não fazia parte da ordem do dia de Yuan. Em 1915, ele tentou tornar-se imperador, mas morreu sem obter sucesso em 1916. Embora as assembléias provinciais e locais ressurgissem nos anos 1920, mobilizando a participação popular na modernização política da China, cedo se tornariam as prerrogativas de um novo poder central, conhecidas como ditaduras partidárias. O trabalho poderia ser feito de cima para baixo, mas não inversamente.

Os jovens revolucionários liderados por Sun Yatsen, após meia dúzia de fracassos em começar uma conflagração, não tinham experiência governamental e tinham poucos seguidores entre a classe dominante. Suas tentativas em 1911-1912 mais tarde estimularam o mito da fundação heróica da ditadura do Partido Nacionalista. Entretanto, o fato de os governantes militares e as assembléias provinciais de 1911-1912 terem herdado o poder dominante da classe superior da pequena nobreza suscitou neles uma aversão à desordem prolongada, pois isso poderia amplificar a violência dos camponeses. Eles privilegiavam a estabilidade. Joseph Esherick (1976) conclui que a autocracia imperial "não havia apenas limitado a liberdade política e as iniciativas do povo chinês, mas também impedido que a elite local oprimisse excessivamente o resto da população". Ao iniciar a revolução de 1911, que acabou com o controle imperial em seu poder, a elite provincial agora retomava sua postura pela estabilidade e, portanto, "deu apoio crucial em 1913", afirma Esherick, para a assunção de poderes ditatoriais por Yuan. Seu instinto era salvar a China do caos que temiam que pudesse ser criado com maiores mudanças.

Dessa maneira, o conservadorismo obstruía qualquer revolução social. Governantes militares, cujos poderes residiam nas recém-incrementadas forças armadas, não poderiam se tornar mais do que militaristas regionais ou líderes militares. A pequena nobreza conservadora não poderia reviver a fé neoconfuciana para mobilizar as novas classes urbanas em apoio ao nacionalismo chinês. Pelo contrário, as elites locais quebraram o molde da pequena nobreza, e as linhagens preservavam seu domínio local de todas as maneiras possíveis. Uma pesquisa recente mostra em detalhe como esses meios incluíram o comércio, as indústrias de seda e sal, o poder do líder militar, a propriedade corporativa e, acima de tudo, a hegemonia cultural. Embora esses novos ramos de domínio da elite local não tivessem uma nova filosofia, era hora de uma nova liderança fazer um recomeço com novas idéias.

Terceira Parte

A República da China 1912-1949

Esse período teve nitidamente dois focos diferentes. Sob um foco cultural, assistiu a uma afluência de mercadorias, idéias e costumes estrangeiros nunca antes tão abrangente. As influências da modernidade juntavam-se às influências de diversas nações específicas. Tudo estava mudando. No entanto, sob um foco político-social, permaneciam vários traços característicos de vacância do trono entre as dinastias. A uma tentativa fracassada de reviver o império seguiu-se uma década regida por senhores da guerra que instaurou desordem no país, enquanto os estrangeiros desempenharam papéis econômicos e administrativos fundamentais nos portos signatários do tratado de comercialização. Isso serviu de inspiração para a revolução nacionalista contra o imperialismo estrangeiro, que foi acompanhada, em um início bastante agressivo, de uma revolução social que visava mobilizar as massas de agricultores em defesa da terra.

Entre as grandes potências, a Inglaterra e os Estados Unidos – as fontes principais das missões protestantes –, seguindo o estilo anglo-saxônico, consideraram a reforma mais construtiva do que a revolução. A ajuda desses países para a reforma veio, em grande parte, por meio de canais extra-oficiais, mas foi restrita e chegou com atraso. A União Soviética, ao contrário, apoiou uma violenta revolução social, ajudando os nacionalistas e comunistas. Nesse ínterim, a influência cultural e econômica da Japão na China no início do século XX abriu caminho para uma agressão militar que submeteu a história da China a uma posição subordinada de 1931 a 1945. A agressão japonesa, junto com a Segunda Guerra Mundial, contribuiu de forma incomensurável para o desalento do povo chinês.

Em parte porque o período dos senhores da guerra de 1916 a 1927 foi um tempo de pouco poder do Estado, foi em paradoxo um período de considerável avanço tanto nos campos cultural como social e econômico. A liberdade relativa desse novo crescimento contrastaria com o controle burocrático imposto novamente na China após 1927. O contraste destacaria dois temas que continuaram durante o período de ditaduras partidárias. Um foi o estadismo autoritário, a prioridade da construção do Estado, começando com a lealdade ao poder central autocrático e priorizando a unidade política acima de tudo. O outro foi a criatividade cultural e o desenvolvimento social como partes de um processo de crescimento civil. Esse tema ficava evidente nos desenvolvimentos autônomos fora do controle direto da oficialidade no processo de adaptação da China ao mundo moderno. Todavia, eles não prometeram um poder estatal unificado.

13

A busca por uma sociedade civil chinesa

Os limites do liberalismo chinês

Uma sociedade civil pode ser definida como um tipo de sociedade democrática que se desenvolveu na Europa Ocidental a partir do surgimento de cidades independentes do sistema feudal. É uma sociedade pluralista em que, por exemplo, a igreja é independente do Estado, religião e governo são separados, ao passo que as liberdades civis (hoje ampliadas como direitos humanos) são mantidas sob a supremacia da lei. Uma sociedade civil esbarra no conceito de extensão, raramente bem definido. É parte do Estado-e-sociedade de um país, mas possui sua própria medida de autonomia, ou seja, liberdade dentro de certos limites. Não será encontrada no Islã nem em regimes totalitários como o fascismo, o nazismo ou o comunismo e nem mesmo nos impérios dinásticos chineses descritos na Primeira Parte.

No entanto, na antiga China Imperial já apareciam novas tendências em direção à criação de instituições, funções e ocupações individuais – todo um setor da sociedade – que não estavam sob o controle direto do Estado Qing. Essa tendência geral aparecia mais claramente para os estrangeiros nos portos signatários do tratado de abertura para o comércio exterior –, mas seu grande impulso vinha de dentro da China muito mais que do mundo externo, mais especificamente das atividades em expansão da elite na esfera pública (*gong*) da vida comunitária. Após 1911, vários fatores modernos foram adicionados a essa tradição de ativismo de elite não-oficial: o crescimento da imprensa chinesa, da educação e do comércio. Uma sociedade civil era algo inerente na expansão do conhecimento e da divisão do trabalho, que capacitava os especialistas a reivindicarem autonomia dentro de suas esferas de competência. Contudo, essa autonomia sempre pareceu ameaçar a unidade e a ordem no Estado chinês, que, segundo seus legisladores, dependia da dominante supervisão do Estado sobre a vida das pessoas. Esse problema social universal de equilibrar autonomia individual ou liberalismo com uma unidade e uma ordem impostas pelo governo foi excepcionalmente crucial e persistente na China. Uma prova disso foi a dificuldade para conseguir estabelecer um governo parlamentarista quando a supremacia da lei não era reconhecida na prática e, conseqüentemente, nenhuma divisão de poderes era aceita entre o Legislativo e o Executivo. Os parlamentos, embora convocados e muitas vezes veementes, funcionavam menos como legisladores que como símbolos da legitimidade do Executivo.

O individualismo e o liberalismo no pensamento chinês eram partes estritamente limitadas a uma coletividade mais abrangente. O indivíduo chinês era subordinado ao grupo. As leis chinesas eram menos autoritárias que os proclamas da moralidade. O conceito ocidental de sociedade civil tinha um equivalente significativo no pensamento chinês, mas precisava ser definido. Por exemplo, expressão individual e direito de propriedade, características essenciais do liberalismo vitoriano, podiam ser desfrutados na China apenas mediante as bênçãos do mundo oficial.

Essas limitações eram evidentes no antigo pensamento Qing. Apesar de o sistema de crenças do neoconfuncionismo ter tido de aceitar "questões estrangeiras" (modernização) e o "novo aprendizado" para serem usados como parte da máquina do Estado, foi impossível para a última geração da dinastia Qing rejeitar o confucionismo inteiramente. Como podíamos esperar, muitos tentaram encontrar nos modelos estrangeiros uma forma de reafirmar certos valores chineses herdados.

Diante da modernização, os reformadores japoneses haviam proposto a combinação da "ética oriental com a ciência ocidental". Na China, Zhang Zhidong, o mais expressivo ideólogo de sua época, propôs sua famosa fórmula, "o aprendizado chinês para a substância [os princípios essenciais ou *ti*] e o aprendizado ocidental para a função [as aplicações práticas ou *yong*]". Era um modelo óbvio, mas inconsistente, porque *ti* (substância) e *yong* (função) referiam-se, na filosofia chinesa, aos aspectos correlativos de qualquer entidade. Assim, o aprendizado chinês e o ocidental possuíam cada um a sua própria substância e função. No entanto, a expressão foi amplamente usada na medida em que priorizava os valores chineses e reduzia o aprendizado ocidental a um mero conjunto de instrumentos.

Os japoneses confucianos propuseram um conceito muito útil – que os parlamentos do tipo ocidental poderiam criar harmonia entre o legislador e o legislado. Mas a justificativa era diferente. O pensamento político ocidental construíra o conceito de interesses – os desejos pessoais e os objetivos dos indivíduos e dos grupos na sua inevitável competição entre si mesmos. Os interesses eram vistos como fator motivacional para os atores políticos no Ocidente, desde o rei até a escória social. O governo representativo era uma forma de se chegar a soluções conciliatórias entre interesses divergentes. Essa corrente de pensamento não ocorria da mesma forma na China. Os interesses eram, por definição, egoístas, e a moral confuciana condenava o egoísmo como um mal anti-social. Oposto a isso, esse tipo de moral exaltava um ideal de harmonia, o qual os reformadores esperavam atingir de alguma forma por meio de um governo representativo.

Outro conceito liberal que se deformou ao passar do Ocidente para o Oriente foi o individualismo. Como há muito observou Benjamin Schwartz (1964), reformadores como Yan Fu, que traduziu os clássicos liberais do Ocidente (Thomas Huxley, Adam Smith, J. S. Mill e outros) na virada do século, louvavam o crescimento do individualismo como um meio de apoiar o Estado, e não de resistência contra ele. O reformador mais influente, Liang Qichao, defendia a idéia de que, ao desenvolver suas capacidades de maneira desinteressada, o indivíduo contribuiria para fortalecer e enriquecer o Estado. Somente assim os indivíduos poderiam beneficiar todos os seus co-cidadãos. Liang citava o jurista suíço Bluntschli: as pessoas nascem para os estados, não os estados para as pessoas. Segundo esse ponto de vista baseado no Estado, que era usado pelos confucionistas como ponto de partida, todos os tipos de direito deveriam ser concedidos pelo Estado ou suspensos por ele quando de seu interesse. Todas as constituições chinesas enumeravam muitos direitos, mas somente enquanto ideais programáticos, não necessariamente como leis a serem cumpridas.

Por trás dessa versão chinesa de "liberalismo" existia a pressuposição anterior de que o poder do legislador era ilimitado, ainda autocrático. Seus mecanismos de gerenciamento estatal poderiam se expandir e incluir constituições, parlamentos e direitos dos cidadãos (assim como deveres), tudo para melhorar a estabilidade e o controle do Estado. Dessa forma, os direitos eram garantidos "exceto como limitados pela lei", isto é, por determinação das autoridades. As constituições chinesas não se tornaram fontes sagradas de lei, como aconteceu com a Constituição dos Estados Unidos, mas sim um instrumento de expressão de ideais e desejos, mais como as plataformas partidárias americanas.

Essa natureza parcial do liberalismo na China sugere que ele possa ser mais bem denominado como protoliberalismo ou sino-liberalismo. Teve suas raízes no lado *wen* do governo chinês, no qual os oficiais com patentes mais altas escreviam propostas na forma de ensaios e memoriais, porém não tinham a responsabilidade ou poder para colocá-las em prática. Por exemplo, o sino-liberal moderno possuía uma liberdade de expressão limitada porque não tinha meios de atacar especificamente os detentores do poder local sem o perigo de sofrer retaliações por parte do componente *wu* do governo. Mais sério do que ter essa precaução era o modelo mental que não podia se desprender do que Vera Schwarcz chamou em 1986 de "culto da subordinação ritualizada... ética da subserviência" neoconfuciana implantada no início do treinamento familiar.

O liberalismo do tipo ocidental em vigência na China sofreu limitações, por fim, em razão da convivência com o sistema desigual de pactos. A era dos senhores da guerra nas décadas de 1910 e 1920 coincidiu com o auge da influência estrangeira durante o século dos tratados. Os exércitos dos senhores da guerra, que saqueavam o "interior" através dos portos, representavam uma forte coação para manter os canhoneiros estrangeiros sob controle. Assim, as atividades de um tipo chinês de sociedade civil eram baseadas em parte nas instituições ocidentais, mas eram protegidas pela presença verdadeiramente imperialista que inspirara o aparecimento do novo nacionalismo chinês.

Na realidade, seria recomendável não esquecer os valores distintos baseados na diferença da experiência histórica da China e do Ocidente. Não se deve esquecer a aspiração por um individualismo liberal na sociedade civil para que possamos apreciar a eficácia por um longo período do coletivismo autoritário da China e a tarefa cruciante dos intelectuais chineses para encontrarem um meio termo entre eles.

Os limites da reforma cristã

A China republicana na década que se seguiu a Yuan Shikai era formada de duas áreas e dois regimes – a China dos senhores da guerra e a China dos portos signatários do tratado comercial. Os senhores da guerra eram personalidades militares, treinados talvez por Yuan, que controlavam as regiões comandando as tropas e alimentando-as. Muitos haviam começado como governadores militares. Seus talentos eram principalmente voltados para lutar, ou ameaçar lutar uns contra os outros. Por outro lado, as cidades portuárias signatárias do tratado compreendiam a maioria dos centros de urbanização, onde se localizava a maior parte dos bancos, indústrias, universidades e classes profissionais chineses. Era uma comunidade conjunta chinesa e estrangeira. A parte dos portos signatários do tratado da estrutura de poder do Estado chinês ofereceu um grau de estabilidade durante os anos da decadência dos senhores da guerra. Na verdade, impunha limites a essa ruína. Os patriotas chineses tinham de se confrontar com o paradoxo de que os tratados desiguais, mesmo em princípio humilhantes, representavam muitas vezes certa ajuda material. Em 1921, por exemplo, os mercadores chineses no porto signatário de Yichang, depois de terem sofrido saque duas vezes por parte dos senhores da guerra, pediram aos ministros em Beijing para estabelecerem uma área de concessão estrangeira em Yichang como forma de proteção contra as tropas saqueadoras.

Após a assinatura da convenção em 1901, que terminou com a Revolta dos Boxers, duas tendências de base chinesa e de base estrangeira convergiram: os chineses com mentalidade reformista haviam construído a educação nos moldes do "novo aprendizado", enquanto os esforços cristãos na China mais e mais enfatizavam o "evangelho social" para tratar os problemas da moderna vida urbana. Os fundamentalistas confucianos e cristãos, que durante muitos anos criticaram-se mutuamente, mas que raramente se encontraram, foram então sucedidos por colaboradores amistosos dedicados ao bem-estar da China. Por exemplo, a Associação Cristã de Moços chinesa, uma filial da ACM internacional, contava com o apoio dos mercadores chineses e da classe alta para seu trabalho junto aos jovens e estudantes das cidades com a ajuda de seus conselheiros estrangeiros. O romance *The Call,* de John Hersey, relata as atividades da associação na cooperação sino-estrangeira na educação pública e em outros projetos, de 1907 a 1937. A comunidade cristã sino-estrangeira gozou de um breve período de ouro de duas décadas, de 1905 a 1925.

Essa era de cooperação cristã foi marcada por notáveis avanços, tais como construção de estradas e trabalho de crédito rural da Comissão Chinesa Internacional de Combate à Fome, pesquisa e treinamento na Faculdade de Medicina Union de Beijing, patrocinados pela Fundação Rockefeller, que também patrocinou o estudo das ciências sociais no Instituto de Economia de Nankai, o crescimento da Universidade de Yanjing e de outras Faculdades cristãs, incluindo a pesquisa em agricultura na Universidade de Nanjing e o Movimento de Educação de Massa sob a supervisão de Yan Yangchu (Jimmy Yen).

Três aspectos desses avanços institucionais devem ser observados: primeiro, eles dependeram mais do apoio e financiamento estrangeiros, sobretudo americano, do que da ACM. Segundo, esses avanços deram aos americanos sinófilos um sentido de participação satisfatória na vida chinesa, que mais tarde seria a base do sentimento de "perda da China" na América durante a Guerra Fria. Terceiro, eles apenas tocaram a superfície dos problemas do povo chinês. A maior parte dessas atividades de ajuda estrangeira foram modelos-pilotos de tratamentos que não ocorreram em uma escala capaz de transformar a China diretamente.

A superficialidade dos projetos de inspiração ocidental ou das atividades assistenciais na China era inevitável, em parte porque a elite dominante e culta chinesa à qual os estrangeiros eram ligados constituía em si uma proporção mínima da população. Em educação, por exemplo, se aceitarmos a estimativa estabelecida por E. Rawski (1979) de que, no final da era Qing, 30 a 45% dos homens e 2 a 10% das mulheres eram alfabetizados, ainda assim nos confrontamos com estimativas de número de matrículas na escola fundamental que passou de um milhão em 1907 para 6,6 milhões em 1922, enquanto, no mesmo período, o número de matrículas no ensino médio subiu de 31 mil para 183 mil – números muitíssimo baixos para um país com a numerosa população de quatrocentos milhões de habitantes.

Os esforços liberais em criar uma sociedade civil chinesa devem, portanto, ser vistos como pontos de crescimento, como esporos que crescem em meio líquido em um laboratório de biologia, espalhados sobre uma vasta superfície. Caso tivessem tido mais tempo, cada grupo de reformadores empreendedores – sociais, científicos, médicos ou de educação de massa – poderia ter expandido o seu trabalho e alcançado uma maior abrangência social. Contudo, os problemas do povo chinês eram tão significativos que, no fim, somente o Estado poderia assumi-los.

O aparecimento tardio de uma imprensa política

O aparecimento da moderna imprensa independente na China, aproximadamente um século depois que na Europa ocidental e uma geração depois que no Japão, completa o nosso retrato da inércia do antigo Estado Qing. A velha ordem mantivera um controle repressor em relação a livre expressão sobre a política governamental, que ainda constituía-se objeto de proteção do imperador.

Durante o milênio desde a disseminação de livros impressos no início da dinastia Song, os elementos de uma imprensa moderna acumularam-se de forma constante: bibliotecas oficiais e particulares, conhecimento literário e qualificações editoriais, textos religiosos, grandes projetos de publicações oficiais, um interminável fluxo de documentação de Beijing para as províncias, dicionários geográficos locais, literatura vernacular, publicações privadas – estava tudo disponível. Nas décadas de 1891, 1892 e 1893, doze jornais em língua chinesa eram publicados nas cidades portuárias de maior porte. O *Shenbao* em Shangai, iniciado em 1872, tinha uma tiragem de quinze mil exemplares. As notícias, em parte obtidas via telégrafo, eram essencialmente comerciais. A moderna imprensa chinesa levou muito tempo para envolver-se com a política, o que ocorreu devido ao controle imperial sobre o pensamento e a imprensa.

O moderno jornalismo na China começou com os chineses habitantes dos portos signatários do tratado como Wang Tao, que fora assistente de James Legge na tradução dos clássicos confuncianos na década de 1860, e tinha passado dois anos com ele na Escócia. Em 1874, Wang Tao deu início ao primeiro jornal em Hong Kong, sob os auspícios somente da China, publicando notícias comerciais e de caráter geral e contribuindo com seus próprios editoriais reformistas. As informações advinham, como observado pelo seu biógrafo, Paul Cohen (1974), da vivência quase incomparável de Wang no Ocidente. Mas, na década de 1880, o público de Wang ainda era muito reduzido.

Considerando esse começo brilhante, por que o jornalismo chinês permaneceu em atraso durante vinte anos até que a crise da década de 1890 inspirasse a imprensa reformista criada por Liang Qichao e outros em Shangai e províncias como Changsha? A razão, em suma, foi que a elite bem-nascida era rigorosamente prevenida a não transgredir a prerrogativa do regime imperial de ser o responsável por estabelecer as políticas. Só com permissão especial as idéias poderiam ser apresentadas ao trono, e, de 1870 e 1880, as submissões revoltosas da *intelligentsia* (*qingyi*) resultaram mais em calor moralista do que em elucidações de caráter prático. Só mesmo após a dinastia Qing ter sido derrotada em 1900 por *todos* os poderes, incluindo o Japão, o regime imperial começou a perder o poder. As revistas de opinião política de Liang Qichao publicadas no Japão marcaram essa mudança à medida que a elite reformista urbana se voltou para os campos de ação das províncias.

Tendo-se iniciado no ambiente protetor das cidades portuárias, a publicação dos jornais, revistas e livros chineses cresceu muitas vezes mais nos vinte anos que se seguiram. A circulação era auxiliada pelo serviço do novo correio imperial que surgiu depois de 1896, assim como pela expansão da educação fundamental e pela alfabetização. Admitindo, como Zhang Pengyuan, que cada exemplar de uma revista tinha uma média de quinze leitores, Leo Lee e Andrew Nathan (*in* Johnson *et al.*, 1985) estimaram em dois a quatro milhões o número total de leitores no antigo Estado Qing, o que significa 1% da população da China. O novo número de leitores urbanos e as crises da década de 1890 fomentaram um rápido crescimento. (Por volta de 1893, a população urbana era de 23,5 milhões, o que significa 6% da população da China.)

Apesar de tudo, no final da década de 1930 a China tinha apenas 910 jornais e uma quantidade equivalente de revistas. Alguns jornais vendiam quinze mil exemplares. O número de leitores de jornais totalizava de vinte a trinta milhões. Logo, a proporção do público que a imprensa atingia ainda era pequena se comparada com outros países modernos. Ainda assim, a Imprensa Comercial de Shangai tornou-se, após 1896, uma grande editora de livros didáticos e revistas. Escritores da nova literatura acreditavam que os leitores das cidades buscavam primordialmente entretenimento. A "escola da borboleta e do pato mandarim" de ficção sentimental e romântica, estudada por Perry Link (1981), produziu algo em torno de 2.200 romances entre 1910 e 1930. Somente obras de discussão política eram pouco oferecidas. Isso se devia ao fato de que as instituições de ensino superior ainda eram em número muito pequeno para um país tão grande.

O jornalismo político da China moderna foi, em geral, polêmico e tinha por objetivo criticar e advogar, e não fundamentalmente informar o público dos fatos. Lee e Nathan citam mais uma vez Qichao: "O indivíduo deve usar as próprias palavras para mudar o mundo. De outra forma, para que proferi-las?". E assim a imprensa, apesar de pequena, tornou-se um grande instrumento político.

O desenvolvimento acadêmico

Contrariando a tradição da Universidade de Beijing (Beida), que acreditava que a educação superior da China começara com a sua precursora, a Universidade Imperial, fundada como parte das reformas de 1898, o estudo recente realizado por Wen-hsin Yeh (1990) assinala que Shangai foi o local do início da moderna educação da China nos campos da engenharia, da tecnologia e do comércio. Assim como a Universidade St. John, fundada pela Missão Episcopal Americana em 1879, tornou-se a universidade cristã pioneira na China, a Universidade Nanyang foi fundada pelo governo Qing em 1896. Enviava alunos para o exterior e, mais tarde, tornou-se a Universidade Jiaotong (comunicações), líder no campo da engenharia.

A defasagem entre o neoconfucionismo e o "novo aprendizado" aumentou quando as disciplinas modernas tiveram de ser ensinadas em livros de língua inglesa. O vocabulário chinês de termos técnicos ainda devia ser trabalhado. Os testes de entrada na universidade e os exames finais eram em geral em inglês, assim como as aulas ministradas por professores estrangeiros.

Quando o antigo amálgama entre Estado e sociedade se desintegrou em 1912, aconteceu o mesmo com a perspectiva mundial do neoconfucionismo. Em seu lugar, ocorreu uma enxurrada de elementos culturais discrepantes, muitas vezes conflitantes e em uma variedade confusa. A geração da era dos senhores da guerra precisou então ordenar as idéias.

Os problemas dessa geração sobressaem-se mais se acompanharmos Jon Saari (1990) no seu estudo sobre a experiência de vida dos estudiosos nascidos na década de 1890, que receberam inicialmente uma educação de moldes clássicos, acoplando a ela, ainda jovens, uma educação anglo-americana, que incluía o inglês falado. Esse grupo da pós-elite da China teve de libertar-se de dois preceitos – primeiro, do pensamento mumificado da tirania patriarcal e do sistema familiar do velho confucionismo, segundo, da confusão política e cultural contida no "novo aprendizado". Para o jovem que acabara de terminar o treinamento clássico elementar, esse aprendizado significava uma explosão que destruía o ambiente intelectual com o qual ele havia acabado de se identificar. "Longe de ser o mundo, a China era, naquele momento, um fragmento do mundo." O encontro das mentes jovens com o Ocidente era sempre "uma experiência danosa", cheio de "confusão e incertezas". Necessitava passar por "um segundo processo de libertação, este talvez mais decisivo que o primeiro", livrar-se da confusão encontrando "uma maior integração e síntese". Emancipar-se dos desacreditados laços com o confucionismo deixava a pessoa temerosa e à deriva, necessitando de uma nova maneira de organizar o seu mundo. A crença no cristianismo ou na ciência, incluindo o darwinismo, ou dedicar-se a uma das novas profissões ou à revolução patriótica – tudo poderia ajudar no estabelecimento de uma nova auto-imagem. Sem coragem intelectual, era praticamente impossível sobreviver.

Esse foi o aparecimento traumático da primeira geração republicana de intelectuais. Descrentes do Japão, eles procuraram na Europa e na América a solução para salvar a China. Essa tarefa os tornou membros dessa geração pioneira em biculturalismo, pois o choque cultural de Tóquio foi pequeno se comparado com o de Nova York, Londres, Paris e Berlim.

Um programa de governo para treinar chineses na América surgiu quando, em 1908, o Congresso americano alocou para esse fim cerca da metade (12 milhões de dólares) da parte americana da indenização da Revolta dos Boxers. Da Universidade Qinghua, criada em Beijing como uma escola preparatória, 1.268 estudiosos foram enviados para os Estados Unidos por volta de 1929. Em 1924, a metade restante da indenização (que ainda deveria ser paga pelo governo chinês) foi alocada para financiar a Fundação Chinesa. Coordenada por um conselho diretor composto de dez membros chineses e cinco americanos, essa fundação subvencionou pesquisas e concedeu bolsas para treinamento. Nessa época, jovens cientistas chineses treinados nos Estados Unidos formaram a Sociedade da Ciência em 1914. Logo a revista dessa instituição tornou-se porta-voz do tão propagado desejo dos estudiosos modernos de que a ciência e a observação científica pudessem proporcionar uma abordagem comum para os problemas da China.

Nesse ínterim, por volta da década de 1920, as centenas de escolas secundárias de missionários na China haviam se transformado em dezenas de universidades cristãs, em geral registradas em sociedade com os Estados Unidos. Nessas faculdades sino-americanas, os membros americanos em geral usufruíam de melhores acomodações e eram financiados por comitês missionários na América. Protegidas pela extraterritorialidade, essas instituições de estilo americano, como a Universidade de Yanjing em Beijing, formaram, de 1920 a 1930, os filhos da nova classe média das cidades portuárias.

Uma influente instituição exclusivamente chinesa e privada estava situada em Tianjin, onde, após 1904, Zhang Boling construiu escolas secundárias, faculdades e universidades com o apoio principalmente de famílias chinesas locais. A filantropia chinesa também financiou a Universidade de Amoy em Xiamen e duas faculdades em Shangai – a católica Zhendan (L'Aurore), fundada em 1903, e Fudan (1905).

No entanto, nenhuma instituição privada conseguiu ultrapassar a Universidade de Beijing (Beida) como a de maior prestígio na educação nacional. Serviu para treinar ou reciclar funcionários do serviço público até que dois homens notáveis tornaram-se seus diretores – Yan Fu em 1912 e Cai Yuanpei em 1917. Cai era um acadêmico Hanlin da antiga boa estirpe Qing que se havia filiado à Liga Revolucionária Sun Yatsen. Fora também o primeiro ministro da Educação no malogrado gabinete de Yuan Shikai e, em seguida, estudou por cinco anos na Alemanha e na França. Com o propósito de fomentar a diversidade de pensamento em Beida, ele acumulou enormes talentos e manteve-se firme contra a interferência do governo na educação. Para o cargo de decano, Cai convidou Chen Duxiu, que absorvera o espírito da Revolução Francesa quando viveu em Paris e depois retornou à China para fundar, em 1915, uma influente revista de discussão, *La Jeunesse (A Juventude)*. Em Beida, Chen liderou o combate ao confucionismo e a todos os seus males em nome da ciência e da democracia.

O Movimento da Nova Cultura

Em 1915, o Japão apresentou à China 21 exigências muito agressivas para instaurar uma espécie de protetorado japonês no país. Embora não tenha sido bem-sucedido, esse incidente pôs fim à era do Japão como líder da reforma na China e intensificou o nacionalismo chinês moderno. Porém, exatamente nessa época, os estudiosos do "novo aprendizado" asseguraram-lhes um novo papel – ficar fora do governo e evitar a política que havia sido seguida por seus antepassados para com isso investigarem os valores e instituições do velho confucionismo, rejeitar o que provocara o atraso na China e encontrar em seu passado os elementos de uma nova cultura.

Um novo ponto de ataque para esse Movimento da Nova Cultura era o sistema chinês de escrita. No século XX, um texto e um vocabulário criados por volta de 220 a.C. ainda estavam sendo usados. Qualquer caractere mais importante transformara-se em uma espécie de cebola, com muitas camadas de significado acumuladas durante anos à medida que era usado para diferentes fins. Em uma comparação bastante simples, suponha que a idéia romana expressa pelo termo *pater* tenha chegado até nós sem modificação na sua forma escrita e que, atualmente, em combinação com outros caracteres refere-se a pai, patriotismo, paternidade, patrologia, patrimônio, patronagem etc. O significado atribuído para tal termo dependia do seu contexto, para o qual era necessário conhecer os textos clássicos. Isso fez com que a escrita clássica (*wenyan*) não fosse um instrumento apropriado que estivesse prontamente à mão para auxiliar os estudantes a enfrentarem os problemas da vida; constituía em si mesma um dos problemas da vida. Sem um longo e continuado estudo dessa escrita, a pessoa era impedida de ascender a classes mais altas. A alfabetização funcional para os assuntos do dia-a-dia entre os chineses comuns era muito mais acessível que os termos esotéricos e alusões eruditas usados pelos graduados nos clássicos.

A primeira etapa na revolução literária foi usar a fala cotidiana na escrita – a medida empregada na Europa no tempo da Renascença, quando o vernáculo nacional suplantou o latim. Missionários protestantes foram os pioneiros desse esforço para tornar as escrituras disponíveis ao homem comum. Na classe dos novos estudiosos o tempo era oportuno. A liderança foi exercida por Hu Shi, aluno de Cornell e Columbia durante a Primeira Guerra Mundial, que defendia o uso da *baihua*, ou a língua chinesa falada, como um instrumento de escrita para textos eruditos e para todos os propósitos comunicativos. Muitos outros aderiram a esse movimento revolucionário, que rejeitava o velho estilo literário como algo de valor elevado. O uso da *baihua* espalhou-se com rapidez; a tirania dos clássicos havia sido quebrada.

Hu Shi, aluno de John Dewey e estudioso da pragmática, tornou-se também um líder na defesa dos métodos científicos de pensamento e crítica. O valor da ciência nos estudos técnicos há muito se tornara incontestável. Sua aplicação, como uma forma de pensamento, na crítica literária chinesa e nos estudos eruditos históricos assinalava nesse momento mais um avanço. Os novos eruditos atacavam veementemente os mitos e as lendas da antiga história da China e reavaliavam a origem dos clássicos. Estudavam o folclore chinês e repensavam os romances do grande vernáculo da antiga época imperial. A precocidade desses estudiosos foi alimentada pelos feitos de comprovada erudição durante a dinastia Qing.

A criatividade do Movimento da Nova Cultura só é inteiramente visível dentro do seu contexto histórico. A Primeira Guerra Mundial revelou as potencialidades da barbárie da arrogante civilização européia. Os impérios da Áustria-Hungria, dos russos e finalmente a Alemanha, todos entraram em colapso. Woodrow Wilson exaltou os grandes princípios da autodeterminação para todos os povos e a diplomacia aberta entre eles. Idéias de todos os tipos de socialismo, da emancipação da mulher e os direitos do trabalho *versus* os capitalistas espalharam-se pelo mundo e invadiram a China republicana. A elite de estudiosos chineses, ainda uma camada muito pequena da sua antiga sociedade, assumiu a tarefa de entender e avaliar esse mundo exterior revolucionário, ao mesmo tempo em que fazia um grande esforço para reavaliar a cultura herdada da China.

O Movimento de Quatro de Maio

O incidente de 4 de maio de 1919 foi provocado pela decisão dos pacifistas de Versalhes de deixar para os japoneses as antigas concessões alemãs em Shandong. A notícia dessa decisão levou cerca de três mil estudantes de Beida e de outras instituições de Beijing a prepararem um grande protesto no Tiananmen, a passagem para o palácio. Incendiaram a casa de um ministro pró-gabinete japonês e agrediram o ministro chinês para assuntos do Japão. A polícia atacou os estudantes. Em razão disso, convocaram uma greve, mandaram telegramas para estudantes de outras partes e organizaram grupos patrióticos para distribuírem panfletos e fazerem discursos para o povo. Protestos similares aconteceram em Tianjin, Shangai, Nanjing, Wuhan, Fuzhou, Guangzhou e em vários lugares. Alguns estudantes foram mortos e outros, feridos. As prisões logo se encheram de manifestantes.

O espírito de protesto espalhou-se quando os comerciantes cerraram suas portas em uma greve que se espalhou pelos centros mais desenvolvidos em junho de 1919. Seguiu-se um boicote a produtos japoneses e houve conflitos com residentes japoneses. Durante mais de um ano, estudantes patriotas continuaram a organizar protestos para destruir o mercado do Japão na China, conseguindo resultados positivos consideráveis. Nesse meio-tempo, greves importantes eram organizadas pelos sindicatos recém-organizados, que aderiram ao maior protesto nacional já visto na China.

O surpreendente desse movimento é que ele foi liderado por intelectuais que introduziram tanto as novas idéias culturais da ciência e da democracia quanto o novo patriotismo sob um mesmo foco em um programa antiimperialista. Mais do que nunca a classe estudantil assumiu a responsabilidade pelo destino da China. Os estudantes começaram a alcançar as classes mais populares por meio das organizações estudantis.

Para mobilizar os intelectuais, a literatura liderou o caminho por intermédio de romances e contos no novo vernáculo escrito. A maioria dos escritores era muito instruída e pertencia à alta classe social. Figuras proeminentes haviam estudado no Japão, mas quando retornaram para a China passaram a viver sob uma condição de pobreza urbana e, muitas vezes, eram importunados pela polícia. O seu público era, em geral, jovens estudantes nas cidades engajados, como os próprios escritores, em uma revolução social. Eles se opunham aos grilhões do sistema familiar e defendiam a liberdade de expressão individual, incluindo a liberdade sexual. O individualismo romântico e a auto-revelação de alguns pioneiros que usavam uma narrativa em primeira pessoa ou um estilo de diário era algo que se chocava com os costumes confucianos.

Lu Xun (1881-1936), renomado escritor da década de 1920, vinha de uma família Zhejiang importante que caíra em desgraça. Ele prestou o exame clássico de primeiro nível, estudou ciências em academias navais e militares, começou o treinamento médico no Japão e, finalmente, fixou-se na literatura como um caminho para empreender uma reforma social. Lu Xun alcançou um lugar de destaque apenas em 1918 ao publicar no *La Jeunesse* a sua sátira "O diário de um louco", cujo protagonista encontra entre as linhas da "benevolência, honradez, verdade e virtude" no seu livro de história duas palavras que se repetiam em todos os lugares: "Comam homens". "A cultura chinesa", escreveu ele, era "uma cultura de servilismo a mestres, que triunfavam à custa da miséria da multidão."

Líderes estudantis em Beida como Fu Sinian e Luo Jialun defendiam na sua revista *Renaissance* um "iluminismo" chinês. Eles denunciavam os grilhões familiares confucianos como escravidão e valores individualistas. Em março de 1919, os estudantes criaram uma sociedade que visava dar palestras para o povo. Juntaram-se para isso com estudantes ativistas como Zhang Guotao que pretendiam "salvar a China".

Assim, alguns líderes entre a pequena minoria dos intelectuais – professores, estudantes, escritores – lançaram-se na luta para abolir os males do atraso da velha China e estabelecer novos valores para uma nova China. Como futuros líderes, eles tiveram de enfrentar a realidade danosa da formação da sociedade chinesa com seus dois estratos – a elite dominante e as massas. Seria a nova elite capaz de estabelecer uma conexão com o povo? Ou esses novos comandantes iriam se distanciar das suas tropas?

O nascimento da burguesia chinesa

A autonomia da nova comunidade acadêmica foi acompanhada por uma nova autoconsciência por parte de grupos funcionais na vida da cidade. Estudos recentes sobre instituições municipais que estão surgindo em Shangai e em Beijing mostram uma mistura de estilos organizacionais que são, ao mesmo tempo, novos e antigos, assim como estrangeiros e chineses.

Em Shangai, a burguesia emergente começara com comerciantes chineses que atuavam no comércio exterior. Após 1842, os negociantes em Guangzhou, conhecidos como os comerciantes de Hong, foram seguidos pelos *compradores*, que haviam acertado com comerciantes estrangeiros para serem seus representantes na China. Enquanto os estrangeiros tratavam dos embarques e do seguro e investiam nas importações e exportações, a fortuna dos compradores vinha das comissões pagas a eles pelos empregadores estrangeiros, dos juros sobre o dinheiro que eles manipulavam, honorários por desempenharem a função de tesoureiros e gerentes de fundos e dos lucros obtidos por seus próprios investimentos e negócios. Dessa forma, os compradores dos bancos estrangeiros na China tinham a função lucrativa de negociar com os bancos "nacionais" chineses que cresceram para servir a comunidade de comerciantes chineses.

Os compradores de Shangai vinham no início de Guangzhou, do comércio de chá, e depois tanto das províncias de Ningbo como de Jiangsu. Era um grupo de aproximadamente 250 em 1854, cerca de setecentos em 1870 e de talvez vinte mil no início do século XX. Os postos de comprador passavam de pai para filhos e sobrinhos como bens familiares herdados. Em lugar de investirem no país como era feito tradicionalmente, os compradores investiam com freqüência em firmas estrangeiras que protegiam o seu dinheiro do confisco por parte das autoridades chinesas. Não há como distinguir (como o Partido Comunista chinês gostava de fazer com fins propagandísticos) entre uma "burguesia compradora" e a chamada "burguesia nacional". As duas constituíam um mesmo grupo.

Como a agricultura ainda era responsável por 65% do produto nacional chinês, o setor moderno da economia ainda era marginal. A China evita o papel de uma semicolônia explorada por potências estrangeiras; não se tornou uma grande fonte de suprimentos para o estrangeiro, nem tampouco se tornou um grande mercado para as mercadorias estrangeiras. Os únicos produtos importados que vendiam muito, depois do ópio, eram os fios industriais e o querosene. Em suma, o sistema econômico tradicional continuou a funcionar tão bem com o seu baixo padrão de vida que a economia moderna da China tinha comparativamente muito pouco a oferecer. O navio e a lancha a vapor, por exemplo, começaram a ser usados no sistema de navegação chinês para acelerar o transporte, mas não representaram grandes mudanças para o sistema. Os comerciantes chineses logo começaram a utilizar esses dois meios de transporte, administrados por chineses ou por estrangeiros.

Durante o esforço de autofortalecimento do antigo Estado Qing, as autoridades que lideravam esse movimento possuíam uma grande rede de colaboradores, conselheiros, secretários, deputados e sócios. Todo esse complexo exercia certo controle sobre os comerciantes no sistema de "supervisão oficial e gerenciamento comercial", mas as autoridades não eram responsáveis pela produção. Marie-Claire Bergère (1989) observa que os promotores do antigo movimento de modernização dependiam desse complexo burocrático. O poder ainda estava com a burocracia. A modernização só poderia avançar por meio das relações e lucros compartilhados entre os oficiais e os empresários. Desse modo, a dinastia Qing optara pelo capitalismo burocrático de oficiais, e não por um capitalismo de Estado.

Em um decreto imperial de 1903, o Estado Qing tentou absorver a elite urbana aumentando o *status* dos comerciantes. Entre 1903 e 1907, o novo Ministério do Comércio concedeu honrarias para homenagear investidores, técnicos e empresários. Por volta de 1912, havia 794 Câmaras de Comércio e 723 sociedades educacionais junto com as assembléias locais e municipais. Esses esforços organizacionais saíram do controle imperial quando as associações desenvolveram programas nacionais para além das fronteiras das províncias, como o da Associação Educacional Chinesa e o da Federação das Assembléias Municipais. Tais entidades representavam a elite bem-nascida de comerciantes.

A deflagração da Primeira Guerra Mundial em agosto de 1914 na Europa levou a uma redução da navegação e do comércio estrangeiros na China e a um declínio das importações, seguidos rapidamente por uma demanda estrangeira por matérias-primas a serem exportadas. Em paralelo, o preço da prata no mercado mundial subiu em demasia, e também cresceu o poder de compra da moeda chinesa. A falta de competição estrangeira representou uma grande oportunidade para os empresários chineses, muito embora a carência de transporte atrasasse muito a entrega dos equipamentos que eles encomendavam da Europa. Por volta de 1919, os chineses se beneficiaram com a grande demanda de exportação por parte da Europa e da América, bem como com a subida do preço da prata suplantando o valor do ouro, o que incentivou as importações chinesas.

Ao contrário do movimento de autofortalecimento do final do século XIX, essa onda de industrialização favoreceu a produção de bens de consumo para consumo e lucro imediatos. Entre 1912 e 1920, observa Bergère, a indústria chinesa alcançou uma taxa anual de crescimento de 13,8%. Dezenas de fábricas de algodão foram abertas na China, um total de 49 somente em 1922. Fábricas de trigo surgiram em Shangai, e indústrias de cigarro, papel e fósforos, nos arredores de Guangzhou. Em Shangai, entre 1912 e 1924, algo em torno de duzentas oficinas de engenharia mecânica foram criadas tanto para efetuar a manutenção e reparo de equipamentos quanto para produzir máquinas para tecer malhas, teares e outros tipos de maquinaria industrial. Por volta de 1920, cerca de metade delas já usava energia elétrica.

Durante a Primeira Guerra Mundial, a China também assistiu ao surgimento dos modernos bancos chineses. Além do Banco da China e do Banco de Comunicações, ligados ao governo de Beijing, dezenas de outros eram ligados aos governos das províncias e trabalhavam basicamente com o dinheiro do Estado e empréstimos, e ainda havia outros que eram estritamente comerciais. Por volta de 1920, havia também em Shangai 71 bancos nacionais que funcionavam no estilo tradicional. Especializados em empréstimos de curto prazo, esses bancos manuseavam o dinheiro dos comerciantes de ópio e das indústrias de tingimento químico. Ainda faltavam um mercado de ações e um banco nacional.

A população de Shangai, incluindo o Assentamento Internacional e a Concessão Francesa, assim como os arredores, totalizava 1,3 milhão em 1910 e 2,6 milhões em 1927. Os chineses que viviam no exterior desempenharam um papel importante quando, em 1919, as lojas de departamento de Hong Kong pertencentes à empresa Sincere e Wing On (originalmente de Penang) foram inauguradas na rua Nanjing. No Bund, apareceram os prédios modernos dos bancos de Shangai e de Hong Kong e da empresa Jardine, Matheson & Co.

Após 1925, o Conselho Municipal de Assentamento Internacional de Shangai passou a contar com conselheiros chineses; e as administrações chinesas cresceram com um pouco de autonomia em áreas da periferia até sua unificação na Grande Shangai chinesa em 1927. A Associação Chinesa de Pagadores de Impostos funcionou no Assentamento Internacional e havia muitas Câmeras de Comércio para os comerciantes. A de maior destaque era a Câmara Geral de Comércio de Shangai. Os chineses que desenvolveram indústrias têxteis e fábricas de trigo formaram uma classe empresarial ligada à elite dos proprietários de terra, mas não controlada por eles. Essa nova elite local, especialmente em Shangai, ficou livre do controle do governo e assegurou as nomeações de magistrados selecionados entre os estudiosos locais. Seus burocratas eram recrutados no local.

Na ânsia por autonomia, os novos empresários corriam paralelamente aos acadêmicos concentrados em Beijing no Movimento de Quatro de Maio de 1919 e nos anos que se seguiram. Os industriais eram a favor da nova educação, com o seu ensino de pragmatismo e respeito pelo indivíduo. Por exemplo, o Movimento da Nova Educação liderado por Jiang Menglin, que sucedeu Cai Yuanpei como chefe de Beida, foi grato ao apoio da poderosa Associação de Educação Jiangsu. Por meio de relações familiares ampliadas estabeleceram-se várias ligações entre os acadêmicos e os empresários na década de 1920. Por exemplo, uma filha de Zeng Guofan, o conquistador dos taipings, casou-se com o diretor do Arsenal de Shangai chamado Nie Qigui. Seus filhos tornaram-se diretores de fábricas de algodão e um deles, Nie Yuntai (C. C. Nieh), tornou-se também presidente da Câmara Geral de Comércio.

Essa nova burguesia de Shangai criou suas próprias organizações. A publicação do *Bankers' Weekly* em 1917 levou à criação da Associação de Banqueiros de Shangai em 1918. Esse exemplo em Shangai levou à criação de associações de banqueiros em outras cidades – Hankou, Suzhou, Hangzhou, Beijing, Tianjin e Harbin. Em torno de 1920, essas associações haviam-se juntado para formar a Associação Chinesa de Banqueiros. Uma associação de proprietários de fábricas de algodão também havia sido formada. Elas estudavam o mercado mundial e assumiram um compromisso com o crescimento, abandonando o seu objetivo tradicional de monopólio. Possuíam uma orientação internacional. Alguns banqueiros de maior destaque haviam obtido a sua educação superior no Japão. Um dos mais conhecidos

dos estrangeiros, Chen Guangfu (K. P. Chen), formara-se na Wharton School of Finance da Universidade da Pensilvânia.

A organização de parcerias gerais ou de empresas privadas começou a abrir caminho para a criação de empresas de sociedade anônima, apesar de ainda serem controladas por ligações familiares. A família Rong servia de exemplo de como o sistema familiar funcionava como a base da classe empresarial. Por volta de 1896, o fundador havia aberto bancos chineses em Shangai e Wuxi. Na terceira geração havia onze homens da família Rong que atuavam como gerentes e diretores de fábricas de trigo e de algodão. Em 1928, os irmãos Rong ocupavam 54 cargos executivos nas suas doze fábricas de trigo e nas sete de algodão, representando mais da metade dos cargos de alta gerência.

A importância das estruturas regionais e familiares na nova classe empresarial indicava nitidamente que eles não haviam se desprendido da sociedade chinesa, mas poderiam ser chamados de "modernizadores confucionistas". Bergère questiona o quanto uma "burguesia empresarial cosmopolita e liberal" poderia ser inserida na antiga civilização mandarina e camponesa da China. O fato mais evidente era que a nova espécie de homens de negócio havia se afastado da dinastia e isso os levava a apoiar a elite reformista das províncias na Revolução de 1911-1912.

No início da década de 1920, os homens de negócio aceitaram o chamado de Hu Shi e de seus colegas da Beida para que a elite chinesa começasse a agir, que habilidades profissionais fossem desenvolvidas e que um governo competente tivesse sucesso na área econômica e de planejamento. Hu Shi representava os intelectuais liberais de Beijing, e eles tinham muito em comum com a comunidade empresarial de Shangai. Por exemplo, os empresários apoiavam o conceito popular em voga de federação de províncias, originário da primeira forma de união dos estados americanos (apesar de ter-se mostrado inadequada). Todos eles eram a favor da autonomia das províncias e do federalismo. Uma outra medida prática foi a criação da milícia mercantil. A contradição estava no fato de que, ao mesmo tempo em que eles buscavam tornar-se autônomos e livres do controle do Estado nas suas práticas econômicas, também necessitavam de uma ordem centralizada.

A partir de março de 1923, os comerciantes, por meio da Câmara de Comércio, participavam de uma convenção nacional em Shangai que discutia o problema da reorganização política e a unidade e controle das tropas, além das finanças. Em junho de 1923, no auge do seu sentido de autonomia, a Câmara Geral de Comércio de Shangai declarou sua independência de Beijing, embora não possuísse nenhuma base territorial ou militar. Criou um comitê de um Governo Popular, que logo passou a negociar com os senhores da guerra locais visando reduzir hostilidades. Porém, aqui, a burguesia de Shangai, assim como os estudiosos de Beijing, mostrava sua inabilidade para atuar em outras partes do governo que não a parte *wen*. A classe empresarial não era capaz de suplantar a força militar. Em Shangai, os comerciantes chineses logo se opuseram ao novo movimento trabalhista de esquerda, posição que recebeu apoio estrangeiro. Anos mais tarde, ao refletir sobre sua participação para conseguir dinheiro em Shangai para reprimir o movimento trabalhista,

Chen Guangfu afirmou que seu objetivo com isso teria sido derrubar o militarismo e os senhores da guerra e apoiar um governo moderno. Como Hu Shi, Chen era um liberal chinês capaz de exercer liderança no setor da sociedade ao qual pertencia, mas não controlava a força do Estado. Esse dois líderes eram antiimperialistas e queriam ver a China livre de privilégios advindos de tratados estrangeiros. Os dois viveram o dilema de almejar autonomia, mas primeiro necessitariam de um governo forte que correspondesse à autocracia.

Na capital Beijing, que se encontrava cercada, a indústria e o comércio eram atividades secundárias para uma população de membros do exército manchu e de comerciantes a serviço principalmente da corte imperial. Depois que as forças estrangeiras ocuparam a cidade em 1900, por iniciativa japonesa foi criada uma academia de polícia, segundo modelos japoneses e europeus, com o propósito de recrutar e treinar oficiais de carreira, sobretudo os ex-membros do exército manchu, que receberiam salários e seriam considerados uma nova espécie de funcionários públicos. Yuan Shikai então implantou sistemas policiais nas principais cidades. David Strand (1989) observa que "mesmo de forma diluída, a mentalidade confucionista, com sua tendência à repreensão, interferência e mediação, inspirava o trabalho policial efetivo", para não falar do clientelismo e de sua costumeira corrupção.

A Câmara de Comércio de Beijing organizada em 1907 era agora um tipo de representação completamente nova. Embora entre os seus membros só houvesse 17% dos 25 mil estabelecimentos comerciais da cidade, ela representava seus interesses comuns em assuntos como a luta contra a inflação. Inevitavelmente, sua liderança foi induzida a participar na política do período dos senhores da guerra. Beijing tinha uma centena ou mais de associações profissionais e comerciais que haviam entrado em funcionamento há bastante tempo. A associação de contadores de história, por exemplo, tinha uns quinhentos membros. Os tradicionais fabricantes de tinta chineses tinham cerca de duzentos trabalhadores habilitados e trezentos sem nenhuma habilitação. Quando o Movimento de Quatro de Maio procurou encontrar uma "base proletária para a política radical", descobriu que as associações fizeram com que os sindicatos do comércio nas novas fábricas parecessem menos necessários.

O jinriquixá que trafegava pela cidade era o novo produto híbrido conduzido por pernas musculosas de baixo custo e por rodas de aço que floresceu no Leste da Ásia de 1870 a 1940. Na década de 1920, Beijing tinha sessenta mil puxadores de jinriquixá, e durante um motim em 1929, eles atacaram e danificaram sessenta dos noventa bondes.

De modo geral, durante os anos de 1920, Beijing assistiu a uma proliferação de grupo de cidadãos que defendiam o governo independente, o controle de natalidade e outras causas. Em virtude das batalhas dos senhores da guerra e da devastação na área rural, os dirigentes criaram uma associação de preservação da paz que importava comida, criaram cozinhas para alimentar até oitenta mil pessoas por dia e pagaram as tropas derrotadas dos senhores da guerra para que se retirassem com tranqüilidade. Esse tipo de atividade deve ter tido muitos precedentes em Beijing – em 1644, por exemplo, quando o rebelde Li tomou a cidade mas foi expulso pelos manchus. A década de 1920 assistiu a uma mistura de novos e velhos tipos de comportamento dignos de uma sociedade civil, contudo o poder militar final não pôde nascer de dentro da sociedade. Teve de ser imposto de fora, como o exército nacionalista faria em 1928.

Estudos sobre cidades como Hankou, Shangai e Beijing transmitem uma imagem de comunidades conscientes estimuladas de tempos em tempos por um consenso moral. Em geral, era uma preocupação com justiça e bem-estar comum (*minsheng*) surgida entre os cidadãos que agiam por meio de grupos e instituições estabelecidos. É claro que essa comunidade moral foi herdada do confucionismo e era algo difícil de ser compreendido pelos estrangeiros, pois unia uma retidão popular a uma continuada subserviência à autoridade (militar). No tipo de sociedade civil chinesa, os elementos semi-autônomos, quando confrontados com o poder do Estado, pareciam possuir a vulnerabilidade que os oficiais estudiosos confucionistas haviam tido quando se confrontavam com o imperador. Sua retidão moral não podia ser o árbitro definitivo.

As origens do Partido Comunista chinês

Enquanto os empresários chineses, como os liberais da Nova Cultura, pretendiam permanecer fora da política e do serviço público, alguns dos ativistas do Quatro de Maio foram induzidos a procurar um novo poder estatal. Embora formados na ala acadêmica da nascente sociedade civil chinesa, eles se entregavam ao antigo esforço de criar um novo governo que fosse capaz de trazer unidade, ordem social, riqueza e poder para a China. Assim, os intelectuais do Quatro de Maio separaram-se em dois grupos – acadêmicos como Hu Shi e Fu Sinian, concentrados como estudiosos na recuperação e reavaliação da história e cultura da China, e ativistas políticos como Chen Duxiu e Zhang Guotao, que se juntaram para formar o movimento comunista chinês.

Desde o início da década de 1900, o marxismo na China foi precedido por um interesse pelo anarquismo amplamente difundido. Até que a revolução soviética trouxesse o leninismo para a China em 1917, os anarquistas eram os principais socialistas no cenário local. Os estudantes chineses, tanto em Paris como em Tóquio, sentiam-se atraídos pelas idéias de Proudhon, Bakunin e Kropotkin e suas denúncias contra todo e qualquer tipo de autoridade, começando com governos, nações, militarismo e a família. Os escritores anarquistas citavam Kropotkin que dizia que o Estado havia se tornado o Deus daqueles dias. Propunham, de forma eloqüente, ideais de igualdade, em especial a emancipação da mulher das obrigações familiares e da classe camponesa da exploração que viria a fazer parte do vocabulário da revolução. Os anarquistas não queriam contar com o Estado, mas sim com a liberdade individual e sua recriação pacífica da comunidade igualitária do passado distante. Contudo, a análise de Peter Zarrow dos escritores anarquistas chineses deixa-nos com a impressão de que eles se perdiam na esperança utópica de que, com um grande salto, poderiam de alguma forma se livrar da camisa de força confuciana e adquirir uma completa liberdade – um ideal pateticamente falho. Nenhuma ação jamais aconteceu, exceto assassinatos. O que poderia realmente ser feito?

O Movimento da Nova Cultura atraía os estudiosos, mas dava pouca chance aos jovens de encontrar uma nova identidade como salvadores da China ao criarem uma nova ordem social. Em 1919 e nos anos que se seguiram, grupos de discussão formados por estudantes incentivados por Cai Yuanpei, em Beida, deram o exemplo e foram seguidos por estudantes de escolas secundárias e graduados de outros centros – Tianjin, Ji'nan, Wuhan, Changsha, Guangzhou e, sobretudo, Shangai. A maioria dos grupos fundou revistas especializadas. Esses ativistas viam-se em um novo papel, o de servir a sociedade, e não o Estado. Com uma consciência muito recente da classe trabalhadora da cidade, eles também desejavam atingir o povo. O socialismo parecia ser a grande esperança; alguns acreditavam que poderia unir trabalhadores e intelectuais a tempo de impedir uma guerra de classes. Como observou Arif Dirlik (1989), alguns socialistas do Guomindang (o partido nacionalista) desse período achavam que a posse de terra, e não o capitalismo, é que deveria ser combatida.

Por volta de 1920, grupos de estudo radicais reuniam-se nos seis dos maiores centros e eram formados por intelectuais selecionados que se conheciam e encorajavam-se uns aos outros. Um estilo foi implantado com a formação de um grupo de estudos marxistas em Beida em março de 1920 pelo professor Dazhao. Dirlik conclui que Li Dazhao, geralmente visto pelos historiadores como um dos dois fundadores do Partido Comunista chinês, não pretendia de fato fundar um partido. Era um propagador entusiasta da teoria marxista, mas no que dizia respeito à disposição para a ação, seu desejo era ver a unidade de todos os marxistas.

A fundação do PCC deveu-se principalmente a Chen e ao Comintern. Por ter liderado o movimento da Nova Cultura e do Quatro de Maio, Chen Duxiu foi preso por três meses no verão de 1919. Foi para Shangai, desanimado mas furioso, procurando um meio para agir. O principal responsável pela efetiva organização dos núcleos do PCC durante o outono de 1920 foi o agente do Comintern, Voitinsky. Quando o sucessor de Voitinsky como representante do Comintern, o holandês Sneevliet ("Maring"), chegou à China em 1921, uma reunião de fundação do PCC aconteceu em Shangai em julho. Por meio de propaganda de revistas, livrarias, traduções, grupos de estudo e organização de trabalho, o comunismo chinês firmou com rapidez sua identidade como "uma ideologia de ação". Rompeu com os anarquistas chineses e com os socialistas corporativos, defendeu a primazia da luta de classe e tornou-se um partido bolchevique (isto é, leninista) secreto, exclusivo e centralizado buscando poder. Deixou o iluminismo do Quatro de Maio muito para trás. Os dois "fundadores", Li Dazhao e Chen Duxiu, não compareceram à reunião de fundação em julho de 1921, que seguiu a orientação do representante russo do Comintern. Levou mais um ano para que o princípio de disciplina do partido fosse aceito. Naquele momento, cerca de metade dos primeiros doze fundadores haviam abandonado o movimento.

Se os primeiros membros de PCC de fato conheciam o marxismo-leninismo é questionável. Um dos fundadores, Mao Zedong, começou como discípulo do Movimento Quatro de Maio, um moderado que acreditava em reformas. Somente após frustrações evidentes é que ele concluiu que a revolução violenta era o único modo de ação possível.

Mao havia dado apoio financeiro, como tantos outros, ao anarquismo de Kropotkin, que defendia o princípio de ajuda mútua e de esforços conjuntos. Em 1914, aos dezoito anos, ele fez algumas observações sobre uma tradução chinesa de Cai Yuanpei da obra *System der Ethik,* do filósofo alemão Friedrich Paulsen. Esse divulgador da filosofia afirmava que "o desejo é mais primordial que o intelecto", e que a ética é parte da natureza. O comportamento do universo é ético, assim como o comportamento do indivíduo. Portanto, as atitudes subjetivas e objetivas não são características de pessoas estúpidas. Essa atribuição de uma postura ética ao desenvolvimento foi em especial útil para a geração de chineses que precisou harmonizar história com valores, a herança chinesa de ensinamentos éticos com o conhecimento atual do mundo científico.

Depois que retornou a Hunan vindo de Beida, um pouco antes do Movimento Quatro de Maio, Mao fundou uma revista de discussão especializada e difundiu a visão dialética de que à fase de opressão do povo iria se seguir uma etapa de transformação, de que a humilhação e a fragilidade da China seriam seguidas pelo emergência da China como uma nação importante. Isso suscitava o tema da unidade dos opostos, que remetia para o tempo do taoísmo. A defesa de Mao da "grande união das massas populares" tomava como base que os grupos unificados na sociedade há muito haviam obtido a supremacia por terem mantido a união e já estava em tempo de as massas alcançarem a supremacia fazendo o mesmo.

Embora o pensamento de Mao fosse cosmopolita e universal, uma das suas primeiras atuações se deu no movimento por um governo independente na província de Hunan, que tentou elaborar uma constituição própria como reflexo da então idéia popular de federação de províncias independentes como forma de modernizar o governo da China. Um governo independente deve ter apoio e participação popular e uma mobilização geral. Quando sua revista foi proibida no final de 1919, Mao fez uma outra viagem a Beijing e Shangai, onde encontrou pessoas que compartilhavam com suas idéias. Mas ele ainda não era um conspirador ou um marxista, embora tenha organizado em 1920 um grupo de estudo sobre questões russas e uma filial em Hunan da Corporação da Juventude Socialista. Mesmo depois de ter comparecido à reunião de fundação do Partido Comunista chinês em julho de 1921 em Shangai, ele ainda não havia se comprometido com a luta de classes. Em 1923, organizou a Faculdade de Educação Independente de Hunan, dentre cujos objetivos estava o de utilizar um velho modelo de academia (*shuyuan*) por meio do qual se disponibilizaria o novo conteúdo do aprendizado moderno. Sua última atividade em Hunan foi atuar no movimento trabalhista, mas foi obrigado a fugir para Shangai em abril de 1923.

Essas observações sobre o tempo que os fundadores do PCC levaram para absorver o marxismo-leninismo sugerem que a organização de um movimento conspiratório secreto para tomar o poder na China foi muito mais fácil de ser alcançada na sua formalização do que a sofisticação teórica necessária para conduzi-lo. Inúmeros rebeldes formaram irmandades por muitos e muitos anos. Sun Yatsen decerto enfrentou problemas para ultrapassar esse modo de ação. Registros da correspondência entre as filiais e a sede do PCC, compilados por Tony Saich (no prelo), indicam dificuldades iniciais para impor a disciplina naquela via de mão única chamada "centralismo democrático". A indigência do comunismo na China seria tanto um problema de estilo operacional quanto de idéias. O bolchevismo, para o qual o poder partidário estava acima de tudo, era apenas uma linha secundária do marxismo, que também possuía suas aspirações democráticas. As idéias anarquistas residuais de ajuda mútua e de "aprendizado trabalhista" (fazendo de intelectuais trabalhadores e vice-versa) permaneceriam antibolchevistas, mas de pouca ajuda para uma sociedade civil do tipo chinesa.

Nos anos de 1910 e de 1920, tanto a experiência dos acadêmicos da Nova Cultura como a dos industriais demonstraram a sua incapacidade para instituir o poder do Estado. Necessitando de uma nova ordem política, eles teriam de esperar para ver o que a história lhes traria.

14

A Revolução Nacionalista e o governo de Nanjing

Sun Yatsen e a Frente Unida

A reunificação da China dividida entre senhores da guerra, como muitas reunificações anteriores, levou trinta anos, desde cerca de 1920 até por volta de 1950. Como sempre em tais períodos, a confusão parecia total, porque vários processos paralelos estavam em andamento ao mesmo tempo. Nas relações exteriores houve o movimento de Recuperação de Direitos da década de 1920, para abolir as injustiças do sistema de tratados. Mas, após 1931, isso teve de ceder à resistência patriótica chinesa ao esforço dos militaristas japoneses para conquistar a China, só derrotados em 1945. Na política interna, uma frente unida formada por duas ditaduras partidárias, ambas inspiradas na Rússia leninista, buscou a unificação. O Partido Comunista chinês e o Partido Nacionalista (Guomindang) tanto cooperaram como competiram na década de 1920 para esmagar os senhores da guerra e afastar o imperialismo. Separando-se em 1927, tornaram-se adversários mortais, apesar de sua cooperação nominal novamente após 1937 em uma segunda frente unida contra o Japão. No entanto, havia uma terceira linha de luta interna no próprio Guomindang, após o estabelecimento do Governo Nacionalista em Nanjing, em uma China supostamente reunificada em 1928. Essa disputa intrapartidária dava-se entre certos elementos de uma sociedade civil ainda em desenvolvimento e a autocracia militar sancionada pela invasão japonesa.

Cada uma dessas três linhas de conflito confundia os observadores, bem como os participantes, e, em conjunto, tornavam a China Republicana um enigma impregnado de mistério e concepções errôneas. Nossa análise deve começar por Sun Yatsen, um patriota cuja sinceridade lhe permitia ser não-ideológico e oportunista – justamente o que era exigido pelas circunstâncias.

Sun era um homem do povo do delta do rio Guangdong, próximo da Macau portuguesa. Passou parte de sua infância no Havaí (tendo recebido um prêmio por seu inglês!), formou-se em medicina em Hong Kong ("dr. Sun"), e então, em 1896, alcançou a fama como o revolucionário pioneiro da China, quando a legação Qing o prendeu em Londres, mas foi obrigada a libertá-lo. Em 1905, os expansionistas japoneses ajudaram-no a reunir a Liga Revolucionária em Tóquio e, assim, como uma figura superior simbólica, ele foi proclamado presidente da República Chinesa durante algumas semanas em 1912, até que cedeu sua posição a Yuan Shikai.

A natureza ambivalente da causa nacionalista de Sun – seus objetivos limitados para a reorganização da sociedade chinesa – emergiu claramente na década de 1920. Isso foi ocasionado pela decisão de Sun Yatsen, em 1922, de seguir os ensinamentos da Rússia soviética e a decisão de seu sucessor, Jiang Jieshi (Chiang Kaishek), de romper com ela.

A teoria leninista colocava o antiimperialismo em uma base supranacional, integrando-o a um movimento mundial. Já que o pensamento político na China sempre se baseara em princípios universais, e o império chinês havia tradicionalmente aceitado o mundo civilizado, os revolucionários chineses logo procuraram basear sua causa em doutrinas de validade universal. Sun Yatsen, embora não concordando com a idéia comunista de luta de classes, admitiu plenamente a utilidade dos métodos comunistas e aceitou a colaboração comunista em sua causa nacionalista.

Os bolcheviques russos haviam organizado o Comintern (Internacional Comunista) a partir de grupos dispersos em vários países. O primeiro congresso do Comintern em 1919 estimulou a revolução em muitas partes da Europa. Porém, após 1921, quando Lênin se voltou para sua Nova Política Econômica, embora o Comintern ainda competisse com os partidos socialistas renovados da Europa, sua atividade revolucionária era menor. Exceto na China.

Lênin acreditava que o capitalismo ocidental usava os países atrasados da Ásia como uma fonte de lucro para fortalecer o sistema capitalista. Sem a exploração imperialista da Ásia, que permitia que os trabalhadores do Ocidente continuassem recebendo salários altos, o capitalismo ruiria mais rapidamente. Revoluções nacionalistas na Ásia, que privariam as potências imperialistas de seus mercados lucrativos e de suas fontes de matérias-primas, constituiriam, portanto, um "ataque de flanco" ao capitalismo ocidental em seu ponto mais fraco – ou seja, nas economias asiáticas, nas quais o domínio imperialista explorava a classe trabalhadora de forma mais impiedosa.

Na China, o governo soviético russo aproveitara-se de sua própria impotência renunciando magnanimamente aos privilégios dos tratados injustos firmados com o tsar. Mas, posteriormente, mostrou-se rigoroso quanto aos direitos tsaristas na Manchúria, e seu Ministério das Relações Exteriores continuou as negociações diplomáticas com o governo de Beijing e com os senhores da guerra no Norte da China, enquanto o Comintern trabalhava subversivamente pela revolução.

Por seu lado, Sun Yatsen, em 1922, após trinta anos de uma vida combativa, chegara a um ponto inferior de seu destino. Fora proclamado presidente da República Chinesa em 1912, apenas para ver seu país desintegrar-se sob a ação dos senhores da guerra. Seu esforço para unificar a China pelos métodos dos senhores da guerra levara-o a tratar com militaristas oportunistas em Guangzhou. Em junho de 1922, Sun foi suplantado e fugiu para Shangai. Exatamente no momento em que demonstrara sua preeminência como líder nacionalista da China mas revelara sua incompetência para completar a revolução, Sun aliou-se ao Comintern. Em setembro de 1922, ele começou a reorganização do Guomindang segundo a linha soviética.

Esse casamento de conveniência, anunciado em uma declaração conjunta pelo dr. Sun e um representante soviético em janeiro de 1923, era um arranjo rigorosamente limitado. Declarava que Sun não favorecia o comunismo para a China, já que as condições não eram apropriadas, que os soviéticos concordavam que a China precisava de unidade e independência e que estavam prontos a auxiliar a revolução nacionalista chinesa. Como Sun Yatsen escreveu para Jiang Jieshi na ocasião, ele tinha de buscar auxílio onde o conseguisse. As potências ocidentais não ofereciam nenhuma ajuda. Porém, embora Sun agora procurasse e aceitasse auxílio da Rússia, na sua mente o comunismo não superava seus próprios Três Princípios do Povo – Nacionalismo, Democracia ou Soberania Popular e Bem-Estar Social – como o programa para a revolução chinesa, embora ele tenha achado útil incorporar em suas idéias a ênfase comunista em um movimento de massa estimulado pelo antiimperialismo.

Baseado nessa aliança incômoda, o auxílio soviético logo apareceu. Tendo restabelecido seu governo em Guangzhou em princípios de 1923, Sun enviou Jiang Jieshi para a Rússia por três meses. Jiang voltou para estabelecer a nova Academia Militar de Whampoa em Guangzhou, em 1924. Nesse ínterim, um conselheiro soviético, Michael Borodin, organizador competente que havia morado nos Estados Unidos, tornou-se o perito do Guomindang em fazer uma revolução. Ajudou a estabelecer um instituto político para o treinamento de propagandistas, a fim de ensinar aos políticos do Guomindang como obter o apoio das massas. Seguindo o modelo soviético, o Guomindang desenvolveu células locais que, por sua vez, elegeram representantes para um congresso do partido. O primeiro congresso nacional reuniu-se em janeiro de 1924 e elegeu um comitê executivo central do tipo soviético como a autoridade principal do partido. Borodin esboçou sua nova constituição.

Além de ajudar a revolução nacionalista, o objetivo subliminar do Comintern era desenvolver o Partido Comunista chinês e colocar-se em uma posição estratégica dentro do Guomindang (GMD) para, finalmente, apossar-se do controle dele. Membros do Partido Comunista chinês eram, por um acordo com o GMD, admitidos ali como membros isolados, ao mesmo tempo em que o Partido Comunista chinês continuava sua existência em separado. Essa admissão de comunistas, uma estratégia de "bloco interno", era aceita pelo PCC nascente apenas pela insistência do representante do Comintern. Parecia exeqüível para Sun Yatsen porque o PCC ainda era tão pouco numeroso, os dois partidos uniam-se pelo antiimperialismo, e o GMD visava liderar um movimento amplo, nacional, de todas as classes, evitando uma luta de classes. Sun também achava que havia pouca diferença entre o Bem-Estar Social e o comunismo (pelo menos como visto na Nova Política Econômica de Lênin), que os comunistas chineses eram apenas um grupo de "jovens" que esperavam monopolizar o auxílio russo e que a Rússia os repudiaria se necessário para cooperar com o GMD.

Por seu lado, os comunistas chineses procuravam apoio de classe definido entre trabalhadores urbanos, camponeses pobres e estudantes. Mas reconheciam que essa base de classe ainda era fraca. Procuraram, portanto, acompanhar e utilizar o movimento nacionalista sem antagonizar os importantes elementos não-comunistas que o integravam. Não devemos esquecer que o Partido Comunista na China nessa ocasião ainda estava em seus primórdios. Tinha pouco mais de trezentos membros em 1922, apenas cerca de 1.500 em 1925, enquanto o GMD, em 1923, contava com aproximadamente cinqüenta mil membros. Tony Saich, examinando os primeiros documentos do PCC, comenta sobre o espúrio senso de progresso dos comunistas sob a estratégia do "bloco interno". Na realidade, colocar membros do PCC em cargos importantes no GMD não lhes dava poder, apenas influência. Quando o PCC alegou, em maio de 1926, que liderava 1,25 milhão de trabalhadores, simplesmente porque seus representantes haviam assistido ao Terceiro Congresso Trabalhista dominado pelo PCC, eles construíram "não um colosso, mas um Buda" com pés de barro. Na Primeira Frente Unida da década de 1920, o PCC não conseguiu estabelecer nem bases urbanas nem rurais de apoio de longo prazo.

Dessa forma, desde o princípio, a *entente* Guomindang-Comunista foi algo precário, unido apenas pela utilidade que cada grupo tinha para o outro, por seu inimigo comum, o imperialismo, e, enquanto ele viveu, pela predominância de Sun Yatsen sobre os elementos mais anticomunistas de seu Partido Nacionalista.

Em 1925, a China passou por uma grande onda, de âmbito nacional, de sentimento antiimperialista provocado por demonstrações estudantis e tiros imperialistas em incidentes em Shangai e Guangzhou (30 de maio e 23 de junho de 1925, respectivamente). Essas comprovações dramáticas de que tratados injustos e privilégios de estrangeiros ainda prevaleciam deram origem ao Movimento de Trinta de Maio, de âmbito nacional. O movimento incluía boicote e greve prolongados contra os britânicos em Hong Kong.

Jiang Jieshi (Chiang Kaishek) chega ao poder

Após a morte prematura do dr. Sun, em março de 1925, seus seguidores realizaram, em 1926-1927, a bem-sucedida Expedição ao Norte, de Guangzhou ao vale do Yangzi. Os propagandistas recém-treinados da revolução nacionalista precederam os exércitos de Jiang Jieshi, que era auxiliado por armas e conselheiros russos. Por meio de propaganda antecipada, agitação popular e o suborno de "soluções mágicas", os seis exércitos principais da Expedição ao Norte derrotaram ou absorveram cerca de 34 forças de senhores da guerra no Sul da China.

Dessa maneira, o nacionalismo chinês nos anos de 1925 a 1927 alcançara um novo nível de expressão e concentrava-se contra a Grã-Bretanha como a principal potência imperialista. Para defender sua posição, os britânicos, por um lado, devolveram à China suas concessões em Hankou e Jiujiang no Yangzi e, por outro, com o apoio das potências, organizaram uma força internacional de quarenta mil soldados para proteger Shangai. Com medo da xenofobia, a maioria dos missionários, alguns milhares, abandonou seus postos no interior. Em março de 1927, quando as tropas revolucionárias chegaram a Nanjing, os residentes estrangeiros foram atacados, seis foram mortos, e os outros foram evacuados sob a proteção do fogo de artilharia de forças americanas e britânicas.

Foi nesse momento, na primavera de 1927, que finalmente se completou a cisão latente entre as alas direita e esquerda da revolução. Durante dois anos, a direita e a esquerda dentro do movimento tinham, de modo geral, cooperado, embora, já em março de 1926, Jiang Jieshi tivesse prendido elementos esquerdistas em Guangzhou, supostamente para prevenir uma conspiração para seqüestrá-lo. Sua visita de três meses à Rússia, em 1923, deixara-o consciente dos métodos soviéticos e desconfiado dos objetivos comunistas. O sucesso da Expedição ao Norte finalmente precipitou a ruptura.

Em resumo, já em março de 1927 a ala esquerdista do GMD, junto com os comunistas, dominava o governo revolucionário, que havia se mudado de Guangzhou para Wuhan. Lá estavam reunidos, entre outros líderes, madame Sun Yatsen e Wang Jingwei, a viúva e o principal discípulo do fundador, e Borodin, o conselheiro principal da revolução. Wuhan foi proclamada a nova capital nacional. Isso servia à estratégia comunista, por ser Wuhan um grande centro industrial. Dois membros do PCC até foram nomeados ministros. Mas esse governo tinha poderio militar fraco.

Jiang Jieshi, com o apoio dos líderes mais conservadores do GMD, visara o próspero centro estratégico do baixo Yangzi. Jiang Jieshi era oriundo de uma família de mercadores bem-nascidos do interior de Ningbo; havia adquirido treinamento militar no Norte da China e em Tóquio e herdara uma visão sino-japonesa confuciana convencional (não-liberal). Em 1927, uma vez dominada a região Shangai-Nanjing, Jiang pôde, por meio de força militar, antecipar-se aos comunistas e consolidar sua posição. Em abril de 1927, em Shangai, tropas estrangeiras e navios de guerra confrontaram-se com os sindicatos liderados pelos comunistas, que haviam se apossado do controle local. Por ordem do Comintern, aguardaram Jiang como um aliado, apenas para serem atacados e dizimados pelas forças dele, numa traição sanguinária, auxiliadas pela Gangue Verde do submundo de Shangai.

Jiang estabeleceu sua capital em Nanjing e pouco tempo depois um general local assumiu o poder em Wuhan, encerrando o governo esquerdista. Alguns de seus líderes fugiram para Moscou. O novo governo de Nanjing expulsou os comunistas chineses de suas fileiras e instituiu o terror, em âmbito nacional, para suprimir os revolucionários comunistas. Esse esforço foi, no momento, em grande parte bem-sucedido. Pequenos contingentes de tropas lideradas por comunistas se revoltaram e, em dezembro de 1927, os comunistas fizeram uma tentativa de golpe em Guangzhou. Porém, após esse fracasso em se apoderar do governo, retiraram-se para áreas montanhosas rurais, especialmente na província de Jiangxi, na China Central.

Esse fracasso ignominioso, um ensaio de laboratório do Comintern de revolução na China, fora afetado por uma luta pelo poder em Moscou. Trotsky e seus seguidores haviam criticado o esforço do Comintern de trabalhar por meio do GMD. Eles previram a traição de Jiang Jieshi e recomendaram um programa independente de desenvolvimento de trabalhadores e camponeses russos na China sob liderança estritamente comunista.

Stalin e seus partidários, porém, haviam sustentado que um movimento comunista independente em um país tão atrasado seria logo suprimido. Eles tinham em vista um período mais posterior da revolução quando, na frase de Stalin, os comunistas poderiam descartar-se de seus aliados do GMD como se fossem "limões espremidos".

Grande parte da inépcia do Comintern, sem dúvida, provinha de sua distância do local da ação. Stalin dificilmente teria sucesso em idealizar, com auxílio da dialética marxista, a agitação confusa de revolução em um lugar como Shangai, onde o proletariado mal começara a se organizar. A trama do Comintern, na China, também foi frustrada por um ato anterior do próprio Comintern, ao dar ao GMD um aparelho partidário centralizado do tipo soviético, muito mais difícil de subverter do que um partido parlamentar aberto nos moldes ocidentais.

A ruptura de Jiang Jieshi com os comunistas representou um esforço para consolidar os ganhos da revolução nacional a um certo nível do processo revolucionário, esquivando-se da luta de classes, da revolução social e da transformação da vida camponesa nas aldeias. Essa consolidação no governo de Nanjing, associada a campanhas militares para reprimir revoltas, permitiu que Jiang e os líderes do GMD atingissem uma unidade nacional superficial, assegurassem o reconhecimento das potências e começassem o processo de desenvolvimento administrativo que seria um pré-requisito para a abolição dos tratados desiguais. Na primavera de 1928, Jiang encabeçou uma outra expedição ao norte, de Yangzi a Beijing, que foi ocupada em junho e renomeada Beiping ("Paz do Norte"). Em novembro, o jovem senhor de guerra da Manchúria completou a unificação nominal de toda a China pelo reconhecimento da jurisdição do governo de Nanjing. Nesse ínterim, as potências estrangeiras, uma por uma, fizeram tratados com esse governo, dando assim reconhecimento internacional à revolução nacionalista.

Várias conclusões surgem a essa altura. Embora o GMD tivesse conquistado o poder, era composto de tantos elementos díspares que era incapaz de funcionar como uma ditadura partidária. Em vez disso, logo se tornou uma ditadura de Jiang Jieshi. Em sua história inicial, o impulso motriz havia sido o nacionalismo, primeiro após 1905 contra o regime estrangeiro manchu e, em seguida, após 1923, contra o imperialismo do poder dos tratados. A ideologia do GMD, tão necessária para inspirar os estudantes ativistas, era nominalmente os Três Princípios do Povo de Sun Yatsen, mas estes constituíam, na verdade, uma plataforma partidária (um conjunto de metas) mais do que uma ideologia (uma teoria de história). O GMD não avançou além de um poderio militar regional em Guangzhou até aliar-se em 1923 com a União Soviética, reorganizar-se em linhas leninistas, criar um exército partidário doutrinado e formar uma Frente Unida com o PCC. Os quatro anos de auxílio soviético e colaboração com o PCC, junto com a hostilidade patriótica marxista-leninista contra o "feudalismo" doméstico dos senhores da guerra e o "imperialismo" das potências estrangeiras, ajudaram o GMD a atingir o poder.

Essa história intrincada sugere que basicamente só houve um movimento revolucionário na China do século XX: o do socialismo liderado principalmente pelo PCC. (Talvez isso mostre o GMD sob um aspecto melhor, dedicado à organização do Estado e à reforma em vez de à violência interminável da luta de classes.) O massacre traiçoeiro do PCC em Shangai em abril de 1927, perpetrado por Jiang Jieshi, embora tenha levado as potências a reconhecerem seu governo de Nanjing em 1928, ao mesmo tempo tendia a dissipar o espírito revolucionário do GMD. Logo o GMD viu-se na defensiva tanto contra o PCC quanto contra o Japão.

A natureza do governo de Nanjing

O Governo Nacionalista estabelecido em Nanjing em 1928 parecia o mais promissor desde 1912. Muitas de suas autoridades eram patriotas educados no exterior e competentes quanto às funções de um Estado-Nação moderno. As amenidades da vida moderna logo ocuparam a cidade – cinemas, automóveis, teatros, artes e ofícios, livros e revistas, bem como professores em universidades. As instituições chinesas incluíam os doze institutos de pesquisa da Academia Sinica, o Ministério de Saúde Pública do Governo Nacionalista, o seu Departamento Nacional de Pesquisa Agrícola, o trabalho multifacetado do Serviço Alfandegário Marítimo, do Banco da China e outros departamentos de pesquisa e uma grande quantidade de agências semelhantes. Esse crescimento continuava os esforços para organizar uma sociedade civil mencionados no Capítulo 13.

O potencial do Governo Nacionalista, o que poderia ter feito pelo povo chinês, seria em breve praticamente destruído pelo militarismo japonês, que se apossou da Manchúria em 1931, invadiu Shangai em 1932 e depois a área de Beijing-Tianjin e atacou a China em escala total de 1937 a 1945. Nas décadas de 1930 e 1940, a tecnologia industrial e o espírito chauvinista do Japão atrasaram o processo da civilização na China, assim como os alemães faziam na Europa. As fraquezas inerentes à ditadura do GMD em Nanjing pioraram sob as pressões dos preparativos para a guerra, além da guerra em si.

Uma primeira fraqueza foi a perda do objetivo revolucionário. De acordo com a teoria de Sun Yatsen sobre as três etapas da revolução (unificação militar, tutela política e democracia constitucional), 1929 foi proclamado como o início do período de tutela política sob a ditadura do Guomindang.

Desde que o Primeiro Congresso do Partido se reuniu em janeiro de 1924 e adotou uma organização do tipo soviético, o Comitê Executivo Central (CEC) tornara-se o principal repositório da autoridade política. Altos funcionários do governo eram escolhidos pelo CEC e geralmente dentre os seus membros. O governo constitucional foi postergado. Ministérios do partido, tais como os Ministérios de Informação, Assuntos Sociais, Relações Exteriores e Organização do Partido, funcionavam como parte da administração central e, no entanto, formalmente estavam subordinados ao Guomindang, e não ao governo. Desse modo, partido e governo tornaram-se indistinguíveis.

Porém, o Guomindang tornou-se uma ala da burocracia e perdeu sua missão revolucionária. A supervisão inicial pelo partido da administração local, seu trabalho político no exército, seus tribunais especiais para julgar contra-revolucionários, tudo isso foi reduzido ou abandonado. O mesmo aconteceu com as organizações de massa de trabalhadores, camponeses, jovens, comerciantes e mulheres. Esses movimentos de massa haviam mobilizado apoio popular para a Expedição ao Norte, mas os poderosos de Nanjing agora desconfiavam de procissões, demonstrações e comícios. Eles suprimiam movimentos estudantis, relembrando essas atividades da metade da década de 1920 como ferramentas úteis para derrotar os senhores da guerra, mas já sem valor, agora que eles detinham o poder de organização com fins de controle. Com essa atitude, o Guomindang sofreu uma queda no número de associados. No final de 1929, contava com apenas 550 mil membros, dos quais 280 mil eram militares. Os membros em Shangai eram principalmente funcionários públicos ou policiais.

Longe de ter uma orientação burguesa, o GMD destruiu a semi-autonomia dos comerciantes de Shangai. Usando métodos de gângsteres, como seqüestros e assassinatos, o GMD intimidava os negociantes, obrigando-os a contribuir com vultosas somas para o exército. Pelo estabelecimento de estruturas paralelas às Câmaras de Comércio enquanto reagrupavam as associações e mudavam o pessoal, o GMD forçou a Câmara de Comércio Geral a fechar e intimidou a elite dos comerciantes. O novo Departamento de Assuntos Sociais agora supervisionava as organizações profissionais, resolvia conflitos, coletava estatísticas, praticava filantropia, mantinha os programas de higiene e segurança e organizava o planejamento urbano. O funcionalismo desapossou a classe dos comerciantes.

O GMD também se apossou da administração de boicotes, organizados e financiados pelo governo contra o comércio japonês. Os boicotes tornaram-se movimentos de massa espontâneos porém controlados que podiam ser voltados contra comerciantes importantes de maneira terrorista. A Municipalidade da Grande Shangai reivindicou, diz Bergère, "o que constituía direitos de supervisão sobre as autoridades da Colônia". Os vinte mil, ou possivelmente até cem mil, membros da Gangue Verde tornaram-se agentes do GMD, prontos para ir ao encalço de líderes sindicais e comunistas, além de aterrorizar comerciantes abastados que se recusavam a contribuir com fundos para o governo. As áreas de concessão de Shangai já não ofereciam muito refúgio para os cidadãos chineses.

Os banqueiros de Shangai, como os de Beijing e Tianjin, agora ganhavam fortunas fazendo empréstimos públicos para o governo. Entre 1927 e 1931, eles subscreveram a maior parte dos empréstimos internos, que totalizavam cerca de um bilhão de dólares. Os títulos do governo eram vendidos abaixo do valor nominal e pagavam aos bancos um juro real de 20% ou mais.

Melhoramentos sob o governo de Nanjing incluíram a abolição do *likin* e a recuperação da autonomia tarifária. Uma nova Casa da Moeda foi estabelecida, e o tael foi abolido em março de 1933. O Conselho Econômico Nacional foi estabelecido para lidar com fundos de assistência econômica internacional. Finalmente, o golpe bancário de 1935 estabeleceu os quatro maiores bancos como um banco central e a moeda nacional como uma moeda administrada sujeita à inflação. O governo obteve o controle de dois terços do setor bancário, criou impostos cada vez mais pesados para o comércio, impôs taxas consolidadas sobre a produção e elevou as taxas alfandegárias.

De modo geral, parecia que o "aparelho burocrático triunfal estava prestes a sufocar novamente o espírito empreendedor", como E. Balazs observou. Altos funcionários buscavam lucros pessoais, enquanto o governo usava os negócios modernos para fortalecer sua própria autoridade, e não para fortalecer a economia investindo em empreendimentos produtivos. Tendo repudiado o imposto territorial, deixando-o para os governos provinciais, o regime de Nanjing vivia como um parasita com os impostos do comércio, prejudicando o setor industrial que deveria ter tentado promover de todas as formas possíveis.Tanto o investimento produtivo doméstico quanto os empréstimos de capital do exterior eram desestimulados por essas políticas antidesenvolvimentistas. Uma hipótese é que a década de Nanjing provavelmente sofreu uma estagnação contínua na economia agrária, sem nenhum aumento perceptível de produtividade *per capita*. Além disso, essa conjuntura foi acompanhada de um enorme crescimento de "capitalismo burocrático", ou seja, a dominação da indústria e das finanças por funcionários públicos e camarilhas políticas que se locupletavam pela manipulação de monopólios, finanças, projetos de desenvolvimento e agências governamentais. Como resultado, Nanjing não pôde realizar um regime fiscal saudável e solvente e muito menos alcançar um processo genuíno de reinvestimento e industrialização auto-sustentável. As economias eram canalizadas para o uso do governo ou para especulações privadas, enquanto os recursos de capital da nação não eram mobilizados nem para fins militares.

Para modificar essa visão negativa, cabe a insistência de historiadores econômicos, como William C. Kirby (1984), de que, a despeito de suas falhas em tempo de guerra, o regime nacionalista conseguiu, de fato, atingir um certo grau de organização estatal. Isso se comprovava sobretudo nas indústrias militares sob a Comissão de Recursos Nacionais. De qualquer forma, a maioria dos pesquisadores concorda que o governo de Nanjing existiu não para representar os interesses de uma burguesia, mas sim para perpetuar seu próprio poder, à maneira de regimes dinásticos.

Se o Governo Nacionalista não era "burguês", não seria pelo menos "feudal"? Em outras palavras, representaria os interesses de proprietários de terras? A resposta é mista. Já que Nanjing deixou a cobrança do imposto territorial para as províncias, os regimes provinciais, com uma renda restrita, geralmente deixavam os proprietários onde estavam. Em especial, oficiais do exército do governo central poderiam tornar-se grandes proprietários. Nanjing era contra a mobilização de camponeses, mas era a favor da centralização, não da dispersão, do poder. "Feudal" não tem um sentido preciso; é mais útil observar o governo de Nanjing como tendo um caráter duplo – relativamente moderno nos centros urbanos e contatos com o exterior, reacionário em sua disputa à moda antiga com os senhores da guerra provinciais. Em seu aspecto relativo ao exterior, podia continuar com o esforço de modernizar pelo menos os aparatos do governo, ao passo que, pelo seu lado doméstico de senhores da guerra, continuava a reprimir as mudanças sociais. Os estrangeiros estavam mais conscientes de sua promessa, presumindo de modo anglo-americano que a única maneira de a China progredir seria por meio de reformas graduais.

Fraquezas sistêmicas

A reivindicação pelo governo de Nanjing da aprovação estrangeira provinha sobretudo de sua modernidade. Os grandes ministérios de relações exteriores, finanças, assuntos econômicos, educação, justiça, comunicações, guerra e naval construíram prédios imponentes em Nanjing sob a proteção do ramo executivo (*yuan*) do governo. Além dos campos legislativo e judiciário, foram estabelecidos os ramos de controle, isto é, de censura e de auditoria, e o ramo de exames para o funcionalismo público. Para esses novos ministérios eram recrutadas pessoas talentosas e instruídas, muito conscientes da posição ignominiosa ocupada pela China no mundo. Começaram a aplicar a ciência moderna aos problemas antigos da China. A princípio, houve um novo ambiente de esperança no ar.

Isso, porém, enfrentava uma segunda fraqueza – a capacidade limitada do governo de Nanjing diante da massa da população chinesa de quatrocentos milhões de habitantes. O GMD na China, com seu equipamento e planta modernos, era uma ninharia. Sua produção industrial era menor que a da Bélgica, seu poderio aéreo e naval era insignificante, seus aparelhos e equipamentos típicos da vida americana eram menos que os de um estado do Centro-Oeste. No entanto, esse Estado moderno pequeno e relativamente insignificante queria se espalhar sobre o corpo multiforme de um povo vigoroso, em uma terra vasta e antiga. Como um todo, o povo chinês ainda não sofria uma taxação pesada. Thomas Rawski (1989) verificou que, no princípio da década de 1930, os impostos centrais, provinciais e locais reunidos chegavam a apenas 5 a 7% da produção total da China. No entanto, os modernizadores de Nanjing queriam promover a agronomia, estradas de ferro e rodovias modernas, um sistema nacional de imprensa e comunicações e a idéia moderna de oportunidades para jovens e mulheres. Como uma influência para a ocidentalização, Nanjing encontrou seu maior apoio nas cidades portuárias submetidas a tratados, sua melhor renda nas taxas alfandegárias sobre o comércio exterior e sua maior dificuldade em alcançar a massa de camponeses. De fato, a princípio controlava apenas as províncias do baixo Yangzi. Estava sempre envolvido em uma luta política e, muitas vezes, militar, para dominar os regimes dos senhores da guerra provinciais.

Finalmente, o Governo Nacionalista foi bombardeado, desde o início, por fraquezas sistêmicas que começavam por seu pessoal. Antes da Expedição ao Norte de 1926, o GMD em Guangzhou incluíra tanto os membros sobreviventes da Aliança Revolucionária da geração de Sun Yatsen como também os idealistas-ativistas mais jovens que muitas vezes eram membros ao mesmo tempo do GMD e do PCC. A contribuição soviética representada por Borodin unira-se à liderança militar ascendente de Jiang Jieshi. Dentro de cinco anos, porém, o vigoroso dr. Jekyll de Guangzhou transformou-se no sórdido Mr. Hyde de Nanjing. O que aconteceu para mudar a natureza do movimento nacionalista em um tempo tão curto?

Um fator decisivo foi o massacre dos comunistas e a rejeição ou supressão dos sobreviventes. O tipo de idealismo juvenil do PCC foi eliminado. Um segundo fator foi a enorme influência dos novos membros do GMD vindos das fileiras da antiga burocracia e de regimes de senhores da guerra. A seleção cuidadosa de membros, assim como a imposição de disciplina partidária, nunca havia caracterizado o GMD. Ele permanecera uma agregação de facções rivais sem um controle central, normalmente aceitando como membro qualquer pessoa que se apresentasse. Alguns senhores da guerra trouxeram exércitos inteiros. Quando o GMD obteve o poder em Nanjing, seu idealismo revolucionário foi diluído pela admissão de funcionários corruptos e servis e pelo acúmulo de oportunistas geralmente sem princípios. Como Lloyd Eastman (1974) observou, já em 1928 Jiang Jieshi, que sentia a responsabilidade da liderança, disse que "Membros do partido não mais se esforçam por princípios ou pelas massas... os revolucionários degeneraram-se, perderam o espírito revolucionário e a coragem revolucionária". Apenas lutavam por poder e por proveitos, não mais dispostos a sacrificar-se. Em 1932, Jiang declarava claramente: "A revolução chinesa fracassou".

Em resumo, ao assumir o poder o GMD mudara sua natureza.

Afinal de contas, ele conquistara o poder usando o submundo da Gangue Verde de Shangai contra os comunistas. No princípio, muitos chineses juntaram-se no apoio a Nanjing, mas os males da burocracia antiquada logo os desiludiram. Além de seu terror branco para destruir o PCC, a polícia do GMD atacava, suprimia e às vezes executava uma variedade de indivíduos de outros partidos e profissionais liberais. A imprensa, embora subsistisse, sofria censura pesada. Editores eram atormentados e alguns eram assassinados. Instituições de ensino superior foram regulamentadas, sendo exigido que ensinassem os Três Princípios do Povo, e eram constantemente investigadas em busca de tendências dissidentes. Quem quer que se preocupasse com as massas era considerado pró-comunista. Essa atitude anticomunista teve o efeito de desestimular, se não de impedir, todos os tipos de projetos para o melhoramento do povo. Dessa forma, o GND desligou-se do empenho revolucionário. À supressão e à censura juntavam-se o oportunismo corrupto e a administração ineficiente. O velho lema "torne-se um funcionário público e enriqueça" ressuscitou com força total.

Esse desastre político pesou muito sobre Jiang Jieshi, que continuou sendo um austero e dedicado pretenso unificador de seu país. À altura de 1932 ele estava completamente desiludido com seu partido, bem como com o estilo ocidental de democracia que não prometia liderança forte. Começou a organizar uma corporação fascista, popularmente conhecida como os Camisas Azuis, um grupo cuidadosamente selecionado de alguns milhares de oficiais do exército, zelosos, que se dedicariam secretamente a servir Jiang Jieshi e a construir uma imagem dele semelhante às de Mussolini e Hitler. Quando o Movimento de Vida Nova público foi encenado em 1934 para inculcar as antigas virtudes e melhorar a conduta pessoal, muito disso foi instigado nos bastidores pelos Camisas Azuis. Esse movimento fascista sob o governo de Nanjing teria se fortalecido se as ditaduras fascistas européias não tivessem sido desligadas da China.

Uma chave para o equilibrismo de Jiang Jieshi no topo do governo foi o fato de que ele não se comprometeu com nenhuma facção. Declarou-se metodista devoto e obteve ajuda dos missionários para a reconstrução. Às vezes apoiava seu aparelho organizacional do GMD contra os Camisas Azuis, mas de modo geral obstruía o GMD e deixava-o de fora da participação na administração, enquanto equilibrava a camarilha de seus antigos alunos de Whampoa contra outras partes do exército, ou a camarilha de administradores de Ciências Políticas (ou Estudos Políticos) contra a camarilha CC (irmãos Chen) de organizadores do partido. Seu papel era tal que não poderia haver outra fonte de decisão final e menos ainda uma participação da massa do povo. Como Yuan Shikai vinte anos antes, Jiang descobriu que a política chinesa parecia exigir um ditador. Embora ocupasse diversos cargos públicos em diversas ocasiões, ele era obviamente o único homem no topo, e suas táticas políticas teriam sido bastante compreensíveis para a imperatriz viúva. Uma das figuras exemplares de Jiang era Zeng Guofan, que, ao suprimir os taipings, havia sido seu antecessor em salvar o povo chinês de uma revolução destrutiva.

Em resumo, Jiang era o herdeiro da tradição chinesa de classe dominante: sua liderança moral era expressa em termos confucianos, enquanto o estilo de trabalho de sua administração demonstrava os antigos males da ineficiência. Como Jiang disse em 1932, "Quando algo chega a um departamento do governo, é *yamenizado* – todos os projetos de reforma são tratados com apatia, negligência e ineficiência". Um resultado disso foi que os planos no papel para a melhoria rural quase nunca se realizavam, ao passo que o desenvolvimento econômico era igualmente frustrado.

A constituição de cinco poderes de Sun Yatsen foi desastrosa sob o governo de Nanjing. O Yuan (ramo) Legislativo era ofuscado pelo Yuan Executivo, mas este competia com ministérios do partido semelhantes aos do Yuan Executivo. O Yuan de Exames realmente não funcionava. Eastman relata que, "por volta de 1935, por exemplo, apenas 1.585 candidatos haviam completado com êxito os exames para o funcionalismo público". Muitos sequer receberam cargos oficiais. Da mesma forma, o Yuan de Controle havia herdado algumas das funções da censura antiga, mas era praticamente ineficaz. De 1931 a 1937 "recebeu casos de suposta corrupção envolvendo 69.500 funcionários públicos. Desses, o Yuan só indiciou 1,8 mil". Ainda pior, o Yuan de Controle não tinha poder decisório judiciário, e, dos 1,8 mil funcionários indiciados por corrupção, apenas 268 foram de fato considerados culpados pelo Poder Judiciário. Desses, 214 não sofreram punição alguma, e 41 receberam punição leve. No entanto, apenas treze foram de fato demitidos.

O conjunto dos cinco Yuan do governo civil era equivalente à Comissão de Assuntos Militares chefiada por Jiang Jieshi, que consumiu a maior parte das rendas do governo e estabeleceu um governo militar *de facto* próprio. Tendo se livrado dos conselheiros militares russos, Jiang logo começou a substituí-los por alemães e estabelecer seu escalão militar bem separado do governo civil. O Estado-maior e o que veio a se tornar a Comissão de Assuntos Militares com seus vários ministérios tinham Jiang como comandante-em-chefe, enquanto os cinco ramos do governo civil eram subordinados a ele como presidente. Conselheiros militares alemães passaram a treinar um estabelecimento militar enorme, para o qual planejavam conseguir auxílio industrial alemão. Por volta de 1930, uma Comissão de Estudo da China voltou da Alemanha, onde passara três meses, e várias instituições culturais foram estabelecidas para o desenvolvimento de relações mais próximas. Uma linha de aviação sino-germânico foi iniciada.

Estimulados pela tomada da Manchúria pelos japoneses em 1931, intelectuais de Beijing, entre outros, defenderam um desenvolvimento industrial nacional para autodefesa. Cientistas foram mobilizados. Um geólogo preparado na Alemanha tornou-se ministro da Educação. Em 1932, começou a ser organizado o que mais tarde seria a Comissão de Recursos Nacionais (CRN) sob a liderança do geólogo Weng Wenhao, um graduado de primeiro nível do sistema de exames, que obteve seu Ph.D. em geologia e física em Louvain, na Bélgica. Impecavelmente honesto e muito inteligente, Weng subiu no Governo Nacionalista, ocupando cargos de alto nível no desenvolvimento econômico. A CRN era diretamente subordinada a Jiang e aos militares. Seu objetivo era o de criar indústrias básicas dirigidas pelo Estado para a produção de aço, eletricidade, maquinaria e arsenais militares. Parte do plano era obter investimento estrangeiro, especialmente da Alemanha. Em 1933, uma comissão consultiva militar alemã funcionava na China, visando uma cooperação militar-industrial. O tungstênio chinês tornou-se importante para a indústria alemã. O organizador do Exército alemão moderno, general Han Von Seeckt, visitou a China duas vezes e defendeu a organização de um novo exército de elite, com um novo corpo de oficiais.

Assim, na ocasião do ataque japonês em 1937, o Governo Nacionalista havia desenvolvido um relacionamento promissor com a Alemanha nazista. Mas um desenvolvimento paralelo de relações nazistas com o Japão e o pacto nazista com a Rússia em agosto de 1939 logo deixaram a China dependente de um auxílio, ainda que insuficiente, dos Estados Unidos, em vez do auxílio alemão.

15

A segunda ofensiva do Partido Comunista chinês

Problemas da vida no campo

Entre as origens de um movimento revolucionário, a mentalidade popular de fazendeiros analfabetos é a mais difícil de se perceber, ao passo que o sustento material pode ser visto pelas condições econômicas e, com sorte, pelas estatísticas. O crescimento econômico da China durante o período republicano de 1912 até o ataque japonês em 1937 ainda é assunto de debate. Uma visão otimista – baseada em grande parte em estatísticas gerais de produção, comércio e investimento – cita cifras impressionantes, tais como o grande aumento em produção e consumo de tecidos de algodão na China, que, em meados de 1930, usou mais algodão que a Grã-Bretanha e a Alemanha juntas. Thomas Rawski reuniu estatísticas de crescimento em serviços bancários, oferta de dinheiro, índices salariais, transportes e embarques, consumo e outros, todos correspondendo a um crescimento populacional contínuo. Ele retrata uma sociedade em industrialização constante. No entanto, em um país tão grande, esse panorama talvez tenha incluído grandes favelas urbanas e inúmeras aldeias indigentes.

Acerca da pobreza rural da China existem duas escolas de pensamento. Uma enfatiza a exploração do fazendeiro pela classe dominante por meio de aluguéis, cobranças e outras exigências, resultando na má distribuição de renda. Essa idéia de exploração de classe pelos proprietários ajustava-se à teoria marxista e tornou-se, para muitos, um artigo de fé. A outra escola, como Ramon Myers salienta, é mais "eclética", enfatizando as muitas razões para a baixa produtividade da antiga economia agrária: fazendas de um hectare por família eram pequenas demais; mesmo essas áreas mínimas eram usadas inapropriadamente; os camponeses tinham capital insuficiente e acesso limitado a novas tecnologias; havia pouco controle sobre a natureza; transportes primitivos aumentavam o custo da comercialização. Os adeptos dessa interpretação apontam para o fato de que a maioria dos fazendeiros chineses era proprietária de suas terras, alguns eram em parte proprietários e em parte arrendatários, e apenas cerca de um quarto ou um quinto era somente arrendatário, de modo que a exploração dos arrendatários pelos proprietários estava longe de ser a regra geral e era um problema menor do que a falta geral de capital e tecnologia comparada com a abundante oferta de mão-de-obra. A oferta de mão-de-obra era garantida pelo imperativo social de gerar filhos que cuidariam dos pais na velhice. Esse cuidado incluía a presença de um filho homem para continuar a linhagem familiar e, especificamente, para oferecer os sacrifícios rituais ao altar da família que evitariam que os espíritos dos pais falecidos perambulassem como fantasmas sem lar.

Quer se enfatize a ineficiência de produção ou a má distribuição do produto, continua evidente que a estrutura social das aldeias era importantíssima ao nível da zona rural. A administração de subcondados, uma área relativamente negligenciada, foi analisada por Prasenjit Duara (1988), entre outros. Ele assinala que "sob as reformas Qing, a aldeia era obrigada a desenvolver um sistema fiscal para financiar escolas modernas, unidades administrativas e organizações de defesa". Essa penetração inusitada do Estado na sociedade rural foi marcada por uma nova taxação, não sobre indivíduos ou propriedade privada como anteriormente, mas sobre a aldeia como uma nova unidade fiscal. O resultado foi desastroso para a antiga sociedade rural.

Essa sociedade fora organizada pelo que Duara chama de "nexo cultural de poder". Ele usa esse termo para descrever as *hierarquias* de relações de linhagem, ou de mercados, ou de religiões, ou mesmo de controle de água, mais as *redes* de patrocinadores e clientes, ou de parentes por casamento, e assim por diante, que formavam a "estrutura dentro da qual o poder e a autoridade eram exercidos". Os líderes de aldeias, em outras palavras, tinham recebido sua autoridade de toda a interação cruzada de relações familiares, transações comerciais, observâncias religiosas, associações voluntárias e relacionamentos interpessoais e legais que, no todo, constituíam o nexo cultural da sociedade de aldeia.

No período de reformas que começou no início do século, o principal estímulo para a transformação rural veio do novo esforço para arrecadar impostos. Escreventes eram nomeados pelos magistrados do condado para manter registros, e agentes rurais (*difang, dibao*) eram nomeados, sem salário, para cumprir a tarefa de exigir e arrecadar impostos em cerca de meia dúzia a vinte aldeias cada um. Duara chama isso de uma função de "corretagem". Ele encontra geralmente três níveis de arrecadação de impostos nessa área inexplorada de subcondado. Embora os termos variassem localmente, condados (*xian*) costumavam ser divididos em distritos (*qu*) e depois em municipalidades (*xiang*) constituídas por grupos de aldeias. Normalmente, o agente rural era um empresário que agia como um fazendeiro de impostos, obrigado a ganhar a vida, bem como enfrentar as despesas, com as somas que arrecadava para cumprir a cota do imposto. Por outro lado, as aldeias às vezes cooperavam e se reuniam para pagar honorários a um agente rural de sua própria escolha, que representava seus interesses e era menos predatório. Em tal caso, o agente talvez servisse à aldeia, organizando-a para autodefesa, ou para vigiar as plantações, ou pagar fiança para aldeões inocentes presos por policiais. Esse tipo de "corretagem protetora" talvez, assim, desempenhasse funções tidas anteriormente como sendo da elite local. Com certeza, a sociedade aristocrática esboçada no Capítulo 4 não era, de forma alguma, imutável. A atividade da aristocracia foi mais bem documentada no nível do magistrado de condado. Com o crescimento da população, a participação de membros graduados menos importantes da aristocracia (*shengyuan* e *jiansheng*), em níveis de subcondado e de aldeia, talvez tenha sido atenuada ao mesmo tempo em que a qualidade desse pessoal se deteriorava.

A penetração do Estado na aldeia em geral piorava a situação já precária dos aldeões. Em épocas estáveis, uma economia moral havia funcionado na base de relações pessoais entre patrocinadores e clientes, como entre proprietário-agiota e arrendatário-tomador de empréstimo. Cortesias recíprocas, tais como entrega de presentes ou convites para festividades azeitavam essas relações interpessoais. Cada um tinha um papel apropriado a desempenhar.

Tempos difíceis, porém – desastres naturais ou guerras ou pressão dos funcionários públicos –, podiam destruir essas relações sociais, deixando a comunidade da aldeia sem liderança e desnorteada. Sob a nova pressão estatal por impostos, patrocinadores abastados retiravam-se de posições de liderança da aldeia, sendo suplantados por um tipo "valentão local" de fazendeiro coletor de impostos oportunista e muitas vezes não-pertencente à comunidade. Da mesma forma, camponeses respeitados começaram a evitar o papel de intermediários na supervisão e na garantia de contratos segundo a lei habitual. Nesse ínterim, grandes proprietários mudavam-se para a cidade. Com o poder político não mais ligado ao nexo cultural, as aldeias tornavam-se "região de caça para predadores políticos". Em resumo, a organização estatal por parte do governo onerou os líderes de aldeias com exigências tributárias que os alienaram de sua clientela. À medida que fazendeiros de impostos inescrupulosos assumiam a arrecadação de impostos, a corrupção aumentava. Na região do baixo Yangzi, a ruptura do nexo cultural veio, como mencionamos, com o aumento de proprietários ausentes e a administração das relações proprietário-arrendatário por um tesoureiro incapaz de manter a relação pessoal proprietário-arrendatário ou patrocinador-cliente anterior.

Durante o período de senhores da guerra, a administração local se deteriorou. A classe dominante proprietária de terras, não mais a elite do país, não mais instruída nos ideais confucianos de liderança comunitária, tornou-se mais egoísta. Sociedades secretas, como os Lanças Vermelhas em Shandong ou a Sociedade dos Irmãos e Anciãos (Ge Lao Hui) em Sichuan, tornaram-se instrumentos de famílias abastadas locais, ajudando a protegê-las tanto das desordens populares quanto das exigências oficiais. Organizadas em uma rede de ramos, cada qual com seu secretariado, tesouro e diretoria capazes de mobilizar a irmandade clandestina, tais agências podiam ajudar as grandes linhagens familiares a dominar as aldeias, de modo próspero, como a planície de Chengdu. Uma sociedade secreta tinha seu braço executivo constituído de matadores profissionais, bem como sua renda proveniente da proteção de atividades ilícitas – cassinos, prostíbulos, locais para fumar ópio ou mercados ilegais onde os impostos governamentais eram burlados. Esse lado mais obscuro era combinado com a proteção de membros comuns respeitáveis em sua vida diária e com a liderança clandestina de alguns dos funcionários e proprietários mais ricos.

Quando o Guomindang subiu ao poder após 1927, o telefone e o telégrafo, rodovias e linhas de ônibus ligando áreas locais com as cidades permitiram a Nanjing, e mais tarde Chongquing, a transmitir suas ordens imediatamente à menor das aldeolas. O regime continuou a tendência de burocratização do campo. Em lugar dos magistrados e aristocratas do período imperial, Philip Kuhn (*in CHOC 13*) descreveu como os novos administradores de Nanjing tentaram disseminar suas reformas e como a polícia organizou sua rede de segurança anticomunista. Ambos penetraram mais no cenário local do que havia sido costume sob o império. Onde o imperador nomeava o magistrado do condado, mas deixava-o sob as autoridades provinciais, o governo central agora mantinha contato direto com ele. Os magistrados eram o elemento principal entre os estagiários trazidos à capital para doutrinação no Corpo de Treinamento Central de Jiang Jieshi. Enquanto isso, o governo central estabeleceu órgãos administrativos locais encarregados de assuntos militares, alfandegários e de transportes ou outros, independentes da estrutura normal do governo do condado. O Guomindang também estabeleceu suas celas locais sob o controle do partido central, paralelas ao sistema oficial. Abaixo do condado havia novos níveis de divisões, distritos e subdistritos, grupos de cidades e aldeias, descendo até grupos de familiares que formavam o sistema de *baojia* restaurado.

A teoria do Guomindang era a de que, por meio dessa hierarquia de subunidades, o governo poderia treinar o povo durante o período de tutela política para prepará-lo para a autonomia local. Em 1939, o Governo Nacionalista publicou um novo estatuto para reorganizar os governos locais. As famílias deveriam ser agrupadas mais flexivelmente, seguindo linhas comunitárias, para formar *jia* e *bao*. Aldeias e cidades agora seriam entidades legais incorporadas aptas a operarem suas próprias administrações locais. Cada *bao* devia formar uma assembléia e eleger dois representantes, que, por sua vez, atuariam em uma assembléia de aldeia ou cidade para assistirem o chefe do governo da cidade ou aldeia, que seria, ele também, eleito. A lei foi promulgada em 1939 e posta em vigor em quase todos os condados da China Livre (isto é, GMD). No entanto, no mesmo período as autoridades militares e policiais dominavam a cena. Há poucos registros de que o processo eleitoral tenha sido bem-sucedido.

O "autogoverno local", apesar de sua feliz repercussão nas mentes dos defensores ocidentais da democracia, tinha um significado diferente para o povo chinês. O termo, na realidade, geralmente designava uma agência administrativa da elite local, que era usada para obter os impostos dos aldeões com o intuito de sustentar melhorias modernas. Construção de estradas, estabelecimento de escolas modernas e pagamento de policiais eram melhorias desejadas pela elite modernizadora, mas os impostos mais altos pagos para consegui-las aumentavam a carga dos aldeões mais depressa do que os beneficiavam. Houve muitos protestos dos camponeses contra as "reformas".

Além disso, o autogoverno local normalmente se baseara na tomada de decisões não pela contagem indiscriminada de mãos (um homem, um voto), mas por um consenso, como fora o costume nos conselhos de liderança de aldeia. Mesmo nas eleições provinciais de 1909, por um eleitorado rigorosamente restrito, pediu-se aos eleitos que escolhessem deputados dentre seus próprios números por um processo de votação que equivalia a obter um consenso. Se a "democracia" na sociedade de duas camadas da China tentasse funcionar pela regra de maioria simples, negaria a fé neoconfucianista de que o autodesenvolvimento produz homens de caráter e valor superiores. Contudo, à medida que as relações pessoais se dissipavam, era isso que a modernidade parecia exigir.

Observando a década de Nanjing, podemos ver que, idealmente, o novo governo deveria ter atacado o problema-chave da produção agrícola com programas para aperfeiçoar a tecnologia agrária. No princípio, Nanjing buscou auxílio técnico da Liga das Nações para trabalho em saúde pública. Muitos projetos excelentes foram apresentados nas décadas de 1930 e 1940 para a regeneração econômica da China. Recuperação de terras, reflorestamento, preservação de água, força hidrelétrica, cultivo de plantações e criação de animais, ferramentas melhores, uso apropriado do solo, controle de pragas, instalações para armazenamento de safras, redistribuição de terras, redução de aluguéis, industrialização leve e pesada, indústria rural e cooperativas, crédito agrícola mais barato, educação em massa, saúde pública, transportes, lei e ordem, todos tinham seus defensores e sua base lógica óbvia. O objetivo de todos esses esforços era, antes de tudo, aumentar a produtividade do fazendeiro. Era esse o ponto crucial do problema da China, mas o Governo Nacionalista não foi capaz de atingi-lo. Nenhum plano abrangente foi projetado e muito menos realizado.

A década de Nanjing foi a ocasião de o Ocidente ajudar o crescimento econômico da China. Mas a Europa estava preocupada com a Alemanha nazista, enquanto a América estava consumida pela depressão e o New Deal. A China do Guomindang naqueles anos teve um progresso vagaroso e irregular seguindo muitas linhas, sem nenhuma finalidade específica. O antropólogo social Fei Xiaotong descreveu a precariedade das antigas condições e práticas agrícolas como uma "economia de escassez". Essa economia de longa data, de baixo nível e baseada em recursos humanos era perpetuada pela ênfase chinesa na virtude do contentamento e da limitação de desejos. Essa aceitação antiqüíssima da penúria institucionalizada da vida camponesa, por falta de qualquer alternativa, era um meio pelo qual o indivíduo podia se ajustar ao seu grupo familiar, suportar seu destino e realmente atingir um alto grau de "integração social" na comunidade. De fato, o horizonte estreito, a baixa eficiência, a dieta deficiente e as doenças crônicas do campônio chinês, muito evidentes aos olhos do investigador moderno, sempre fizeram parte integral da antiga sociedade, assim como fizeram parte da sociedade pré-moderna da Europa.

Reconstrução rural

Durante a década de Nanjing, a falta de ajuda governamental em larga escala para as aldeias foi salientada por um interesse privado generalizado e cada vez maior por "reconstrução rural". Em várias áreas selecionadas, os problemas da vida camponesa eram estudados, e desenvolviam-se métodos para a promoção de alfabetização e melhoramentos nos padrões de vida. Alguns desses esforços foram liderados por missionários cristãos. O mais reconhecido pelos ocidentais foi a experiência financiada em parte pela Fundação Rockefeller em Dingxian, no Norte da China, chefiada pelo dinâmico chinês cristianizado Yan Yangchu (James Yen). Um condado modelo também foi desenvolvido pelo governo perto de Nanjing, e um esforço pioneiro interessante foi feito em Xandong pelo estudioso Liang Shuming, que Guy Alitto (1979) chama, com justiça, "o último confuciano". Basicamente, esses esforços reformistas tentavam dar aos camponeses algum preparo para a cidadania, algum serviço de saúde pública e melhoramentos científicos em criação de animais e cultivo de plantações.

O mais estudado foi o Movimento de Educação em Massa em Dingxian, chefiado por Yan, que alcançou o maior número de pessoas e teve ampla influência. Após freqüentar Yale durante a Primeira Guerra Mundial, Yan foi um dos cerca de quarenta estudantes chineses que trabalharam sob a Associação Cristã de Moços com o corpo de mão-de-obra chinesa na França, escrevendo suas cartas para casa. Evangelizador nato, Yan assumiu o problema do analfabetismo e publicou um jornal. De volta à China, ele e outros aplicaram os métodos de publicidade e mobilização da ACM a campanhas de alfabetização. Isso o atraiu para os problemas das aldeias – não apenas alfabetização como também tecnologias modernas de saúde pública, melhorias agrícolas, artesanato, cooperativas de crédito e comercialização, e o recrutamento dos anciãos da aldeia, proprietários e até autoridades locais para participarem de uma variedade de eventos públicos e ajudarem na organização de projetos meritórios. Por exemplo, à medida que as Escolas do Povo treinavam professores, seus graduados formavam associações de ex-alunos.

Yan angariou fundos na América e na Inglaterra para pagar um grupo de assistentes especializados, cada um dos quais tinha de verificar o que poderia ser feito em matéria de idéias e organização com pouca ou nenhuma despesa. O programa de saúde, por exemplo, recrutava um fazendeiro para ser o encarregado de saúde da aldeia. Após um treinamento de dez dias, ele passava a registrar as estatísticas vitais, identificando e relatando as doenças mais óbvias e usando seu estojo de primeiros-socorros para distribuir ungüentos para os olhos, óleo de rícino e aspirina. Também aplicava vacinas e desinfetava ambientes. No entanto, como o estudo de Charles Hayford (1990) bem demonstra, era difícil quebrar velhos hábitos. As parteiras, por exemplo, eram habitualmente pouco higiênicas, às vezes valorizando o potencial curativo do excremento de vaca e recusando-se a aprender diferente.

Após 1932, Dingxian passou a fazer parte de um Movimento de Reconstrução Rural nacional, que reuniu muitos centros e projetos em um conjunto que não estava sob controle governamental. Em 1933, Dingxian deu o passo final ao conseguir que seu próprio candidato fosse designado magistrado local. O trabalho experimental havia criado muitas maneiras de atender às necessidades dos camponeses, inclusive indústrias rurais, cooperativas e o uso honesto de dinheiro de impostos. Os conservadores locais, para quem isso parecia muito semelhante ao comunismo, conseguiram a transferência do magistrado.

Logo o movimento por reconstrução rural descobriu que os problemas de sustento econômico estavam profundamente enraizados em instituições sociais e políticas. Um padrão de vida mais alto era um pré-requisito para qualquer processo democrático de tipo ocidental. Melhoramentos do padrão de vida, por sua vez, dependiam de mudanças sociais. Por exemplo, as reformas científicas tentadas em Dingxian precisavam de apoio financeiro maior do que os camponeses podiam oferecer, as organizações camponesas de apoio a melhoramentos locais precisavam de permissão oficial, o aperfeiçoamento das plantações implicava questões de aluguel e posse de terras, um aumento de alfabetização provavelmente incitaria o povo a reclamar de injustiças.

Em suma, qualquer mudança real em um aspecto da ordem antiga no campo implicava mudanças fundamentais em todo o sistema. Os problemas do campo chinês eram de tão longo alcance e a pressão por mudanças era tão grande que as reformas provavelmente provocariam uma reação em cadeia de insurreição.

O programa de autogoverno local do regime nacionalista foi frustrado por essa mesma síndrome. Foi incapaz de penetrar no nível de aldeia exceto superficialmente, de cima para baixo. Planos e legislações que tentavam estabelecer elementos de administração local representando o governo central com freqüência mostravam estar competindo com os interesses provinciais representados por governantes senhores da guerra e Câmaras de Comércio urbanas. As reformas e melhoramentos modernos trazidos à cena local começavam com a extensão de estradas e linhas de ônibus suplementando o telefone e o telégrafo. Programas, e até mesmo instituições, para levantamento geológico, estatísticas de safras, melhoramentos agronômicos e a manutenção da ordem local tinham de ser pagos pelo esforço de arrecadação maior de impostos da aldeia. Os camponeses chineses ainda achavam que se beneficiavam muito pouco desses melhoramentos modernos promovidos por citadinos e pelo governo central. A idéia de organizar a aldeia para seu próprio automelhoramento era estranha a esse funcionalismo, resultando que a causa da revolução social, especificamente a ampliação da propriedade de terras e a diminuição de proprietários ausentes, não pôde ser realizada sob o regime nacionalista. Esse fracasso deu ao PCC sua oportunidade na década de 1930.

A ascensão de Mao Zedong

Enquanto o governo nacionalista lutava para aumentar seu poderio militar contra o Japão, o PCC lutava para sobreviver nas aldeias. Embora o partido tivesse cerca de sessenta mil membros em 1927, o terror branco de Jiang Jieshi literalmente o dizimou. Muitos se dispersaram no anonimato e na inação; os mais dedicados fugiram para se embrenharem em lugares remotos no campo. Desenvolveu-se assim cerca de uma dúzia de áreas de base, pequenos bolsões onde soldados do Exército Vermelho (isto é, o PCC) em pequenos números apoiavam líderes políticos rebeldes. Quando Mao se uniu com o oficial senhor de guerra Zhu De na fronteira meridional de Hunan-Jiangxi, eles inauguraram a área de base principal, mas logo se mudaram para as colinas de Jiangxi ao nordeste, com Ruijin como sua capital. Outras áreas de base foram estabelecidas nas montanhas Dabsie a nordeste de Wuhan ou em torno do pantanoso lago Hong na região norte de Jiangxi, na antiga foz do rio Amarelo.

Ideologia e organização foram, naturalmente, a combinação vitoriosa da maioria das revoluções. O princípio organizacional de Mao Zedong era igual ao de qualquer bandido de sucesso: por força e por fraude (inclusive um novo ensinamento), a fim de obter as boas graças do povo local. Enquanto isso, a ideologia proveniente da União Soviética por intermédio do Comintern levou um tempo considerável para adaptar-se às condições chinesas. Por exemplo, a análise marxista-leninista da história dava um papel-chave ao proletariado urbano, à classe operária industrial e seus líderes urbanos do Partido Comunista, mas o PCC não chegou a lugar algum até substituir o proletariado pelos camponeses, modificando totalmente a teoria.

Após 1927, quando Chen Duxiu foi expulso por ter presidido à quase fase final do PCC, a liderança na China passou por uma sucessão de jovens vindos de Moscou, apresentados pelo Comintern. Sua capacidade para travar uma guerra revolucionária com êxito era severamente prejudicada pelo fato de terem de viver como fugitivos, escondidos em Shangai e outros centros urbanos. Suas atividades doutrinais contribuíram apenas com palavras no papel, mas jamais suscitaram um movimento de massa. Eles ainda recebiam ordens oficiais de Moscou, que transmitiam às áreas de base.

Durante algum tempo, a influência de Moscou foi fortalecida pelo retorno dos famosos 28 bolcheviques que assumiram o PCC no início de 1931. Suas idéias e objetivos eram altamente ortodoxos, o que não se coadunava com a situação chinesa. Continuaram a falar da revolução proletária e tentaram apoderar-se de cidades, na esperança de estabelecer províncias independentes. Isso fazia o jogo do GMD, e cada tentativa era frustrada. Não houve nenhuma "maré crescente" de rebelião na China. Por volta de 1933, o Comitê Central foi obrigado a sair de Shangai e se mudar para a base central em Jiangxi, chefiada por Mao Zedong. Lá eles eram seus superiores hierárquicos, mas, como ele, mergulharam na vida camponesa e em seus problemas. Desse momento em diante, a personalidade e a mente de Mao tornaram-se o fator central da revolução do PCC.

Mao Zedong sobrepujava seus colegas na realização de uma união entre teoria e prática, um tema importante da filosofia confuciana. Podemos ver como as idéias de Mao desenvolveram-se, depois de 1923, ao trabalhar na frente unida sob o GMD. Durante algum tempo ele foi um membro alternativo do Comitê Central do GMD em Guangzhou. Lá, tornou-se diretor do Instituto de Treinamento do Movimento Camponês, que oferecia um ensino de cinco meses sobre o assunto. De maio a outubro de 1926, Mao ensinou pessoalmente a sexta turma, que tinha 320 alunos provenientes de todas as províncias da China. O programa do instituto parece ter enfatizado uma análise dos problemas dos camponeses e também uma análise da estrutura de classes no campo. Baseados em sua própria experiência de seis meses em Hunan, em 1925, quando ele organizou associações de camponeses, os artigos de Mao, de 1926, descrevem a exploração opressiva dos camponeses, desde o trabalhador camponês proprietário de terra até o trabalhador sem terra. Os camponeses são oprimidos, dizia ele, por (1) aluguéis pesados, metade ou mais da safra, (2) altas taxas de juros, entre 36 e 84% ao ano, (3) pesados impostos locais, (4) exploração da mão-de-obra agrícola e (5) a cooperação dos proprietários de terras com os senhores da guerra e funcionários corruptos para explorar os camponeses de todas as formas possíveis. Por trás de todo esse sistema havia a cooperação dos imperialistas, que procuravam manter a ordem para terem negócios lucrativos na China.

A essa altura, Mao havia aceitado integralmente o conceito leninista de um movimento mundial contra o imperialismo capitalista na base de uma luta de classes. Mas, dentro dessa estrutura geralmente aceita, Mao argumentava que a chave do sucesso da revolução chinesa devia encontrar-se, primeiramente, na análise intelectual cuidadosa das várias classes no campo e, em segundo lugar, no uso de uma tática intensamente prática de identificar as classes com as quais trabalhar e aquelas contra as quais trabalhar, em qualquer etapa determinada da revolução. Em terceiro lugar, o papel do trabalhador do partido na aldeia devia ser de guia e catalisador, e não de sabe-tudo. Ele devia examinar de perto as necessidades e queixas, esperanças e temores dos aldeões; só então seria possível articular as exigências dos camponeses e seguir a tática de reunir o maior número possível deles para atacar o menor alvo possível, como um passo no processo revolucionário.

Infelizmente, enquanto Mao refletia sobre esses pensamentos, em 1926 o PCC estava concentrado em suas táticas da Frente Unida. Seus membros ainda supunham que, por definição, a Revolução Nacionalista da década de 1920 era uma revolução burguesa, uma visão que a história provaria ser bastante duvidosa. Nessa crença enganosa, o PCC seguiu os conselhos dados pelo Comintern e continuou a frente unida com o GMD a todo custo, atenuando suas idéias de mobilizar a classe camponesa, tendo por base sua miséria, até o momento em que o imperialismo fosse expulso da China por um novo governo nacional. Desistir da revolução social no campo parecia ser uma parte inevitável de manter uma frente unida com os nacionalistas. "Excessos de camponeses" eram deplorados pelo PCC porque o rápido surgimento de associações camponesas nas províncias do Sul durante a Expedição ao Norte havia levado à repressão violenta por parte do complexo militarista-proprietário ainda no poder. O PCC não tinha forças armadas próprias, e, como resultado disso, o seu movimento camponês logo expirou após a ruptura GMD-PCC em meados de 1927. Dessa forma, o PCC contribuiu para sua própria desgraça.

Nesse período, Mao havia respeitosamente seguido a linha transmitida por Moscou e tentara em vão navegar na presumida "maré alta" que nunca chegou. Descobriu que a classe camponesa podia ser mobilizada e até tomar cidades, mas não podia lutar contra o Exército Nacionalista. Mao, portanto, percebeu que o PCC poderia sobreviver e prosperar apenas se desenvolvesse suas próprias forças armadas em uma base territorial onde homens e suprimentos alimentares pudessem ser combinados para lutar. A "República Soviética de Jiangxi" tornou-se o veículo desse esforço a partir de 1931, liderada por Mao. Nessa ocasião, o PCC buscou o apoio dos camponeses por meio da redistribuição de terras, da desapropriação de grandes proprietários, se houvesse, e dando esperança e oportunidade principalmente para os camponeses pobres. Uma das muitas disputas entre Mao e os 28 bolcheviques era sobre o tratamento de camponeses ricos. Mao via-os como essenciais para a economia local e tentava tranqüilizá-los, mas os dogmatistas treinados em Moscou os viam como uma ameaça à natureza proletária do movimento. Tony Saich comenta que parte do esforço de Mao era para suplantar os relacionamentos patrocinador-cliente que haviam promovido estabilidade social (e, naturalmente, problemas) nas aldeias com uma nova ordem social baseada em análise cuidadosa como uma preparação para a luta de classes. Isso não era, de modo algum, fácil de fazer.

As campanhas de Jiang Jieshi para exterminar o "câncer" comunista em Jiangxi obrigaram o PCC a desenvolver os princípios de combate de guerrilha. O primeiro princípio era atrair o inimigo ao longo de sua linha de suprimento até que suas unidades avançadas pudessem ser cercadas e isoladas. O segundo princípio era nunca atacar sem ter forças maiores e a certeza do sucesso. Jiangxi Oriental, com suas colinas escarpadas e seus vales estreitos, era o lugar ideal para essas táticas. Quanto mais as pontas-de-lança de Jiang avançavam, tanto mais vulneráveis se tornavam. Só tiveram êxito na quinta campanha em 1934, quando seus conselheiros alemães ajudaram a inventar um sistema de casamatas nas subidas das colinas ao longo das rotas de invasão, colocadas de tal maneira que o fogo de artilharia de uma podia ajudar a defender a próxima. Esse cordão de pontos fortes abastecidos por caminhões não podia ser desalojado, e os exércitos de Jiang finalmente prevaleceram. Por fim, isso tornou inútil o terceiro princípio de combate de guerrilha, ou seja, de mobilizar a classe camponesa para fornecer informações, bem como homens e alimentos.

A Longa Marcha, 1934-1935

No final de 1934 o PCC iniciou a Longa Marcha, que começou com talvez cem mil pessoas e acabou no ano seguinte com algo em torno de quatro a oito mil. O objetivo da Longa Marcha era encontrar uma nova base territorial na periferia do poder nacionalista, semelhante à maneira como os manchus haviam estado na periferia do império Ming. O PCC precisava de uma área que pudesse controlar e organizar. Se a província de Yunnan estivesse disponível talvez tivesse servido, mas os senhores da guerra locais nos regimes provinciais não tinham o menor desejo de serem encampados pelo PCC. Em vez disso, foram gradualmente apossados pelos exércitos perseguidores de Jiang Jieshi em uma estratégia engenhosa pela qual a perseguição ao PCC justificava a vinda de tropas do governo central para as províncias afastadas.

A Longa Marcha sempre pareceu um milagre, mais documentado do que Moisés levando seu Povo Escolhido através do Mar Vermelho. (Dez mil quilômetros em um ano equivalem a 27 quilômetros a cada dia.) Como foi possível tantos soldados e organizadores do partido caminharem a pé tão longe e tão depressa? A resposta, é claro, é que apenas os líderes e uma proporção muito pequena de soldados fizeram todo o caminho.

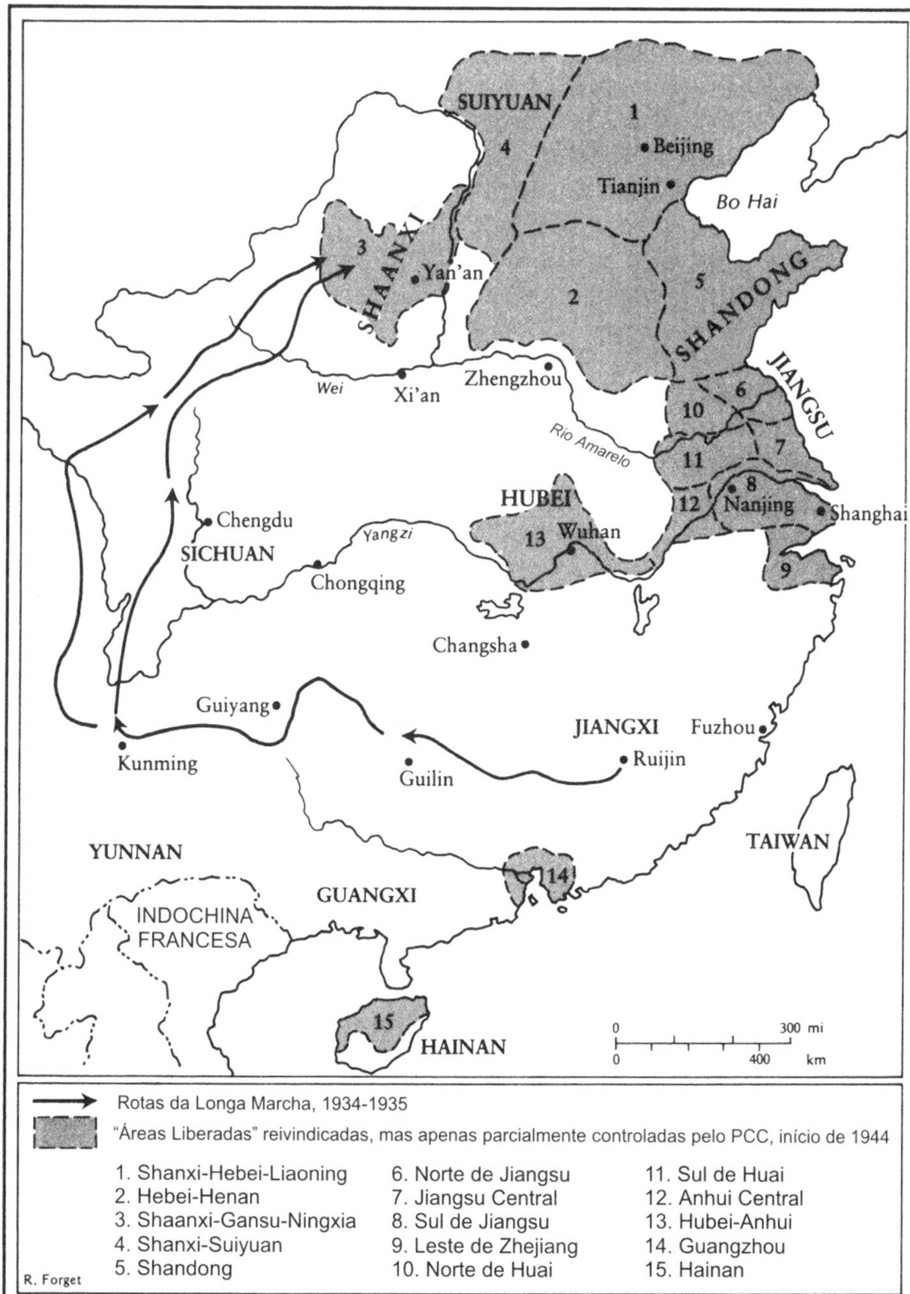

22. A Longa Marcha

Devemos visualizar o terreno. O Sudoeste da China é como um tabuleiro de xadrez de grandes e pequenas bacias dentro de vastas cadeias de montanhas. As planícies populosas são irrigadas por rios provenientes de montanhas inóspitas. Para percorrer o Sudoeste da China, a Longa Marcha teve de atravessar rios e montanhas, evitando as planícies e suas poucas rodovias. A maior parte do caminho, portanto, era feita subindo colinas e percorrendo vales, raramente em terreno plano. As cargas eram carregadas em varas, em vez de veículos de rodas, e liteiras carregadas por dois homens substituíam os carros-dormitório dos trens. Na Longa Marcha, o alto comando do Exército Vermelho-PCC percorreu quase todo o caminho dormindo em liteiras carregadas por dois homens, enquanto a coluna seguia as trilhas rochosas atravessando colinas e arrozais. Geralmente os líderes haviam passado a noite acordados lidando com problemas de serviço de informações, de logística, de pessoal e de estratégia em preparação para a marcha ou a luta do dia seguinte.

Os líderes do PCC também se preservavam utilizando-se de ordenanças, ajudantes-de-ordens e guarda-costas como nos exércitos convencionais. Como os americanos contra os japoneses, eles tinham suas fontes secretas de informações. Seu receptor de rádio captava o código simples do tráfico militar nacionalista. Sabiam mais sobre seus inimigos do que os inimigos sabiam sobre eles.

Uma questão importante enquanto a Longa Marcha prosseguia era aonde deveria ir em seguida e quem deveria liderá-la. Antes de a marcha partir de Jiangxi, Mao fora rebaixado pela facção dos 28 bolcheviques treinados pelos soviéticos e seu conselheiro militar alemão comunista enviado pelo Comintern. O afável Zhou Enlai era o superior hierárquico de Mao no comando militar. Mas ninguém conseguia romper a força repressora de Jiang Jieshi. O recurso de guerra posicional adotado pelos ideólogos do Comintern só levava a uma derrota certa. A fuga na Longa Marcha sofreu grandes perdas iniciais, sobretudo na travessia de rios. A fé heterodoxa de Mao em guerra móvel foi finalmente aceita. A caminho do oeste e do noroeste Mao recuperou a liderança do PCC, em princípios de 1935, e daí em diante jamais renunciou a ela. A partir de então, Zhou Enlai, seu antigo superior, tornou-se seu principal partidário.

A velocidade de marcha era tão crucial que a linha cargueira original, de muitos quilômetros de comprimento, com seus milhares de carregadores portando equipamento pesado, arquivos, suprimentos e também soldados convalescentes, teve de ser descartado. No princípio, foram listados 86 mil militares. Os que chegaram a Shaanxi no ano seguinte eram apenas uns poucos mil, embora muitos recrutas novos houvessem ingressado no Exército Vermelho ao longo do caminho. Daí em diante, os veteranos da Longa Marcha passaram a ser a aristocracia da Revolução.

A Longa Marcha também ajudou o novo líder comunista a surgir. Durante a Marcha, Mao já estava se distanciando de seus colegas. Assim que se tornou o Chefe Único, preferiu morar em aposentos separados do resto da liderança. Semelhante a um imperador arrivista, daí em diante ele não poderia ter pares e, muito menos, confidentes. Ele já estava prisioneiro das malhas que envolviam um unificador da China. Se pudermos, por um momento, olhar tanto para trás como para frente, a ascensão de Mao Zedong ao poder nos lembra a fundação das dinastias Han, Tang e Ming. Em cada caso, um bando de líderes se organizou e trabalhou junto sob um líder principal. Uma vez formada, essa liderança mobilizou o povo em sua área para apoiar um esforço militar, derrubar tiranos ou expulsar estrangeiros da terra, em ambos os casos, uma causa popular. Nenhum fundador de dinastia poderia executar a tarefa sozinho. Então, uma vez no poder, enfrentava o problema de lidar com seus colegas de liderança.

O papel de Zhou Enlai

Um outro acontecimento da Longa Marcha foi que Mao achou em Zhou Enlai seu mais próximo colaborador e futuro primeiro-ministro. Uma figura atraente e muito talentosa, Zhou instintivamente se manteve em uma posição mediana, tentando manter a organização coesa, tendo, ao mesmo tempo, o bom senso de nunca se tornar um rival, ansiando pela posição principal. Sua experiência de 48 anos no Politburo do PCC estabeleceu um recorde mundial. Dessa forma, Zhou tornou-se um dos grandes primeiros-ministros da China, dedicando-se ao serviço do partido e de seu líder, assim como os primeiros-ministros anteriores haviam servido ao imperador e à casa imperial.

Esse papel fazia parte da herança de Zhou. Sua família provinha de Shaoxing em Zhejiang, ao sul de Shangai, entre Ningbo e Hangzhou, o centro notável de onde tantos conselheiros e secretários confidenciais haviam surgido para servirem como altos funcionários no período Qing. Três dos tios de Zhou tornaram-se graduados provinciais sob o antigo sistema de exames, e um tornou-se governador. A partir dos dez anos, Zhou freqüentou a escola elementar em Mukden, na Manchúria, e, a seguir, em 1910, entrou para a Escola Secundária de Nankai, em Tianjin, onde ficou sob a influência do extraordinário educador liberal dr. Zhang Boling. Zhou era bom estudante, mas desde o princípio foi um líder estudantil. Passou os anos de 1917 a 1919 no Japão, onde tomou conhecimento do socialismo. Quando o Movimento de Quatro de Maio começou, Zhou voltou para Nankai, que agora era uma universidade, e dedicou-se a editar um jornal estudantil. Daí em diante, sua vida foi essencialmente a de organizador e propagandista, mas logo passou para a esquerda, e sua postura revolucionária foi confirmada por uma experiência de vários meses na prisão. No verão de 1920, ele foi para a França.

Várias centenas de estudantes chineses encontravam-se na França, além dos cerca de cem mil trabalhadores chineses trazidos para ajudar no esforço de guerra. A maioria dos estudantes cumpria um programa de trabalho e estudo, mas muitos se dedicavam acima de tudo à grande questão da salvação da China. Zhou Enlai imediatamente alcançou o topo, como o jovem líder mais impressionante, delicado e diplomático dentre eles. Sua especialidade não era de ser a figura principal, mas de levar personalidades rivais a um entendimento útil. Dessa forma, desde o princípio, seu papel era o de um líder que mantinha a liderança coesa não por dominação, mas por persuasão. Quando de sua volta para Guangzhou em 1924, Zhou Enlai era o mais perfeito praticante de política revolucionária da Frente Unida.

Em Guangzhou ele ingressou na equipe da nova Academia Militar de Whampoa e tornou-se vice-diretor do departamento de treinamento político – em outras palavras, um importante comissário e ao mesmo tempo um subordinado e, portanto, aluno do jovem general Jiang. Em março de 1927, ele era o responsável por Shangai quando a revolta liderada pelos comunistas preparou o caminho para o Exército Nacionalista, apenas para serem traídos pela ruptura de Jiang Jieshi. Zhou foi um líder novamente na sublevação em Nanching em 1927, que se tornou a data de aniversário do Exército Vermelho. Mais tarde, ele cooperou com os 28 bolcheviques e apoiou uma série de secretários do partido enquanto ele próprio evitava o posto. Em Jiangxi ele aderiu à guerra posicional até ela resultar em desastre.

O segredo do sucesso final de Zhou foi que ele teve a inteligência de reconhecer que a abordagem doutrinária de Moscou em relação à China era fútil e que ele próprio não possuía a capacidade criativa de ajustar as políticas do PCC às condições chinesas. Apenas por conhecer suas próprias limitações, ele pôde, tendo sido superior hierárquico de Mao, tornar-se seu subordinado na decisiva Conferência de Zunyi no início de 1935, quando Mao começou a assumir a liderança do PCC durante o percurso da Longa Marcha.

Zhou representava a continuidade de uma equipe. Com ele, na França, haviam estado Chen Yi e Nie Rongzhen, que se tornariam marechais das forças do PCC. Mais tarde, em Beijing, Chen se tornaria ministro das Relações Exteriores e Nie seria encarregado do desenvolvimento nuclear. Deng Xiaoping havia sido o encarregado do mimeógrafo de Zhou em Paris. A liderança que sobreviveu à Longa Marcha era, de fato, estreitamente ligada.

Perto do final da Longa Marcha, Mao e seu Exército Vermelho da base de Jiangxi reuniram-se com outra parte do Exército Vermelho, chefiada por outro dos fundadores do PCC, Zhang Guotao, que havia estabelecido uma base nas montanhas Dabie, a nordeste de Wuhan, que depois transferiu para o norte de Sichuan em 1933. Quando se encontraram, os soldados de Zhang eram muito mais numerosos que os de Mao. Embora tivessem organizado seus exércitos em dois grupos principais, Mao e seus colegas de Jiangxi, como Benjamin Yang (1990) mostra detalhadamente, não podiam aceitar os planos, um tanto vagos, e a reivindicação de liderança de Zhang. Sendo informados de que um pequeno exército do PCC das montanhas Dabie havia estabelecido uma base no norte de Shaanxi, perto da Grande Muralha, Mao e seus homens de Jiangxi resolveram torná-la sua meta. Zhang Guotao separou-se e mais tarde aliou-se ao GMD.

Uma vez chegado à província de Shaanxi, no noroeste, no final de 1935, o PCC pouco caminho tinha para diante, a não ser o deserto a oeste e o rio Amarelo a norte e leste. Shaanxi havia sido talhado no passar de eras pela erosão do platô de limo calcáreo. A ausência de rodovias tornava aquela área defensável, mas faltavam-lhe suprimentos e população, e a campanha de supressão nacionalista talvez a tivesse extinguido, não fosse a invasão japonesa de 1937. Preparando-se para a resistência, as tropas do Nordeste (Manchúria), aquarteladas em Xi'an para combater os comunistas, preferiram combater os japoneses invasores de sua terra natal. Em dezembro de 1936, os povos do Nordeste rebelaram-se e capturaram Jiang Jieshi. Antes de o libertarem, incitaram a idéia de uma frente unida chinesa, em vez de chineses lutando contra chineses.

A segunda Frente Unida

Em 1928, o PCC perdera o poder quando seu Sexto Congresso teve de se reunir em Moscou. Embora o Comintern tenha dirigido seu destino por algum tempo depois disso, por volta de 1935 os elementos treinados pela Rússia já começavam a ser suplantados pelos seguidores de Mao, não em razão de alguma conspiração, mas porque Mao descobrira a chave do poder no campo chinês. Isso era devido à sua percepção da mentalidade, das necessidades e dos interesses do povo comum. Interessava realmente à "linha de massa" preconizada por ele que a revolução fosse guiada e apoiada pelo povo comum. As doutrinas importadas teriam de ser secundárias. Era preciso escutar o povo atentamente, para melhor recrutá-lo, mobilizá-lo e controlá-lo.

Uma falência comparável às ordens do Comintern dera-se nas áreas brancas sob o controle do GMD. Tentativas repetidas de organizar sindicatos trabalhistas como um proletariado urbano e usar greves para obter o controle de cidades nunca se realizaram. O organizador principal que surgiu foi outro homem que sabia ir atrás do que era possível. Liu Shaoqui encabeçava o esforço comunista nas cidades do Norte da China, onde ele estimulou o movimento literário de esquerda, o uso das artes e o recrutamento de estudantes. Eliminando as doutrinas do Comintern relativas à revolução proletária, Liu conseguiu uma nacionalização paralela dos métodos do PCC.

Quando Liu se uniu a Mao em Yan'an em 1937, a segunda frente unida já se organizara. Uma frente unida de todos os chineses contra o Japão tornou-se a linha de Moscou no verão de 1935, a fim de combater a ascensão do fascismo na Europa e a agressão japonesa no Oriente. Mao, porém, declarou-se favorável a uma frente unida na China contra os japoneses, mas com a exclusão de Jiang Jieshi. O ponto-chave era que a revolução nacional para salvar a China do Japão agora tinha precedência sobre a revolução social no campo, mas Mao não abria mão da segunda, para concentrar-se na primeira. Em vez disso, ele recomendou insistentemente um esforço em duas frentes, para combater tanto os japoneses quanto Jiang Jieshi, pelo desenvolvimento de bases soviéticas em uma guerra de resistência. Para comprovar sua sinceridade, o PCC lançou uma expedição a leste de Yan'an para a província de Shanxi a fim de atacar os japoneses mais a leste. Foi justamente então, na primavera de 1936, que uma ordem do Comintern determinou que Mao se juntasse a uma frente unida com Jiang. Zhou Enlai foi a Shangai para negociar os termos.

Quando o GMD e o PCC finalmente chegaram a um acordo quanto a uma aliança de frente unida em abril de 1937, Mao começou a prevalecer sobre os 28 bolcheviques remanescentes no PCC. Longe de unir-se ao GMD, Mao planejava continuar a revolução social em áreas soviéticas como uma base para combater o Japão no interesse da nação. Se essa estratégia funcionasse, as forças armadas independentes do PCC desenvolveriam suas próprias bases e seu próprio apoio popular, enquanto também aproveitavam a onda de resistência nacional aos invasores. O fundamento do comunismo nacional de Mao já estava preparado.

A força do nacionalismo chinês fora mobilizada em princípios de 1920, com a ajuda de conselheiros soviéticos, em duas ditaduras de partido rivais. Entretanto, o mais antiga deles, o GMD, já havia se tornado a esperança e o caminho de promoção para os profissionais sino-liberais urbanos preparados no Ocidente ou em faculdades cristãs. Dessa forma, a China Nacionalista apontava para dois caminhos, um dirigido para o Ocidente reformista nas cidades, e o outro, para o conservadorismo no campo. Ambas as filosofias podiam estar presentes na mesma família.

Sem a devastadora invasão japonesa, o governo de Nanjing talvez tivesse, aos poucos, encabeçado a modernização da China. O que ocorreu, porém, foi que a resistência ao Japão deu a Mao e ao PCC a oportunidade de estabelecerem um novo poder autocrático no campo, excluindo os elementos de uma sociedade civil urbana nascente que ainda se desenvolvia sob os nacionalistas. Em condições de tempo de guerra, o PCC estava construindo um novo tipo de Estado chinês preparado para a guerra de classes. No século XX, os revolucionários chineses estavam se preparando para atacar e reorganizar uma estrutura de classes que já durava pelo menos três mil anos.

16

A guerra de resistência da China 1937-1945

Dificuldades nacionalistas

A tentativa do Japão militarista de conquistar a China começou pela captura da Manchúria em 1931 e tornou-se uma invasão plena de 1937 a 1945. Os historiadores japoneses viam o Japão seguindo o modelo dos conquistadores manchus de 1644, enquanto os modernizadores de Tóquio viam o Japão guiando o povo chinês para o mundo moderno. Mas os tempos haviam mudado. A agressão japonesa apenas fortaleceu o novo nacionalismo da China.

Durante os oito anos de guerra, uma grande parte do povo chinês estava em território ocupado pelos japoneses, principalmente nas cidades costeiras e nas cidades ferroviárias. Um outro grande segmento vivia na área controlada pelo GMD, chamada China Livre. A menor divisão da China era a área do PCC, com sua capital em Yan'an. Os historiadores têm a mente voltada para a genética, procurando origens, e o futuro da China veio de Yan'an. Conseqüentemente, a derrota do Japão e, depois, a dos nacionalistas foram muito menos pesquisadas do que a ascensão do PCC. O sucesso é criativo e interessante, o fracasso, triste e enfadonho. Quem se interessa? Além do mais, como Yan'an é menor em tamanho e documentação, é mais fácil analisá-la que a experiência altamente diversificada da China Ocupada e da China Livre. Essas duas áreas, embora maiores que a área sob Yan'an, foram menos estudadas.

Embora o GMD e o PCC fossem ambos ditaduras partidárias em sua forma, na verdade eram duas criaturas políticas muito diferentes. O GMD teve duas encarnações: a primeira, nos associados de Sun Yatsen na revolução de 1911, e a segunda, nos seguidores de Jiang Jieshi no governo de Nanjing depois de 1927. A remoção forçada do GMD, em 1938, de Nanjing para Wuhan e, depois, para Chongqing, além dos desfiladeiros de Yangzi, isolou-o de suas raízes. Seus rendimentos da Alfândega Marítima e do comércio de ópio para Shangai foram eliminados. Seus administradores, com treinamento moderno, formando um escalão organizado a duras penas, foram transformados em refugiados. De governo central da China, o regime nacionalista passou a ser um fugitivo em um reduto cercado de montanhas, obrigado a trabalhar com proprietários e militaristas provincianos reacionários. Na China Ocidental o governo de Chongqing tentou manter os senhores da guerra em locais calmos para não perturbar a ordem social nas aldeias.

O sistema educacional sino-liberal iniciante da China sofreu uma penosa destruição de instalações. Faculdades de missionários continuaram funcionando sob a ocupação japonesa, mas em universidades puramente chinesas muitos estudantes e corpos docentes migraram em 1937-1938 Yangzi acima ou para o sudoeste. A Universidade Associada do Sudoeste, em Kunming, foi estabelecida pela Universidade de Qinghua (Tsing Hua), a Universidade de Beijing, pela de Beijing, e a Universidade de Nankai, pela de Tianjin. Enquanto isso, a Universidade de Yanjing e outras instituições cristãs, depois do ataque japonês aos Estados Unidos, em dezembro de 1941, reuniram-se no local da Universidade West China Union em Chengdu. Usinas industriais inteiras foram desmontadas e embarcadas rio acima, onde a Comissão de Recursos Naturais já estivera desenvolvendo minas e indústrias. Intelectuais e administradores governamentais, com grande patriotismo, suportaram ser afastados de seus lares e aprenderam a viver de modo primitivo no interior. Infelizmente, embora formassem a parte principal dos profissionais da China moderna, suas esperanças se frustaram. Isso se deveu em parte à inépcia de seu governo.

Com coragem admirável, mas pouca previsão, o regime nacionalista enfrentou seus problemas com expedientes de curto prazo que pouco o fortaleceram para o futuro. O governo de Chongqing apoderou-se do imposto territorial de grãos como um meio de alimentar sua administração. Seus incorporadores industriais tinham arsenais trabalhando para sustentar a guerra. O espírito de resistência foi estimulado pelo bombardeio de Chongqing pelos japoneses, mas nesse meio-tempo o espírito da frente unida se deteriorava. Intelectuais radicais em Chongqing começaram a se desgarrar e ir para o Norte, para a Yan'an comunista, exceto os que já eram "quadros externos" do PCC designados para trabalharem como liberais aparentes na área do GMD. A polícia secreta, tanto do partido quanto do governo, sentia-se cada vez mais compelida a manter os liberais na linha como subversivos potenciais. Métodos violentos contra estudantes, editores e outros inimigos aparentes aumentavam constantemente a ruptura entre os intelectuais e o governo, que esperava contar com eles no futuro.

O regime de Jiang Jieshi foi tão prosaicamente conservador em Chongqing quanto em Nanjing. A classe camponesa foi recrutada e taxada, mas apenas isso. A alfabetização não foi promovida, e o serviço de saúde pública não chegou a muitas aldeias. A camada social de classe dominante da China antiga continuou a se manter bem distinta das massas no campo. A província de Sichuan, a não ser a região irrigada de arrozais em torno da capital em Chengdu, consistia sobretudo em montanhas escarpadas e rios caudalosos, com um clima desagradavelmente úmido, um tanto frio no inverno e opressivamente quente no verão. À periclitante falta de amenidades da vida moderna juntava-se a inflação generalizada. Em vez de aprender a viver à custa do campo, como o PCC fora obrigado a fazer, o GMD vivia às expensas da imprensa. A inflação gradativamente solapava o moral da classe superior.

Durante a Segunda Guerra Mundial, o governo nacionalista demonstrou todas as suas fraquezas anteriores. Senhores da guerra locais, detentores do poder em Sichuan, Yunnan e Guangxi, dificultaram muito a extensão do controle local de Chongqing. O governador de Yunnan, onde Kunming se tornara a base aérea de entrada para a China Livre, pôde manter a polícia secreta e as tropas de Jiang Jieshi praticamente fora de sua província até o fim da guerra, em 1945. A polícia nacionalista foi incapaz de suprimir o movimento de professores e estudantes da Universidade Southwest Associated em Kunming por um governo de coalizão e contra a guerra civil até o final de 1945.

Os nacionalistas também não lidaram bem com a população fazendeira. Embora a inflação inicialmente ajudasse os produtores agrícolas com o aumento de preços de suas safras, isso foi logo contrabalançado por um aumento pesado de taxação – uma proliferação flagrante de centenas de tipos de impostos ou propinas pequenos, instituídos em especial pelos chefes de governo locais para financiar suas necessidades administrativas e pessoais. Como Lloyd Eastman (1984) relata, "Havia, por exemplo, uma taxa de 'contribuição para as sandálias dos recrutas', uma taxa de 'conforto para as famílias dos recrutas', uma taxa de 'treinamento de quadros de defesa antiaérea' e uma taxa de 'fornecimento de combustível para a guarnição'".

A esses encargos acrescentavam-se o recrutamento de homens e a requisição de grãos pelos nacionalistas. O trabalho gratuito era considerado à disposição do exército, enquanto o governo central também autorizava os oficiais do exército a viverem à custa do campo pelas requisições compulsórias de grãos. Quando a fome chegou à província de Henan em 1942-1943, significava a inanição ou para os soldados ou para o povo. As requisições continuaram com força total, e os soldados logo foram atacados por camponeses famintos. A fome levou à estocagem secreta de suprimentos com fins lucrativos e a um enorme aumento da corrupção. O resultado infeliz foi que os recursos do governo pouco aumentaram, enquanto os funcionários subalternos e os proprietários descobriram como lucrar com a inflação. À altura do fim da guerra, revoltas camponesas começaram a surgir em várias províncias da China Livre.

Entrementes, tanto o governo nacionalista em Chongqing quanto o PCC em Yan'an combatiam em uma guerra de duas frentes, contra o Japão e um contra o outro. A guerra contra o Japão, que começara nos arredores de Beijing em 7 de julho de 1937, levou ao anúncio, em agosto e setembro, de um acordo para uma frente unida entre o PCC e o GMD. O PCC concordou em cessar sua revolução armada para transformar a sociedade chinesa, desistiu do confisco forçado de terras de proprietários e pôs seu Exército Vermelho sob o comando do governo central. Por seu lado, o GMD permitiria que o PCC estabelecesse escritórios de ligação em várias cidades, publicasse seu *Jornal da Nova China* em Chongqing e fosse representado nos corpos consultivos do GMD. A partir de então, a forma da frente unida foi mantida. O Exército Vermelho chamava-se agora o Exército da Oitava Rota, e Zhou Enlai residia em Chongqing para representá-lo. Tendo passado o ano de 1938 na capital transitória em Wuhan, ele já era o ministro das Relações Exteriores do PCC e seu representante perante a imprensa mundial.

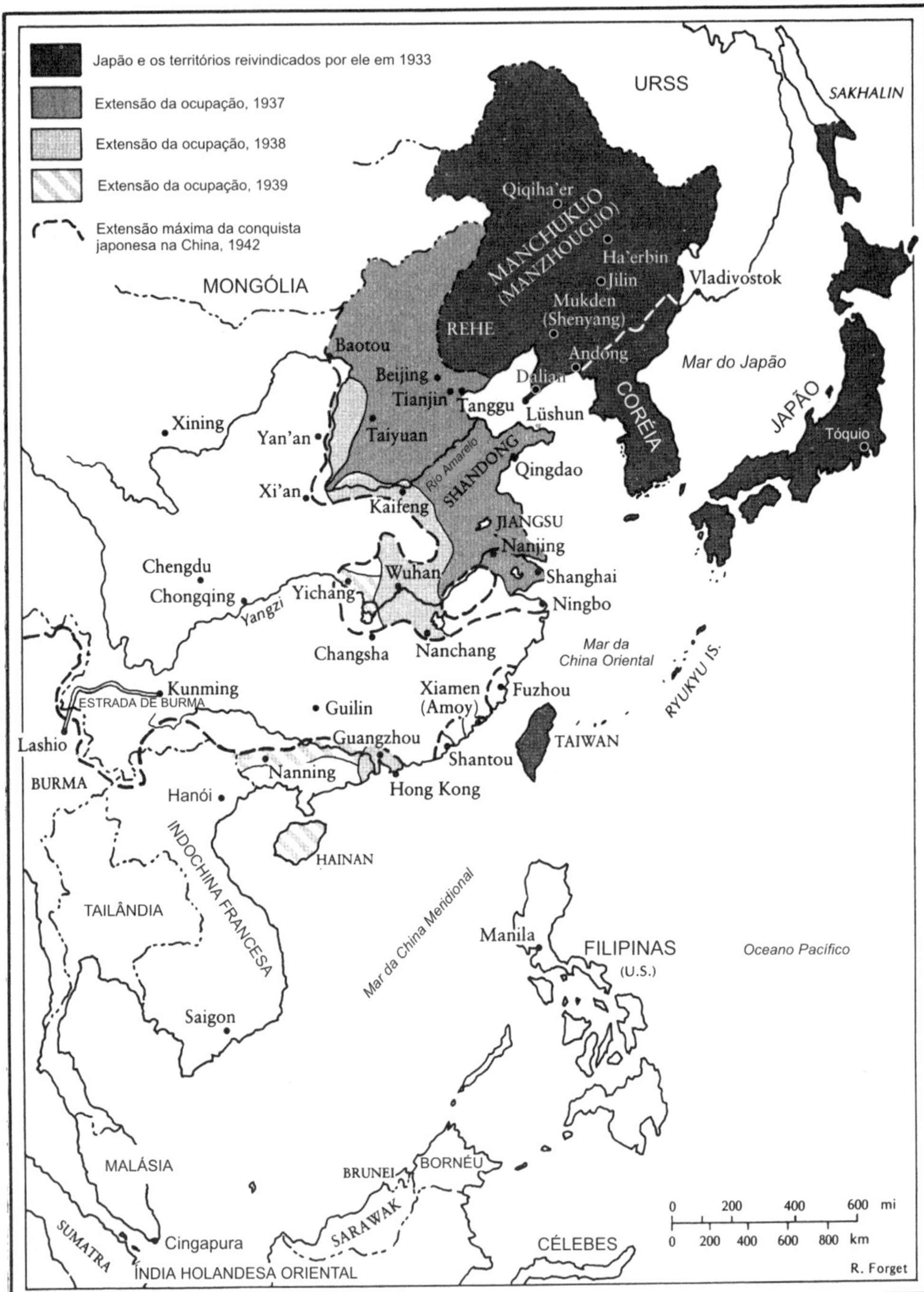

23. A invasão japonesa na China

Os termos do acordo da frente unida permaneceram incontestes no papel, mas na realidade foram desfeitos pela evolução da situação. Yan'an recusou-se a receber oficiais do Estado-maior nacionalista em sua área. Na verdade, o Exército da Oitava Rota continuava a ser uma força independente, a despeito de um pequeno subsídio dos nacionalistas. Nesse ínterim, o PCC, ao desenvolver suas áreas de base, mantinha a ordem, estimulava a produção econômica por meio de artifícios tais como equipes de ajuda mútua e continuava recrutando ativistas camponeses pobres, que acabariam por suplantar os camponeses ricos. O número de membros do partido cresceu de cerca de quarenta mil reivindicados em 1937 a supostos 1,2 milhão em 1945, enquanto as forças armadas aumentaram de 92 mil em 1937 para talvez 910 mil em 1945.

O achinesamento do marxismo por Mao

Controlar e dirigir a organização extensa do movimento do PCC através da amplidão do Norte da China exigia membros do partido dedicados e disciplinados, núcleos de ativistas experientes nas aldeias, uma tentativa de auto-suficiência em cada base e o emprego da radiotelegrafia para transmitir mensagens. O princípio de controle centralizado sobre uma situação descentralizada foi demonstrado na organização governamental. O Comitê Central do partido tinha seus departamentos em Yan'an lidando com assuntos militares, organização, trabalho de frente unida, áreas ocupadas pelo inimigo, mão-de-obra, mulheres e similares, um total de doze categorias. Entrementes, a organização territorial era dividida entre meia dúzia de departamentos regionais, tais como o Norte da China, o Noroeste da China, a Planície Central. Dentro desses departamentos regionais, havia seções correspondentes àquelas sob o Comitê Central em Yan'an. O princípio de "integração" (*yiyuanhua*) significava que todas as diretivas da capital em Yan'an para as seções especializadas dos departamentos regionais teriam de passar pelo chefe da sucursal, ou pelo menos ser de seu pleno conhecimento, como coordenador local.

Na Segunda Guerra Mundial, Yan'an tornou-se, para alguns observadores estrangeiros, uma "terra do nunca" cheia de sol e bonomia. O entusiasmo revolucionário era contagiante, como Edgar Snow e outros jornalistas relataram ao mundo. A democracia caseira evidente entre os líderes do PCC contrastava surpreendentemente com Chongqing. O auxílio americano nunca realmente chegou a Yan'an, e a superficialidade do contato permitiu que se cultivasse uma mitologia que cativou os liberais no exterior.

O segredo do sucesso de Mao em Yan'an foi a sua flexibilidade na combinação de metas de curto prazo com metas de longo prazo. De curto prazo, ele adotou, em 1940, a Nova Democracia como uma doutrina da frente unida que abarcaria todo o povo chinês que aderisse à liderança da PCC. Para o longo prazo, ele desenvolveu firmemente a organização do partido, inclusive seu controle sobre os intelectuais. O movimento de retificação de Yan'an de 1942-1944 (descrito em mais detalhes a seguir) estabeleceu a mobilização ao estilo de campanha, incluindo isolamento individual, terror, luta, confissão, humilhação e subserviência. Os membros do partido viriam a conhecê-la bem, assim como o público. Foi uma das façanhas de Mao, com raízes tanto no leninismo-estalinismo quanto no confucionismo imperial.

Enquanto isso, a verdadeira força do poder crescia na mobilização pelo PCC da classe camponesa do Norte da China. Os japoneses eram excelentes alvos contra os quais se mobilizar. Invadindo a China pelas linhas férreas, tentaram vedar as áreas intermediárias, mas suas casamatas nas linhas férreas não conseguiam controlar o comércio e o contato através das linhas. De modo geral, sua invasão preparou o terreno para a mobilização do PCC. Se o sucesso do PCC nessa situação era devido ao simples nacionalismo ou à doutrina do PCC, isso é na essência uma questão que não interessa, porque o PCC já representava o comunismo nacional, não o Comintern, enquanto as doutrinas do PCC nasciam da prática nas aldeias e também atraíam intelectuais para o grande plano de salvação mundial.

Nos governos da Região de Fronteira e das Áreas Liberadas que o PCC desenvolveu em diferentes partes do Norte da China, o primeiro princípio era o controle partidário baseado na doutrinação de quadros e na imposição de disciplina. A doutrinação tinha de combinar os princípios de longo prazo de Mao com sua flexibilidade tática, pois os regimes organizados pelo PCC operavam a grandes distâncias de Yan'an e muito por conta própria, a não ser pela comunicação incerta por rádio.

O segundo princípio era descobrir o que os camponeses queriam e dar isso a eles: em primeiro lugar, paz e ordem locais; em segundo lugar, um exército de soldados amistosos que ajudassem na vida camponesa, colhendo safras quando preciso e confraternizando com os aldeões; em terceiro lugar, um recrutamento de ativistas locais que poderiam bem ser encontrados no nível superior da classe camponesa pobre, pessoas capacitadas que se sentiam frustradas pelas circunstâncias; em quarto lugar, um programa de melhoramento econômico por meio de plantações aperfeiçoadas, mas, sobretudo, pela cooperação agrícola sob a forma de ajuda mútua, transporte organizado e produção de bens de consumo em cooperativas.

Ao progredirem, esses esforços tornaram-se as bases de um terceiro princípio: a luta de classes. Isso tinha de ser abordado cuidadosamente, porque os proprietários do Norte da China não passavam de camponeses ricos, mas talvez pudessem lançar mão de suas próprias forças locais, recrutadas entre sociedades secretas e mercenárias. Nos anos iniciais, o GMD também tinha suas forças em partes do Norte da China e, assim, oferecia um foco alternativo de fidelidade. O PCC lidou com isso pelo estabelecimento de um sistema de três terços bastante persuasivo; os comunistas controlavam apenas um terço dos pequenos congressos que sancionavam o governo local, deixando os outros dois terços para o GMD e os independentes. Nessa base, naturalmente, a disciplina e a dedicação superiores do PCC permitiam que eles se tornassem líderes por seus próprios méritos. À medida que sua boa reputação era justificada pelo apreço popular, eles podiam preparar o caminho para a reforma do campo, além dos programas de produção econômica.

A reforma do campo poderia ser executada apenas depois que três ingredientes estivessem presentes: controle militar, melhorias econômicas e recrutamento de ativistas da aldeia. No processo em si, o truque era mobilizar a opinião contra os proprietários déspotas, tais como eram, e – denunciando ou liquidando-os – aliciar os aldeões para um processo revolucionário. Todas as posses de terras eram avaliadas e redistribuídas em bases mais justas, de acordo com categorias que davam a cada indivíduo seu *status* como camponês rico, médio ou pobre ou trabalhador sem terra. Se essa redistribuição se tornasse permanente, os ativistas da aldeia podiam começar a ser doutrinados nos espíritos e crenças da liderança do partido. A mensagem simples dizia que as pessoas podiam criar um futuro melhor para si mesmas se organizassem seus esforços em uma unidade nova.

A liderança dessa nova unidade podia ser encontrada no PCC. Embora o indivíduo nada pudesse conquistar sozinho, podia contribuir, pelo sacrifício de seus interesses individuais, para os interesses de uma causa comum. O princípio de centralismo democrático era então exaltado como um meio pelo qual todos poderiam dar sua opinião e participar, mas, uma vez tomada uma decisão pelo partido, todos a obedeceriam. Isso jamais seria aceito em uma assembléia de cidadãos da Nova Inglaterra, mas em uma aldeia do Norte da China, onde a alternativa era o governo de proprietários e funcionários de fora da região, era particularmente persuasivo.

Em resumo, a idéia de "linha de massa" foi prenunciada aqui: o partido tinha de se misturar ao povo para descobrir suas queixas e necessidades, que seriam então formuladas pelo partido e explicadas às massas como sendo em seu próprio interesse. Esse conceito das-massas-para-as-massas era, na verdade, um tipo de democracia apropriada para a tradição chinesa, em que a autoridade da classe dominante havia governado melhor quando tinha em mente os verdadeiros interesses dos povos locais, governando em prol deles.

Dessa maneira, a guerra de resistência contra o Japão sancionou uma mobilização pelo PCC das massas chinesas no campo; e isso, uma vez alcançado, deu um novo poder ao PCC baseado não nas cidades, mas nas aldeias. A expansão e construção de bases do PCC pelo Norte da China e até na região do Yangzi atingiram um novo ponto alto em 1940.

Os japoneses haviam estendido seu controle pelo estabelecimento de casamatas a cada cinco quilômetros ao longo das linhas férreas. Então, colunas partiam desses pontos fortes para invadir as aldeias. Porém os japoneses, como os americanos no Vietnã e mais tarde os russos no Afeganistão, enfrentavam o problema de como controlar uma população estrangeira no local onde viviam, em parte pelo uso de soldados-fantoches e em parte pela sua própria superioridade em potência de fogo. Os japoneses eram invencíveis na guerra posicional normal, mas eram vulneráveis ao desgaste de seus recursos pela guerra de guerrilha. Para se opor a isso, os japoneses espalharam sua rede de pontos fortes e linhas de bloqueio em um esforço para matar os guerrilheiros por inanição, cortando-lhes os suprimentos.

Em resposta a essa pressão japonesa, o comandante-em-chefe do quartel general militar do PCC, Peng Dehuai, preparou um ataque amplo conhecido como a Ofensiva dos Cem Regimentos, que começou em agosto de 1940. As linhas férreas japonesas eram cortadas repetidamente por todo o Norte da China, e suas casamatas eram destruídas. Foi a principal ofensiva do PCC em toda a guerra, planejada pelo general Peng, possivelmente sem conhecimento pleno de Yan'an. Após várias semanas, essa ofensiva foi, claro, uma grande vitória para o PCC, mas então os japoneses retaliaram com força vingativa. Trazendo mais tropas, eles montaram uma campanha de "três-tudo": "mate tudo, queime tudo, saqueie tudo". Pararam de tentar discriminar entre a classe camponesa comum e o Exército da Oitava Rota e simplesmente destruíam tudo a seu alcance. As aldeias, uma vez destruídas, eram guarnecidas. O número de casamatas chegou a milhares. Essa fúria e destruição resultaram na ruptura da posição do PCC através do Norte da China, isolando muitos setores e tomando o controle da maioria das sedes de condado que o PCC adquirira. Foi um desastre em grande escala, e o PCC não lançou outra ofensiva como essa.

Nesse ínterim, a expansão comunista na região do Yangzi, sobretudo pelo Novo Quarto Exército, também suscitou retaliação das forças nacionalistas. Negociações levaram à retirada da maior parte do Novo Quarto Exército do sul ao norte do Yangzi, mas, em janeiro de 1941, a unidade do quartel-general de vários milhares de soldados do PCC caiu em uma emboscada dos nacionalistas e foi praticamente destruída, episódio que ficou conhecido como o "incidente do Novo Quarto Exército". Embora nenhum dos dois partidos tenha admitido o fim da frente unida, porque ela era, em forma, vantajosa para ambos, esse fato realmente aconteceu.

Esses reveses deixaram Yan'an diante de uma grave crise. Os bloqueios do GMD e dos japoneses haviam interrompido quase todo o comércio, a inflação crescia rapidamente, e todo o regime teve de economizar para sobreviver. Conquanto Yan'an tivesse progredido com uma taxação muito modesta da safra de grãos dos camponeses, em 1941 o mau tempo gerou escassez, e o governo começou a exigir cerca de 10% da produção de grãos. Os confiscos dos proprietários haviam se esgotado. A única saída era partir para a auto-suficiência, como, por exemplo, a produção local de bens de consumo, como tecido de algodão. Terra cultivada e irrigação foram muito incrementadas, a produção de grãos aumentou, e os animais de criação também. Em resumo, a crise econômica foi enfrentada com um esforço maior para incrementar a produção por todos os meios possíveis.

Paralelamente a essa recuperação econômica, no início da década de 1940 Yan'an viu Mao Zedong estabelecer sua autoridade sobre o PCC. Mao só pôde fazer uma leitura extensa da obra de Marx quando teve algum tempo livre em Yan'an depois de 1936. Logo ele passou a fazer preleções sobre materialismo dialético e escreveu seus ensaios "Sobre a prática" e "Sobre a contestação". Como ainda não tinha eliminado os 28 bolcheviques, suas preleções tinham como objetivo mostrar sua capacidade para liderança intelectual, embora as preleções fossem um tanto toscas. Não obstante, Mao demonstrou sua originalidade por sua ênfase em contestações, que se postulava na "unidade de opostos", uma idéia que trazia em si muito da história chinesa.

Seu objetivo filosófico em Yan'an não era o de meramente estabelecer um partido nacionalista preocupado com a nação chinesa, mas também o de adaptar o marxismo aos costumes chineses. O imperativo político era de que o partido tinha de alcançar a organização disciplinada, marcada pela aceitação da linha partidária, para que se pudesse garantir que os membros do partido operassem à distância segundo as diretivas. O GMD sofrera devido ao sectarismo intenso. O PCC em Yan'an, como uma organização menor, teve algum sucesso na erradicação desse problema.

O consenso entre os ativistas do partido dependia de eles estarem intelectualmente convencidos da sabedoria da linha do PCC. A linha tinha de invocar princípios teóricos para sancionar ações práticas. Isso foi realizado pela criação gradativa do corpo de idéias conhecido popularmente no Ocidente como maoísmo, mas em chinês denominado mais modestamente de "O pensamento de Mao Zedong". Representava o achinesamento do marxismo-leninismo, a aplicação de seus princípios universais às condições específicas da China. Como Mao o construiu, peça por peça, é, portanto, um assunto digno de ser estudado.

O pensamento de Mao Zedong

Tanto o budismo quanto o cristianismo, ao chegarem à China, haviam enfrentado um problema de terminologia, de como escolher caracteres chineses que expressassem os novos conceitos, mantendo-os distintos dos antigos conceitos chineses expressos pelos mesmos caracteres. Socialistas chineses foram pioneiros nesse esforço. Muito antes de Mao, a adaptação chinesa do marxismo começara no nível de tradução de termos-chave. O "proletariado" de Marx, ator principal de seu drama cósmico, era sem dúvida associado à vida urbana no pensamento ocidental, especificamente aos operários de fábrica do início do século XIX, sujeitos às condições muitas vezes indizíveis da industrialização na Europa Ocidental. A tradução para o chinês, porém, produziu o termo *wuchan jieji,* que significa "classe sem propriedades", em outras palavras, os muito pobres, que poderiam tanto ser da cidade como do campo, e, claro, na China eram sobretudo do campo. Efetivamente, o "proletariado" europeu era encontrado na China na "classe camponesa" pobre entre fazendeiros e trabalhadores sem terra. Admitindo que a terminologia marxista era usada por marxistas chineses em termos consoantes com os dos marxistas de Moscou, havia, não obstante, uma sutil diferença quando espalhavam sua doutrina entre os estudantes chineses e o povo comum.

O termo chinês usado para "feudal", *fengjian*, referia-se no pensamento clássico chinês, à fragmentação da soberania no período dos Reinos Combatentes antes da unificação Qin em 221 a.C. Significa apenas administração descentralizada, sem referência ao sistema do campo ou ao *status* dos agricultores. Contudo, se o feudalismo fosse identificado na China com a exploração pelos proprietários, como queriam os comunistas, então ele perduraria dois mil anos. Dessa forma, os períodos definidos por Marx na história européia não poderiam ser aplicados facilmente à China. Se toda a história chinesa durante os dois mil anos após 221 a.C. tivesse sido "feudal", o termo perderia seu sentido, ou seria humilhante. "Proletariado" e "feudal" eram apenas dois dos termos-chave do marxismo e obviamente não se ajustavam à cena chinesa sem serem deturpados.

Bem à parte desse problema terminológico do achinesamento, a base econômica da vida chinesa, sendo principalmente no campo, dava à revolução chinesa um caráter rural mais pronunciado do que na União Soviética. Os principais revolucionários tinham de ser da classe camponesa. O fator final para o achinesamento era o sentimento dominante de nacionalismo chinês, baseado no orgulho cultural e histórico, o que significava que a China não poderia ser menosprezada por outrem. Na realidade, o povo chinês só poderia aceitar um marxismo chinês.

Com o tempo, a consciência histórica chinesa viria a solapar a verossimilhança do marxismo na China. Mas, para os fins de Mao, podia-se afirmar que a dominação da classe proprietária ("feudalismo") era apoiada pelos exploradores "imperialistas" do exterior, enquanto a ascensão de uma classe comerciante chinesa centralizada nas cidades produziu uma "burguesia nacional" capitalista. Apenas a sua ala de "compradores" se vendeu aos exploradores "imperialistas", e a situação poderia ser sanada pelo estabelecimento de uma autoridade estatal central para completar as tarefas da "revolução burguês-democrática". Posteriormente, a revolução alcançaria a etapa final do socialismo. Em outras palavras, havia ajuste suficiente para permitir que o marxismo prosseguisse com a obra da revolução pela propagação de seu novo sistema de crença histórico-mundial.

No entanto, o achinesamento continuava sendo um empreendimento de duas frentes, porque o PCC tinha de manter suas credenciais como parte do marxismo-leninismo internacional, usando o jargão ortodoxo europeu. Dessa forma, desde o início, o GMD em Guangzhou não podia ser definido como representando simplesmente uma classe burguesa que tentava completar sua fase da revolução democrática burguesa. Não, o governo do GMD, em vez de representar a classe capitalista burguesa, fora um governo multiclasse ou de "bloco de quatro classes", em que o proletariado (PCC) podia participar. Mais tarde, Mao argumentou que "a burguesia e o proletariado chineses são recém-nascidos e nunca existiram antes na história chinesa... são gêmeos nascidos da antiga sociedade (feudal) chinesa, ao mesmo tempo ligados entre si e antagônicos um ao outro". Com base nisso, era apropriado que o proletariado liderasse a revolução democrática burguesa, uma teoria que justificava a luta pelo poder do PCC. Na China, isso fazia sentido, independentemente de se aplicar ou não na Europa.

Por exemplo, ao desenvolver sua idéia de Nova Democracia na China, Mao começou pelo pressuposto marxista de uma revolução democrática burguesa como a transição do feudalismo para o capitalismo, que seria seguida por outra revolução como a transição do capitalismo para o socialismo. Na Europa, a revolução democrática burguesa era simbolizada pela Revolução Francesa da década de 1790, enquanto era opinião geral que a revolução socialista só tivera sucesso na Rússia em 1917. Em outras palavras, a história do século XIX representara uma fase democrática burguesa do desenvolvimento social. Qual era o equivalente na China?

Marxistas chineses só poderiam concluir que a revolução democrática burguesa fora introduzida pelo Movimento de Quatro de Maio em 1919, que poderia ser caracterizado pelos leninistas como uma realização do capitalismo nacional. Já que a revolução socialista seria realizada pelo PCC em algum momento futuro, essa aplicação do marxismo-leninismo à China significava que o país teria tido dois mil anos de feudalismo e apenas quarenta anos de capitalismo. Pelos padrões marxistas europeus, a China era singularmente deformada.

A campanha de retificação de 1942-1944

Agora que estava no poder, Mao esforçava-se não só para consolidar sua posição, mas também para unificar o partido e garantir a disciplina. A campanha de retificação de 1942-1944 limitava-se a membros do partido, cujo número havia aumentado e aos quais faltava a coesão da geração da Longa Marcha. Os alvos da campanha eram "subjetivismo, sectarismo e formalismo partidário". O "subjetivismo" visava aos dogmatistas que não sabiam combinar teoria com prática. "Sectarismo" referia-se ao facciosismo recente e às inevitáveis cisões entre soldados e civis, membros e não-membros do partido e aí por diante. "Formalismo partidário" significava o emprego de jargão em vez da busca de soluções práticas. Outros males eram os do burocratismo rastejante e da rotinização de administração. Esses podiam ser combatidos em parte pela descentralização – transferindo funcionários para trabalhar em aldeias mais perto dos problemas práticos. Também foi atacado o individualismo de muitos intelectuais que tinham vindo das cidades costeiras para Yan'an.

Um fator principal causava atrito no relacionamento do PCC com os intelectuais. Ao passo que os estudiosos sob a ordem imperial tinham sido orientados para o serviço público, os escritores da revolução do século XX haviam focalizado os males e as contravenções do governo, pois haviam se tornado uma classe separada do funcionalismo público. Os literatos tradicionais, em resumo, estavam agora divididos em dois grupos, os do serviço público e os da crítica pública. Os intelectuais modernos tinham a tradição de exprobração, alertando para as imperfeições das autoridades. Já que o grande crítico do GMD, Lu Xan, morrera em 1936, seu nome podia ser invocado, sem risco, como o de um modelo de perfeição.

Em Yan'an, no início da década de 1940, o controle da literatura pela nova autoridade estatal do PCC tornou-se uma questão central. Patriotas sino-liberais de todos os tipos haviam aderido à revolução, e seu compromisso de atacar as imperfeições do GMD naturalmente levou-os a criticar as imperfeições emergentes do PCC. Os seguidores mais próximos de Lu Xan haviam continuado, sob o PCC, a expressar suas críticas. Quando Mao Zedong fez suas duas preleções sobre literatura e arte em Yan'an no início de 1942, ele estabeleceu rigorosamente que a literatura devia servir ao Estado, nesse caso à causa da revolução encabeçada pelo PCC. Devia, portanto, ser otimista no estilo do realismo socialista da União Soviética, evitando o tipo de revelação sobre males e imperfeições que havia sido uma especialidade comunista na época do GMD.

Os métodos pelos quais o movimento de reforma do pensamento de Mao foi realizado em Yan'an, em 1942-1944, iriam tornar-se muito familiares na história do PCC daí por diante. O indivíduo cujos pensamentos deviam ser reformados primeiramente era investigado e persuadido a descrever a si próprio e sua experiência de vida ao ponto em que o grupo poderia começar a criticá-lo. Na crítica de grupo de estudo, o indivíduo era imediatamente isolado e submetido às repreensões ou admoestações de todos os outros. Isso abalava sua autoconfiança. No passo seguinte, em reuniões de conflito públicas, o indivíduo era acusado e humilhado publicamente diante de uma platéia grande e em geral zombeteira que representava a comunidade. Nesse ponto, outro fator entrava em operação, a saber, a dependência do indivíduo chinês com a opinião favorável do grupo e com a aprovação da autoridade.

Cada vez mais pressionado, sem poder fugir da difamação de sua antiga pessoa, o indivíduo era levado a escrever confissões para analisar sua má conduta e seu desejo de mudar. A pressão era ainda maior se ele então fosse isolado na prisão – submetido à solitária, ou colocado em uma cela com outros e obrigado a usar algemas de papel que não poderia romper sem conseqüências terríveis. Dessa forma, a conseqüente obliteração de sua personalidade preparava-o para a etapa final de renascimento e reconciliação. Quando sua confissão era finalmente aceita e o partido o recebia de volta à sua convivência, ele talvez experimentasse uma tremenda euforia e disposição para aceitar a orientação do partido. Não se tem certeza de que essa experiência psicológica mudava personalidades, mas, sem dúvida, era uma experiência profundamente desagradável, a ser evitada no futuro. De qualquer modo, o resultado era a submissão à linha partidária.

Para não começarmos a acreditar em poder total e sujeição total, devemos dar o devido crédito ao vigor de personalidades chinesas. Os que se sobressaíam como críticos eram com freqüência indivíduos obstinados e essencialmente inflexíveis, que se sentiam obrigados a aderir a seus princípios e criticar os males. Dessa forma, o emprego generalizado da reforma do pensamento pelo PCC não deve ser analisado do ponto de vista de que os intelectuais chineses eram escravos naturais. Pelo contrário, sua independência de opinião era difícil de ser dominada pelo partido.

O achinesamento do marxismo de Mao pode ser comparado proveitosamente com o fracasso do cristianismo de Taiping. Na década de 1850, a declaração de Hong de que era o irmão mais moço de Jesus logo o tornou execrado pela fonte estrangeira de sua visão, os missionários ocidentais, com quem, em sua profunda arrogância, ele sequer tinha relações. Em pouco tempo Hong tornou-se tanto um herege cristão como, dentro da China, um subversivo estrangeiro, alcançando o pior dos dois mundos. Em comparação, Mao, embora finalmente execrado por Moscou, conseguiu, durante algum tempo, cooperar com o Comintern, e, quando achinesou seu marxismo, disfarçou-o com uma capa de terminologia ortodoxa. Tanto Hong como Mao começaram com uma compreensão apenas rudimentar da doutrina estrangeira, e ambos se libertaram da dominação de estrangeiros – Hong, dos missionários, Mao, do Comintern. Mas, naturalmente, as diferenças entre eles superam de longe tais semelhanças.

Em 1943, Mao apresentou sua doutrina da "linha de massa". Como muitas das formulações intelectuais de Mao, essa era ambígua e de dupla finalidade, podendo ser aplicada de duas maneiras diferentes. Embora declarasse a necessidade de consulta às massas e de algum tipo de participação das massas no governo, também reafirmava a necessidade de controle e liderança centrais. Em qualquer ocasião determinada, maior ênfase era dada a um ou outro desses aspectos, assim como o *Nova Democracia* havia oferecido uma base teórica para a aliança com o GMD em uma segunda frente unida ou para uma oposição ao GMD como reacionário. Da mesma forma, o *status* de classe de alguém podia ser definido em relação a seus pais e meio de vida, ou podia ser definido por suas idéias e aspirações. Igualmente, o povo era consagrado como o árbitro e beneficiário final da revolução, porém algumas pessoas podiam ser rotuladas como inimigas do povo. Isso podia ser feito por um decreto administrativo de altas autoridades.

Era típico dessa linha de desenvolvimento que Mao definisse contestações como sendo algumas antagônicas e algumas não-antagônicas, ou seja, discutíveis. Assim, algumas contestações tornavam a pessoa inimiga do povo, e algumas não, dependendo de como a pessoa era vista. No todo, era uma estrutura muito flexível de idéias, como se Marx e Engels tivessem sido seduzidos por *yin* e *yang*. Uma vez sob seu controle, Mao detinha de fato uma posição de liderança. A unidade resultou porque aqueles que se opunham a Mao foram aviltados, penalizados, encarcerados e até executados.

O apoio americano ao governo de coalizão

Em 1943, os soviéticos defenderam Stalingrado com sucesso, os aliados ocidentais conquistaram a África do Norte, a marinha americana começou a controlar o Pacífico e forças americanas haviam invadido as ilhas Salomão a caminho de Tóquio. Os japoneses tiveram de relaxar sua pressão sobre as Áreas Liberadas e a Região de Fronteira do Norte da China. Para os comunistas a guerra começou a enfraquecer quando a ofensiva japonesa de Ichigo, planejada havia muito tempo, desceu de Henan para o sul do Yangzi, em 1944, destruindo grande parte dos melhores exércitos nacionalistas.

Nessas circunstâncias, a expansão do PCC foi retomada no período de 1943-1945, mas suas políticas eram prudentes e evitavam pressa e superficialidade. Quando o grupo militar de observação do exército americano, a chamada Missão Dixie, chegou a Yan'an em meados de 1944, o PCC estava em ascensão novamente e se preparando para a luta final de pós-guerra com o GMD. Esse espírito renascente foi indicado no importante Sétimo Congresso do Partido Comunista Chinês que teve lugar em Yan'an do final de abril a meados de junho de 1945. Foi adotada uma nova Constituição, que dava a Mao mais poder central como presidente do Comitê Central e Departamento Político. "O Pensamento de Mao Zedong" foi aclamado como o guia do partido.

Nessa época, os Estados Unidos haviam se tornado, por bem ou por mal, um importante fator na política chinesa. Para forasteiros distantes, como os americanos, a China Livre representava um posto avançado da civilização moderna lutando para sobreviver em um mar de costumes antigos e forças malignas. Não tinha cunho revolucionário, mas os americanos achavam isso encorajador, e, depois de 1941, adotaram a China Livre como aliada. A ignorância e o sentimentalismo americanos chegaram ao ponto em que o presidente Roosevelt imaginou o Governo Nacionalista ocupando o vácuo de poder do Leste da Ásia que seria criado com a queda do Japão. Uma força aérea clandestina recrutada entre os serviços militares americanos como mercenários em licença veio em socorro de Chongqing mesmo antes de Pearl Harbor. Esses Tigres Voadores, sob o comando de um aviador reformado, Claire Chennault, logo se transformou na 14ª Força Aérea, atacando as linhas de comunicação japonesas a partir de sua base em Kunming. O movimento missionário American China apoiou a United China Relief. A solidariedade e a generosidade americanas renasceram, e o general Joseph Stillwell, comandante do teatro de operações China-Birmânia-Índia, provou que os recrutas chineses, se levados para a Índia e alimentados e treinados apropriadamente, poderiam tornar-se combatentes de primeira ordem.

Assim como, em dificuldades, Jiang Jieshi dependera do submundo de Shangai, agora começava a depender dos impulsos cristãos e da logística e suprimentos dos americanos. Considerando que a ponte aérea conhecida como *Hump* era a menor das considerações estratégicas e de suprimento americanos no teatro China-Birmânia-Índia, isso não colocava os nacionalistas em uma posição forte. No momento em que o exército dos Estados Unidos instalou uma missão de observação em Yan'an em 1944, já era tarde demais para usar a aliança Washington-Chongqing para obter uma vitória nacionalista na guerra civil que obviamente estava a caminho.

Não obstante, os americanos tentaram. A marinha americana, em seus esforços para equiparar-se ao exército, enviou uma missão em 1942 para trabalhar com a polícia secreta chinesa e participar desde o início na cruzada anticomunista. Porém o general Stillwell não conseguiu treinar, suprir e levar as forças nacionalistas a lutar eficazmente contra os japoneses. A idéia americana de usar a China Livre como uma base para a luta contra os japoneses atraiu a atenção do povo americano, mas, ao mesmo tempo, o distraiu da Revolução Chinesa. Assim como o programa soviético da década de 1920, o programa americano de ajuda à China levou ao desastre final. Nunca foi fácil para estrangeiros trabalharem com a Revolução Chinesa.

O envolvimento americano foi prejudicado por um anacronismo grave. Todos os americanos que haviam conhecido a China dos senhores da guerra e sustentado uma faculdade cristã haviam posto suas esperanças no governo de Nanjing como um representante dos ideais americanos. Unidade em oposição aos regimes dos senhores da guerra e a igualdade da China entre as nações eram temas atraentes. A geração posterior, que viu de perto o poder crescente dos comunistas, era apenas um pequeno grupo, sem nem de longe ter a influência que fora exercida nos Estados Unidos durante gerações pelos missionários americanos.

Esses fatores produziram opiniões mistas na formação de políticas americanas. Os funcionários do Ministério das Relações Exteriores e comandantes como o general Stillwell, que estavam no local, presenciaram a determinação e a força admiráveis do movimento comunista. Nos Estados Unidos, os patrocinadores domésticos da China, encabeçados por Henry Luce, o editor das revistas *Time* e *Life*, nascido na China, geralmente conservavam sua imagem de uma época anterior, quando o governo de Nanjing ainda parecia a última palavra em progresso chinês.

Com o fim da frente unida em 1941, os observadores americanos podiam ver a cisão ampliando-se entre as ditaduras partidárias do GMD e do PCC. As políticas do Departamento de Estado, porém, eram apenas uma gota de água no oceano, comparadas com o esforço de guerra geral americano, a logística de transporte do *Hump*, o treinamento moderno e o suprimento das tropas chinesas efetuados por Stillwell e suas negociações com Jiang Jieshi, um cliente obstinado que sentia que estava recebendo poucos suprimentos de guerra. Nenhum americano em Washington sabia muito sobre a área comunista do Norte da China, enquanto eram obrigados, diplomática e legalmente, a apoiar o regime nacionalista como um aliado.

Nesse ínterim, observadores no local, pertencentes à embaixada americana e ao quartel-general militar, previam uma guerra civil na China depois da Segunda Guerra Mundial, com o perigo de uma aquisição soviética do Norte da China. A extensão do achinesamento do marxismo por Mao ou a criação de um comunismo nacional não poderia ser avaliada adequadamente por forasteiros, que desconheciam os detalhes repulsivos das relações de Mao com Stalin. A orientação política americana, portanto, foi de evitar uma guerra civil, e o estratagema escolhido foi o "governo de coalizão". Isso seria, na verdade, uma extensão da frente unida em sua forma ideal e não-realizada, uma combinação das forças armadas e representações de ambos os partidos em uma assembléia nacional. Percebendo essa esperança americana, ambos os partidos chineses adotaram aparentemente o "governo de coalizão" como uma meta de pós-guerra, enquanto preparavam-se para a luta final.

A irrealidade abjeta das políticas americanas foi bem ilustrada pelo emissário especial do presidente Roosevelt, general Patrick J. Hurley, do estado de Oklahoma, um americano vistoso e ingênuo, um precursor de Reagan. Seus esforços canhestros para evitar a guerra civil pela mediação foram seguidos por sua sujeição a Jiang Jieshi. Hurley contrariou todo o *staff* da embaixada ao insistir no apoio americano a Jiang em quaisquer circunstâncias. Quando a guerra civil começou, Hurley naturalmente saiu de cena, mas sua política continuou a ser seguida em Washington e levou à expulsão, bastante apropriada, dos americanos da China.

Após a rendição japonesa em agosto de 1945, Jiang e Mao, sob os auspícios de Hurley, encontraram-se em Chongqing e, em outubro, combinaram um conjunto ideal de princípios que alegraria qualquer liberal do mundo. Os regimes do GMD e do PCC cooperariam em uma assembléia representativa, misturando seus exércitos e, enquanto isso, garantindo todas as liberdades civis e coisas boas estimadas por todos os homens e mulheres do mundo. Essa fantasia provinha do reconhecimento de que nenhum dos dois lados podia se declarar contra o ideal de paz e cooperação.

A dura realidade no outono de 1945 era bem diferente. Assim que a guerra com o Japão terminou, as forças comunistas cruzaram o Norte da China para obrigar os japoneses a se renderem a elas. Os nacionalistas reagiram ordenando que os japoneses combatessem os comunistas e recuperassem todos os territórios conquistados por eles. Logo surgiram numerosos combates entre comunistas e japoneses, com o Governo Nacionalista utilizando os ex-agressores imperialistas para combater a revolução social. Entrementes, tanto as forças nacionalistas quanto as comunistas avançavam sobre a Manchúria (doravante chamada de Nordeste) em uma competição para conquistar a área. Tipicamente, os nacionalistas guarneciam as cidades, e os comunistas mobilizavam o campo.

O governo dos Estados Unidos seguiu o exemplo nacionalista, levando cerca de 53 mil fuzileiros americanos para o Norte da China para proteger Beijing e Tianjin contra uma possível incursão soviética, enquanto transportavam, por ar e por mar, exércitos nacionalistas para cidades manchurianas e outras partes da China. Dessa forma, os Estados Unidos intervieram, desde o início, no lado anticomunista. Além disso, como parte do acordo de Yalta de fevereiro de 1945, o presidente Roosevelt já tinha tentado resolver o destino da China, combinando com Stalin um tratado sino-soviético entre os nacionalistas e a União Soviética. Os termos eram que os soviéticos reconheceriam e tratariam apenas com o Governo Nacionalista da China, enquanto os nacionalistas, por sua vez, reconheceriam a recuperação pelos russos de seus antigos direitos imperialistas no Nordeste ao longo das ferrovias. Stalin prometeu retirar as tropas soviéticas dentro de três meses após a rendição japonesa. Como se constatou, isso seria em 15 de novembro de 1945, e, assim, o PCC teria um período de três meses para infiltrar o Nordeste da melhor maneira possível em competição com os nacionalistas, que seriam transportados pelos americanos. Como os nacionalistas viram que, mesmo a pé, o PCC estava chegando ao Nordeste antes deles, pediram aos soviéticos que permanecessem por mais tempo, e as tropas soviéticas só partiram em maio de 1946, levando consigo muito do equipamento industrial que podia ser removido das novas instalações japonesas em seu Estado-fantoche. Com o apoio dos americanos, Jiang Jieshi abriu caminho no Sul da Manchúria contra a oposição comunista.

Dessa forma, estava preparada a cena para a frustração do esforço mediador empreendido pelo general George C. Marshall em nome de Washington. Como comandante-chefe na Segunda Guerra Mundial e administrador dedicado mas astuto, Marshall fez o que pôde para conseguir um governo de coalizão. Uma Conferência Consultiva Política reuniu-se em Beijing em janeiro de 1946, e também foram discutidos acordos para a reunião das forças do GMD e do PCC. O centro da guerra civil, porém, agora se desviara para o Nordeste, que infelizmente foi deixado de fora nos acordos de Chongqing. Os Estados Unidos compravam a aquiescência de Jiang Jieshi por meio de um grande empréstimo econômico, e quando Marshall voltou para fazer *lobby* no Congresso e assegurar essa parte do ajuste, ele perdeu o controle das negociações. Até que retornasse à China, as hostilidades estavam sendo suprimidas no Norte do país pelo quartel-general executivo que ele estabelecera em

33. SunYatsen com sua jovem esposa, Song Qingling (Soong Ch'ing-ling), no navio a caminho de Guangzhou para Beijing, no final de 1924, para reuniões com líderes senhores da guerra acerca da unificação nacional. Sun adoeceu durante a viagem e morreu de câncer hepático em Beijing, em 12 de março de 1925.

34. Tropas japonesas enfrentaram pouca resistência na sua conquista da Manchúria em 1931.

35. *Acima*: O boicote chinês a produtos japoneses em seguida à conquista da Manchúria levou a combates ferozes em Shanghai no início de 1932. Aqui, soldados japoneses vigiando prisioneiros chineses na cidade. *Abaixo*: Soldados japoneses após uma expedição de saque.

36. Mao Zedong (à direita) e Zhang Guotao após a Longa Marcha, defronte do quartel-general comunista no Noroeste. Zhang foi uma figura importante no início do movimento comunista, assistindo, como Mao, ao primeiro congresso do partido em 1921. Ele disputou a liderança de Mao no PCC no decurso da Longa Marcha e finalmente rompeu com o partido. Zhang fugiu de Yan'an em abril de 1938 e passou para o GMD.

37. Jiang Jieshi (Chiang Kaishek) com dois dos mais vistosos e poderosos senhores da guerra reformistas: o "general cristão" Feng Yuxiang (à esquerda) e o "governador modelo" de Shanxi, Yan Xishan (à direita). Essa fotografia foi tirada em 1927-28, depois da Expedição ao Norte. Incapazes de aceitar a autoridade de Jiang, Feng e Yan uniram-se numa guerra sanguinária contra ele em 1929-30. A carreira de senhor da guerra de Feng terminou com a vitória de Jiang, mas Yan, após um breve retraimento, voltou ao poder em Shanxi, onde permaneceu até 1949.

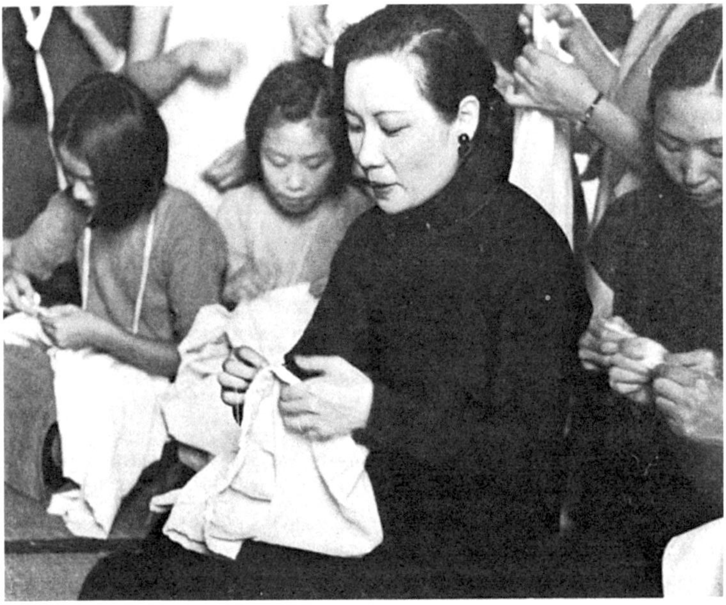

38. *Página anterior*: A China em guerra. *Acima:* Jiang Jieshi (à direita) examinando planos de guerra com seus principais generais em Hankou (Wuhan), que se tornou a capital temporária do Governo Nacionalista após a tomada de Nanjing pelos japoneses em dezembro de 1937. *Abaixo:* Song Meiling (Soong Meiling), a esposa de Jiang, educada em Wellesley e irmã mais moça da viúva de Sun Yatsen, Qingling, ajudando a costurar ataduras em um hospital de batalha. A viagem triunfal de madame Jiang aos Estados Unidos em 1943 distraiu as atenções da já deficiente campanha militar do GMD na guerra na China.

39. *Acima:* Crianças no Norte da China, na década de 1940, de sentinela contra um ataque de agentes de Jiang Jieshi. Em cima do muro da entrada da aldeia está escrito: "Mao Zedong é o grande libertador do povo chinês".

40. *Acima:* Em agosto de 1945, depois da rendição japonesa, o embaixador americano Patrick Hurley (no fundo, à direita) acompanhou pessoalmente Mao de Yan'an a Chongqing para reuniões com Jiang.

41. *Página ao lado, acima:* A cordialidade superficial entre Jiang e Mao, aqui vistos brindando em um banquete formal em Chongqing no final de 1945, não conseguiu mascarar as profundas diferenças entre ambos. A guerra civil que irrompeu depois das reuniões em Chongqing terminou com uma vitória decisiva dos comunistas. A fotografia abaixo mostra um policial matando um agente comunista em Shanghai pouco antes da ocupação da cidade pelo Exército Vermelho em 1949.

42. *Acima:* Justiça violenta era administrada aos proprietários pelos comunistas em sua campanha de reforma do campo, realizada principalmente no Norte da China antes de 1949 e estendida para áreas do Sul recém-conquistadas no início da década de 1950. Estima-se que vários milhões foram mortos. *Abaixo:* Líderes comunistas chineses desfrutando um momento de alegria em uma conferência militar em Guangzhou em janeiro de 1960. Da direita para a esquerda: Deng Xiaoping, Mao, Peng Zhen, Luo Ruiqing, Zhou Enlai, He Long, Lin Biao e Nie Rongzhen. Todos, exceto Peng, eram veteranos da Longa Marcha. Deng, Peng, Luo, He e Nie foram expurgados durante a Revolução Cultural; Lin morreu em uma suposta tentativa de golpe contra Mao em 1971.

43. Durante a Revolução Cultural Mao tornou-se uma figura divina para muitos jovens chineses. *Acima:* Guardas Vermelhos acenam seus pequenos livros vermelhos contendo as palavras do líder supremo em um comício de massa em Beijing, em setembro de 1966. *Abaixo:* Jovens membros de uma brigada de produção em Jiangsu, esperando melhorar a qualidade de sua colheita, fazem uma pausa no trabalho para estudar uma citação de Mao sobre a importância de ser consciencioso.

44. *Acima:* Zhou Enlai, seguidor leal de Mao, por muito tempo primeiro-ministro da República do Povo e membro do Politburo durante 48 anos, até sua morte em janeiro de 1976. Um dos últimos atos públicos de Zhou foi sua convocação (no Congresso Nacional do Povo em janeiro de 1975) para as Quatro Modernizações, que se tornaram o toque de reunir da década reformista de 1980.

45. *Página ao lado:* As reformas econômicas da década de 1980 estimularam um consumismo desenfreado que, alguns anos antes, teria rotulado seus praticantes de "gananciosos seguidores do capitalismo", se não pior. *Acima:* Um casal com uma máquina de lavar e uma TV em cores recém-adquiridas esperando na Estação Ferroviária de Beijing para voltar a seu lar no campo. *Abaixo:* Um fazendeiro, dos arredores de Chengdu, levando seus patos para o mercado na cidade.

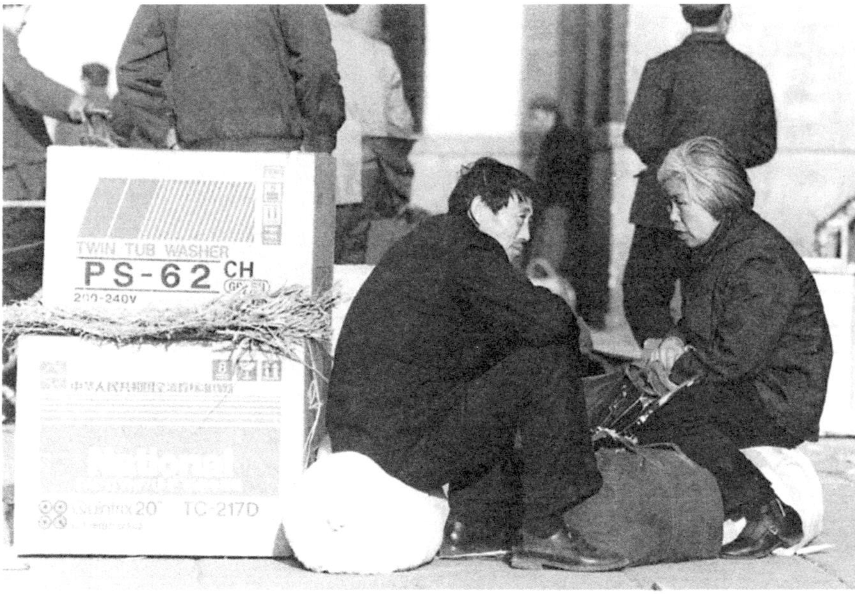
TWIN TUB WASHER
PS-62 CH
200-240V
TC-217D

46. *Acima:* Deng Xiaoping, comunista desde os primeiros dias do movimento e um dos aliados mais próximos de Zhou Enlai, surgiu como o líder principal da China no final de 1978, depois de ter sido duas vezes expurgado e duas vezes reabilitado. Deng apoiou a reforma econômica e a abertura da China ao mundo exterior; tinha menos entusiasmo pela democratização.

47. *Página ao lado:* As manifestações pró-democracia da primavera de 1989. *Acima:* Ativistas estudantis da Universidade de Beijing demonstrando seu apoio ao *glasnost* na véspera da visita de Gorbatchov à capital chinesa em maio de 1989. Câmeras de TV do mundo inteiro, trazidas para cobrir a visita, preferiram focalizar os manifestantes em greve de fome na praça de Tiananmen. *Abaixo:* Um estudante da Universidade de Beijing manifesta-se em apoio aos jornalistas que protestam pela demissão (em final de abril) do editor do *World Economic Herald* de Shanghai, o jornal mais corajosamente franco da China no final da década de 1980.

GLASNOST
公开

48. Protesto e represália, primavera de 1989. *Acima:* A enorme estátua em gesso da Deusa da Democracia erigida por estudantes de arte na praça Tiananmen como símbolo das exigências políticas e do espírito cosmopolita dos manifestantes. *Abaixo:* Um homem desarmado solitário que obstruiu o avanço de um comboio blindado em direção ao centro da capital após a represália de 4 de junho.

Beijing. Esse quartel-general usou o estratagema de enviar coronéis americanos com os generais comunistas e nacionalistas para as áreas de conflito, a fim de interromper os combates. Mas, enquanto isso, o Nordeste estava fora de controle.

Ambos os lados haviam usado as negociações como um suborno ao amplo movimento de paz chinês, ao passo que se preparavam para lutar até o fim. Da mesma maneira, os Estados Unidos haviam exigido coalizão e reformas em Nanjing e Yan'an e, no entanto, ao mesmo tempo tinham continuado a suprir os nacionalistas. Todos diziam uma coisa enquanto faziam outra.

17

A Guerra Civil e os nacionalistas em Taiwan

Por que os nacionalistas falharam

Quando a paz foi restaurada em agosto de 1945, as forças armadas nacionalistas eram duas vezes maiores em número que as do PCC e, além disso, tinham a vantagem de usarem equipamentos e suprimentos americanos, bem como de receberem o apoio da Marinha dos Estados Unidos no transporte de tropas e dos fuzileiros navais americanos na área de Tianjin-Beijing. Os nacionalistas controlavam todas as grandes cidades da China e a maior parte do seu território. O espírito da Guerra Fria começava a aparecer nos Estados Unidos assim como na China e, portanto, o apoio americano certamente iria continuar. Nessas circunstâncias, derrotar Jiang Jieshi e os nacionalistas na guerra civil foi um feito notável. As razões pelas quais eles perderam foram uma série de ações tolas tomadas no campo de batalha e a incompetência atrás da linha de frente.

Na organização e preparação das tropas para combate, Jiang Jieshi continuava a utilizar o planejamento obsoleto da guerra civil. Ele atribuía grande importância ao fato de controlar as capitais das províncias ocupadas por ele. Em vez de promover uma guerra do rico vale Yangzi no Sul da China contra os comunistas do Norte do país, Jiang reafirmou seu poder de unificação por meio desse símbolo de controle nas capitais. Como a maioria delas foi cercada e Jiang tinha, de fato, ampliado em demasia seus recursos, fica claro que ele foi movido por suposições anacrônicas sobre a forma de controlar a China. Ao determinar que as suas tropas americanas mais bem treinadas fossem diretamente para o Nordeste sem antes consolidar o controle sobre o Norte da China, Jiang estava provocando um desastre militar.

A incompetência dos nacionalistas no campo de batalha igualava-se à sua má administração por trás das frentes de combate. Começava com a economia. A inflação estava disparando à medida que a emissão de moeda continuava a aumentar. A retomada das cidades chinesas costeiras antes em poder dos japoneses foi caracterizada, sobretudo, por uma apreensão corrupta de bens sem muito empenho de destiná-los para uso industrial. Os bens de consumo permaneciam insuficientes. À medida que a produção industrial se estagnava na área da China Livre, era retomada nas cidades recuperadas a fim de evitar um grande índice de desemprego. Nesse ínterim, os nacionalistas ricos conseguiram um grande sucesso financeiro usando a sua

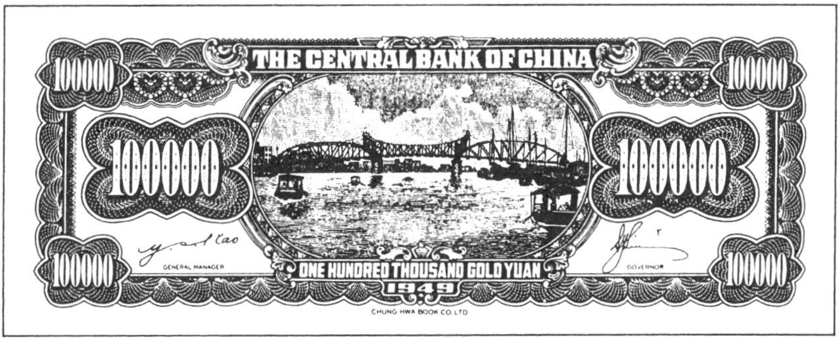

Inflação perto do fim da Segunda Guerra Mundial. *Acima*: O espirituoso cartunista Ye Qianyu desenhou um puxador de jinriquixá contando o pagamento recebido do seu passageiro. Entre os joelhos deste último está uma mala usada para transportar uma grande quantidade de dinheiro em espécie naquela época, essencial para as necessidades do dia-a-dia. *Abaixo*: Para estabilizar a moeda, os nacionalistas instituíram, em 1948, o yuan de ouro, em uma proporção de quatro para um dólar americano. Todo o Dinheiro Nacional Chinês (DNC) antes em circulação teve de ser devolvido ao governo ao câmbio de um yuan de ouro para três milhões de DNC. Em 1949, o Banco Central da China emitia cédulas de cem mil iuanes de ouro para o uso diário.

moeda nacionalista superestimada para comprar moeda japonesa de ocupação a uma taxa de conversão injusta. Fome e exploração continuavam em passo acelerado em muitas áreas do campo, mas o retorno das tropas nacionalistas para as províncias libertadas das mãos dos japoneses, se é que o termo "libertação" pode ser usado nessa situação, apenas aumentou a carga de tributos e de confiscos.

Além de gerenciar mal a economia, o governo nacionalista lidou de modo ineficaz com os cidadãos e alienou os mais importantes membros do povo chinês. Começou esse processo ao usar os japoneses e as tropas chinesas manipuladas para lutarem contra os comunistas depois que o Japão se rendeu. Essa oposição das forças chinesas contra os chineses quando todos falavam em paz e ansiavam por ela foi muito impopular. O tratamento nacionalista dado aos colaboradores chineses, os quais haviam trabalhado sob ordens dos japoneses e aspiravam por liberdade, via-os como inimigos que não mereciam nenhuma recompensa. Da mesma forma, os estudantes e professores na China reocupada foram castigados por terem colaborado e se sujeitado à reforma de pensamento nos Princípios Populares de Sun Yatsen. A culpa por estarem sob o controle dos japoneses foi então impingida à classe de estudantes que havia sobrevivido; o governo nacionalista não se esforçou para mobilizar o apoio desses estudantes. O governo continuou a cobrar impostos do povo, enquanto nada era cobrado dos exploradores e oficiais interesseiros. Na verdade, isso representou a pior forma de "capitalismo burocrático", no qual os oficiais enchiam os bolsos com o dinheiro público.

Outra política nacionalista que falhou foi a supressão e dispersão do movimento da paz pública, um movimento muito difundido e sincero, e não apenas uma conspiração comunista, como alegavam os nacionalistas. Os acadêmicos queriam mudar de um desenvolvimento voltado para a guerra para um com orientação mais civil e ansiavam por um fim da dependência nacionalista dos Estados Unidos para promover uma guerra civil. A repressão com uso de violência por parte do governo contra os estudantes conseguiu aliená-los da mesma forma que as insensatas políticas econômicas alienaram a classe média urbana e os capitalistas industriais.

Com essas medidas, o governo nacionalista perdeu o apoio popular e parecia haver se tornado o instigador de uma guerra civil muito mais que os comunistas. Ficava evidente que o governo nacionalista tornara-se tão militarizado que só podia imaginar uma solução militar para a guerra civil, sem levar em consideração sua função enquanto governo que deveria servir o povo. Os críticos chineses liberais do regime GMD culparam o governo por permitir que o PCC viesse a ocupar uma posição considerada como a de um regime mais popular. Qualquer apoio do GMD que persistisse entre os membros da classe rica foi destruído pela "reforma monetária" de 1948, quando todo o dinheiro em espécie e as moedas estrangeiras foram forçosamente convertidos para o novo "yuan de ouro", e os preços seriam todos fixados nessa nova moeda e a inflação (de uma maneira ou de outra) seria controlada por decreto. Mas os preços logo subiram 85 mil vezes em seis meses. A classe rica havia sido fraudada mais uma vez. O GMD jogara fora a chance que tivera de governar a China. Assim, o governo nacionalista assumiu, com ações vingativas, o papel atribuído na história chinesa ao "último soberano mau" de uma dinastia. A liderança sino-liberal modernamente treinada na região da China Livre não acatou o comunismo, mas também não tinha mais esperança no GMD.

A consolidação do poder do PCC após 1946 aconteceu em primeiro lugar dentro da população rural nas pequenas cidades ao norte da China. Ali, o programa de governo do PCC retomou a reforma agrária que havia sido em geral depreciada desde a formação das forças unidas de 1937. Reforma agrária significava a desapropriação e neutralização ou destruição da influência econômica e social dos proprietários de terra e outros magnatas locais, com o avanço correspondente dos ativistas entre os camponeses pobres que, sob a liderança do PCC, podiam dominar as pequenas cidades. Com a redução e neutralização dos camponeses ricos, a liderança comunista pôde prosseguir com mais reformas. O resultado desse grande esforço foi a manutenção do apoio dos exércitos comunistas às pequenas cidades por todo o Norte da China.

O ataque nacionalista e o contra-ataque comunista

Ironicamente, as forças nacionalistas adotaram um tipo de guerra bastante similar àquela que os japoneses impuseram à China em outra época. Ao final do primeiro ano desse conflito que durou três anos, os nacionalistas controlavam todas as principais cidades e ferrovias, e suas forças militares ainda eram muito superiores em poder de fogo. No entanto, os exércitos do PCC tinham batido em retirada, recusando-se a permanecer e lutar e, dessa forma, evitando baixas. Assim, na estratégia clássica de guerrilha, eles ajudaram a aumentar a capacidade dos nacionalistas. Eles lutavam somente quando podiam trazer forças militares com poder esmagador para se unir a uma unidade pequena do GMD.

Os nacionalistas assumiram o controle tanto de Yan'an quanto da capital temporária do PCC em Kalgan (Zhangjiakou). A liderança comunista era composta por refugiados, caçados em Shaanxi do Norte pelas vitoriosas forças nacionalistas. Os nacionalistas recuperaram a maioria das cidades, distritos administrativos dos condados, de Jiangsu do Norte e do Nordeste. A destruição de algumas de suas áreas de base e a tomada do campo dessa maneira foi algo inesperado para o PCC. A sua área de base em Jiangsu do Norte foi destruída e as pessoas do povo que estavam sob sua proteção foram mortas ou violentadas pelos proprietários de terra nacionalistas que retornavam.

A batalha pela ocupação do Nordeste foi comandada para o PCC pelo general Lin Biao, um mestre na arte da guerra. Depois que suas tropas haviam se retirado para o Nordeste da Manchúria, do outro lado do rio Sungari, em 1947, Lin organizou seis ataques do outro lado do rio para surpreender e destruir as forças nacionalistas. Rapidamente, os exércitos de campo nacionalistas foram isolados nas suas cidades.

Uma pesquisa realizada por Steven Levine (1987) explica como o PCC conquistou o Nordeste – eles mobilizaram o campo como haviam feito no Norte da China. Com uma energia ardente, os militares do Norte da China, uma vez infiltrados no Nordeste, levaram a efeito muitos dos procedimentos de organização da produção local, doutrinação da cidade, reforma agrária, reforma de pensamento dos novos militares e recrutamento de tropas e da população para se unirem em uma guerra patriótica. Tudo isso representou um empreendimento de grande vulto, utilizando suas experiências em engenharia social sob um plano forçado. E funcionou. Os chineses do Nordeste, há muito frustrados devido à ocupação japonesa, responderam aos apelos ao nacionalismo e a uma revolução social apoiando o esforço de guerra do PCC.

Os nacionalistas, como de costume, auxiliaram nesse processo. Provenientes do Sul, eles não mais confiavam na liderança manchuriana. Essa área havia estado sob o comando do senhor da guerra Zhang Zuolin e de seu filho e, em seguida, sob o comando dos japoneses por quinze anos. Portanto, os nacionalistas trouxeram o seu próprio pessoal para chefiar o regime que eles estavam tentando instalar no Nordeste, enquanto os comunistas cuidavam da liderança local e a mobilizavam contra os invasores do Sul da China. A desconfiança dos nacionalistas em relação à liderança local, junto com as suas aventuras políticas e atividades de controle exploratórias, suscitaram um sentimento de oposição em relação e eles. A arrogância, a ganância e a corrupção nacionalistas geraram muita desgraça. Na verdade, o exército nacionalista passou por todas as dificuldades que haviam acometido os japoneses: eles não conseguiam obter informações da população pró-comunista, tinham muita dificuldade de locomoção em razão de seus pesados equipamentos, e as suas colunas em posição mais avançada andavam muito devagar para evitarem emboscadas e ataques graduais pelos flancos. As forças nacionalistas não haviam sido treinadas para confraternizar com as massas ou para lutar durante a noite e também não eram capazes de se mover com rapidez.

Quando o PCC começou a contra-atacar em meados de 1947, suas tropas não só logo dominaram Shandong como também recuperaram a área de base localizada entre o rio Amarelo e o Yangzi, estendendo-se entre a ferrovia Beijing-Hankou no Oeste do país e a Beijing-Naijing no Leste. Isso lhes proporcionou uma posição estratégica capaz de ameaçar todo o Vale Yangzi. À medida que a estabilidade estratégica mudava, os comunistas puderam, mais do que nunca, capturar os equipamentos americanos dos nacionalistas e recrutar para os novos exércitos comunistas as tropas nacionalistas que haviam se rendido.

Do lado nacionalista, Jiang Jieshi recusou-se a evacuar tropas em cidades importantes enquanto ainda havia a possibilidade de fazê-lo. O resultado foi que suas melhores tropas, após serem cercadas e isoladas, renderam-se com todo o equipamento. Com essas táticas e estratégias perfeitas, as forças do PCC não somente dominaram por completo os defensores nacionalistas, mas também os desmoralizaram. Quando finalmente cercaram Beijing em janeiro de 1949, o comandante nacionalista decidiu se render junto com todas as suas tropas e posteriormente ocupou um cargo de confiança no novo regime.

Quando Mao entrou em Beijing, suas tropas vinham em caminhões americanos guiados por tanques feitos nos Estados Unidos. O fornecimento de maquinaria para Jiang Jieshi foi acompanhado por aconselhamento militar profissional. Mas Jiang Jieshi acolheu o primeiro e dispensou o segundo. Os americanos o aconselharam a não ir além dos limites usuais, mas ele não acatou o conselho. Advertiram-no a usar os aviões e tanques, porém não acumulá-los como símbolos do seu poder de fogo, contudo ele não seguiu essa orientação. Eles também o aconselharam a deixar os comandantes locais tomarem decisões táticas, mas o Generalíssimo persistia em agir como um generalíssimo e dar ordens mesmo no nível das divisões.

A guerra civil aconteceu basicamente no campo, onde a mobilização da população por parte do PCC proporcionou a seus membros superioridade logística e de inteligência. Dessa forma, em 1949, na grande batalha na região de Huai-Hai, ao norte de Nanjing, as unidades armadas nacionalistas, até então deixadas em reserva para serem usadas como a força final determinante da arte de guerra, foram cercadas por armadilhas de tanques cavadas por milhares de camponeses mobilizados por líderes do partido como Deng Xiaoping.

Os americanos, após todo o investimento em treinamento de tropas e fornecimento de equipamentos, não estavam satisfeitos com os resultados. Felizmente, o general Marshall passara um ano tentando impedir a guerra civil como mediador em Chongqing e Nanjing após a rendição japonesa. Ele conhecia as dificuldades e, quando retornou aos Estados Unidos como secretário de Estado em 1947, conseguiu impedir que os americanos fossem para o Vietnã suprimir a Revolução Chinesa. Os suprimentos americanos continuaram a chegar, mas os fuzileiros navais enviados para o Norte da China com a missão de proteger a região contra os soviéticos foram retirados da região. Por fim, o PCC ganhou a guerra usando armamentos dos japoneses que haviam se rendido e que eram protegidos por meio da benevolência soviética na Manchúria. Usaram também armas fornecidas pelos americanos capturadas dos exércitos de Jiang quando eles se renderam. Por volta de 1949, estava claro que o Partido Comunista chinês, sob o comando de Mao Zedong, conquistara a China por meios honestos.

A avaliação feita por historiadores acerca da história do GMD na China utilizou numerosas críticas feitas tanto por parte dos sino-liberais como pelos divulgadores do PCC, que estavam promovendo um movimento para conseguir o apoio sino-liberal e, por essa razão, denunciaram rapidamente toda a corrupção e violações aos direitos humanos por parte do GMD. O fato era que os dois alicerces sobre os quais se erguia o GMD caminhavam em direções opostas; um possuía idéias modernizadoras e o outro, idéias reacionárias. Assim, os males do GMD eram noticiados por uma imprensa parcialmente independente e por jornalistas estrangeiros que algumas vezes não sofriam censura porque a polícia secreta, não possuindo um poder total, muitas vezes só conseguia listá-los nos seus registros de atividades obscuras. Embora o totalitarismo possuísse seus defensores ativistas sob o comando de Jiang Jieshi, eles não conseguiram dominar a cena chinesa da forma que o totalitarismo do PCC, uma vez no poder, seria capaz de fazê-lo. Como conseqüência, as imagens do GMD e do PCC como governos da China originam-se de bancos de dados muito diferentes e não são na verdade possíveis de serem comparadas. A proporção do grau das execuções do PCC, por exemplo, era desconhecida para os que viviam fora do país durante aquele período.

Em uma análise retrospectiva, a Jiang Jieshi é agora atribuído mérito pela realização de sólidos empreendimentos diplomáticos. No início da década de 1930, ele adiou o ataque ao Japão por meio de negociações e retrocedendo enquanto conseguia ajuda da Alemanha nazista para desenvolver as tropas e as indústrias militares. De 1937 a 1939 ele assegurou a ajuda militar soviética contra o Japão. Nos anos 1940, conseguiu livrar Xinjiang da influência soviética, ao passo que assegurava ajuda e suprimentos americanos por via de empréstimo e arrendamento para pressionar Moscou, como nos lembra William Kirby, a ajudar a China a se tornar uma "grande potência". A avaliação histórica de Jiang Jieshi será a mesma da República da China sobre Taiwan.

Taiwan como uma colônia japonesa

Das províncias da China, Taiwan é diferente de todas as outras, pois permaneceu sob domínio japonês por cinqüenta anos (1895-1945). A Manchúria ficou apenas catorze anos sob o domínio indireto do Japão por meio do governo-fantoche de Manzhouguo (Manchukuo). Além disso, Taiwan foi habitada primeiro por aborígines malaio-polinésios (que somavam 120 mil em 1895). Os migrantes chineses chegaram principalmente depois do final do século XVI, e o domínio manchu na ilha, como uma divisão administrativa da província de Fujian, só foi instituído em 1685. Somente em 1885 Taiwan tornou-se uma província com a pequena população de três milhões de habitantes. Embora o movimento de autofortalecimento da China houvesse fixado a capital em Taibei, em 1895, o Japão – como uma das presas da vitória – ocupou uma área subtropical onde o processo de modernização tinha mal começado.

Como Taiwan era a primeira colônia japonesa com características de uma potência moderna, os talentosos administradores japoneses planejaram transformar a ilha em um modelo de crescimento econômico. Diferente das potências coloniais européias no Sudeste da Ásia, os japoneses tinham um sistema de escrita em comum com o chinês de Taiwan, assim como ensinamentos budistas e confucianos e um estilo de vida simples baseado na rizicultura, no serviço público e em um governo autocrático. Além disso, o nacionalismo chinês moderno ainda não se desenvolvera.

Os aborígines haviam sido forçados a sair das vastas planícies alagadas na região Oeste de Taiwan e ir para os cumes das montanhas que se estendiam ao longo da costa leste, de mais difícil acesso. Os colonizadores chineses do lado oeste desenvolveram a rizicultura sob linhagens ampliadas dominadas por magnatas locais, entre os quais rivalidades e disputas fronteiriças provocaram contínuos tumultos e animosidades. A administração havia sido fraca, e os japoneses começaram a partir de 1895 a suprimir o banditismo e instalar uma força policial composta em especial de taiwaneses, recrutados e treinados para esse novo tipo de trabalho. Eles se tornaram o braço direito do governo local – registrando todas as pessoas e suas propriedades, supervisionando o sistema de responsabilidade mútua entre os domicílios das pequenas cidades e fazendo cumprir as regulamentações sanitárias e de saúde pública ao mesmo tempo em que coletavam impostos e mediavam disputas.

Os diversos tipos de grandes propriedades, incluindo uso do solo arável, posse do subsolo, sublocação de seus direitos por parte dos arrendatários e assim por diante, criaram uma complexidade de difícil controle em relação à tributação e uso da terra. Os japoneses realizaram um levantamento de terra que mapeou o terreno e, em 1904, resgataram latifúndios não-cultivados com títulos públicos que poderiam ser investidos em empresas urbanas. Isso criou a classe dos agricultores-proprietários em todo o campo e triplicou a receita de impostos territoriais.

O Japão fomentou uma educação básica em confucionismo, ciência e língua japonesa e patrocinou as associações de agricultores para que fossem usadas como um canal para a melhoria da tecnologia agronômica. Mas os japoneses evitaram o desenvolvimento de uma *intelligentsia* no país. Escolas de ensino médio só foram criadas a partir de 1915, e apenas em 1928 foi fundada a primeira universidade.

Nesse ínterim, ferrovias ligavam o Norte e o Sul em 1903, e cerca de dez mil quilômetros de estradas uniram todo o campo. Com a exportação de açúcar de cana livre de impostos para o Japão, as usinas de açúcar japonesas tornaram-se a principal indústria. A agricultura científica e o crescimento pacífico geraram uma população muito qualificada, e algumas pessoas mostravam-se muito motivadas a participar da política, mas foram contidas até a saída do Japão em 1945. Para contrabalançar, a modernização de Taiwan à época do domínio japonês foi muito mais substancial do que na maioria das províncias de senhores da guerra e da China nacionalista. Suas casas de tijolos nas fazendas equipadas com aparelhos elétricos eram já muito mais adiantadas do que o padrão daquelas encontradas no continente chinês.

Taiwan como a República da China

Como aconteceu nas cidades costeiras do continente, a ocupação nacionalista de Taiwan após 1945 acabou sendo um grande desastre. Em vez de serem "liberados", os chineses de Taiwan foram tratados como colaboradores dos inimigos; seus bens foram confiscados e a economia, espoliada pelos militares e políticos nacionalistas visando ganhos ilícitos pessoais. Em fevereiro de 1947, quando manifestantes desarmados protestavam contra a corrupção ocorrida durante a ocupação nacionalista, o governo militar matou muitos deles, enviou outros para se integrarem ao reforço do continente e, em seguida, promoveu um massacre de cidadãos taiwaneses por vários dias. Uma estimativa aproximada é de que de oito a dez mil pessoas foram mortas, incluindo a maioria dos membros da liderança comunitária. Essa foi uma vitória para o atraso da China, com base no postulado da hipótese do poder absoluto sem limites como a lei primordial da ordem política chinesa: os opositores políticos são desleais e devem ser mortos. Quando Jiang Jieshi se refugiou na ilha em 1949, encontrou uma situação de colapso econômico e político. Recomeçando dessa situação de degradação, os próximos quarenta anos assistiram ao desenrolar de uma extraordinária história de sucesso na República da China.

Dos vários fatores que contribuíram para esse sucesso, um dos primeiros foi a presença de refugiados sino-liberais vindos do continente e que foram muito bem acolhidos por Jiang num esforço para limpar e revitalizar o partido e o governo nacionalistas. Em Taiwan, os nacionalistas seguiam o modelo socialista de controle estatal sobre a indústria pesada, que fora adotado pela Comissão de Recursos Nacionais (CRN) no continente. Dos 31 engenheiros da CRN nacionalista enviados para treinamento nas principais indústrias americanas em 1942, a grande maioria (21) optou por trabalhar para o novo governo no continente. Apenas sete deles foram para Taiwan. O resultado é instrutivo. Dos 21 engenheiros muito bem treinados no continente, nenhum conseguiu alcançar um posto ministerial ou uma posição executiva de importância; todos sofreram perseguição política. Dos sete engenheiros em Taiwan, três chefiaram indústrias estatais e dois tornaram-se ministros de assuntos econômicos, sendo que um deles chefiou todo o planejamento e desenvolvimento econômico, enquanto o outro se tornou primeiro-ministro.

Outro esforço foi feito na educação. Professores como Fu Sinian, de Beijing e de muitos outros lugares, ajudaram a construir a Universidade Nacional de Taiwan em Taibei; os institutos de pesquisa da Academia Sinica prosseguiram com o trabalho desses professores; e os missionários americanos fundaram uma importante faculdade cristã. Quando os alunos pós-graduados seguiam para os Estados Unidos buscando um treinamento em nível mais avançado, inicialmente poucos retornavam, mas aos poucos esse número foi aumentando.

Após o século de preocupação missionária americana com relação aos chineses e a traumática "perda da China" para o comunismo na década de 1940, o apoio à República da China contra a República Popular da China transformou-se na questão primordial na América durante a Guerra Fria. O apoio e a proteção dos americanos ajudaram no desenvolvimento de Taiwan. Embora banida do continente, a República Nacionalista da China em Taiwan ocupou o assento da China no Conselho de Segurança das Nações Unidas até 1971 e foi reconhecida pela maioria dos membros da ONU como sendo a "China". A Guerra da Coréia (1950-1953), quando a Coréia do Norte invadiu a Coréia do Sul, fez com que a marinha americana recebesse a incumbência de policiar o estreito de Taiwan e impedir que a RPC invadisse Taiwan. Em 1954, um tratado de segurança mútua entre os Estados Unidos e a República da China manteve a região estabilizada como parte da política americana de restrição à República Popular. Um programa americano de ajuda continuou até 1968 e o apoio militar, a partir dessa data.

Baseada na eliminação japonesa dos grandes proprietários que estivessem ausentes, a Comissão Conjunta Sino-Americana para reconstrução rural patrocinada pelo Congresso Americano em 1948 apoiou um programa para eliminar completamente a prática de arrendamento. Ao resgatar as grandes propriedades restantes por meio de títulos do governo, a República da China criou um campo estável com proprietários rurais.

O desenvolvimento industrial foi fomentado na década de 1950 com a transferência para o gerenciamento privado dos projetos confiscados do Japão em 1945. O principal objetivo era produzir bens de consumo em indústrias leves para substituir a importação, mas nos anos 1960, o propósito passou a ser a produção para exportação. Mão-de-obra barata, porém qualificada, poderia fabricar produtos eletrônicos para o consumo. Os investimentos americanos e japoneses eram bem recebidos. A guerra do Vietnã também estimulou a economia. A mão-de-obra rural acorreu para as novas cidades, mas mesmo assim a oferta era insuficiente. Isso levou a uma mudança em direção a indústrias de capital intensivo, tais como metalúrgicas e indústrias petroquímicas, e, na década de 1980, surgiram as indústrias de computadores, de automóveis e de armamento militar. Por volta de 1988, o Produto Interno Bruto de Taiwan totalizava cerca de US$ 95 bilhões, havia uma enorme quantidade de operações de troca de títulos e ações estrangeiras, e o PIB *per capita* era de cerca de US$ 4,8 mil, dez vezes maior do que o do continente. Todos esses progressos haviam sido alcançados apesar de a República da China ter sido afastada da ONU após uma consulta por voto, em 1971, e de Beijing ter sido reconhecida por Washington, em 1979. As relações entre os Estados Unidos e Taiwan continuaram similares às relações entre Japão e Taiwan, como um acordo extradiplomático.

Tornou-se difícil impedir o desenvolvimento político com a prosperidade de Taiwan. A ditadura do GMD ainda alegava ser o governo legítimo de toda a China, embora estivesse confinada à província de Taiwan e a algumas ilhas costeiras da província de Fujian. Jiang e seu governo central, tendo perdido o poder em Nanjing, governavam Taibei ocupando uma posição mais elevada do que o governo da província de Taiwan em Taizhong. O ódio dos chineses de Taiwan em relação aos dois milhões de "habitantes do continente" que ocupavam a ilha foi desaparecendo vagarosamente. Mas ao longo do tempo, os chineses nascidos em Taiwan tornaram-se a maioria tanto no partido como no exército. Os políticos independentes de Taiwan podiam ser eleitos prefeitos das principais cidades. Partidos menores, oprimidos no início, podiam finalmente concorrer nas eleições. Após a morte de Jiang Jieshi em 1975, seu filho Jiang Jingguo o sucedeu no comando do partido e do governo. Antes de sua morte, em 1988, seu filho suspendeu a lei marcial (em vigor por 44 anos), autorizou viagens para o continente e liberalizou a política interna. Seu sucessor foi um taiwanês treinado nos Estados Unidos e no Japão. Um certo grau de pluralismo fora alcançado.

As comparações entre Taiwan e o continente só eram feitas levando em conta o fator tamanho territorial. Qualquer província da RPC que tivesse uma concentração vantajosa de investimentos japoneses, americanos ou de outros países estrangeiros, níveis altos de higiene, educação pública, uma moderna infra-estrutura de transportes, bancos e comunicações e similares teria igual sucesso (Guangdong era o candidato mais provável) salvo um fato geográfico: a província de Taiwan, por ser uma ilha, foi protegida sucessivamente pelas forças navais britânicas, japonesas e americanas. Não foi invadida depois de 1947 e ficou livre de taxação para atender às necessidades de outras províncias. Jiang Jieshi continuou no poder e defendia o desenvolvimento, e não a revolução. Em comparação, o continente, como veremos, foi mantido sob o controle central a todo custo, enquanto passava por grandes transformações pressionadas por movimentos de massa inspirados por uma ideologia de base ativista e obstinada. A dura responsabilidade de governar uma população de quinhentos milhões de pessoas, com probabilidade de crescimento para até 1,2 bilhão de pessoas disseminadas em um subcontinente, pesa muito mais do que a de governar vinte a trinta milhões de pessoas em uma ilha não muito grande. Aqueles que desejarem comparar Taiwan ao continente devem levar em consideração tais fatores; há poucas comparações significativas a fazer porque os fatos são muito diferentes.

Quarta Parte

A República Popular da China

Do ponto de vista do PCC, diversamente do povo chinês, os primeiros oito anos da República Popular da China – de outubro de 1949 ao final de 1957 – foram um período criativo de reconstrução, crescimento e inovações. A esse começo promissor seguiram-se dois períodos desastrosos e de grande conturbação: primeiro, o Grande Salto para Frente de 1958 a 1960, seguido de anos de recuperação econômica entre 1961 e 1965; segundo, a Revolução Cultural de 1966 até a morte de Mao Zedong em 1976. Nessa seqüência de fases, durante a primeira e a terceira houve um progresso econômico sob a liderança dos competentes organizadores e administradores do PCC. Contudo, o segundo e o quarto períodos foram dominados por Mao Zedong.

Começaremos com a consolidação do controle político por parte do PCC de 1949 a 1953 e, em seguida, a transição econômica para a agricultura socialista (coletivizada) e para a industrialização seguindo o modelo soviético de 1954 a 1957. A partir de 1958, a população de trabalhadores da agricultura foi organizada em um sistema de produção que duraria vinte anos até depois da morte de Mao, em 1976. Os excessos violentos da Revolução Cultural de Mao Zedong alienaram os setores principais da sociedade chinesa de modo tão grave que a década de 1966 a 1976 foi assinalada como "os dez anos perdidos".

Nos anos 1970, as universidades reabriram gradualmente e um período de consolidação e desenvolvimento, sob o *slogan* das Quatro Modernizações (na Agricultura, na Indústria, na Ciência e Tecnologia e na Defesa), começaria quando Deng Xiaoping assumiu o poder no final de 1978. A era pós-Mao inicia-se com um período de reformas econômicas e abertura para o mundo exterior estimulado por um extraordinário crescimento econômico. Nas últimas duas décadas do século XX, a economia chinesa cresceu cerca de 9% ao ano e a China passou gradualmente de uma economia baseada na agricultura para uma economia industrial moderna e de serviços segundo os padrões dos seus vizinhos asiáticos. O padrão de vida do cidadão chinês médio quadruplicou. Ao mesmo tempo, essa transformação da China para uma economia de mercado e uma participação no comércio internacional provocou mudanças que também transformaram a sociedade e a cultura e enfraqueceu a estrutura política leninista. Os fazendeiros mudaram-se para as cidades em busca de trabalho, enquanto os trabalhadores das indústrias estatais perdiam seus empregos e benefícios previdenciários à medida que as indústrias eram privatizadas e tornavam-se mais eficientes.

A desilusão causada pelas políticas destrutivas de Mao somada à exposição da China a idéias e culturas estrangeiras debilitou o pensamento marxista-leninista de

Mao e o controle do PCC. Além disso, o movimento em direção ao mercado descentralizou o poder político, assim como levou o poder econômico para áreas locais longe do poder central. O estado partidário ainda podia reprimir qualquer ameaça a seu poder, mas não tinha muito sucesso nas tentativas de controlar a classe média e a cultura pluralística que florescia. Ademais, o poder do centro mais fraco permitia o surgimento de eleições competitivas nas pequenas cidades e ajudou o Congresso Popular Nacional, até então um órgão legislativo que não efetuava nenhum exame crítico, a desenvolver certo grau de autonomia. No entanto, o enfraquecimento do centro obstruiu a coleta do imposto de renda nas áreas locais que resultou na falta de manutenção da infra-estrutura de educação pública, saúde e redes de irrigação, construídas na década de 1950, que haviam fomentado a modernização da China.

No final do século XX, a China parecia estar a caminho da realização do sonho dos reformadores que desde o final do século XIX desejavam transformá-la em um país "rico e poderoso" e recuperar sua grandeza tradicional, mas, todavia, questionava-se se os seus líderes seriam capazes de levar a China a seu destino sem mudanças básicas na sua estrutura política.

18

O estabelecimento do controle do Estado e do campo

A criação do Novo Estado, 1949-1953

O controle sobre a população por parte dos dirigentes e burocratas do governo havia sido a base freqüente para a paz, a ordem, a prosperidade e o poder na China. Sob o domínio do Partido Comunista chinês, o controle eficiente foi exercido por meio de doutrinação ideológica e motivações auto-sustentadas de medo e esperança entre a população. Os assassinatos seriam suficientes para manter a força do terror sempre nos bastidores do poder.

Da mesma forma que os manchus haviam fundado seu reino no Sul da Manchúria e cooptado administradores chineses antes que ocupassem a China em 1644, o PCC criara um governo no Norte e Nordeste da China ainda durante o processo de tentar ganhar uma guerra civil. Sob o comando de Mao, naquele momento o líder incontestável na teoria e na prática, a liderança do PCC funcionava em grupo, discutindo questões políticas no Politburo e adaptando as diretrizes centrais às condições locais. Todos os comandantes de campo principais como Peng Dehuai, Lin Biao, Nie Rongzhen e Chen Yi haviam trabalhado com Mao e Zhou Enlai durante anos. Os fundadores do partido como Liu Shaoqi e Deng Xiaoping fizeram parte da organização Yan'an. Era um grupo aprovado e coeso.

Primeiro, o Exército de Liberação Popular espalhou-se pelo Sul e Sudoeste da China, áreas recém-libertadas. Seis regiões administrativas militares dividiram o país, e comissões militares as administraram no período inicial até elas serem abolidas em 1954. Em geral, o PCC considerava que seriam necessários três anos para que a economia se reabilitasse e o povo se mobilizasse antes que o partido encetasse uma transformação da sociedade.

A primeira decisão foi deixar os oficiais do GMD locais basicamente nos seus lugares. Esse contingente de pessoal que permanecia continuava a receber seus salários e a desempenhar suas funções. Por fim, eles totalizavam cerca de dois milhões de pessoas, ao passo que o PCC tinha no máximo 750 mil militares para assumirem suas funções.

A segunda iniciativa foi manter a inflação sob controle por meio da ação conjunta de vários instrumentos: (1) tomando posse do sistema bancário adquiriam con-

Lago Balkhash
Urumqi
Kashi
(Kashgar)
XINJIANG
Lop Nor
AFEGANISTÃO
PAQUISTÃO
AKSAI CHIN
(território em disputa)
QINGHAI
Qinghai Hu
Rio Amarelo
Xining
TIBETE
(XIZANG)
Lhasa
Nu
(Salween)
Yarlung
Zangbo
NEPAL
BUTÃO
SICHUAN
Ganges
Brahmaputra
BANGLADESH
Yangzi
ÍNDIA
Kunming
YUNNAN
Mekong
MIANMAR
(BIRMÂNIA)
Baía de Bengala
TAILÂNDIA
LAOS
R. Forget

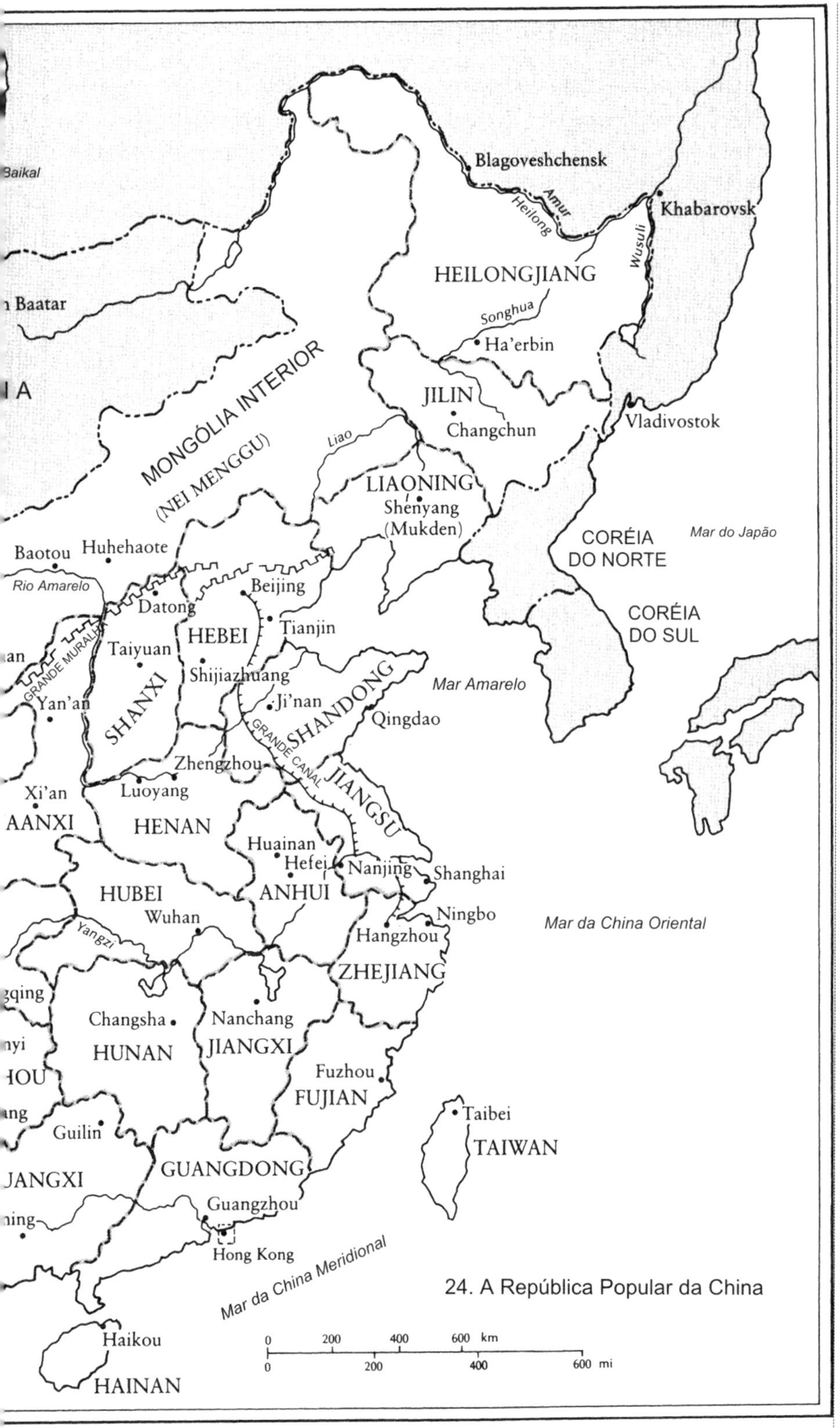

24. A República Popular da China

trole total do crédito; (2) criando associações comerciais no país como um todo para cada tipo de mercadoria obtinham controle dos produtos; e (3) pagando as pessoas com mercadorias, ou seja, calculando os salários não em dinheiro, mas em produtos básicos – tanto de grãos, como de óleo, tecido e assim por diante –, tranqüilizavam o público. Ao tornar os salários das pessoas independentes da inflação e com isso criar uma base estável para o comércio, o fluxo de mercadorias e de dinheiro retomou o equilíbrio e a inflação foi reduzida para cerca de 15% ao ano. Essa medida significou a salvação da classe assalariada.

A reconstrução das ferrovias e a revitalização das companhias de navios a vapor não apresentaram problemas logísticos maiores, mas quando o PCC foi arrastado para a Guerra da Coréia após estar no poder há apenas um ano, pareceu naquele momento um jogo arriscado. Em outubro de 1950, os "voluntários" chineses surpreenderam e guiaram os americanos no avanço em direção à fronteira do rio Yalu com a China. Ao todo a RPC enviou para a Coréia mais de 2,3 milhões de soldados, incluindo cerca de dois terços do exército de campo, artilharia e força aérea e todos os seus tanques. Eles enfrentaram o poder de fogo americano que, quando da trégua em julho de 1953, havia causado um grande número de perdas. Embora Moscou tenha enviado ajuda, a guerra esgotou drasticamente os recursos da China. Por outro lado, foi útil para a reorganização da sociedade. A campanha pública para "resistir à América e ajudar a Coréia" proporcionou uma sanção para esse tempo de guerra, como acontecera antes com a guerra do Japão e a guerra civil, sob cujas condições a população poderia ser organizada de forma eficaz.

Na fase inicial, o sentimento da população nas cidades após 1949 era de euforia, centrada na crescente confiança no PCC. Ali estava um exército vitorioso formado por jovens camponeses, com uma autodisciplina austera, educados e cordiais. Eram o oposto das tropas dos senhores da guerra saqueadores e violadores e opunham-se até mesmo aos nacionalistas separatistas. Era um governo dedicado e que de fato realizou uma limpeza geral – não somente nos canais de drenagem e nas ruas, mas também nos mendigos, nas prostitutas e nos pequenos marginais, todos os quais foram recolhidos para serem recuperados. Ali estava uma nova China da qual podiam se orgulhar. Um país que manteve a inflação sob controle, aboliu os privilégios estrangeiros, erradicou o consumo de ópio e a corrupção e envolveu os cidadãos em uma série de atividades de caráter social para restaurar obras públicas, trabalhar em projetos de alfabetização, controlar doenças, confraternizar-se com as classes mais humildes e estudar a Nova Democracia e o Pensamento de Mao Zedong. Todas essas atividades abriram novas portas para os jovens idealistas e ambiciosos. Só mais tarde eles perceberam que a terra prometida baseava-se em controle e manipulação sistemáticos. De forma gradativa, a organização do PCC iria infiltrar-se na sociedade, determinar modelos de conduta, prescrever a forma de pensar e suprimir as divergências individuais.

De modo similar, as mulheres foram libertadas da dominação masculina e familiar, pelo menos na teoria. A nova lei do casamento dava às esposas igualdade com os maridos e permitia o divórcio. Parecia um novo tempo para as mulheres.

Porém, mais tarde percebe-se que a emancipação das mulheres as convertera em trabalhadoras assalariadas de tempo contínuo mas, em geral, muito mal pagas. Nesse ínterim, elas ainda eram as responsáveis pela família, com pouco acesso aos métodos anticoncepcionais e sujeitas à violência masculina habitual. Como ainda havia poucas geladeiras, elas ainda tinham de ficar em filas intermináveis para comprar os gêneros de necessidade diária.

Muito antes que o PCC tentasse transformar a vida econômica e social das massas chinesas, o partido enfrentou o problema de criar uma nova administração que fosse capaz de conduzir a revolução. Como os empresários e os oficiais do GMD haviam sido mantidos em seus postos enquanto novos militares do PCC foram infiltrados na administração do governo, a tarefa mais urgente era limpar e modernizar a máquina governamental. Em 1951-52, a campanha dos Três Anti (contra a corrupção, o desperdício e a burocracia) tinha como alvo os funcionários do governo, da indústria e do partido. A concomitante Campanha dos Cinco Anti atacou a classe capitalista, que, no início, havia permanecido ilesa. Sob acusações de suborno, evasão de impostos, roubo de bens públicos, fraudes no trabalho, posse ilícita de informações do Estado sobre a economia, quase todos os empregadores poderiam ir a julgamento. O objetivo era conseguir o controle das fábricas e tirar à força o capital dos capitalistas. Muitos foram eliminados sob uma atmosfera de terror, e a outros foram atribuídas funções de empregados do governo.

Dois mecanismos tornaram possíveis esses movimentos. O primeiro foi uma nova linha de frente unida criada em 1949 com a instalação da Conferência Consultiva Política Popular da China como o órgão principal, embora consultivo, para incluir tanto membros do PCC quanto líderes não-filiados ao Partido. O Programa Comum, adotado em 1949, buscava o gradualismo. O governo ao ser instalado tinha ministros, na sua grande maioria não-filiados ao PCC. Isso representava uma mobilização de talentos que poderiam ser aos poucos substituídos à medida que aparecessem membros competentes do PCC.

Outro mecanismo foi a campanha de massa, que fez uso da estrutura das organizações do conjunto mais numeroso da população. Trabalhadores, jovens, mulheres, corporações profissionais, todos estavam associados a essas organizações. Uma estrutura administrativa de âmbito nacional em cada uma delas podia alcançar seus membros quando uma campanha era deflagrada. Dessa forma, as primeiras campanhas para eliminar contra-revolucionários, opor-se aos Estados Unidos e ajudar a Coréia e as Campanhas dos Três Anti e dos Cinco Anti forneceram uma estrutura de base para atingir todos os chineses citadinos. As campanhas não somente desvelaram e eliminaram as vítimas consideradas inúteis e desleais, mas também revelaram habilidosos ativistas que podiam ser recrutados para o PCC. O Partido tinha 2,7 milhões de membros em 1947 e 6,1 milhões em 1953.

Enquanto esse gradual e fragmentado processo de consolidação, embora esporádico e aterrorizador, acontecia nas cidades e na moderna economia, a campanha de reforma agrária ocorria em paralelo. A campanha para propiciar a todos os aldeões um *status* de classe, enfraquecer os proprietários de terra e ajudar o trabalhador sem-terra fora levada a efeito, sobretudo, no Norte e Nordeste da China, áreas sob o controle comunista antes de 1949. Mas difundir a reforma agrária para um grupo maior de chineses ao sul do Yangzi era uma tarefa desalentadora. Depois de um tratado de paz militar, grupos de trabalho entraram nos vilarejos e organizaram os camponeses para atacarem e destruírem os proprietários de terra. Durante essa etapa, camponeses ricos não deveriam ser atacados, mas sim temporariamente alienados. O *status* desses camponeses compartilhava características com as da classe superior dos proprietários de terra, assim como com a classe inferior dos camponeses. Os julgamentos públicos, as acusações em massa e as execuções criavam uma atmosfera de terror. As estimativas variam, mas, ao que tudo indica, alguns milhões de pessoas foram mortas.

Em 1954, a próxima etapa foi a organização de uma constituição do Estado, que substituiu o Programa Comum e rapidamente finalizou a fase da Nova Democracia do desenvolvimento da China. A constituição foi baseada em sua essência na constituição soviética organizada por Stalin em 1936. O resultado principal foi o fortalecimento do Conselho Administrativo do Governo e de seus cinqüenta e tantos ministérios. A administração tornou-se o membro executivo do partido. A coordenação era feita por dois membros. Dessa forma, Zhou Enlai era ao mesmo tempo primeiro-ministro e membro do Politiburo – o número três na hierarquia, depois de Mao e Liu. Uma característica não soviética foi a criação da presidência do Estado, ocupada por Mao, uma reminiscência dos tempos imperialistas. O culto a Mao já se iniciava para atender à necessidade dos chineses por uma única autoridade.

Diferente da União Soviética, forças de segurança pública e militar eram, em geral, mantidas sob o controle do partido. Os exércitos eram dirigidos pela Comissão para Assuntos Militares, presidida por Mao, ao passo que a segurança pública era controlada pelo partido e por um ministério. Ou seja, a polícia secreta não podia se tornar um escalão separado do governo ou um domínio independente, como aconteceu na era de Stalin, e ter o poder de aterrorizar o resto da administração e o povo. Do mesmo modo, os militares não tinham um escalão separado como aconteceu sob o governo de Jiang Jieshi, quando a Comissão Nacionalista para Assuntos Militares criou ministérios que competiam com os do partido e do governo.

No entanto, os militares, por sua natureza, formavam um sistema separado. Embora muitos soldados fossem membros do partido, a influência dos comissariados políticos que dividiam o comando com o corpo de oficiais tendia a diminuir com o tempo, à medida que crescia o profissionalismo. O Exército administrava o seu próprio sistema de pessoal (*nomenklatura*) por meio de um departamento da Comissão para Assuntos Militares (CAM) sem supervisão específica do Comitê Central do Partido. Esse departamento político também não era supervisionado com rigor pelo departamento de propaganda do Comitê Central. A CAM controlava os vários ministérios de construção de máquinas, o seu próprio sistema de comunicações e transporte, campos de aviação e portos, fábricas e institutos de pesquisa e, na verdade, o seu próprio orçamento, que não era examinado pelo Conselho de Estado.

Assim, a unidade chinesa foi preservada, como na época do governo de Jiang Jieshi, com o comando de um único homem que dirigia o partido, o governo e o

Exército. Como observa Andrew Nathan, as únicas pessoas que poderiam desafiar Mao diretamente viriam a ser seus subordinados imediatos no comando da Comissão para Assuntos Militares (Peng Dehuai e Lin Biao). Contudo, em 1954, o poder continuou concentrado no Comitê Permanente do Politiburo do Comitê Central do partido.

De acordo com o princípio da verticalidade, os ministérios controlavam agências subordinadas nos níveis mais inferiores do governo, enquanto a coordenação horizontal deveria ser executada, se possível, em cada nível territorial. Nesse ínterim, uma série de Assembléias Legislativas Populares seguindo o modelo soviético foi criada nas províncias e em níveis menos elevados. Cada assembléia era eleita a partir de uma lista única de candidatos proposta pela assembléia hierarquicamente acima. Era mais responsável por seus superiores que pelos inferiores. Esse escalão era comandado pelo Congresso Popular Nacional, que se reunia a cada ano para apresentar relatórios e aprovar as políticas a serem empregadas. Funcionários não filiados ao PCC ainda eram os mais proeminentes, mas eles não tinham nenhum poder exceto o de ser um grupo de discussão. O controle era exercido basicamente pelos comitês do partido em todos os níveis do governo.

A coletivização da agricultura

Depois da consolidação do governo estatal, a realização seguinte do PCC foi a coletivização da agricultura. No início da década de 1930, na União Soviética, os núcleos e o treinamento de pessoal militar das cidades deslocaram-se para o campo para atacar e destruir os camponeses ricos (*kulaks*), que reagiram matando animais em fazendas, fomentando a oposição e, em geral, recusando-se a prosseguir. A coletivização soviética fora bastante destrutiva. Na China, todavia, o PCC tinha sido desde o início uma organização rural, próxima aos aldeões e dependente deles e que sabia avançar gradualmente em direção a seus objetivos finais.

A primeira etapa foi reunir os camponeses em grupos de ajuda mútua, a segunda foi a criação de cooperativas de produtores rurais, nas quais os fazendeiros partilhavam suas terras e equipamentos, mas recebiam um retorno proporcional a eles. Essa segunda etapa impediu que a comunidade dos camponeses ricos revidasse visto que sua posição não fora destruída, mas sim melhorada. Como essa reforma agrária apenas transferiu a posse de terra do pequeno percentual de 2,6% das famílias de proprietários e deixou a maioria (de pequenos proprietários) inalterada, a situação não se estabilizou. A posse privada fortaleceu-se com a distribuição das terras dos proprietários para antigos arrendatários ou trabalhadores sem-terra. No início dos anos 1950, terras ainda podiam ser compradas e vendidas por particulares e, portanto, uma classe camponesa melhor situada continuava a existir. O período após a vitória do PCC seria visto como de grande entusiasmo, durante o qual ocorreu um crescimento promissor no comércio, na produção secundária, na educação, nos grupos de ajuda mútua nas pequenas cidades e nas cooperativas. Não obstante, os camponeses relutavam muito a abrir mão de suas propriedades privadas, embora fossem elas improdutivas.

Mas logo aconteceu a terceira etapa do cooperativismo, que passou do nível mais inferior das Cooperativas de Produtores Rurais para um nível mais elevado, de coletivização, no qual todos os camponeses tinham um trabalho assalariado, não importando o seu insumo de propriedade, equipamentos, animais e terras. A exigência veemente de Mao para que essa mudança fosse feita foi muito debatida e encontrou resistência por parte de muitos membros do PCC. Porém durante essa segunda etapa, quando a reforma agrária distribuiu as propriedades rurais e alguns aldeões empreenderam violentas ações públicas criando uma atmosfera de terror, ativistas locais foram localizados e recrutados pelo PCC, e seu entusiasmo ardoroso e organizado deu força à terceira etapa da campanha de coletivização. De 1954 a 1956, cooperativas de níveis mais elevados disseminaram-se com mais rapidez do que era esperado e atingiram sua completude. Uma Cooperativa de Produtores Rurais de alto nível (CPR) era, em geral, parte de uma aldeia ou até da aldeia inteira. De 1958 a 1978, essas unidades seriam chamadas de "grupos de produção". Elas representavam a camada mais baixa de uma estrutura de três níveis: os grupos de produção formando brigadas, e as brigadas, em 1958, constituindo comunas. A RPC havia criado uma estrutura rural que o Governo Nacionalista jamais imaginara.

Essa organização do campo foi bem mais complexa do que qualquer movimento previamente tentado na história da China pelo fato de que a RPC invadia a vida do povo até o nível das famílias, que agora faziam parte de uma CPR ou (depois) de grupos de produção. Na realidade, os fazendeiros não mais possuíam nem arrendavam terras, tampouco dispunham de seu próprio trabalho ou do que conseguiam produzir. Eles foram rotulados como membros de uma determinada classe e obrigados a participar do trabalho, de reuniões e de outras atividades coletivas das quais dependiam suas vidas. Para sobreviver precisam adular, mentir, trair e abdicar de antigas esperanças, alianças e outras práticas de um Estado fiscalizador.

Qual é o pano de fundo dessa história oficial de uma bem-sucedida coletivização? Após dez anos de pesquisa em uma pequena cidade (Wugong) cerca de duzentos quilômetros ao sul de Beijing, um grupo liderado por Edward Friedman, Paul Pickowicz, Mark Selden e Kay Johnson (1991) verificou a confiabilidade e documentação dos principais agentes locais. Eles registram uma luta longa, prolongada, cada vez mais amarga e por fim devastadora, para libertarem-se de uma moderna servidão sob o controle do partido.

O acontecimento principal foi o surgimento de uma nova elite oriunda da sociedade camponesa nas pessoas dos ativistas (quadros) do PCC. Essa nova liderança do campo era auto-seletiva, visto que jovens ambiciosos e cheios de vitalidade encontravam uma oportunidade para ascender dentro da nova estrutura de poder. Diferente do igualitarismo democrático e da pluralidade de oportunidades da experiência americana, esses novos detentores do poder eram peritos na criação de *guanxi* (redes e conexões), na bajulação para agradar superiores e na exploração autoritária de inferiores no tradicional estilo chinês. Ao adotarem uma conduta política exacerbada em todas as suas ações, esses novos quadros buscavam, instintivamente, *status*, poder e privilégios que os distinguissem das massas e os fortalecessem como a nova elite local. Com discursos ideológicos afetados, provocando seus patronos, extorquindo o dinheiro público como uma prática usual do cargo, eles raramente sofriam qualquer tipo de restrição em virtude de uma preocupação confuciana com o povo. Tampouco possuíam uma visão mais esclarecida sobre as necessidades do país ou sobre o bem público.

Esse sucesso insignificante na coletivização foi recebido como um enorme passo em direção a um benefício econômico no campo. No entanto, significava, na verdade, a última invasão do Estado no ambiente familiar das fazendas, a politização da vida camponesa com o intuito de exercer controle sobre ela.

Agricultura coletiva na prática

Durante vinte anos, de 1958 a 1978, as 75 ou 80% das pessoas que constituíam a China rural permaneceram presas a uma estreita relação com o novo Estado. Como assinalado por Jean C. Oi (1989), embora as revoluções comunistas possam refazer a estrutura de poder, "elas não alteram a questão básica da política do campo: a forma como a colheita deve ser distribuída". Essa questão tornou-se o foco constante das relações entre os camponeses e o Estado. O principal relato do período maoísta refere-se ao modo como o PCC assegurou o suprimento de grãos para alimentar as cidades em crescimento e ajudar a financiar a expansão industrial.

A estrutura da coletivização rural foi concluída em 1958 com a criação das comunas. A amplitude total da operação, muito maior do que pessoas externas à história da China possam imaginar, mostra uma aptidão chinesa particular. Uma vez completada a estrutura da coletivização em 1958, o fazendeiro encontrava-se sob seis níveis diferentes de administração – no ponto mais alto estava a província, seguida pela divisão administrativa, condado, comuna, brigada e o grupo de produção. Sob a administração dos dois mil condados da China estavam setenta mil comunas. Cada comuna tinha, em geral, o tamanho de uma comunidade padrão de mercado. Sob a administração dessas setenta mil comunas estavam 750 mil brigadas, cada uma das quais tinha aproximadamente o tamanho de uma aldeia e possuía cerca de 220 casas com quase mil habitantes. Abaixo das brigadas estavam os cinco milhões de grupos de produção, cada um com 33 casas ou 145 pessoas (ver Tabela 6).

O governo criou um monopólio de grãos sobre toda essa estrutura, agenciando e distribuindo o suprimento básico de alimentos de todo o país. Regulava os preços dos grãos e comunicava ao fazendeiro o que e quanto ele deveria produzir. Em uma perspectiva histórica, esse foi o ponto alto na administração pública – uma aplicação sensacional da antiga arte chinesa de organizar o Estado e manipular a classe camponesa com o emprego de funcionários locais.

Os aldeões conseguiam suas próprias rações de grãos apresentando os certificados de registros de residência. Esses documentos especificavam onde eles moravam. Se viajassem para uma outra região fora de seu local de moradia, não poderiam receber as rações nesses locais. Dessa forma, uma vez que os mercados livres de grãos estivessem fechados, os fazendeiros não podiam viajar e estavam presos à terra, e seu sustento dependia do grupo de produção com o qual trabalhavam. O paradoxo residia no fato de que um Estado revolucionário, que estabelecera sua legitimidade libertando o camponês dos grandes proprietários de terra e de outras obrigações, era o mesmo Estado que agora o aprisionava como jamais fizera. O Estado tornou-se o supremo proprietário e, mantendo a legitimidade com esse papel, pôs a administração pública em teste.

Tabela 6. Unidades administrativas rurais e características comuns, 1974 e 1986

Agricultura coletivizada, 1974	Agricultura doméstica, 1986
Comuna (*gongshe*) (70.000)	Municípios (*xiang/zhen*) (71.521)
2.033 hectares	1.317 hectares[a]
15 brigadas de produção	12 aldeias
3.346 casas	2.737 casas
14.720 pessoas	11.886 pessoas
100 grupos de produção	
Brigada (*shengchan dadui*) (750.000)	Aldeia (*cun*) (847.894)
133 hectares	111 hectares[a]
220 casas	231 casas
980 pessoas	1.002 pessoas
7 grupos de produção	
Grupo (*shengchan xiaodui*) (5 milhões)	[Grupo pequeno de aldeias (*cun xiaozu*)]
33 casas	organizadas irregularmente
145 pessoas	
20 hectares	

Fontes: Tabela reimpressa de Jean Oi, *State and Peasant in Contemporary China: The Political Economy of Village Government* (Univ. of California Press, 1989), p. 5.

[a] Esses números não incluem os 20,63 milhões de hectares de terra cultivados por fazendeiros do governo.

O governo encontrou desafios para levar a cabo um mecanismo engenhoso em duas etapas. Primeiro, manteve o imposto rural a uma taxa mínima. Inicialmente, esse imposto representava 10% da colheita, mas aos poucos baixou para 4,5%. Ninguém poderia reclamar que os camponeses estavam pagando muito imposto. O segundo passo foi estabelecer um certo nível além do qual a colheita era considerada produção excedente e, então, pedir a cada grupo de produção para colaborar com grãos de seu excedente vendendo-os para o Estado ao preço baixo fixado pelo governo. Que grupo poderia oferecer mais para o presidente Mao? O camponês, se bem ingênuo, como poucos eram, poderia sentir-se um benfeitor, não um servo!

A colheita era dividida da seguinte maneira: primeiro, o imposto rural, isto é, a cota do Estado, deveria ser paga. Segundo, os "três adiantamentos monetários" eram reservados: para as sementes do ano seguinte, para a alimentação dos animais e para as rações de grãos, a cota do camponês, dada a ele pelo seu grupo de produção – o proprietário coletivo dos grãos. A ração do camponês dividia-se em uma ração básica por pessoa e em grãos por pontos de trabalho (em geral pago em dinheiro) por tarefa realizada. (A proporção entre a ração per capita e as rações por pontos de trabalhos era em geral de sete para três.) Os pontos de trabalho eram um incentivo para que mais tarefas fossem realizadas. A ração total de grãos alocada para cada pessoa era estabelecida de acordo com o nível necessário para a subsistência, mas, como Jean Oi e outros observaram, a definição dos chineses para subsistência equivalia a muito menos grãos do que o padrão internacional estabelecido por organizações de ajuda humanitária. Rações "auto-suficientes" são definidas internacionalmente como contendo de 1.700 a 1.900 calorias por dia, e o excedente começa a partir de 1.900 até 2.100 calorias por dia. Na China, esses números eram bem mais baixos, de maneira que os níveis considerados internacionalmente abaixo da subsistência eram considerados acima do nível de excedente na China.

Ao considerar como "excedente" a sobra da colheita, a China de Mao estava então preparada para comprar a cota de excedente dos seus produtores. A quantidade total a ser obtida com a compra pelo Estado era determinada pelos superiores da burocracia de nível seis acima dos grupos de produção. Cada nível recebia seu número distribuído proporcionalmente, chegando até os militares das comunas e brigadas que inspecionavam a aceitação final do acordo nos grupos de produção.

Em um processo como esse de tamanha rigidez, o elemento principal era o líder do grupo, um aldeão local que era em geral membro do partido e indicado para o cargo por um período de vários anos. Dada a sua autoridade sobre o grupo, ele tinha de competir com os outros líderes em relação aos acordos comerciais e políticos que levariam seu grupo a se empenhar na produção e a concordar em vender parte do excedente para o Estado a preços abaixo do mercado. O líder de grupo desempenhava, assim, o papel de intermediário fundamental no sistema de aquisição de grãos, servindo como mediador entre os membros inferiores do seu grupo e as brigadas superiores. Essa função tão antiga como a história da China constituía o ponto central da política rural e as relações interpessoais na aldeia. O líder do grupo envolvia-se nas relações freguês-cliente com outras pessoas, acima e abaixo do seu nível de *status*. Nesse ponto, suas ligações entravam em jogo; era o momento em que muitas vezes a corrupção acontecia e florescia sem que se pudesse evitar.

Sem dúvida, a guerra entre os fazendeiros e os coletores de impostos precede aquela entre os sexos. Ambas são sutis e sofisticadas. Nas suas operações em duas frentes, em direção ao seu grupo e a seus superiores, o líder podia conseguir o apoio do grupo para resistir às metas de obtenção de grãos estabelecidas pelo Estado.

Falsificando as contas, até mesmo mantendo duas séries de livros contábeis dos grupos, redigindo relatórios com quantidades menores que as reais, inserindo gastos, fazendo entregas de grãos durante a noite para não terem de contabilizá-los, retendo grãos sem colhê-lo no campo, usando os melhores grãos para alimentar os animais, mantendo novos campos escondidos dos inspetores –, havia uma centena de artifícios para enganar os membros da brigada e manter relações cordiais com eles e até mesmo criar dívidas psicológicas por meio de festas, presentes e favores. No entanto, as histórias dos grupos fraudando as brigadas têm o caráter patético das lendas de prisioneiros sobre fugas bem-sucedidas. Essas fraudes eram raras exceções à exploração sistemática dos fazendeiros por parte dos funcionários.

O líder do grupo utilizava também diversos métodos para impelir os membros do seu grupo a trabalharem mais. Mas era difícil manter os fazendeiros muito estimulados. Após a morte de Mao em 1976, evidenciou-se que a estratégia do Estado de manter o fazendeiro aprisionado e sob pressão para conseguir extrair uma maior quantidade de grãos de sua produção não fora eficiente. Depois de 1978, quando foi dada aos fazendeiros uma melhor oportunidade para se beneficiarem do seu próprio trabalho, eles passaram a produzir muitíssimo mais. Contudo, até essa época eles permaneceram sob o controle do Estado e do partido.

O começo da industrialização

A vitória comunista em 1949 estimulara a migração das aldeias para as cidades. A população urbana da China cresceu rapidamente, de cerca de 57 milhões em 1949 para quase cem milhões em 1957. Por volta de 1960, já seria de 131 milhões. A migração continuada das áreas rurais provocava uma alta taxa de desemprego nas cidades, que se prolongou até o momento em que tanto os trabalhadores rurais como os industriais puderam ficar sob controle institucional. O trabalho industrial, o "proletariado" da China, havia sido uma questão meio indefinida no período Republicano porque trabalhadores despreparados foram recrutados do campo por empreiteiros que cooperavam com gerentes de fábricas em sindicatos opositores. Em 1949, três quintos dos contingentes de trabalhadores de fábricas ainda eram autônomos. Por volta de 1957, a grande maioria deles fora absorvida por cooperativas urbanas de artesãos: nesse ínterim, a mão-de-obra havia dobrado e mais da metade dos trabalhadores atuava em fábricas.

O modelo stalinista de industrialização, que enfatizava em primeiro lugar a indústria pesada em detrimento da agricultura, não era apropriado para o caso chinês devido à grande importância do campo para a economia. No entanto, as metas industriais iniciais foram alcançadas e a mentalidade do "salto para frente" já havia aparecido no esforço para socializar a indústria.

O monopólio da indústria por parte do Estado beneficiou-se do controle exercido sobre dois terços do investimento industrial da China pela Comissão de Recursos Nacionais (CRN) dos nacionalistas. Em 1949, os dirigentes da CRN e seus duzentos mil empregados permaneceram no continente. Eles queriam construir uma economia controlada pelo Estado similar ao modelo soviético e se opunham à preferência americana por um desenvolvimento misto de iniciativa privada e pública. Os engenheiros da CRN lideraram o impulso industrial na República Popular até que o Grande Salto para Frente, em 1958, começou a retirá-los de cena – um processo concluído com a Revolução Cultural após 1966.

Em vez de dar lugar, depois de muitos anos, a uma combinação de administração industrial capitalista e pública, o PCC seguiu o exemplo da coletivização que já havia criado para a agricultura. Rapidamente, a campanha de coletivização assumiu a administração industrial, apesar de que na prática o elemento capitalista teve de permanecer. O fato era que os funcionários do PCC sabiam muito mais sobre agricultura do que sobre indústria. Seu patriotismo e sua ambição pessoal levaram-nos a estabelecer metas muito elevadas para seus projetos industriais e fazer relatórios dando-os como completamente realizados, sem levar em consideração um desenvolvimento gradual e seguro. Dessa forma, o ativismo do governo e dos funcionários do partido na indústria não possuía uma base realista.

Depois que a inflação começou a ficar sob controle, a base de impostos expandiu-se e a receita do governo subiu de 6,5 bilhões de *yuans* em 1950 para 13,3 bilhões em 1951. O déficit contínuo era financiado em cerca de 40% por meio de emissões de bônus. Os bônus não eram unidades de moeda corrente, mas unidades equivalentes a produtos primários. Podiam ser depósitos bancários. Enquanto a receita do Governo Nacionalista representava 5 a 7% do Produto Interno Bruto, o imposto da RPC sobre a produção econômica era estimado em 24% em 1952 e 30% em 1957.

O processo de combinar a indústria capitalista privada com a indústria estatal lançou mão de impostos discriminatórios e políticas de crédito, o que resultou em uma redução do setor privado para menos de um quinto, quando em 1949 representava mais da metade. O artesanato local, no entanto, continuou sendo basicamente privado.

O Primeiro Plano dos Cinco Anos do período de 1953 a 1957 foi considerado no geral um grande sucesso. A renda nacional cresceu a uma taxa média de 8,9%. Acreditava-se que a produção agrícola havia se desenvolvido em cerca de 3,8% em contraste a um crescimento populacional de cerca de 2,4%. Em outros países em desenvolvimento, o crescimento econômico era em média de 2,5%. Na Índia, foi de menos de 2% durante a década de 1950. Teoricamente, as estatísticas da RPC eram admiráveis. De acordo com elas, a proporção de crianças em idade escolar matriculadas em escolas primárias passou de 25 para 50%. Em geral, estima-se que os salários nas cidades tiveram um aumento de quase um terço e que a renda dos camponeses aumentou cerca de um quinto.

O investimento industrial da RPC foi quase o mesmo do da União Soviética durante o período de industrialização iniciado lá em 1928, embora, para a China, a renda *per capita* nacional em 1950 fosse somente cerca de metade de um quarto daquela da União Soviética em 1928. Ao adotar o modelo soviético de industrialização rápida – favorecendo a indústria pesada em detrimento da agricultura –, o PCC não considerou o fato de que na União Soviética a proporção entre a população e os recursos do país era muito mais favorável e a industrialização estava muito mais avançada antes da revolução. Cerca de metade do investimento industrial total da RPC foi direcionada para 156 projetos subsidiados pela União Soviética, projetos esses de larga escala e de capital intensivo. Das 156 fábricas soviéticas, quase todas eram de indústria pesada e localizadas em cidades do interior como Wuhan e Baotou, no Norte do país, com o intuito de livrar-se da dependência de Shangai e Tianjin no litoral.

A dependência da ajuda soviética teve custos altos. Ao passo que a RPC investia cerca de 25 bilhões de *yuans* no Primeiro Plano dos Cinco Anos, a contribuição soviética não era na forma de subvenções, mas apenas em empréstimos, a uma taxa de cerca de sessenta milhões de *yuans* ao ano, a serem todos reembolsados. Enquanto mais ou menos dez mil especialistas soviéticos vieram para a China e 28 mil chineses receberam treinamento na União Soviética, esses créditos soviéticos totalizavam apenas cerca de 4% do total de investimento da China na indústria. Certamente, a tecnologia soviética era muito mais avançada que a chinesa e, em geral, o relacionamento com a União Soviética provou ser de grande valor.

Todos esses fatores levaram os elaboradores do Segundo Plano de Cinco Anos, em 1956, a algumas conclusões muito sensatas. Eles concordaram que a indústria pesada deveria receber mais, mas que o progresso no campo seria essencial para o desenvolvimento em longo prazo nas cidades. Os elaboradores também perceberam que as fábricas de grande porte seriam menos eficazes do que as de menor porte no interior. Fábricas locais pequenas, apesar de menos adiantadas em termos de tecnologia, podiam usar mão-de-obra e materiais do lugar, reduzir custos com transporte e iniciar a industrialização do campo. Nesse ínterim, os elaboradores do plano queriam ser menos dependentes da ajuda soviética. Um último incentivo veio do fato de que a coletivização da agricultura não havia provocado um crescimento visível na produção de grãos e de outros produtos agrícolas. Parecia que o crescimento da enorme burocracia estatal alcançara um ponto que passara a impedir a expansão da economia e havia um forte sentimento favorável à diminuição da centralização. Contudo, o Segundo Plano de Cinco Anos, debatido em 1956, nunca foi executado porque foi suplantado, na primavera de 1958, pelo Grande Salto para Frente.

A educação e os intelectuais

Como pôde a revolução ter sucesso se os intelectuais ainda seguiam o modelo confuciano de censura e os estudantes ainda aprendiam o estudo clássico e liberal nas escolas? Mao não tivera uma educação muito liberal, mas sabia o que queria – intelectuais que apoiassem o regime e uma educação que alcançasse e modificasse as massas camponesas. E, uma vez que se viu por fim derrotado nessa tentativa, analisaremos agora a experiência educacional da China.

Durante o império, homens eruditos haviam se tornado de forma praticamente generalizada candidatos a exames e, portanto, classicistas e conservadores. A maioria das grandes obras da literatura chinesa fora elaborada dentro de uma estrutura de aceitação da ordem social e da autoridade central. Assim como na Europa, não se permitia que nenhum santuário monástico, nenhum confronto entre seitas religiosas e nenhuma divisão entre igreja e Estado disseminasse diversidade. Bolsas de estudo permaneciam em grande parte no âmbito dos circuitos oficiais, e os grandes protagonistas das escolas de pensamento, como Zhu Xi e Wang Yangming, haviam tido carreiras oficiais.

Nos tempos modernos, duas questões resultaram dessa tradição. Primeiro, os estudiosos chineses do século XIX mostraram-se lentos em adotar idéias estrangeiras e iniciar o processo de reforma. Em segundo lugar, quando a antiga ordem finalmente entrou em colapso, o espírito do nacionalismo era tão forte que tanto os revolucionários quanto os contra-revolucionários entre os intelectuais dedicaram-se, sobretudo, a "Salvar a China" porque ainda se encontravam orientados em direção ao Estado.

Essa orientação tinha suas contradições, pois o papel do estudioso oficial havia sempre sido dúbio – não apenas executar a administração imperial como também aconselhar o governador a respeito dela e quando necessário argumentar com ele a respeito das políticas. A idéia de que os estudiosos sabiam o que fazer e de que tinham a obrigação de oferecer seus conselhos foi posta de lado, por exemplo, na doutrina da unidade de conhecimento e ação – que o conhecimento intelectual deveria levar à ação e a ação deveria influenciar o conhecimento. Quando, após 1912, intelectuais do Movimento da Nova Cultura incitaram a separação entre política e bolsas de estudo, eles estavam agindo de modo revolucionário. Mas, após 1931, à época do ataque japonês, até mesmo eles fizeram sua contribuição como conselheiros e administradores oficiais. O grande crítico da decadência da China, Lu Xun, fundou a Liga dos Escritores de Esquerda. Seu incentivo a críticas e a publicações havia sido orientado no sentido de uma melhoria da ordem social e do melhor exercício do poder do Estado, e de forma alguma um afastamento da política.

Quando o Partido Comunista assumiu o poder, após 1949, a necessidade de pensamentos cautelosos cresceu de forma significativa. Na teoria, a transição de uma guerra revolucionária para a administração de um novo governo exigia que a atividade militante se redirecionasse para a busca de objetivos revolucionários por meio da utilização de recursos persuasivos em vez de violência. Na segunda metade do século XX, construir um Estado moderno requeria recursos intelectuais não apenas na área da engenharia e da economia, mas também nas ciências sociais, na história e na literatura. Esse tipo de aprendizado moderno mostrava-se então altamente valorizado entre as sociedades maduras da civilização pós-industrial, enquanto Mao e o PCC sentiam que o problema mais urgente na China era restabelecer o forte poder central de um Estado unificado e recriar seus valores e a estrutura social de acordo com os novos princípios do marxismo-leninismo – o pensamento de Mao Zedong. Para atingir essa meta, eles deveriam primeiro estabelecer o controle sobre os pensamentos e o comportamento do povo chinês. A tragédia dos comunistas era que eles raramente conseguiam se manter à frente do imperativo primário de manutenção do controle.

No início da década de 1950, centenas de professores do sistema educacional foram submetidos a inúmeras reformas de pensamento. A cada um foi pedido que relatasse sua prévia subserviência ao imperialismo capitalista, seu profundo senso de culpa por ter, portanto, traído o povo chinês e sobre sua gratidão ao presidente Mao por ter-lhes apresentado uma nova visão. Filhos de pais importantes foram induzidos a denunciá-los como reacionários. Cada confissão, quando aceita para publicação, oferecia uma explicação engenhosa de por que o réu, manchado com os males da antiga ordem, não podia mais servir como modelo para a juventude. Assim, os professores sofreram uma terrível humilhação e destruíram sua imagem pública.

Os intelectuais do início dos anos 1950 eram apenas um dos alvos da reforma do pensamento, a qual tomou maiores proporções. Em campanhas nacionais, certos males de conduta eram mencionados de forma abstrata e, depois, escolhiam-se indivíduos que eram punidos dentro de um procedimento regular. Cada campanha era nacionalmente organizada e promovida pelos ativistas de cada localidade, em geral instruídos a encontrar uma certa cota de vítimas. Batalhas públicas e humilhações aconteciam com muita freqüência, com milhões de participantes na platéia, que recebiam lições sobre como ser e agir.

A reforma educacional defrontou-se com o problema de produzir alunos devotados à filosofia do partido. Como os intelectuais eram, em grande parte, professores, todo o sistema educacional tornou-se uma área de renovação revolucionária. Dentre os três períodos diferentes de políticas educacionais modernas da China, o primeiro – a antiga educação clássica que durou até 1905 – havia treinado generalistas nos moldes dos graduados de Oxford e Cambridge – administradores com amplos conhecimentos, e não especialistas técnicos. No segundo período, até os anos 1940, as artes e ciências liberais do Ocidente foram usadas para criar uma elite moderna. As pessoas comuns eram atingidas apenas de forma preliminar. No terceiro período, após 1949, Mao esperava que as massas pudessem por fim se tornar o grande centro da política educacional. A expansão da educação primária e de medidas simples de saúde pública foram duas das maiores realizações da RPC. Com a base das escolas primárias, Mao esperava usar o sistema soviético para produzir tecnocratas ideologicamente sãos. Mas o verdadeiro sistema ainda se dividia em duas direções: oferecer uma educação moderna e as habilidades técnicas para as massas e treinar uma elite com conhecimentos amplos capaz de ocupar o lugar dos antigos literatos-administradores confucianos. Porém, dados os recursos limitados da RPC, como seria possível alcançar ambos os objetivos ao mesmo tempo?

Após 1949, o PCC começou a imitar fielmente o modelo soviético de educação. Esse modelo enfatizava o treinamento especializado de pessoal científico em matérias práticas, em especial nas ciências naturais. Por conseguinte, o PCC desfez os programas de artes liberais herdados das faculdades cristãs e das universidades nacionais. Em seu lugar, criou vinte novas escolas politécnicas e 26 novos institutos de engenharia. Dentre duzentas instituições de educação superior, apenas treze foram criadas como grandes universidades que compreendiam tanto artes como ciências. Essa reorganização nos anos iniciais da República Popular fez com que a maioria dos alunos fosse levada a cursar matérias técnicas, em vez de matérias do currículo de artes liberais, que formara um grande número de graduados – em particular nos campos de política e economia – com idéias políticas, mas pouca habilidade. Em outras palavras, o principal redirecionamento havia sido o de abandonar um programa que produzia pessoas com amplos conhecimentos para ocupar altos cargos governamentais e adotar um mais prático que produzia técnicos; o PCC podia então, por meio de seus próprios canais, encontrar administradores. Isso pode ser visto como uma tentativa de cortar a ligação entre a educação liberal e as políticas públicas.

Esse exemplo soviético levou ainda à regularização dos planos de ensino, materiais e livros-texto, de modo que programas de treinamento em todas as especialidades fossem criados pelo poder central. Um Ministério da Educação baseado no modelo soviético foi criado em novembro de 1952. Um grande programa de tradução garantiu as edições chinesas de livros soviéticos especializados, que representaram mais de um terço dos livros publicados até então. O ensino do inglês como segunda língua foi substituído pelo ensino de russo, e os processos de atribuição de notas e de exame oral seguiam a prática soviética. O campo da genética, em particular, sofreu coerção e foi tornado inválido pela imposição das idéias não-científicas de um charlatão soviético chamado P. Lysenko.

Heranças do período nacionalista e questões fronteiriças do PCC combinaram-se a influências soviéticas para formar um sistema educacional com muitos problemas sem resolução. Por exemplo, os alunos altamente treinados que retornavam do Ocidente – e que eram agora professores – deveriam ser recondicionados a viver sob o regime comunista. Embora os professores fossem os candidatos principais para a reforma do pensamento na década de 1950, na realidade os profissionais de ensino em sua totalidade não haviam adotado métodos e pontos de vista comunistas. Eles eram mais socialistas democráticos do que comunistas totalitários.

Apesar de sua experiência em reforma de pensamento e de seus muitos esforços conscientes para assimilar os novos princípios da revolução, o corpo de professores opunha-se ao estabelecimento de normas em suas áreas. O PCC almejava transformar trabalhadores e camponeses em intelectuais de forma rápida, mas os professores achavam que os melhores alunos ainda eram aqueles vindos de famílias com certa base educacional e que trabalhadores e camponeses com apenas alguns anos de escolaridade não seriam capazes de manterem-se em uma universidade. O regime podia até mesmo encorajar a atividade de escolas populares (*minban*) nas aldeias, mas ficou claro que era impossível transformá-las em um canal para a educação moderna de nível superior. Em virtude de a educação popular ser dirigida por membros do partido sem muita escolaridade, ela tinha poucas chances de atingir o nível universitário.

A maior parte do sistema de ensino superior chinês continuou bem limitada em termos de qualidade. Um país de quatrocentos milhões de habitantes formava, anualmente, antes de 1949, apenas 185 mil alunos universitários; no entanto, após essa data, a população cresceu com rapidez, mas o número de indivíduos com nível superior não acompanhou esse crescimento. Os universitários compunham cerca de 1% da população chinesa. Como se poderia pensar em um país moderno com tal proporção de mão-de-obra capacitada? Em 1950, a meta de ter uma escola para cada vilarejo precisou ser abandonada. O excesso de alunos de ensino médio concorrendo por uma vaga na universidade não poderia ser aumentado devido ao perigo de criar intelectuais frustrados e sem empregos adequados ao seu nível de escolaridade.

Em suma, a China ainda sofria da disparidade herdada entre trabalhadores braçais e a classe de intelectuais que a governava. Os graduados no ensino médio sentiam-se aviltados por não serem aproveitados em empregos que requeriam conhecimentos acadêmicos mais especializados. Em 1956, apenas um terço dos universitários era de origem operária. A revolução na educação começara, mas estava longe da completude ou do sucesso. Aliado a problemas econômicos do modelo de desenvolvimento soviético, esse era o panorama de uma nova fase de esforço revolucionário para assegurar um apoio efetivo dos intelectuais.

Mao lançou a premissa de que o trabalho intelectual era essencial para a revolução. "Não podemos prosseguir sem eles." Segundo Mao, no início de 1956, o conceito da união dos fazendeiros com os operários, que se tornavam ambos membros do partido, deveria ser também aplicado aos intelectuais. Os trabalhadores, agricultores, operários das indústrias e os membros da universidade eram membros do mesmo proletariado. A consciência de classe estava morrendo. Essa era a visão de Deng Xiaoping, um dos seguidores mais leais de Mao e secretário-geral do PCC. Evidências indicam que Mao, no começo de 1956, achava que os intelectuais, apesar de extremamente capazes, tinham uma postura "vermelha".

Nesse momento, os líderes do PCC estavam divididos quanto ao valor dos intelectuais para o partido. Alguns visualizavam uma influência crescente do PCC por meio da estratégia da frente unida que consistia em procurar algo em comum com os intelectuais sem partido, muitos dos quais tinham colaborado e alguns deles até depois se filiaram ao partido. Havia poucos intelectuais, mas eles tinham sido essenciais para que o PCC alcançasse o público com sucesso, por intermédio de manuscritos, facilidades técnicas, serviços públicos e administração. Os líderes do PCC como Mao, Zhou e Deng sentiam que o talento dos intelectuais não-filiados ao partido devia ser continuamente explorado e que suas necessidades deveriam ser atendidas. No entanto, outros organizadores mais radicais como Liu Shaoqi e o prefeito de Beijing, Peng Zhen, estavam decididos a manter a união do partido e o conservadorismo a qualquer custo.

No círculo dos intelectuais da área educacional essa questão foi levantada na Campanha das Cem Flores de 1956-57, assim chamada pela frase: "Deixe cem flores florescerem juntas, deixe cem escolas de pensamento competirem". Em razão das melhorias generalizadas nas condições de trabalho (mais acesso a publicações estrangeiras, mais tempo livre e possibilidade de iniciativa), intelectuais foram prevenidos, desde maio de 1956, de que os membros do partido estavam menosprezando a sua voz crítica. Mao fez uma estimativa de que de um total de no máximo cinco milhões de intelectuais – ou seja, graduados no ensino fundamental, médio e superior –, não mais de 3% eram hostis ao marxismo. Nesse sentido, a crítica do estilo e do método burocrático do partido à Campanha das Cem Flores seria construtiva, representando uma "contradição não-antagônica" entre as pessoas, mas discutível em um contexto de lealdade total ao sistema comunista.

Os intelectuais chineses sabiam que o fato de se exporem poderia custar-lhes a vida. Por isso, permaneceram calados durante um ano. Mas em maio de 1957 começaram a criticar o regime do PCC com veemência – seus princípios básicos, estilo de trabalho, doutrinas e práticas passaram a sofrer severos ataques. Em cinco semanas a Campanha das Cem Flores foi dissolvida.

A campanha antidireitista, 1957-1958

Uma vez que o movimento das Cem Flores em meados de 1957 demonstrou uma considerável decepção dos intelectuais com o regime do PCC, Mao resolveu mudar sua política de luta de classes contra os intelectuais que discordavam do partido, utilizando-os como alvo da Campanha Antidireitista a partir de junho de 1957. Nesse momento, uma campanha de retificação entre os membros do partido estava sendo organizada, já que muitos burocratas do PCC havia se tornado preguiçosos e individualistas. Alguns desenvolveram laços com intelectuais não-confiáveis, enquanto os intelectuais se negavam a abraçar o comunismo. Sendo assim, os dois grupos difíceis de serem controlados converteram-se em alvos da campanha.

Ocasionalmente, os imperadores chineses permitiram palavras críticas (*yanlu*), mas com freqüência receberam mais críticas do que esperavam. Em 1957, Mao e seus colaboradores ficaram estupefatos e desiludidos com a quantidade de críticas ao regime e, rapidamente, as revidaram transformando os intelectuais e alguns membros do PCC em alvo da Campanha Antidireitista; entre trezentos e setecentos mil pessoas capacitadas foram demitidas e receberam o título degradante de "direitistas", inimigos do povo. O objetivo era anular a ação ou o poder da República Popular, deixando inativa a mão de obra qualificada. Como secretário-geral do PCC, Deng Xiaoping teve papel ativo na Campanha Antidireitista.

Até 1957, duas categorias de administradores foram líderes da RPC. Uma delas foi o partido patriótico não-comunista liberal que permaneceu na China e os administradores que retornaram de outros países para colaborar com o regime. A outra categoria era a dos "quadros externos", membros do partido que recebiam a tarefa, dada pelo PCC, de fazer carreira na China Livre antes de 1949. Essas duas categorias tinham muitos requisitos necessários para estruturar o novo regime com experiência, visão de mundo e talento. Não é surpreendente que os membros externos que foram mandados pelo PCC para trabalhar como indivíduos liberais na China DMG tivessem desenvolvido alguns sentimentos liberalistas próprios. O ideal de revolução era emancipar as pessoas, e não controlá-las. Porém, após o sucesso da revolução, esses idealistas sofreram as conseqüências de seu liberalismo. A revolução começou a destruir os revolucionários ao punir milhares desses idealistas na Campanha Antidireitista.

Em 1957, nas cidades e no campo, um novo grupo chegou ao poder formado por operários e camponeses com nível de escolaridade baixo, sem conhecimento sobre o mundo exterior, repletos de xenofobia e antiintelectualismo. Para captar a seriedade desse momento devemos vê-lo como uma manifestação de disputa entre os novatos – "fundamentalistas", como Edward Friedman os chama, e os remanescentes da elite dominante modernizada, que os novatos pretendiam destruir ou retirar do poder, independentemente dos serviços de alta qualidade que ela proporcionara ao novo Estado. Esse novo grupo que atingiu o poder no PCC menosprezava o aprendizado e era vingativo e capaz de destruições cruéis e fanáticas quando tinha oportunidade. Possuíam pouquíssima noção dos problemas de modernização da China e de como solucioná-los.

O surgimento dessa nova classe revelou a profunda ignorância por parte da liderança do PCC em relação aos requisitos modernos. A economia e o crescimento do Estado exigiam mentes capacitadas. Preterir a elite intelectual em detrimento dos "fundamentalistas" foi um ato estúpido e desastroso. Em termos estruturais, destruiu o equilíbrio entre o aprendizado e o poder. Por exemplo, no século XVII o imperador Kangxi percebeu como *wu* e *wen* deviam trabalhar em conjunto para governar a China. Mao e seus colaboradores cometeram erro após erro, pois treinaram mas não aproveitaram intelectuais experientes que, na equipe ou como colaboradores, poderiam ter evitado tantas incorreções. O ano de 1957 foi o primeiro dos "vinte anos perdidos" da China – perdidos no sentido de que talentos patrióticos foram ridicularizados e impedidos de ajudar no desenvolvimento da nação. A expressão "dez anos perdidos", usada mais tarde para caracterizar a Revolução Cultural de Mao de 1966 a 1976, foi uma contribuição daquilo que iniciou em 1957.

Visto que os intelectuais demonstraram na Campanha das Cem Flores uma lealdade duvidosa, Mao decidiu que a nova geração de intelectuais deveria ser treinada estreitamente comprometida com o partido em razão de suas boas e adequadas raízes proletárias. Na contradição entre mérito e classe social, ele ressaltou a última. Mao alertou os intelectuais de que o papel deles era o de meros professores, empregados pelos trabalhadores para educar seus filhos, e que não poderiam se atrever a ter idéias diferentes das do partido.

Em termos ativistas, os dirigentes da China esperavam que seus seguidores tivessem o mesmo inquestionável nível de lealdade ao governo que filhos têm em relação aos seus pais. Afirmar apenas que Mao perdera a confiança nas convicções partidárias dos intelectuais não dá a real dimensão das motivações dele. Após 1957, ele continuou opondo-se cruelmente a eles, tratando-os com desdém e como meros usuários da palavra, com medo, como pessoas a quem não podia controlar. Essa reação o levou a fazer muitas declarações ríspidas: que os intelectuais eram os indivíduos mais ignorantes, que todas as grandes conquistas intelectuais haviam sido realizadas por jovens com pouca escolaridade, que o culto à tecnologia era um fetiche. Dessa forma, ele contradisse a fonte da qual emergira, ou seja, o povo chinês como nascedouro de sabedoria e esperança do futuro.

19

O Grande Salto para Frente 1958-1960

Fatores históricos

Em 1958-1960, cerca de vinte a trinta milhões de pessoas morreram em virtude da desnutrição e fome causadas por políticas econômicas impostas pelo Partido Comunista chinês. Avaliado pelas estatísticas de aumento de mortalidade, esse foi um dos maiores desastres da humanidade. Apesar de diretamente ocasionado pelo presidente Mao, o Grande Salto para Frente também representou o entusiasmo de milhões de pessoas originárias da zona rural. O que deu errado?

Os efeitos do Grande Salto para Frente (GSF) são inúmeros, porém, não é possível determinar sua verdadeira influência. Começamos por perceber certos aspectos residuais da herança chinesa – primeiro, que as autoridades tinham controle inquestionável sobre os habitantes das pequenas cidades. A divisão da sociedade entre controladores e controlados, gerenciadores e produtores pôde ser aproveitada pelos líderes do PCC de forma mais intensa do que antes. Por meio de métodos persuasivos desenvolvidos em Yan'an e da instalação de um modelo econômico stalinista, foi possível estabelecer o controle sobre os camponeses locais.

Contudo, todas as ordens centrais deveriam ser postas em prática pelas autoridades locais. Parte da herança chinesa, relacionada à confiança e à lealdade a seus superiores, seria decisiva nos resultados alcançados. Os ativistas do PCC haviam agora, em termos gerais, atingido a posição de liderança local das elites dos tempos imperiais. Foi possível reafirmar as antigas práticas do oficialismo, orientado de forma a buscar o consentimento dos superiores em vez de servir ao povo. Quando a confiança era grande, as autoridades locais competiam entre si relatando quão bem haviam conduzido as ordens centrais. Além de falsos relatos muito otimistas, eles pressionavam a população a fim de alcançar os resultados esperados. Quando a coletivização da agricultura em 1955-56 ocorreu de modo mais rápido que o previsto, foi posteriormente descoberto que muitas cooperativas de produtores agrícolas haviam sido criadas em pouco tempo e não eram na verdade capazes de funcionar como argumentado.

Subjacente a essa situação estava uma outra herança: a docilidade dos camponeses chineses, que se haviam acostumado a seguir as ordens ditadas pelas autoridades, já que esta atitude representava a paz e a ordem da qual suas vidas dependiam. A visão da liderança pôde ser demonstrada à população porque no início da década de 1950 o Partido Comunista chinês e a população, em geral, ainda se sentiam unidos pela causa comum de construção da China. O povo acreditava no presidente Mao. A confiança abriu totalmente as portas para a utopia e a ilusão. Esse fato ocorreu porque os líderes comunitários, em grande parte oriundos da elite camponesa, estavam dispostos a ir adiante, seguir o líder e trazer as massas com eles. Por causa da obediência local ao partido, além do culto a Mao Zedong, criou-se uma histeria em massa, período durante o qual o povo trabalhou correndo contra o tempo e abandonou caminhos predeterminados.

A motivação para o surgimento do Grande Salto para Frente surgiu do surpreendente reconhecimento, em fins de 1957, de que o modelo de crescimento industrial stalinista não era adequado às condições chinesas. A população chinesa em 1950 era quatro vezes a da União Soviética na década de 1920, enquanto o padrão de vida chinês correspondia apenas à metade desse tamanho. Apesar da coletivização universal, a produção das fazendas não teve um desenvolvimento notável. De 1952 a 1957 a população rural cresceu cerca de 9%, ao passo que a urbana aumentou cerca de 30%, mas a coleta de grãos do governo quase não teve acréscimo e, por isso, a China voltou a pagar empréstimos aos soviéticos com a produção agrícola. O modelo soviético de taxação sobre a agricultura para a construção de indústrias chegara ao fim. Além disso, a urbanização, tendo superado a industrialização, gerou desemprego urbano, assim como subemprego nas áreas rurais superlotadas. O Primeiro Plano Qüinqüenal obteve os resultados esperados, mas para continuar com efeitos semelhantes o Segundo Plano Qüinqüenal seria um convite ao desastre.

A solução dos economistas para esse problema, em vez do Grande Salto para Frente, teria sido diminuir os investimentos na indústria pesada, que já haviam alcançado uma faixa de 48%, e direcionar parte deles à indústria de bens de consumo. A disponibilidade dos bens de consumo, por sua vez, produziria subsídios para a produtividade dos camponeses. Por meio desse método, os ministros do governo central também poderiam exercer um papel mais importante e a prática prevaleceria sobre a teoria. O resultado sustentaria uma revolução agrícola, a qual, em grande parte dos casos bem-sucedidos de desenvolvimento econômico, precedeu à industrialização.

Esse método vagaroso não agradou a Mao Zedong e levou-o a persuadir seus companheiros de que o campo poderia se superar e que a produção agrícola teria capacidade de se desenvolver por meio da organização da mão-de-obra rural. O incentivo seria a mesma determinação revolucionária que conferiu sucesso à liderança do Partido Comunista chinês. O crescimento econômico poderia ser garantido, mas os subsídios para o desenvolvimento do trabalho individual seriam reduzidos e substituídos por entusiasmo e auto-sacrifício. Essa estratégia gerou uma grande incerteza psicológica para os camponeses.

Essa era uma das estratégias que os guerrilheiros poderiam idealizar. Eles aprenderam a montar campanhas e a mobilizar a população para alcançar objetivos sociais específicos muito similares a como atingir posições na guerra – a terminologia militar era efetivamente utilizada. Todo o aparato dos mecanismos das campanhas precisava estar direcionado a uma transformação econômica e ao simultâneo desenvolvimento da agricultura e da indústria. Essa era uma estratégia dual – ou como Mao dizia: "Andando com as próprias pernas". A mobilização em massa utilizaria a mão-de-obra rural nunca antes totalmente empregada: em primeiro lugar aumentaria a irrigação, realizando trabalhos de controle de enchentes e renovação da terra; em segundo lugar desenvolveria a produtividade agrícola por unidade de terra por meio do uso de mais "mãos" para plantar, selecionar e cultivar; e em terceiro lugar expandiria pequenas indústrias locais pelo uso de materiais e equipamentos para produzir bens de consumo e equipamentos para a agricultura. Nesse ínterim, a moderna indústria econômica produziria bens de exportação para trocar por bens oriundos do exterior ou por maiores investimentos na área de produção de energia.

Assim como os economistas e outros intelectuais foram desvalorizados no movimento anticapitalista, os defensores do trabalho em massa previram o sucesso das forças produtivas apenas pela mobilização em massa. Com esse propósito, houve uma descentralização do controle econômico ao final de 1957. Muitas empresas e até mesmo controles monetários foram descentralizados em direção ao nível local. O escritório central estatístico foi separado e situado junto a repartições de planejamento econômico. Esse foi o contexto no qual os alvos muito ambiciosos do Grande Salto para Frente foram elaborados em cada localidade não por economistas, mas pelos líderes comunitários contrários aos especialistas, porém intensamente leais à causa.

O resultado, em 1958, foi um enorme aumento na carga de trabalho pesado. Seiscentos e cinqüenta milhões de chineses foram mobilizados em todo o país, com a mesma intensidade e magnitude, para mudar a aparência da China com a construção de novas rodovias, fábricas, cidades, diques, represas, lagos, além de reflorestamento e cultivo da terra. O feito mais divulgado no exterior foi a campanha iniciada em julho de 1958 para produzir aço em pequenas fornalhas "domésticas" sem qualquer auxílio e equipamento especial. Segundo estimativas oficiais, cerca de trinta a cinqüenta mil fornalhas foram criadas até o fim de julho; 190 mil em agosto; setecentos mil até o fim de setembro e um milhão em outubro; cem milhões de pessoas estavam engajadas nessa "batalha pelo aço". Infelizmente, o resultado de todo esse empenho foi inútil, apesar dos argumentos em relação aos problemas da metalurgia. Embora o Grande Salto para Frente tivesse trazido pequenas indústrias para o interior do país, aplicando tecnologia e mobilizando mão-de-obra como jamais visto, seus primeiros resultados foram caóticos e não-econômicos.

O departamento público de estatísticas alegou que, em 1958, a produção de alimentos e algodão praticamente duplicou em um ano e, em virtude disso, o Comitê Central estipulou metas ambiciosas para 1959 almejando um novo aumento de 50%. A liderança tornou-se prisioneira de suas próprias promessas.

Em fins de 1958, companhias e grupos de fazendeiros com suas enxadas e cestos marcharam para os campos em formação militar com baterias e bandeiras para declarar guerra à terra recalcitrante. A mão-de-obra utilizada para a construção de diques e sistemas de irrigação aliada à barragem das águas e a futura renovação da terra surtiram efeito. O interior da China ainda é dotado de lagos e sistemas de irrigação construídos por trabalhos manuais muito árduos em 1958-59. Basta andar apenas 250 metros de um túnel de pedra construído manualmente sob a superfície de um novo campo (como forma de drenagem da água, que caso contrário poderia causar erosão) para perceber o alcance do uso da força manual durante o Grande Salto para Frente. Porém, tudo isso não acrescenta muito à questão da mão-de-obra qualificada, recursos disponíveis e equipamentos que poderiam ter desenvolvido a produtividade individual.

Essa foi a lógica da mobilização descentralizada, que levou à criação das comunidades, sob as quais os benefícios da modernização em saúde, educação, produção em grande escala e o conforto da vida cotidiana eram, em tese, divididos igualmente de acordo com as concentrações de poder e planejamento geral. Poucas vezes houve um ideal que gerasse resultados tão desastrosos.

O desastre de 1959-1960

Enquanto 1958 foi um ótimo ano para a colheita, 1959 foi um ano menos produtivo. Apesar do empenho dos lavradores para vencer a revolução no campo, eles foram incapazes de aproveitar toda a colheita, ainda que as estatísticas enviadas pelas províncias e redondezas indicassem um enorme aumento na produção, mais do que o dobro do produzido. O resultado foi a permanência dos altos padrões de exigência do governo, mesmo quando a produção estava em decadência. Isso acarretou um gravíssimo período de fome, causado pela própria população.

No início de 1959, houve um recuo do programa do Grande Salto para Frente e, depois, ele foi suspenso ao se questionarem os resultados obtidos. Em julho de 1959, os líderes do PCC realizaram um encontro muito importante em Lushan, um retiro localizado nas montanhas do baixo Yangzi. Um dos comandantes mais conceituados do exército em Yan'na e na Coréia, que fora um dos dez marechais do Exército Popular de Libertação e agora era ministro da Defesa, Peng Dehuai (que havia convivido com Mao durante trinta anos, desde Hunan), relatou a Mao a deterioração da vida no campo, mas Mao encarou o relato como ofensa pessoal e afastou Peng do poder.

Em retaliação, os defensores do Grande Salto para Frente, tendo Mao como seu líder, insistiram em continuar com o programa. Após o encontro em Lushan, uma outra campanha anticapitalista foi organizada contra os críticos da estratégia do Grande Salto para Frente, que, com conseqüências desastrosas, impediu o desenvolvimento do programa em 1959. O maior crime dessa época foi o aumento da requisição e coleta de grãos dos vilarejos, justamente quando haviam tido problemas com a colheita causados não só pela demanda de mão-de-obra para serviços públicos, como também devido ao mau tempo. Por conseguinte, a população ficou reduzida em algumas áreas a apenas metade ou até mesmo a um quinto da sua habitual reserva de grãos.

O fanatismo dos administradores rurais do Grande Salto para Frente continuou a divergir das visões técnicas econômicas dos administradores e ministros urbanos. Essa prolongação do Grande Salto para Frente causou uma nova queda tanto na produção da indústria pesada quanto na da indústria de bens de consumo. Na década de 1870, as pessoas devastadas pela fome na região Norte da China, época em que não choveu por três anos, estavam distantes do alcance das linhas ferroviárias; corpos ocupavam as beiras das estradas. Em 1959-60 a China estava mais bem organizada e as áreas pobres, cheias de corpos famintos, não eram vistas. Porém, a desnutrição causada pelos racionamentos tornou milhares de pessoas mais suscetíveis a doenças. A mortalidade, maior que a usual, só foi calculada após a realização de estatísticas. O fato de que muitos habitantes estavam morrendo de fome e que toda a economia estava imersa em uma total desordem só foi constatado em 1960. A situação econômica da China era tão grave e de difícil resolução que o presidente Mao teve de admitir sua falta de conhecimento em economia. O Grande Salto para Frente foi reconhecido como a catástrofe criada por Mao.

Além do desastre econômico houve uma virada política ameaçadora. Até então a liderança suprema do PCC no Politburo realizava discussões, mensal ou semanalmente, em várias partes do país a fim de comunicar suas decisões políticas. O mérito desse sistema sempre residiu na exposição veemente das alternativas previamente; porém, depois da tomada de uma decisão, todos a seguiam. Pela primeira vez, agora, Mao transformara o argumento político do marechal Peng como um ataque pessoal ilegítimo à sua figura. Mao foi bem-sucedido, mas foi uma batalha com perdas e ganhos, que abriu caminho mais para o sectarismo do que para uma discussão justa sobre política. A teimosa crítica de Mao em relação a Peng destruiu a unidade de liderança do PCC. Inicialmente, quase todos haviam concordado com a estratégia do Grande Salto para Frente, mas seu fracasso demonstrou a vulnerabilidade de Mao e destruiu a solidariedade que havia entre os líderes.

Um dos principais pilares do desentendimento entre Mao e o marechal Peng foi o desejo do marechal de tornar o Exército de Libertação do Povo mais tecnicamente competente, a exemplo do Exército Vermelho da União Soviética. Mao, ao contrário, vinha desenvolvendo o projeto de utilizar bombas nucleares como um ataque aos guerrilheiros, sem construir um exército profissional nos moldes russos.

Ao nos concentrarmos exclusivamente na liderança de Mao, não demonstraríamos a disposição nacional de constante auto-sacrifício e a frenética atividade que caracterizou o Grande Salto para Frente. Os camponeses trabalhavam incessantemente para quebrar seus próprios recordes, grupos de liderança local continuavam a fazer relatórios irreais sobre o tamanho das colheitas e os companheiros de Mao, como o economista Chen Yun e o líder Zhou Enlai, não encontraram uma saída para pôr fim a esse clima convulso.

A dimensão do desastre foi oculta dos olhares externos em razão de que as populações da cidade continuavam a receber rações do campo e o desenvolvimento industrial prosseguiu. Porém, no final, os fatos negativos não puderam ser escondidos. Todas as marchas com baterias e pratos carregando bandeiras, atacando alvos, somadas à utópica idéia de grandes refeitórios comunitários para unidades produtivas e a adição de mulheres à força de trabalho fora das propriedades familiares, estavam direcionando a China ao precipício. Vários anos de políticas econômicas mais sensatas seriam necessários no início da década de 1960 para se obter os níveis de vida de 1957.

A descentralização foi um dos temas mais confusos do Grande Salto para Frente. Grupos locais, insatisfeitos com a subordinação a ordens centrais, deram as boas-vindas à oportunidade de controlar as massas para os novos projetos sem a interferência do governo central. O Grande Salto para Frente reforçou a importância do partido como líder da sociedade. O resultado político abriu portas para o organizador da mobilização em massa entusiasta e fanático, em vez de especialistas treinados. A estratégia do Grande Salto para Frente de utilizar a mobilização em massa para alcançar o desenvolvimento econômico dificultou a tarefa que o poder central tinha de regular ativistas locais voltando-os para um programa estabelecido em ordens centralizadas, como uma administração econômica requer.

Além disso, nos bastidores dos muitos fatores em jogo no Grande Salto para Frente, estava a personalidade e o ego do presidente Mao. Ele passara toda a sua vida desde a década de 1920 organizando, em palavras e atos, uma rebelião contra as ordens preestabelecidas. Depois de 1949, ele continuou a alvejar grupos específicos na sociedade chinesa. Por fim, ele romperia com a União Soviética, terminando o acordo político. O principal intuito do estilo maoísta de rebelião era a mobilização das massas e a supressão intelectual, a qual, anteriormente, o havia ajudado a manipular as massas. Nesse sentido, Mao ainda era um rebelde contra o confucionismo denunciado no Movimento Quatro de Maio.

Renovação: detendo o controle da mão-de-obra industrial

Após o Grande Salto para Frente, líderes como Liu Shaoqi e Deng Xiaoping providenciaram relatórios gabaritados e realistas sobre as comunas, a indústria, a ciência, os artigos artesanais, as finanças, o comércio, a literatura e a arte, como base para programas de recuperação prática, sobretudo para assumir o controle da economia industrial. Durante o Grande Salto para Frente, a migração rural para as cidades aumentou a população urbana até 130 milhões de pessoas em 1960. A construção de fábricas e a demanda por matérias-primas cresceram descontroladamente. Em 1960-1964, a situação econômica levou ao fechamento de fábricas e a uma queda de 50% na taxa de emprego. Esse problema foi enfrentado deslocando-se, sistematicamente, milhões de desempregados da cidade para o campo, com uma redução líquida de quatorze milhões no número populacional. Um programa de registro familiar completo, racionamento de cereais e de outros itens de necessidades diárias e a identificação das famílias estabeleceram controle sobre os residentes na cidade. A migração ilegal foi contida e, como prática comum, os jovens das cidades foram realocados em áreas rurais.

Como parte desse sistema de controle, desenvolviam-se distinções de *status* dentro do trabalho na cidade. A maior parte do rendimento industrial vinha de grandes empresas estatais de capital intensivo, que se transformaram em local de trabalho de uma qualificada e privilegiada mão-de-obra. Em meados dos anos 1980, esses trabalhadores permanentes da indústria estatal totalizavam 27 milhões e eram, segundo Andrew Walder (1986), a única parcela da mão-de-obra a participar integralmente do estado de bem-estar social. Eles tinham vantagens adicionais ao salário tais como moradia e refeições subsidiadas, complemento salarial, auxílio do governo, pensões vitalícias, previdência e seguros do Estado. Esses dois quintos bem pagos da mão-de-obra, trabalhando em algumas das 85 mil empresas estatais, produziam três quartos do rendimento industrial da China. Outros dois quintos da mão-de-obra eram trabalhadores secundários em empresas rurais e urbanas de organização coletivista responsáveis por mais de um terço da produção. Essas empresas coletivistas urbanas menores e mais numerosas empregavam artesãos, mulheres e jovens em termos menos favoráveis que as empresas estatais. Uma categoria ainda mais secundária era a dos "trabalhadores temporários" que executavam um mero trabalho braçal em construções e transporte.

Ao trabalhador privilegiado de uma empresa estatal eram distribuídos vales-refeições, alimento subsidiado e artigos de primeira necessidade. Também foram postos à disposição serviços sociais, tratamento médico, recreação e vida política. Mesmo assim, após receberem todos esses benefícios, os trabalhadores ainda precisavam gastar mais da metade de seus salários com alimentação. Com isso, o trabalhador do Estado era totalmente dependente de seu emprego, que poderia discipliná-lo da mesma forma como antes fora praticado por uma família de mentalidade confucionista.

Um trabalhador podia ter a esperança de que seu filho o sucedesse em seu cargo. A promoção de posto poderia ocorrer com mais rapidez por tempo de serviço do que por competência. Por outro lado, dissidência ou até mesmo críticas poderiam levar à expulsão.

Em suma, no início da década de 1960, não existia um movimento trabalhista que representasse uma preocupação para o regime, pois nas empresas estatais a extensão da dependência dos trabalhadores aos seus empregos os mantinha razoavelmente sob controle. Dessa maneira, a mão-de-obra-básica da indústria pesada e de outras empresas do governo passou a ser subserviente ao Estado e ao partido, à semelhança da subserviência camponesa na agricultura.

Enquanto isso, planejadores econômicos, como Chen Yun, fomentavam uma revitalização da motivação na agricultura, dando permissão de novo para o cultivo em terrenos particulares e para a venda dos produtos nos mercados locais, adotando o ideal de "responsabilidade individual". Em contrapartida, esse apelo a interesses materiais incitou Mao a clamar por um renovado esforço ideológico por meio da luta de classes. Estava se formando o caminho para o que se tornou conhecido como "correntes divergentes" entre Liu, Deng e outros, defensores do conhecimento administrativo, e Mao e seus partidários, defensores de uma mobilização romântica baseada na idéia do campo como o caminho para enfrentar os problemas cada vez mais graves da China.

Retificação partidária e educação

Nas divergências de Mao com Liu, presidente do Estado, e Deng, secretário-geral do partido, ambas as partes tinham de concordar que o partido sofrera graves danos em relação ao seu prestígio entre a população, que a corrupção aumentara e que o moral estava baixo. Eles divergiam quanto ao modo de conduzir a retificação: se por um novo movimento de massa nas camadas mais baixas da região rural ou mantendo-a dentro da organização do PCC. Mao primeiro tentou liderar, em 1963, a retificação entre as estruturas partidárias da zona rural, o que se chamou de Campanha Socialista de Educação. Isso lhe teria permitido criar uma rede de órgãos temporários nos moldes de uma campanha, transformando, assim, em 1963, a Campanha Socialista de Educação num campo de batalha entre as duas abordagens. A organização do partido resolveu não prosseguir; e com isso, em 1964, o PCC organizou mais uma campanha de massa intitulada Campanha das Quatro Limpezas, destinada a retificar, por meio da luta de classes, a estrutura de funcionamento das comunas. Na prática, os novos dirigentes, secretários, auditores e negociantes atacadistas do comitê e outros do nível de gerenciamento das comunas tinham começado, rapidamente, a exercer comando sobre a classe de camponeses da qual haviam há pouco emergido.

Eles se entregaram a pequenos peculatos, nomearam seus favoritos, fizeram menos trabalho braçal e, de maneira geral, afirmaram sua autoridade dando ordens arbitrárias e proporcionando a si mesmos uma vida melhor. A Campanha das Quatro Limpezas, portanto, tinha como alvo funcionários especializados cujas atitudes (não a classe da qual provinham) os haviam transformado em exploradores.

Para combater esse mal, o PCC pôs em prática o plano de mandar grupos de trabalho externos aos núcleos locais para retificar a conduta desses núcleos. Esse procedimento provinha das medidas originais da reforma agrária contra os proprietários, os insolentes locais e os déspotas temporários. Os membros do grupo de trabalho alojavam-se nos lugarejos por algumas semanas, estabeleciam relações com os pobres queixosos e, assim, podiam registrar reclamações e provas contra os funcionários especializados locais e então faziam intermináveis interrogatórios, levando-os à exaustão física e a confissões forçadas como base para julgamentos violentos. Esses seguiam o mesmo estilo dos julgamentos contra intelectuais e burocratas. Tais julgamentos transformaram-se na principal forma de participação política dos camponeses, manipulados pelo PCC em larga escala. Em vez de meramente assistirem a uma execução, à moda antiga, como observadores passivos, eles se tornaram vociferantes acusadores de vítimas visadas pelas autoridades.

Por volta de 1956, desencantado com a resistência dos funcionários do partido em prosseguir com sua forma de conduzir a retificação por meio de uma campanha de massa, Mao começou a procurar fora do partido maneiras para executar sua retificação.

Nesse ínterim, o desejo de Mao de libertar os camponeses chineses e, por meio da educação, fazer deles cidadãos instruídos – um ideal que reformadores liberais ocidentais logo aceitariam – também não se concretizou. A educação fora sempre uma grande preocupação da população. O Grande Salto para Frente tinha enfrentado um problema duplo – como levar educação ao homem comum por intermédio das novas instituições e, ao mesmo tempo, dar continuidade ao treinamento da elite, indispensável no sistema estabelecido de ensino fundamental e universidades. O novo esforço agora era centrado na criação de escolas de estudo científico do trabalho, como as "escolas do povo" (*minbam*), usadas no período Yan'an. Alegou-se que milhares de escolas haviam sido criadas com base no estudo científico do trabalho, enquanto o currículo regular foi reduzido de doze anos, como no sistema americano, para dez anos, como no soviético. Para atingir o homem comum, também foi essencial simplificar o conteúdo educacional; e, por isso, os livros foram reescritos. O obstáculo foi encontrar pessoal adequadamente treinado em matérias especiais. Eles não estavam disponíveis. O artifício de reconhecer camponeses como "cientistas" e elevá-los à condição de professores provou-se ineficaz. Não se podia escapar do fato de que as escolas de estudo científico do trabalho eram inferiores às escolas habituais.

Este fato palpável criou para as escolas de estudo científico do trabalho uma má reputação e elas passaram a ser vistas como canais inferiores para o progresso. Famílias camponesas logo perceberam que seus filhos só poderiam ascender socialmente por meio do sistema educacional comum. Em vez de fazê-los ingressar em um programa de estudo científico do trabalho, que poderia elevá-los apenas ao *status* de camponeses cultos, as famílias preferiam que as crianças permanecessem em casa, trabalhando na fazenda.

Quando se conformaram em admitir estudantes-trabalhadores camponeses, com pouco treinamento, os educadores do sistema regular lançaram mão de um artifício especial para que fossem mantidos os padrões e produzida uma elite treinada. Esse artifício, que havia sido usado no governo Yan'an, era a escola-modelo, onde se concentravam os melhores alunos, corpo docente e equipamentos. Tendo em vista que o sistema de exame nacional fora reativado, o percentual de graduados que eram aprovados e faziam a transição do segundo grau para as universidades tornou-se a medida da excelência de uma escola. Com a hierarquia social assim estabelecida, as escolas-modelo eram prestigiadas, ao contrário das de estudo científico do trabalho. Além disso, as escolas de estudo científico do trabalho tinham uma proporção maior de trabalhadores-estudantes camponeses, enquanto os filhos de ativistas políticos ou dos "quadros revolucionários do partido" eram dominantes nas escolas de ensino médio em sua estrutura oficial. Porém, aqueles com maiores probabilidades de chegar ao nível mais alto das escolas-modelo eram os filhos de intelectuais mais velhos, cuja tradição familiar lhes havia proporcionado vantagem na educação.

Considerado como um programa social, as reformas educacionais e as inovações do período do Grande Salto para Frente atacaram diretamente a antiga separação entre a classe alta e o homem do povo. O dito de Mao "jamais esqueçam a luta de classes" pôs em desvantagem os filhos de intelectuais. Como conseqüência, alunos com um histórico escolar "ruim" eram freqüentemente penalizados ou até mesmo excluídos do sistema. Não obstante, a competição para o ingresso nas universidades era definida com base nas notas dos exames, muito similar ao esquema de épocas anteriores. Como resultado do programa, por volta de meados da década de 1960, o novo sistema educacional da China apresentava uma bifurcação, e a faixa superior ainda levava à elite. Não havia sido possível mudar a estrutura de classes por meio da educação.

Por outro lado, o surgimento das elites deixou uma maioria marginalizada e insatisfeita. Em 1960, quando o acesso à educação superior foi restringido devido ao seu custo para o Estado e por medo de excesso de graduados (indivíduos com nível superior completo), maior número de jovens das cidades permaneceu desempregado. Uma ociosidade similar foi provocada na mão-de-obra em virtude do aumento dos salários, e trabalhadores qualificados foram favorecidos por empregos mais seguros, ao passo que a maioria dos trabalhadores era muito sacrificada. Tensões cresciam nas principais áreas da sociedade chinesa, assim como dentro do PCC.

O cisma sino-soviético

Reportando-nos ao ano de 1960, vemos claramente que chineses e russos direcionavam-se para uma separação. Na verdade, o contato americano com a China, através do Pacífico, fora muito mais extensivo e duradouro que a influência russa vinda da Sibéria e da Mongólia. Não havia faculdades cristãs ortodoxas russas educando jovens chineses. Inglês, e não o russo, era a segunda língua da classe alta chinesa. Em contraste, a ligação chinesa com a Rússia vinha do movimento comunista e de poucos milhares de chineses mandados por ele para Moscou. Essa influência não teve início até a década de 1920, porém, à medida que os chineses e os russos comunistas conheciam-se melhor, não se tornavam, necessariamente, bons amigos. A liderança do PCC não superara o fato de que Stalin, nos anos 1920, apoiara a estratégia errada e que em 1945 firmara um tratado com a China Nacionalista com a finalidade de servir aos interesses nacionais russos na Manchúria. Em suma, a ligação sino-russa era tênue e poderia desfazer-se tão logo o PCC começasse a desenvolver seu próprio estilo de comunismo nacional. Um motivo para essa dissolução poderia ser o fato de que, quando a China novamente reconhecesse a necessidade de ajuda externa para o desenvolvimento econômico, os Estados Unidos e seus aliados poderiam supri-la muito melhor que a União Soviética.

O cisma China-Rússia evoluiu, no final dos anos 1950, em uma série de etapas. O presidente Mao fez, no inverno de 1957, sua segunda viagem a Moscou para participar da comemoração do quadragésimo aniversário da União Soviética. Ele se pronunciou de forma exagerada sobre a supremacia soviética no comunismo internacional, além de ir mais longe do que os russos gostariam ao declarar, prematuramente, que a entrada em órbita do primeiro satélite soviético, o Sputnik, demonstrou que "os ventos do Oriente estavam prevalecendo sobre os ventos do Ocidente" e que os dias do capitalismo imperialista estavam contados. Nessa época, foram selados vários acordos sino-soviéticos de intercâmbio técnico, incluindo assistência à produção de bombas nucleares, e a China continuou a ter a ajuda de cerca de dez mil especialistas soviéticos em seu desenvolvimento industrial.

A relação começou a deteriorar-se quando Nikita Khrushchev tornou-se um crítico direto do Grande Salto para Frente. Em suas duas visitas a Beijing, em 1958 e 1959, ele e Mao não se entenderam. O líder russo achava que o líder chinês era um dirigente romântico que se desviava do foco, em cujo julgamento não se deveria confiar. Khrushchev ficou furioso com a declaração de Mao de que com o Grande Salto para Frente, por meio de seu sistema de comunas, a China chegaria ao comunismo antes da União Soviética. Khrushchev também se sentiu ultrajado em 1958, quando Mao planejou bombardear a ilha de Quemoy, sediada por uma guarnição de tropas nacionalistas, fora do porto de Xiamen, como fosse um assunto puramente doméstico. Essa racionalização de Mao negligenciou o fato de que os Estados Unidos eram aliados de Taiwan, como a República Popular da China era da Rússia e, portanto, essa iniciativa em direção a uma chamada guerra civil poderia desencadear um confronto de superpotências e, assim, uma guerra nuclear. À época, Khrushchev estava em Camp David buscando um *modus vivendi* com o presidente Eisenhower. Na crise dos estreitos de Taiwain em 1958, que suscitou possíveis hostilidades entre a RPC e os Estados Unidos, os soviéticos recusaram-se a apoiar a China e revogaram a promessa de lhe fornecer uma arma atômica. Essa crise nas relações chegou ao auge em meados de 1960, quando Khrushchev, repentinamente, retirou todos os técnicos soviéticos da China, junto com os seus projetos. O PCC logo estaria atacando o revisionismo do Partido Comunista da União Soviética e recebendo a retribuição na mesma moeda. Por volta de 1963, essa briga entre os dois partidos tornou-se mundialmente pública. O agravamento da crise foi ainda mais desagradável porque os sectários do PCC e do Partido Comunista da União Soviética, que um dia compartilharam uma mesma ideologia, agora se viam como se estivessem denegrindo sua imagem.

O Grande Salto para Frente em direção a um movimento social

A coletivização da agricultura na China concretizara-se após anos de determinação e engajamento por parte dos quadros partidários locais que gerenciaram o processo. Essas milhares de pessoas, tanto homens quanto mulheres, eram ativistas políticos e administradores, incluindo membros do partido e candidatos a ele desejosos de fazer avançar a revolução e, ao mesmo tempo, com ela destacarem-se no mundo. Eles tinham emergido das massas rurais por terem sido receptivos às oportunidades da revolução. Em termos de estrutura social, eles correspondiam, de um modo geral, à pequena nobreza mais baixa do final do período Imperial e começo do

Republicano – que haviam sido seguidores de benfeitores pertencentes às camadas mais altas, administradores de tesourarias de universidades e de assuntos de proprietários ausentes, funcionários locais, líderes de gangues e associações de camponeses, militares e outros em posição de censurar, recrutar, organizar e tiranizar a população agrícola. No final da ordem imperial, os membros dessa pequena nobreza haviam se transformado em desprezíveis déspotas locais que agiam por conta própria, não mais ligados à alta nobreza, cujos membros estavam nas cidades.

Todo o processo de reforma agrária do PCC foi realizado por meio dos quadros do partido que suplantaram os antigos vestígios da baixa nobreza. Em termos de força, eles representaram um novo regime, mas em termos estruturais penetraram muito além na vida das comunas, apoiados pela autoridade do partido. Onde a baixa nobreza havia ascendido localmente com algum grau de espontaneidade e autonomia, os membros do PCC impuseram seu domínio, representando a autoridade maior.

Em virtude de terem se destacado e encontrado seu caminho em direção às altas camadas da sociedade por meio da coletivização da agricultura, essa nova camada social de ativistas do campo precisava de novas atividades e estava pronta para ir mais além. O Grande Salto para Frente foi difícil de ser controlado porque, uma vez que os ativistas começavam a reorganizar os lugarejos, a tendência deles era de prosseguir em seu caminho. A "libertação" tinha criado de fato uma nova classe que queria continuar a libertar-se.

Ao final dos anos de 1950 e início de 1960, a China era uma nação de jovens desarraigados do passado e que competiam com avidez para obter cargos. Em relação a seus objetivos, podem-se alegar outros motivos que não necessariamente egoísmo ou materialismo. A eliminação de antigas restrições impostas pela vida campestre, a disseminação da alfabetização e da organização, as doutrinas de igualdade e oportunidade para todos inspiraram muitos jovens camponeses a associarem-se a uma causa nobre e a sacrificarem-se por ela.

Na perspectiva da história chinesa, o Grande Salto para Frente também surge como uma forma atualizada das enormes obras públicas erguidas em épocas anteriores. A reconstrução da Grande Muralha no império Ming, assim como a construção dos campos de aviação Chengdu para os aviões americanos de bombardeio B-29, na Segunda Guerra Mundial, foi realizada com mão-de-obra recrutada no campo. Normalmente, seria ordenado ao chefe de uma aldeia que ele enviasse uma grande quantidade de homens ao local de trabalho durante certo período de tempo, digamos, dez dias. Os moradores da aldeia levariam seus estoques de alimento e levantariam abrigos de esteiras de palha para alojá-los. Eles trabalhavam em grupo e depois de terminadas as suas tarefas voltavam para casa. Havia muitas variações em tais acordos de trabalho, mas todas elas associavam-se a trabalhos extremamente árduos como escavação de grandes porções de terra com cestos equilibrados nos ombros e escavação de pedreiras para construções de alvenaria. As conquistas do Grande Salto para Frente em relação à construção de represas, diques e canais de irrigação foram a visão mais moderna de uma prática antiga que tinha, por exemplo, erguido capitais pré-históricas em Anyang e Zhengzhou com muros de terra tão bem alicerçados que ainda hoje são identificáveis. Comandar tamanha força de trabalho era prerrogativa do governante. Mao a usava de maneira muito natural.

Até mesmo nas instruções errôneas dadas pelas autoridades de escalão inferior, como, por exemplo, cultivar o solo de uma maneira muito profunda (de modo que o sal subisse para a superfície), ou intercalar uma plantação com outra (o que dificultava a colheita), vemos traços dos teóricos políticos da alta classe imperial ensinando os fazendeiros a plantar.

A reorganização da vida camponesa sob brigadas e comunas não foi uma invenção inteiramente maoísta. O Grande Salto para Frente faz jus a comparações, sobretudo em sua invasão da cena rural, com reformas agrárias anteriores como as do Norte de Wei, dos Song e do antigo império Ming. Há muito ainda a aprender sobre a China moderna a partir de sua longa história.

Após alguma recuperação econômica no início da década de 1960, durante a fase revolucionária subseqüente a China fechou-se de novo ao mundo externo. Em 1962, na disputa territorial sino-indiana, o Exército para a Libertação do Povo, após longa provocação, conseguiu uma rápida e espetacular vitória militar. Mas à medida que a disputa sino-soviética tornava-se mais agressiva, fracassavam os esforços chineses para organizar os países subdesenvolvidos da Ásia e da África contra a União Soviética. A viagem de Zhou Enlai à África foi infrutífera. Enquanto os Estados Unidos intervinham massivamente no Vietnã em 1965, os chineses prometiam não invadir o Norte daquele país por temer e, assim, evitar um conflito sino-americano no estilo coreano. Frustrado com as relações internacionais, Mao pôde sentir os tempos propícios para mais um grande esforço visando a reorganização do povo chinês.

20

A Revolução Cultural 1966-1976

Alicerces

Durante a última década de Mao – de 1966 até a sua morte em 1976 – houve um confronto político interno que sacudiu a China, surpreendeu o resto do mundo e culminou numa atemorizante destruição. Esse foi um final apropriado para os vinte anos perdidos a partir de 1957 com a Campanha Antidireitista que dispensou vários intelectuais. O cataclismo que envolveu cerca de cem milhões de pessoas foi tão complexo que toda a sua história está longe de ser conhecida ou escrita.

Ao tentarem entender a Revolução Cultural (RC), os americanos precisam primeiro romper o espaço que separa a cultura política chinesa da americana. Suponhamos que o presidente dos Estados Unidos, em Washington, estimule os alunos do ensino médio de todo o país a usarem braçadeiras, abordarem, censurarem e atormentarem cidadãos nas ruas e em suas casas e, finalmente, ocuparem a prefeitura, empresas comerciais locais, serviços e instituições do governo. Os estudantes do ensino médio, caso tentassem, seriam presos ao anoitecer. Nos Estados Unidos, os setores semi-autônomos de uma sociedade civil – os profissionais, o comércio, o operariado, a igreja, a mídia e assim por diante – não podem ser facilmente oprimidos.

Analisando a Revolução Cultural na China, somos então obrigados a imaginar uma sociedade que pode ser dirigida por um Grande Líder e por um partido ditatorial porque os cidadãos são politicamente passivos e obedientes à autoridade. Eles não possuem direitos humanos, pois foram ensinados que a reivindicação destes (como os concernentes ao processo da lei) seria considerada uma atitude egoísta e anti-social e, portanto, desprezível. E também seria severamente punida. O problema começa no âmbito da vida familiar das províncias chinesas, onde os ensinamentos confucianos sobre ordem social por meio da obediente auto-subordinação deixaram suas marcas até hoje.

Um ponto de partida para o entendimento da RC é reconhecer que Mao Zedong adquirira algumas das prerrogativas de um imperador. O fato de Mao ter praticamente destruído o partido que construiu, arriscando, assim, todo o alicerce da revolução é uma questão complexa que demanda várias linhas de análise.

Inicialmente, a aversão de Mao à burocracia urbana deixou clara sua convicção de que o campo deveria ser o maior beneficiário da revolução chinesa. Sua longa experiência rural fez com que se tornasse consciente dos impedimentos para um bom nível de vida entre os camponeses chineses. Entretanto, o ideal de "liberação" dos camponeses, uma vez que Mao estivesse no poder, deu lugar à necessidade óbvia de usá-los para construir a China sob a liderança e controle do PCC.

Enquanto esse esforço continuava, Mao ficou preocupado com a aparentemente inevitável criação das instituições do governo central e seus vários níveis de funcionários e militares que pareciam estar tomando os lugares antes ocupados pela elite nos tempos imperiais. Ele temia uma revitalização da dominação das classes dirigentes dos vilarejos. Dadas a atual necessidade de uma administração hábil e a irresponsável tendência para privilégios pessoais e corrupção entre a nova classe dirigente da China, seria difícil provar que ele estava errado.

A razão mais imediata da preocupação de Mao no início da década de 1960 foi a ampla e persistente difamação dos seus registros e políticas por parte do PCC. Em um estado baseado nos ideais de harmonia e unidade, líderes de facções não poderiam se atacar uns aos outros a não ser que fossem agitadores e desordeiros. O antigo recurso dos líderes chineses era, então, usar a penumbra dos intelectuais do sistema que formavam a ala externa e expressiva de suas facções. Enquanto os remanescentes sino-liberais entre os intelectuais eram, geralmente, expurgados como direitistas, seus lugares como editores, escritores, jornalistas e organizadores da *intelligentsia* foram tomados por uma geração bem mais nova, herdeira da tradição dos intelectuais. Aliados a esses líderes políticos, esses intelectuais intrapartidários expressaram suas posições em editoriais, ensaios, comentários, peças de teatro e outras produções literárias. No início da década de 1960, um grupo de talentosos intelectuais representando o PCC utilizou os métodos indiretos da língua codificada, alusões e exemplos históricos para sustentar a rajada de críticas aos erros do Grande Salto para Frente e às táticas de mobilização de massa de Mao. Alguns foram além e questionaram o comentário de Mao de 1942 de que toda literatura deveria servir diretamente à revolução. A opinião crítica foi gerada sobretudo em Beijing, onde Peng Zhen era o homem mais importante que chefiava o Comitê do Partido local.

Por fim, o receio de Mao de que a revolução popular estivesse tomando o caminho errado na China aumentou com a demonstração da União Soviética. Ele se indignava com a linha dura de Nikita Khrushchev. Na União Soviética Mao pôde ver o revisionismo em funcionamento, ou seja, uma diminuição da preocupação com a questão da igualdade entre o povo e suas organizações coletivas e, em seu lugar, o crescimento de uma classe dominante composta em particular por pessoas privilegiadas, urbanas e de alto nível de escolaridade técnica que eram reprimidas, tal como o povo em geral, pela poderosa polícia secreta. Dada a avaliação geral do Ocidente sobre a ditadura partidária soviética, a desconfiança de Mao tinha fundamento. De qualquer forma, a sua razão pessoal era recuperar o controle do PCC trazendo seus próprios seguidores fiéis para o poder.

Uma das conseqüências do ataque de Mao ao marechal Peng foi que este teve como seu sucessor no cargo de ministro da Defesa o brilhante estrategista marechal Lin Biao, que ascendeu ao poder e impulsionou a politização do exército. Lin colaborou com "o livrinho vermelho" de citações do presidente Mao como parte do seu programa de doutrinação e mostrou-se pronto a apoiar Mao na controvérsia que se desenvolvia. Aboliu rapidamente as insígnias entre os oficiais do Exército e restabeleceu o sistema de comissariado político, diminuindo, dessa forma, o *status* do militar profissional que o marechal Peng representara. Uma campanha foi deflagrada para que todos aprendessem com o Exército de Libertação Popular (ELP), como se sua politização militar pudesse servir de modelo para toda a sociedade. Esse fato quebrou o precedente dentro do PCC de que o militarismo deveria ser mantido como subordinado.

A Revolução Cultural durou três anos, do início de 1966 a abril de 1969, contudo alguns afirmam que suas atividades continuaram durante toda uma década, até 1976. Começaremos com o próprio Mao.

Os objetivos e recursos de Mao

Para que um estrangeiro possa compreender Mao é preciso uma proeza de imaginação, em especial para reconhecer a natureza da sua supremacia. Mao teve duas carreiras, uma como um líder rebelde e outra como um imperador moderno. Ele conquistara o poder do líder, mas conservava a auto-imagem do imperador. Devido ao poder na China estar organizado de cima para baixo, como era reconhecido até entre as massas, quando o PCC tomou o poder seu líder tornara-se sacrossanto, sobre todo o resto da humanidade, não apenas o objeto de um culto de veneração, mas também o superior reconhecido por todos na organização. Como o PCC havia sido organizado basicamente por Mao, o partido poderia ser considerado uma criação sua, e caso o líder chinês quisesse reformá-lo, isso seria um privilégio seu. Apenas se o considerarmos um monarca na sucessão de um grupo de imperadores poderemos imaginar por que a liderança do PCC, treinada para ser leal, seguia paralela ao seu ataque gradativo e a sua destruição.

Esse ponto de vista único entre as pessoas possibilitou a Mao, que também estava extasiado consigo mesmo, a considerar o aparecimento das elites como um fracasso da revolução, e a solução para esse problema seria uma renovação do igualitarismo, embora essa solução fosse possível apenas pelo fato de Mao ter sido, ele próprio, tão desigual. Esse despotismo benevolente era exatamente o oposto da política tão conhecida pela comunidade atlântica, na qual o principal dirigente é, em geral, o principal objeto de crítica. Em outras palavras, Mao estava em uma posição tão especial de reconhecimento de poder que ele poderia fazer praticamente tudo o que quisesse.

Mas o que Mao pensava estar fazendo? Talvez isso possa ser resumido como um esforço para tornar a "centralização democrática" mais democrática e menos centralizada. Ele via a nova burocracia seguindo o antigo padrão de governo autocrático de cima para baixo. Isso deixaria as massas camponesas onde elas sempre estiveram, na parte mais baixa da sociedade, sendo explorada pela nova elite. Para combater essa tendência, Mao queria usar uma abordagem das massas pela qual o partido poderia evocar e responder aos interesses delas. Esse novo estilo de governo preocupado com as classes mais baixas poderia ser apoiado pela descentralização da administração. As decisões locais não deveriam depender dos burocratas de Beijing. O objetivo do governo deveria ser o bem-estar e a doutrinação das massas camponesas locais, não apenas o velho lema do movimento de autofortalecimento, um "Estado rico e um Exército forte".

Isso negou um dos princípios básicos da tradição política chinesa, isto é, que as massas devem ser governadas por uma elite de ministros e funcionários subordinados, oficiais do Exército com patente de comando e organizadores de partido com prerrogativas especiais. Elite essa que deve ser leal e cuidadosamente treinada. Mao definiu o "revisionismo" como um abandono dos objetivos da revolução e uma aceitação dos males do *status* privilegiado e do acúmulo de bens mundanos, o que poderia ser chamado de uma restauração do capitalismo.

Ao promover e manipular essa convulsão social, Mao encenou um ataque instintivo às instituições, embora ele tivesse ajudado a estabelecê-las. A sua análise racional concentrou-se em sua avaliação crítica das lutas de classes, que ele acreditava ainda existirem no socialismo. Uma luta contra o revisionismo na China foi sugerida pelo exemplo da União Soviética, onde ele achava que o ideal do governo socialista havia sido subvertido por uma burocracia corrupta.

Parecia também que Mao tinha em mente a idéia de que a juventude estudantil poderia ser mobilizada para atacar os males das instituições e purificar a China do revisionismo. Seria uma forma de movimento das massas manipuladas, a qual a sua experiência lhe dizia que era o motor das mudanças sociais. Na realidade, ao incitar e dar uma liderança aos jovens urbanos, Mao desprezou todos os princípios de emendas partidárias dentro da ordem dos partidos. Na verdade, ele declarou guerra aos líderes que tinham vindo com ele de Yan'an. Manipulando a situação para conseguir aprovações das ordens oficiais do Comitê Central e de outras como ele queria, Mao tinha os líderes dos partidos em suas mãos utilizando a sua própria tradição de obediência disciplinada aos comandos do partido. Isso incluía em certos pontos-chave a manutenção do apoio de Zhou Enlai, que desempenhava a sua função usual de tentar melhorar as injustiças e insensibilidades da tentativa de Mao de purificar os seus colegas de partido. Na realidade, a liderança do CCP, altamente leal ao partido, não pôde prever o que a atacaria posteriormente.

Uma vez que a situação tornou-se cada vez mais violenta e fora de controle, Mao esforçou-se para refreá-la, mas raramente com sucesso. A Revolução Cultural, como a Campanha das Cem Flores e o Grande Salto para Frente, acabaram convertendo-se em algo que ele não havia previsto. Com certa margem de erro, a taxa de eliminação entre os membros do partido era em torno de 60%. Estimou-se que cerca de quatrocentas mil pessoas morreram devido a maus-tratos. No julgamento posterior, em 1977, a Gangue dos Quatro, formada pela esposa de Mao, Jiang Qing, e três companheiros dela no Grupo da Revolução Cultural Central, foi acusada de ter incriminado falsamente e perseguido mais de setecentas mil pessoas, das quais 35 mil foram condenadas à morte. Muitas outras ficaram incapacitadas física e mentalmente e um grande número cometeu suicídio.

O papel do Exército de Libertação Popular

A habilidade de Mao em instigar a Revolução Cultural deveu-se em especial ao apoio das forças armadas. Existira uma longa competição dentro do Exército de Libertação Popular entre o profissionalismo militar e a política ideológica. Retrocedendo um pouco, podemos notar como o Exército Vermelho da União Soviética resolvera a relação partido-exército pondo a "política no comando", ou seja, os militares deveriam se subordinar aos comissariados políticos. Entretanto, gradualmente o profissionalismo militar ganhou o controle na União Soviética, junto com o crescimento do funcionalismo geral soviético.

Uma progressão comparável ocorrera na China. A Academia Militar de Whampoa, sob o comando de Jiang Jieshi, em Guangzhou, criara um exército do partido para liderar um ataque a Expedição do Norte, mas, após a separação em 1927, Jiang organizou forças profissionais que não dependiam da ajuda das massas para o combate na guerrilha ou "guerra popular". Enquanto isso, a ação do PCC no campo teve de recorrer a antigas técnicas chinesas dos marginais camponeses – mobilidade de pequenas unidades e união com o populacho rural em certas regiões. Contudo, até mesmo em Jiangxi, o grupo de controle formado por cerca de doze chefes do PCC mostrou uma firme crença no profissionalismo. Vários haviam estudado técnicas de combate em Moscou e outros haviam absorvido as idéias soviéticas. A mais importante resistência contra eles veio da parte de Mao Zedong, que acreditava fervorosamente – como sempre – na mobilização das massas rurais na "guerra total".

Em suma, o PCC desde o começo tivera um grupo treinado e sofisticado de chefes centrais que estavam concentrados na especialização, organização, e disciplina de um exército verdadeiramente profissional. Eles ocupavam cargos políticos ou militares, como era exigido. Durante a ascensão ao poder do PCC, alguns deles lideraram exércitos no campo de batalha, os quais, no final, totalizaram cinco. Cada um desses exércitos tinha algumas raízes locais, alguma continuidade de comando e certa experiência comum, o que pode ter levado ao regionalismo e a rivalidades. Mas a liderança central (Mao, Zhou, Peng, Dehuai e outros) cuidadosamente transferia guarnições para evitar partidarismo. Os líderes políticos, tendo sido eles próprios comandantes, sabiam como preservar a unidade.

Por volta dos anos 1960, enquanto o ELP era essencialmente defensivo com relação às potências estrangeiras, ele desempenhava um papel de apoio às instituições políticas dentro do país. Havia cerca de 38 unidades ou "exércitos" de "força principal" que eram postos em combate pelo país em onze regiões militares. Essas forças de linha principal podem ser contrastadas com as forças regionais, que eram divididas entre 28 distritos militares das províncias. As forças regionais eram bem menos armadas e eram treinadas apenas para o trabalho de defesa local (incluindo, por exemplo, a mobilização da Milícia Popular e das unidades militares de produção e construção, que contavam com milhões de soldados em regime parcial de trabalho). Eles eram muito dispersados em pequenos comandos pela região e não eram treinados para serem exércitos de campo unificados. Alguém deve se lembrar do antigo sistema imperial sob o comando da dinastia Qing, no qual o Lüying ou "Exército do Estandarte Verde" serviu como uma força policial dispersa em pequenas unidades para manter a ordem local enquanto os porta-estandartes formavam as forças de ataque.

Assim como o controle militar estava nas mãos do imperador, na República Popular da China o comandante supremo era o presidente do PCC, que, em geral, tinha o cargo simultâneo de presidente da Comissão de Assuntos Militares (CAM). Subordinadas à CAM estavam três estruturas de comando básicas para controlar o Exército, para comandar o sistema político do PCC dentro do Exército e para lidar com funções administrativas e logísticas. Outro resquício do sistema imperial era a organização para que as tropas fizessem as suas próprias colheitas e tivessem as suas próprias indústrias locais de pequeno porte para torná-las, até certo ponto, auto-suficientes, similares ao antigo sistema *tuntian* de postos fronteiriços semi-auto-suficientes.

Pelo fato de a presença do partido ser sentida em todos os níveis do Exército e muitos militares serem membros do próprio partido, os exércitos regionais do ELP nos comandos das províncias recebiam ordens dos secretários do partido local e de outras autoridades do partido. O primeiro-secretário do partido de uma província geralmente servia também como primeiro comissário político do distrito militar. Essa teia de controle político-militar lidava com o recrutamento de milhões de candidatos a cada ano, tendo o ELP se tornado o meio principal de mobilidade ascendente da zona rural.

Assim o ELP regional interpenetrou o governo local e os serviços de segurança pública e, sob a liderança de Lin Biao, tornou-se comunista e hábil. Isso formou a base de poder de Mao. Os exércitos das tropas profissionais principais, a princípio, não estavam envolvidos.

Como a Revolução Cultural se desenvolveu

Do final de 1965 ao verão de 1966, as tensões entre o grupo de Mao e a instituição do PCC aumentaram. Além do apoio do repolitizado ELP, sob o comando de Lin Biao, Mao ainda contava, por meio de sua esposa, Jiang Qing, com a ajuda de um grupo de intelectuais radicais de Shanghai que posteriormente formaria o seu Grupo Central da Revolução Cultural. Eles formavam uma equipe indefinível. Lin Biao, embora fosse um comandante de batalha muito habilidoso, era um indivíduo franzino e um pouco estranho, indiscutivelmente antipático, que era visto sempre com o seu quepe (ele era careca). Sem dúvida, Lin era um exímio lutador e astucioso como uma raposa, mas onde o excesso de peso de Mao contribuía para a sua magnificência (no estilo chinês, em que ser magro não é algo louvável), Lin parecia pequeno e inexpressivo. A esposa de Mao, Jiang Qing, embora não muito bem-sucedida como atriz de cinema antes de ir para Yan'an e cativar o presidente, provou ser uma política eficaz. Ela queria assumir a instituição cultural para fazer reformas radicais sob a forma de retorno aos primeiros princípios. Chegou ao poder, em parte, unindo-se a Lin Biao como chefe do seu Departamento Cultural do ELP. Também se aliou aos os intelectuais radicais de Shanghai, o que se transformou na base de poder cultural para o ataque a Beijing.

Como um movimento final na consolidação da combinação de forças de Mao, Luo Ruiqing, um oficial dirigente do ELP que discordava do marechal Lin Biao, foi capturado no final de 1965, acusado, interrogado e demitido de todos os seus postos em abril de 1966. O resultado viria a suprimir dissidências no Exército. Entre os intelectuais, um ataque comparável foi lançado contra o vice-prefeito de Beijing, Wu Han, por ter publicado, segundo Mao, uma peça na qual um antigo imperador era repreendido por ter demitido um oficial injustamente. Diz-se que Mao estava convencido de que isso era um ataque pessoal por ter demitido o marechal Peng Dehuai em Lushan, em 1959. O supremo oficial do partido em Beijing, Peng Zhen (nenhuma relação com o marechal), naturalmente viu o ataque ao seu vice-prefeito como uma investida a ele próprio. Uma investigação em Beijing isentou-o de más intenções, mas Mao então montou um fórum em Shanghai no qual Peng Zhen foi severamente acusado e, em abril de 1966, foi retirado do poder pelas autoridades centrais. Esse incidente mostrou a todos para onde os ventos estavam soprando.

Com esses primeiros movimentos Mao eliminou certos funcionários que eram indiferentes aos seus programas e assegurou a aquiescência do partido representada por Zhou Enlai, Liu Shaoqi e Deng Xiaoping. Eles todos estavam acostumados a concordar com o homem mais importante, porém não sabiam que estavam sendo levados a uma montanha e para dentro de um vulcão. O Politburo estabelecera um Grupo Central da Revolução Cultural que se reportaria diretamente ao seu Comitê Permanente. Ele estava repleto de partidários de Mao. Nesse ínterim, a reorganização de vários departamentos fez com que diversos partidários de Mao se infiltrassem em posições-chave.

O ataque ao revisionismo e a membros anônimos do partido que estavam "tomando o rumo capitalista" foi realçado durante a subfase conhecida como Cinqüenta Dias, de junho a agosto de 1966. Nesse período estudantes radicais foram mobilizados para atacarem autoridades universitárias com cartazes, mas Mao permaneceu em reclusão na China Central, deixando o seu deputado e chefe de Estado, Liu Shaoqi, o organizador do PCC nas cidades, encarregado de Beijing. Sempre visto como o organizador do partido, Liu dificilmente daria precedência a organizações de massas. Ele tentou suprimir a agitação enviando equipes de trabalho para investigar os níveis mais baixos do partido em instituições maiores, como universidades e fábricas. Algo em torno de quatrocentas equipes com cerca de 25 pessoas cada, que somavam dez mil ao todo, foram enviadas para trabalhar dentro da organização do partido. Isso contrariava o esforço de Mao em trabalhar com organizações de massas.

À medida que tanto radicais como conservadores se tornavam mais amargos, Zhou Enlai desempenhava a sua habitual função de tentar conciliá-los. Em 1967, Zhou presidiu uma reunião com os radicais do Grupo Central da Revolução Cultural e um grupo de militares conservadores e líderes do Conselho de Estado que incluía três marechais do Exército e cinco vice-ministros. Essa reunião, posteriormente depreciada sob o nome de "Corrente adversa de Fevereiro", representou um tema recorrente de oposição às piores tendências da Revolução Cultural.

Na segunda fase da Revolução Cultural, de agosto de 1966 a janeiro de 1967, o presidente Mao foi um grande *showman*. O obediente Liu Shaoqi, já fadado à ruína, ensaiava o movimento anti-revisionista entre os simpatizantes do partido. Em julho de 1966, a população chinesa ficou atônita ao saber que Mao havia ido para o Norte, parando no caminho para atravessar a nado o rio Yangzi. Como a população rural chinesa em geral não sabia nadar, e apenas alguns aventureiros haviam tentado nadar no Yangzi, isso significava o mesmo que se a rainha Elizabeth II tivesse atravessado o Canal da Mancha a nado. Ele obviamente era um modelo de atleta, capaz de façanhas sobre-humanas. (Fotos mostrando a sua cabeça fora d'água sugerem que ele não utilizava o estilo *crawl*, lateral, costas ou peito, mas o seu próprio estilo, nadando ereto, e não na horizontal. Ele nadava a uma velocidade extremamente rápida.)

Em agosto de 1966, em Shanghai, Mao cooperou com a chamada Décima Primeira Seção Plenária, o que restara da seção do Comitê Central com partidários seus. Ela rebaixou Liu Shaoqi de número 2 para número 8 na hierarquia do PCC e promoveu o general Lin a número 2, o que o converteu no provável sucessor de Mao. A seção plenária também ampliou a visão geral de Mao sobre o movimento contra o revisionismo, pelo qual se pretendia obter uma mudança drástica na perspectiva mental de todo o povo chinês. A regeneração espiritual, como ele a mencionava, deveria ter mais importância que o desenvolvimento econômico. O princípio da luta de classes era para ser aplicado a todos os intelectuais, burocratas e membros do partido com o objetivo de eliminar "aquelas autoridades que estavam tomando o rumo capitalista". Mas até então ninguém sabia exatamente quem eram essas pessoas nocivas.

Com essas manobras, Mao conseguiu legalidade nominal para incitar um movimento de massa contra o revisionismo na instituição do partido. Em pouco tempo, isso tomou a forma do movimento da Guarda Vermelha.

A Guarda Vermelha

O movimento de massa de Mao na Revolução Cultural era formado basicamente pela juventude estudantil, um imbróglio bem diferente das massas populares que haviam sido ativadas na coletivização da agricultura ocorrida em meados dos anos 1950 ou durante o Grande Salto para Frente de 1958-1960. A Revolução Cultural, a princípio, não afetou muito a população rural, exceto as comunidades mais próximas às cidades. Sendo um movimento essencialmente urbano, a RC deu destaque à Guarda Vermelha de meados de 1966 até que ela fosse abolida, em meados de 1968. Essa juventude inexperiente, tentando "aprender revolução fazendo revolução", era imensamente destrutiva.

O partidarismo da Guarda Vermelha, que levaria ao conflito armado aberto entre grupos organizados nas cidades, veio do fato de que no sistema educacional da década de 1960, como vimos, dois tipos de estudantes competiam pela melhor colocação e pela entrada na universidade a partir da escola secundária. Um grupo era composto por filhos de famílias intelectuais, cujo processo educacional começava em casa e eram capazes de realizar um trabalho acadêmico de alto nível. Não se podia negar o seu sucesso nos exames. O outro grupo era composto de filhos da nova classe dominante de membros do partido, de oficiais e de militares em treinamento, advindos de uma camada social considerada revolucionária e de primeira ordem. Eles constituíam uma geração em ascensão e teriam um fácil acesso aos cargos oficiais. O seu nível de escolaridade não era tão alto quanto aquele dos filhos de intelectuais, embora o *status* de classe destes últimos fosse considerado bastante baixo. Essa diferença de classe social ajudaria a produzir o antagonismo nas lutas partidárias da Guarda Vermelha.

Mao incitava os estudantes radicais publicando *slogans* como "Bombardeiem os quartéis" e "Aprendam sobre revolução fazendo revolução". O apoio dos jovens foi mobilizado em seis grandes assembléias realizadas entre 18 de agosto e 26 de novembro de 1966, em Beijing. Para essas assembléias, que foram organizadas pelo ELP e pelo Grupo da Revolução Cultural, cerca de dez milhões de jovens que se alistaram voluntariamente na Guarda Vermelha em toda a China tiveram transporte de graça em ferrovias e foram hospedados em Beijing. Eles acenavam no ar com o pequeno livro vermelho, *Citações do presidente Mao*, que o general Lin compilara para doutrinar suas tropas. As aulas foram suspensas nesse ínterim e as universidades fechariam em breve.

Qualquer que tivesse sido a intenção romântica de Mao, a Guarda Vermelha voltou-se para atividades destrutivas criando um regime brutal de terror, invadindo as residências dos ricos, dos intelectuais e dos funcionários, destruindo livros e manuscritos, humilhando, agredindo e até matando os seus ocupantes e clamando sempre estar apoiando o ataque revolucionário aos "Quatro Velhos Conceitos" – velhas idéias, velha cultura, velhos costumes, velhos hábitos. Esses jovens estudantes, tanto moças como rapazes entre nove e dezoito anos, cruzavam as ruas usando braçadeiras vermelhas abordando e doutrinando com seus princípios de justiça moral as pessoas que parecessem estrangeiras ou intelectuais.

No final de 1966, o Grupo Central da Revolução Cultural de Mao que manipulava a situação aumentou progressivamente os ataques da Guarda Vermelha, que passaram de meras investidas a todas as pessoas supostamente portadoras de uma "mancha" burguesa a uma fase exacerbada de condução violenta de funcionários do governo e do partido para interrogação e punição. Em pouco tempo, eles atribuíram ao ex-chefe de Estado Liu e ao secretário-geral do partido, Deng, o título de traidores número 1 "seguindo o rumo capitalista". Eles e milhares de outros foram denunciados, detidos e humilhados publicamente. Ao mobilizar um ataque em massa de jovens da cidade à instituição central do Estado e do partido, Mao e seus seguidores conseguiram criar um nível de caos que eles esperavam que se tornasse uma revolução salutar. Confrontados com a frágil organização da Guarda Vermelha no verão de 1966, os líderes do PCC que estavam sendo atacados contra-atacaram tendo de enfrentar a sua própria Guarda Vermelha. A instituição do partido era fortemente estruturada e difícil de ser derrubada, mas isso era uma esperança perdida. Mao tinha a alavanca do poder e, por fim, emergiu claramente decidido a destruir e reconstruir o partido.

A tomada do poder

A terceira fase da Revolução Cultural começou com o movimento pela "tomada do poder" em janeiro de 1967. Os golpes foram autorizados em Beijing e executados pela Guarda Vermelha e outros grupos em todas as cidades da China. Funcionários foram expulsos de seus gabinetes, os seus arquivos foram examinados e, na maioria das vezes, destruídos, e seus postos foram ocupados por jovens sem experiência prévia em administração ou liderança. Esses jovens já estavam se dividindo em facções que começaram a lutar entre si. Durante todo esse tempo o Exército da Libertação Popular foi mantido em posição secundária e, assim, deixou a destruição prosseguir. Em janeiro de 1967, entretanto, Mao comandou o exército para ajudar na revolução anti-revisionista em oposição aos contra-revolucionários conservadores. Mao havia perdido o controle da situação, mas o ELP continuava sendo a única força unificada na sociedade e, agora, progressivamente, tinha de retomar o poder no cenário local. Embora até aquele momento apenas as forças regionais, não as unidades de força principal, tivessem se ocupado da Revolução Cultural, elas estavam tão ligadas à organização local do PCC que tornou difícil a sua participação nos comitês revolucionários que criariam os novos governos das províncias. As forças regionais do ELP tornaram-se um suporte fraco. Esperava-se que elas mantivessem a ordem e protegessem os serviços públicos por meio de "comitês de controle militares". Mas quando as tropas regionais e distritos nas províncias receberam ordens para apoiar a esquerda contra a direita, eles constataram a impossibilidade de controlar a situação. Apenas em quatro províncias o estabelecimento dos comitês revolucionários procedeu de maneira eficaz.

Uma das conseqüências foi a tentativa do Grupo Central da Revolução Cultural de purgar o ELP de oficiais recalcitrantes nas províncias. Mesmo assim, o incidente de Wuhan em julho de 1967 mostrou como as forças regionais tinham se tornado ineficientes como ferramentas da Revolução Cultural: uma divisão independente das tropas de Wuhan ajudou a seqüestrar dois membros do Grupo da Revolução Cultural do Comitê Central de Beijing. Beijing foi obrigada a acionar unidades da força principal para controlar a situação e organizar os comitês revolucionários. Depois que Mao ordenou que a Guarda Vermelha assumisse a tarefa de retirar os "simpatizantes do capitalismo" do Exército, em pouco tempo a situação agravou-se. A China estava entrando em uma guerra civil na qual facções da Guarda Vermelha enfrentavam-se mutuamente e o exército regional participava e se aliava a um dos lados. Embora os ataques aos comandantes das forças regionais tivessem diminuído depois de setembro de 1967, a expansão do partidarismo era contagiosa e os atritos entre as unidades regionais e da força principal aumentaram. Beijing lidou com essa crise ordenando que o ELP parasse de apoiar ambos os lados e se submetesse a um treinamento político. No entanto, em 1968, a rivalidade sectária estava se tornando evidente mesmo dentro das unidades da força principal. Se isso progredisse, a última cartada de Mao teria sido lançada e ele teria perdido o controle total da situação.

Com todas essas pressões, Mao, em julho de 1968, dissolveu a Guarda Vermelha, que, segundo ele, havia falhado na missão, e ordenou que o ELP formasse comitês revolucionários em todas as províncias. A dissolução da Guarda Vermelha levou seu grande número de soldados a retornar ao campo, lançando-os do auge da importância política para uma condição muito inferior. Os ativistas que agora ocupavam o lugar da Guarda Vermelha eram chamados de Rebeldes Revolucionários, e suas depredações eram igualmente cruéis e alarmantes. Ao mesmo tempo, as unidades da força principal moviam-se pelo país, e a dispersão das organizações de massa aliviou a pressão para que elas fizessem uma opção partidária. Ao final, os comitês revolucionários foram dominados por militares. A maioria dos primeiros-secretários do partido era composta por oficiais do ELP. O primeiro-ministro Zhou declarou que dois milhões das forças regionais do ELP haviam sofrido "centenas de milhares" de perdas.

Na quarta fase da Revolução Cultural, de julho de 1968 a abril de 1969, quando Mao tentou organizar um novo Estado, a liderança era formada de dois quintos ou mais de militares, dois quintos de funcionários novos ou antigos do partido, e apenas uma pequena representação das organizações de massa. O domínio militar em 1969 era assegurado pela baixa qualidade dos oficiais do partido e do governo, então no poder, cuja habilidade não podia ser comparada à de seus predecessores.

O clímax da Revolução Cultural ocorreu no IX Congresso do Partido em abril de 1969. Lin Biao fez o relatório político. A nova constituição do partido, adotada para suplantar a de 1956, enfatizava o pensamento de Mao e a luta de classes. A participação no partido era limitada pela origem de classe. A nova constituição era bem mais sucinta que a primeira e não ressaltava a organização do partido, mas o vice-presidente Lin Biao foi considerado o "Camarada mais próximo de Mao Zedong e seu sucessor". Dos 1.500 delegados, dois terços apareceram de uniforme militar, ao passo que, no novo Comitê Central, 45% eram militares (em 1956 eram 19%). Por outro lado, a representação das massas e sua organização não incluíam muitos jovens estudantes radicais. Dois terços deles eram de posições provincianas. A grande maioria era de recém-chegados ao Comitê Central, porém a média de idade era de sessenta anos. O Comitê Central não apenas era mais militarizado, mas também tinha nível escolar inferior e era menos preparado para lidar com assuntos internacionais.

Relações internacionais

As relações internacionais da China durante a Revolução Cultural foram atingidas pelo mesmo fanatismo que a política interna, porque as hostilidades voltavam-se não apenas contra os antigos costumes, mas focavam também os estrangeirismos. O antiintelectualismo foi acompanhado pela xenofobia. Em 1965, quando Zhou Enlai, então embaixador da China, visitou a África e a Ásia, a política chinesa de extensão dos programas de ajuda, como a construção da ferrovia Tan-Zam na África, mesclou-se com o fervor revolucionário e a espionagem. A tentativa da China de organizar uma Conferência dos Países de Terceiro Mundo em Argel, excluindo a União Soviética, foi um fiasco. Nesse ínterim, o Partido Comunista da Indonésia encenou uma tentativa de golpe abortada pelo governo indonésio. Esses fracassos prepararam o terreno para a China atrair partidários durante a Revolução Cultural.

A violência dos ataques da Guarda Vermelha prejudicou a área internacional da República Popular da China, sobretudo depois que a Guarda Vermelha ocupou o Ministério do Exterior em junho de 1967. Seus pelotões destruíram os arquivos e impossibilitaram a continuidade das relações exteriores. O ministro das Relações Exteriores, Chen Yi, foi forçado a fazer autocríticas várias vezes diante de milhares de estudantes zombeteiros sob a presidência de Zhou Enlai. A política exterior a ser adotada submetia-se ao gabinete de Zhou.

Quando os ataques revolucionários da Guarda Vermelha propagaram-se no âmbito das relações internacionais, as embaixadas chinesas no exterior tornaram-se centros de proselitismo revolucionário e incitamento não-diplomático dos comunistas locais. De setembro de 1966 a agosto de 1967, essa forma subjetiva e emocional de contatar-se com o exterior levou à ruptura de relações com diversos países, à destituição de embaixadores chineses no exterior, salvo um, e a um declínio do comércio externo. Como parte da desorganização interna da China, as patentes mais baixas da Guarda Vermelha invadiram a embaixada soviética, incendiaram a embaixada britânica e, mais tarde, invadiram a embaixada da Indonésia. As enormes reuniões de massa denunciatórias foram substitutas medíocres das relações diplomáticas.

A Revolução Cultural ocasionou uma mudança significativa nas relações da República Popular da China com os Estados Unidos e a União Soviética. À medida que a guerra americana contra o Vietnã intensificava-se após 1965, tanto os Estados Unidos como a China tomavam medidas para evitar o confronto direto. Como mencionado anteriormente, os cruzadores americanos pararam subitamente de atacar a China. Os Estados Unidos prometeram que seus aviões tentariam não penetrar no espaço aéreo chinês. A ameaça de guerra com os americanos, que estavam lutando tão próximos às fronteiras da China, foi reprimida e Mao concluiu que poderia prosseguir com a sua revolução interna. As relações da República Popular da China com a União Soviética seguiram na direção oposta. A cisão, iniciada em 1960 e prolongada por meio de polêmicas e trocas de acusações entre ambas as partes, exacerbou a hostilidade soviético-chinesa. Incidentes começaram a ocorrer ao longo dos 6,4 mil quilômetros da fronteira entre os dois países, e forças soviéticas foram organizadas para controlar a situação.

Quando o Exército Vermelho soviético ocupou a Tchecoslováquia em agosto de 1968, em pouco tempo difundiu-se a doutrina de Brezhnev que pregava que onde o regime comunista fora implantado não se permitiria subversão. Para os chineses, isso soava muito agressivo. Os ataques da Guarda Vermelha em meados de 1967 provocaram uma crise em Hong Kong, mas isso foi amenizado depois que o ELP assumiu o poder e controlou a Guarda Vermelha em 1968. Atividades revolucionárias nas embaixadas chinesas em Burma e no Camboja levaram a incidentes violentos e à ruptura de relações. A política revolucionária de Beijing causou um conflito com patrulhas indianas na fronteira Sikkin-Tibete. Dessa vez os indianos estavam mais bem preparados e uma semana de combate se seguiu sem resultados. Quando a Coréia do Norte começou a colaborar espontaneamente com a União Soviética, as relações China-Coréia do Norte pioraram.

A truculência da Revolução Cultural em relação ao mundo exterior atingiu seu ápice em 2 de março de 1969, quando os chineses enviaram uma tropa para realizar uma emboscada em uma ilha no rio Wusuli, o principal tributário do Amur na fronteira nordeste da China. Os chineses, em seus uniformes brancos, subjugaram as patrulhas soviéticas da fronteira. A retaliação soviética foi vigorosa não apenas naquele local, mas, nos anos seguintes, em vários pontos ao longo da fronteira sino-soviética, e os chineses foram mantidos sob pressão. Por volta do final de 1969, as relações com a União Soviética pioraram e a República Popular da China aproximou-se dos Estados Unidos.

Nos Estados Unidos a impressão inicial da Revolução Cultural refletiu sua propaganda. Ela era vista como o esforço de Mao em preservar os valores populares igualitários e evitar a burocratização e o estadismo no curso do desenvolvimento econômico da China. Entretanto, à medida que as notícias sobre os abusos e os maus-tratos de intelectuais por parte da Guarda Vermelha revelaram-se, o movimento passou a ser encarado como um fanatismo totalitário sob liderança ditatorial. A política de Nixon e Kissinger para buscar boas relações com a República da Popular China tinha de ser realizada aos poucos, mesmo sendo liderada por um republicano de direita.

A descentralização e a Terceira Frente

Embora a Revolução Cultural tenha acabado oficialmente em abril de 1969, muitas formas de terrorismo utilizadas por ela continuaram a ser empregadas. Entre 1970 e 1971, a guarnição de segurança militar foi particularmente cruel ao procurar antigos membros de um provável grupo fictício chamado "Grupo 16 de maio". Inocentes foram torturados para confessar sua participação e delatar outras pessoas. Milhares foram executados, embora a confirmação da existência do "Grupo 16 de maio" ainda seja incerta.

Além disso, na década de 1970, a Revolução Cultural disseminou sua coerção no interior do país, onde, por exemplo, os camponeses eram coagidos a abandonar todas as ocupações secundárias, como criação de porcos, galinhas e patos, para "cortar a raiz do capitalismo". Isso levou muitos camponeses a não ter como se alimentar.

Carl Riskin (*in* Joseph *et. al.*, 1991) analisou o programa econômico de Mao como uma procura de um meio-termo entre os dois pólos de uma economia de mercado e a centralização no modelo soviético. Primeiro, o lado transparente da China combatia os ministérios centrais tentando conduzir o desenvolvimento local por todo o país. Mao desejava um controle central, mas não uma administração central. Ele esperava que as comunas pudessem proporcionar esse tipo de administração. A estrutura era muito complexa para que possamos desenvolvê-la aqui em detalhes. Por fim, tanto as disputas políticas quanto as dificuldades práticas só produziram, como Riskin sublinha, um "híbrido mutilado".

A política prepotente da Revolução Cultural monopolizou a atenção externa, mas estatísticas recém-publicadas mostram que durante os sete anos de ataques americanos no Vietnã, de 1964 a 1971, Mao liderou um investimento maciço em desenvolvimento militar-industrial das províncias do interior mais afastadas do Noroeste e do Sudoeste da China. Receoso dos projetos americanos e soviéticos, ele queria criar bases auto-suficientes de defesa em áreas montanhosas de difícil acesso. Em vista do crescimento moderno do poder de fogo aéreo, essa estratégia da "Terceira Frente" estava sem dúvida obsoleta; mas, sob a liderança de Mao, o PCC cegamente empregou os seus escassos recursos em seu desenvolvimento.

Com um grande investimento financeiro, eles construíram ferrovias nas montanhas para interligar fábricas de armamentos e de maquinário, minas de ferro, usinas de aço e barragens hidrelétricas. Em geral, as novas fábricas estavam afastadas dos centros populacionais. Segundo Barry Naughton (*in* Joseph *et al.*, 1991), esse programa empregou metade dos investimentos de capital do país nas dez províncias da "Terceira Frente", embora em 1965 elas tenham produzido apenas 19% do rendimento industrial da nação. Infundado do ponto de vista econômico desde o início (como os economistas considerados de direita em 1957-58 poderiam ter mostrado), esse esforço gigantesco da Revolução Cultural foi tão mal planejado, tão difícil de alcançar e tão ineficiente em suas operações que uma parte considerável do projeto nunca foi concluída e ele teve de ser abandonado. Em 1972, cerca de 150 projetos dos 1,6 mil da Terceira Frente foram suspensos, mas por serem investimentos com juros fixos, apenas 81 deles foram de fato cancelados.

Ao lado desse programa estratégico da Terceira Frente surgiu um programa muito difundido de descentralização da administração industrial. Os governos locais foram autorizados a organizar indústrias rurais de pequeno porte isoladas do planejamento central. Em 1965, havia um total de 10.533 indústrias não-militares sob controle dos ministérios centrais responsáveis por 47% da produção industrial administrada pelo Estado. Por volta de 1971, esse número foi reduzido para 142 fábricas que eram responsáveis por 8% da produção.

A industrialização rural da China começara na dinastia Song, ou até antes, quando as famílias das aldeias usavam a força de trabalho de mulheres e crianças para aumentar a renda da fazenda produzindo chás, tecidos de algodão e seda, tijolos, cestos e outros produtos. Na era das fábricas, indústrias rurais de pequeno porte, como assinala Christine Wong (*in* Joseph *et al.*, 1991), eram um "pilar central na estratégia de desenvolvimento de Mao". Em 1979, cerca de oitocentas mil indústrias e quase noventa mil estações hidrelétricas de pequeno porte empregavam 24 milhões de trabalhadores e eram responsáveis por 15% da produção industrial da China. Isso incluía todas as ferramentas agrícolas e a maioria do maquinário de pequeno e médio porte, metade do fertilizante químico, dois terços do cimento e 45% do carvão.

Se esses empreendimentos tivessem sido criados com fundos locais, como alegavam os propagandistas, eles teriam constituído um modelo. Mas estudos estatísticos recentes indicam que fundos estatais foram bastante significativos nessa empreitada. A "auto-suficiência" era um mito. Comparadas com as fábricas de grande porte como as de fertilizantes, as fábricas de pequeno porte locais eram ineficientes e dispendiosas. Muitas se desenvolveram rapidamente e cresceram além dos suprimentos locais. O programa de incentivo era falho porque os prejuízos poderiam ser cobrados do Estado, porém os lucros obtidos eram mantidos no nível local. Os procedimentos de contabilização de despesas também eram falhos – por exemplo, novas fábricas poderiam ser construídas além do necessário com fundos originados das chamadas "perdas" de produção. Isso era aceitável, pois ninguém estava interessado em lucratividade. Em vez da desejada auto-suficiência local baseada na iniciativa e nos recursos locais, o programa de indústria rural "tornou-se vítima de uma variedade de excessos de Mao" (Wong, *in* Joseph *et al.*, 1991). Vários administradores do PCC tornaram-se megalomaníacos irresponsáveis à custa do Estado.

Nesse sentido, no início da década de 1970, a China tinha três setores que necessitavam de investimentos – os projetos sempre incompletos da Terceira Frente, os projetos de pequena escala descentralizados e, com freqüência, ineficientes dos governos das províncias e dos governos locais, além do novo setor de tecnologia estrangeira importada incluindo fábricas completas que exigiam a ampliação dos portos e da infra-estrutura na costa leste. Todo esse crescimento econômico no período da Revolução Cultural extrapolou as capacidades administrativas do PCC. Como mencionado por Naughton, à época da morte de Mao, em 1976, os líderes chineses, ainda divididos entre a Gangue dos Quatro e seus opositores, tinham perdido o controle da economia. Ao mesmo tempo, o crescimento econômico e populacional da China permanecera igual.

Investimentos maciços haviam levado o crescimento industrial nacional a uma média de 13,5% entre 1969 e 1976, enquanto a população crescera de 725 milhões em 1965 para cerca de 919 milhões em 1975. Nesse ínterim, a produtividade rural e os padrões de vida haviam estagnado. Contrariando o desejo de Mao, os maiores beneficiários da descentralização industrial foram a nova classe de militares e dirigentes do PCC, que agora constituíam a elite local.

A luta pela sucessão

A partir de 1969 houve uma luta de poderes para assegurar a posição de número 2 do partido, o candidato natural para suceder o presidente Mao no momento devido. Progressivamente, até o final da Revolução Cultural em 1969, os militares subordinados ao general Lin Biao passaram a ocupar postos proeminentes tanto no partido quanto no governo, e a sua posição como o número 2 parecia assegurada.

Mas de 1969 a 1971, a posição de liderança de Lin começou a se deteriorar em razão, sobretudo, de que Mao queria reduzir o papel dos militares no sistema político. Por conseguinte, Mao, aparentemente supervisionado como sempre por Zhou, que ocupava o cargo de primeiro-ministro, planejou um ataque ao já supérfluo Lin. O ataque foi realizado em várias frentes por meio de palavras enigmáticas e codificadas e de símbolos que são a especialidade da política chinesa. Por exemplo, quando uma pessoa "anti-Lin" era posta no quartel militar central sob o comando de Lin, ela era ostensivamente acompanhada pelo primeiro-ministro Zhou e por dois generais líderes da antiga guarda. Em vez de Mao e Lin aparecerem lado a lado em fotografias amplamente distribuídas, Lin agora aparecia ao fundo. Um antigo assistente de Mao, que desenvolvera uma relação próxima a Lin, foi acusado e, como era de se esperar, foi compelido a fazer uma autocrítica. Tudo isso eram sinais e símbolos por meio dos quais o supremo detentor do poder mostrava a direção para a qual os ventos sopravam. Em resumo, o general Lin havia sido de grande utilidade, mas esse proveito passara, enquanto Zhou Enlai, na posição número 3, continuava a trabalhar bem próximo a Mao, em especial nas relações internacionais e na reabilitação do governo.

Uma cartada final do presidente Mao foi viajar pelo país, conversar com comandantes militares regionais e criticar Lin. Quando essas notícias chegaram a Lin através do telégrafo, ele percebeu que os seus dias estavam contados e envolveu-se em um esforço conspiratório planejado por seu filho, que estava no comando central. O suposto objetivo era assassinar Mao e, com um golpe de Estado, tomar o seu lugar no poder como única alternativa para evitar um desastre pessoal. O filho de Lin fez grandes preparativos em segredo, mas estava claro que alguém mantinha Mao e Zhou informados. Desesperados, Lin e sua esposa fugiram de avião, mas a aeronave caiu em 13 de setembro de 1971, na longínqua Mongólia, quando rumava para o território soviético.

No contexto da manipulação totalitária da informação, essa manchete do dia não foi noticiada pela imprensa oficial por mais de um ano, quando uma história completa foi finalmente publicada com documentos e provas circunstanciais. Contudo, as circunstâncias que envolveram o acidente de Lin Biao ainda permanecem um mistério.

Depois da longa construção da imagem pública de Lin Biao como o líder mais próximo a Mao, a sua traição pública destruiu a confiança que o povo depositava no presidente. Ou Mao fora um tolo ao confiar em Lin ou um patife ao desmacará-lo.

A Revolução Cultural em retrospectiva

Os dados apresentados em um curto resumo não transmitem a experiência da revolução, nem a inebriante porém transitória liberdade da Guarda Vermelha no poder, nem o amargo sofrimento de suas vítimas. Logo, uma "literatura dos feridos" começou a relatar os desastres de indivíduos: um estudioso cujo manuscrito não-publicado, fruto de uma vida de trabalho, foi queimado diante dos seus olhos; um marido que tentou, em vão, salvar o *status* social dos seus filhos divorciando-se da esposa que fora considerada direitista; um famoso romancista que foi espancado até a morte; e um antigo diretor de colégio obrigado a limpar latrinas.

Como urina e fezes (ou, em linguagem vulgar, bosta) são os componentes de um fertilizante chinês essencial, foi muito mais fácil na China do que teria sido nos Estados Unidos dar à classe alta alguma experiência da vida das massas. Para os intelectuais, lavar privadas não era apenas utilizar um escovão e detergente em um banheiro azulejado ou até mesmo em um sanitário público fétido. Ao contrário, enquanto algumas cidades tinham uma rede de esgoto moderna, os subúrbios, assim como a grande área rural, conservavam o antigo sistema de gravidade. A prática, tão admirada pelos ecologistas, coletava o acúmulo diário de excrementos, quase tão regular quanto o movimento das marés, a fim de misturá-los a outras matérias orgânicas e desenvolver um adubo composto para fertilizar os campos. Na realidade, um local digno de nota em qualquer cenário rural chinês é o banheiro, onde homens e mulheres em lados opostos da parede central são responsáveis pelo "depósito" tanto de líquidos como de sólidos durante o dia. A limpeza dos banheiros era, portanto, não apenas uma tarefa higiênica para eliminar matéria indesejável, mas também um ato de preservá-la como um suprimento fundamental. Quando dez milhões ou mais de soldados da Guarda Vermelha, depois de sua extinção em 1968, foram "mandados para o campo", eles também passaram a coletar excrementos humanos, embora achassem o esterco dos porcos pretos um produto mais rico.

No entanto, essa tarefa era bem menos penosa que a humilhação pública nas "reuniões de luta". Os acusados eram obrigados a subir em uma plataforma, reverenciando respeitosamente as massas com uma inclinação da cabeça, ao mesmo tempo em que assumiam e repetiam os seus crimes ideológicos. Em geral, permaneciam com os braços estendidos para trás como asas de um avião. Na platéia, lágrimas de compaixão poderiam ser vistas nos olhos de algum amigo, mas da sua boca saíam apenas maldições e zombarias, sobretudo se a vítima, depois de uma hora ou duas, caísse devido a um colapso muscular. Nos anos de 1920 e de 1930, as histórias de Lu Xun foram muito cruéis em relação à sádica prática chinesa de rir das desgraças alheias. Agora, a revolução de Mao a organizava em grande escala pública. Alguns preferiam o suicídio.

Segundo as estimativas, cerca de um milhão de pessoas foram vitimadas pela Revolução Cultural e um número considerável não sobreviveu. Para os chineses, tão sensíveis à opinião alheia, serem espancados e humilhados perante uma multidão escarnecedora, incluindo colegas e velhos amigos, era como ter a pele arrancada do corpo. Na maioria das vezes a vítima sentia-se culpada, como qualquer um sob acusação, sobretudo pelo fato de ter sido tão leal e ter venerado tanto Mao e o partido. Quando as acusações contra eles pareciam excessivas, a sua experiência tornava-se sem sentido, em particular porque viam com freqüência seus antigos algozes, por uma mudança repentina na situação, converterem-se em torturados. Por que eles estavam sofrendo? A crueldade sistemática das reuniões de luta estava ligada à sua aceitação pelo público e aos ditames das autoridades superiores, mesmo quando representadas por adolescentes ignorantes. A Revolução Cultural era alimentada por essa dependência do público com relação às autoridades e a sua obediência cega a elas. Não existia a idéia da moralidade *sob* a lei. Andrew Walder (*in* Joseph *et al.*, 1991) assinalou de modo preciso que os observadores tendem a isolar fatores que lhes parecem irracionais e descrevê-los como "excessos". Mas, como as evidências indicam, a Revolução Cultural é vista agora não como uma busca de ideais abstratos, mas sim como "uma onda sem precedentes de perseguições instigadas pelo Estado, guerra de gangues e violência insana". E no centro de tudo isso estava a suspeita de conspiração – "inimigos e traidores ocultos" entre os intelectuais e dentro do PCC –, um tema "tomado de empréstimo diretamente" do stalinismo de julgamentos ostentadores e execuções em massa.

Essa imagem da Revolução Cultural pode ser ampliada se retrocedermos ao confucionismo imperial. Em seus anais, a conspiração parece ter sido um fato generalizado e a fonte principal do terror. O fundador da dinastia Ming, por exemplo, aniquilou a maquinação do seu primeiro-ministro em 1390 executando quarenta mil pessoas; o imperador Qianglong da dinastia Qing temia uma conspiração nos anos 1760, e a Restauração da era Qing iniciou-se com uma trama em 1861. Sun Yatsen conspirou a maior parte de sua vida. A conspiração é uma especialidade chinesa na ausência de uma "oposição leal" baseada em uma distinção entre o poder do Estado e as suas políticas, como existe no Ocidente.

As conspirações faziam sempre parte do confucionismo imperial porque a legitimidade do governante estava assegurada apenas quando a sua conduta apropriada mantinha a harmonia entre governante e governados. A dissensão causava desarmonia e, assim, o dissidente fingia lealdade para se proteger. Percebendo essa atitude, o governante ficava desconfiado e, às vezes, paranóico. O sistema dava pouco espaço à expressão aberta da oposição, pois a astúcia era parte da conduta moral do governante, assim como da sua legitimidade. Nesse sentido, a oposição deveria ser feita em segredo. Ela poderia criar uma sociedade secreta. Implicitamente objetivava o poder, e a oposição leal era impossível. Nesse contexto, os manifestantes pró-democratas na Praça da Paz Celestial em junho de 1989, ao requererem mudanças, foram encarados pelos superiores do PCC como inimigos. Aqueles que ficam à espreita de conspirações podem encontrá-las a qualquer momento.

À parte os medos stalinistas de conspirações e da sua contrapartida doméstica, Lynn T. White III (1989) aponta três práticas administrativas que contribuíram para a violência da Revolução Cultural: (1) a atribuição de rótulos de *status* a todos, prejudicando para sempre algumas famílias por terem sido rotuladas de "direitistas" ou "maus elementos"; (2) a subordinação das pessoas às suas unidades de trabalho, cujos chefes poderiam controlar todos os aspectos de suas vidas; e (3) a prática de ameaças às pessoas nas campanhas, nas quais as vítimas percebiam que o desastre poderia sobrevir a qualquer momento. Essas eram práticas mesquinhas para controlar o povo, mas inspiravam ressentimentos há muito reprimidos e que vieram à tona com a violência da Revolução Cultural.

Muitos outros estudiosos ofereceram análises acuradas sobre a política maoísta. Creio que a incompletude da história política chinesa foi causada pelos eminentes eruditos *wen* do governo confuciano. Tanto a conspiração quanto a violência que, em geral, a acompanha são intrinsecamente *wu* em sua natureza. Os registros chineses sempre as deixaram em segundo plano, e os historiadores modernos não progrediram muito no desenvolvimento de suas teorias. Portanto, os cientistas políticos ficam em desvantagem quando tentam acrescentar à sua dimensão comparativa a idêntica dimensão desejável ao estudo histórico da China. Sem dúvida, essa nova fronteira em breve será devidamente ocupada.

Resultados

No início da década de 1970, embora as unidades de Shanghai lideradas pela Gangue dos Quatro continuassem a dominar os meios de comunicação e a cultura, elas se viram impossibilitadas de assumir a administração do governo e da economia mesmo apoiadas por Mao. A instituição administrativa que estava concentrada no desenvolvimento econômico fechou-se de maneira gradual sob o comando de Zhou Enlai, embora Mao tenha conservado a posição de número 1 do partido. Após 1973, ao contrair um câncer, Zhou tomou iniciativas para fazer de Deng Xiaoping seu sucessor como primeiro-ministro. Embora a Revolução Cultural desejasse destruir Deng, ele era um veterano experiente muito bem relacionado, sobretudo dentro do Exército, e muito habilidoso e dinâmico para ser deixado de lado como fora feito com Liu Shaoqi. Pouco antes da realização do Quarto Congresso Popular Nacional em janeiro de 1975, Deng foi nomeado vice-presidente do partido e membro do Comitê Permanente do Politburo no centro do poder. Depois disso, o Congresso Nacional o designou vice-*premier*, o número 3 na hierarquia depois de Mao e Zhou, e Deng tornou-se também chefe do Exército. O Congresso foi informado acerca da proposta desenvolvida por Zhou Enlai das Quatro Modernizações, um dos seus últimos atos públicos.

Depois da morte de Zhou Enlai em janeiro de 1976, a Gangue dos Quatro baniu qualquer tipo de luto, mas no dia anual do luto pelos mortos em abril, eles não conseguiram impedir que milhares de pessoas se reunissem em volta do Memorial dos Mártires na Praça da Paz Celestial para expressar sua veneração ao primeiro-ministro falecido. Esse incidente ficou conhecido como o Cinco de Abril, historicamente paralelo ao Quatro de Maio. Organizado pela oposição à Gangue dos Quatro, esse episódio representou uma grande decepção popular. A manifestação foi suprimida, e, dentro do contexto da Revolução Cultural, Deng Xiaoping foi retirado do poder pela segunda vez.

Mas a Gangue dos Quatro não pôde "suprimir" o grande terremoto de Tangshan que matou meio milhão de pessoas a leste de Beijing em julho e forçou a população a permanecer nas ruas. Todo camponês acreditava na relação umbilical entre o homem e a natureza e, portanto, nas relações entre os desastres naturais e as calamidades humanas. Depois desse presságio tão aterrorizante, só outra calamidade poderia acontecer: a morte de Mao. Ele faleceu em 9 de setembro de 1976, legando a sucessão ao seu fiel seguidor, o insignificante Hua Guofeng, um chefe de segurança de Hunan. Em outubro, a Gangue dos Quatro foi presa e posta em julgamento. Na complexa manobra pelo poder, Deng Xiaoping venceu no final de 1978.

Para a maioria dos chineses habitantes dos vilarejos, o efeito final da Revolução Cultural foi a desilusão com o governo socialista e uma confiança renovada na família. Consideremos estas anomalias: o *status* classista atribuído nos anos 1950 foi herdado pela geração posterior e agora equivalia quase ao sistema de castas. Os 6% da população que foram classificadas como os "quatro tipos ruins" (o dono de terras, o camponês rico, o contra-revolucionário e o marginal) viviam sob uma constante obscuridade. Enquanto isso, a mobilidade da cidade para o campo continuou interrompida. A vida camponesa era depreciada como inferior, não-civilizada, e deveria ser evitada. O "envio" de quatorze milhões de jovens da cidade para os vilarejos contribuíra pouco para mudar essa imagem. A economia rural coletivizada fracassara em aumentar a produção, e o arrogante, porém ignorante, núcleo militar interferira nela de modo destrutivo.

Na década de 1960, o culto a Mao suplantara a veneração aos deuses locais e a outras figuras da antiga religião camponesa, mas, em meados dos anos 1970, a violência da Revolução Cultural e a queda de Lin Biao denegriram a imagem de Mao. Empreendimentos bem-sucedidos na saúde pública e a Revolução Verde na agricultura (fertilizantes químicos, inseticidas, melhores técnicas de cultivo e outros) haviam ajudado a dobrar o número da população. Mesmo as grandes conquistas da revolução em ampliar a educação primária, transportes rodoviários e a comunicação por meio da imprensa e do rádio tiveram, em parte, efeitos contrários ao revelar o quanto a China ainda precisava se desenvolver. O imperialismo estrangeiro terminara, assim como o estímulo estrangeiro, enquanto os antigos valores "feudais" e práticas corruptas ainda permaneciam entranhados na sociedade chinesa.

Historiadores do futuro poderão concluir que o papel relevante de Mao foi a tentativa de destruir a antiga bifurcação da China entre a pequena camada dominante instruída e a grande massa popular. Ainda não sabemos o quanto ele avançou nesse aspecto. A economia desenvolveu-se, mas foi deixada aos seus sucessores a missão de criar uma nova estrutura política.

21

A era de reformas pós-Mao

Merle Goldman

Após Mao, a China converteu-se de um país isolado, pobre, rural e turbulento em uma nação relativamente aberta, estável, urbanizada e modernizada. Com a economia se expandindo em uma média de cerca de 9% ao ano nas últimas duas décadas do século XX e nos anos iniciais do século XXI, a economia chinesa é a que se cresce com mais rapidez no mundo. De fato, com as receitas *per capita* mais que quadruplicando desde 1978, a China obteve um crescimento econômico sem precedentes na história.[1] No início do século XXI, a China possui a segunda maior economia do mundo, apenas atrás dos Estados Unidos em termos de Paridade de Poder de Compra (PPC).[2] As estimativas oficiais do governo indicam que a China tinha 250 milhões de pessoas vivendo em estado de pobreza em 1978; esse número diminuiu para cerca de trinta milhões em 2005.[3]

O que provocou essa transformação? Os sobreviventes da Longa Marcha do Partido Comunista da China, os membros mais antigos do partido, em especial Deng Xiaoping, que retomou o poder logo após a morte de Mao em setembro de 1976, introduziram e moldaram as reformas que possibilitaram essa extraordinária mudança econômica. Igualmente importante, elas foram conduzidas, em geral, com uma população alfabetizada e saudável, resultado das reformas introduzidas durante os primórdios do período comunista, que facultou educação para a geração mais jovem, instituiu um programa rudimentar de saúde pública e elevou a posição social das mulheres.

Embora formalmente Deng fosse apenas o presidente da Comissão Militar Central até novembro de 1989, ele permaneceu o líder máximo da China até sua morte em fevereiro de 1997. Sua autoridade derivava de seu *status* como membro da geração revolucionária original e por suas conexões estreitas com todos os setores do partido e com os militares. Ao contrário de Mao, que não saiu da China até 1949 e, então, só para visitar a União Soviética no início da década de 1950, Deng viajara como trabalhador-estudante em 1920, com a idade de dezesseis anos, para a França, onde trabalhou em uma fábrica automotiva. Lá, foi recrutado para o Partido Comunista em 1924 por Zhou Enlai e, subseqüentemente, passou nove meses na União Soviética.

Contudo, não foi a experiência internacional de Deng que o levou a reverter as três décadas da política maoísta, mas sua motivação a mover-se em novas direções adveio da perseguição que ele, sua família e outros membros mais antigos do partido sofreram durante a Revolução Cultural. Deng e seus companheiros assumiram oficialmente o poder na Terceira Sessão Plenária do 11º Comitê Central em dezembro de 1978. Com o apoio dos militares, eles gradualmente afastaram o sucessor indicado de Mao, Hua Guofeng, um funcionário obscuro da província de Hunan. Em 1980, o discípulo de Deng, Hu Yabong, antigo líder da Liga da Juventude Comunista e o mais novo sobrevivente da Longa Marcha, substituiu Hua Guofeng no cargo de secretário-geral do partido. Zhao Ziyang, o secretário reformista de Guangdong e depois da província de Sichuan, tornou-se primeiro-ministro.

Em razão de a Revolução Cultural ter esfacelado o Partido Comunista e ter causado caos e destruição por toda parte, Deng e seus companheiros contavam com o apoio da maioria dos membros do partido em seus esforços para abandonar a política de Mao. Grande parte dos membros rejeitava não apenas as visões utópicas de uma sociedade igualitária e uma luta de classes sem fim, mas também o modelo stalinista do controle estatal da economia, coletivização da agricultura e a ênfase na indústria pesada que a China copiara da União Soviética durante os dez anos de aliança na década de 1950. Ao final da década de 1970, assim como nos demais países comunistas, o modelo estava produzindo uma economia desestabilizada na China.

Embora em 1970 a Terceira Sessão Plenária tivesse marcado a inauguração formal da era da reforma, a reversão das políticas maoístas começou logo após a morte de Mao, em 1976. O retorno ao poder de líderes do partido expurgados gradualmente alterou a ênfase do partido em empreender políticas pragmáticas, em vez de ideológicas. Essa mudança expressava-se na frase que Mao de forma negativa atribuíra a Deng Xiaoping durante a Revolução Cultural: "Não importa se o gato é preto ou branco, desde que cace ratos". Ao final da década de 1970 e início dos anos 1980 as campanhas ideológicas nacionais foram depreciadas em favor do desenvolvimento econômico. Essa alteração encapsulava-se nos *slogans* "Emancipar a mente", "Procurar a verdade a partir de fatos" e "A prática é o único critério da verdade".

Logo após a Terceira Sessão Plenária, as reformas foram lançadas para terminar a estagnação econômica dos últimos anos do governo de Mao e impulsionar o crescimento econômico sem precedentes da China. Deng acreditava que o Partido Comunista da China só poderia sustentar-se em seu mandato debilitado se melhorasse o padrão de vida da maioria da população. As reformas iniciaram-se na zona rural, onde 80% da população ainda vivia. Deng conseguiu obter o apoio de quase todos os membros mais idosos do partido para essas reformas rurais, visto que durante a Revolução Cultural eles ou seus familiares haviam sido enviados para o campo, onde vivenciaram a dura e marginal vida dos camponeses. Ao contrário da propaganda do partido, eles descobriram que o padrão econômico de vida na área rural não sofrera uma melhoria significativa desde 1949. Além disso, ao final da década de 1970 os líderes chineses começaram a ficar cada vez mais atentos ao dinamismo de seus vizinhos pós-confucianos no Leste da Ásia – Coréia do Sul, Hong Kong, Cingapura, Taiwan e Japão – e, assim, a China abandonou o modelo stalinista e voltou-se para o modelo de desenvolvimento do Leste da Ásia. A liderança de Deng buscava restaurar o mandato do partido estimulando as fazendas familiares, as economias de mercado, o consumo de bens industriais e o envolvimento no comércio internacional com esses países. A abordagem desenvolvimentista do Leste da Ásia também baseava-se em tendências arraigadas na história da China – reforma agrária periódica, poucos mercados regionais livres, um setor de serviço ativo e o apoio governamental a empresas locais.

Portanto, quando, após a morte de Mao, os camponeses nas províncias mais pobres começaram de comum acordo a retirar suas famílias das coletividades, Deng, ao contrário de Mao, que interrompera esse movimento no início do Grande Salto para Frente, permitiu que essa descoletivização prosseguisse e se disseminasse para outras províncias. Quando as colheitas aumentaram nesses núcleos familiares, a reforma agrária tornou-se uma política oficial do governo. Por conseguinte, no início da década de 1980 a zona rural era o setor mais dinâmico da economia chinesa. Em contraste com as políticas ideológicas rígidas de Mao, as reformas econômicas de Deng seguiram um enfoque pragmático e flexível, como expresso por ele na metáfora "tatear as pedras ao atravessar o rio".

O programa de reformas de Deng intitulado "socialismo com características chinesas" aliava o direcionamento para uma economia de mercado e para a arena internacional, com o partido comunista existente. Esse programa assemelhava-se ao movimento auto-sustentado do final do século XIX que buscou adotar os métodos tecnológicos e econômicos ocidentais (*yong*), enquanto ainda mantinha o Estado e os valores confucianos tradicionais (*ti*). Do mesmo modo, Deng e os membros mais antigos do partido ao final da década de 1970 acreditavam que poderiam importar ciência, tecnologia e algumas práticas econômicas do Ocidente mantendo, ao mesmo tempo, o sistema político comunista. Mas assim como os métodos ocidentais haviam minado o Estado e os valores chineses ao final do século XIX, a economia de mercado debilitou o Partido Comunista da China no fim do século XX.

A absorção pela China da ciência, tecnologia e algumas práticas econômicas do Ocidente, bem como seu comércio internacional em expansão foram acompanhados por um influxo de idéias políticas e valores ocidentais. Ao final da década de 1980, esse influxo converteu-se em uma onda gigantesca que varreu a China primeiro por meio de livros, viagens, telefone, filmes, rádio, televisão e fax e, em meados da década de 1990, através de e-mail, Internet, celulares, propaganda e cultura popular do exterior. Além disso, o enfraquecimento deliberado de Deng das práticas ideológicas abriu um espaço para a expressão intelectual, cultural e individual jamais visto na história moderna da China, exceto possivelmente durante o período de Quatro de Maio nas primeiras décadas do século XX.

As forças desencadeadas pela abertura e pelas reformas econômicas realizadas por Deng mudaram não apenas o comando da economia chinesa, mas também a situação do Partido Comunista da China e seus valores oficiais, os quais já haviam sido abalados pela Revolução Cultural. Embora o crescimento econômico e o aumento das receitas gerados pelas reformas tivessem o intuito de fortalecer a autoridade do partido, na prática eles o enfraqueceram. Quando a reforma agrária foi implementada no campo e as reformas de mercado migraram para as cidades em meados da década de 1980, o controle do partido debilitou-se ainda mais. O papel reduzido do partido foi resultado tanto das reformas postas em movimento quanto da decisão consciente dos reformadores de substituir o envolvimento direto do governo nos assuntos econômicos por agentes indiretos, tais como a economia de mercado e a tomada de decisão descentralizada.

Deng e seus aliados deliberadamente afastaram a autoridade do partido de muitas outras esferas da atividade. Em contraste com os anos de Mao, quando o partido detinha o controle sobre quase todos os aspectos da vida cotidiana, agora Deng e seus companheiros reformistas, apesar de manterem um freio apertado na área política e de fortalecerem a política "do filho único", diminuíam o controle do partido na vida pessoal, social e cultural, assim como em atividades econômicas. O objetivo era de reparar o dano causado pela imposição do envolvimento total do partido no cenário cotidiano durante a era Mao. Mesmo na arena política o relacionamento com a sociedade foi se transformando aos poucos com a abertura para o mundo externo, o nascimento de uma sociedade civil e a introdução de reformas políticas locais limitadas, como eleições de líderes e comitês nos vilarejos na área rural e comitês comunitários nas cidades, e um mandato limitado a cinco anos para o cargo de secretário-geral do Partido Comunista da China.

Não obstante, essas reformas de mercado que fomentaram o dinamismo econômico chinês não foram acompanhadas por uma estrutura regulamentar ou reformas políticas fundamentais no âmbito do Partido Comunista e, assim, elas propiciaram uma crescente corrupção, aumento de desigualdades sociais, disparidades regionais e uma poluição ambiental disseminada. Ademais, o influxo de influências alterou a ideologia e os valores oficiais. Além disso, ao contrário do período de Quatro de Maio, quando essas influências confinavam-se a Beijing, Shangai e as grandes cidades costeiras, elas penetraram na zona rural e no interior, aceleradas pela introdução de novas tecnologias de comunicação em meados da década de 1990.

Embora o Partido Comunista tenha reprimido os desafios políticos perceptíveis, a capacidade de liderança para garantir a absoluta obediência às suas diretivas deteriorou-se. As ideologias oficiais do marxismo-leninismo e do pensamento de Mao Zedong continuaram a ser invocadas, mas poucos ainda acreditavam nelas ou as seguiam. A sociedade chinesa tornou-se diversificada e sua cultura, pluralística. Um número crescente de chineses voltou-se para a religião – protestantismo evangélico, catolicismo apostólico romano, daoísmo ou budismo. Pela primeira vez desde 1949, vários indivíduos e grupos exprimiram suas opiniões e seguiram seus próprios interesses, em vez de ecoar os ditames do partido. Apesar de o partido ter reprimido com rapidez qualquer desafio político à sua autoridade, as mudanças na era pós-Mao tinham o potencial para uma nova revolução chinesa.

Em comparação com a revolução de 1949, na qual se estima que um a dois milhões de proprietários de terras foram mortos, o Grande Salto para Frente e suas conseqüências, em que mais de trinta milhões de camponeses morreram de fome e desnutrição, e com a Revolução Cultural, na qual meio milhão de pessoas foram mortas ou cometeram suicídio e cerca de cem milhões foram perseguidas, as mudanças pós-Mao foram realizadas sem uma violência de larga escala.[4] Com as evidentes exceções da violenta ação militar contra os manifestantes na praça Tiananmen no dia 4 de junho de 1989, onde se estima que aproximadamente oitocentas a 1,3 mil pessoas morreram e de dez a trinta mil foram presas,[5] e a contínua perseguição de dissidentes políticos e grupos religiosos que tentaram praticar suas crenças sem os auspícios do partido, a revolução pós-Mao foi conduzida sem a repressão em larga escala e as turbulências ocasionais que caracterizaram a China no período de governo de Mao.

Forças deflagradas pelas reformas econômicas

Durante a era pós-Mao a economia precária e predominantemente rural da China sofreu uma intensa transição para uma economia de mercado e da predominância da agricultura para uma crescente economia urbana. As mudanças transformaram o país, mas, ao contrário da antiga União Soviética, onde as reformas foram realizadas com velocidade e de uma só vez, as reformas na China foram conduzidas gradualmente e em etapas. Em um contraste posterior com a experiência da antiga União Soviética, em particular a Rússia, que no início sofreu um súbito declínio na produção, no emprego e no padrão de vida, a produção agrícola e industrial aumentou e o padrão de vida melhorou de forma significativa para a maioria da população.

O extraordinário sucesso econômico pode ser atribuído em parte ao fato de que, ao contrário da Rússia, onde o sistema marxista-leninista permanecera no poder durante quase setenta anos, na China ele perdurou por apenas trinta anos. Muitos chineses ainda lembram como agiam nas economias de mercado e de serviços antes de 1949. Além disso, enquanto na Rússia as reformas econômicas foram impostas pelo poder dirigente, as reformas mais importantes da China, como a reforma agrária, começaram com iniciativas locais. Embora Deng Xiaoping e seus colegas defendessem uma mudança após a Revolução Cultural, eles não tinham um plano para implementar uma reforma econômica. Por conseguinte, agiram segundo o que já estava ocorrendo localmente. Começaram testando os vários programas reformistas que haviam sido implantados por um breve espaço de tempo durante a era Mao e que haviam revivido espontaneamente após sua morte.

Em prosseguimento ao desastre econômico do Grande Salto para Frente, por exemplo, intitulado "um sistema de responsabilidade familiar", um retorno às fazendas familiares surgiu em diversas localidades. Quando isso acarretou o desaparecimento de algumas comunas e uma volta às forças do mercado e incentivos materiais, Mao o interrompeu, em setembro de 1962. No entanto, em decorrência da Revolução Cultural, houve uma retomada do sistema de responsabilidade familiar, sobretudo na província de Anhui, governada pelo aliado de Deng, Wan Li, e na província de Sichuan, onde Zhao Ziyang era secretário do partido. Quando a produtividade aumentou nessas províncias no início da década de 1980, Deng e seus colegas reformistas converteram esse sistema de responsabilidade familiar em um programa de ação nacional para todo o país.

Sem um líder da estatura de Mao para opor-se à descoletivização e com um líder com a autoridade de Deng para implementá-la, as comunas dissolveram-se rapidamente quando milhões de camponeses voltaram para suas propriedades rurais. Esse modelo de reforma agrária, além de um acréscimo determinado pelo governo no preço do grão, forneceu os incentivos materiais para dinamizar a agricultura nos primeiros anos da era Deng. Embora o Estado ainda demandasse entregas compulsórias de grãos e algodão para venda e distribuição, ele permitiu que os núcleos familiares buscassem atividades paralelas lucrativas, como o cultivo de frutas e legumes e a criação de gado e peixe para serem vendidos em mercados relativamente livres, e trabalhassem em indústrias de serviços locais. Entre 1980 e 1986, a produção bruta da sociedade rural mais que duplicou, enquanto a população rural diminuía.[6] Esse aumento de riqueza da população rural estimulou o crescimento de uma indústria de bens de consumo para absorver os novos rendimentos dos camponeses e um afastamento concomitante da ênfase stalinista na indústria pesada e militar. Com a mudança para uma indústria leve, logo a China começou a vender bens de consumo relativamente baratos no exterior em um modelo similar ao de seus vizinhos do Leste da Ásia. Essas mudanças econômicas possibilitaram que milhões de camponeses se tornassem empresários de pequena escala envolvidos em serviços, indústria leve, assim como agricultura, e ofereceu-lhes o potencial para melhorar seu padrão de vida.

Em uma certa medida, o desenvolvimento subseqüente de empresas distritais e nas cidades na década de 1980 assemelha-se ao desenvolvimento do sistema de responsabilidade familiar. Apesar de muitas dessas empresas terem começado durante o Grande Salto para Frente, seu crescimento acelerou-se nos anos 1980, e só nesse momento a liderança do partido aceitou-as como um programa de governo em âmbito nacional. As empresas distritais e das cidades iniciaram-se como lojas de reparos e de venda de instrumentos agrícolas e pequenas indústrias leves, mas gradualmente expandiram-se em grandes empresas produzindo bens de consumo para os mercados internacional e doméstico. Durante o período de Mao essas unidades coletivas, a maioria concentrada na zona rural, representavam a parte não-subsidiada da economia pública que não era guiada pelo plano estatal. Portanto, quando a China iniciou suas reformas econômicas, em razão desse setor informal ser mais flexível e não ter custos trabalhistas elevados e possuir uma maior capacidade de prover moradia, serviços médicos, pensões e educação do que os benefícios oferecidos pelas empresas estatais, ele se mostrou mais apto a responder às pressões do mercado. Além disso, na era pós-Mao as empresas distritais e citadinas pagavam impostos mais baixos, estavam sujeitas a menos regulamentações administrativas e conseguiram converter recursos de trabalho subutilizados em iniciativas mais produtivas. As iniciativas empresariais começaram com pequenas oficinas de consertos, transportes, instrumentos agrícolas e pequenas indústrias, mas gradualmente se expandiram para fábricas maiores, produzindo bens de consumo para o mercado internacional bem como para o doméstico.

O *slogan* de Deng Xiaoping "Enriquecer é uma glória" fomentou o crescimento de empresas privadas (*getihu*), dirigidas no começo pela família e em pequena escala, envolvidas basicamente no comércio varejista e de serviços. Quando esses empresários privados desejavam expandir-se e tornar-se mais avançados do ponto de vista tecnológico eles, em geral, estabeleciam-se como empresas coletivas, porque na condição de "coletivas" estavam mais capacitadas a obter ajuda dos governos locais para assegurar a terra, prédios, oportunidades de mercado e acesso a recursos e empréstimos. Em conseqüência, os empresários rurais formavam alianças com funcionários locais para gerir essas coletividades.

Ao mesmo tempo em que essas alianças aumentavam a renda dos empresários não-estatais e trabalhadores, também enriqueceram os funcionários locais, visto que o controle final estava em suas mãos. Como resultado, eles eram inerentemente corruptos. Em alguns aspectos essas alianças lembravam a estrutura empresarial do final do governo Qing, descrita como "funcionários supervisionam, mercadores administram" (*guandu, shangban*). Embora muitos desses empreendimentos tenham fracassado, durante um período as coletividades não-estatais constituíram o setor mais dinâmico da reforma econômica chinesa. Na década de 1980, essas coletividades cresceram a uma taxa de mais de 20% ao ano. Como Deng observou, esse desenvolvimento não fora previsto.[7] Mas no início do século XXI, a expansão das coletividades declinou, uma vez que o número de empresas individuais e privadas crescia cerca de 37% ao ano.[8]

Em outubro de 1984, por ocasião da Terceira Sessão Plenária do 12º Comitê Central, os discípulos de Deng – Hu Yaobang e Zhao Ziyang –, expandiram oficialmente o mercado da zona rural para as áreas urbanas. Embora a economia planificada continuasse a exercer um papel significativo nas maiores empresas estatais (SOEs), as forças do mercado conduziriam a economia urbana a exemplo da economia rural. Logo após o início das reformas urbanas, houve um novo desenvolvimento econômico. Na segunda metade da década de 1980, a economia urbana ultrapassou a economia rural em termos de crescimento econômico porque a economia agrícola, privada de novas reformas, começara a estagnar-se, apesar de as empresas distritais e das cidades continuarem em grande expansão ao longo da maior parte dos anos 1980.

Outras reformas econômicas introduzidas em meados da década de 1980 também se assemelharam aos desenvolvimentos na China ao final do século XIX. O estabelecimento das Zonas Econômicas Especiais e a formação de *joint-ventures* com outros países ao longo da costa sudeste da China, do delta de Guangdong e do rio Yangzi eram reminiscências dos antigos tratados de portos. Contudo, a maior diferença residia no fato de que ao final do século XX as zonas econômicas e os consórcios empresariais eram controlados pelo governo e pelos empresários chineses, em vez de serem geridos por estrangeiros. A fim de atrair investimentos externos, o governo oferecia benefícios fiscais especiais regulamentos flexíveis e opunha menos obstáculos do que em qualquer outro lugar do país; em contrapartida, as zonas deveriam produzir novas tecnologias e promover exportações. No início essas zonas tiveram dificuldades operacionais, mas depois de serem estimuladas por

Deng e seus companheiros reformistas, elas progrediram no final da década de 1980, exatamente quando seus vizinhos do Leste da Ásia, em especial Hong Kong e Taiwan, começaram a instalar indústrias na China em virtude da mão-de-obra barata. Além da produção intensiva de bens não-duráveis como vestuário e sapatos, na década de 1990, a indústria chinesa começou a produzir bens duráveis e sofisticados como componentes eletrônicos, computadores, maquinaria e transporte.

Outra diferença dos tratados de portos, que foram dominados pelo Ocidente, é que quase 80% dos investimentos estrangeiros vieram do exterior por intermédio de chineses expatriados. Muitos chineses vinham partindo há séculos das áreas costeiras da China, em muitos casos sem um tostão, em busca de melhores condições de vida. Eles dirigiram-se primeiro para o Leste da Ásia e depois, em meados do século XIX, para as Américas, onde prosperaram como comerciantes e profissionais. Ao contrário de Mao, que rejeitara suas ofertas para ajudar a China na década de 1950, Deng precipitou-se a encorajar o investimento financeiro de chineses radicados em Hong Kong, Tailândia, Malásia, Indonésia e Cingapura. Nos anos 1990, os empresários taiwaneses interagiram muito no país. O capital, a expertise empresarial e as capacidades empresariais de outros países, além de seus contatos familiares e habituais com a cultura chinesa, contribuíram para tornar a costa sudeste da China uma das mais dinâmicas regiões da Ásia. Essas empresas, em conjunto com o influxo de empresas ocidentais e japonesas, promoveram o caminho da China em direção à economia de mercado, à inserção no comércio internacional e uma rápida modernização, acompanhada depois pela redução do controle econômico do Estado.

No início da década de 1990, as empresas estrangeiras começaram a se disseminar no resto do país, onde, junto com as empresas privadas e públicas, continuaram a crescer e um espaço maior foi aberto para uma economia desvinculada do Estado. O equilíbrio geral entre o planejamento e a economia de mercado gradualmente caminharam em benefício do mercado.[9] Essa mudança foi interrompida por breves momentos depois do massacre militar no dia 4 de junho de 1989, quando os membros mais antigos do partido e os partidários de Mao que retornaram ao poder tentaram restaurar o controle de uma economia mais centralizada. Mas depois do colapso da União Soviética em 1991, e da viagem de Deng amplamente divulgada no início de 1992, chamada a "jornada meridional" (*nanxun*), realizada com o objetivo de revigorar as reformas e evitar um colapso semelhante ao soviético, a economia adquiriu novo vigor. Deng visitou a Zona Econômica Especial de Shenzhen, localizada entre Guangdon e Hong Kong, assim como Shanghai, para ressaltar a necessidade de prosseguir com as reformas econômicas e a abertura para o exterior. Essa revitalização promovida por Deng mais tarde eliminou a estrutura do planejamento central e estimulou preços de mercado mais unificados. Ao final da década de 1990, a China iniciou uma privatização gradual da indústria estatal. Apesar da contínua discriminação em conceder empréstimos bancários a empresários privados, o setor privado, por intermédio da fusão de recursos familiares e outros meios, progredia muito mais que o setor estatal. Com uma taxa anual de crescimento de

20% desde o começo da década de 1980, o setor privado foi responsável por mais de 60% do Produto Interno Bruto (PIB) em 2004.[10]

Outra grande mudança nos anos 1990 foi o término da sujeição dos camponeses aos seus vilarejos que existira durante o período de Mao. Com uma maior mobilidade de trabalho, uma estimativa conservadora indicou que em 2003 mais de 120 milhões de camponeses mudaram-se[11] da área rural para as cidades e, em particular, para as Zonas Econômicas Especiais em busca de um padrão de vida melhor não apenas para si mesmos, mas também para suas famílias, que haviam permanecido no campo, para as quais enviavam remessas de dinheiro. Embora as pessoas tivessem liberdade para mudar de trabalho nos anos 1990, era ainda difícil obter as autorizações necessárias para residir permanentemente nas áreas urbanas. No entanto, no início do século XXI essas permissões começaram a ser cada vez menos necessárias.[12]

O movimento em direção a uma economia de mercado aos poucos diminuiu o controle do Estado na vida pessoal dos chineses, bem como fomentou mais transações individuais autônomas e facultou muito mais flexibilidade, oportunidade e escolhas na vida econômica pessoal. Barry Naughton descreve o surgimento na década de 1990 do modelo de "uma família, dois sistemas": um membro da família empregava-se no setor estatal para ter moradia subsidiada, assistência médica, pensões e benefícios educacionais, enquanto sua esposa ingressava na economia de mercado.[13]

Além de promover melhorias no padrão de vida, esse modelo gerou um acréscimo na poupança familiar que afluiu para o sistema bancário e, assim, gerou fundos na economia para investimentos posteriores. Em vez de privatizar a indústria estatal no início das reformas como os russos haviam feito, os dirigentes chineses postergaram esse processo até o final da década de 1990, em parte porque os membros mais antigos e conservadores do partido opunham-se ideologicamente a essa diretriz e, também, porque os líderes sabiam que a privatização resultaria na demissão de milhões de trabalhadores das empresas estatais, possivelmente provocando um tumulto disseminado. Ao contrário, os líderes chineses estimularam a expansão do setor não-estatal, das *joint-ventures* estrangeiras, das Zonas Econômicas Especiais e de empresas coletivas, privadas e locais na expectativa de que a competição forçaria a reforma do setor estatal. Como as empresas do setor não-estatal, sobretudo as localizadas nas cidades, com freqüência iniciavam-se como subcontratadas das indústrias estatais, logo se tornavam competidores mais eficientes e apossavam-se do negócio dos contratantes iniciais. Quando a competitividade das empresas não-estatais se acelerava, aumentava a incapacidade de as indústrias do Estado enfrentarem o desafio. Os lucros das companhias do setor estatal caíram de 6% do PIB no início da década de 1980 para menos de 1% em 1996.[14] Esse declínio acentuado do setor estatal nos anos 1990 quase provocou uma falência no sistema bancário que atuava como fiador das indústrias estatais.

Por conseguinte, no 15º Congresso do Partido, realizado em setembro de 1997, o partido anunciou o fechamento da maioria das indústrias pertencentes ao Estado. Este manteria suas indústrias-chave – recursos naturais e setores estratégicos como indústrias de armamentos, químicas, de energia e de distribuição de grãos –, e a maior parte das indústrias estatais seria vendida por meio de um sistema acionário no qual os administradores das fábricas e os empregados, assim como investidores privados, poderiam adquirir ações. Embora o sistema tivesse sido eufemisticamente denominado "título de propriedade pública", na verdade significava a privatização. Em contraste com a Rússia, que implementou diretamente a privatização, provocando muitas rupturas e dificuldades econômicas, a China só iniciou o processo de privatização após quase duas décadas de um desenvolvimento do setor não-estatal, que foi capaz de absorver alguns trabalhadores das SOEs e, portanto, minimizara os efeitos negativos da transição. Ao final de 2002, as SOEs representavam apenas 15,6% da produção industrial; mesmo se a produção das empresas acionárias do Estado estivesse incluída nesse percentual, a cifra seria de apenas 40,8%.[15]

Entretanto, apesar dessa vantagem, a reforma das indústrias estatais chinesas teve profundas implicações na sociedade e no governo, assim como na economia. Entre 1996 e 1997, as indústrias do Estado empregavam cerca de dois terços da força de trabalho urbana.[16] Embora o setor não-estatal pudesse incorporar alguns desses trabalhadores, ele não se expandira o suficiente para absorver os milhões de empregados que haviam sido dispensados do setor público, além dos 120 milhões que partiam do campo em busca de emprego nas cidades, mais os treze milhões de novos trabalhadores que ingressavam no mercado todos os anos. Mesmo antes que o fechamento da maioria das indústrias pertencentes ao Estado fosse instituído como uma política oficial, em setembro de 1997, os trabalhadores já protestavam contra o atraso nos pagamentos, concessão de licenças e dispensa do trabalho. Com a perda do emprego público, esses trabalhadores também perderam os benefícios da assistência médica e pensões. Essas dispensas atingiram gravemente a região produtora de ferro do Nordeste (Manchúria) e províncias no interior como Shanxi, Hubei e Sichuan. Só em 1999, 435 empresas estatais de médio e grande porte, 31 minas pequenas de carvão e setenta pequenas refinarias de petróleo foram fechadas.[17] Ao final de 2002, as corporações estatais e acionárias empregavam 77 milhões de trabalhadores urbanos, no final de 1998 esse número era de 94,7 milhões, enquanto as empresas privadas empregavam vinte milhões; esta cifra atingiu 9,7 milhões ao final de 1998.[18]

Diferentemente da Rússia, os trabalhadores do setor público chinês não aceitaram passivamente seu destino. Durante a década de 1990, o número oficial de protestos registrados quase quadruplicou, de 8.700 para 32 mil, de acordo com as estimativas do Ministério de Segurança Pública.[19] Em grande parte, esses protestos eram localizados e de curta duração. Mas no início do século XXI surgiu um novo fenômeno: protestos coordenados de trabalhadores em diferentes fábricas, com uma duração mais longa. De março até maio de 2002, protestos bem organizados realizaram-se em diversas fábricas nas três cidades do Nordeste – Liaoyng, Daqing e Fushun –, onde milhares de trabalhadores desempregados protestaram contra o não-pagamento de salários atrasados, a perda de pensões e de assistência médica, a falta do pagamento da exoneração e a corrupção generalizada. Alguns desses protestos envolveram milhões de trabalhadores e duraram mais do que os outros que vinham sendo realizados desde 1989.[20]

Contudo, no final de maio de 2002 o partido conseguiu debelar os protestos. Em contraste com a ação violenta contra as manifestações estudantis em 1989, o governo prendeu seus principais líderes, que receberam longas sentenças de prisão, mas tentou abrandar os manifestantes fornecendo-lhes alguma compensação monetária e assistência médica, em vez de usar a força física contra eles. Além disso, o governo prendeu alguns funcionários acusados de corrupção pelos empregados. O número de trabalhadores e de protestos tornou a detenção ou a supressão militar impraticável e, provavelmente, resultaria em conflitos futuros. À medida que o processo de privatização da indústria estatal se acelerou, no início do século XXI, era incerto se essa estratégia continuaria a aplacar o número crescente de trabalhadores dispensados; sobretudo se houvesse um declínio na economia. O número de protestos continuou a crescer rapidamente. Em julho de 2005, Zhou Yongkang, ministro da Segurança Pública, declarou que 3,76 milhões de pessoas participaram de 74 mil protestos em 2004.[21]

O enfraquecimento da indústria estatal teve um grande impacto no Partido Comunista da China. Em virtude de o governo chinês receber 60% de seus rendimentos das empresas pertencentes ao Estado,[22] esse declínio representou uma perda orçamentária substancial. Apesar do crescimento contínuo da economia, a renda do governo central decresceu. Ao mesmo tempo, em razão de os governos provinciais e locais receberem menos apoio financeiro de níveis mais elevados do que antes, eles mantiveram uma grande proporção de rendas advindas de impostos para investimento em projetos locais. Visto que a capacidade de gerar dinheiro das empresas coletivas e privadas beneficiava tanto os funcionários como os empresários locais, estes se uniam para evitar as diretrizes dos altos escalões. Além da corrupção que permanecia impune, essa aliança entre os funcionários locais e o número crescente da comunidade empresarial não-estatal acarretaram um aumento da descentralização econômica e política. Os dois grupos tinham interesse em ignorar as injunções do governo central contra a duplicação da produção, sobrecarga de impostos, corrupção e exploração de mão-de-obra. Por conseguinte, o governo central viu-se incapaz de exercer sua autoridade política no âmbito do poder econômico, já que em níveis locais ela encontrava-se debilitada.

Conseqüentemente, o desenvolvimento do setor não-estatal não apenas ajudou a melhorar o padrão de vida da maioria da população, como também conferiu poder político e econômico aos funcionários locais. Vivienne Shue descreveu esse desenvolvimento como um enfraquecimento do poder central, contrabalançado por um fortalecimento em nível local.[23] Deng e seus sucessores perceberam que, para direcionar-se à economia de mercado, seria preciso descentralizar e reduzir a concentração de poder político e econômico do governo central; mas não previram que essa descentralização econômica e política resultaria na diminuição do fluxo de impostos para o centro, debilitando, assim, o alcance da autoridade do partido e fomentando um federalismo informal. Em curto prazo, a descentralização ajudou o desenvolvimento econômico ao permitir que mais rendimentos de impostos permanecessem nas áreas locais para estimular o crescimento. Mas no cenário de longo prazo, tal como ocorreu ao final da dinastia Qing, ela causou um declínio relativo dos rendimentos do governo central e, portanto, uma redução de gastos com educação, saúde e infra-estrutura, chegando eventualmente a abalar o crescimento econômico, sobretudo na zona rural.

À medida que os rendimentos declinavam, o governo direcionava a responsabilidade de investimento aos governos e empresas locais. Mas enquanto as companhias estavam aptas em investir em projetos econômicos, os governos locais estavam menos preparados para investir em educação e saúde.[24] Os rendimentos do orçamento central como parte do PIB reduziram-se de 35% em 1978 para apenas 12% em 1988, embora tenham aumentado para 18% em 2002. Os dispêndios seguiram a mesma tendência. Durante a década de 1980, os gastos do governo eram de cerca de 10% do PIB, mas diminuíram para 8,4% em 1995. Em 2002, subiram para 21%.[25] De modo similar, com a extinção das comunas que haviam provido fundos para assistência médica, educação e desenvolvimento de infra-estrutura, em especial de redes de irrigação públicas, as comunidades rurais não mais podiam financiar suas próprias atividades públicas. As evidências indicam que os programas de saúde, educação e infra-estrutura pública deterioraram-se gradualmente na década de 1990.

Mas apesar de o partido ter afrouxando o controle em relação ao *modus vivendi* econômico da população na era pós-Mao, o governo aumentou sua autoridade na área de controle de natalidade. Ao iniciar o Grande Salto para Frente, Mao encorajou a esperança de grande parte da população que ele iria tornar a China mais poderosa. Como resultado, os líderes pós-Mao depararam-se com uma população que representava um quinto da população total do mundo e com uma taxa de crescimento de quinze milhões por ano. Em um esforço para diminuir o crescimento populacional, a partir da década de 1980 o partido impôs uma política draconiana de controle de natalidade, determinando um filho por família. Em meados da década de 1990, a taxa de crescimento reduzira-se para cerca de treze milhões por ano. Porém, esse programa governamental provocou grande descontentamento, sobretudo no campo, onde herdeiros masculinos eram necessários para continuar a linhagem. Além disso, em virtude de as moças casarem-se fora do círculo familiar, as famílias queriam um filho para cuidar dos pais ao envelhecerem, em particular após a perda dos benefícios sociais da era pós-Mao. Ademais, o retorno à agricultura familiar criou um incentivo para aumentar a força de trabalho nos campos. Portanto, durante os últimos anos do século XX em certas áreas foi permitido que os camponeses tivessem dois filhos se o primeiro fosse uma menina ou se pagassem uma multa por mais uma criança. O planejamento familiar estrito causou uma enorme disparidade de gênero no início do século XXI. Devido ao exame de ultra-som e os abortos seletivos e, até mesmo, infanticídios de crianças do sexo feminino, o governo anunciou em janeiro de 2005 que 119 meninos haviam nascido para cada cem meninas, comparada a taxa média mundial de 105 meninos para cem meninas. Se essa tendência perdurar, em poucas décadas a China terá mais de quarenta milhões de homens solteiros; o impacto social dessa disparidade é difícil de prever.[26]

Caso o regime consiga manter a população dentro do limite de 1,3 bilhões, outras conjunturas poderão, por fim, contribuir para o declínio populacional. O movimento em direção a indústrias e serviços em detrimento da agricultura já começou a produzir amplas mudanças estruturais na sociedade chinesa nos anos 1990. Em virtude da grande mobilidade social e da migração para as cidades e municípios,[27] em apenas duas décadas a força de trabalho agrícola decaiu de 70% para cerca de 50%. O Japão levara sessenta anos para conseguir uma transformação semelhante[28]. À medida que a China urbanizava-se cada vez mais e a renda familiar aumentava substancialmente, as pessoas passaram a gastar mais dinheiro com o lazer e o consumo de bens. Ao final da década de 1990, a transição do socialismo para o capitalismo da economia chinesa era menos acentuada do que a transição de uma sociedade rural para a urbana. Se essas tendências continuarem, é provável que pressões econômicas, sociais e culturais de uma sociedade urbana em vez da política de controle de natalidade reduzam a vasta população chinesa, como ocorreu em outras áreas urbanizadas do mundo.

Ao passo que a liderança que chegou ao poder após a Revolução Cultural possuía um consenso relativo em afastar-se das políticas de Mao e introduzir reformas rurais, diferenças surgiram entre os líderes pós-Mao quanto à velocidade e à diretriz das reformas econômicas. Deng sofreu oposição de diversos colegas revolucionários nos anos 1980, em especial de Chen Yun, o planejador econômico, e de Deng Liqun, o propagandista da era Mao. Contudo, a despeito da resistência ao estabelecimento de Zonas Econômicas Especiais e à expansão do setor não-estatal, Deng continuou a impulsionar as reformas econômicas e a abertura ao exterior. Ao barganhar, alardear seu ponto de vista e persistir diante de uma crescente oposição, ele obteve grande sucesso em realizar essas reformas.

No entanto, Deng era menos coerente em relação ao fato de prosseguir com as reformas políticas limitadas que encorajara a princípio em decorrência da Revolução Cultural, para assegurar que a China nunca mais fosse atingida por uma desordem política.

O impacto das reformas políticas limitadas

Na era pós-Mao, a China é, em geral, contraposta com a antiga União Soviética e o Leste europeu por ter iniciado reformas econômicas sem introduzir reformas políticas. No entanto, essa observação não é de todo acurada. Logo após ter retornado ao poder ao final de 1978, Deng Xiaoping e outros líderes do partido introduziram diversas reformas políticas limitadas que constituíram a base para uma mudança política potencial, embora o Partido Comunista da China ainda continuasse no controle. Nos primeiros anos da era Deng, seus colegas reformistas Hu Yaobang e Zhao Ziyang, assim como dois membros mais antigos do partido, Peng Zhen e Bo Yibo, implementaram uma série de reformas políticas com o objetivo de evitar a ocorrência de outra Revolução Cultural. No início, os membros mais conservadores não se opuseram a essas reformas porque também haviam sofrido durante a Revolução Cultural e, portanto, compartilhavam metas similares. As reformas políticas visavam estabelecer normas, institucionalizar alguns procedimentos e governar por meio da tomada de decisão coletiva para afastar-se, *ad hoc,* da impunidade ditatorial da liderança pessoal que causara tantos danos durante os anos de Mao.

A preocupação básica de Deng voltava-se para a economia, mas ele e seus discípulos, além de uns poucos membros antigos do partido, exerceram um papel primordial na promoção de reformas políticas no início da década de 1980. Deng aspirava reviver a legitimidade do partido por intermédio de meios econômicos, porém ele atribuía a perda de autoridade do partido mais à concentração de poder político pessoal arbitrário e ilimitado de Mao que, por fim, acarretou a violência e o caos da Revolução Cultural, do que a fatores econômicos. Portanto, a despeito de seu papel político proeminente, Deng descartou os funcionários de alto escalão e o culto à personalidade de seu predecessor.

No início da era pós-Mao, Deng procurou restabelecer a autoridade do partido reformulando o Partido Comunista da China. Para a consecução desse objetivo, ele e seus colegas recorreram às expressões "democracia socialista" e "legalidade socialista". No entanto, as definições desses termos eram vagas; claramente não implicavam um sistema de controle e equanimidade como defendido por alguns intelectuais chineses em meados da década de 1980. Nem significavam tolerância a protestos públicos. Deng permitira ao movimento Muro da Democracia dos antigos Guardas Vermelhos criado no final de 1978 e início de 1979, que reinvidicava publicamente mudanças políticas e econômicas, continuar em ação por algumas semanas só porque os protestos ajudaram a eliminar a liderança do sucessor designado de Mao, Hua Guofeng, e os líderes maoístas remanescentes. Mas uma vez atingida essa meta, quando os manifestantes do movimento começaram a criticar o sistema político comunista, que, como um de seus líderes, Wei Jingsheng, declarou em público, transformava líderes em ditadores a exemplo de Deng, este baniu o movimento e prendeu Wei e outros líderes do Muro da Democracia.[29] Não obstante, apesar do tratamento dispensado a Wei e a outros líderes, logo depois ele demonstrou a necessidade de reformar o sistema leninista de expansão incontrolável do poder político. Como Deng assinalou em um discurso em 1980, os excessos da Revolução Cultural não foram culpa apenas do líder, mas da estrutura do partido que concedeu tanto poder a ele: "Mesmo um homem da estatura do Camarada Mao Zedong foi seriamente influenciado por determinados sistemas e instituições nocivos, que resultaram em grande infortúnio para o partido, para o Estado e para ele próprio."[30]

A liderança de Deng logo introduziu regulamentos para limitar a concentração de poder político nas mãos de um ou de uns poucos indivíduos. O mandato dos líderes do partido foi fixado: o secretário-geral e o primeiro-ministro permaneceriam no cargo por dois períodos de cinco anos. Além disso, o relatório de Zhao Ziyang por ocasião do 13º Congresso do Partido em outubro de 1987 pleiteava a separação das funções sobrepostas do partido e do Estado; o partido formularia as metas e prioridades gerais para o país, e o governo elaboraria e implementaria políticas para realizar os objetivos do partido. Embora Deng nunca tenha questionado o papel preponderante do partido e sua liderança, a observação de Zhao quanto à separação do partido e do

Estado tinha o potencial de diluir o poder do partido e gradualmente desviar parte desse poder para a administração governamental. Os teóricos do partido sob a liderança de Hu Yaobang desejavam revisar a ideologia marxista-leninista a fim de torná-la mais apropriada às reformas, menos dogmática e mais de acordo com o humanismo marxista que inspirara os reformadores do Leste europeu.

Ademais, a antiga legislatura inquestionável do período Mao, o Congresso Nacional do Povo (CNP), obteve um grau relativo de independência na era pós-Mao. Diferentemente desse período, o CNP não mais aprovava por unanimidade toda a legislação enviada pela liderança do partido.[31] Deng chamou atenção inúmeras vezes para o artigo 157 da Constituição chinesa, segundo o qual o CNP é "o órgão mais eminente do governo". Durante a era Deng, o CNP foi dirigido sucessivamente por diversos líderes poderosos do partido que, por uma série de razões, desejavam aumentar a autoridade do CNP: Peng Zhen, antigo chefe do partido em Beijing; Wan Li, antigo secretário do partido em Anhui, onde as reformas agrícolas haviam começado; e Qiao Shi, antigo responsável pelo Serviço de Inteligência e membro do Comitê Permanente do Politburo até setembro de 1997. É claro que esses presidentes do CNP buscaram fortalecer os poderes do Congresso para aumentar a autoridade deles, mas, em conseqüência da Revolução Cultural, eles também acreditavam que era necessário aumentar o Poder Legislativo a fim de limitar o poder da liderança do partido, embora rejeitassem o sistema ocidental de controle e equanimidade. Com esse objetivo, expandiram a burocracia do CNP, instituíram um comitê sistêmico e puseram tecnocratas no Comitê Permanente do CNP.[32]

Enquanto o CNP não instaurava sua agenda, estabelecida pelos líderes do partido, por vezes ele modificava, revisava, devolvia, em algumas questões negava a aprovação dos programas do partido, além de criticar o governo pelo fracasso em implementar as leis. Na década de 1990, os votos para políticas partidárias deixaram de ser automaticamente unânimes. Por exemplo, na votação de 1992 referente ao assunto controvertido da barragem das Três Gargantas – um enorme projeto a ser construído no rio Yangzi que encontrou oposição devido ao impacto potencialmente destrutivo nas pessoas, meio ambiente e tesouros arqueológicos na área –, um terço dos delegados se opôs ou se absteve. Em 1995, cerca de um terço dos delegados se absteve ou votou contra um dos candidatos indicados por Jiang Zemin para o cargo de primeiro-ministro. Em 1996, em protesto contra a ineficácia da liderança em interromper a crescente não observância da lei, 30% dos delegados votaram contra ou abstiveram-se de apoiar o relatório do promotor público mais importante da China em relação à legislação proposta referente à detenção e à corrupção.[33] E em 2003, um décimo dos delegados do CNP votou contra a permanência de Jiang Zemin na Comissão Central Militar após sua resignação como secretário-geral em 2003.[34] Jiang, por fim, renunciou ao posto em março de 2005. Embora o CNP não revertesse políticas governamentais, era influente e, às vezes, incitava a reconsideração de muitas questões importantes.[35]

A autoridade crescente dos órgãos legislativos ocorreu também em níveis locais. Já em 1980, os representantes dos congressos locais em algumas áreas foram escolhidos por voto direto em eleições com diversos candidatos, em vez de serem designados por altos escalões. Embora todos os candidatos precisassem ser examinados cuidadosamente pelo partido, pela primeira vez na história da República Popular da China alguns residentes locais tiveram a oportunidade de escolher seus representantes. Apesar de essa prática ter terminado nas áreas urbanas após as eleições fracassadas de 1980, quando dissidentes políticos foram eleitos a despeito da desaprovação do partido,[36] a prática foi retomada no início do século XXI.

Entretanto, nas áreas rurais o processo de eleger líderes locais iniciou-se ao final da década de 1980 e acelerou-se nos anos 1990. No esforço de reconstruir a autoridade política no campo, que começara a deteriorar-se durante a crise de escassez de víveres ao longo do Grande Salto para Frente, desestruturara-se com a Revolução Cultural e praticamente desaparecera com o encerramento das comunas na era pós-Mao, o partido, com o apoio dos membros mais antigos, Peng Zhen e Bo Yibo, começou a fazer experiências com as eleições locais nas zonas rurais. Houve um consenso geral de que, em um período de mudança rápida e potencialmente desestabilizadora, o direito de voto poderia amenizar o descontentamento e proporcionar alguma liderança legítima no campo. A oportunidade de eleger líderes locais era, em especial, atraente em vilarejos menos desenvolvidos economicamente. Enquanto a próspera província de Guangdong, por exemplo, foi uma das últimas grandes regiões a introduzir eleições locais, as províncias que progrediam com mais lentidão aproveitaram a chance de eleger líderes locais que prometeram melhorar o padrão de vida de seus residentes.

Em 1987, a Lei Orgânica dos Comitês Locais oficializou o que já estava ocorrendo: o direito dos moradores de escolher seus dirigentes e designar seus comitês em eleições com diversos candidatos. Embora os candidatos tivessem de ser aprovados por funcionários do Ministério da Casa Civil e os comitês locais do partido se encarregassem das eleições, essas eleições competitivas resultaram em um posterior desvio de poder central para as localidades. Em muitos casos, as eleições fracassaram, e, em outras ocasiões, o secretário local do partido venceu, mas, às vezes, as eleições permitiram que os residentes dos vilarejos depusessem líderes abusivos e corruptos, além de tornar os funcionários locais mais responsáveis em relação ao eleitorado. Ao mesmo tempo, os líderes dos vilarejos eleitos democraticamente tinham um sucesso relativo em assegurar a aquiescência das políticas estatais, como a política impopular de um filho único e a coleta da parte que cabia ao Estado na produção de grãos. Em contrapartida, defendiam os residentes contra as extorsões ilegais e predatórias dos municípios e de condados mais importantes, dos quais os funcionários eleitos não mais dependiam para manter suas posições.[37]

Ainda se discute acerca do número de vilarejos envolvidos nas eleições locais. No final da década de 1990, as estimativas iam de 10%, segundo fontes oficiais do alto escalão do partido, a um terço, uma estimativa fornecida por um funcionário do CNP e pelo Instituto Internacional Republicano, que ajudava a introduzir práticas democráticas entre os moradores locais, e de 31 a 80% dos quase um milhão de vilarejos chineses conforme dados do Ministério da Casa Civil.[38] No entanto, qualquer que fosse o percentual, essas eleições competitivas significavam que pela primeira vez desde a revolução chinesa de 1949 a população local tinha o poder de tomar suas próprias decisões e empreender seus próprios interesses.

Embora as eleições de candidatos engajados em políticas locais em geral ficassem oficialmente circunscritas ao nível do vilarejo, no final da década de 1992 elas estenderam-se a um pequeno número de distritos e a comitês urbanos vizinhos. A primeira eleição distrital ocorreu em Buyun, na província de Sichuan, em dezembro de 1998, porém não foi realizada em virtude de uma mudança da política do partido. Motivados pela destituição de antigos líderes em 1997 acusados de corrupção e má administração, os funcionários locais, com o apoio de acadêmicos chineses, decidiram fazer uma experiência política e organizaram uma eleição com diversos candidatos para o posto de dirigentes, utilizando cédulas secretas e métodos transparentes de tabulação de votos que estavam sendo aplicados nas eleições dos vilarejos. Três candidatos disputaram a posição de magistrado distrital – um professor, um líder local e o vice-presidente do partido no distrito. Discutindo uma ampla gama de questões locais, eles participaram ativamente de campanhas nos vilarejos pertencentes ao distrito. Por fim, o vice-presidente do partido foi eleito por uma pequena margem de votos.[39] Mas apesar da eleição de um funcionário do partido e de outras eleições distritais que ocorreram no início do século XXI, a liderança do partido não deu respaldo a essas atividades. Ao contrário das eleições locais nas quais os residentes conheciam os candidatos a dirigentes e aos comitês dos povoados, as eleições distritais que podiam envolver mais de dez mil residentes requeriam uma organização política, campanhas e propaganda eleitoral – métodos que poderiam eventualmente ser usados para contestar a autoridade do partido. Mesmo que houvesse uma abertura maior para a liberdade de expressão na era pós-Mao, ainda não havia espaço para uma organização política sem a autorização do partido.

As reformas para melhorar o governo local visando reforçar a estabilidade central têm sido uma prática do governo chinês desde os primórdios de sua história. Contudo, como observado nos últimos dez anos de governo dos Qing (1901-1911), quando foram introduzidas reformas políticas locais, incluindo a participação por meio de um sufrágio limitado no governo local, esses esforços fomentaram mais descontentamento com o regime do que um estímulo a apoiá-lo.[40] Um fato similar ocorreu nas reformas políticas locais em Guomindang, que foram incapazes de refrear a intensificação do movimento comunista. Reformas políticas locais não necessariamente fortalecem um regime autoritário; como observado na história da China, elas apressaram seu declínio.

Na verdade, a devolução do poder político e os esforços despendidos nas reformas locais à custa de um governo central fraco que dominou o cenário na primeira metade do século XX assemelham-se à situação do final do século XX e início do século XXI. Neste último caso, entretanto, a devolução deveu-se mais a fatores econômicos do que políticos. Os líderes das potências econômicas na área costeira na China pós-Mao converteram-se em personagens importantes no centro do poder. Embora alguns tenham integrado o Politburo quando Jiang Zemin, o antigo chefe do partido e prefeito de Shanghai, tornou-se o dirigente máximo do partido após a violenta repressão aos manifestantes na praça Tiananmen em 4 de junho e a destituição de Zhao Ziyang, esses líderes voltavam-se mais para interesses locais.

Outro fato que diminuiu o poder central foi o surgimento de uma sociedade civil na República Popular da China.[41] No final da década de 1990, milhares de organizações não-governamentais (ONGs) foram criadas. Embora tivessem de ser registradas no Ministério da Casa Civil sob os auspícios de uma agência oficial e se dedicassem basicamente a questões educacionais, sociais, assistenciais, de gênero e meio ambiente em vez de assuntos políticos, elas começaram a assumir algumas obrigações do governo, tais como educação para crianças de trabalhadores imigrantes e a criação de programas de prevenção de Aids. Apesar de o poder crescente dos líderes regionais e a emergência das ONGs ter mais tarde enfraquecido o poder central, no início do século XXI o governo central ainda retinha poder em razão de seu direito de nomear governadores e outros funcionários importantes para as províncias[42] e de reprimir qualquer organização que pudesse constituir uma ameaça à autoridade.

Entre 1985 e 1986, alguns intelectuais e tecnocratas que haviam sido reabilitados por Hu Yaobang e que ocupavam postos no alto escalão do governo, na mídia e no campo acadêmico reivindicaram não apenas uma revisão radical da ideologia marxista-leninista, mas também a adoção de um sistema político ocidental de controle e equanimidade mais enfático do que o proposto na "democracia socialista" de Deng. Mas os líderes mais antigos, sobretudo os membros mais conservadores do partido liderados por Chen Yun, opunham-se a novas reformas políticas. Estavam preocupados com as reformas existentes que já estavam abalando o poder deles e do partido, e temiam o surgimento de um movimento nos moldes do comitê sindical Solidariedade na Polônia ou do modelo democrático do Grupo dos 77 na Tchecoslováquia, que poderiam derrubar o partido. Portanto, persuadiram Deng a redefinir a "democracia socialista" para aperfeiçoar o funcionamento da burocracia, em vez de implantar instituições que pudessem restringir o poder político. Quando as manifestações estudantis eclodiram no final de 1986 na Universidade de Ciência e Tecnologia na capital de Anhui, Hefei, e depois se disseminaram para as cidades costeiras até chegar à praça Tiananmen no início de janeiro de 1987, os membros mais antigos do partido convenceram Deng a cessar os distúrbios, demitiram seu discípulo Hu Yaobong, que se recusara a reprimir de modo violento os manifestantes, e expurgaram diversos intelectuais proeminentes cuja posição em prol da reforma ideológica e institucional, segundo o partido, provocara as manifestações. No entanto, ao contrário do período de governo de Mao, quando essas dispensas poderiam levar ao ostracismo, à prisão ou algo pior, Hu Yaobang permaneceu no Comitê Central, embora tenha perdido praticamente todo seu poder político, e os intelectuais expurgados mantiveram suas atividades profissionais, apesar de terem sido excluídos do partido. A despeito dessas medidas punitivas, a atitude de Deng em relação a Hu e aos intelectuais dissidentes estabeleceu um padrão novo e mais moderado para lidar com disputas intrapartidárias e a dissidência intelectual, diferente da era de Mao.

Zhao Ziyang assumiu a posição de Hu como secretário-geral do partido em 1987, e Li Peng, um filho adotado de Zhou Enlai, substituiu Zhao como primeiro-ministro. Li Peng fora treinado em Moscou nos anos 1950 quando a China e a ex-União Soviética eram aliadas. Ao contrário de seus antecessores, que ascenderam ao poder por meio das atividades partidárias revolucionárias, Li Peng representava a nova geração de líderes que dominava o governo central na década de 1990. Ele ascendera em meio à burocracia tecnocrática. Embora Zhao Ziyang estivesse basicamente envolvido com as reformas econômicas antes da demissão de Hu Yaobang, quando se tornou secretário-geral voltou-se mais para as reformas políticas. Além de reivindicar uma reforma potencialmente de longo alcance de separação do partido e do Estado, ele também promoveu a teoria do "primeiro estágio do socialismo" que fora formulada por economistas ligados a Hu Yaobang. A teoria sustentava a tese de que como a China ainda estava em um estágio inicial do socialismo, poderiam ser usados métodos capitalistas para desenvolver sua economia. Zhao também introduziu um sistema de exames para o serviço civil a fim de melhorar a burocracia. Embora o sistema de exames representasse um retorno à tradição chinesa, era uma instituição política sem precedentes na República Popular da China, onde as nomeações em geral baseavam-se mais na lealdade política do que no mérito.

Outra reforma, aprovada pelo CNP em 1989 e implementada em outubro de 1990, foi a Lei Administrativa de Litígio, que visava tornar a função burocrática mais equânime, sobretudo nos níveis locais. Essa lei permitia que as pessoas comuns movessem uma ação judicial contra funcionários gananciosos e arbitrários. Por conseguinte, por exemplo, os moradores de um vilarejo poderiam processar funcionários locais que confiscassem suas terras para projetos de desenvolvimento industrial e de infra-estrutura. O número de ações judiciais aumentou de cerca de treze mil em 1990 para 51.370 em 1995, e de aproximadamente cem mil em 1997. Em 1995, setenta mil cidadãos processaram agências governamentais e funcionários locais.[43] Com a ajuda de especialistas ocidentais, a China começou a formular leis de propriedade e regulamentos comerciais para lidar com disputas entre indivíduos e o Estado, assim como entre indivíduos. O estímulo da liderança à elaboração dessas leis e suas inúmeras campanhas de retificação em parte direcionavam-se para eliminar a corrupção disseminada que acompanhara a economia de mercado.

No entanto, nem as leis nem as campanhas foram muito eficazes porque se realizaram no âmbito de um sistema que não possuía uma estrutura judiciária e regulamentar independente. Com freqüência, os funcionários encarregados de eliminar a corrupção eram os mesmos que estavam envolvidos em casos escusos. Conseqüentemente, o suborno, a corrupção e o desvio de bens ativos do setor estatal propagaram-se reduzindo a legitimidade e a autoridade do partido. Embora uma certa corrupção pudesse facilitar as atividades de uma economia de mercado em crescimento, a corrupção extremada enfraquece toda a estrutura política. A percepção geral na China é de que a corrupção disseminada tradicionalmente prenunciava o fim das dinastias. Indicava também o final do governo de Guomindang na primeira metade do século XX. Apesar da retórica da liderança e das campanhas para combater a corrupção, a inabilidade do partido de controlá-la continuou a minar o poder central.

A questão da corrupção, acrescida de um salto inflacionário causado em parte pela reformulação de preços no final da década de 1980, transformou uma homenagem estudantil a Hu Yaobang, que morrera inesperadamente no dia 15 de abril de 1989, em enormes manifestações que se prolongaram durante seis semanas até que Deng Xiaoping ordenou a repressão militar contra os manifestantes na praça Tiananmen em 4 de junho. As manifestações atraíram milhões de trabalhadores e cidadãos comuns a Beijing e espalharam-se para quase todas as cidades do país. Enquanto os estudantes e a elite intelectual a pretexto da morte de Hu reivindicavam reformas políticas, sobretudo liberdade de imprensa e de associações, os trabalhadores e outros cidadãos demandavam o fim da corrupção, da inflação e da dissolução de empresas estatais que se seguiram às reformas econômicas. Contudo, os líderes mais antigos e outros membros do partido viram essas manifestações, em especial a da praça Tiananmen – o símbolo da sede oficial do governo –, como uma ameaça tanto para eles quanto para o partido. Na era pós-Mao até então eles haviam conseguido reprimir os protestos estudantis e dos dissidentes intelectuais com relativa facilidade por meio de campanhas limitadas, sem o uso da violência, a mobilização das massas e o ímpeto que caracterizaram as campanhas de Mao. Mas, visto que as manifestações de 1989 reuniram um grande contingente de moradores urbanos, alguns líderes as encararam como uma réplica do movimento Quatro de Maio, que provocara a queda do governo de Beijing em 1919. E como alguns manifestantes ficaram frustrados com a ausência de resposta dos líderes às suas demandas reformistas, eles passaram a exigir a derrocada da liderança. Os membros mais antigos do partido, rememorando a violência dos Guardas Vermelhos contra eles havia vinte anos, temeram outra Revolução Cultural ou ainda um pesadelo pior, a criação de um movimento de solidariedade chinês.

Em conseqüência, em meados de maio Deng concluiu que as manifestações constituíam um desafio radical para o poder do partido e deveriam ser reprimidas com força militar. Em virtude da recusa de Zhao Ziyang de impor a lei marcial no dia 20 de maio, ele foi acusado de desunir o partido e foi demitido de seu cargo de secretário-geral. Até sua morte em janeiro de 2005, Zhao passou o resto da vida sob uma espécie de prisão domiciliar. Quando os manifestantes permaneceram na praça Tiananmen apesar da ameaça do uso de força militar, Deng ordenou a Li Peng que enviasse tropas nos dias 3 e 4 de junho, e os soldados invadiram com violência a praça. Como resultado, Jiang Zemin foi escolhido para substituir Zhao Ziyang como secretário-geral do partido, visto que, como secretário do partido em Shanghai, Jiang reprimira os manifestantes com pouca violência, embora tenham sido registrados casos de morte de trabalhadores.

Enquanto a violência militar em 4 de junho, o expurgo de Zhao Ziyang e a perseguição e prisão subseqüentes dos líderes das manifestações revelavam quão pouco a liderança e a estrutura política mudaram, os manifestantes que provocaram a repressão brutal demonstravam como a sociedade chinesa evoluíra. A diminuição do controle político, a abertura ao exterior, mais liberdade de pensamento e expressão, a criação das ONGs e a prioridade dos programas de melhoria do padrão de vida da maioria da população levaram a que as demandas para serem tratados como cidadãos em vez de camaradas do partido e indivíduos passivos não partissem apenas de intelectuais, mas também de trabalhadores, empresários e residentes urbanos comuns. Contudo, o dia 4 de junho demonstrou que, embora enfraquecida, a estrutura leninista ainda funcionava e que os líderes do partido poderiam reprimir qualquer contestação direta que ameaçasse o poder político.

A morte de Deng em fevereiro de 1997 debilitou ainda mais o partido. Os procedimentos e normas que Deng e seus discípulos haviam tentado introduzir não foram suficientemente institucionalizadas para substituir o governo pessoal, projeto do qual Deng jamais desistira. Visto que Jiang Zemin e seus colegas haviam governado o partido por quase oito anos antes da morte de Deng, seu falecimento não deixou um vácuo em termos formais. Mas sua morte marcou o final de um líder forte que foi capaz, por meio de um papel político, conexões militares, o uso da rede do partido e sua sabedoria política, de implementar suas reformas. Roderick MacFarquhar, ao descrever a vida de Deng, concluiu que quando a história do tortuoso caminho da China para a modernização for escrita, Deng será visto como um homem que, por fim, encontrou o rumo certo, mesmo que tenha hesitado segui-lo até o fim.[44]

Deng deixou como legado um novo sistema econômico, uma sociedade pluralista, o início de uma mudança política básica e um Congresso Nacional do Povo que periodicamente discordava ao votar contra ou ao abster-se de seguir as diretivas do partido. Não obstante, o partido enfraquecido permaneceu intacto. Deng reconheceu as falhas no sistema político, mas sentiu-se relutante em expressá-las temendo que debilitaria o poder do partido e sua liderança. Do mesmo modo, nos primeiros anos do século XXI, nem a terceira geração de líderes, guiadas por Jiang Zemin, nem a quarta geração, liderada por Hu Jintao, que Deng designara para suceder Jiang e que assumiu o poder em 2002, demonstraram nenhuma inclinação para implementar a reforma política.

A liderança pós-Deng

Depois de novembro de 1989, Jiang assumiu todas as posições mais importantes no partido e no Exército e, 1998, Li Peng foi substituído no cargo de primeiro-ministro por Zhu Rongji, antigo prefeito de Shangai e secretário do partido, que havia sido eficaz no combate à inflação na China em meados da década de 1990. Contudo, nenhum dos sucessores de Deng assumiu sua posição de líder máximo. Eles simplesmente não tinham exercido o papel histórico dele. O direito deles de governarem advinha apenas da bênção de Deng. Enquanto Deng possuía poder pessoal para realizar feitos, Jiang e seus colegas de Shangai, assim como a quarta geração de líderes do partido conduzidos pelo secretário-geral Hu Jintao e o primeiro-ministro Wen Jiabao, eram apenas tecnocratas. Jiang e seus colegas ascenderam na política por meio da indústria estatal e da burocracia; Hu Jintao e seus companheiros chegaram ao pináculo do poder por intermédio de posições provinciais. Embora louvassem o marxismo-leninismo, na verdade, como tecnocratas, não eram ideologicamente atraídos por ele. Além disso, uma vez que eram os primeiros líderes da República Popular da China que não haviam participado da revolução, tinham menos autoridade para governar que seus predecessores e eram menos propensos a comprometerem-se.[45] Após uma submissão inicial aos neomaoístas que tomaram a dianteira como conseqüência de 4 de junho, Jiang em meados da década de 1990 trilhava um caminho gradual e firme entre os extremos da esquerda e da direita.

Ao contrário de Deng, Jiang e seus colegas também não possuíam raízes profundas entre os militares, cujo apoio era ainda crucial para deter o poder na China. Jiang tentou estreitar relações pessoais com os militares concedendo-lhes promoções e mais que duplicando o orçamento militar. Em virtude de Deng ter reduzido a amplitude e o orçamento dos militares em um quarto em 1984, as unidades do Exército da Libertação do Povo (ELP) começaram a se direcionar para a economia de mercado, a fim de enriquecer tanto o orçamento do exército quanto a si mesmos. Eles remodelaram as fábricas militares e criaram um grande número de novas empresas que produziam bens para o mercado interno e externo. Na realidade, em meados dos anos 1990 o ELP era talvez o maior conglomerado empresarial da China na era pós-Mao. Ao final da década de 1990, no entanto, o orçamento do exército foi aumentado para gerar um poder militar tecnologicamente mais adiantado e bem equipado. Assim, o governo ordenou que os militares cortassem todos os seus laços comerciais. A morte de um certo número de militares mais idosos e a crescente profissionalização dos militares reduziu também seu papel político. Entretanto, os líderes militares ainda tinham representatividade nos mais altos níveis do Partido Comunista, tal como tinha ocorrido ao longo do século XX, e eles continuaram a ser peças decisivas nos conflitos das lideranças partidárias. No início do século XXI, o ELP era ainda a única organização, com a exceção do partido, que tinha o potencial de exercer um papel político importante na China.

Embora os dissidentes políticos tenham sido silenciados depois de 1989 e a retórica nacionalista em expansão gradualmente ter substituído a ideologia marxista-leninista em declínio nos anos 1990, Jiang não retardou o processo de abertura da China ao mundo exterior. Contudo, as relações externas chinesas eram problemáticas. Em razão do massacre de 4 de junho, a violação dos direitos humanos era a questão mais sensível que conflitava a China e os Estados Unidos. Apesar da ameaça de sanções econômicas por parte dos Estados Unidos ter cessado em 1994, quando o presidente Clinton desvinculou a questão dos direitos humanos do *status* da China como uma das nações mais favorecidas, os Estados Unidos e outros países do Ocidente continuaram a criticar o país por suas violações aos direitos humanos. Em especial, condenavam o aprisionamento dos líderes das manifestações na praça Tiananmen em 1989, dos organizadores dos sindicatos independentes e dos líderes religiosos que realizavam serviços litúrgicos sem os auspícios oficiais, como os católicos apostólicos romanos que aceitavam a autoridade do papa e os monges e as monjas tibetanos que juravam lealdade ao Dalai Lama. Os líderes chineses e os intelectuais mais expressivos rejeitavam de modo inflexível as críticas às suas práticas em relação aos direitos humanos. Assim como os líderes da Malásia, Cingapura e Indonésia, eles consideravam essas críticas como uma imposição do ponto de vista ocidental sobre direitos humanos em países com tradições históricas diferentes. Jiang vangloriava-se que os valores "asiáticos" eram superiores aos ocidentais porque se baseavam em direitos coletivos, em vez de direitos individuais autocentrados que haviam sido responsáveis pela falência moral das sociedades ocidentais.

Não obstante, por volta do final dos anos 1990 comentava-se menos os valores asiáticos e discutia-se mais a questão dos direitos, tanto pelos funcionários chineses quanto por cidadãos comuns. Em 1997, a China assinou a Convenção das Nações Unidas sobre os Direitos Econômicos, Sociais e Culturais, que mais tarde foi ratificada pelo Congresso Nacional do Povo, com a extinção do direito de constituir sindicatos, e, em 1998, assinou a Convenção dos Direitos Civis e Políticos. Esses acordos, no entanto, não restringiam o poder do partido ou protegiam os direitos individuais. Contudo, o discurso sobre os direitos humanos disseminou-se pelo país e entre os intelectuais. Trabalhadores desempregados, camponeses submetidos a impostos sobretaxados e pessoas cujas casas e terras haviam sido confiscadas em detrimento de projetos sem uma adequada indenização começaram a protestar no âmbito de seus interesses.

Embora a ênfase de uma renovação do Partido Comunista prevalecesse, a liderança de Jiang reconheceu a impossibilidade de restaurar uma economia centralizada controlada. Inicialmente, Jiang intensificou o controle da mídia e da política, mas não agiu com rigor em relação ao controle econômico. Nos primórdios de sua liderança, ele tentou gerir tendências centrífugas e preservar as empresas estatais ineficientes, mas no 15º Congresso do Partido, em 1997, ele marcou sua presença na política econômica, ao lançar uma grande campanha de reforma da indústria estatal, por meio de falências bancárias, fusões, venda de ações, *joint-ventures* estrangeiras e privatização. Vinte anos após o início das reformas econômicas, diante do crescente conflito social, do rompimento com os trabalhadores desempregados, das desigualdades crescentes e das críticas dos neomaoístas, a liderança de Jiang oficializou o que já ocorria informalmente: a retirada da participação do Estado de muitos setores da economia e a dissolução das indústrias estatais extremamente endividadas, com excesso de funcionários e obsoletas.

Como Deng, no entanto, Jiang não empreendeu um programa ousado de reforma política. Embora Jiang tenha adotado o *slogan* de Hu Yaobang – "Emancipar a mente" – e tenha falado sobre reformas econômicas no 15º Congresso do Partido em 1997, ele não se precipitou a realizá-las. Na verdade, nesse congresso ele forçou o afastamento do presidente do CNP, Qiao Shi, que reivindicara energicamente reformas políticas e legais. Em contraste com Jiang, que enfatizara o fortalecimento da civilização espiritual, um termo vago que se referia à ideologia ortodoxa e à centralização democrático-leninista, Qiao fora um dos membros do Comitê Permanente do Politburo que em meados da década de 1990 insistira com veemência na necessidade de implantar instituições políticas e legais, assim como reforçar leis mais eqüitativas. Com a partida de Qiao, a dicotomia entre a economia dinâmica da China e a estrutura política obsoleta do leninismo tornou-se ainda mais acentuada. De fato, alguns dos esforços para separar o partido do governo, iniciados sob Zhao Ziyang, sofreram um retrocesso durante a liderança de Jiang.

Nesse sentido, a tragédia de 4 de junho interrompeu a democratização política gradual no âmbito da estrutura existente que parecera plausível nos anos 1980. Após a violência militar, o expurgo de Zhao Ziyang e de seus seguidores e a supressão de organizações relativamente independentes de intelectuais envolvidos em questões políticas, houve uma repressão a associações independentes de cidadãos, grupos profissionais e sindicatos que haviam sido organizados durante as manifestações de 1989. Mais tarde, o duro golpe desferido contra os trabalhadores que tentavam organizar seus próprios sindicatos em meados da década de 1990 contra a coalizão dos dissidentes intelectuais que haviam participado do Muro da Democracia e contra as manifestações de 1989, além dos trabalhadores descontentes que estavam tentando criar um partido político de oposição, o Partido Democrático da China, em 1988, provou que não havia alternativa para o partido. Embora as estatísticas oficiais do Ministério da Casa Civil tenham mostrado, ao final de 1996, que 186.666 organizações sociais estavam registradas em todo o país para lidar com uma ampla gama de questões sociais, profissionais, de gênero, meio ambiente e acadêmicas, suas expectativas de sobrevivência dependiam do não-engajamento em questões políticas.[46] Os chineses no início do século XXI podiam trocar de emprego, viajar para o exterior, reclamar em programas de rádio sobre buracos nas ruas e votar em líderes comunitários sem vinculação com o governo, mas não podiam criticar publicamente o partido e seus líderes. Aqueles que ousaram se pronunciar foram imediatamente silenciados.

A população temia que uma mudança política muito rápida poderia provocar uma instabilidade disseminada e um declínio econômico, semelhante ao que ocorrera na antiga União Soviética e, portanto, com o potencial de ameaçar os ganhos recentes no padrão de vida. Não obstante, essas instituições foram introduzidas gradualmente no final dos anos 1980 como reformas políticas populares limitadas nas cidades e periferias urbanas, e os escritórios de apoio legal locais progrediram. Os equivalentes locais do CNP continuaram a assegurar mais autonomia e permitiram uma participação maior das comunidades. Procedimentos estabelecidos, como a convocação de reuniões regulares do partido e o empenho para formular códigos civis e criminais também prosseguiram.

Apenas uns poucos intelectuais bem relacionados, entretanto, bem como um pequeno número de membros remanescentes revolucionários mais idosos, alguns antigos participantes do Muro da Democracia e das manifestações de 1989, além de certos intelectuais independentes ousavam expressar publicamente o temor de que a mudança política por demais morosa poderia também ser desestabilizadora, pois o governo central chinês, obsolescente e debilitado, não conseguiria administrar a nova realidade econômica e social da China em mutação.

Uma sociedade fluida e fragmentada

O movimento pós-Mao em direção à economia de mercado, o acesso a novas fontes de riqueza, a devolução de poder em níveis locais, a abertura ao mundo exterior e a redução de controles da vida cotidiana causaram mudanças de grande alcance. Assim como as transformações econômicas e políticas, as mudanças sociais da era pós-Mao também se assimilaram à abertura de um espaço público no final da dinastia Qing[47] e ao desenvolvimento de uma sociedade civil incipiente nas primeiras décadas do século XX.[48] A reabertura do espaço público marcou o final de uma tendência estatizante crescente que começara durante o período republicano (1927-1945), no momento em que o Guomidang incorporou, de modo impreciso, diversos grupos ocupacionais e sociais em sua estrutura estatal. O processo culminou na década de 1950, quando o Partido Comunista impôs um controle total sobre todos os grupos e indivíduos, ao organizá-los em federações e associações oficiais do partido. Durante o período de Mao, a sociedade chinesa era relativamente homogênea, igualitária, imobilizada e verticalmente organizada.

Contudo, menos de dez anos após o início das reformas econômicas, Zhao Ziyang, em seu relatório por ocasião do 13º Congresso do Partido em outubro de 1987, reconheceu oficialmente o surgimento de grupos sociais diferentes entre gerações, segmentos geográficos, profissionais e econômicos. Ele solicitou o estabelecimento de canais oficiais pelos quais esses grupos poderiam expressar seus interesses de uma forma organizada. Além das federações ocupacionais e sociais do período de Mao, o partido implantou organizações intermediárias voltadas para esses novos interesses. Em retorno ao grau de autonomia dentro de esferas demarcadas, essas organizações intermediárias aceitaram algumas restrições e obrigações.

O partido concedeu atenção especial para cooptar essas forças econômicas emergentes – os empregados autônomos, coletivos, os homens de negócios de pequeno ou grande porte e os clãs reagrupados – em instituições nas quais o partido exercia o papel dominante.[49] Essas organizações não só estabeleciam um certo controle sobres as atividades de seus membros constituídos, mas também tinham a função de prevenir qualquer contestação ao sistema político da classe média emergente. Em 2001, Jiang Zemin cunhou o conceito dos "Três Representantes", que foi definido pelo Partido Comunista como representativo da cultura mais avançada, dos elementos mais progressistas e da grande massa. Essa idéia foi utilizada para justificar a incorporação de novos empresários ricos no Partido Comunista. Tendo em vista que esses empresários originavam-se da oficialidade ou dependiam dos funcionários para aumentar sua fortuna, eles, em geral, apoiavam o *status quo* político. Embora um pequeno número de participantes da comunidade empresarial chinesa em expansão, tanto a privada quanto a coletiva, tenha participado nas manifestações de 1989, depois da violenta repressão de 4 de junho a maioria deles demonstrou aparentemente pouco interesse nas reformas políticas e em mudar sua posição de dependência, sobretudo porque seus interesses serviam para manter relações estreitas com os funcionários do partido.

Mesmo as associações não-governamentais, ou "do povo" (*minjian*), que supostamente eram autofinanciadas, tinham de registrar e funcionar sob algum tipo de supervisão oficial. Seu grau de autonomia era definido e policiado por funcionários. As classes empresariais e profissionais chinesas enriqueciam-se e tornavam-se cada vez mais numerosas, porém, no início do século XXI elas não tinham ainda desenvolvido uma classe capitalista ou uma classe média capaz de assegurar seus direitos. Não obstante, essas organizações e associações abriram espaços na sociedade, nos quais expressavam cada vez mais os interesses de seus integrantes, em vez de exprimirem apenas o ponto de vista de seus patronos oficiais.[50] Os profissionais e acadêmicos, inclusive advogados, médicos, cientistas, engenheiros e economistas – alguns deles possuíam seus próprios negócios e consultorias – organizaram associações menores e mais flexíveis. Nesse aspecto, pareciam-se às diversas associações do final do século XIX que gradualmente deixaram de exprimir as concepções oficiais do governo Qing para demonstrar os pontos de vista de suas associações e assim, ao longo do tempo, obter uma maior influência política.

Em algumas áreas, os esforços do partido nos anos 1990 para supervisionar esse campo intermediário foram suplantados por alianças informais, que ocorriam fora do limite da autoridade do partido. Um estudo de Tianjin revela que, enquanto as associações de mercadores de pequena escala permaneceram subservientes aos funcionários do governo, associações de grandes empresários, à medida que adquiriam mais fortuna e passavam a depender menos dos recursos estatais, garantiam cada vez mais seus próprios interesses.[51] Outros estudos acerca de empresários privados em localidades específicas, como Wenzhou na próspera costa no Sudeste da China, mostram que esses empresários tendiam a alternar seus interesses entre o setor público e o privado. À medida que novas economias desenvolviam-se, indivíduos e grupos tornavam-se mais ousados em prevalecer suas vantagens pessoais. Ao passo que algumas alianças informais entre funcionários e empresários privados convertiam-se em corrupção e clientelismo, outras alianças promoviam causas mais construtivas como a melhoria da educação e de serviços sociais e, portanto, conduziam seus interesses, assim como dos trabalhadores.[52] Embora o Estado ainda estivesse determinado a suprimir grupos políticos alternativos, era mais tolerante com grupos apolíticos e associações. Por conseguinte, associações apolíticas continuaram a se estabelecer e a proliferar nos anos 1990 e no início do século XXI.

Assim como no final da dinastia Qing, as áreas urbanas tornaram-se centros de novos mercados e de padrões comerciais que ajudaram a criar um espaço público onde novas interações intelectuais, culturais e sociais, ocorreram. Contudo, tal como acontecera no final do século XIX, o espaço público nos primórdios do século XXI foi incapaz de se desenvolver em uma sociedade civil madura envolvida em um discurso político, porque a repressão periódica do governo, a ausência do cumpris e a corrupção disseminada impediram o estabelecimento de instituições que poderiam proteger e sustentar uma sociedade civil independente. David ... assinalou que a autonomia individual ou de um grupo não poderia sobreviver ... prosperaria sem instituições fortes e leis para protegê-la.[53] Ao contrário do Ocidente, onde desenvolvimentos similares conduziram à definição de uma divisória clara entre o Estado e a sociedade, ao longo de grande parte da história da China e prolongando-se no século XXI, em vez de uma dicotomia clara entre o Estado e a sociedade, houve uma mistura de interações privadas, públicas e estatais.

Ao mesmo tempo em que a sociedade pós-Mao tornou-se fluida e móvel, ela também ficou "fragmentada e fragmentável", utilizando a terminologia de Gordon White.[54] Uma manifestação dessa fragmentação social causada pelo direcionamento à economia de mercado foi a crescente defasagem entre os ricos e os pobres e as desigualdades sociais cada vez mais acentuadas. Ao passo que durante o período de Mao os trabalhadores das indústrias estatais eram valorizados e bem-remunerados, na era pós-Mao o *status* relativo dos trabalhadores e os salários em geral declinavam à medida que as indústrias estatais faliam em profusão. Esses trabalhadores tiveram os salários congelados, reduzidos ou simplesmente não pagos, as pensões e os serviços de saúde pública ficaram a descoberto, enquanto os salários daqueles que trabalhavam em empresas não estatais, privadas ou em *joint-ventures* aumentaram. Os efeitos instáveis da mudança econômica, acrescidos da perda de controle, explodiram em uma resistência coletiva na forma de greves industriais, redução do ritmo de produção e manifestações nas ruas que se aceleraram ao final da década de 1990; em algumas províncias, como Sichuan e Hubei, os protestos converteram-se em grandes tumultos.

Essas diferenças econômicas e sociais intensificaram-se com a crescente disparidade entre as áreas costeiras envolvidas no comércio internacional e as empresas privadas, assim como entre as províncias mais pobres do interior dominadas pelo comércio interno e as SOEs. Em 2001, a renda média de Shanghai, situada na costa, era de $1.330; na província rural de Guizhou era de $165.[55] No setor rural, as amplas disparidades de renda ocorriam do mesmo modo entre os administradores prósperos e trabalhadores das indústrias coletivas e os fazendeiros que ainda trabalhavam no campo. Havia também diferenças econômicas e sociais progressivas entre as áreas urbanas e rurais, visto que a taxa de crescimento urbana aumentou e rapidamente ultrapassou a da zona rural, que começara a estagnar-se no final dos anos 1980. As despesas com educação cresceram um pouco nas áreas urbanas, mas declinaram nas áreas rurais após o fechamento das comunas que haviam sustentado os custos de educação e saúde pública durante a era Mao. Enquanto o investimento financeiro destinado a instituições de ponta, como as universidades e institutos de pesquisa, aumentou de certa forma, ele diminuiu no nível elementar, em especial no campo, exacerbando ainda mais as disparidades sociais entre as áreas rural e urbana.

Do mesmo modo, o direcionamento para a economia de mercado ampliou a defasagem de gênero. Já que as mulheres eventualmente casavam-se no âmbito familiar do marido, elas podiam ser mantidas em casa para ajudar no trabalho da terra, em vez de serem enviadas à escola. Em conseqüência, houve um declínio na instrução de mulheres na era pós-Mao. Em 1990, dos 22% de chineses iletrados, 70% eram mulheres, com uma grande percentagem de mulheres iletradas da geração mais jovem: 73% daquelas com 15 a 24 anos comparadas com 68% com mais de 45 anos.[56] Essa tendência continuou até o final da década. Em 1999, a cifra de 15,8% de mulheres iletradas contrastava com a de apenas 6,9% de homens.[57]

Devido à crescente falência das SOEs e dos bancos estatais que as subsidiavam, os quais até a era pós-Mao eram a maior fonte de recursos do partido, além do fato de que o poder central recebia uma parte dos arrecadamentos dos impostos das províncias que progressivamente se reduziam, o partido tinha poucos recursos para lidar com essas tendências sociais intensas e potencialmente desestabilizadoras. Não obstante, a quarta geração de líderes, sob o comando de Hu Jintao, comprometeu-se a cessar as disparidades entre as áreas rural e urbana reduzindo os impostos cobrados dos fazendeiros e subsidiando a educação no campo. No entanto, é ainda incerto se essas medidas conseguirão resolver o problema da defasagem de renda.

As disparidades entre os setores rural e urbano eram, de alguma forma, mitigadas pelo abrandamento das restrições da mobilidade da população rural. Embora no período de Mao os camponeses ficassem restritos às suas cidades natais por meio de um sistema de registro familiar (*hukou*), a descoletivização, o direcionamento para a economia de mercado e o crescimento do setor não-estatal e das empresas *joint-venture* internacionais quebraram a imobilidade do sistema. Em meados da década de 1990, a migração interna na China, ou a dita "população flutuante", movia-se por todo o país. As empresas não-estatais e as *joint-ventures* atraíam mulheres jovens e homens adultos das regiões mais pobres para trabalhar com salários baixos que, entretanto, eram altos comparados com seus rendimentos em seus locais de origem. Em razão de os imigrantes enviarem parte de seus salários para suas famílias, as desigualdades entre as áreas rural e urbana diminuíram. Contudo, o efeito geral da migração interna aumentou ainda mais a defasagem entre as áreas porque as cidades no campo passaram a ser basicamente habitadas por pessoas idosas. Os trabalhadores imigrantes que quase sempre recebiam seus salários atrasados, ou algumas vezes não os recebiam, trabalhavam horas extras, com freqüência em condições precárias, e cada vez mais protestavam contra o tratamento que lhes era dispensado com manifestações e passeatas. No campo, as famílias sobrecarregadas de impostos exprimiam sua raiva protestando, às vezes de forma violenta, diante dos escritórios dos funcionários locais e dos coletores de impostos.

Além disso, os imigrantes chineses intensificaram as tensões nas comunidades urbanas onde se instalavam. A população em mobilidade nas grandes cidades em geral morava com outras pessoas de sua própria província, condado ou vilarejo. A maioria vivia uma existência marginal em casas improvisadas. Os moradores urbanos ressentindo-se da crescente pressão nas já difíceis condições de escolaridade, serviço médico e espaço em geral, discriminavam e isolavam os imigrantes usurpadores. Em seu estudo sobre comunidades em trânsito, Dorothy Solinger mostra como os transientes não eram bem integrados nas áreas urbanas onde trabalhavam.[58] Suas expectativas de ascendência, assim como seu sentimento de alienação, por vezes resultavam em atos destruidores e criminosos, ameaçando a estabilidade.

As crescentes disparidades entre os menos e os mais favorecidos economicamente são observadas em uma pesquisa sobre ativos financeiros em cada família em Beijing publicada no *China Daily* em 1997[59]. A pesquisa revelou que o valor médio de propriedade das famílias mais ricas era 7,85 vezes mais elevado do que o das mais pobres. Esse percentual continuou a expandir-se. As pessoas mais prósperas eram administradoras de empresas privadas ou de *joint-ventures*; as famílias de desempregados, aposentados e transientes situavam-se entre as mais pobres. Essas desigualdades eram extremamente visíveis nas grandes cidades da China. Enquanto os trabalhadores imigrantes viviam em barracos ao longo dos locais de construção, os novos-ricos exibiam sua riqueza em condomínios modernos, roupas sofisticadas, bens luxuosos, carros caros e viagens ao exterior. No início do século XXI, estimava-se que 350 milhões de chineses tinham telefone celular, o maior número do mundo, e que a nova geração de *yuppies* chineses estava bem equipada com *pagers* e *laptops*. Empresários rurais construíam casas de três andares na periferia. O consumismo exagerado e exibicionista estava gerando uma transformação dos valores maoístas utópicos, igualitários e coletivistas em materialismo, auto-enriquecimento e competitividade na era pós-Mao. A exposição à cultura e aos padrões de vida ocidentais, assim como a desilusão e a privação causadas pela Revolução Cultural, contribuíram para esse sentimento crescente de privilégios e direitos individuais.

Apesar dos esforços de Hu Jintao no início do século XXI para atenuar as desigualdades, e a despeito do crescimento econômico progressivo, as forças deflagradas pelas reformas econômicas e o rápido desenvolvimento, potencialmente desestabilizadoras no campo social, econômico e ambiental, provocaram um crescente rancor público. Esse rancor exprimiu-se em diversas manifestações de trabalhadores, fazendeiros, pensionistas e cidadãos comuns contra a corrupção disseminada, abusos de poder do governo, sobretaxas de impostos locais, demolição de habitações para o desenvolvimento de infra-estrutura moderna, dispensas nas empresas estatais falidas, o não-pagamento de serviço médico, pensões e salários, poluição ambiental provocada pela industrialização irregular e o confisco de terra sem indenização adequada. A repressão contínua de antigas e novas crenças religiosas e de minorias étnicas que buscavam mais autonomia, sobretudo os mulçumanos no Noroeste da China e os budistas tibetanos, também provocaram manifestações de confronto freqüentes nos primeiros anos do século XXI. Um sentimento profundo de insegurança em relação ao futuro propagou-se, visto que as pessoas comuns e a liderança temiam o caos (*luan*), que sempre perseguiu os chineses desde tempos imemoriais.

Essas reformas, portanto, tiveram um impacto contraditório. Por um lado, possibilitaram a ascensão da mobilidade social e melhoraram o padrão de vida, mas, por outro, para aqueles que não conseguiram usufruí-las, essas reformas estimularam um sentimento de insatisfação e inveja que ficou conhecido como a "doença dos olhos injetados". As mudanças sociais aceleradas, com um seguro desemprego reduzido e o desaparecimento dos benefícios sociais oferecidos antes pelas comunas e pelas indústrias estatais tiveram um impacto psicológico intenso. As que mais sofreram foram as mulheres e as pessoas idosas na região rural. As taxas de suicídio de mulheres elevaram-se. Arthur Kleinman estima que, em 1997, a China tinha a taxa *per capita* mais elevada de suicídios femininos no mundo.[60] Os sindicatos oficiais e a federação das mulheres, assim como as novas organizações civis, tentaram ativamente dedicar-se a esses problemas. Eles ofereciam conselhos econômicos e programas de educação jurídica para indicar a seus participantes outras formas de lidar com seu sofrimento, em vez de optar pelas manifestações ou pelo suicídio. No entanto, esses serviços ainda eram incipientes. A magnitude dos problemas e os recursos financeiros necessários para solucioná-los eram tão vultosos, que essa tarefa não poderia ser conduzida apenas pelas federações oficiais ou pelo setor não-estatal. Ao mesmo tempo, o debilitado partido da era pós-Mao era incapaz de prover ajuda, sem mencionar soluções, para essas preocupações prementes.

Plurarismo cultural

À medida que a ideologia marxista-leninista oficial começava a ruir em conseqüência da Revolução Cultural e tornava-se irrelevante para a vida pessoal, alguns, especialmente os jovens, voltavam-se para o nacionalismo e outros, para a religião. Junto com o reflorescimento do budismo e do daoísmo, religiões tradicionais populares e com um ressurgimento do islamismo, o cristianismo logo angariou novos fiéis na era pós-Mao. Oficialmente, havia duzentos milhões de adeptos religiosos, mas muitos outros milhões faziam suas adorações escondidos ou em "casas-igrejas", apesar da severa repressão do governo a qualquer culto sem os auspícios do partido. Além disso, uma febre nacional de *qigong* (respiração e outros exercícios) e outras formas de cura pela fé também se desenvolveram nos anos 1990. Um desses grupos *qigong*, o Falungong, uma associação de meditação budista-daoísta, ao final da década de 1990 possuía 2,1 milhões de seguidores, até que o governo suprimiu-a violentamente no início do século XXI.[61]

Além do surgimento de inúmeras crenças religiosas, vários pontos de vista ideológicos foram expressos publicamente nos anos 1990 que, mais tarde, acentuaram a crescente diversidade da sociedade chinesa. Grupos de intelectuais dentro e fora do *establishment* oficial defendiam idéias diversas das do pensamento do partido. Eles utilizaram jornais, livros, fóruns públicos e petições para reivindicar reformas econômicas e políticas. Na década de 1980, a maioria dos intelectuais mais expressivos não estava afiliada à liderança do partido. Em virtude do direcionamento da China para a economia de mercado, muitos deles tornaram-se intelectuais independentes ou *freelances*. Grandes debates, sem a diretriz oficial ou restrições ideológicas, explodiram espontaneamente abrangendo uma ampla gama de tópicos, focando a relevância das crenças tradicionais no confucionismo e no daoísmo, a legalidade do liberalismo do Movimento Quatro de Maio e o maoísmo e o pós-modernismo.

Embora a República Popular da China jamais tenha sido tão monolítica como a descrita no período de Mao, a sociedade chinesa na era pós-Mao tornou-se definitivamente pluralística em seus valores, crenças religiosas, orientação ideológica e modos de vida. Além dessas mudanças, em meados da década de 1990 as novas tecnologias de comunicação facilitaram um maior acesso não apenas ao mundo externo e aos avanços científicos e tecnológicos, mas também ao discurso independente e à organização de atividades políticas. Em junho de 2005, a China tinha cem milhões de usuários da Internet, excedendo em número os 69,6 milhões de membros do Partido Comunista,[62] e previa-se que a cifra aumentaria para 120 milhões no final do ano.[63] Entre os usuários da Internet havia um número reduzido de "ciberdissidentes", em geral jovens urbanos e educados da geração pós-1989 que usavam computadores e a Internet para criticar a política do governo e reivindicar reformas políticas.

Ciente das implicações políticas da introdução de novas tecnologias, que no início do século XXI disseminaram-se dos centros urbanos ao longo da costa para as pequenas cidades no interior,[64] o partido intensificou seus esforços para controlar o conteúdo das informações consideradas "inapropriadas" com regulamentações, censura, filtros, *sites* bloqueados e fechamento periódico de cibercafés. Um estudo do Berkman Center for the Internet and Society da Faculdade de Direito da Universidade de Harvard relatou em dezembro de 2002 que grande parte dos canais da mídia estrangeira era com freqüência, embora nem sempre, inacessível para os usuários de Internet na China.[65] Em junho de 2005, o governo ordenou que todos os *websites* e *blogs* chineses fossem registrados pelas autoridades no final do mês ou então teriam suas atividades encerradas.[66] Contudo, apesar desses obstáculos, alguns usuários de Internet conseguiram contornar os bloqueios do governo devido à inconsistência da imposição e também por meio do uso de servidores *proxy* em Hong Kong, nos Estados Unidos e na Europa.

Por conseguinte, a Internet forneceu acesso a fontes alternativas de informação e criou um espaço virtual público que contestava a propaganda governamental e o controle da informação. Converteu-se em um novo fórum no qual opiniões politicamente dissidentes poderiam ser expressas e mesmo em certos momentos mobilizar a ação política. Um exemplo do impacto da Internet em questões políticas revelou-se no caso de Sun Zhizang, um desenhista gráfico imigrante em Guangzhou que foi detido e espancado pela polícia em 17 de março de 2003 por não portar documentos de identidade. Ele morreu três dias depois enquanto estava sob custódia da polícia. Seu caso foi relatado abertamente no jornal de Guangdong *Nanfang dushi bao* (*Jornal Metrópolis do Sul*), reimpresso em todo o país e depois colocado no maior portal de notícias da China, sina.com, e discutido no ciberespaço. A mídia oficial, inclusive o mais importante canal de televisão, CCTV, logo começou a enfocar o tratamento dispensado aos imigrantes e a brutalidade policial. Embora durante anos os defensores de reformas jurídicas tenham pedido o fim da prisão arbitrária, só após a propagação dessa violência pela Internet o governo foi pressionado a investigar a morte de Sun. Três meses depois, em maio de 2003, o governo aboliu o sistema de deter imigrantes sob custódia.[67]

O impacto contraditório das reformas nos planos econômicos, políticos e sociais teve um impacto semelhante na cultura. À medida que a China tornava-se economicamente interdependente do resto do mundo nas duas últimas décadas do século XX, no início buscou orientação cultural e intelectual no Ocidente. Após a Revolução Cultural e em reação à perseguição durante a era de Mao, os intelectuais chineses e um pequeno número de líderes reformistas nos anos 1980 voltaram-se para as idéias marxistas humanistas que se desenvolviam no Leste europeu e depois para as idéias democráticas ocidentais para preencher a lacuna. No entanto, com a violência militar em 4 de junho, o colapso da União Soviética e a desordem que se seguiu ao movimento da Rússia em direção à democracia, houve um deslocamento intelectual em relação ao humanismo e ao liberalismo. Na década de 1990, um número reduzido de antigos ideólogos tentou ressuscitar as idéias de Mao. Um grande contingente, entre os quais um número crescente de jovens intelectuais, voltou-se para os valores confucianos e a estrutura patriarcal que, segundo eles, possibilitaram o milagre econômico dos quatro tigres do Leste da Ásia – Taiwan, Coréia do Sul, Cingapura e Hong Kong. Ao mesmo tempo, para opor-se à crescente integração da China com o mundo externo, ao seu regionalismo interno e diversidade em expansão, os líderes pós-Deng e seus porta-vozes intelectuais enfatizaram a unidade ideológica e política. Ao final do século, eles também reviveram o espírito nacionalista que fora usado para sustentar a unidade nacional nas primeiras décadas do século.

Antes mesmo do declínio do influxo de idéias estrangeiras, em meados da década de 1980, os membros mais conservadores do partido e os maoístas remanescentes pressionaram Deng para refrear a expansão da corrente ocidental. Eles advertiram que a "poluição espiritual" do Ocidente, aliada ao enfraquecimento dos controles internos, conduziria não apenas ao pluralismo ideológico, mas também ao pluralismo político, e à erosão do monopólio do partido sobre o poder e a ideologia. Embora Deng, nos anos 1980, seguido por Jiang Zemin nos anos 1990, tivesse lançado uma série de campanhas contra a poluição espiritual em 1983-84, a liberalização burguesa no início de 1987, a "ocidentalização" e a evolução pacífica no início dos anos 1990, esses esforços não silenciaram as opiniões dos dissidentes porque eles não se sentiram ameaçados pela violência, mobilização das massas e o fervor ideológico que caracterizaram os anos de Mao. Além disso, o crescimento econômico e a interdependência tecnológica internacional praticamente impossibilitaram descartar as influências do Ocidente.

Como a esmagadora homogeneidade ideológica da era de Mao conduziu ao pluralismo cultural e intelectual, as grandes cidades da China atraíram artistas, intelectuais, escritores, atores, visitantes estrangeiros, estudantes e dissidentes políticos. O discurso público e político nos anos 1980, assim como o discurso privado e popular entre diversos grupos na década de 1990 abordava uma ampla gama de assuntos. Apesar do debate político público ter sido suprimido em conseqüência do massacre de 4 de junho, o afastamento contínuo do Estado do campo cultural em termos de apoio financeiro e uma tolerância crescente às influências estrangeiras desencadearam uma explosão de experimentos artísticos e uma cultura popular em uma grande variedade de veículos de comunicação.[68] Desde que o conteúdo e o estilo se distanciassem da política, o partido tolerou essas manifestações e, às vezes, encorajou a cultura apolítica como um desvio ao engajamento político.

O discurso ideológico e político na era pós-Mao era relativamente livre até 4 de junho, salvo durante as breves campanhas. Em reação à era de Mao, os temas dominantes dos líderes reformistas e da maioria dos intelectuais nos anos 1980 repudiavam o radicalismo e a utopia de Mao e voltavam-se para o marxismo humanista e o liberalismo democrático. Embora alguns membros do partido mais conservadores atacassem sem cessar essas idéias, eles foram incapazes de suprimir o tom liberal predominante nos anos 1980. Uma nova escola de pensamento emergiu no final da década de 1980, chamada "neo-autoritarismo", formulada por um grupo de jovens intelectuais associados a Zhao Ziyang. Atraídos pelo modelo político autoritário de seus vizinhos asiáticos étnicos e pós-confucianos, os neo-autoritaristas pleitearam durante várias décadas uma reforma econômica sob uma forte liderança centralizada, até que uma ampla classe média educada pudesse desenvolver-se para direcionar o país à democratização. Eles promoveram debates entusiasmados com a ala mais liberal dos intelectuais. Pela primeira vez na República Popular da China, ambos os lados do debate político recebiam um tratamento relativamente igualitário nos fóruns de intelectuais proeminentes, jornais e periódicos. Após 4 de junho, no entanto, alguns ideólogos maoístas liderados por um membro conservador do partido, Deng Liqun, retornaram ao poder e as escolas liberais e neo-autoritárias foram expurgadas ou silenciadas devido ao seu apoio a Hu Yaobang e/ou Zhao Ziyang.

No início da década de 1990, houve uma tentativa de reviver o culto a Mao, fomentar a luta de classes e redoutrinar a população no marxismo-leninismo. A "febre de Mao" (*Mao re*) propagou-se nas maiores cidades da China com a reaparição do "pequeno livro vermelho" de Mao e de retratos seus onipresentes pendurados nos espelhos retrovisores dos táxis. Embora a febre tenha sido ferozmente explorada para servir a fins comerciais, ela foi também estimulada pela nostalgia dos supostos funcionários legalistas e honestos dos anos de Mao, em contraste com a desordem e corrupção da era pós-Mao.[69] A viagem de Deng à Zona Econômica Especial de Shenzhen no Sul do país no início de 1992 ofereceu-lhe uma oportunidade de não apenas restaurar as reformas econômicas, como também atacar a "esquerda" apontando-a mais perigosa do que a direita. Subseqüentemente, a febre arrefeceu e, a partir de meados da década de 1990, uma atmosfera política mais aberta encorajou alguns dos intelectuais politicamente engajados dos anos 1980 a mais uma vez reivindicarem em público a reforma política e a liberdade dos prisioneiros políticos. Esse momento de abertura, entretanto, teve vida curta. Ao final de 1998, a dissidência política foi de novo suprimida.

Apesar do ataque de Deng à esquerda, os neomaoístas – em séries de declarações públicas e em diversas revistas teóricas controladas por eles – persistiram em disseminar sua abordagem ideológica maoísta, insistindo, em especial, no prolongamento do controle estatal econômico. Esse enfoque encontrou um grande apoio na burocracia, sobretudo nos ministros de planejamento. Em contraste com a abordagem não-ideológica, os neomaoístas continuaram e enfatizar a luta entre o capitalismo e o socialismo. Eles advertiam que o declínio das empresas estatais empobreceria os trabalhadores, acarretando a vitória do capitalismo em detrimento do socialismo. Mas, a despeito dos esforços dos neomaoístas, Jiang Zemin não se preocupou em reviver a ideologia. Ele se dedicou com afinco a construir uma "civilização socialista espiritualizada", mas esse conceito pouco tinha a ver com o socialismo. A ênfase maior voltava-se para reviver a grande civilização chinesa.

Tendo em vista que a reforma das empresas estatais empreendida pela liderança pós-Deng nos anos 1990 causou o desemprego dos trabalhadores das SOEs, uma nova geração de intelectuais, chamada a "nova esquerda", treinada basicamente nos Estados Unidos e na Europa, criticou a participação da China na economia global, assim como reivindicou o retorno ás propriedades rurais coletivizadas do Grande Salto para Frente e à democracia direta da Revolução Cultural. Ao mesmo tempo, os intelectuais liberais pleitearam a introdução de um sistema de controle do saldo comercial bancário, a fim de controlar a corrupção desmedida e os arrendamentos que acompanharam as reformas. Apesar de esses diversos grupos ideológicos disputarem-se entre si, grande parte de suas idéias contestava as concepções do partido. As lideranças de Jiang Zemin e de Hu Jintao em geral não interferiram na nova esquerda, mas os periódicos neomaoístas foram fechados e, por vezes, ao longo do final dos anos 1990 e no início do século XXI prenderam ou mantiveram sob vigilância intelectuais liberais que exigiam reformas.

Em contraste, a liderança de Jiang Zemin foi mais tolerante em relação ao renascimento do confucionismo. Embora os adeptos do confucionismo fossem originários do meio acadêmico, e não do partido, além de não se referirem ao marxismo-leninismo em seus escritos, a liderança achava que suas opiniões estavam mais sintonizadas com as metas do governo. Os confucionistas asseveravam que a modernização não significava ocidentalização. As sementes da modernização, argumentavam, poderiam ser encontradas na história da China e nos preceitos de Confúcio, com sua ênfase na educação, valores morais e sentimento comunitário. Portanto, em vez de verem a cultura tradicional chinesa profundamente enraizada como um obstáculo para sua modernização, como apregoaram os intelectuais do Movimento Quatro de Maio, os ideólogos maoístas, os membros reformistas do partido e os intelectuais nos anos 1980, os confucionistas insistiam que o confucionismo era um elemento condutor para a modernização. Citando as economias dinâmicas das sociedades confucianas dos países vizinhos do Leste asiático, eles afirmavam que a restauração do confucionismo poderia prover a sustentação intelectual e cultural para o rápido desenvolvimento da China, ajudando-a a evitar a imoralidade e o individualismo do capitalismo ocidental. Apesar da ênfase nos valores asiáticos ter se desvanecido no final dos anos 1990, sobretudo após a crise financeira na Ásia em 1997, o renascimento do confucionismo estendeu-se ao longo do século XXI entre um pequeno grupo de intelectuais. O governo até mesmo implantou centros de estudo sobre confucionismo no exterior. Os líderes consideravam que o confucionismo era relevante para o momento presente, mas ressaltavam mais os valores autoritários confucionistas do que a obrigação dos intelectuais de criticarem funcionários que se prevaleciam do poder ou que tratavam a população de modo abusivo.

Outro grupo de intelectuais defendeu uma abordagem neoconservadora nos anos 1990. Assim como a restauração do confucionismo, seus pontos de vista desenvolveram-se em reação ao pró-ocidentalismo, o antitradicional discurso dos anos 1980, quando a desilusão com o maoísmo inicialmente inspirou um idealismo inquestionável em relação às sociedades e à vida política ocidentais. Mas, à medida que os intelectuais passaram a conhecer mais o Ocidente e ter um contato mais próximo com sua realidade, o idealismo desapareceu. Na década de 1990, uma geração mais jovem de intelectuais que cresceu na era pós-Mao, alguns deles próximos das crianças "principezinhas" dos membros mais antigos do partido, moveu-se para um extremo oposto. Tal como os neo-autoritários do final dos anos 1980, eles não se referiam ao marxismo-leninismo, nem endossavam um movimento abrangente em direção à economia de mercado ou ao desenvolvimento de uma classe média que, eventualmente, conduziria a China à democracia. Em vez disso, como os neomaoístas, eles depreciavam a descentralização política que acompanhara a economia de mercado e reivindicavam um controle central mais rígido nos campos econômico e cultural. Além disso, exigiam que os imigrantes internos retornassem aos seus locais de origem.

Enquanto os neomaoístas pleiteavam uma reafirmação da propriedade estatal, uma economia centralizada em termos ideológicos, os neoconservadores defendiam seu retorno em termos práticos: ou seja, um Estado central forte era necessário para assegurar o controle político e a coleta de impostos. Sem reforçar o partido, diziam, este seria incapaz de lidar com as instabilidades sociais deflagradas pelas reformas econômicas. A menos que a erosão do partido cessasse, advertiam, o pesadelo tradicional chinês do caos (*luan*) ocorreria. As postulações do popular livro *Disanzhi yanjing kan Zhongguo* (*Vendo a China com novos olhos*), publicado em 1994, representavam essa visão neoconservadora. O livro implicitamente critica as reformas empreendidas por Deng como causadoras do enfraquecimento do poder central.

Com exceção dos liberais, essas escolas de pensamento – neomaoísta, confucionista, nova esquerda e neoconservadora – também cada vez mais exprimiam os sentimentos nacionalistas em geral adotados pelos intelectuais mais jovens e a juventude urbana. As realizações econômicas da China haviam despertado um sentimento de orgulho nacional em meio à nova geração. Em 1993, eles protestaram espontaneamente contra a rejeição da oferta da China de sediar a Olimpíada Internacional no ano 2000, culpando os Estados Unidos. Eles ecoavam a acusação de seus líderes de que os Estados Unidos estavam tentando conter o poder emergente da China. A indignação deles foi relatada no livro *Zhongguo keyi shuo bu* (*A China pode dizer não*), e outros livros com temas similares foram *best-sellers* em meados da década de 1990. Esses sentimentos nacionalistas tornaram-se cada vez mais veementes nos primeiros anos do século XXI, em especial dirigidos ao Japão por não reconhecer as atrocidades cometidas contra a China durante a Segunda Guerra Mundial.

Não obstante, assim como outros desenvolvimentos na era pós-Mao, os discursos nacionalistas eram divergentes e contraditórios. No início, suas manifestações ostensivas foram contestadas em artigos publicados nas revistas relativamente liberais *Dushu* (*Leitura*) e *Dongfang* (*Oriente*), até que esta última foi assumida por novos editores de esquerda na segunda metade da década de 1990 e, mais tarde, foi obrigada a interromper sua publicação em meados dos anos 1996. Ao final da década de 1990 e novamente em 2005, a liderança tentou controlar o ímpeto temendo que a xenofobia pudesse ficar incontrolável. Tentaram banir livros com temas nacionalistas para não prejudicar, de forma irremediável, as relações internacionais, em particular, com o Japão e os Estados Unidos. Além disso, tentaram cessar os protestos de reparações das empresas japonesas na China a fim de não atemorizar os investidores japoneses.

Contudo, enquanto a liderança impulsionava a população chinesa em uma direção, os jovens e os intelectuais impeliam-na para outras direções, e as novas realidades econômicas levaram os chineses a um posicionamento totalmente contrário. Tanto os líderes quanto os intelectuais condenavam a corrupção exacerbada e a obtusidade comercial que se seguiram ao direcionamento à economia de mercado. Embora tivessem razões diferentes – a liderança preocupava-se com o potencial das contestações à sua autoridade em virtude de sua inabilidade em controlar a corrupção, ao passo que a preocupação dos intelectuais advinha do seu desprezo tradicional pelo comportamento "egoísta" e materialista e seu crescente empobrecimento – ambos censuravam seus compatriotas por pensarem apenas em enriquecer.

Em resposta, alguns dos empresários novos-ricos tentaram redefinir os "interesses privados" como parte do bem público e não como uma oposição a ele.[70] Além disso, a população chinesa comum cada vez mais definia o bem público menos em termos de estímulo público e mais em termos de bem-estar material e consumismo. Incapazes de agirem como cidadãos, absorveram-se em adquirir bens. Esse consumismo mais tarde debilitou os esforços para impor seus pontos de vista ideológicos, quaisquer que fossem seus conteúdos, à população. Isso também enfraqueceu a aspiração dos intelectuais de recobrar seu *status* de instituir valores para a sociedade. À medida que as reformas econômicas chinesas mudaram a balança do poder econômico do Estado para o setor não-estatal, os chineses comuns também contribuíram para desviar os critérios dos funcionários e dos intelectuais, exaltando o consumismo e o público em geral como modeladores da vida cultural da China.

Ao mesmo tempo, apesar das tentativas de revitalizar a ideologia e o nacionalismo emergente, o influxo de idéias, valores e cultura do Ocidente, de Taiwan e de Hong Kong, não pôde ser interrompido. Na verdade, quando Hong Kong foi devolvido à China em 1997, após o término dos 99 anos de concessão britânica, sob a fórmula que Deng Xiaoping cunhou, "um país, dois sistemas", a imprensa relativamente livre de Hong Kong teve impacto ainda mais direto na população chinesa. Devido ao direcionamento persistente e acelerado para a economia de mercado, descentralização regional, diversificação social e cultura pluralística, os esforços para reafirmar o controle estatal centralizado tornaram-se inviáveis, e o país parecia quase à beira de outra revolução. Igualmente importante, ao contrário do período de Mao, quando a China demonstrava indiferença em relação à opinião do resto do mundo sobre seus atos, a liderança pós-Mao buscou a aceitação política e cultural, assim como a aceitação econômica, da comunidade mundial. Em virtude de os estrangeiros, inclusive jornalistas, estarem envolvidos em uma série de atividades na China, lhes era possível observar os eventos diretamente, e o poder do regime de agir de forma violenta para reprimir pessoas atraídas pela cultura ocidental limitou-se.

A pressão estrangeira, no entanto, não refreou o severo tratamento concedido aos dissidentes políticos. Apesar dos protestos da comunidade internacional, o ativista do Muro da Democracia, Wei Jingsheng, que saíra da prisão em 1993, seis meses antes da conclusão de sua sentença de quinze anos, como contrapartida à oferta da China de sediar a Olimpíada no ano 2000, foi preso de novo em 1994 por continuar a exprimir publicamente suas opiniões dissidentes. Em 1995, ele foi sentenciado a quatorze anos de prisão, mas foi solto e exilou-se nos Estados Unidos logo depois da visita oficial de Jiang Zemin a esse país em outubro de 1997. Além disso, outros ativistas políticos que saíram da prisão, como Wang Dan, co-líder das manifestações de Tiananmen, e Wang Juntao, fundador de uma organização política não-governamental estilo "think tank" nos anos 1980, que continuavam a reivindicar reformas democráticas, exilaram-se nos Estados Unidos em parte por causa do protesto internacional.

A economia de mercado vibrante, o influxo de idéias estrangeiras, o pluralismo cultural, a vitalidade intelectual e a diversidade social da China no final do século XX em certos aspectos parecem uma repetição das primeiras décadas do século. Em ambos os períodos, a abertura para o mundo exterior, as novas oportunidades comerciais, o regionalismo em expansão, uma classe média burguesa emergente, o ativismo da elite local, a ausência de uma ideologia dominante e o enfraquecimento do poder central abriram mais espaço para a exploração intelectual e a criatividade individual. Nesse sentido, a era de Mao pode ser vista como um interregno entre dois cenários culturais em efervescência no século XX. Embora não tão brilhante ou original como a criatividade urbana do período de Quatro de Maio, os trabalhos literários e artísticos inovadores, a cultura popular vibrante e a receptividade intelectual dos anos 1980 e 1990 só haviam existido no início do século. Contudo, como seus predecessores do Movimento de Quatro de Maio, os intelectuais nas duas últimas décadas do século passado descobriram que o pluralismo ideológico e cultural, apesar de talvez ser uma precondição, não conduzia necessariamente à democracia.

Após 4 de junho, os intelectuais que permaneceram fora das "áreas proibidas" do discurso político e da política continuaram a usufruir de uma liberdade relativa na condução de sua vida pessoal, profissional e intelectual. O pluralismo cultural e intelectual apolíticos floresceu. Enquanto a discussão de questões políticas na mídia oficial e não-oficial era limitada, no final da década de 1990 os indivíduos podiam debater privadamente temas políticos, e os jornalistas possuíam um espaço maior para cobrir atividades culturais, questionamentos intelectuais e notícias internacionais, sobretudo informação econômica, às vezes abordando indiretamente questões políticas. Ao mesmo tempo, os editores privados e os milhares de livreiros privados que surgiram nos anos 1990 ofereceram mais canais para disseminar uma variedade de opiniões. Portanto, não era mais possível para o partido exercer controle na vida intelectual e cultural nos anos 1980. No final do século XX, a população da China desfrutou de mais liberdade pessoal, artística, acadêmica, cultural, profissional, econômica e individual do que em qualquer momento do período de Mao.[71] Mas aqueles que se aventuravam na arena política, em particular grupos politicamente organizados, e ações continuaram a ser suprimidos. Quando em 1988 os veteranos do movimento Muro da Democracia e, em 1989, as manifestações de Tiananmen tentaram estabelecer um partido de oposição, o Partido Democrático da China, eles foram severamente reprimidos, e seus líderes sentenciados a longos períodos de prisão.

Ao passo que muitos fenômenos culturais na era pós-Mao se assemelhavam aos das primeiras décadas do século XX, no início do século XXI a China parecia mover-se em uma direção diferente como resultado de um contexto político e tecnológico completamente diverso. O Movimento de Quatro de Maio, uma reação ao caos desencadeado pelos conflitos dos senhores da guerra, ao imperialismo ocidental a uma nação debilitada, procurou construir um Estado mais poderoso; a era pós-Mao, como reação à centralização do poder do Estado e da politização em todos os aspectos da vida pessoal, buscou reduzir seu poder e alcance. Em contraste com os esforços dos intelectuais do Quatro de Maio para criar uma atmosfera propícia a fim de estabelecer um Estado forte, os intelectuais e os reformistas pós-Mao buscaram abrandar a dominação do Estado sobre a sociedade e os indivíduos, apesar da aspiração de alguns "neo-ideologistas" de ressuscitar o País do Centro fortalecido.

Uma diferença ainda mais relevante em relação ao período de 4 de maio foi que no período pós-Mao, o acesso ao mundo exterior não era restrito às elites em Shanghai, Beijing e outras cidades ao longo da costa e das vias pluviais. Na aurora do novo século, a informação mundial e a cultura popular disseminaram-se por todo o país. Filmes, televisão, rádio e novas tecnologias de comunicação, como telefones celulares e Internet, introduzidas em meados da década de 1990, alcançaram praticamente cada vilarejo na China. A cultura popular, embora fosse uma alternativa para a cultura oficial do partido, era tolerada não apenas porque seu escapismo refletia a aspiração do partido de manter um público apolítico, mas, também, porque exprimia o enorme desejo da população de manter-se afastada da política após 4 de junho. Não obstante, a propagação da cultura popular globalizada nos locais mais remotos da China indiretamente subverteu o partido, visto que fomentou valores que eram estranhos à cultura tradicional chinesa preponderante e à ênfase do marxismo-leninismo na obediência e conformismo. Ao mesmo tempo, o partido foi incapaz de criar uma nova versão da ideologia oficial que poderia adotar e incorporar as múltiplas transformações que ocorreram na sociedade, na economia, na cultura e nos valores chineses.

A mudança do papel dos intelectuais, como tudo mais na era pós-Mao, foi contraditória. Por um lado, os intelectuais exerceram um papel importante não por serem uma base institucional forte ou prestigiosa, mas em virtude da autoridade debilitada do partido. Embora tenham sido incapazes de assumir seu papel tradicional de liderança política, nos anos 1980 eles ajudaram a criar um clima ideológico e cultural que propiciou a inserção dos estudantes no ativismo político – como evidenciado nas manifestações de 1989 –, os quais, entre outras coisas, reivindicavam reformas políticas. Por outro lado, o crescente pluralismo e a cultura popular difundida, sobretudo na década de 1990, enfraqueceram a posição dos intelectuais como pilares culturais e morais da sociedade chinesa. Eles não mais cumpriam o papel simbólico do período de Mao como os supostos líderes da nação. Por essa razão Mao os perseguiu de forma tão severa e incessante.

Apesar de os intelectuais politicamente engajados terem sido suprimidos, à medida que a economia foi se tornando mais complexa e o setor não estatal se expandia, um maior número de intelectuais passou a depender menos do Estado como meio de vida ou *status*. No final do século, a posição dos intelectuais estava mudando de uma relação próxima e dependente do Estado para um *status* de crescente autonomia. Alguns ingressaram no mundo dos negócios, outros trabalharam como consultores ou se voltaram para a cultura popular. Quaisquer que fossem suas opiniões políticas, eles tornaram-se cada vez mais independentes intelectualmente, se não politicamente. Ao final do século, o papel singular dos intelectuais na sociedade chinesa estava, portanto, passando por uma profunda mudança. Um entre muitos atores políticos, econômicos e culturais, eles ajudaram a produzir uma sociedade mais pluralista, mas também uma sociedade na qual seu papel histórico e simbólico de liderança era menos proeminente e talvez até mesmo marginalizado. Uma vez que durante os governos de Jiang Zemin e Hu Jintao os intelectuais não mais exerceram um papel essencial na política chinesa, os tecnocratas que haviam sido educados na União Soviética nos anos 1950 ocuparam essa posição de liderança não só no partido como ainda na burocracia e nos institutos que auxiliaram a moldar a política pública. Além disso, profissionais mais jovens e ocidentalizados retornaram de seus estudos no exterior e ocuparam os postos tecnocratas no início do século XXI.

Entretanto, como conseqüência de 4 de junho, novos grupos de intelectuais que haviam sido rejeitados pelo *establishment* devido às suas atividades políticas anteriores buscaram trabalhar fora do sistema do partido para estimular a reforma política. Algumas vezes, trabalhadores e pequenos empresários juntaram-se a eles, marcando uma aliança sem precedentes de classes diferentes para fomentar uma mudança política na China após 1949. As manifestações em 1989 na praça Tiananmen e o empenho em estabelecer o Partido Democrático da China foram esforços de alianças entre classes sociais. Porém, essas tentativas sem precedentes para incitar a mudança política em nível local sem permissão do partido foram rigorosamente suprimidas.

Na virada do século, embora o sistema partidário permanecesse em sua posição e a estrutura corporativista ainda dominasse a sociedade, em virtude do direcionamento para a economia de mercado, da abertura para o mundo exterior e, sobretudo, das novas comunicações tecnológicas, o comando do Partido Comunista sobre a população se enfraqueceu. Quando os líderes pós-Mao iniciaram as reformas econômicas e a abertura internacional, eles com certeza não perceberam que as reformas provocariam o surgimento de uma sociedade cada vez mais independente e pluralista, que eles não conseguiriam controlar plenamente. A energia e a fluidez gerada pelas reformas produziram um crescimento econômico extraordinário, mas as reformas também produziram uma sociedade pluralista dinâmica. A capacidade do partido debilitado de acomodar essa crescente diversidade de interesses sociais pode determinar se a China está sendo submetida a uma mudança institucional construtiva ou se ela se deparará com uma situação de impasse ou caos nos próximos anos.

Portanto, as transformações na era pós-Mao foram tão revolucionárias quanto as da era de Mao. Apesar de estruturadas em algumas das mudanças sociais do período de Mao, as reformas de Deng foram realizadas com mais moderação e sensibilidade em relação às necessidades da população. Foram também levadas a cabo com relativamente pouca ruptura da vida cotidiana, e sem o caos e a escassez de víveres que marcaram os primeiros oito anos do século XX na China. Com exceção da violenta repressão militar às manifestações estudantis na praça Tiananmen em 4 de junho de 1989, as últimas duas décadas do século XX e os primeiros anos do século XXI constituíram o trecho mais longo de tranqüilidade doméstica e externa da história moderna da China.

Notas

1. *China 2020: Development Challenges in the New Century* (Washington, D.C.: Banco Mundial, 1997, p. xiii).

2. PPC é taxa de troca derivada da paridade de poder de compra de uma moeda em relação a outra moeda. *World Development Report* (Washington, D.C.: Banco Mundial, 2000).

3. *China: Overcoming Rural Poverty* (Washington, D.C.: Banco Mundial, 2001), p. 1; "Chinese Leaders Stress Poverty Reduction", Xinhua, 28 de maio de 2005.

4. Essas cifras extraídas de trabalhos acadêmicos recentes são diferentes daquelas fornecidas anteriormente por Fairbank. A estimativa do número de mortes de proprietários rurais foi retirada de Frederick C. Teiwes, "The Establishment and Consolidation of the New Regime, 1949-1957", *in* Roderick MacFarquhar, org., *The Politics of China: The Eras of Mao and Deng*, 2ª ed. (New York: Cambridge University Press, 1997), p. 36; as mortes durante o Grande Salto para Frente, de Chen Yizi, antigo conselheiro de Zhao Ziyang; as estimativas das mortes em decorrência da Revolução Cultural em Roderick MacFarquhar, "The Chinese State in Crisis," *in* MacFarquhar, *The Politics of China*, p. 244; quanto ao número de pessoas perseguidas na Revolução Cultural, ver Hu Yaobang, entrevista com jornalistas iugoslavos, Tanjug, 21 de junho de 1980, traduzida em *FBIS Daily Report: China*, 23 de junho de 1980, p. L1.

5. Asia Watch, *Punishment Season: Human Rights in China after Martial Law* (New York, março de 1990), p. 3.

6. *China Statistical Yearbook*, 1990 (Beijing: State Statistical Bureau, 1990), p. 81, 318.

7. Deng Xiaoping, "We Shall Speed Up Reform" (12 de junho de 1987), *in Selected Works of Deng Xiaoping (1982-1992)* (Beijing: Foreign Languages Press, 1994), p. 236.

8. *China Statistical Yearbook*, 2004 (Beijing: State Statistical Bureau, 2004), p. 513.

9. Barry Naughton, "China's Transition in Economic Perspective," *in* Merle Goldman e Roderick

MacFarquhar, orgs., *The Paradox of China's Post-Mao Reforms* (Cambridge, Mass.: Harvard University Press, 1999), p. 34.
10. "Private Firms Outperform State Enterprises Says Official", *South China Morning Post*, 18 de dezembro de 2004, p. 6.

11. O número crescia à taxa de treze milhões por ano. Xinhua Domestic Service, 6 de outubro de 2002. Ver também David W. Chen, "China Readies Super ID Card, a Worry to Some", *New York Times*, 19 de agosto de 2003, p. 3.

12. Em abril de 2003, todas as crianças nascidas de famílias rurais em Beijing eram qualificadas para o registro familiar urbano. Outras áreas também estavam perdendo o controle do sistema de registro familiar. Em Shenzhen, as pessoas sem residência permanente podiam se registrar com parentes que viviam na cidade. Xinhua, 1º de abril de 2003.

13. Naughton, "China's Transition in Economic Perspective", p. 35-36.

14. James Harding, "China's Future Dragons", *Financial Times*, August 14, 1997, p. 17.

15. *China Country Profile*, 2004 (Londres: Economist Intelligence Unit, 2004), p. 47.

16. Harding, "China's Future Dragons," p. 17.

17. Segundo Sheng Huaren, chefe da State Economic and Trade Commission, *China Economic Review* (Financial Times Information), 12 de março de 2001.

18. *China Country Profile*, 2004, p. 58.

19. Indira A. R. Lakshmanan, "Coping with Broken Promises", *Boston Globe*, 2 de novembro de 2002, p. AI.

20. Merle Goldman, *From Comrade to Citizen*: *The Struggle for Political Rights in Modern China* (Cambridge, Mass.: Harvard University Press, 2005), cap. 8; "Paying the Price: Worker Unrest in Northeast China", *Human Rights Watch* 14, nº 6 (agosto de 2002): 2.

21. Edward Cody, "China Growing More Wary Amid Rash of Protests", *Washington Post*, 10 de agosto de 2005, p. A11.

22. "China's Lost Savings," *Asian Wall Street Journal*, March 21-27, 1997, p. 10.

23. Vivienne Shue, *The Reach of the State: Sketches of the Chinese Body Politic* (Stanford: Stanford University Press, 1988).

24. Naughton, "China's Transition in Economic Perspective", p. 38.

25. Ibid., p. 36; *China Country Profile*, 2004, p. 60.

26. Jim Yardley, "Fearing Future China Starts to Give Girls Their Due", *New York Times*, 31 de janeiro de 2005, p. 3.

27. Naughton, "China's Transition in Economic Perspective", p. 40.

28. *China 2020*, p. 6.

29. Wei Jingsheng, "The Fifth Modernization", *in* James Seymour, org., *The Fifth Modernization: China's Human Rights Movement*, 1978-1989 (Stanfordville, N.Y.: Human Rights Publishing Group, 1980), p. 47-69.

30. Deng Xiaoping, "On the Reform of the System of Party and State Leadership" (18 de agosto de 1980); *in Selected Works of Deng Xiaoping (1975-1982)* (Beijing: Foreign Languages Press, 1984), p. 316.

31. Murray Scot Tanner, *The Politics of Lawmaking in Post-Mao China: Institutions, Processes, and Democratic Prospects* (New York: Oxford University Press, 1999).

32. Murray Scot Tanner, "The National People's Congress", *in* Goldman e MacFarquhar, *The Paradox of China's Post-Mao Reforms*, p. 114-115.

33. Pei Minxin, "Racing against Time", *in* William A. Joseph, org., *China Briefing: The Contradictions of Change* (Armonk, N.Y.: M. E. Sharpe, 1997), p. 39.

34. Elisabeth Rosenthal, "China Leader Steps Down, But Not Out of the Picture", *New York Times*, 16 de março de 2003, p. 8.

35. A única exceção é a reversão da lei de 1989 sobre comitês urbanos vizinhos. A afirmação do CNP acrescentou-se à promulgação da Lei de Falência Empresarial (1986), a Lei do Banco Central (1995), e a Lei da Educação (1995). Ver Pei Minxin, "Racing against Time", p. 38.

36. Merle Goldman, *Sowing the Seeds of Democracy in China: Political Reform in the Deng Xiaoping Era* (Cambridge, Mass.: Harvard University Press, 1994), p. 79.

37. Kevin J. O'Brien, "Implementing Political Reform in China's Villages", *Australian Journal of Chinese Affairs*, nº 32 (julho de 1994): 33-59.

38. Li Lianjing, apresentação na Conference on Elections on Both Sides of the Straits, Fairbank Center, Harvard University, 8 de maio de 1997; Xinhua, 17 de março de 2003, *in* FBIS-CHI-2003-0317.

39. Li Fan, "Come by the Wind: My Story in Buyun Election", ms. não publicado, 2003.

40. Roger R. Thompson, *China's Local Councils in the Age of Constitutional Reform, 1898-1911* (Cambridge, Mass.: Council on East Asian Studies, Universidade de Harvard, 1995).

41. Tony Saich, "Negotiating the State: The Development of Social Organizations in China", *China Quarterly*, nº 161 (março de 2000): 124-141.

42. Huang Yasheng, *Inflation and Investment Controls in China: The Political Economy of Central-Local Relations during the Reform Era* (New York: Cambridge University Press, 1996).

43. Elisabeth Rosenthal, "Day in Court, and Justice, Sometimes, for the Chinese", *New York Times*, 27 de abril de 1998, p. A1.

44. Roderick MacFarquhar, "Demolition Man", *New York Review of Books*, 27 de março de 1997, p. 17.

45. Joseph Fewsmith, "Reaction, Resurgence and Succession: Chinese Politics since Tiananmen", *in* MacFarquhar, *The Politics of China*, p. 525.

46. Saich, "Negotiating the State", p. 126.

47. Mary Backus Rankin, "Some Observations on a Chinese Public Sphere", *Modern China* 19, nº 2 (abril de 1993): 158-182.

48. O estudo de David Strand sobre o programa de urbanização de Beijing descreve a expansão da esfera pública nos anos 1920 em casas de chá, restaurantes e parques, que se tornaram locais de discussão política. Ver seu livro *Rickshaw Beijing: City People and Politics in the 1920s* (Berkeley: University of California Press, 1989).

49. Jonathan Unger e Anita Chan, "Corporatism in China: A Developmental State in an East Asian Context", *in* Barrett L. McCormick and Jonathan Unger, orgs., *China after Socialism* (Armonk, N.Y.: M. E. Sharpe, 1996), p. 95-129.

50. Gordon White, Jude Howell e Shang Xiaoyuan, *in Search of Civil Society* (Oxford: Clarendon Press, 1996).

51. Christopher Nevitt, "Private Business Associations in China: Evidence of Civil Society or Local State Power", *China Journal*, nº 36 (julho de 1996): 25-43.

52. Kristen Parris, "The Rise of Private Business Interests", *in* Goldman e MacFarquhar, *The Paradox of China's Post-Mao Reforms*, p. 275-282.

53. David Strand, "Conclusion: Historical Perspectives", *in* Deborah S. Davis et al., orgs., *Urban Spaces in Contemporary China: The Potential for Autonomy and Community in Post-Mao China* (New York: Cambridge University Press, 1995), p. 394-426.

54. White, Howell e Shang, *in Search of Civil Society*, p. 213.

55. Indira A. Lakshman, "China's Reforms Turn Costly", *Boston Globe*, 22 de julho de 2002, p. A9; *Shehui lanpi shu 2002 nian. Zhongguo shehui xingshi: Fenxi yu yuce* [Blue Book of Chinese Society, 2002: Analysis and Forecast of Chinese Society] (Beijing: Shehui kexue wenxian chubanshe, 2002).

56. Elisabeth Croll, *Changing Identities of Chinese Women* (Londres: Zed Books, 1995), p. 135.

57. *China Statistical Yearbook*, 2000 (Beijing: China Statistics Press, 2000), p. 103.

58. Dorothy J. Solinger, "China's Floating Population: Implications for State and Society", *in* Goldman e MacFarquhar, *The Paradox of China's Post-Mao Reforms*, p. 238.

59. Xing Zhigang, "Disparity in Assets Widening", *China Daily*, 8 de janeiro de 1997, p. 3.

60. Arthur Kleinman e Alex Cohen, "Psychiatry's Global Challenge", *Scientific American* (março de 1997): 86-89.

61. Bureau of Democracy, Human Rights and Labor, *International Religious Freedom Report*, 2004 (Washington, D.C.: Univ..S. Department of State, 2004), *www.state.gov/g/drl/rls/irf/2004/35396.htm.*

62. Xinhua, 20 de janeiro de 2005; Xinhuanet, 23 de maio de 2005, baseado nas estatísticas do Departamento Organizacional do Partido Comunista da China; Xinhua, 29 de junho de 2005.

63. Shi Ting, "Search on for 4,000 Web Police for Beijing", *South China Morning Post*, 17 de junho de 2005, p. 9.

64. Guo Liang, *Surveying Internet Usage and Impact in Twelve Chinese Cities* (Beijing: Academia Chinesa de Ciências Sociais, 2003).

65. Sam Allis, "Net Sites Blocked by China Go from Expected to Bizarre", *Boston Globe*, 5 de dezembro de 2002, p. D2.

66. Robert Marquand, "China Cracks Down on Web and Expats", *Christian Science Monitor*, 10 de junho de 2005, p. 1.

67. Xiao Qiang, "The Great Leap Online That Is Stirring China", *International Herald Tribune*, 6 de agosto de 2004, p. 7.

68. Geremie R. Barmé, "CPC and Adcult PRC", *paper* apresentado na Conference on the Non-economic Impact of China's Economic Reforms, Fairbank Center, Universidade de Harvard, setembro de 1996; Jianying Zha, "China's Pop Culture in the 1990s", *in* Joseph, *China Briefing*, p. 109-150.

69. Geremie Barmé, *Shades of Mao: The Posthumous Cult of the Great Leader* (Armonk, N.Y.: M. E. Sharpe, 1996), p. 3-73.

70. Parris, "The Rise of Private Business Interests", p. 271-272.

71. Tony Saich, "Most Chinese Enjoy More Personal Freedom Than Ever Before", *International Herald Tribune*, 1-2 de fevereiro de 1997, p. 6.

Bibliografia sugerida

Barmé, Geremie R. *Shades of Mao: The Posthumous Cult of the Great Leader* (Armonk, NY: M.E. Sharpe, 1996).

Baum, Richard. *Burying Mao: Chinese Politics in the Age of Deng Xiaoping* (Princeton, NJ: Princeton University Press, 1994).

Cheng, Joseph Y. S., org. *China's Challenges in the Twenty-first Century* (Hong Kong: City University of Hong Kong Press, 2003).

Davis, Michael C., org. *Human Rights and Chinese Values: Legal, Philosophical, Political Perspectives* (Hong Kong: Oxford University Press, 1995).

Dickson, Bruce. *Red Capitalists in China: The Party, Private Entrepreneurs, and Prospects for Political Change* (New York: Cambridge University Press, 2003).

Fewsmith, Joseph. *China since Tiananmen: The Politics of Transition* (New York: Cambridge University Press, 2001).

Goldman, Merle. *From Comrade to Citizen: The Struggle for Political Rights in Modern China* (Cambridge, MA: Harvard University Press, 2005).

_____. *Sowing the Seeds of Democracy in China: Political Reform in the Deng Xiaoping Era* (Cambridge, MA: Harvard University Press, 1994).

Goldman, Merle e Roderick MacFarquhar, orgs. *The Paradox of China's Post-Mao Reforms* (Cambridge, MA: Harvard University Press, 1999).

Goldman, Merle e Elizabeth Perry, orgs. *The Changing Meanings of Citizenship in Modern China* (Cambridge, MA: Harvard University Press, 2002).

Huang Yasheng. *Selling China: Foreign Direct Investment during the Reform Era* (New York: Cambridge University Press, 2003).

Joseph, William A., org. *China Briefing: Contradictions of Change 1995-1996* (Armonk, NY: M.E. Sharpe, 1997).

Lieberthal, Kenneth. *Governing China: From Revolution through Reform* (New York: W.W. Norton, 2. ed., 2004).

MacFarquhar, Roderick, org. *The Politics of China: The Eras of Mao and Deng* (New York: Cambridge University Press, 2. ed., 1997).

Naughton, Barry. *Growing Out of the Plan: Chinese Economic Reform, 1978-1993* (New York: Cambridge University Press, 1995).

O'Brien, Kevin. *Reform without Liberalization: China's National People's Congress and the Politics of Institutional Change* (New York: Cambridge University Press, 1990).

Oi, Jean C. *Rural China Takes Off: Institutional Foundations of Rural Reform* (Berkeley: University of California Press, 1999).

Perry, Elizabeth e Mark Selden, orgs. *Chinese Society: Change, Conflict, and Resistance* (New York: RoutledgeCurzon, 2. ed., 2003).

Saich, Tony. *Governance and Politics in China* (New York: Palgrave, 2. ed., 2004).

Saich, Tony, org. *The Chinese People's Movement: Perspectives on Spring 1989* (Armonk, NY: M.E. Sharpe, 1990).

Walder, Andrew, org. *The Waning of the Communist State: Economic Origins of Political Decline in China and Hungary* (Berkeley: University of California Press, 1995).

White, Gordon, Jude Howell e Shang Xiaoyuan. *In Search of Civil Society* (Oxford: Clarendon Press, 1996).

White, Tyrene, org. *China Briefing 2000: The Continuing Transformation* (Armonk, NY: M.E. Sharpe, em cooperação com a Asia Society, 2000).

Epílogo: A China no início do século XXI

Merle Goldman

A quarta geração de líderes: a era de Hu Jintao

A transição da terceira geração de líderes comandada por Jiang Zemin até a quarta geração de líderes sob Hu Jintao foi mais tranqüila do que qualquer outra transição na história chinesa do século XX. Hu converteu-se em secretário-geral do partido em 2002, presidente da República Popular da China em 2003 e, por fim, chefe da comissão estatal militar quando Jiang Zemin se retirou, em março de 2005. Graduado em engenharia pela Universidade de Tsingua, Hu começou sua carreira na Liga Comunista da Juventude. Aos 38 anos tornou-se o membro mais jovem do Comitê Central do partido, em 1982, e aos 44 anos, o secretário provincial mais jovem sediado na província pobre de Guizhou, em 1985. Ele também serviu de 1988 a 1992 como secretário do partido no Tibete, onde reprimiu uma rebelião em 1989 e tornou-se conhecido como um rígido administrador. O Politburo que Hu assumiu em 2002 estava relativamente dividido entre os aliados de Jiang de Shanghai e os burocratas do partido, mas em 2005 Hu dominou a burocracia do partido com a nomeação de seus companheiros da Liga Comunista da Juventude e de jovens tecnocratas para posições importantes no governo e nas províncias.

Enquanto Jiang Zemin favoreceu o desenvolvimento das cidades costeiras e enfocou a produção industrial, em particular para a exportação, Hu e o primeiro-ministro Wen Jiabao, formado em geologia, priorizaram o desenvolvimento do interior e diminuíram os pesados impostos cobrados dos fazendeiros. Em 2004-5 eles tentaram reduzir as disparidades econômicas emergentes entre os setores rural e urbano eliminando os impostos agrícolas[1] e fornecendo educação para a área rural e subsídios para os fazendeiros. Contudo, a despeito da antiga ligação de Hu Jintao com a Liga Comunista da Juventude, considerada relativamente liberal, e a associação prévia de Wen Jiabao com Zhan Ziyang, o qual acompanhou em uma visita aos manifestantes pouco antes de 4 de junho, existe pouca evidência de um interesse em promover uma reforma política nos primeiros anos de seu governo. De fato, no décimo quinto aniversário do CNP, Hu anunciou que a China não copiaria as instituições políticas ocidentais, um rumo que ele definiu como uma "rota cega". Em vez disso, enfatizou o refortalecimento do partido a fim de governar de modo mais eficaz. Por conseguinte, procurou reforçar o monopólio do poder do partido, revigorar a doutrina ideológica e impor mais rigor à disciplina do partido para cessar os efeitos corrosivos da corrupção entre seus membros.

Nos últimos anos da liderança de Jiang Zemin houve uma abertura do espaço público para o discurso político; mas logo após Hu Jintao assumir o poder houve uma violenta repressão contra as pessoas que usavam a Internet para discutir questões políticas. Alguns ciberdissidentes, entre os quais seu colega de faculdade Liu Di, foram presos como uma advertência contra o debate sobre reforma política na Internet. Intelectuais independentes tal como o antigo estudioso de literatura Liu Xiaobo e o escritor Yu Jie, que questionavam temas políticos controvertidos, foram intermitentemente detidos. O médico militar Jiang Yanyong, que se opusera publicamente à declaração do partido em 2003 de que a epidemia de SARS (síndrome respiratória aguda) estava sob controle, foi detido e depois posto sob vigilância quando, em 2004, pediu ao partido para mudar a designação das manifestações de Tiananmen em 1989 de um movimento "contra-revolucionário" para um movimento "patriótico".

Ironicamente, o controle mais rígido de Hu Jintao no discurso político coincidiu com a publicação da lista dos "Cinqüenta Intelectuais Públicos mais Destacados" em setembro de 2004 no *Nanfang renwu zhoukan* (Semanário do Povo do Sul), conectado ao grupo de mídia de Guangzhou do Sul. Com o direcionamento para a economia de mercado, grande parte da mídia não mais era financiada pelo Estado e, assim, foi forçada a se autofinanciar. Em conseqüência, a mídia ficou mais ousada e instigante para angariar leitores e sobreviver financeiramente. O grupo de mídia de Guangzhou era um dos mais abertos politicamente. Em um comentário acompanhando a publicação da lista, o Semanário elogiou os intelectuais públicos assinalando que "este é o momento em que a China está se deparando com muitos problemas e assistindo a uma transformação sem precedentes e quando necessita mais de intelectuais públicos em cena para se pronunciarem".[2] Embora a lista incluísse intelectuais de diversas profissões – escritores, artistas, diretores de cinema, cartunistas, advogados, ambientalistas e alguns intelectuais que residiam no exterior –, o destaque foi dado àqueles que nos anos 1990 reivindicaram reformas políticas, liberdade de expressão e de associação e um sistema de controle do saldo comercial bancário.

Em novembro de 2004, um artigo publicado no jornal mais ortodoxo do Comitê do Partido de Shanghai, *Jiefang Ribao* (Jornal da Liberação), declarou que a promoção da idéia dos "intelectuais públicos" visava "causar uma separação entre os intelectuais e o partido".[3] O artigo insistia que em virtude de os intelectuais chineses pertencerem à classe operária sob a liderança do partido, eles não podiam ser independentes. Uns dez dias depois o artigo do *Jornal da Liberação* foi reimpresso no jornal oficial do partido, o *Jornal do Povo*, criticando os intelectuais públicos.

Embora a liderança de Hu Jintao estivesse mais preocupada que seus predecessores em minimizar as crescentes desigualdades desencadeadas pelas reformas econômicas chinesas, sobretudo em diminuir a pobreza na área rural, as pessoas que tentaram atrair a atenção pública para as crescentes disparidades e o infortúnio do campo, divergindo das versões oficiais, foram reprimidas. Esse fato pode ser observado no livro publicado em janeiro de 2004, *Zhongguo nongmin diaocha* (*Uma pesquisa sobre os camponeses chineses*), escrito por Chen Guidi e Wu Chuntao, baseado em entrevistas realizadas durante muitos anos com fazendeiros da província pobre de Anhui. Um casal que nascera no campo e passara os primeiros anos de sua vida lá descreveu a apropriação da terra sem uma indenização adequada aos residentes rurais, a imposição de impostos injustos pelos funcionários locais e a ausência de meios para que os camponeses apontassem essas iniqüidades. A descrição vívida do crescente empobrecimento dos camponeses chamou atenção exatamente para o ponto que a nova liderança declarara como prioritário combater. Ademais, o livro descreveu os abusos oficiais, que a nova liderança desejava interromper devido ao medo de que isso enfraquecesse o poder do partido. Contudo, um mês depois de sua publicação, o livro foi banido. Mas assim como outros livros banidos, ele continuou a ser vendido no mercado negro e por livreiros particulares nas esquinas.

Junto com a repressão aos ciberdissidentes, a alguns intelectuais independentes notórios e à crítica dos "intelectuais públicos", a liderança de Hu Jintao controlou com rigor a mídia. Relatórios sobre manifestações de camponeses e trabalhadores e os crescentes protestos contra a corrupção, abusos oficiais e o confisco de propriedade foram banidos. O jornalista e professor Jiao Guobiao, que criticara pela Internet o controle repressivo da mídia pelo Departamento de Propaganda, foi impedido de lecionar na Universidade de Beijing. Outro intelectual público, Wang Yi, um professor de Direito na Universidade de Chengdu que pleiteara o sistema de controle do saldo comercial bancário, também foi proibido de lecionar por algum tempo, e seus escritos foram impedidos de circular na mídia estatal. O jornal *Zhanlüe yu guanli* (*Estratégia e gerenciamento*), que fora um veículo de persuasão liberal para os intelectuais, foi fechado. Mesmo o editor-chefe do *Jornal da Juventude Chinesa*, o periódico afiliado com a base de poder dos membros da Liga Comunista da Juventude aliados a Hu Jintao, que fora muito agressivo ao expor a corrupção oficial, foi detido. Em 2004, dezessete jornalistas foram presos por não se submeterem aos ditames do partido e 65 instituições da mídia foram censuradas.[4] Muitos meses depois, com o crescimento explosivo do uso da Internet e o desenvolvimento de novas fontes alternativas de noticiário, a China impôs restrições rígidas ao bloquear o acesso aos usuários externos aos *campi* aos BBS* operados por universidades proeminentes.[5]

No entanto, apesar da nova violenta repressão aos dissidentes políticos, o direcionamento da China para a economia de mercado e a abertura internacional, e a adoção de novas tecnologias de comunicação dificultaram cada vez mais o controle do partido em relação a opiniões pessoais. Se um *blog* do *website* fosse bloqueado, seu usuário poderia movê-lo para outro provedor ou para provedores em Hong Kong ou no exterior. Além disso, ao contrário do período de Mao, quando milhões foram duramente perseguidos por atos de um pequeno número de pessoas, na era pós-Mao a perseguição a um dissidente político concernia só a ele e a seus associados imediatos. Embora alguns porta-vozes intelectuais tivessem perdido suas posições no *establishment* e alguns tenham sido presos, outros foram apenas detidos por um breve espaço de tempo e, assim, conseguiram trabalho e meios para exprimir suas

* *Bulletin Board System*: software muito usado no início dos anos 1990, permitindo a conexão via telefone a um sistema informático. Espécie de precursor da Internet. (N.E.)

idéias sobre a economia de mercado chinesa em expansão e o desabrochar da sociedade civil. Portanto, algumas vozes dissidentes não foram totalmente silenciadas como no passado. Alguns intelectuais ainda tentavam agir como cidadãos, sozinhos ou com outros, continuando a expressar suas opiniões políticas em publicações não-oficiais, na Internet e nos inúmeros protestos e petições.

A ascensão da China

No início do século XXI, a China realizou, por fim, o desejo acalentado dos reformistas desde o final do século XIX de tornar o país "rico e poderoso". A presença econômica crescente da China no cenário mundial significava um renascimento do seu poder econômico dominante em séculos passados. Muito mais que Mao, Deng possibilitou atingir o sonho centenário de transformar a China em uma grande potência. Mais uma vez, a China era um poder mundial tanto econômica quanto estrategicamente. Ao longo da história moderna, no entanto, quando nações poderosas surgiram, elas tenderam a empreender a expansão territorial ou a guerra, como visto no caso da Alemanha e do Japão no século XX. Talvez em um esforço para tranqüilizar o mundo, os líderes nacionais mencionam a "ascensão pacífica" da China, ou seja, que a China se converterá em uma potência mundial sem causar distúrbio na comunidade internacional.

Entretanto, quando George W. Bush assumiu a presidência dos Estados Unidos em janeiro de 2001, ele considerou a China um "competidor estratégico", e sua maior preocupação na política internacional. Mas depois do ataque terrorista aos Estados Unidos em 11 de setembro de 2001, a China tornou-se uma aliada dos Estados Unidos na guerra contra o terrorismo, pois combatia grupos mulçumanos, em especial os Uighurs, na província de Xinjiang, no Noroeste do país, que tentavam estabelecer um estado islâmico independente no Leste do Turquestão. Os Estados Unidos passaram então a referir-se à China como uma "parceira estratégica". Porém, em meados de 2005, a administração Bush começou a ver o desenvolvimento dos mísseis de longo alcance e o orçamento militar da China que crescia mais de 10% ao ano como sérias ameaças. Embora o orçamento militar da China fosse apenas uma fração do orçamento anual do Pentágono,[6] essas ameaças foram encaradas não apenas como perigosas para o delicado equilíbrio entre a China e Taiwan, mas sim como desafios estratégicos para a posição predominante dos Estados Unidos no Pacífico.

Além disso, em contraste com os anos 1980, quando os Estados Unidos e a China fizeram uma aliança tácita contra a União Soviética, com o fim da Guerra Fria no início da década de 1990 essa aliança tornou-se desnecessária. E no final dos anos 1990, as relações da China com a Rússia gradualmente estreitaram-se quando a Rússia se converteu no principal fornecedor de armas para a modernização militar chinesa. A China e a Rússia estabeleceram laços militares e políticos em um esforço conjunto para contrabalançar a hegemonia mundial dos Estados Unidos. Em outubro de 2004, os dois países encerraram a última das antigas disputas territoriais ao longo dos 4.345 km de fronteira que haviam acarretado conflitos violentos durante a era Mao e, em agosto de 2005, empreenderam exercícios militares conjuntos. Também procuraram cooperar no campo do desenvolvimento energético. Do mesmo modo, a China concluiu suas disputas na fronteira com a Índia, onde confrontos militares ocorreram nos anos 1960. A ascensão da China, somada à contínua produção de bens tecnológicos avançados por parte da Índia e do Japão, podem significar uma mudança gradual do poder mundial no século XXI do Ocidente para a Ásia.

Ao mesmo tempo, alguns conflitos latentes entre a China e os Estados Unidos vieram à tona e mais tarde agravaram o relacionamento dos dois países. Taiwan foi a fonte mais inflamada de divergência. Embora os Estados Unidos reconhecessem que Taiwan fazia parte da China, o governo norte-americano demonstrou discordância em relação à ação militar para promover a unificação e solicitou uma solução pacífica para o conflito. Mas como o processo democrático de Taiwan intensificou-se no final do século XX, as tensões entre a China e Taiwan aumentaram. A China fez exercícios militares e realizou testes de mísseis nos estreitos de Taiwan em uma tentativa de influenciar os resultados da primeira eleição direta para presidente neste país em março de 1996. No entanto, isso não dissuadiu os eleitores de eleger Lee Teng-hui, o primeiro taiwanês eleito presidente por voto popular. Nem as ameaças da China quatro anos mais tarde dissuadiram os eleitores de Taiwan de eleger como presidente Chen Shui-bian, do Partido Democrático Progressista, que defendia a independência de Taiwan. Apesar de as economias da China e de Taiwan estarem tornando-se cada vez mais interdependentes economicamente, com mais de um milhão de empresários taiwaneses morando e trabalhando na China no início do século,[7] e a visita à China em 2005 do líder de oposição Lien Chan, marcando o primeiro encontro do Partido Comunista da China e do Guomindang em sessenta anos, as tensões entre a China e Taiwan permaneceram exacerbadas.

Embora o *status* de Taiwan fosse a questão mais volátil entre a China e os Estados Unidos, havia muitas outras fontes de desentendimento. Os Estados Unidos continuaram a ser os maiores críticos do recorde de violações de direitos humanos da China, a qual criticava nas reuniões anuais da Comissão de Direitos Humanos da ONU. Além disso, o Departamento de Estado norte-americano repetidamente censurava a China, em seu relatório anual sobre a situação mundial dos direitos humanos. A China rejeitava todas as críticas dos Estados Unidos julgando-as uma interferência em seus assuntos internos. A balança comercial dos Estados Unidos com a China, que subiu de US$ 44 bilhões em 1997 para US$ 162 bilhões ao final de 2004, era outra contínua fonte de atrito entre os dois países,[8] porque a China desconsiderava os direitos de propriedade intelectual. Em 2005, quando a União Européia tentou suspender o embargo de armas imposto à China por um período de dezesseis anos em decorrência de 4 de junho, a oposição dos Estados Unidos, aliada à promulgação na China de uma lei anti-secessão contra Taiwan e as violações dos direitos humanos, adiaram a suspensão do embargo.

Além disso, ao entrar no século XXI e na era do automóvel, começou a haver esporadicamente escassez de energia e a China empenhou-se em obter acesso aos recursos energéticos mundiais, competindo com os países desenvolvidos e os em desenvolvimento. A China procurou ter acesso a fontes de energia na África, na América Latina, na Ásia Central e no Oriente Médio. Com esses esforços ela competiu não só com os Estados Unidos e o Japão, com o qual travou uma disputa no mar Meridional em torno de um grupo de ilhas que supostamente continham gás natural, mas também com a Índia, outro grande país em desenvolvimento, causando um aumento pronunciado no preço mundial de energia. Em 2004-5, as empresas chinesas interessaram-se em comprar companhias americanas. Quando a empresa chinesa Lenovo adquiriu a divisão de PCs da IBM, os Estados Unidos opuseram relativamente pouca resistência, porém os esforços da empresa estatal China National Offshore Oil Corporation (CNOOC) para comprar a corporação de petróleo American Unocal provocaram preocupação e deliberações do Congresso norte-americano a respeito da venda para a China de empresas que ameaçassem os interesses estratégicos dos Estados Unidos. Mais tarde, a CNOOC retirou a oferta. O Japão evocou um temor semelhante quando quis comprar empresas norte-americanas nos anos 1980. Mas ao passo que o Japão não constituía uma ameaça militar aos Estados Unidos, a China estava se tornando um grande poderio militar. Contudo, ao contrário do Japão, a China é mais aberta a investimentos econômicos externos, inclusive o norte-americano, o que pode restringir suas ambições estratégicas.

A política da China ao lidar com a questão das armas nucleares da Coréia do Norte foi também outra fonte de atrito com os Estados Unidos. A abordagem moderada da China como o principal interlocutor com a Coréia do Norte não foi considerada suficientemente firme pela administração Bush. Embora os chineses estivessem também preocupados com o desenvolvimento de armas nucleares na península coreana, eles não queriam agir com muita severidade por medo que qualquer tipo de mudança radical ou desestabilizadora pudesse levar milhões de norte-coreanos a cruzarem a fronteira da região produtora de ferro densamente povoada no Noroeste.

Apesar dessas tensões constantes entre os Estados Unidos e a China, os dois países tentaram evitar a deterioração do relacionamento. Hu Jintao, assim como Deng e Jiang, reconheceu que o comércio internacional em expansão e a crescente participação da China na comunidade mundial impossibilitavam um retorno ao isolamento e à beligerância dos anos de Mao. Como a China associou-se a organizações internacionais e passou a fazer parte da comunidade global e a integrar a Organização Mundial do Comércio em 2001, foi preciso cada vez mais a submeter-se a normas internacionais e a negociar com países com diferenças marcantes. Porém, não estava claro nos primeiros anos do século XXI se isso reduziria os conflitos com seus vizinhos e com os Estados Unidos. Um fator ainda mais preocupante quanto à relação da China com outros países e que se manifestou com intensidade foi o ressurgimento de um nacionalismo fervoroso, que preencheu o vácuo deixado pela bancarrota do marxismo-leninismo. Esse nacionalismo foi expresso mais clamorosamente nas grandes e difundidas manifestações contra o Japão na primavera de 2005. Apesar das repetidas desculpas dos líderes japoneses pelas ações em relação à China durante a Segunda Guerra Mundial, inclusive um pedido de desculpa do primeiro-ministro Junichiro Koizumi a Hu Jintao por ocasião de uma conferência asiática em junho de 2005, o encobrimento das atrocidades do Japão durante a guerra nos livros de ensino médio, as visitas anuais de Koizumi ao santuário Yasukuni, que contém os restos mortais dos criminosos de guerra da Segunda Guerra Mundial, e a solicitação do Japão de tornar-se membro do Conselho de Segurança da ONU provocaram denúncias e manifestações públicas propagadas por todo o país por parte da juventude urbana em Beijing, Shanghai e outras cidades costeiras na primavera de 2005.

Embora o partido tenha cessado outras manifestações logo após, a liderança permitiu que os protestos perdurassem por quase três semanas. Portanto, a mensagem contra o Japão foi veiculada tanto pela liderança do partido quanto pelos jovens urbanos que eram os principais participantes das manifestações. Apesar de o nacionalismo poder temporariamente unir um país contra uma suposta ameaça estrangeira, o ódio que ele produz pode com facilidade atuar contra a liderança nacional se esta não tomar ações contundentes contra os possíveis inimigos. Além disso, as reivindicações dos manifestantes para que o Japão cessasse de dissimular, sob uma aparência enganosa, sua história podem algum dia voltar-se contra os líderes chineses por encobrirem o passado turbulento e destrutivo do passado. O crescente nacionalismo pode, ademais, se tornar um meio para exprimir revolta em relação às disparidades econômicas e à desmedida corrupção. Nesse sentido, embora o nacionalismo seja capaz de temporariamente unir segmentos diferentes da população, ele pode também acarretar uma erosão posterior do partido.

A desassociação entre as mudanças socioeconômicas e a estrutura política da China

É possível que o maior desafio do partido surja em decorrência do domínio do sistema político chinês. Apesar da afirmação de Marx de que quando a subestrutura – a base econômica – se altera a superestrutura – a estrutura política – deve também se transformar, a China continua a ser governada pelo mesmo Partido Comunista estabelecido no início da revolução em 1949. Não obstante, ao longo das décadas de intervencionismo do governo comunista, sobretudo na era pós-Mao, houve mudanças extremamente significativas. Embora a China ainda seja um Estado autoritário, sua economia de mercado e a abertura para o mundo exterior diminuíram o controle quase absoluto dos anos de Mao, permitindo uma maior diversidade intelectual e liberdade pessoal. Em 2004, a China desenvolveu uma classe média de cerca de setenta milhões de pessoas que eram basicamente proprietárias de empresas privadas de pequeno e médio porte.[9] Um terço dos empresários privados chineses era membro do partido,[10] e o percentual de membros entre os empresários de grande porte era ainda maior. A expansão rápida desse setor da sociedade enriqueceu ainda mais os empresários privados. A questão que se impõe é se eles vão cooptar com o partido ou se em um dado momento tentarão mudá-lo.

Contudo, apesar dessas transformações econômicas e mudanças sociais, o Partido Comunista da China permaneceu no poder. Essa estabilidade pode ser explicada pelos acontecimentos na antiga União Soviética em 1991 – o declínio significativo do padrão de vida dos cidadãos russos comuns, aliado à desintegração da União Soviética, que ocorreu no curso das reformas políticas realizadas no final da década de 1980. Esse espectro, que obseda a população da China e seus líderes, instilou uma crença generalizada de que uma real mudança política conduzirá à instabilidade e diminuirá os ganhos nos meios de subsistência e no crescimento econômico que a maioria dos chineses desfrutou no período pós-Mao. No entanto, sem uma acomodação da estrutura política à economia em expansão, à descentralização política, à sociedade fragmentária, ao pluralismo cultural e ao desenvolvimento da democracia em nível local, o partido pode deparar-se com uma desordem ainda maior no futuro. Na verdade, a sobrevivência do partido depende do sucesso de seus ajustes políticos diante dessas mudanças.

Embora os intelectuais liberais continuassem a mencionar e a escrever sobre a necessidade desses ajustes, a liderança do partido sob Hu Jiantao amorteceu suas vozes e não reconheceu a premência de uma mudança política devido ao medo de que ela pudesse marcar o final de seu governo. Em vez disso, a liderança de Hu enfatiza a modernização e a redistribuição, bem como o revigoramento do partido. Ao passo que esse enfoque poderia ser bem-sucedido em Cingapura, uma cidade-Estado com uma população de 4,5 milhões, é questionável se ele se sustentaria em uma nação diferente e com uma população de 1,3 bilhão. A experiência da China com seus outros vizinhos pós-confucianos oferece alternativas promissoras. Após diversas décadas de crescimento econômico e modernização, guiados por um sistema político autoritário e apoiados por uma classe média florescente, a Coréia do Sul e Taiwan, que iniciaram uma mudança política gradual em bases locais, evoluíram pacificamente para a democracia. Mas a experiência da China no século XX foi diferente da de seus vizinhos do Leste asiático, e isso, possivelmente, influenciará seu desenvolvimento futuro. A China não possuía, em termos comparativos, um sistema educacional bem-desenvolvido ou uma burocracia ocidentalizada, e a descentralização do poder político já progredira muito além do que a dos seus vizinhos, ainda relativamente governados por um poder central.

Além disso, as reformas econômicas pós-Mao introduziram novos problemas. Embora o direcionamento para a economia de mercado e a subseqüente desintegração do comando da economia tenham desencadeado energias reprimidas e habilidades empresariais, o sucesso das reformas econômicas ocorreu à custa do Partido Comunista da China e de vários segmentos da sociedade. Ao passo que a defasagem entre as regiões urbanas e rurais foi de alguma forma mitigada durante a era de Mao, em especial nas áreas de saúde pública, educação, desigualdades econômicas e de gênero, as reformas voltadas para a economia de mercado aumentaram o descompasso na década de 1990. Esse fato representava um potencial para uma maior instabilidade social decorrente dos subprodutos das reformas, em virtude da polarização social e econômica acelerada entre as áreas costeiras mais prósperas e as regiões do interior com um crescimento mais lento; entre os empresários novos-ricos e os trabalhadores na bancarrota das SOEs; entre as cidades ao longo da costa envolvidas em empresas não-estatais e comércio internacional e aquelas ainda ligadas ao poder central mais empobrecido e áreas ocidentais; entre os prósperos moradores urbanos e os fazendeiros descontentes, cujo crescimento econômico depois da reforma agrária realizada no início da década de 1980 estabilizara-se no final da década.

As reformas da economia de mercado também geraram descontentamentos, a princípio superficialmente, e depois mais evidenciados nas manifestações dos trabalhadores contra a perda de emprego, pensões e serviço médico, nos protestos dos fazendeiros contra impostos injustos e no confisco de suas terras para a utilização de projetos de infra-estrutura, nos distúrbios dos trabalhadores imigrantes por causa do não-pagamento dos salários e de condições insalubres de trabalho, nas demandas de proprietários urbanos por melhores indenizações pela demolição de suas casas para dar lugar a projetos de modernização, e nos protestos das comunidades contra a contaminação dos suprimentos do ar e da água em razão do desenvolvimento industrial sem regulamentação. A degradação do meio ambiente na China no início do século XXI é assustadora.[11] Quinze entre as vinte cidades mais poluídas do mundo encontram-se na China. Além dos rios e lagos poluídos, existe uma rápida diminuição do lençol freático, uma desertificação extensiva e uma perda constante dos recursos da terra devido ao desenvolvimento econômico.[12] Essas questões sociais e os desastres ambientais provocaram inúmeros protestos em todo o país.

A liderança defronta-se também com outro problema, visto que, no início do século, estimou-se que dez milhões de chineses estariam infectados pela Aids por volta de 2010. O governo de Hu Jintao e de Wen Jiabao reconheceu a gravidade dessa questão quando, em dezembro de 2003, o primeiro-ministro Wen Jiabao teve um encontro com pacientes aidéticos, seguido logo após uma visita de Hu Jintao; o governo duplicou o orçamento para combater a Aids e lançou diversos programas novos relacionados à doença.[13] Contudo, o governo tem impedido que grupos não-oficiais lidem com problemas relativos à Aids.

Ao mesmo tempo, a capacidade do partido de intervir nessas questões diminuiu. A propagação das decisões econômicas para as respectivas regiões resultou em uma concentração menor do poder político em Beijing. Os esforços dos sucessores de Deng por restabelecer um controle centralizado forte e tornar mais lenta a dinâmica do regionalismo falharam porque o progressivo crescimento econômico da China depende da descentralização e da abertura internacional. As regiões ficaram cada vez menos dependentes das diretrizes centrais, sobretudo as províncias mais ricas ao longo da costa leste envolvidas no comércio internacional. Essas províncias tinham relações econômicas mais próximas com as áreas vizinhas – Guangdong com Hong Kong, Fujian com Taiwan e Shandong com a Coréia do Sul – do que com Beijing e estavam menos propensas a seguir as diretrizes de Beijing em questões como impostos, comércio e programas sociais quando essas diretivas conflitavam com seus interesses regionais.

O paradoxo da era pós-Mao é que a economia dinâmica e em expansão enfraqueceu a autoridade do Partido Comunista e a estrutura política que possibilitaram as reformas econômicas. As reformas deflagraram apelos tão intensos de mudança que nenhum líder que quisesse revigorar o partido seria capaz de administrá-los sem redefinir ou até mesmo mudar o Partido Comunista. Neste momento, não há procedimentos ou estruturas institucionalizados pelos quais as regiões e os grupos sociais possam interagir regularmente com o centro quando se trata de questões políticas. Tampouco existem instituições ou uma ideologia proeminente que possa unir a fragmentada sociedade chinesa. Ao passo que a burocracia confuciana sustentou a China ao longo da maior parte de sua história pré-moderna por meio de um sistema de valores e uma crença comum, unindo o país durante quase todo período de Mao até o líder criar uma luta de classes por ocasião da Revolução Cultural, mobilizando grupos contra outros, no período pós-Mao não há uma ideologia ou um sistema de valores equivalente que possa unificar a gigantesca população chinesa. Em 2005, Hu Jintao lançou uma campanha nacional para promover uma "sociedade harmoniosa", enfatizando os valores tradicionais confucianos de moderação, benevolência e equilíbrio, em um esforço aparente para conter as agudas tensões sociais causadas pelas reformas econômicas. Mas isso surtiu pouco efeito nos crescentes protestos disseminados por todo o país.

Além disso, Hu Jiantao e a quarta geração de líderes não tinham a história pessoal e a autoridade de Deng Xiaoping e de seus colegas revolucionários para sustentar um partido já debilitado. Tampouco existiam instituições legítimas como eleições nacionais para lhes garantir autoridade e poder. Um conflito entre lideranças, uma derrocada econômica, tensões sociais progressivas ou uma crise internacional poderão enfraquecer a autoridade dos líderes atuais e até mesmo o sistema político. Mas quem e o que os substituirá? Existem outros líderes para assumir o controle do poder, mas no momento não há alternativa para o Partido Comunista, que repetidamente suprimiu os porta-vozes dissidentes e quaisquer esforços para estabelecer partidos políticos de oposição. Os militares, com representantes nos níveis mais altos do partido, poderiam usar sua influência para lidar com um conflito faccional, porém talvez estejam despreparados para governar e preocupados demais em angariar fundos adicionais para a modernização militar. À beira de um colapso sistêmico, é também pouco provável que surja na China uma nova liderança oriunda dos dissidentes políticos, muitos dos quais estão na prisão, no exílio ou reduzidos ao silêncio. Ao contrário dos dissidentes do Leste europeu, os dissidentes chineses não possuem, para contestar o partido, uma organização como o movimento Solidariedade da Polônia, ou uma plataforma de reforma política, como a oferecida pelo grupo Charter 77 da Tchecoslováquia.

No entanto, a história e a experiência de outros países, inclusive os vizinhos da China no Leste asiático, mostraram que uma classe média em expansão com rendimentos e níveis educacionais elevados reivindicará, em um dado momento, maior espaço de expressão quanto a questões políticas. A classe média emergente chinesa não é suficientemente grande ou independente do apoio oficial para exercer uma pressão política efetiva. Não obstante, os vizinhos pós-confucianos da China – Japão, Coréia do Sul e Taiwan – demonstraram que não existe nada no legado histórico e nos valores da China que a impeça de direcionar-se para a democracia. Na verdade, o sucesso dessas democracias pós-confucianas revela que a ênfase tradicional na educação e o desejo de ter um governo civil e humanista poderão também conduzir a China à democracia.

A própria história recente da China pode incentivar tal processo. Conforme vimos, o ímpeto pelas reformas econômicas pós-Mao e pelas reformas políticas de alcance local ocorreu devido a pressões vindas de baixo, assim como devido a pressões por parte de Deng Xiaoping e de outros oficiais a quem Mao perseguira durante a Revolução Cultural. A contínua e crescente atenção dispensada à economia de mercado e a política de portas abertas que levou ao enfraquecimento do Estado chinês podem, com o tempo, gerar uma sociedade mais livre e democrática, à medida que a população se tornar mais próspera e começar a exigir maiores direitos. A participação da China na economia global dá mostras de que continuará sendo aberta e pluralista. A crescente integração econômica à comunidade internacional acarretará maior exposição às regras, padrões, leis, pressões, escrutínio e regulamentações de instituições internacionais. Apesar de tudo isso, o desenvolvimento de instituições políticas apropriadas, tais como eleições locais e esforço para estabelecer o cumprimento da lei, está ainda em estágio embrionário na China e poderia facilmente ser suspenso.

Por conseguinte, há uma crescente dicotomia entre o dinâmico crescimento econômico da China e a fragilização do governo. Mais ainda, as conseqüências indesejáveis das reformas chinesas – crescentes disparidades geográficas, desigualdade social, aumento de exigências e expectativas por parte da população, descontentamento da massa trabalhadora, protestos em massa e danos ecológicos – têm o potencial para provocar levantes sociais e instabilidade política que poderiam minar o extraordinário sucesso econômico ocorrido na China nas duas últimas décadas do século XX. Que caminho a China tomará no século XXI é ainda uma questão aberta.

Notas

1. "PRC Minister Says 800 Million Farmers to be Exempted from Agricultural Taxes," *Renmin Ribao*, 29 de junho de 2005, trad. *FBIS China*, 20050629. Em junho de 2005 havia 27 províncias isentas de impostos agrícolas.

2. "Under Fire Again, Intellectuals in China", *The Economist*, dezembro II, 2004, p. 40-41.

3. Ibid.

4. Reporters Without Borders, "China: Annual Report 2005", *www.rsf.org/article.php3?id_article=13426&Valider=OK*.

5. Paul Mooney, "China Wages a New War on Academic Dissent," *Chronicle of Higher Education*, 17 de junho de 2005, p. 29-30.

6. "A New Kind of Challenge", *Newsweek*, 9 de maio de 2005, p. 34.

7. "Why Taiwan Matters", *Business Week*, 16 de maio de 2005, p. 76-81.

8. Univ..S. Census Bureau, Foreign Trade Statistics, *www.census.gov/foreigntrade/balance/ c5700.html.*

9. David Barboza, "China, New Land of Shoppers", *New York Times*, 25 de maio de 2005, p. 1.

10. Xinhua, 10 de fevereiro de 2005.

11. Em junho de 2005 o diretor da Organização Estatal de Proteção Ambiental (OEPA) declarou que a China adotaria uma série de medidas nos próximos cinco anos para controlar a deterioração do meio ambiente. Xinhua, 29 de junho de 2005.

12. Jonathan Watts, "100 Chinese Cities Face Water Crisis, Says Minister", *The Guardian*, 8 de junho de 2005, *www.guardian.co.uk/international/story/0,,1501312,00.html.*

13. Jim Yardley, "Chinese City Emerges as Model in AIDS Fight", *New York Times*, 16 de junho de 2005, p. A1, 13.

Bibliografia sugerida

Obras de referência em geral

Bibliografias

G. William Skinner *et al.*, *Modern Chinese Society: An Analytical Bibliography* (Stanford Univ., 1973), 3 vols. Charles O. Hucker, *China: A Critical Bibliography* (Univ. of Arizona, 1962). *China*, World Bibliographical Series, vol. 35 (Clio, 1983). Chun-shu Chang, *Premodern China: A Bibliographical Introduction* (Center for Chinese Studies, Univ. of Michigan, 1971). *The Cambridge History of China* (*CHOC*). *Bibliography of Asian Studies*; *Cumulative Bibliography of Asian Studies, 1941-1965*, 8 vols., and *1966-1970*, 6 vols. (G. K. Hall, 1969-70, 1972). Em 1990 G. K. Hall começou a publicar anualmente o *Bibliographic Guide to East Asian Studies.*

Geografia e mapas

P. J. M. Geelan and D. C. Twitchett, orgs., *The Times Atlas of China* (London: Times Books, 1974). *Atlas of the People's Republic of China* (Beijing: Foreign Languages and China Cartographic Publishing House, 1989). Albert Herrmann, *An Historical Atlas of China*, org. Norton Ginsburg (Aldine, 1966). Caroline Blunden and Mark Elvin, *Cultural Atlas of China* (Facts on File, 1983). Chiao-min Hsieh, *Atlas of China* (McGraw-Hill, 1973). T. R. Tregear, *China: A Geographical Survey* (Hodder and Stoughton, 1980).

Pesquisas históricas

The Cambridge History of China. Denis Twitchett and John K. Fairbank (Cambridge Univ.). Vol. I: *The Ch'in and Han Empires, 221 BC-AD 220*, org. Denis Twitchett and Michael Loewe (1986). Vol. 3: *Sui and T'ang China, 589-906, Part I*, org. Denis Twitchett (1979). Vol. 7: *The Ming Dynasty, 1368-1644, Part I*, org. Frederick F. Mote and Denis Twitchett (1988). Vol. 10: *Late Ch'ing, 1800-1911, Part I*, org. John K. Fairbank (1978). Vol. II: *Late Ch'ing, 1800-1911, Part 2*, org. John K. Fairbank and Kwang-Ching Liu (1980). Vol. 12: *Republican China, 1912-1949, Part I*, org. John K. Fairbank (1983). Vol. 13: *Republican China, 1912-1949, Part 2*, org. John K. Fairbank and Albert Feuerwerker (1986). Vol. 14: *The People's Republic, Part I: The Emergence of Revolutionary China, 1949-1965*, org. Roderick MacFarquhar and John K. Fairbank (1987). Vol. 15: *The People's Republic, Part 2: Revolutions within the Chinese Revolution 1966-1982*, org. Roderick MacFarquhar and John K. Fairbank (1991).

OBRAS GERAIS. Jacques Gernet, *A History of Chinese Civilization* (Cambridge Univ., 1982 trad. de *Le Monde Chinois*, Paris, 1972). Paul S. Ropp, org., *Heritage of China: Contemporary Perspectives on Chinese Civilization* (Univ. of California, 1990). Charles O. Hucker, *China's Imperial Past: An Introduction to Chinese History and Culture* (Stanford Univ., 1975). Edwin O. Reischauer and John K. Fairbank, *East Asia: The Great Tradition* (Houghton Mifflin, 1960), and John K. Fairbank, Edwin O. Reischauer, and Albert M. Craig, *East Asia: The Modern Transformation* (Houghton Mifflin, 1965), foi condensado e dividido em *China: Tradition and Transformation* (1978; rev. ed. 1989). Paul A. Cohen and Merle Goldman, orgs., *Ideas Across*

Cultures: Essays on Chinese Trought in Honor of Benjamin I. Schwartz (Council on East Asian Studies, Harvard Univ., 1990). Wm. Theodore de Bary, Wing-tsit Chan, and Burton Watson, *Sources of Chinese Tradition* (Columbia Univ., 1964). Patricia Ebrey, *Chinese Civilization and Society: A Sourcebook* (Free, 1981). Mark Elvin, *The Pattern of the Chinese Past* (Stanford Univ., 1973). Michael Loewe, *Imperial China: The Historical Background to the Modern Age* (Praeger, 1966). Michael Loewe's *The Pride That Was China* (St. Martin's, 1990). Ray Huang, *China: A Macro-History* (M. E. Sharpe, 1988).

Enciclopédias

Encyclopedia of Asian History, org. Ainslie T. Embree, 4 vols. (Asia Society)*; The Cambridge Encyplopedia of China*, org. Brian Hook (Cambridge Univ., 1982).

Histórias de dinastias e outras fontes

W. G. Beasley and E. B. Pulleyblank, *Historians of China and Japan* (Oxford Univ., 1961), 2 vols. Burton Watson, *Courtier and Commoner in Ancient China: selections*; Kan Lao, *The History of the Han Dynasty*, selected trans. from the "History of the Former Han" by Pan Ku (Columbia Univ., 1934). (Chinese Linguistics Project, Princeton Univ., 1984); Burton Watson, Records of the Grand Historian of China (Columbia Univ., 1961), 2 vols; Burton Watson, Ssu-ma Ch'ien: Grand Historian of China (Columbia Univ., 1958).

Dicionários biográficos

Selections from the Records of the Historian, trad. Gladys Yang and Hsien-Yi Yang (Beijing: Foreign Languages, 1979). Herbert Franke, org., *Sung Biographies* (Wiesbaden: Franz Steiner Verlag, 1976), 4 vols. L. Carrington Good-rick and Chaoying Fang, orgs., *Dictionary of Ming Biography, 1368-1644* (Columbia Univ., 1976), 2 vols. A. W. Hummel, org., *Eminent Chinese of the Ch'ing Period, 1644-1912* (Univ..S. Government Printing Office, 1943, 1944), 2 vols.

Filosofia e religião

FILOSOFIA E PENSAMENTO. Benjamin I. Schwartz, *The World of Thought in Ancient China* (Harvard Univ., 1985). F. W. Mote, *Intellectual Foundations of China*, 2. ed. (McGraw-Hill, 1989). John K. Fairbank, org., *Chinese Thought and Institutions* (Univ. of Chicago, 1957); Fairbank, *The United States and China,* 4 ed. (Harvard Univ., 1983).

COSMOLOGIA CORRELATA. John B. Henderson, *The Development and Decline of Chinese Cosmology* (Columbia Univ., 1984). Sarah Allan, *The Shape of the Turtle: Myth, Art, and Cosmos in Early China* (SUNY, 1991); Wolfram Eberhard, *A Dictionary of Chinese Symbols: Hidden Symbols in Chinese Life and Thought* (Routledge and Kegan Paul, 1986).

ADIVINHAÇÃO. Richard J. Smith, *Fortune-tellers and Philosophers: Divination in Traditional Chinese Society* (Westview, 1991).

CONFUCIONISMO. Wm. Theodore de Bary, *The Trouble with Confucianism* (Harvard Univ., 1991). Wei-ming Tu, *Confucian Thought: Selfhood as Creative Transformation* (SUNY, 1985); Irene Eber, *Confucianism, the Dynamics of Tradition* (Macmillan, 1986); Wm. Theodore de Bary, *The Liberal Tradition in China* (Columbia Univ., 1983).

RELIGIÃO EM GERAL. Laurence G. Thompson, *Chinese Religion: An Introduction*, 4th ed. (Wadsworth, 1988); Daniel Overmyer, *Religions of China: The World as a Living System* (Harper & Row, 1986); Christian Jochim, *Chinese Religions: A Cultural Perspective* (Prentice Hall, 1986).

DAOÍSMO. Lao Tzu, *Tao Te Ching: The Classic Book of Integrity and the Way*, trand. Victor Mair (Bantam, 1990). Holmes Welch, *The Parting of the Way: Lao Tzu and the Taoist Movement* (Beacon, 1957); John Lagerwey, *Taoist Ritual in Chinese Society and History* (Collier Macmillan, 1987).

BUDISMO. Wm. Theodore de Bary, org., *The Buddhist Tradition in India, China and Japan* (Vintage, 1972). Eric Zürcher, *The Buddhist Conquest of China: The Spread and Adaptation of Buddhism in Early Medieval China* (Brill, 1959), 2 vols. Kenneth Chen, *Buddhism in China: A Historical Survey* (Princeton Univ., 1964). Arthur F. Wright, *Buddhism in Chinese History* (Stanford Univ., 1959).

Tecnologia, ciência e medicina

HISTÓRIA DA CIÊNCIA NA CHINA. Nathan Sivin, "Science and Medicine in Imperial China: The State of the Field", in *Journal of Asian Studies,* 47.I (Fev., 1988): 41-90. Colin A. Ronan, *The Shorter Science and Civilization in China*, vol. 1 (1978). Peng Yoke Ho, Li Qi, and Shu An, *Introduction to Science and Civilization in China* (Hong Kong Univ., 1985). Joseph Needham, *Science in Traditional China: A Comparative Perspective* (Harvard Univ., 1981); *Heavenly Clockwork: The Great Astronomical Clocks of Medieval China* (Cambridge Univ., 1986). Shigeru Nakayama and Nathan Sivin, orgs., *Chinese Science: Explorations of an Ancient Tradition* (MIT, 1973). Derk Bodde, *Chinese Thought, Society and Science: The Intellectual and Social Background of Science and Technology in Pre-Modern China* (Univ. of Hawaii, 1991). *Ancient China's Technology and Science*, compilado pelo Institute of the History of Natural Sciences, Chinese Academy of Sciences (Beijing: Foreign Languages, 1983); Robert Temple, *The Genius of China: 3,000 Years of Science, Discovery and Invention* (Simon and Schuster, 1986).

MEDICINA. *Medicine in China: A History of Ideas* (Univ. of California, 1985); *Medicine in China: A History of Pharmaceutics* (Univ. of California, 1986). Manfred Porkert, *The Theoretical Foundations of Chinese Medicine: Systems of Correspondence* (MIT, 1974). Lu Gwei-djen e Joseph Needham, *Celestial Lancets: A History and Rationale of Acupuncture and Moxa* (Cambridge Univ., 1980). Nathan Sivin, *Traditional Medicine in Contemporary China* (Center for Chinese Studies, Univ. of Michigan, 1987). Arthur Kleinman e T. Y. Lin, orgs., *Normal and Abnormal Behavior in Chinese Culture* (Reidel, 1981).

OBRAS E IMPRENSA. Tsuen-hsuin Tsien, *Science and Civilization in China*, vol. 5, part I: *Paper and Printing* (Cambridge Univ., 1985). Denis Twitchett publicou *Printing and Publishing in Medieval China* (Frederic C. Beil, 1983).

A LÍNGUA CHINESA. John DeFrancis, *The Chinese Language: Fact and Fantasy* (Univ. of Hawaii, 1984); S. Robert Ramsey, *The Languages of China* (Princeton Univ., 1987); Jerry Norman, *Chinese* (Cambridge Univ., 1988).

MATEMÁTICA. Li Yan e Du Shiran, trad. John N. Crossley and Anthony W. C. Lun, *Chinese Mathematics: A Concise History* (Oxford Univ., 1987).

HISTÓRIA MILITAR. Frank A. Kierman, Jr., and John K. Fairbank, orgs., *Chinese Ways in Warfare* (Harvard Univ., 1974). William McNeill, *The Pursuit of Power: Technology, Armed Force and Society since AD 1000* (Univ. of Chicago , 1982). Ver também *República Popular da China* mais adiante.

A China antes do Império: pré-história e os primórdios da história

Origens arqueológicas

Kwang-chih Chang, *The Archaeology of Ancient China* (Yale Univ., 1963; 4 ed., 1986). K. C. Chang, *Early Chinese Civilization: Anthropological Perspectives* (Harvard Univ., 1976). K. C. Chang, *Shang Civilization* (Yale Univ., 1980). David N. Keightley, *The Origins of Chinese Civilization* (Univ. of California, 1983). David N. Keightley, *Sources of Shang History: The Oracle Bone Inscriptions of Bronze Age China* (Univ. of California, 1978). Ping-ti Ho, *The Cradle of the East: An Inquiry into the Indigenous Origins of Techniques and Ideas of Neolithic and Early Historic China, 5000-1000 BC* (Univ. of Chicago, 1976). Li Chi, *Anyang* (Univ. of Washington, 1977).

Os primórdios da história: a dinastia Zhou e os reinos combatentes

Cho-yun Hsu and Katheryn Linduff, *Western Chou Civilization* (Yale Univ., 1988). Herrlee G. Creel, *The Origins of Statecraft in China*, vol. I: *The Western Chou Empire* (Univ. of Chicago, 1970). Mark Edward Lewis, *Sanctioned Violence in Early China* (SUNY, 1990).

A ERA CLÁSSICA. Wm. Theodore de Bary, Ainslie T. Embree, and Amy Vladek Heinrich, orgs., *A Guide to Oriental Classics*, 3RD ed. (Columbia Univ., 1989). Jordan D. Paper, *Guide to Chinese Prose* (G. K. Hall, 1973). Yeh Shan, *The Bell and the Drum: Shih Ching as Formulaic Poetry in an Oral Tradition*, trand. Wang Ching-hsien (Univ. of California , 1974). John Knoblock, *Xunzi: A Translation and Study of the Complete Works, vol. I, Books I-6* (Stanford Univ., 1988). W. Allyn Rickett publicou *Kuan-tzu: A Repository of Early Chinese Thought* (Hong Kong Univ., 1965); *Guanzi: Political, Economic, and Philosophical Essays from Early China* (Princeton Univ., 1985).

O primeiro império: a era Qin-Han na China (221 a.C.-222 d.C.)

Denis Twitchett and Michael Loewe, orgs., *The Cambridge History of China*, vol. I: *Qin and Han* (1986).

A unificação Qin

Derk Bodde in *CHOC* I (1986). A. F. P. Hulsewe, *Remnants of Ch'in Law: An Annotated Translation of the Ch'in Legal and Administrative Rules of the 3rd Century BC. Discovered in Yun-meng Prefecture, Hu-pei Province in 1975* (Brill, 1985).

A dinastia Han

Michele Pirazzoli-t'Serstevens, *The Han Dynasty*, trad. Janet Seligman (Rizzoli, 1982). Wang Zhongshu, *Han Civilization*, trad. K. C. Chang (Yale Univ., 1982). Han Bielenstein, *The Bureaucracy of Han Times* (Cambridge Univ., 1980). Michael Loewe, *Crisis and Conflict in Han China, 104 BC to AD 9* (Allen and Unwin, 1974). Ying-shih Yü, *Trade and Expansion in Han China: A Study in the Structure of Sino-Barbarian Economic Relations* (Univ. of California, 1967); Cho-yun Hsu, *Han Agriculture: The Formation of Early Chinese Agrarian Economy 206 BC-AD 220* (Univ. of Washington, 1980). A. F. P. Hulsewe, *Remnants of Han Law* (Brill, 1955). A. F. P. Hulsewe, *China in Central Asia: The Early Stage, 125 BC to AD 23* (Brill, 1979).

PENSAMENTO E SOCIEDADE. A. C. Graham, *Disputers of the Tao: Philosophical Argument in Ancient China* (Open Court, 1989). Michael Loewe, *Chinese Ideas of Life and Death: Faith, Myth and Reason in the Han Period (202 BC-AD 220)* (Allen & Unwin, 1982); *Everyday Life in Early Imperial China during the Han Period, 202 BC-AD 200* (Dorset, 1988). *The Wu Liang Shrine: The Ideology of Early Chinese Pictorial Art* (Stanford Univ., 1989).

A era Sui-tang na China (589-907)

The Cambridge History of China, vol. 3: *Sui and T'ang China, 589-906, Part I*, ed. Denis Twitchett (1979). Arthur F. Wright, *The Sui Dynasty: The Unification of China, AD 581-617* (Knopf, 1978).

O governo Tang

Howard J. Wechsler, *Mirror to the Son of Heaven: Wei Cheng at the Court of Tang T'ai-tsung* (Yale Univ., 1974). Denis C. Twitchett, *Financial Administration under the T'ang Dynasty* (Cambridge Univ., 1963; 2 ed., 1970). Wallace Johnson, org. e trad., *The T'ang Code, vol. I: General Principles* (Princeton Univ., 1979). David Mcmullen, *State and Scholars in T'ang China* (Cambridge Univ., 1988); Charles Hartman, *Han Yü and the T'ang Search for Unity* (Princeton Univ., 1986).

A sociedade Tang

David Johnson, *The Medieval Chinese Oligarchy* (Westview, 1977). John C. Perry and Bardwell L. Smith, orgs., *Essays on T'ang Society: The Interplay of Social, Political and Economic Forces* (Brill, 1976). Robert Hartwell, "Demographic, Political and Social Transformation of China, 750-1550", *Harvard Journal of Asiatic Studies*, 42.2 (Dez. 1982): 365-442.

A era Song na China (960-1279)

Estudos institucionais

LEI, GOVERNO, REFORMA. Brian E. McKnight, *Village and Bureaucracy in Southern Sung China* (Univ. of Chicago, 1971). James T. C. Liu, *Reform in Sung China: Wang An-shih (1021-1086) and His New Policies* (Harvard Univ., 1959); Paul J. Smith, *Taxing Heaven's Storehouse: Horses, Bureaucrats and the Destruction of the Sichuan Tea Industry, 1074-1224* (Council on East Asian Studies, Harvard Univ., 1991).

O SISTEMA DE EXAMES DOS SONG. Miyazaki Ichisada, trad. Conrad Schirokauer, *China's Examination Hell: The Civil Service Examinations of Imperial China* (Weatherhill, 1976). John W. Chaffee, *The Thorny Gates of Learning in Sung China* (Cambridge Univ., 1985). Thomas H. C. Lee, *Government Education and Examinations in Sung China* (St. Martin's, 1985); Winston W. Lo, *An Introduction to the Civil Service of Sung China, with Emphasis on Its Personnel Administration* (Univ. of Hawaii, 1987).

Sociedade e economia

A ASCENSÃO DA PEQUENA NOBREZA. Robert P. Hymes, *Statesmen and Gentlemen: The Elite of Fu-chou, Chiang-hsi, in Northern and Southern Sung* (Cambridge Univ., 1986). Richard L. Davis, *Court and Family in Sung China, 960-1279: Bureaucratic Success and Kinship Fortunes for the Shih of Ming-chou* (Duke Univ., 1986). Patricia B. Ebrey, *Family and Property in Sung China: Yüan Tsai's Precepts for Social Life* (Princeton Univ., 1984).

DESENVOLVIMENTO COMERCIAL. Yoshinobu Shiba, *Commerce and Society in Sung China*, trad. Mark Elvin (Center for Chinese Studies, Univ. of Michigan, 1970). Richard von Glahn, *The Country of Streams and Grottoes: Expansion and Settlement, and the Civilizing of the Sichuan Frontier in Song Times* (Council on East Asian Studies, Harvard Univ., 1987). Jacques Gernet, *Daily Life in China on the Eve of the Mongol Invasion, 1250-1276*, trad. H. M. Wright (Stanford Univ., 1962).

Zhu Xi e o neoconfucionismo

Peter K. Bol, *"This Culture of Ours": Intellectual Transition in T'ang and Sung China* (Stanford Univ., 1992). James T. C. Liu, *China Turning Inward: Intellectual-Political Changes in the Early Twelfth Century* (Council on East Asian Studies, Harvard Univ., 1988). Chu Hsi, *Learning to Be a Sage: Selections from the Conversation of Master Chu, Arranged Topically*, trad. Daniel K. Gardner (Univ. of California , 1990). Daniel K. Gardner, *Chu Hsi and the Tahsueh: Neo-Confucian Reflection on the Confucian Canon* (Council on East Asian Studies, Harvard Univ., 1986); Wing-tsit Chan, *Chu Hsi, Life and Thought* (St. Martin's , 1987); and Wing-tsit, *Chu Hsi: New Studies* (Univ. of Hawaii, 1989).

Thomas A. Metzger, *Escape from Predicament: Neo-Confucianism and China's Evolving Political Culture* (Columbia Univ., 1977).

O papel da Ásia Interior

As relações da China e da Ásia Interior

Denis Sinor, org., *The Cambridge History of Early Inner Asia* (Cambridge Univ., 1990). Sechin Jagchid and Van Jay Symons, *Peace, War and Trade along the Great Wall: Nomadic*

Chinese Interaction through Two Millennia (Indiana Univ., 1989); Thomas Barfield, *The Perilous Frontier: Nomadic Empires and China* (Basil Blackwell, 1989). Morris Rossabi, *China among Equals: The Middle Kingdom and Its Neighbors* (Univ. of California, 1983). Ensaio de Herbert Franke em Stuart Schram, org., *Foundations and Limits of State Power in China* (SOAS, Univ. of London, 1987).

A DINASTIA LIAO DO POVO QIDAN (KHITAN). K. A. Wittfogel e Chia-sheng Feng, *History of Chinese Society: Liao 907-1125* (American Philosophical Society, 1949). Capítulo de Herbert Franke em Denis Sinor, ed., *The Cambridge History of Early Inner Asia* (Cambridge Univ., 1990).

A DINASTIA JIN DO POVO RUZHEN (JURCHEN). Jing-shen Tao, *The Jurchen in Twelfth-Century China: A Study of Sinicization* (Univ. of Washington, 1977); Hok-lam Chan, *Legitimation in Imperial China: Discussions under the Jurchen Chin Dynasty* (Univ. of Washington , 1984).

Os mongóis e a dinastia Yuan (1279-1368)

David Morgan, *The Mongols* (Basil Blackwell, 1986). Leo De Hartog, *Genghis Khan, Conqueror of the World* (I. B. Tauris, 1989). Thomas T. Allsen, *Mongol Imperialism: The Policies of the Grand Qan Mongke in China, Russia, and the Islamic Lands, 1251-1259* (Univ. of California, 1987).

A DINASTIA YUAN. Morris, Rossabi, *Khubilai Khan: His Life and Times* (Univ. of California, 1988). John D. Langlois, Jr., org., *China under Mongol Rule* (Princeton Univ., 1981). Ch'i-ch'ing Hsiao, *The Military Establishment of the Yüan Dynasty* (Council on East Asian Studies, Harvard Univ., 1978). Elizabeth Endicott-West, *Mongolian Rule in China: Local Administration in the Yuan Dynasty* (Council on East Asian Studies, Harvard Univ., 1989). John W. Dardess, *Conquerors and Confucians: Aspects of Political Change in Late Yuan China* (Columbia Univ., 1973). Hok-lam Chan and Wm. Theodore de Bary, orgs., *Yuan Thought: Chinese Thought and Religion under the Mongols* (Columbia Univ., 1982).

MARCO POLO *ET AL.* Christopher Dawson, *The Mongol Mission: Narratives and Letters of the Franciscan Missionaries in Mongolia and China in the Thirteenth and Fourteenth Centuries* (Sheed and Ward, 1955). A. C. Moule and P. Pelliot, *Marco Polo: The Description of the World* (AMS, 1976).

A sociedade da China imperial pré-moderna

Susan Naquin and Evelyn Rawski, *Chinese Society in the Eighteenth Century* (Yale Univ., 1987); David Johnson, Andrew Nathan and Evelyn Rawski, orgs., *Popular Culture in Late Imperial China* (Univ. of California , 1985). William Rowe em Olivier Zunz, *Reliving the Past: The Worlds of Social History* (Univ. of North Carolina , 1985).

Sobre a natureza da sociedade chinesa

ESTUDOS JAPONESES. Joshua Fogel, *Politics and Sinology: The Case of Naitô Konan (1866-1934)* (Council on East Asian Studies, Harvard Univ., 1984). Linda Grove and Christian Daniels, orgs., *State and Society in China: Japanese Perspectives on Ming-Qing Social and Economic History* (Univ. of Tokyo, 1984).

MAX WEBER. Han Gerth, *The Religion of China: Confucianism and Taoism* (Free, 1951).

O MODO DE PRODUÇÃO ASIÁTICO. Karl A. Wittfogel, *Oriental Despotism: A Comparative Study of Total Power* (Yale Univ., 1957). Timothy Brook, org., *The Asiatic Mode of Production in China* (M. E. Sharpe, 1989).

SISTEMAS REGIONAIS. G. William Skinner, "Marketing and Social Structure in Rural China", *Journal of Asian Studies* (1964-65). G. William Skinner, org., *The City in Late Imperial China* (Stanford, Univ., 1977).

Antropologia social

The Study of Chinese Society: Essays by Maurice Freedman, introd. *de G. William Skinner* (Stanford Univ., 1979); Arthur P. Wolf, org., *Studies in Chinese Society* (Stanford Univ., 1978). Maurice Freedman, *Chinese Lineage and Society: Fukien and Kwangtung* (Humanities, 1971). Patricia Ebrey e James L. Watson, *Kinship Organization in Late Imperial China, 1000-1940* (Univ. of California , 1986); James L. Watson e Evelin Rawski, orgs., *Death Ritual in Late Imperial and Modern China* (Univ. of California , 1988); e Rubie S. Watson e Patricia B. Ebrey, orgs., *Marriage and Inequality in Chinese Society* (Univ. of California, 1991).

A história social pré-moderna das dinastias Ming e Qing

Joseph Esherick and Mary Rankin, orgs., *Chinese Local Elites and Patterns of Dominance* (Univ. of California, 1990). Lloyd Eastman, *Family, Fields and Ancestors: Constancy and Change in China's Social and Economic History, 1550-1949* (Oxford Univ., 1988); e Etienne Balazs, *Chinese Civilization and Bureaucracy: Variations on a Theme*, org. Arthur Wright, trad. H. M. Wright (Yale Univ., 1964). Peter Perdue, *Exhausting the Earth: State and Peasant in Hunan, 1500-1850* (Council on East Asian Studies, Harvard Univ., 1987); e R. Keith Schoppa, *Xiang Lake: Nine Centuries of Chinese Life* (Yale Univ., 1989).

HISTÓRIA SOCIAL E CULTURAL. Ann Waltner, *Getting and Heir: Adoption and the Construction of Kinship in Late Imperial China* (Univ. of Hawaii, 1990); Bret Hinsch, *Passions of the Cut Sleeve: The Male Homosexual Tradition in China* (Univ. of California, 1990); Cynthia Brokaw, *The Ledgers of Merit and Demerit: Social Change and Moral Order in Late Imperial China* (Princeton Univ., 1991). Evelyn S. Rawski, *Education and Popular Literacy in Ch'ing China* (Univ. of Michigan , 1979).

A POSIÇÃO DA MULHER. Lucie Cheng, Charlotte Furth e Hon-ming Yip, comps., *Women in China: Bibliography of Available English Language Materials* (Institute of East Asian Studies, Univ. of California, 1984). Jonathan D. Spence, *The Death of Woman Wang* (Viking, 1978). Richard Guisso e Stanley Johannesen, orgs., *Women in China: Current Directions in Historial Scholarship* (Philo, 1981); e Margery Wolf e Roxane Witke, orgs., *Women in Chinese Society* (Stanford Univ., 1975). Kazuko Ono, *Chinese Women in a Century of Revolution, 1850-1950)*, trad. Joshua Fogel et al. (Stanford Univ., 1989). Howard S. Levy, *Chinese Footbinding: The History of a Curious Erotic Custom* (Walton Rawls, 1966).

A política Ming e Qing

O governo dos Ming na China (1368-1644)

Frederic F. Mote and Denis Twitchett, orgs., *The Cambridge History of China*, vol. 7: *Ming China, 1368-1644, Part I* (Cambridge Univ., 1988).

PRIMÓRDIOS DA ERA MING. Edward Dreyer, *Early Ming China: A Political History, 1355-1435* (Stanford Univ., 1982); Edward L. Farmer, *Early Ming Government: The Evolution of Dual Capitals* (East Asian Research Center, Harvard Univ., 1976); John Dardess, *Confucianism and Autocracy: Professional Elites and the Founding of the Ming Dynasty* (Univ. of California , 1983).

INSTITUIÇÕES GOVERNAMENTAIS. Charles O. Hucker, *The Censorial System of Ming China* (Stanford Univ., 1966). Ray Huang, *Taxation and Governmental Finance in Sixteenth-Century Ming China* (Cambridge Univ., 1974). Mary M. Anderson, *Hidden Power: The Palace Eunuchs of Imperial China* (Prometheus, 1990).

O CONTATO MARÍTIMO: AS VIAGENS DE ZHENG HE. Philips Snow, *The Star Raft: China's Encounter with Africa* (Weidenfeld and Nicolson, 1988). J. V. G. Mills, *Ma Huan: Ying-yai shenglan, "The Overall Survey of the Ocean's Shores" (1433)* (Cambridge Univ., 1970).

AS RELAÇÕES COM OS MONGÓIS. Arthur Waldron, *The Great Wall of China: From History to Myth* (Cambridge Univ. 1990). Morris Rossabi, *China and Inner Asia from 1368 to the Present Day* (Thames & Hudson, 1975).

A TRANSIÇÃO MING-QING. Jonathan Spence and John Wills, orgs., *From Ming to Ch'ing: Conquest, Region, and Continuity in Seventeenth-Century China* (Yale Univ., 1979). Chun-shu Chang and Shelley Hsueh-lun Chang, *Crisis and Transformation in Seventeenth-Century China: Society, Culture and Modernity in Li Yu's World* (Univ. of Michigan, 1991). Ray Huang, *1587, a Year of No Significance: The Ming Dynasty in Decline* (Yale Univ., 1981). Jonathan Spence, *The Search for Modern China* (Norton, 1990).

A conquista dos Qing e o governo

Frederic Wakeman, Jr., *The Great Enterprise: The Manchu Reconstruction of Imperial Order in Seventeenth-Century China* (Univ. of California, 1985), 2 vols. Lynn Struve, *Southern Ming, 1644-1662* (Yale Up, 1984). Jerry Dennerline, *The Chia-ting Loyalists: Confucian Leadership and Social Change in Seventeenth Century China* (Yale Univ., 1981).

PRIMEIROS GOVERNANTES. Jonathan D. Spence, *Emperor of China: Self Portrait of Kang-hsi* (Knopf, 1974). Madeleine Zelin, *The Magistrate's Tael: Rationalizing Fiscal Reform in Eighteenth Century Ch'ing China* (Univ. of California, 1984). Philip A. Kuhn, *Soulstealers: The Chinese Sorcery Scare of 1768* (Harvard Univ., 1990); R. Kent Guy, *The Emperor's Four Treasuries: Scholars and the State in the Late Ch'ieng-lung Era* (Council on East Asian Studies, Harvard Univ., 1987); Harold L. Kahn, *Monarchy in the Emperor's Eyes: Image and Reality in the Ch'ien-lung Reign* (Harvard Univ., 1971).

A ADMINISTRAÇÃO DOS QING. Thomas Metzger, *The Internal Organization of Ch'ing Bureaucracy: Legal, Normative and Communications Aspects* (Harvard Univ., 1973). Beatrice S. Bartlett, *Monarchs and Ministers: The Grand Council in Mid-Ch'ing China (1723-1820)* (Univ. of California , 1991). Pierre-Etienne Will, *Bureaucracy and Famine in Eighteenth-Century China,* trad. Elborg Forster (Stanford Univ., 1990). John R. Watt, *The District Magistrate in Late Imperial China* (Columbia Univ., 1972); e Frederic Wakeman, Jr.e Carolyn Grant, orgs., *Conflict and Control in Late Imperial China* (Univ. of California, 1975).

LEI. Derk Bodde e Clarence Morris, *Law in Imperial China, Exemplified by 190 Ch'ing Dynasty Cases* (Harvard Univ., 1967). T'ung-tsu Ch'ü, *Law and Society in Traditional China* (Mouton, 1961). Vivien W. Ng, *Madness in Late Imperial China: From Illness to Deviance* (Univ. of Oklahoma, 1990).

O PAPEL DOS QING NA ÁSIA INTERIOR. Joseph Fletcher in John K. Fairbank, org., *The Cambridge History of China, vol. 10: Late Ch'ing, 1800-1911, Part I* (Cambridge Univ., 1978). Robert H. G. Lee, *The Manchurian Frontier in Ch'ing History* (Harvard Univ., 1970).

Tendências intelectuais

O NEOCONFUCIONISMO NA ERA MING. Wei-ming Tu, *Neo-Confucian Thought in Action: Wang Yang-ming's Youth (1472-1509)* (Univ. of California , 1976); e Julia Ching, *To Acquire Wisdom: The Way of Wang Yang-ming* (Columbia Univ., 1976). Wm. Theodore de Bary et al., *Self and Society in Ming Thought* (Columbia Univ., 1970); Wm. Theodore de Bary et al., *The Unfolding of Neo-Confucianism* (Columbia Univ., 1975): Wm. Theodore de Bary e John W. Chaffee, orgs., *Neo-Confucian Education: The Formative Stage* (Univ. of California , 1989); e Wm. Theodore de Bary, *The Message of the Mind in Neo-Confucian Thought* (Columbia Univ., 1989). Joanna Handlin, *Action in Late Ming Thought: The Reorientation of Lü K'un and Other Scholar Officials* (Univ. of California, 1983); e Willard J. Peterson, *Bitter Gourd: Fang I-chih and the Impetus for Intellectual Change* (Yale Univ., 1979).

O NEOCONFUCIONISMO NA ERA QING. Alison Harley Black, *Man and Nature in the Philosophical Thought of Wang Fuchih* (Univ. of Washington , 1989). Benjamin A. Elman, *From Philosophy to Philology: Intellectual and Social Aspects of Change in Late Imperial China* (Council on East Asian Studies, Harvard Univ., 1984), e seu mais recente *Classicism, Politics and Kinship: The Ch'ang-chou School of New Text Confucianism in Late Imperial China* (Univ. of California, 1900).

Os primórdios do contato com o Ocidente

Os jesuítas e a cultura controversa

Jonathan Spence, *The Memory Palace of Matteo Ricci* (Viking Penguin, 1984). Ver também Spence, *The Question of Hu* (Knopf, 1988); John Witek, *Controversial Ideas in China and in Europe: A Biography of Jean-François Foucquet, S.J. (1665-1741)* (Rome: Institutum Historicum, 1982). D. E. Mungello, *Curious Land: Jesuit Accommodation and the Origins of Sinology* (Wiesbaden: Franz Steiner Verlag; Univ. of Havaii , 1989). Jacques Gernet, *China and the Christian Impact: A Conflict of Cultures,* trad. Janet Lloyd (Cambridge Univ., 1985).

Os primórdios do comércio europeu

A CHINA MARÍTIMA. Wang Gungwu, *China and the Chinese Overseas* (Singapore Select Books, 1991). Leonard Blusse, *Strange Company: Chinese Settlers, Mestizo Women and the Dutch in VOC Batavia* (Foris Publications, 1986). Sarasin Viraphol, *Tribute and Profit: Sino-Siamese Trade, 1652-1853* (Council on East Asian Studies, Harvard Univ., 1977).

OS PORTUGUESES E OS HOLANDESES. George B. Souza, *The Survival of Empire: Portuguese Trade and Society in China and the South China Sea, 1630-1754* (Cambridge Univ., 1986). John E. Wills, Jr., *Pepper, Guns and Parleys: The Dutch East India Company and China, 1622-1681* (Harvard Univ., 1974); e *Embassies and Illusions: Dutch and Portuguese Envoys to K'ang-hsi, 1666-1687* (Council on East Asian Studies, Harvard Univ., 1984).

RÚSSIA. Mark Mancall, *Russia and China: Their Diplomatic Relations to 1728* (Harvard Univ., 1971); e Eric Widmer, *The Russian Ecclesiastical Mission in Peking during the Eighteenth Century* (East Asian Research Center, Harvard Univ., 1976).

O sistema comercial de Cantão

Louis Dermigny, *La Chine et l'occident: le commerce à Canton au XVIII*^{e} *siècle, 1719-1833* (Paris: SEVPEN, 1964), 4 vols., Frederic Wakeman, Jr., in *The Cambridge History of China*, vol. 10.

Declínio doméstico e invasão estrangeira

Relatos gerais dos séculos XIX e XX

Jonathan Spence, *The Search for Modern China* (Norton, 1990). Immanuel C. Y. Hsu, *The Rise of Modern China,* 4 ed. (Oxford Univ., 1990). Paul A. Cohen, *Discovering History in China: American Historical Writing on the Recent Chinese Past* (Columbia Univ., 1984). Jean Chesneaux, Marianne Bastid, e Marie-Claire Bergère, *China from the Opium Wars to the 1911 Revolution* (Pantheon, 1976); e Frederic Wakeman, Jr., *The Fall of Imperial China* (Free , 1975).

FONTES PRIMÁRIAS SELECIONADAS. S. Y. Teng and J. K. Fairbank, *China's Response to the West: A Documentary Survey, 1839-1923*, 2 .ed. (Harvard Univ., 1979). Wm. Theodore de Bary et al., orgs., *Sources of Chinese Tradition* (Columbia Univ., 1964).

As relações com o Ocidente: o sistema de tratado

O CONHECIMENTO DA CHINA SOBRE O OCIDENTE. Fred W. Drake, *China Charts the World: Hsu Chi-yü and His Geography of 1848* (East Asian Research Center, Harvard Univ., 1975); e Jane Kate Leonard, *Wei Yuan and China's Rediscovery of the Maritime World* (Council on East Asian Studies, Harvard Univ., 1984).

A GUERRA DO ÓPIO E AS NOVAS RELAÇÕES DIPLOMÁTICAS. Peter Ward Fay, *The Opium War, 1840-1842* (Univ. of North Carolina , 1975). James M. Polachek, *The Inner Opium War* (Council on East Asian Studies, Harvard Univ., 1992). Frederic Wakeman, Jr., *Strangers at the Gate: Social Disorder in South China, 1839-1861* (Univ. of California , 1966). J. Y. Wong,

Yeh Ming-ch'en: Viceroy of Liang Kuang, 1852-8 (Cambridge Univ., 1976). John K. Fairbank, *Trade and Diplomacy on the China Coast: The Opening of the Treaty Ports, 1842-1854* (Harvard Univ., 1953). J. D. Frodsham, *The First Chinese Embassy to the West: The Journals of Kuo Sung-t'ao, Liu Hsi-hung, and Chang Te-yi* (Oxford Univ., 1970). P. D. Coates, *The China Consuls: British Consular Officers, 1843-1943* (Oxford Univ., 1988).

A EXPANSÃO IMPERIALISTA E AS RELAÇÕES PRÉ-MODERNAS COM O EXTERIOR. Hu Sheng, *Imperialism and Chinese Politics* (Beijing: Foreign Languages , 1981). Robert Lee, *France and the Exploitation of China, 1885-1901: A Study in Economic Imperialism* (Oxford Univ., 1989). John E. Schrecker, *Imperialism and Chinese Nationalism: Germany in Shantung* (Harvard Univ., 1971). E. W. Edwards, *British Diplomacy and Finance in China, 1895-1914* (Oxford Univ., 1987); e Philip Darby, *Three Faces of Imperialism: British and American Approaches to Asia and Africa, 1870-1970* (Yale Univ., 1987). Peter Duus, Ramos Myers, e Mark Peattie, orgs., *The Japanese Informal Empire in China, 1895-1937* (Princeton Univ., 1989). Michael H. Hunt, *The Making of a Special Relationship: The United States and China to 1914* (Columbia Univ., 1983). Ver John King Fairbank, *The United States and China, 4 ed.* (Harvard Univ., 1983).

OS MISSIONÁRIOS. Capítulo de Paul A. Cohen em *The Cambridge History of China*, vol. 10, e John K. Fairbank, org., *The Missionary Enterprise in China and America* (Harvard Univ., 1974). Jane Hunter, *The Gospel of Gentility: American Missionary Women in Turn-of-the-Century China* (Yale Univ., 1984); e John Hersey, *The Call* (Knopf, 1985). John King Fairbank, *The United States and China,* 4 ed. (Harvard Univ., 1983).

TRATADO DOS PORTOS. Albert Feuerwerker in *The Cambridge History of China*, vol. 12. Rhoads Murphey, *The Outsiders: The Western Experience in India and China* (Univ. of Michigan , 1977). Kerrie Macpherson, *A Wilderness of Marshes: The Origins of Public Health in Shanghai, 1843-1893* (Oxford Univ., 1987). Don J. Cohn, org. e trad., *Vignettes from the Chinese: Lithographs from Shanghai in the Late Nineteenth Century* (Renditions Paperback, 1987).

COMÉRCIO EXTERIOR. Yen-p'ing Hao, *The Commercial Revolution in Nineteenth-Century China: The Rise of Sino-Western Mercantile Capitalism* (Univ. of California , 1986). Ernest R. May and John K. Fairbank, orgs., *America's China Trade in Historical Perspective: The Chinese and American Performance* (Council on East Asian Studies, Harvard Univ., 1986).

A ALFÂNDEGA MARÍTIMA CHINESA. Katharine F. Bruner, John K. Fairbank, and Richard J. Smith, orgs., *Enterind China's Service: Robert Hart's Journals, 1854-1863* (Council on East Asian Studies, Harvard Univ., 1986); e Richard J. Smith, John K. Fairbank, e Katharine F. Bruner, orgs., *Robert Hart and China's Early Modernization: Robert Hart's Journals, 1863-1866* (1991). John King Fairbank, Katharine Frost Bruner, e Elizabeth MacLeod Matheson, orgs., *The I. G. in Peking: Letters of Robert Hart, Chinese Maritime Customs, 1868-1907* (Belknap of Harvard Univ., 1975), 2 vols.

SISTEMA BANCÁRIO. Andrea Lee *McElderry, Shanghai Old-Style Banks (ch'ien-chuang), 1800-1935* (Center for Chinese Studies, Univ. of Michigan, 1976). Frank H. H. King, com Catherine E. King e David S. J. King, *The Hongkong Bank in Late Imperial China, 1864-1902: On an Even Keel* (Cambridge Univ., 1987), vol. I.

Rebeliões em meados do século

Philip A. Kuhn, *Rebellion and Its Enemies in Late Imperial China: Militarization and Social Structure, 1796-1864* (Harvard Univ., 1970). Elizabeth J. Perry, *Rebels and Revolutionaries in North China, 1845-1945* (Stanford Univ., 1980). Daniel L. Overmyer, *Folk Buddhist Religion: Dissenting Sects in Late Traditional China* (Harvard Univ., 1976). Susan Naquin, *Millenarian Rebellion in China: The Eight Trigrams Uprising of 1813* (Yale Univ., 1976).

A REBELIÃO TAIPING. Franz Michael em colaboração com Chung-li Chang, *The Taiping Rebellion: History and Documents*, 3 vols. (Univ. of Washington , 1966-1971). Jen Yuwen, *The Taiping Revolutionary Movement* (Yale Univ., 1973).

AS REBELIÕES NIAN E MUÇULMANA. Elizabeth Perry, *Chinese Perspectives on the Nien Rebellion* (M. E. Sharpe, 1981). Wen-djang Chu, *The Moslem Rebellion in Nortwest China, 1862-1878: A Study of Government Minority Policy* (The Hague: Mouton, 1966).

A restauração Qing

Kwang-Ching Liu em *The Cambridge History of China,* vols. 10 e 11. Mary Claubaugh Wright, *The Last Stand of Chinese Conservatism: The T'ung-chih Restoration, 1862-1874* (Stanford Univ., 1957).

MUDANÇA INSTITUCIONAL. Bruce Swanson, *Eight Voyage of the Dragon: A History of China's Quest for Seapower* (Naval Institute , 1982); Thomas Kennedy, *The Arms of Kiangnan: Modernization in the Chinese Ordnance Industry, 1860-1895* (Westview, 1978). Jonathan K. Ocko, *Bureaucratic Reform in Provincial China: Ting Jih-ch'ang in Restoration Kiangsu, 1867-1870* (Council on East Asian Studies, Harvard Univ., 1983); e James Cole, *Shaohsing: Competition and Cooperation in Nineteenth-Century China* (Univ. of Arizona , 1986).

POLÍTICA E SOCIEDADE NO IMPÉRIO PRÉ-MODERNO. Pamela Kyle Crossley, *Orphan Warriors: Three Manchu Generations and the End of the Qing World* (Princeton Univ., 1990). Mary Rankin, *Elite, Activism and Political Transformation in China, Zhejiang Province, 1865-1911* (Stanforf Univ., 1986); Min Tu-Ki, *National Polity and Local Power: The Transformation of Late Imperial China* (Council on East Asian Studies, Harvard Univ., 1989); R. Keith Schoppa, *Chinese Elites and Political Change: Zhejiang Province in the Early Twentieth Century* (Harvard Univ., 1982); Joseph Esherick e Mary Rankin, orgs., *Chinese Local Elites and Patterns of Dominance* (Univ. of California , 1990).

OS INTELECTUAIS CHINESES E O ESFORÇO REFORMISTA. Hao Chang, *Chinese Intellectuals in Crisis: Search for Order and Meaning (1890-1911)* (Univ. of California , 1987); e Kwang-Ching Liu, org., *Orthodoxy in Late Imperial China* (Univ. of California , 1990). Benjamin Schwartz, *in Search of Wealth and Power: Yen Fu and the West* (Belknap of Harvard Univ., 1964). Daniel H. Bays, *China Enters the Twentieth Century: Chang Chih-tung and the Issues of a New Age, 1895-1909* (Univ. of Michigan , 1978). Paul A. Cohen, *Between Tradition and Modernity: Wang T'ao and Reform in Late Ch'ing China* (Harvard Univ., 1974; brochura ed. pelo Council on East Asian Studies, Harvard Univ., 1987); e Roger V. DesForges, *Hsi-liang and the Chinese Revolution* (Yale Univ., 1973). Luke S. K. Kwong, *A Mosaic of the Hundred Days: Personalities, Politics, and Ideas of 1898* (Council on East Asian Studies, Harvard Univ., 1984); Stephen MacKinnon, *Power and Politics in Late Imperial China: Yuan Shi-Kai in Beijing and Tianjin, 1901-1908* (Univ. of California , 1980).

KANG YOUWEI E LIANG QICHAO. Kung-ch'uan Hsiao, *A Modern China and a New World: K'ang Yu-wei, Reformer and Utopian, 1858-1927* (Univ. of Washington , 1975). Hao Chang, *Liang Ch'i-ch'ao and Intellectual Transition in China, 1890-1907* (Harvard Univ., 1971).

A REVOLTA DOS BOXER. Joseph Esherick, *The Origins of the Boxer Uprising* (Univ. of California , 1987). David Buck, *Recent Chinese Studies of the Boxer Movement* (M. E. Sharpe, 1987).

O desenvolvimento econômico

Ramon Myers, *The Chinese Economy, Past and Present* (Wadsworth, 1980). Dwinght H. Perkins, org., *China's Modern Economy in Historical Perspective* (Stanford Univ., 1975). W. E. Willmott, org., *Economic Organization in Chinese Society* (Stanford Univ., 1972).

A CHINA RURAL. Philip C. C. Huang, *The Peasant Economy and Social Change in North China* (Stanford Univ., 1985); Huang, *The Peasant Family and Rural Development in the Yangzi Delta, 1350-1988)* (Stanford Univ., 1900); David Faure, *The Rural Economy of the Pre-Liberation China: Trade Expansion and Peasant Livelhood in Jiangsu and Guangdong, 1870-1937* (Oxford Univ., 1989); *Loren Brandt, Commercialization and Agricultural Development:*

Central and Eastern China, 1870-1937 (Cambridge Univ., 1989). Evelyn Sakakida Rawski, *Agricultural Change and the Peasant Economy of South China* (Harvard Univ., 1972). Daniel Little, *Understanding Peasant China: Case Studies in the Philosophy of Social Science* (Yale Univ., 1989).

DEMOGRAFIA. William Lavely, James Lee e Wang Feng, "Chinese Demography: The State of the Field", *Journal of Asian Studies 49.4* (Nov. 1990): 807-834. Dwight H. Perkins, *Agricultural Development in China, 1368-1968* (Aldine, 1969). Kang Chao, *Man and Land in Chinese History: An Economic Analysis* (Stanford Univ., 1986).

EMPREENDIMENTOS INDUSTRIAIS E O IMPERIALISMO. Wellington K. K. Chan, *Merchants, Mandarins and Modern Enterprise in Late Ch'ing China* (East Asian Research Center, Harvard Univ., 1977). Susan Mann, *Local Merchants and the Chinese Bureaucracy, 1750-1950* (Stanford Univ., 1987). Lillian M. Li, *China's Silk Trade: Traditional Industry in the Modern World, 1842-1937* (Council on East Asian Studies, Harvard Univ., 1981); e Robert Eng, *Economic Imperialism in China: Silk Production and Exports, 1861-1932* (Institute of East Asian Studies, Univ. of California, 1986); Kang Chao, The *Development of Cotton Textile Production in China* (East Asian Research Center, Harvard Univ., 1977); Sherman Cochran, *Big Business in China: Sino-Foreign Rivalry in the Cigarette Industry, 1890-1930* (Harvard Univ., 1980). Yen-p'ing Hao, *The Comprador in Nineteenth Century China: Bridge between East and West* (Harvard Univ., 1970). Yuen-sang Leung, *The Shanghai Taotai: Linkage Man in a Changing Society, 1843-1890* (Univ. of Havaii , 1990).

OS PRIMÓRDIOS DA URBANIZAÇÃO. G. William Skinner, org., *The City in Late Imperial China* (Stanford Univ., 1977). Mark Elvin e G. William Skinner, orgs., *The Chinese City between Two Worlds* (Stanford Univ., 1974). Gilbert Rozman, *Urban Networks in Ch'ing China and Tokugawa Japan* (Princeton Univ., 1973). William T. Rowe, *Hankow: Commerce and Society in a Chinese City, 1796-1889* (Stanford Univ., 1984), and *Hankow: Conflict and Community in a Chinese City, 1796-1895* (Stanford Univ., 1989).

OS CHINESES NO ALÉM-MAR. Lynn Pan, *Sons of the Yellow Emperor: A History of the Chinese Diaspora* (Little, Brown, 1990). Michael Godley, *The Mandarin-Capitalists from Nanyang: Overseas Chinese Enterprise in the Modernization of China, 1839-1911* (Cambridge Univ., 1982); e Sucheng Chan, *This Bittersweet Soil: The Chinese in California Agriculture, 1860-1910* (Univ. of California , 1986). Ching Hwang Yen, *The Overseas Chinese and the 1911 Revolution: With Special Reference to Singapore and Malaya* (Oxford Univ., 1976); e L. Eve Armentrout Ma, *Revolutionaries, Monarchists and Chinatowns: Chinese Politics in the Americas and the 1911 Revolution* (Univ. of Havaii , 1990).

A revolução de 1911

Mary Clabaugh Wright, org., *China in Revolution: The First Phase, 1900-1913* (Yale Univ., 1968). Shinkichi Eto and Harold Schiffrin, orgs., *The 1911 Revolution: Interpretive Essays* (Univ. of Tokyo , 1984). Joseph Esherick, *Reform and Revolution in China: The 1911 Revolution in Hunan and Hubei* (Univ. of California , 1976); e Edward J. M. Rhoads, *China's Republican Revolution: The Case of Kwangtung, 1985-1913* (Harvard Univ., 1975). *John Fincher, Chinese Democracy: The Self-Government Movement in Local, Provincial and National Politics, 1905-1914* (St. Martin's , 1981).

O PAPEL DOS INTELECTUAIS. Michael Gasster, *Chinese Intellectuals and the Revolution of 1911: The Birth of Modern Chinese Radicalism* (Univ. of Washington , 1969). Don C. Price, *Russia and the Roots of the Chinese Revolution, 1896-1911* (Harvard Univ., 1974). Harold Z. Schiffrin, *Sun Yat-sen and the Origins of the Chinese Revolution* (Univ. of California , 1968); C. Martin Wilbur, *Sun Yat-sen: Frustrated Patriot* (Columbia Univ., 1976). Young-tsu Wong, *The Search for Modern Nationalism: Zhang Binglin and Revolutionary China, 1869-1936* (Oxford Univ., 1989); Mary Backus Rankin, *Early Chinese Revolutionaries: Radical Intellectuals in Shanghai and Chekiang, 1902-1911* (Harvard Univ., 1971). Jon Saari, *Legacies of Childhood:*

Growing up Chinese in a Time of Crisis, 1890-1920 (Council on East Asian Studies, Harvard Univ., 1990).

A China republicana (1912-1949)

Estudos gerais

The Cambridge History of China, vols. 12 e 13. O. Edmund Clubb, *Twentieth Century China*, 3 ed. (Columbia Univ., 1978). Howard L. Boorman and Richard C. Howard, orgs., *Biographical Dictionary of Republican China* (Columbia Univ., 1967), 4 vols., vol. 5., Janet Krompart, *A Personal Name Index* (1979); e Donald Klein e Anne B. Clark, *Biographic Dictionary of Chinese Communism, 1921-1965* (Harvard Univ., 1971), 2 vols.

Mudança urbana

Marie-Claire Bergère, *The Golden Age of the Chinese Bourgeoisie*, trad. Janet Lloyd (Cambridge Univ., 1989); ver também Joseph Fewsmith, *Party, State, and Local Elites in Republican China: Merchant Organizations and Politics in Shanghai, 1890-1930* (Univ. of Havaii, 1985). David Strand, *Rickshaw Beijing: City People and Politics in the 1920*[s] (Univ. of California, 1989).

Primórdios políticos: Yuan Shikai e o poder dos senhores da guerra

Ernest Young, *The Presidency of Yuan Shih-k'ai: Liberalism and Dictatorship in Early Republican China* (Univ. of Michigan , 1977). Edward Friedman, *Backward toward Revolution: The Chinese Revolutionary Party* (Univ. of California , 1974). Andrew Nathan, *Peking Politics, 1918-1923: Factionalism and the Failure of Constitutionalism* (Univ. of California , 1976). Hsi-sheng Ch'I, *Warlord Politics in China, 1916-1928* (Stanford Univ., 1976).

SOBRE OS SENHORES DA GUERRA. Diana Lary, *Region and Nation: The Kwangsi Clique in Chinese Politics, 1925-1937* (Cambridge Univ., 1974); Robert Kapp, *Szechwan and the Chinese Republic: Provincial Militarism and Central Power, 1911-1938* (Yale Univ., 1973); e Donald Sutton, *Provincial Militarism and the Chinese Republic: The Yunnan Army, 1905-1925* (Univ. of Michigan , 1980). Odoric Wou, *Militarism in Modern China: The Career of Wu P'ei-fu, 1916-1939* (Folkestone, Eng.: Dawson and Sons, 1978); e Gavan McCormack, *Chang Tso-lin in Northeast China, 1911-1928: China, Japan, and the Manchurian Idea* (Stanford Univ., 1977). Anthony B. Chan, *Arming the Chinese: The Western Armaments Trade in Warlord China* (Univ. of British Columbia, 1982).

A Revolução Intelectual: O Dia Quatro de Maio

Chow Tse-tsung, *The May Fourth Movement: Intellectual Revolution in Modern China* (Harvard Univ., 1960). Jerome Grieder, *Intellectuals and the State in Modern China: A Narrative History* (Free , 1981); Jonathan Spence, *The Gate of Heavenly Peace: The Chinese and Their Revolution, 1895-1980* (Viking, 1981); Vera Schwarcz, *The Chinese Enlightenment: Intellectuals and the Legacy of the May Fourth Movement of 1919* (Univ. of California , 1986); and Wenhsin Yeh, *The Alienated Academy: Culture and Politics in Republican China, 1919-1937* (Council on East Asian Studies, Harvard Univ., 1990). Ver também Charlotte Furth, org., *The Limits of Change: Essays on Conservative Alternatives in Republican China* (Harvard Univ., 1976); Peter Zarrow, *Anarchism and Chinese Political Culture* (Columbia Univ., 1990); Perry Link, *Mandarin Ducks and Butterflies: Popular Fiction in Early Twentieth-Century Chinese Cities* (Univ. of California , 1981). Joseph R. Levenson, *Confucian China and Its Modern Fate*, vol. I: *The Problem of Intellectual Continuity*; vol. 2: *The Problem of Monarchical Decay*; vol. 3: *The Problem of Historical Significance* (Univ. of California , 1958; 1964, 1965). Jerome B. Grieder, *Hu Shih and the Chinese Renaissance: Liberalism in the Chinese Revolution, 1917-1937* (Harvard Univ., 1970); Charlotte Furth, *Ting Wen-chiang: Science and China's New Culture* (Harvard Univ., 1970); Guy

S. Alitto, *The Last Confucian: Liang Shuming and the Chinese Dilemma of Modernity* (Univ. of California , 1979); e Joey Bonner, *Wang Kuo-wei: An Intellectual Biography* (Harvard Univ., 1986). James Pusey, *China and Charles Darwin* (Council on East Asian Studies, Harvard Univ., 1983).

A conquista e o governo do Guomindang (1925-1937)

OS SENTIMENTOS NACIONALISTAS E POLÍTICOS NA DÉCADA DE 1920. Richard Rigby, *The May Thirtieth Movement: Events and Themes* (Australian National Univ., 1980); Jessie Gregory Lutz, *Chinese Politics and Christian Missions: The Anti-Christian Movements of 1920-1928* (Cross Roads Books, 1988).

A ASCENSÃO DO GUOMINDANG. C. Martin Wilbur em *The Nationalist Revolution in China, 1923-1928* (Cambridge Univ., 1984); e de Donald A. Jordan *The Northern Expedition: China's National Revolution of 1926-1928* (Univ. of Havaii , 1976). C. Martin Wilbur e Julie Lien-ying How, *Missionaries of Revolution: Soviet Advisers and Nationalist China, 1920-1927* (Harvard Univ., 1989).

O GOVERNO GUOMINDANG. *The Cambridge History of China*: Lloyd Eastman, org., *The Nationalist Era in China, 1927-1949* (Cambridge Univ., 1991). Hung-mao Tien, *Government and Politics in Kuomintang China, 1927-1937* (Stanford Univ., 1972). Lloyd E. Eastman, *The Abortive Revolution: China under Nationalist Rule, 1927-1937* (Harvard Univ., 1974). Prasenjit Duara, *Culture, Power, and the State: Rural North China, 1900-1942* (Stanford Univ., 1988). Sherman Cochran and Andrew Hsieh, trad. e org., *One Day in China: May 21, 1936* (Yale Univ., 1983). Parks M. Coble, *The Shanghai Capitalists and the Nationalist Government, 1927-1937*, 2. ed. (Council on East Asian Studies, Harvard Univ., 1986). Charles W. Hayford, *To The People: James Yen and Village China* (Columbia Univ., 1990).

Os primórdios da história do Partido Comunista da China (1921-1936)

Jacques Guillermaz, *A History of the Chinese Communist Party, 1921-1949*, trad. Anne Destenay (Random House, 1972).

A FUNDAÇÃO DO PARTIDO. Arif Dirlik, *The Origins of Chinese Communism* (Oxford Univ., 1989). Michael Y. L. Luk, *The Origins of Chinese Bolshevism: An Ideology in the Making, 1920-1928* (Oxford Univ., 1900). Maurice Meisner, *Li Ta-chao and the Origins of Chinese Marxism* (Harvard Univ., 1967). Lee Feigon, *Chen Duxiu, Founder of the Chinese Communist Party* (Princeton Univ., 1983). Joshua Fogel, *Ai Ssu-ch'i's Contribution to the Development of Chinese Marxism* (Council on East Asian Studies, Harvard Univ., 1987). Jane L. Price, *Cadres, Commanders and Commissars: The Training of the Chinese Communist Leadership, 1920-1945* (Westview, 1976); Dan Jacobs, *Borodin: Stalin's Man in China* (Harvard Univ., 1981). Tony Saich, *The origins of the First United Front in China: The Role of Sneevliet (Alias Maring)* (E. J. Brill, 1991).

O PERÍODO SOVIÉTICO, 1928-1934. Warren Kuo, *Analytical History of the Chinese Communist Party* (Tapei: Institute of International Relations, 1966). Chang Kuo-t'ao [Zhang Guotao], *The Rise of the Chinese Communist Party 1921-1927: The Autobiography of Chang Kuo-t'ao*, vol. I: 1921-1927; vol. 2: 1928-1938 (Univ. of Kansas, 1971-72). Arif Dirlik, *Revolution and History: The Origins of Marxism Historiography in China, 1919-1937* (Univ. of California , 1978). Tony Saich, *The Rise to Power of the Chinese Communist Party: Documents and Analysis, 1920-1949*. Guangdong, ver Roy Hofheinz, Jr., *The Broken Wave: The Chinese Communist Peasant Movement, 1922-1928* (Harvard Univ., 1977). Jiangxi, ver Ilpyong J. Kim, *The Politics of Chinese Communism: Kiangsi under the Soviets* (Univ. of California , 1973). William Wei, *Counterrevolution in China: The Nationalists in Jiangxi during the Soviet Period* (Univ. of Michigan , 1985).

A ASCENSÃO DE MAO. Edgar Snow, *Red Star over China* (Random House, 1938; Bantam, 1978). Li Jui, *The Early Revolutionary Activities of Comrade Mao Tse-tung*, trad. Anthony Sariti e org. James Hsiung (M. E. Sharpe, 1977). Stuart Schram, *The Thought of Mao Tse-tung* (Cambridge Univ., 1989).

MOVIMENTOS LOCAIS. Fernando Galbiati, *Peng Pai and the Hai-Lu-Feng Soviet* (Stanford Univ., 1985); Robert Marks, *Rural Revolution in South China: Peasant and the Making of History in Haifeng County, 1570-1930* (Univ. of Wisconsin , 1984); Kamal Sheel, *Peasant Society and Marxist Intellectuals in China: Fang Zhimin and the Origin of a Revolutionary Movement in the Xinjiang Region* (Princeton Univ., 1989); Chong-sik Lee, *Revolutionary Struggle in Manchuria: Chinese Communism and Soviet Interest, 1922-1945* (Univ. of California , 1983).

A LONGA MARCHA E O PERÍODO YAN'AN. Benjamin Yang, *From Revolution to Politics: Chinese Communists on the Long March* (Westview, 1990). Mark Selden, *The Yenan Way in Revolutionary China* (Harvard Univ., 1971).

As condições econômicas na China Republicana

Thomas Rawski, *Economic Growth in Prewar China* (Univ. of California , 1989); and Albert Feuerwerker, *Economic Trends in the Republica of China, 1912-1949* (Center for Chinese Studies, Univ. of Michigan, 1977).

MOVIMENTO INDUSTRIAL E TRABALHISTA. Jean Chesneaux, *The Chinese Labor Movement, 1919-1927,* trad. H. M. Wright (Stanford Univ., 1968). Gail Hershatter, *The Workers of Tianjin, 1900-1949* (Stanford Univ., 1986); e Emily Honig, *Sisters and Strangers: Women in the Shanghai Cotton Mills, 1919-1949* (Stanford Univ., 1986). S. Bernard Thomas, *Labor and the Chinese Revolution: Class Strategies and Contradictions of Chinese Communism, 1928-1948* (Center for Chinese Studies, Univ. of Michigan, 1983); e Lynda Shaffer, *Mao and the Workers: The Human Labor Movement, 1920-1923* (M. E. Sharpe, 1982).

A ECONOMIA RURAL E A REVOLUÇÃO RURAL. Thomas Wiens, *The Microeconomics of Peasant Economy, 1920-1940* (Garland, 1982); e Ramon Myers, *The Chinese Peasant Economy: Agricultural Development in Hopei and Shantung, 1890-1949* (Harvard Univ., 1970). Philip C. C. Huang, *The Peasant Economy and Social Change in North China* (Stanford Univ., 1985), and *The Peasant Fammily and Rural Development in the Yangzi Delta, 1350-1988* (Stanford Univ., 1990); Prasenjit Duara, *Culture, Power and the State: Rural North China, 1900-1942* (Stanford Univ., 1988). Kathleen Hartford and Steven M. Goldstein, orgs., *Single Sparks: China's Rural Revolution* (M. E. Sharpe, 1989); Angus McDonald, Jr., *The Urban Origins of Rural Revolution: Elites and the Masses in Hunan Province, 1911-1927* (Univ. of California , 1978); and Phil Billingsley, *Bandits in Republican China* (Stanford Univ., 1988). William Hinton, *Fanshen: A Documentary of Revolution in a Chinese Village* (Monthly Review , 1967).

A guerra com o Japão

Marius Jansen, *Japan and China: From War to Peace, 1894-1972* (Rand McNally, 1975). Lincoln Li, *The Japanese Army in North China, 1937-1941: Problems of Political and Economic Control* (Oxford Univ., 1975); James W. Morley, org., *The China Quagmire: Japan's Expansion on the Asian Continent, 1933-1941, Selected Translations* (Columbia Univ., 1983); Lloyd Eastman, *Seeds of Destruction: Nationalist China in War and Revolution, 1937-1949* (Stanford Univ., 1984); Hsi-sheng Ch'i, *Nationalist China at War: Military Defeats and Political Collapse, 1937-1945* (Univ. of Michigan , 1982); Kui-kwong Shum, *The Chinese Communists' Road to Power: The Anti-Japanese National United Front, 1935-1945* (Oxford, 1988); and Tetsuya Kataoka, *Resistance and Revolution in China: The Communists and the Second United Front* (Univ. of California , 1974); Tien-wei Wu, *The Sian Incident: A Pivotal Point in Modern Chinese History* (Center for Chinese Studies, Univ. of Michigan, 1976); Christopher Thorne, *Allies of a Kind: The United States, Britain and the War against Japan 1941-1945* (Oxford Univ., 1978); Michael Schaller, *The US Crusade in China, 1938-1945* (Columbia Univ., 1979); e John W. Garver, *Chinese-Soviet Relations, 1937-1945: The Diplomacy of Chinese Nationalism* (Oxford Univ., 1988); Yung-fa Chen, *Making Revolution: The Communist Movement in Eastern and Central China, 1937-1945* (Univ. of California, 1986); Peter Schran, *Guerrilla Economy: The Development of the Shensi-kansu-Ninghsia Border Region, 1937-1945* (SUNY , 1976).

A guerra civil

Suzanne Pepper, *Civil War in China: The Political Struggle, 1945-1949* (Univ. of California, 1978). Steven I. Levine, *Anvil of Victory: The Communist Revolution in Manchuria, 1945-1948* (Columbia Univ., 1987); James Reardon-Anderson, *Yenan and the Great Powers: The Origins of Chinese Communist Foreing Policy, 1944-1946* (Columbia Univ., 1980); Yonosuke Nagai e Akira Iriye, orgs., *The Origins of the Cold War in Asia* (Columbia Univ., 1977); Dorothy Borg e Waldo Heinrichs, orgs., *Uncertain Years: Chinese-American Relations, 1947-1950* (Columbia Univ., 1980); Gordon Chang, *Friends and Enemies: The United States, China and Soviet Union, 1948-1972* (Stanford Univ., 1990); Nancy B. Tucker, *Patterns in the Dust: Chinese-American Relations and the Recognition Controversy, 1949-1950* (Columbia Univ., 1983); Stephen MacKinnon e Oris Friesen, *China Reporting: An Oral History of American Journalism in the 1930^s and 1940^s* (Univ. of California, 1987).

A república da China, Taiwan

Estudos gerais

J. Bruce Jacobs, Jean Hagger e Anne Sedgley, comps., *Taiwan: A Comprehensive Bibliography of English-Language Publications* (East Asian Institute, Columbia Univ., 1984).

HISTÓRIA PRÉ-MODERNA. Johanna Meskill, *A Chinese Pioneer Family: The Lins of Wu-feng, Taiwan, 1729-1895* (Princeton Univ., 1979); Ronald Knapp, *China's Island Frontier: Studies in the Historical Geography of Taiwan* (Univ. of Havaii , 1980). Ramon Myers e Mark Peattie, orgs., *The Japanese Colonial Empire, 1895-1945* (Princeton Univ., 1984); Samuel P. S. Ho, *Economic Development of Taiwan, 1860-1970* (Yale Univ., 1978); E. Patricia Tsurumi, *Japanese Colonial Education in Taiwan, 1895-1945* (Harvard Univ., 1977); George H. Kerr, *Formosa: Licensed Revolution and the Home Rule Movement, 1895-1945* (Univ. of Havaii, 1974).

A HISTÓRIA PÓS-1949. Thomas B. Gold, *State and Society in the Taiwan Miracle* (M. E. Sharpe, 1986); e Hung-mao Tien, *The Great Transition: Political and Social Change in the Republic of China* (Stanford Univ., 1989); Ramon H. Myers, org., *Two Societies in Opposition: The Republic of China and the People's Republic of China after Forty Years* (Hoover Institution, 1991).

Política e governo

Tse-han Lai, Ramon Myers e Wou Wei, *A Tragic Beginning; The Taiwan Uprising of February 28, 1947* (Stanford Univ., 1990); e George H. Kerr, *Formosa Betrayed* (Houghton Mifflin, 1965); John F. Copper, *A Quiet Revolution: Political Development in the Republic of China* (Univ. of America, 1988); Harvey Feldman, Michael Y. M. Kau e Ilpyong Kim, *Taiwan in a Time of Transition* (Paragon, 1988); Yu San Wang, org., *Foreign Policy of the Republic of China on Taiwan: An Unorthodox Approach* (Praeger, 1990); e Chiao Chiao Hsieh, *Strategy for Survival: The Foreign Policy and External Relations of the Republic of China on Taiwan, 1949-1979* (Sherwood, 1985); Ramon Myers, org., *A Unique Relationship: The United States and the Republic of China under the Taiwan Relations Act* (Hoover Institution , 1989); Martin Lasater, *Policy in Evolution: The Univ..S. Role in China's Reunification* (Westview, 1989).

O desenvolvimento econômico de Taiwan

Gilbert Rozman, org., *The East Asian Region: Confucian Heritage and Its Modern Adaptation* (Princeton Univ., 1991); Edwin Winckler e Susan Greenhalgh, orgs., *Contending Approaches to the Political Economy of Taiwan* (M. E. Sharpe, 1988); Robert Wade, *Governing the Market: Economic Theory and the Role of Government in East Asian Industrialization* (Princeton Univ., 1990); John C. H. Fei, Gustav Ranis e Shirley Kuo, *Growth with Equity: The Taiwan Case* (Oxford Univ., 1979); Kuo-ting Li, *The Evolution of Policy behind Taiwan's Development Success* (Yale Univ., 1988); Joseph Yager, *Transforming Agriculture in Taiwan: The Experience of the Joint Commission on Rural Reconstruction* (Cornell Univ., 1988).

Cultura e sociedade

RELIGIÃO. David K. Jordan e Daniel L. Overmyer, *The Flying Phoenix: Aspects of Chinese Sectarianism in Taiwan* (Princeton Univ., 1986); David K. Jordan, *Gods, Ghosts and Ancestors: The Folk Religion of a Taiwanese Village* (Univ. of California , 1972); e Robert Weller, *Unities and Diversities in Chinese Religion* (Univ. of Washington , 1987).

CLASSE SOCIAL E FAMÍLIA. Emily Martin Ahern e Hill Gates, orgs., *The Anthropology of Taiwanese Society* (Stanford Univ., 1981). Stevan Harrell, *Ploughshare Village: Culture and Context in Taiwan* (Univ. of Washington , 1982); e Burton Pasternak, *Kinship and Community in Two Chinese Villages* (Stanford Univ., 1972); Myron L. Cohen, *House United, House Divided: The Chinese Family in Taiwan* (Columbia Univ., 1976); Hill Gates, *Chinese Working-Class Lives: Getting By in Taiwan* (Cornell Univ., 1987).

A República Popular da China (1949-)

Obras de referência

The Cambridge History of China, vol. 14: *The Emergence of Revolutionary China 1949-1965*, e vol. 15: *Revolutions within the Chinese Revolution, 1966-1982* (Cambridge Univ., 1987; 1991); *Bibliography of Asian Studies*, publicada pela Association for Asian Studies.

BIOGRAFIAS. Wolfgang Bartke, *Who's Who in the People's Republic of China*, 2 vols., 3 ed. (K. G. Saur, 1991).

DEMOGRAFIA. *The Population Atlas of China* (Oxford Univ., 1987).

Periódicos

China Quartely (London: 1960–). *Far Eastern Economic Review. Australian Journal of Chinese Affairs* (Canberra: 1979-); *Asian Survey* (Univ. of California , 1971-).

Pesquisas

Jacques Guillermaz, *The Chinese Communist Party in Power 1949-1976* (Westview, 1976); Harold C. Hinton, org., *The People's Republic of China: A Handbook* (Westview, 1979); Marie-Claire Bergère, Lucien Bianco e Jürgen Domes, *La China au XXe siècle: de 1949 à aujourd'hui* (Paris: Fayard, 1990); Maurice Meisner, *Mao's China and After: A History of the People's Republic* (Free , 1986); e Lowell Dittmer, *China's Continous Revolution: The Post-Liberation Epoch, 1949-1981* (Univ. of California , 1987).

APRECIAÇÕES. Tang Tsou, *The Cultural Revolution and Post-Mao Reforms: A Historical Perspective* (Univ. of Chicago , 1986); Joyce K. Kallgren, org., *Building a Nation-State: China after Forty Years* (Institute of East Asian Studies, Univ. of California , 1990); Simon Leys, *Broken Images: Essays on Chinese Culture and Politics* (St. Martin's , 1980); John Fraser, *The Chinese: Portrait of a People* (Summit, 1980); Fox Butterfield, *China: Alive in the Bitter Sea* (Times Books, 1982); Jay e Linda Mathews, *One Billion: A China Chronicle* (Random House, 1983); John Gittings, *China Changes Face: The Road from Revolution, 1949-89* (Oxford Univ., 1989).

A organização sociopolítica e a liderança

Mao Zedong

Stuart R. Schram em *The Cambridge History of China*, vols. 13 e 15; Benjamin I. Schwartz e Stuart R. Schram, orgs. e trad., *Mao's Complete Works before 1949* (M. E. Sharpe, no prelo); Michael Y. M. Kau e John K. Leung, orgs., *The Writings of Mao Zedong, 1949-1976*, vol. I: *September 1949-December 1955* (M. E. Sharpe, 1986); vol. 2: *January 1956-December 1957* (no prelo). Roderick MacFarquhar, Timothy Check, Eugene Wu, orgs., *The Secret Spreeches of Chairman Mao: From the Hundred Flowers to the Great Leap Forward* (Council on East Asian Studies, Harvard Univ., 1989).

ANÁLISES. Maurice Meisner, *Marxism, Maoism and Utopianism: Eight Essays* (Univ. of Wisconsin , 1982); Ross Terrill, *Mao: A Biography* (Harper & Row, 1980); Dick Wilson, org., *Mao Tse-tung in the Scales of History: A Preliminary Assessment.*

ASPECTOS PSICOLÓGICOS DA LIDERANÇA DE MAO. Lucian W. Pye, *Mao Tse-tung: The Man in the Leader* (Basic Books, 1976); Robert J. Lifton, *Revolutionary Immortality: Mao Tse-tung and the Chinese Cultural Revolution* (Random House, 1968).

A IDEOLOGIA PÓS-MAO. Bill Brugger and David Kelly, *Chinese Marxism in the Post-Mao Era* (Stanford Univ., 1990); William A. Joseph, *The Critique of Ultra-Leftism in China 1958-1981* (Stanford Univ., 1984); Gilbert Rozman, *The Chinese Debate about Soviet Socialism, 1978-1985* (Princeton Univ., 1987).

Programa de governo e política

Thomas Fingar e Paul Blencoe et al., orgs., *China's Quest for Independence: Policy Evolution in the 1970*[s] (Westview, 1980); David M. Lampton, org., *Policy Implementation in Post-Mao China* (Univ. of California, 1987); John P. Burns e Stanley Rosen, orgs., *Policy Conflicts in Post-Mao China: A Documentary Survey, with Analysis* (M. E. Sharpe, 1986); Charles Burton, *Political and Social Change in China since 1978* (Greenwood , 1990).

O PAPEL DO ESTADO. Stuart R. Schram, org., *Foundations and Limits of State Power in China* (SOAS and Chinese Univ., 1987); Vivienne Shue, *The Reach of the State: Sketches of the Chinese Body Politic* (Stanford Univ., 1988).

O PARTIDO E A POLÍTICA. Laszlo Ladany, *The Communist Party of China and Marxism, 1921-1985: A Self Portrait* (Hoover Institution , 1988); Hsi-sheng Ch'i, *The Politics of Disillusionment: The Chinese Communist Party under Deng Xiaoping, 1978-1989* (M. E. Sharpe, 1991); e Hong Yung Lee, *From Revolutionary Cadres to Party Technocrats in Socialist China* (Univ. of California, 1991).

OUTROS GRUPOS POLÍTICOS. Harry Harding, *Organizing China: The Problem of Bureaucracy, 1949-1976* (Stanford Univ., 1981); Martin King Whyte, *Small Groups and Political Rituals in China* (Univ. of California, 1974); Victor C. Falkenheim, org., *Citizens and Groups in Contemporary China* (Center for Chinese Studies, Univ. of Michigan, 1987), e David S. G. Goodman, org., *Groups and Politics in the People's Republic of China* (M. E. Sharpe, 1984); Avery Goldstein, *From Bandwagon to Balance-of-Power Politics: Structural Constraints and Politics in China 1949-1978* (Stanford Univ., 1991); Kenneth Lieberthal e Michel Oksenberg, *Policy Making in China: Leaders, Structures and Processes* (Princeton Univ., 1988).

COMUNICAÇÃO. John Howkins, *Mass Communication in China* (Longman, 1982).

Campanhas

PESQUISAS. Gordon Bennett, *Yundong: Mass Campaigns in Chinese Communist Leadership* (Center for Chinese Studies, Univ. of California, 1976); Frederick C. Teiwes, *Politics and Purges in China: Rectification and the Decline of Party Norms, 1950-1965* (M. E. Sharpe, 1979).

REFORMA AGRÁRIA E A COLETIVIZAÇÃO DA AGRICULTURA. Vivienne Shue, *Peasant China in Transition: The Dynamics of Development toward Socialism, 1949-1956* (Univ. of California , 1980); Jean C. Oi, *State and Peasant in Contemporary China: The Political Economy of Village Government* (Univ. of California , 1989); Edward Friedman, Paul Pickowicz, and Mark Selden, com Kay Ann Johnson, *Chinese Village, Socialist State* (Yale Univ., 1991).

Os intelectuais e o Estado

Roderick MacFarquhar, org., *The Hundred Flowers Campaign and the Chinese Intellectuals* (Praeger, 1960; Octagon, 1973); Merle Goldman, *Literary Dissent in Communist China* (Harvard

Univ., 1967; Athenaeum, 1971); Carol Lee Hamrin e Timothy Cheek, orgs., *China's Establishment Intellectuals* (M. E. Sharpe, 1986); Merle Goldman com Timothy Cheek e Carol Lee Hamrin, *China's Intellectuals and the State: in Search of a New Relationship* (Council on East Asian Studies, Harvard Univ., 1987); Judith Shapiro e Liang Heng, *Cold Winds, Warm Winds: Intellectual Life in China Today* (Wesleyan Univ., 1986); Liu Binyan, *A Higher Kind of Loyalty*, trad. Zhu Hong (Random House, 1990).

Educação

FONTES. Shi Ming Hu e Eli Seifman, orgs., *Toward a New World Outlook: A Documentary History of Education in the People's Republic of China 1949-1976* (AMS , 1976); Peter J. Seybolt, *Revolutionary Education in China: Documents and Commentary,* ed. rev. (International Arts & Sciences, 1973).

PROGRAMA DE GOVERNO. Susan L. Shirk, *Competitive Comrades: Career Incentives and Student Strategies in China* (Univ. of California , 1982); Jonathan Unger, *Education under Mao: Class and Competition in Canton Schools, 1960-1980* (Columbia Univ., 1982): Robert Taylor, *China's Intellectual Dilemma: Politics and University Enrollment, 1949-1978* (Univ. of British Columbia, 1981).

COMPARAÇÕES. Howard Gardner, *To Open Minds: Chinese Clues to the Dilemma of Contemporary Education* (Basic Books, 1989).

TROCAS. Leo A. Orleans, *Chinese Students in America: Policies, Issues, and Numbers* (National Academy , 1988); Joyce K. Kallgren e Denis Fred Simon, orgs., *Educational Exchange: Essays on the Sino-American Experience* (Institute of East Asian Studies, Univ. of California, 1987).

REFORMA. Peter J. Seybolt e Gregory Kuei-ko Chiang, org. e intro., *Language Reform in China: Documents and Commentary* (M. E. Sharpe, 1978); Suzanne Pepper, *China's Education Reform in the 1980s: Policies, Issues and Historical Perspectives* (Institute of East Asian Studies, Univ. of California, 1990).

O Grande Salto para Frente, 1958-1960

Roderick MacFarquhar, *The Origins of the Cultural Revolution*, vol. 2: *The Great Leap Forward, 1958-1960* (Columbia Univ., 1983); David Bachman, *Bureaucracy, Economy and Leadership in China: The Institutional Origins of the Great Leap Forward* (Cambridge Univ.,, 1991); B. Ashton et al., "Famine in China, 1958-61", *Population and Development Review,* 10.4 (1984).

A Revolução Cultural, 1966-1976

William A. Joseph, Christine P. W. Wong e David Zweig, *New Perspectives on the Cultural Revolution* (Council on East Asian Studies, Harvard Univ., 1991); Hong Yung Lee, *The Politics of the Chinese Cultural Revolution: A Case Study* (Univ. of California, 1978); Lowell Dittmer, *Liu Shao-ch'i and the Chinese Cultural Revolution: The Politics of Mass Criticism* (Univ. of California, 1974); Edward Rice, *Mao's Way* (Univ. of California, 1972).

POLÍCIA SECRETA. Roger Faligot e Rémi Kauffer, trad. do francês por Christine Donougher, *The Chinese Secret Service* (London: Headline, 1989; Morrow, 1990).

A REVOLUÇÃO CULTURAL NA ZONA RURAL DA CHINA. Anita Chan, Richard Madsen e Jonathan Unger, *Chen Village: The Recent History of a Peasant Community in Mao's China* (Univ. of California, 1984); Richard Madsen, *Morality and Power in a Chinese Village* (Univ. of California, 1984); David Zweig, *Agrarian Radicalism in China, 1968-1981* (Harvard Univ., 1989).

As guardas vermelhas

Anita Chan, *Children of Mao: Personality Development and Political Activism in the Red Guard Generation* (Univ. of Washington , 1985); William Hinton, *Hundred Day War: The Cultural Revolution at Tsinghua University* (Monthly Review, 1972); Nien Cheng, *Life and Death in Shanghai* (Grove, 1986); B. Michael Frolic, *Mao's People: Sixteen Portraits of Life in Revolutionary China* (Harvard Univ., 1980); Gao Yuan, *Born Red: A Chronicle of the Cultural Revolution* (Stanford Univ., 1987); Liang Heng e Judith Shapiro, *Son of the Revolution* (Vintage Books, 1984); Stanley Rosen, *Red Guard Factionalism and the Cultural Revolution in Guangzhou (Canton)* (Westview, 1982); Lynn T. White, III, *Policies of Chaos: The Organizational Causes of Violence in China's Cultural Revolution* (Princeton Univ., 1989).

O período posterior à Revolução Cultural e o início da década de 1980

CAMPANHAS POSTERIORES. Thomas P. Bernstein, *Up to the Mountains and Down to the Villages: The Transfer of Youth from Urban to Rural China* (Yale Univ., 1977). Frederick C. Teiwes, *Leadership, Legitimacy and Conflict in China: From a Charismatic Mao to the Politics of Succession* (M. E. Sharpe, 1984); Roxanne Witke, *Comrade Chiang Ch'ing* (Little, Brown, 1977).

Os militares

Jürgen Domes, *Peng Te-huai: The Man and the Image* (Stanford Univ., 1985); Harvey W. Nelsen, *The Chinese Military System: An Organizational Study of the Chinese People's Liberation Army* (Westview, 1977); Ellis Joffe, *The Chinese Army after Mao* (Harvard Univ., 1987); Harlan W. Jencks, *From Muskets to Missiles: Politics and Professionalism in the Chinese Army, 1945-1981* (Westview, 1982); Paul Godwin, org., *The Chinese Defense Establishment: Continuity and Change in the 1980*s (Westview, 1983); June Teufel Dreyer, org., *Chinese Defense and Foreign Policy* (Paragon, 1989).

A economia em geral

Alexander Eckstein, *China's Economic Revolution* (Cambridge Univ., 1977); Dwight H. Perkins, *China: Asia's Next Economic Giant* (Univ. of Washington , 1986); Christopher Howe, *China's Economy: A Basic Guide* (Basic Books, 1978); Nicholas R. Lardy, *Economic Growth and Distribution in China* (Cambridge Univ., 1978); Chuyuan Chen, *China's Economic Development: Growth and Structural Change* (Westview, 1982); Carl Riskin, *China's Political Economy: The Quest for Development since 1949* (Oxford Univ., 1988); Dorothy J. Solinger, *Chinese Business under Socialism: The Politics of Domestic Commerce 1949-1980* (Univ. of California, 1984); Thomas P. Lyons, *Economic Integration and Planning in Maoist China* (Columbia Univ., 1987).

O desenvolvimento agrícola

Philip C. C. Huang, "The Paradigmatic Crisis in Chinese Studies", *Modern China, 17-3* (July 1991); Dwight Perkins e Shahid Yusuf, *Rural Development in China* (Johns Hopkins Univ., 1984); Nicholas R. Lardy, *Agriculture in China's Modern Economic Development* (Cambridge Univ., 1983); Kenneth R. Walker, *Food Grain Procurement and Consumption in China* (Cambridge Univ., 1984); John P. Burns, *Political Participation in Rural China* (Univ. of California, 1988).

ESTUDOS DE CASOS DE VILAREJOS. William L. Parish E Martin King Whyte, *Village and Family in Contemporary China* (Univ. of Chicago , 1978); Gordon Bennett et al., *Huadong: The Story of a Chinese People's Commune* (Westview, 1978); Anita Chan, Richard Madsen e

Jonathan Unger, *Chen Village: The Recent History of a Peasant Community in Mao's China* (Univ. of California, 1984), e Richard Madsen, *Morality and Power in a Chinese Village* (Univ. of California, 1984).

DESCOLETIVIZAÇÃO. Sulamith Heins Potter e Jack M. Potter, *China's Peasant: The Anthropology of a Revolution* (Cambridge Univ., 1900); Huang Shu-min, *The Spiral Road: Change in a Chinese Village through the Eyes of a Communist Party Leader* (Westview, 1989); Peter Nolan, *The Political Economy of Collective Farms: An Analysis of China's Post-Mao Rural Reforms* (Westview, 1988); Helen F. Siu, *Agents and Victims in South China: Accomplices in Rural Revolution* (Yale Univ., 1989); William L. Parish, org., *Chinese Rural Development: The Great Transformation* (M. E. Sharpe, 1985).

INDÚSTRIA RURAL. Jon Sigurdson, *Rural Industrialization in China* (Council on East Asian Studies, Harvard Univ., 1977); Dwight Perkins, org., *Rural Small-Scale Industry in the People's Republic of China* (Univ. of California, 1977); William A. Byrd e Lin Qingsong, org., *China's Rural Industry: Structure, Development and Reform* (Oxford Univ. para o Banco Mundial, 1990).

Urbanização e indústria

John W. Lewis, org., *The City in Communist China* (Stanford Univ., 1971); Martin King Whyte e William L. Parish, *Urban Life in Contemporary China* (Univ. of Chicago, 1984); Christopher Howe, org., *Shanghai: Revolution and Development in an Asian Metropolis* (Cambridge Univ., 1981); Ezra F. Vogel, *Canton under Communism: Programs and Politics in a Provincial Capital, 1949-1968,* 2. ed. (Harvard Univ., 1980).

ORGANIZAÇÃO. Charles Bettelheim, *Cultural Revolution and Industrial Organization in China: Changes in Management and Division of Labor* (Monthly Review , 1974); Stephen Andors, *China's Industrial Revolution: Politics, Planning and Management, 1949 to the Present* (Pantheon Books, 1977); Peter N. S. Lee, *Industrial Management and Economic Reform in China, 1949-1984* (Oxford Univ., 1987).

TRABALHO E MÃO-DE-OBRA. Thomas G. Rawski, *Economic Growth and Employment in China* (Oxford Univ., 1979); Andrew G. Walder, *Communist Neo-Traditionalism: Work and Authority in Chinese Industry* (Univ. of California, 1986; paper, 1988); Bao Ruo-wang (Jean Pasqualini) e Rudolph Chelminski, *Prisoner of Mao* (Coward, McCann e Geoghegan, 1973).

Ciência e tecnologia

Richard Baum, org., *China's Four Modernization: The New Technological Revolution* (Westview, 1980). Richard P. Suttmeier, *Research and Revolution: Science Policy and Societal Change in China* (D. C. Heath, 1974). Ver do mesmo autor *Science, Technology and China's Drive for Modernization* (Hoover Institution , 1980); Tony Saich, *China's Science Policy in the 80s* (Humanities International, 1989); Leo A. Orleans, org., com a assistência de Caroline Davidson, *Science in Contemporary China* (Stanford Univ., 1980); Denis Fred Simon e Merle Goldman, orgs., *Science and Technology in Post-Mao China* (Council on East Asian Studies, Harvard Univ., 1989).

Reforma econômica, 1978-1990

Harry Harding, *China's Second Revolution: Reform after Mao* (Brookings Institution, 1987); Elizabeth J. Perry e Christine Wong, orgs., *The Political Economy of Reform in Post-Mao China* (Council on East Asian Studies, Harvard Univ., 1985).

ASPECTOS INTERNACIONAIS E COMPARAÇÕES. Robert F. Dernberger, org., *China's Development Experience in Comparative Perspective* (Harvard Univ., 1980); Richard Feinberg et al., orgs., *Economic Reform in Three Giants: Univ..S. Foreign Policy and the URSS, China and India* (Overseas Development Council, 1990); N. T. Wang, *China's Modernization and Transnational Corporations* (D. C. Heath, 1984).

COMÉRCIO INTERNACIONAL. Nicholas R. Lardy, *Foreign Trade and Economic Reform in China, 1978-1990* (Cambridge Univ., 1991); Samuel P. S. Ho e Ralph W. Huenemann, *China's Open Door Policy: The Quest for Foreign Technology and Capital: A Study of China's Special Trade* (Univ. of British Columbia , 1984); Robert Kleinberg, *China's "Opening" to the Outside World: The Experiment with Foreign Capitalism* (Westview, 1990).

DESENVOLVIMENTO ENERGÉTICO. Vaclac Smil, *Energy in China's Modernization: Advances and Limitations* (M. E. Sharpe, 1988); Kenneth Lieberthal e Michel Oksenberg, *Policy Making in China: Leaders, Structures. and Processes* (Princeton Univ., 1988).

ZONAS ECONÕMICAS ESPECIAIS (ZES). Yue-man Yeung e Xu-wei Hu, orgs., *Chinese Coastal Cities: Catalysts for Modernization* (Univ. of Havaii, 1991); Ezra F. Vogel, *One Step Ahead in China: Guangdong under Reform* (Harvard Univ., 1989).

HONG KONG. James L. Watson, *Emigration and the Chinese Lineage: The Mans in Hong Kong and London* (Univ. of California , 1975); Wong Siulun, *Emigrant Enterpreneurs: Shanghai Industrialists in Hong Kong* (Oxford Univ., 1988); Peter Wesley-Smith, *Unequal Treaty 1898-1997: China, Great Britain and Hong Kong's New Territories* (Oxford Univ., 1980; brochura, 1983); Frank Ching, *Hong Kong and China: For Better or for Worse* (Asia Society and Foreign Policy Association, 1985).

Relações internacionais da China

Gerald Segal, org., *Chinese Politics and Foreign Policy Reform* (Kegan Paul International, 1990); A. Doak Bamett, *The Making of Foreign Policy in China: Structure and Process* (Westview, 1985); Harry Harding, org., *China's Foreign Relations in the 1980s* (Yale Univ., 1984); e Samuel S. Kim, org., *China and the World: New Directions in Chinese Foreign Relations* (Westview, 1989); Michael Yahuda, *China's Foreign Policy: Toward the End of Isolationism* (Macmillan, 1983); John Gittings, *The World and China, 1922-1972* (Harper & Row, 1974).

Guerra da Coréia

Bruce Cumings, *The Origins of the Korean War*, vol. I: *Liberation and the Emergence of Separate Regimes, 1945-1947*; vol 2: *The Roaring of the Cataract, 1947-1950* (Princeton Univ., 1981 e 1990).

A China e a URSS

Edmund Clubb, *China and Russia: The Great Game* (Columbia Univ., 1971). Ver também Herbert J. Ellison, org., *The Sino-Soviet Conflict: A Global Perspective* (Univ. of Washington , 1982); e Gordon H. Chang, *Friends and Enemies: The United States, China and the Soviet Union, 1948-1972* (Stanford Univ., 1990).

A China e o Terceiro Mundo

Samuel S. Kim, *The Third World in Chinese World Policy* (Center of International Studies, Princeton Univ., 1989); Lillian Craig Harris e Robert L. Worden, orgs., *China and the Third World: Champion or Challenger?* (Aubum House, 1986); Peter Van Ness, *Revolution and Chinese Foreign Policy: Peking's Support for Wars of National Liberation* (Univ. of California , 1970).

SUDESTE DA ÁSIA. J. A. C. Mackie, org., *The Chinese in Indonesia: Five Essays* (Univ. of Havaii , em associação com o Australian Institute of International Affairs, 1976); Robert S. Ross, *The Indochina Tangle: Ch,za's Vietnam Policy, 1975-1979* (Columbia Univ., 1988).

SUL DA ÁSIA. Neville Maxwell, *India's China War* (Jonathan Cape, 1970); Allen S. Whiting, *The Chinese Calculus of Deterrence: Ilidia and Indochina* (Univ. of Michigan , 1975).

ÁFRICA. Bruce D. Larkin, *China and Africa, 1949-1970: The Foreign Policy of the People's Republic of China* (Univ. of California , 1971); Alan Hutchinson, *China's African Revolution* (Westview, 1976).

AJUDA EXTERNA À CHINA. Wolfgang Bartle, *The Economic Aid of the P R of China to Developing and Socialist Countries* (K. G. Saur, 1989); E. John Franklin Correr, *China's Foreign Aid: An Instrument of Peking's Foreign Policy* (D. C. Heath, 1976).

A China e os Estados Unidos

Akira Iriye, *The Cold War in Asia: A Historical Introduction* (Prentice Hall, 1974). James C. Thomson, Jr., Peter W. Stanley, John Curtis Perry, *Sentimental Imperialists: The American Experience in East Asia* (Harper & Row, 1981); Warren I. Cohen, *America's Response to China: A History of Sino-American Relations, 3. ed.* (Columbia Univ., 1990); Roderick MacFarquhar, *Sino-American Relations, 1949-1971* (Praeger, 1972).

A "DERROTA" DA CHINA. Stanley D. Bachrack, *The Committee of One Million: "China Lobby" Politics, 1953-1971* (Columbia Univ., 1976); Edwin W. Martin, *Divided Counsel: The Anglo-American Response to Communist Victory in China* (Univ. of Kentucky, 1986); John S. Service, *The Amerasia Papers: Some Problems in the History of US-China Relations* (Center for Chinese Studies, Univ. of California, 1971); E. J. Kahn, Jr., *The China Hands* (Random House, 1975). Paul Gordon Lawson, org., *The China Hands' Legacy: Ethics and Diplomacy* (Westview, 1987).

REAPROXIMAMENTO. Robert G. Sutter, *China Watch: Toward Sino-American Reconciliation* (Johns Hopkins Univ., 1978); William Dudley e Karen Swisher, orgs., *China: Opposing Viewpoints* (Greenhaven , 1989).

Reforma política, 1978-1990

A. Doak Barnett e Ralph N. Clough, orgs., *Modernizing China: Post-Mao Reform and Development* (Westview, 1986); Barrett L. McCormick, *Political Reform in Post-Mao China: Democracy and Bureaucracy in a Leninist State* (Univ. of California , 1990); e Carol Lee Hamrin, *China and the Challenge of the Future: Changing Political Patterns* (Westview, 1990).

O movimento democrático

Andrew J. Nathan, *Chinese Democracy* (Knopf, 1985; *paper*, Univ. of California , 1986); Fang Lizhi, *Bringing Down the Great Wall: Writings on Science, Culture and Democracy in China,* org. e trad. James H. Williams (Knopf, 1991).

Andrew J. Nathan, *China's Crisis: Dilemmas of Reform and Prospects for Democracy* (Columbia Univ., 1990); Orville Schell, *Discos and Democracy: China in the Throes of Reform* (Pantheon, 1988); David Bachman and Dali L. Yang, orgs. e trad. *Yan Jiaqi and China's Struggle for Democracy* (M. E. Sharpe, 1991); Thomas A. Metzger, "Confucian Thought and the Modern Chinese Quest for Moral Autonomy", em *Renwen ji shehui kexue jikan* (Journal of Social Sciences and Philosophy) (Taibei), I.I (Nov. 1988): 297-358.

O incidente de Tiananmen, 4 de junho de 1989

Tony Saich, org., *The Chinese People's Movement: Perspective on Spring 1989* (M. E. Sharpe, 1990); Michel Oksenberg, Lawrence R. Sullivan e Marc Lambert, orgs., *Beijing Spring 1989, Confrontation and Conflict: The Basic Documents* (M. E. Sharpe, 1990). Lee Feigon, author of *China Rising: The Meaning of Tiananmen* (Chicago: Ivan Dee, 1900). Jeffrey N. Wasserstrom e Elizabeth J. Perry, orgs., *Popular Protest and Political Culture in Modern China: Learning from 1989* (Westview, 1992). Che Muqi, *Beijing Turmoil: More than Meets the Eye* (Beijing: Foreign Languages, 1990). George Hicks, org., *The Broken Mirror: China after Tiananmen* (St. James , 1991).

Lei e direitos humanos

Legislação interna

Anita Chan, Stanley Rosen e Jonathan Unger, orgs., *On Socialist Democracy and the Chinese Legal System: The Li Yizhe Debates* (M. E. Sharpe, 1985). Jerome Alan Cohen, R. Randle Edwards e Fu-mei Chang Chen, orgs., *Essays on China's Legal Tradition* (Princeton Univ., 1980). R. Randle Edwards, Louis Henken e Andrew J. Nathan, orgs., *Human Rights in Contemporary China* (Columbia Univ., 1986). Ver também Movimento Democrático, acima.

Legislação Internacional

Hungdah Chiu e Jerome Alan Cohen, *People's China and International Law* (Princeton Univ., 1974).

Questões sociais e públicas

"The Living Tree: The Changing Meaning of Being Chinese Today", *Daedalus*, vol. 120, n. 2, primavera de 1991. Zhang Xinxin e Sang Ye, *Chinese Lives: An Oral History of Contemporary China* (Pantheon, 1987). Richard Curt Kraus, *Class Conflict in Chinese Socialism* (Columbia Univ., 1981); e James L. Watson, org., *Class and Social Stratification in Post-Revolution China* (Cambridge Univ., 1984).

Medicina e saúde pública

Arthur Kleinman, *Social Origins of Distress and Disease: Depression, Neurasthenia and Pain in Modern China* (Yale Univ., 1986). Chen Junshi, T. Colin Campbell, et al., orgs., *Diet, Life Style and Mortality in China: A Study of the Characteristics of 65 Chinese Counties* (Cornell Univ., 1990); Marilyn M. Rosenthal, *Health Care in the People's Republic of China: Moving towards Modernization* (Westview, 1987); e John Z. Bowers, J. William Hess e Nathan Sivin, orgs., *Science and Medicine in Twentieth-Century China: Research and Education* (Center for Chinese Studies, Univ. of Michigan, 1988). The Health Sector in China (World Bank, 1984); *A Barefoot Doctor's Manual* (Philadelphia: Running , 1977); C. C. Chen, *Medicine in Rural China: A Personal Account* (Univ. of California, 1989).

Meio ambiente

Vaclav Smil, *The Bad Earth: Environmental Degradation in China* (M. E. Sharpe, 1984). James E. Nickum, org. e introd., *Water Management Organization in the People's Republic of China* (M. E. Sharpe, 1982). S. D. Richardson, *Forests and Forestry in China* (Island , 1990). Lester Ross, *Environmental Policy in China* (Indiana Univ., 1988). Grainne Ryder, *Damming the Three Gorges: What Dam-Builders Don't Want You to Know* (Toronto: Probe International, 1990). Li Peng et al. Lyman P. van Slyke, *Yangtze: Nature, History and the River* (Addison-Wesley, 1988).

Demografia e controle da natalidade

The Population Atlas of China (Oxford Univ., 1987), org. Li Chengrui. Leo A. Orleans, *Every Fifth Child: The Population of China* (Stanford Univ., 1972). Ansley J. Coale, *Rapid Population Change in China, 1952-1982* (National Academy, 1984). Judith Banister, *China's Changing Population* (Stanford Univ., 1987); Elizabeth Croll, Delia Davin e Penny Kane, orgs., *China's One Child Family Policy* (Macmillan, 1985); Burton Pasternak, *Marriage and Fertility in Tianjin, China: Fifty Years of Transition* (East-West Population Institute, East-West Center, 1986).

A mulher na sociedade

Elizabeth Croll, *The Women's Movement in China: A Selection of Readings, 1949-1973* (London: Anglo-Chinese Educational Institute, 1974). Margery Wolf, *Revolution Postponed:*

Women in Contemporary China (Stanford Univ., 1985). Kay Ann Johnson, *Women, the Family and Peasant Revolution in China* (Univ. of Chicago, 1983); e Arthur P. Wolf e Chieh-shang Huang, *Marriage and Adoption in China* (Stanford Univ., 1980).

OS DIREITOS DA MULHER. Marilyn B. Young, org., *Women in China: Studies in Social Change and Feminism* (Center for Chinese Studies, Univ. of Michigan, 1973). Phyllis Andors, *The Unfinished Liberation of Chinese Women, 1949-1980* (Indiana Univ., 1983).

RELATOS BIOGRÁFICOS DE MULHERES. Vivian Ling Hsu, org., *Born of the Same Roots: Stories of Modern Chinese Women* (Indiana Univ., 1981). Yue Daiyun, escrito por Carolyn Wakeman, *To the Storm: The Odyssey of a Revolutionary Chinese Woman* (Univ. of California , 1985). Emily Honig e Gail Hershatter, *Personal Voices: Chinese Women in the 1980s* (Stanford Univ., 1988).

Minorias e regiões

Thomas Heberer, *China and Its National Minorities: Autonomy or Assimilation?,* trad. por Michael Vale (M. E. Sharpe, 1989). June Teufel Dreyer, *China's Forty Millions: Minority Nationalities and National Integration in the People's Republic of China* (Harvard Univ., 1976). Dorothy J. Solinger, *Regional Government and Political Integration in Southwest China, 1949-1954: A Case Study* (Univ. of California , 1977). George V. H. Moseley, III, *The Consolidation of the South China Frontier* (Univ. of California , 1973). David S. G. Goodman, *Centre and Province in the People's Republic of China: Sichuan and Guizhou, 1955-1965* (Cambridge Univ., 1986); Keith Forster, *Rebellion and Factionalism in a Chinese Province: Zhejiang, 1966-1976* (E. M. Sharpe, 1990); Linda Benson e Ingvar Svanberg, orgs., *The Kazaks of China: Essays on an Ethnic Minority* (Stockholm: Almquist & Wiksell International, 1988); e Dru C. Gladney, *Muslim Chinese: Ethnic Nationalism in the People's Republic* (Council on East Asian Studies, Harvard Univ., 1991).

Religião

Holmes Welch, *Buddhism under Mao* (Harvard Univ., 1972). George Urban, org. e introd., *The Miracles of Chairman Mao: A Compendium of Devotional Literature, 1966-1970* (Nash Publishing, 1971). G. Thompson Brown, *Christianity in the People's Republic of China*, ed. rev. (John Knox , 1986). Julian F. Pas, org., *The Turning of the Tide: Religion in China Today* (Oxford Univ., 1989).

Artes e ciências humanas

LITERATURA. Perry Link, org., *Stubborn Weeds: Popular and Controversial Chinese Literature after the Cultural Revolution* (Indiana Univ., 1983); Hualing Nieh, org., *Literature of the Hundred Flowers*, 2 vols. (Columbia Univ., 1981); Perry Link, Richard Madsen e Paul G. Pickowicz, orgs., *Unofficial China: Popular Culture and Thought in the People's Republic* (Westview, 1989); Jeanne Tai, comp. e trad., *Spring Bamboo: A Collection of Contemporary Chinese Short Stories* (Random House, 1989); Chen Jo-hsi, *The Execution of Mayor Yin and Other Stories from the Great Proletarian Cultural Revolution* (Indiana Univ., 1978); Helen Siu e Zelda Stern, orgs., *Mao's Harvest: Voices from China's New Generation* (Oxford Univ., 1983); Liu Binyan, org. Perry Link, *People or Monsters? and Other Stories and Reportage from China after Mao* (Indiana Univ., 1983).

TEATRO. Bonnie S. McDougall, org., *Popular Chinese Literature and Performing Arts in the People's Republic of China, 1949-1979* (Univ. of California , 1984); Rudolf G. Wagner, *The Contemporary Chinese Historical Drama: Four Studies* (Univ. of California , 1990).

MÚSICA. Richard Curt Kraus, *Pianos and Politics in China: Middle Class Ambitions and the Struggle over Western Music* (Oxford Univ., 1989).

ARTE. Ellen Johnston Laing, *The Winking Owl: Art in the People's Republic of China* (Univ. of California , 1988). Joan Lebold Cohen, *The New Chinese Painting, 1949-1986* (H. N. Abrams, 1987).

CINEMA. Paul Clark, *Chinese Cinema: Culture and Politics since 1949* (Cambridge Univ., 1987).

Nota do editor norte-americano

O professor Fairbank entregou à Editora da Universidade de Harvard na manhã do dia 12 de setembro de 1991 o manuscrito *China: Uma nova história*, editado e aprovado. Ele sofreu um infarto à tarde e faleceu dois dias depois, sem escrever a seção dos agradecimentos.

De acordo com a sua profunda e expressa convicção de que o estudo da história chinesa deveria ser um trabalho conjunto, recorrendo às aptidões e às energias de muitos indivíduos, Fairbank enviou o manuscrito *China: Uma nova história* para que diversos colegas dessem suas opiniões. Entre os que teceram comentários para aperfeiçoar o trabalho, podemos citar Marie-Claire Bergère, Peter Bol, Kwang-chih Chang, Lloyd Eastman, Edward Farmer, Herbert Franke, William Kirby, Philip Kuhn, Thomas Metzger, Andrew Nathan, Lucian Pye, John Schrecker, Benjamin Schwartz, James Watson e, em especial, Paul Cohen, que manteve estreito contato com Fairbank nos meses que precederam a sua morte, assim como se comprometeu a ocupar-se do livro caso a saúde de Fairbank piorasse. As inúmeras tarefas que envolvem o trabalho editorial durante o processo de produção contaram com a notável competência do professor Cohen.

Karin Gollin, assistente de pesquisa de Fairbank, auxiliou enormemente tanto no desenvolvimento do texto quanto na compilação dos tópicos que precedem a RPC na seção Bibliografia sugerida. A parte referente à RPC nesta seção beneficiou-se do devotado empenho de Martha Henderson Collidge, que também cooperou nos temas ambientais da era pós-Mao. Este livro contou ainda com as indicações bibliográficas de especialistas como William Alford, Paul Cohen, Joan Kaufman, Peter Perdue, Dwight Perkins, Terry Sicular, Nathan Sivin, James Thomson, Rudolf Wagner, David Zweig e, em particular, Nancy Hearst, bibliotecária do Fairbank Center for East Research.

Como já fizera em diversos outros trabalhos do marido, Wilma Fairbank contribuiu com seu conhecimento e seu olhar apurado de historiadora da arte chinesa na seleção e organização das ilustrações e escreveu muitas de suas legendas. Seu objetivo foi mostrar o povo chinês em atividade, como representado pelos artistas chineses através dos séculos antes da invenção da fotografia. A sra. Fairbank participou também da seleção da ilustração da sobrecapa do livro.

Por sua ajuda em localizar e obter o material ilustrativo, a editora agradece a Yen-shew Lynn Chao, Timothy Connor, Jing Jun, John Kim, Thomas Lawton, Jeanne Moore, James Watson, Wango Weng, Mark Wilson e Wu Hung.

Aida Donald, assistente da Direção e editora-chefe da Editora da Universidade de Harvard, incentivou o professor Fairbank a escrever o livro em 1989 e conseguiu recursos para editá-lo, assim como leu rascunhos do manuscrito. Susan Wallace, editora sênior da Divisão de Preparação de Originais, trabalhou em estreita colaboração com o autor durante os estágios finais da revisão e edição do manuscrito. Marianne Perlak, diretora de arte, fez o projeto gráfico do livro e o desenho da sobrecapa. David Foss, assistente de produção, coordenou a composição tipográfica, a impressão e a encadernação.

Joan Hill, assistente do professor Fairbank por muitos anos, assumiu a grande responsabilidade de digitar o manuscrito em seus vários esboços. Olive Holmes compilou os índices. Sob a supervisão de Fairbank, Robert Forget pesquisou e desenhou os mapas. Os mapas 1 e 2 foram adaptados do *The Cambridge History of China* com a permissão da Editora da Universidade de Cambridge. Harper & Row cedeu generosamente o material extraído do *The Great Chinese Revolution, 1800-1985* (1986).

Créditos das ilustrações

A partir da pág. 112

1. Soldado do exército de terracota enterrado no túmulo do primeiro imperador Qin. Condado de Lintong, Shaanxi. (Coleção abrigada no local).

2. Detalhe da xilogravura (em preto e branco) do altar à esquerda da família Wu, Jiaxiang, Shandong. Restaurada por Wilma Fairbank. Ver *Adventures in Retrieval* (Cambridge: Harvard University , 1972).

3. Cavalo em bronze, carruagem e ocupante enterrados em uma sepultura em Wusei, Gansu.

4. Lateral de um sarcófago em pedra (detalhe). Reproduzido com a permissão do Nelson-Atkins Museum of Art, Kansas City, Missouri (Nelson Fund), 33-8543/2.

5. Saguão de Guanyin e estátua, Jixian, Hebei, de Liang Ssu-ch'eng, *A Pictorial History of Chinese Architecture* (1984); foto reproduzida com a permissão da MIT .

6. "Eruditos do Qi do Norte cotejando textos clássicos" (detalhe). Coleção de Denman Waldo 31.123. Cortesia do Museum of Fine Arts, Boston.

7. Li Tang "O médico da aldeia" (detalhe). Reproduzido com a permissão do National Palace Museum, República da China.

8. Zhang Zeduan, "O festival Qingming à beira do rio" (detalhe). Palace Museum, Beijing. Fotografia cedida por Wango H. C. Weng.

9. Li Guanglin, "Guo Zizy e os Uighurs" (detalhe). Reproduzido com a permissão do National Palace Museum, República da China.

10. "Damas palacianas banhando crianças." 35.8. Cortesia da Freer Gallery of Art, Smithsonian Institution, Washington, D.C.

11. Li Song, "O vendedor ambulante" Reproduzido com a permissão do National Palace Museum, República da China.

12. Retrato do imperador Ming Taizu (fotografia). Cortesia do National Palace Museum, República da China.

13. "Tártaros a cavalo." (detalhe). Cortesia da Freer Gallery of Art, Smithsonian Institution, Washington, D.C.

14. "O admoestado acorrentado" (detalhe). Cortesia da Freer Gallery of Art, Smithsonian Institution, Washington, D.C.

15. Zhou Chen, "Mendigos e personagens da rua" (detalhe). Fundo John L. Severance 64.94. Reproduzido com a permissão do Cleveland Museum of Art.

16. Yu Zhiting, "Gao Shiqi desfrutando o verão". Reproduzido com a permissão do Nelson-Atkins Museum of Art, Kansas City, Missouri. (Legado de Laurence Sickman), F88-41/17.

A partir da página 192:

17-24. Ilustrações de uma edição de 1808 do *Peiwenzhai gengzhitu* mostrando as principais etapas do cultivo de arroz.

25-32. Ilustrações de uma edição do período tardio Qing do *Qinding shujing tushuo* (1905) representando artesãos no trabalho.

Seguindo a página 304:

33. Sun Yatsen com sua jovem esposa Song Qingling. Reproduzida com a permissão do Easfoto.

34. Tropas japonesas conquistando a Manchúria em 1931. Reproduzida com a permissão do Bettmann Archive.

35. *Acima:* Tropas japonesas guardando prisioneiros chineses em Shanghai. *Abaixo:* Soldados japoneses depois de uma expedição de pilhagem. Reproduzida com a permissão do Bettmann Archive.

36. Mao Zedong e Zhang Guotao depois da Longa Marcha. Reproduzida com a permissão do Springer/Bettmann Film Archive.

37. Jiang Jieshi (Chiang Kaishek) com Feng Yuxiang e Yan Xishan. Reproduzida com a permissão da Coleção Hulton-Deutsch da BBC Hulton Picture Library.

38. *Acima:* Jiang Jiesh com seus principais generais em Hankou (Wuhan). *Abaixo:* Soong Meiling, esposa de Jiang Jiesh, ajudando a costurar ataduras em um hospital de batalha. Reproduzida com a permissão da Robert Capa-Pix/Magnum Photo Library.

39. Crianças no Norte da China na década de 1940 de sentinela contra um ataque dos agentes de Jiang Jiesh. Reproduzida com a permissão do Bettmann Archive.

40. O embaixador dos Estados Unidos, Patrick Hurley, acompanhando Mao de Yan'an a Chongquinq para reuniões com Jiang. Reproduzida com a permissão da UPI/Bettman Newsphotos.

41. *Acima:* Jiang e Mao brindando-se em um banquete formal em Chongqing no final de 1945. *Abaixo:* Um policial matando um agente comunista em Shanghai. Reproduzida com a permissão da UPI/Bettman Newsphotos.

42. *Acima:* Justiça violenta imposta a proprietários de terras pelos comunistas. Reproduzida com a permissão do Bettmann Archive. *Abaixo:* Líderes comunistas chineses desfrutando de um momento agradável. Reproduzida com a permissão da New China Pictures/Magnum Photo Library.

43. *Acima*: Guardas Vermelhos acenando seus livrinhos vermelhos. *Abaixo:* Jovens membros de uma brigada de produção estudam uma citação de Mao. Reproduzida com a permissão da East Photo.

44. Zhou Enlai. Reproduzida com a permissão da Marc Riboud/Magnum Photo Library.

45. *Acima:* Um casal com uma máquina de lavar recém-adquirida e uma televisão de vinte polegadas. Reproduzida com a permissão da UPI/Bettman Newsphotos. *Abaixo:* Um fazendeiro levando seus patos para o mercado na cidade. Reproduzida com a permissão da Reuters/Bettman Newsphotos.

46. Deng Xiaoping. Reproduzida com a permissão da Reuters/Bettman Newsphotos.

47. *Acima:* Ativistas estudantis na Universidade de Beijing demonstrando seu apoio à perestróica. Reproduzida com a permissão da Reuters/Bettman Newsphotos. *Abaixo:* Um estudante da Universidade de Beijing manifesta seu apoio a jornalistas. Extraída de *Dedicated to Freedom* (New York: Roxene Corporation, 1989).

48. *Acima:* A estátua da Deusa da Democracia. *Abaixo:* Um homem solitário e desarmado bloqueia o avanço de um comboio blindado. Reproduzida com a permissão da Stuart Franklin/ Magnum Photo Library.

Página 307:

A inflação próxima ao final da Segunda Guerra Mundial. Extraída de Ye Qianyu, *China Today* (Calcutá, 1944).

Índice geral

J

K

L

T

U

GRÁFICA EDITORA
Pallotti
IMAGEM DE QUALIDADE

Santa Maria - RS - Fone/Fax: (55) 3220.4500
www.pallotti.com.br